실제 수험생 답안을 분석한

원페이지 모의고사

교육학 논술 문제집

| 저자 | DAVE

부록 실제 시험과 동일한 사이즈의 답안지

01 기출문제에 근거한 고퀄리티 문제

02 셀프 첨삭이 가능한 다양한 모범답안

03 헷갈리는 개념을 잡아주는 저자 개인과외

04 수험생이 가장 궁금해하는 모든 질문 총정리

도서출판 새벽노을

PREFACE

안녕하세요, 원페이지 교육학 저자 데이브입니다. 지난 몇 년 동안 저는 교육학 과목에서 고득점을 받으려면 핵심 키워드 암기만으로는 충분하지 않으며, 실전 문제를 많이 풀어봐야 한다고 조언해 왔습니다. 교육학 이론을 많이 외운다고 해서 고득점이 보장되는 것은 아니기 때문입니다. 실제로, 각종 이론을 철저히 암기했지만, 답안을 매끄럽게 작성하지 못해 낮은 점수를 받는 수험생이 의외로 많습니다. 또한, 원페이지 기본서의 몇 페이지에 어떤 내용이 있는지까지 외웠다고 하는 수험생의 답안도 채점해 보면 형편없는 경우가 많습니다. 열심히 공부한 이론을 막상 글에 녹여내지 못하는 것입니다.

이론을 '아는 것'과 문제에 '적용하는 것'은 또 다른 영역입니다. 수능을 공부할 때 수학 공식을 많이 안다고 해서 모두 배점이 높은 문제의 정답을 맞히지 못하는 것과 같은 맥락입니다. 이처럼 교육학 고득점은 이론 암기 후 얼마나 많은 문제를 풀어봤는지에 달려있습니다. 물론 이론을 모른 채 문제만 많이 푼다고 고득점을 받는 것도 아닙니다. 하지만 문제를 많이 풀수록 이론을 실전에 적용하는 능력이 향상되기 때문에 고득점 가능성은 분명히 높아집니다. 이런 점에서 원페이지 모의고사 10회분도 부족한 것이 사실이지만, 이 교재는 논술에 대한 자신감을 붙이는 데에 목적이 있습니다.

모의고사 문제가 실제 시험에서도 똑같이 나오기를 바라는 것은 욕심입니다. 왜냐하면 출제 위원들은 시중에 출시된 서적 및 모의고사 문제들을 모두 참고해서 문제를 만들기 때문입니다. 그렇기에 시중에 떠도는 문제가 똑같이 출제될 가능성은 낮습니다. 일부 강사는 자신이 낸 문제가 실제 시험에서 적중했다고 홍보하기도 하지만 이는 결과론적인 이야기에 불과합니다. 참고로 최근 시험에는 모두 중요도가 높은 나올만한 곳에서 모두 출제가 되었습니다. 우리가 모의고사 문제를 푸는 것은 비슷한 문제가 실제 시험에 출제되어 고득점을 얻기 위한 것도 있지만, 자신의 약점을 미리 발견하고 보완하기 위한 목적이 더 큽니다. 그리고 모르는 문제가 출제되더라도 훈련하면서 익힌 노하우와 경험으로 출제 의도에 맞게 답안을 작성하는 실력을 키우기 위함입니다. 따라서 모의고사를 풀 때는 모르는 문제가 나오더라도 실제 시험을 치른다는 마음가짐으로 치열하게 임해야 합니다.

수험생 대부분이 시험 1~2개월 전부터는 공부 비중의 80~90%를 암기에 할당합니다. 전공은 물론, 교육학도 마찬가지입니다. 물론 이론과 핵심 내용을 확실히 익히는 것은 중요합니다. 하지만 적어도 일주일에 1~2번은 반드시 실전과 같은 상황에서 전공 및 교육학 문제를 푸는 연습을 꼭 해야 합니다.

이처럼 문제 풀이의 중요성을 강조해도 문제 풀이를 등한시하는 수험생들이 의외로 많습니다. 그 이유는 암기 위주의 공부보다 문제를 푸는 것이 어렵고 힘들기 때문일 것입니다. 게다가 학원 등 기관에서 강의를 수강하지 않으면 모의고사 문제를 구하기가 쉽지 않다는 것도 한 가지 이유입니다. 그나마 쉽게 구할 수 있는 일부 문제집은 최신 기출 경향을 반영하지 못하거나 모범답안으로 제시하는 내용이 방대해 수험생이 참고하기에는 난해한 경우가 종종 있습니다. 제대로 된 공부만 하기에도 부족한 시간을 헛되게 쓴다면 그렇게 아까운 낭비도 없을 것입니다. 그래서 저는 수험생들에게 현실적으로 도움이 되는 교재를 집필하기 위해 수년간 노력해 왔습니다.

이 교재에서는 실제 시험과 가장 유사한 분위기의 모의고사 문제를 담는 데에 주력하며 최신 출제 경향을 놓치지 않고 반영하려 했습니다. 또한, 수험생이 피로도를 느낄 수 있는 지엽적인 이론 출제를 지양했습니다. 나아가 각 문제에는 출제 의도와 근거를 제시해 타당성을 높였습니다. 그리고 매주 300분씩 총 3천여 명의 수험생 답안을 직접 채점하며 꼼꼼히 분석한 내용을 바탕으로 교육학 논술을 처음 접하는 분들도 스스로 자신의 답안을 고수들의 답안과 비교 점검할 수 있도록 구성하였습니다. 더불어 수험생들이 교육학 논술을 작성할 때 궁금해할 수 있는 거의 모든 질문을 수집하고 그에 대한 양질의 답변을 수록했습니다.

모의고사 문제를 풀고 결과를 마주하기는 쉽지 않습니다. 어쩌면 불편함을 느낄지도 모릅니다. 이론을 완벽하게 암기했음에도 막상 문제를 풀고 나면 기대에 못 미치는 결과를 보고 크게 실망할 수도 있기 때문입니다. 하지만 최종적으로 합격을 원한다면 반드시 거쳐야 하는 과정입니다. 앞서 말했듯이, 모의고사 문제 풀이의 목적은 문제를 맞히는 것보다는, 미처 발견하지 못한 자신의 약점을 본 시험 전에 파악하고 보완하는 것입니다.

이 교재는 실전에서 어떤 변형 문제가 나오더라도 수험생이 당황하지 않도록 문제의 난이도를 세심하게 조절해 구성했습니다. 10회분의 모의고사를 모두 풀고 나면 논술의 작성법은 확실히 감을 잡을 수 있다고 확신합니다. 이 자신감을 바탕으로 더 많은 문제를 풀어보면 실전에서도 절대 당황하지 않고 침착하게 문제를 풀 수 있을 것입니다.

마지막으로, 글쓰기에 자신 없는 수험생분들에게 한 가지 좋은 사실을 알려드리겠습니다. 그것은 바로 중등 교육학 논술은 진짜 논술이 아니라, 단답형 주관식 시험과 유사하다는 것입니다. 우리 시험은 답안의 틀이 어느 정도 정형화되어 있습니다. 즉, 글쓰기에 자신이 없는 사람이라도 대학교 시험에서 한 번이라도 A+를 받은 경험이 있다면 누구나 좋은 성적을 받을 수 있다는 뜻입니다. 그러니 글쓰기에 자신이 없더라도 절대 포기해서는 안 됩니다.

문제를 풀다 보면 어려운 부분도 나오고, 막막함에 피로를 느낄 수도 있습니다. 고생 끝에 낙이 있다는 말처럼, 고통스러운 순간을 겪지 않고 합격을 기대할 수는 없습니다. 합격만 하면 지금 수험생 여러분들이 인고하는 이 시간은 자랑스러운 추억으로 자리매김하게 될 것입니다. 예비 선생님들을 위하는 마음으로 정성을 다해 집필한 이 교재가 여러분의 임용고시 합격의 길을 제시하는 등대가 되기를 진심으로 기원합니다.

저자 **데이브**

GUIDE

원페이지 모의고사 활용 방법(중요)

1. 초급자 (원페이지 이론을 거의 모르거나 30% 정도만 아는 사람)

- 초급자분들은 실제 시험과 같은 조건에서 모의고사 문제를 풀 필요는 없습니다. 왜냐하면 제대로 아는 내용이 없으므로 문제를 풀 수도 없고 괜히 스트레스만 받기 때문입니다.
- 시간이 없어서 이론 암기를 패스하고 그냥 이 책에 있는 모의고사 문제가 실제 시험에서 나오기를 기대하면서 푸는 것은 더욱더 시간 낭비입니다. (이유는 서문에서 설명함)
- 초급자분들은 원페이지 기본서를 보면서 별표가 높은 이론을 하나라도 더 외우는 것이 더 좋습니다.
- 아직 모의고사를 적극 활용할 수준이 아니므로 문제를 풀지는 마시고, 곧바로 '첨삭 배우기'와 '모범답안' 페이지를 읽으면서 서론, 본론, 결론을 어떤 식으로 써야 하는지 참고하는 수준으로 활용하면 됩니다.
- 이때, 눈으로 읽기만 해서는 별로 효과가 없습니다. 모범답안을 수없이 읽더라도 단기간 내에는 모범답안과 비슷하게 쓰는 것이 어렵습니다. 그러므로 좋은 문장이 보이면 그대로 통 암기하는 것이 제일 좋습니다.

2. 중급자 (원페이지 이론을 40 ~ 60% 정도는 암기한 사람)

- 중급자분도 아직은 이론이 완벽하지 않기 때문에 모의고사를 풀기가 쉽지는 않을 것입니다. 1세트 중 1~2문제만 겨우 알고 나머지 문제는 풀기가 어려울 수도 있습니다.
- 그래서 중급자분들은 오픈북으로 시험을 풀어보는 것도 좋습니다. 아는 문제는 책을 보지 않고 풀어보고, 모르는 문제는 책을 보면서 풀어도 도움이 됩니다.
- 이렇게 온전히 한 세트를 푼 다음에 정답을 대충 확인하고 나서, 곧바로 "첨삭 배우기" 페이지에 있는 샘플 답안 4~5가지를 꼼꼼히 읽어야 합니다. 여기에 수험생에게 도움이 되는 꿀팁이 많이 있으므로 자신에게 도움이 되는 내용은 형광펜으로 체크하면서 읽습니다.

- 그다음 자신이 쓴 답안지를 보면 수정할 부분이 아주 많을 것입니다. 이제 빨간펜으로 셀프 첨삭을 하면서 문장을 수정, 보충합니다.

- 서론, 본론, 결론은 자신만의 만능틀을 미리 만들어 놓아야 합니다. 만능틀을 만드는 방법은 'Daum 원페이지 교육학 공식 카페' 정회원 자료실에 올려두었습니다. (등업필수) 이 내용을 한번 읽고, 본 교재에 있는 모범답안을 보면서 자신만의 만능틀을 2~3개 정도 만들면 됩니다.

3. 상급자 (원페이지 이론을 70~80% 이상 암기한 사람)

- 상급자분들은 전 범위 모의고사 문제를 풀 준비가 된 수험생분들입니다. 이분들은 실전과 같이 60분을 맞춰놓고 풀어야 합니다. 가능하다면, 그룹스터디를 만들어 같은 장소에서 실제 시험처럼 문제를 풀도록 합니다. 혼자서 푸는 것과 여러 명이 모여서 푸는 것은 압박감과 긴장감 측면에서 차원이 다릅니다. 또, 시험 종료 후 양질의 피드백을 서로 할 수 있다는 점에서 혼자서 푸는 것보다 효과가 매우 좋습니다. 만약, 오프라인 스터디가 어렵다면 온라인 모임을 만들어 푸는 것도 좋습니다.

- 많은 이론을 암기했어도, 막상 문제를 풀어보면 자신의 답안이 부끄러울 것입니다. 이때 절대 좌절할 필요가 없습니다. 왜냐하면 이론만 많이 알고 있으면 문제에 적용해서 푸는 것은 원페이지 모의고사 10회분을 완주한다면 쉽게 극복할 수 있기 때문입니다. 이론을 모르는 것이 문제이지 글솜씨가 부족한 것은 얼마든지 이 책을 통해 성장할 수 있습니다.

GUIDE

교육학 점수가 낮은 사람들의 공통점 4가지

1. 핵심 키워드 누락

고득점 답안의 공통점은 문제에서 요구하는 핵심 키워드가 모두 들어가 있다는 것입니다. 그런데 미흡한 답안을 보면 잘 적은 것처럼 보여도 문제에서 요구하는 핵심 키워드가 빠진 경우가 많습니다. 또, 문제에서 무엇을 묻는지 잘 모르기 때문에 두루뭉술한 답을 적는 경우가 많습니다. 논술에서 가장 중요한 것은 핵심 키워드의 유무이므로 이론 공부를 할 때는 항상 핵심 키워드를 의식하며 공부해야 합니다.

2. 복잡한 문장구조

복문을 지양하고 최대한 단문을 써야 합니다. 예를 들어, "형태주의 이론은 ~~~에 가장 근접한 것으로 보이는데, 이것은 A 교장의 ~~~"와 같은 문장을 쓸 때는 다음과 같이 단문으로 끊어서 쓰는 것이 좋습니다. "형태주의 이론은 ~~~에 가장 근접한 것으로 보인다. 이것은 A 교장의 ~~~"

모든 문장을 단문으로 쓰는 것은 단기간에 쉽게 되지 않습니다. 그래도 최대한 단문으로 쓰려고 노력하다 보면 극복할 수 있습니다. 모범답안을 참고하면서 최대한 단문으로 쓰도록 노력해 봅시다.

3. 추상적인 답안, 근거의 부족

답변이 구체적이지 못하고 추상적인 표현을 쓰는 경우가 많습니다. 예를 들어, "도급경비를 적용하면 탄력적이고 효율적인 운영이 가능해 예산 낭비를 최소화할 수 있다."라고 쓰면 점수를 못 받을 수도 있습니다. 도급경비가 왜 효율적이고 탄력적인지 구체적인 근거가 있어야 합니다. "도급경비를 적용하면 예산을 총액으로 배분하기 때문에 효율적인 운영을 할 수 있다." 이처럼, 어떤 주장에 대한 구체적인 설명이 있어야 높은 점수를 받을 수 있습니다.

4. 대주제와의 연계를 생략

대주제와의 연계를 놓치는 경우가 많습니다. 서론과 결론뿐만 아니라 본문에서도 항상 대주제를 언급해야 합니다. 본문 쓰는 방법도 원페이지 카페 정회원 자료실(등업필수)에 올려두었으니 참고하시기를 바랍니다.

CONTENTS

원페이지 교육학 모의고사

P E D A G O G Y

원페이지 교육학 모의고사

PART 01

원페이지 교육학 모의고사 (1회)

중등학교교사 임용후보자 선정경쟁시험

원페이지 교육학 (1회)

수험 번호 : ( ) 성 명 : ()

제1차 시험	1 교시	1문항 20점	시험 시간 60분

○ 문제지 전체 면수가 맞는지 확인하시오.

다음은 ○○ 고등학교 인성교육 활성화를 위한 토의 내용 중 일부이다. 이 내용을 읽고 '인성교육 활성화를 위한 학교와 교사의 역할'이라는 주제로 교육철학, 교육과정, 교육평가, 교수방법에 대한 내용을 구성요소로 하여 서론, 본론, 결론을 갖추어 논하시오. [20점]

최 교사: 그동안, 온라인 수업을 하면서 교내 인성교육을 소홀히 한 만큼 올해는 교내 인성교육을 다시 강화할 필요가 있습니다. 먼저, 제대로 된 인성교육을 위해서는 무엇보다 지식교육을 해야 합니다. 학교에서 지식교육을 하지 않고 도대체 어떤 교육을 할 수 있겠습니까?

송 교사: 글쎄요. 제 생각에 오늘날의 인성은, 인간 존재의 문제를 먼저 다룰 수 있어야 한다고 생각합니다. 그동안, 온라인 활동이 많아지면서 사회의 비인간화 현상이 더욱 심해졌고, 대학 입시 위주의 교육풍토 때문에 학생들이 지식습득에만 혈안이 되어 있어요. 저는 관념적인 지식 위주의 교육보다 '나는 어떤 인간이 되어야 하는지' 또는 '어떤 삶이 살 가치가 있는지' 학생 스스로 인간 존재에 대해 성찰을 할 수 있도록 교육해야 한다고 생각합니다.

김 교사: 잠깐만요. 두 선생님의 주장은 지식교육과 인간교육이 다르다는 것이 논리적으로 가정되어 있네요. 제 생각에는 '지식교육을 해야 한다.' 혹은 '인간교육을 해야 한다.'라는 주장에 대해 논하기 전에 지식교육과 인간교육이 과연 별개의 개념인지를 먼저 검토해야 할 것 같습니다. 그리고 인성교육을 제대로 실천하기 위해서는 교육과정부터 개편해야 한다고 생각해요. 우리나라 교육은 예전부터 인지적 영역에만 관심을 두고 있어서 인성교육에는 소홀한 경향이 있습니다. 이를 바꾸기 위해서는 학생들의 자아실현을 돕는 교육과정을 도입했으면 합니다.

박 교사: 좋은 생각입니다. 만약, 그런 교육과정이 도입되면 우리 학교에서는 학생 간 비교하는 평가를 지양해야 할 것입니다. 더는 학생 간 비교를 하지 않는 대신 학기 말 평가에서는 정의적 특성을 평가하는 방법으로 결과를 해석하면 좋을 것 같습니다. 그리고 인성교육이 미흡한 원인은 우리 교사와 학생 모두에게 있다고 봅니다. 인성교육을 위해서는 우리 교사들만 노력할 것이 아니라, 학생들이 자율적으로 참여할 수 있도록 교수 방법도 연구해야 합니다.

김 교사: 그러면 이번에는 학교 현장에서 실천할 수 있는 구체적인 교수 방안에 대해 이야기하겠습니다.

송 교사: 저는 인성의 다양한 관점을 보여주는 여러 사례를 모은 웹사이트를 만들었습니다. 그래서 학생들이 비계열적 방식으로 자유롭게 사례들을 찾아다니며 그 개념을 이해할 수 있도록 하는 것이 가장 좋다고 생각합니다.

〈 배 점 〉

○ 논술의 내용 [총 15점]

- 송 교사가 정의한 인성교육의 의미에 부합하는 교육철학적 관점 1가지, 송 교사가 주장하는 교육의 구체적인 방법 2가지 [3점]
- 김 교사의 견해와 가장 유사한 교육철학 1가지, 김 교사가 제안하는 교육과정의 개념을 쓰고 그 개념에 근거한 교사의 역할 2가지 [4점]
- 박 교사가 언급한 평가의 구체적인 실행방법 1가지, 이 평가를 실시할 때 교사가 주의해야 할 점 1가지, 박 교사의 견해에 부합하는 교육관의 종류와 그 교육관의 특징 1가지 [4점]
- 송 교사가 제안하는 교수방법의 명칭과 개념, 이 교수방법을 실시할 때 교사가 주의해야 할 점 2가지 [4점]

○ 논술의 구성 및 표현 [총 5점]

- 논술의 내용과 '인성교육 활성화를 위한 학교와 교사의 역할'의 연계 및 논리적 형식 [3점]
- 표현의 적절성 [2점]

〈수고하셨습니다.〉

교육학 논술 초안 작성지

원페이지 교육학 (1회)
채점 세부 기준

<table>
<tr><th rowspan="2">영역</th><th colspan="3">채점 세부 기준</th><th rowspan="2">배점</th></tr>
<tr><th colspan="2">내용 요소</th><th>점수 부여 기준</th></tr>
<tr><td rowspan="2">논술의 내용 [총 15점]</td><td rowspan="2">1</td><td>송 교사가 정의한 인성교육의 의미에 부합하는 교육철학적 관점 1가지</td><td>실존주의 : 개인이 자유의사에 따른 주체적인 판단과 선택에 따라 자신의 생활과 운명을 결정지을 수 있도록 하는 자아실현적 인간 형성을 추구하는 전인교육철학사상이다.

출제근거 [2012 중등] 다음과 같은 교육관이 기초하고 있는 현대 교육철학 사조는?
• 학생 개인의 독자적인 삶과 자유를 존중한다.
• 추상적이고 보편적인 인간을 지향하는 교육목표를 비판한다.
• 관념적인 지식 위주 교육을 비판하고 학생 스스로 각성하여 자아를 발견하는 것을 중시한다.
• 철저한 신념과 확신으로 뭉친 책임감을 지닌 실천가와 개성을 가진 인간을 양성하는 것을 추구한다.
① 항존주의
② 구조주의
③ 실존주의 (정답)
④ 재건주의
⑤ 본질주의</td><td>1점</td></tr>
<tr><td>송 교사가 주장하는 교육의 구체적인 방법 2가지</td><td>전인교육 중요 : 개인이 자유로운 선택과 판단으로 행동하고 그에 책임질 수 있는 자아실현적 인간 형성을 교육의 목적으로 삼는다.
비연속적 교육 : 인간은 위기, 각성, 충고, 상담, 모험, 좌절 등과 같은 비연속적 요소에 의해서 비약적으로 성장한다. (by 볼노브)
학생의 개성과 주체성 존중 : 인간은 자신의 존재 의미를 결정한 후 본질을 규명하므로 학생의 개성과 주체성을 존중하는 교육을 강조한다.
진솔한 교육 : 죽음, 좌절, 공포, 갈등과 같은 인간 삶의 어두운 면도 보여주어 적극적인 삶의 의미를 느끼도록 한다.
인격적 만남 교육 : 만남은 교육에 선행하며 '나와 너'의 인격적 만남이 있을 때 진정한 교육이 가능하다 (by 부버)
인간중심 교육과정, 쿠레레 교육과정, 잠재적 교육과정을 활용한 답안도 가능하다.</td><td>각 1점</td></tr>
</table>

<table>
<tr>
<td rowspan="2">2</td>
<td>김 교사의 견해와 가장 유사한 교육철학 1가지</td>
<td>

분석적 교육철학 : 전통적 교육철학에서 애매하거나 모호한 의미로 사용되고 있는 교육의 주요 개념이나 의미를 명료하게 분석하고 그 논리적 관계를 밝히는 것이다.

출제근거 [2012초등] 다음 교사들의 토론에서 최 교사의 견해와 가장 유사한 교육철학은?

김 교사 : 학교에서는 무엇보다 지식교육을 해야 합니다. 학교에서 지식교육을 하지 않고 도대체 어떤 교육을 할 수 있단 말입니까?
박 교사 : 글쎄요, 김 선생님께서는 학교에서 지식교육을 해야 한다고 주장하시는데, 지금까지 지식교육을 해 온 결과가 어떻게 되었는지 생각해 보십시오. 학교에서 그토록 열심히 자식을 가르쳐 왔는데도 불구하고, 제대로 된 인간을 기르는 데 실패하지 않았습니까? 저는 지식교육이 그 자체로 상당한 결함이 있다고 보고, 그렇기 때문에 인간교육을 해야 한다고 생각합니다.
최 교사 : 잠깐만요. 두 선생님의 주장에는 지식교육과 인간교육이 다르다는 것이 논리적으로 가정되어있군요. 제 생각에는 '지식교육을 해야 한다.' 혹은 '인간교육을 해야 한다.'는 주장에 대해 논하기 전에 지식교육과 인간교육이 과연 별개의 개념인지를 검토해야 할 것 같습니다.

① 분석적 교육철학 (정답)
② 비판주의 교육철학
③ 실존주의 교육철학
④ 진보주의 교육철학
⑤ 포스트모던 교육철학
</td>
<td>1점</td>
</tr>
<tr>
<td>김 교사가 제안하는 교육과정의 개념</td>
<td>

인간중심(인본주의) 교육과정 : 학생들의 잠재적 능력을 계발하고 자아실현과 전인교육을 돕기 위해, 학교에서 의도하거나 의도하지 않은 경험으로 이루어진 교육과정이다

출제근거 [2000 초등] 다음에 제시된 특징을 지니고 있는 교육과정은?

– 자아실현을 목표로 함 – 학교환경의 인간화
– 학습선택권의 최대한 보장 – 잠재적 교육과정의 중시

① 생활중심 교육과정
② 학문중심 교육과정
③ 인간중심 교육과정 (정답)
④ 경험중심 교육과정
⑤ 교과중심 교육과정
</td>
<td>1점</td>
</tr>
</table>

	교사의 역할 2가지	인간주의적 교사 : 학생에 대한 **존중**과 **수용**, **공감적 이해**, **진실성 있는 교사**	각 1점
	박 교사가 언급한 평가의 구체적인 실행 방법 1가지	**(오픈형 답안)** 교사의 관찰, 자기평가, 동료평가, 관찰법, 자기 보고법, 질문지법, 척도법, 사회적 측정법, 면접법, 인터뷰 등등 모두 가능. 넓은 의미에서 수행평가도 가능함.	1점
	교사가 주의해야 할 점 1가지	**(오픈형 답안)** 계획적인 실행, 객관적인 관찰, 결과를 기록하고 분석. 자연스러운 상황에서 관찰, 체크리스트 활용, 평정법, 루브릭 활용 등등 완전히 열린 문제임.	1점
3	박 교사의 견해에 부합하는 교육관의 종류	**인본주의적 교육관** :인간을 환경과 능동적으로 상호작용하는 존재로 보고, 교육은 자아실현의 과정이라는 신념을 가진 교육관이다. 출제근거 22년 기출문제로 교육평가 파트에서 검사관(총평관)을 다뤘기 때문에 연계 파트로 교육관(선발적, 발달적, 인본주의적)을 알고 있어야 함. 자세한 내용은 원페이지 기본서 참고.	1점
	교육관의 특징 1가지	인본주의적 교육관 특징(x4) 1. 인본주의에서는 교사와 학생을 대등한 존재로 보기 때문에 교육실패에 대한 책임은 교사와 학생 모두에게 있다. 2. 학습자의 전인적 특성 파악을 중요시해 수행평가를 지향한다. 3. 학습자의 자율적이고 적극적인 학습 참여를 중시한다. 4. 관련 검사관은 총평관이다.	1점
4	송 교사가 제안하는 교수방법의 명칭과 개념	**인지적 유연성(융통성) 이론**: 지식은 단순한 일차원적 개념이 아니고 복잡한 다차원적 개념으로 형성되어 있다. 그래서 단순화된 지식 습득을 지양하고, 다차원적 개념의 지식을 습득하여 인지적 유연성(상황 의존적인 스키마 연합체)을 획득할 수 있도록 환경을 마련해 주는 구성주의적 교수학습 방법이다. 발견학습이나 구성주의로 쓴 답안은 부분 점수 처리. 출제근거 [2011 초등] 웹기반 학습에 관한 다음의 대화에서 두 교사가 활용한 교수·학습 전략을 바르게 짝지은 것은? 김 교사 : 복잡한 개념을 가르치기 위해 다양한 관점을 보여주는 여러 사례들을 모은 웹사이트를 만들었어요. 그래서 학생들이 비계열적 방식으로 자유롭게 사례들을 찾아다니며 그 개념을 이해할 수 있도록 했어요. 박 교사 : 글쎄요, 그럴 경우 학생들이 방향감을 상실할 수도 있지 않을까요? 그래서 저는 학생들이 웹상의 정보를 탐색할 때마다 스스로 목표를 정하여 학습하게 하고, 그 후에는 정보 탐색 활동에 대한 기록과 점검을 통해 자기평가를 수행하도록 했어요.	2점

			김 교사 / 박 교사 ① 정착(anchored) 수업 / 순차식 – 발견식 수업 ② 분지형(branching) 프로그램 / 자기조절 학습 ③ 분지형 프로그램 / 정착 수업 **④ 인지적 유연성(flexibility) 이론 / 자기조절 학습 (정답)** ⑤ 인지적 유연성 이론 / 순차식–발견식 수업	
		이 교수방법을 실시할 때 교사가 주의해야 할 점 2가지	**(오픈형 답안)** 1. 교사는 지식(과제)에 대한 다중적인 표상을 제공해야 한다. 다중적인 표상이란 소규모 사례로부터 다양한 관점을 추출하여 지식을 재구성하는 것이다 2. 학습순서는 비순차적으로 하면서 임의적 접근 학습을 위해 하이퍼 미디어를 활용한다. 3. 모든 학습 과정에서 학습자의 수준에 맞는 사례를 다양하게 많이 제시한다. 4. 단순한 내용은 피하고 상황과 문맥에 따른 지식을 얻을 수 있도록 통합적인 학습 자료를 제시한다.	각 1점
논술의 구성 및 표현 [총 5점]	논술의 내용과 주제와의 연계 및 논리적 형식[3점]		본론에서 주제와 관련된 내용의 논리적 일관성과 문장의 표현력이 모두 뛰어남	3점
			본론에서 주제와 관련된 내용의 논리적 일관성과 문장의 표현력 중 하나가 부족함	2점
			본론에서 주제와 관련된 내용의 논리적 일관성과 문장의 표현력이 모두 부족함	1점
	표현의 적절성[2점]		서론과 결론에서 논술 주제를 논리적으로 모두 다루고 있음	2점
			서론과 결론에서 논술 주제를 다루지 않거나 내용이 빈약함	1점

첨삭 배우기 (1회차-A)

오늘날 우리 사회에서는 학교 교육에 지식 교육뿐 아니라 인성교육의 활성화를 요구하고 있다. 실제로 현대 사회에서 다양한 사회문제 및 학교 ~~폭력에 대한~~폭력의 문제점이 대두되고 있는바, 본 글에서는 '인성교육 활성화를 위한 학교와 교사의 역할'을 주제로 교육철학, 교육과정, 교육평가, 교수방법에 대해 논하고자 한다.

송교사가 정의한 인성교육의 의미에 적합한 교육철학적 관점은 실존주의이다. 실존주의에서는 ~~학생의~~학생 스스로 존재에 관심을 ~~갖도록~~두도록 한다. 한편, 송교사가 주장하는 구체적인 교수방법은 다음과 같다(추가)[1]. 첫째, 교사와 학생이 인격적인 만남을 통해 학생의 비약적 성장으로 교육이 이루어지도록 ~~하는 것이다.~~한다. 둘째, 파이너의 쿠레레 방법론을 ~~실시하는 것이다.~~[2]실시한다. 이러한 실존주의적 교육을 실시한다면 학생은 자신의 존재 및 삶의 의미에 대해 이해할 수 있을 것이다. 이처럼 교사와 ~~학교에서는 교육철학에 대한~~학교는 교육철학에 관심을 가짐으로써 인성교육 활성화에 기여할 수 있다.

김교사의 견해와 유사한 교육철학은 포스트모더니즘이다. 포스트모더니즘에서는 지식과 ~~인성 교육을 분리된 개념으로 보이지 않기 때문이다.~~인성교육을 분리된 개념으로 보지 않기 때문이다.[3] 그리고[4] 김교사가 제안하는 교육과정은 인간중심 교육과정으로, ~~학교내에서 이루어지는 모든 경험을 교육 내용으로 하는 교육과정이다.~~이는 학생의 자아실현과 전인교육을 위해 교내에서 이루어지는 모든 경험을 교육 내용으로 삼는 것을 말한다.[5] 이에 따른 교사의 역할은 조건 없는 긍정적 수용과 공감적 이해이다. ~~첫째, 무조건적 긍정적 수용을 해주고 둘째, 공감적 이해를 해주는 것이다.~~[6] ~~이와 같이~~이처럼[7] 교육철학을 바탕으로 교육과정을 실행한다면 교사 및 학교 차원에서 인성교육을 활성화 할 수 있다.

박교사가 언급한 평가의 실행 방법은 관찰법 중 체크리스트를 활용하는 것이다. 해당 평가를 실시할 때 교사가 주의할 점은 평가의 계획을 분명하게 가지고 그에 따라 누가적으로 기록하여야 한다는 점이다. 또한 박교사의 견해에 부합하는 교육관은 인본적 교육관이다. 인본적 ~~교육관의 특징은~~교육관은 평가의 관점을 총평관으로 갖는다는 ~~점이다.~~특징이 있다. ~~이와 같이~~이처럼 교사와 학교는 평가와 교육관에 대한 이해를 통해 인성교육 활성화에 이바지할 수 있다.

1 독자(평가자)에게 이제부터 송 교사가 주장하는 교육 방법을 설명할 것임을 예고하는 도입 말(표지標識,marker)을 작성하는 것이 좋습니다.

2 간혹 '~것이다.'를 습관적으로 사용하는 분들이 있습니다. '~것이다'를 사용할 경우 주술 호응이 맞는지 확인해야 합니다. 또한 '~것이다'는 주로 앞 문장을 뒷받침하거나 다른 말로 설명할 때 사용하는 것이 좋습니다. 관련 설명의 첫 문장에서 활용하는 것은 지양해야 합니다.

3 '보이지'는 '보다'에 사동사 '이' 혹은 피동사 '이'가 붙은 형태입니다. 말하기 상황에서 사동 혹은 피동의 의미와는 관련 없이 '보이다'를 자주 사용하기도 하는데, 교육학 답안과 같은 글쓰기 상황에서는 의미에 따른 동사 사용에 신경 써야 합니다.

4 문단 중간에 무분별하게 접속사를 쓰는 습관을 줄여야 합니다.

5 특정 개념을 설명할 때 '~~~로, 이는 ~~~이다.' 이 패턴으로 쓰는 것은 매우 좋은 방법입니다. 그렇게 한다면 뒷절이 앞절에서 말하는 것을 주어로 받을 수 있고, 뒷절 내에서도 주술 호응이 이루어져서 해당 문장에 어떤 개념이나 용어를 설명하고자 함을 독자가 쉽게 파악할 수 있기 때문입니다.

6 한자 접미사 '-적'은 부득이한 예가 아니면 함부로 쓰시지 말아야 합니다. '무조건적이다'는 '조건 없다'로 바꾸어 쓰면 좋습니다.

7 이와 같이는 맞춤법 오류입니다. '이처럼'으로 쓰는 게 더 좋습니다.

송교사가 제안하는 교수방법은 인지적 유연성 교수법이다. 이는 지식이 ~~단순한 것이 아니고~~[8]일차원적이지 않고 다차원적이기 때문에 단편적인 지식습득은 지양하고 다차원적인 지식 습득을 통해 인지적 유연성을 ~~향상시키는 데 관심을 갖는~~향상하는 데 관심을 두는 교수방법이다. 해당 교수방법을 실시할 때 교사가 주의할 점은 다음과 같다. 첫째, 수준에 맞는 다양한 사례를 제시하여야 ~~하고~~한다. 둘째, 방만한 학습 내용으로 인해 학생의 학습 과정에 혼란이 생기지 않도록 도움을 ~~제공하는 것이다.~~제공해야 한다. ~~이와 같이~~이처럼 교사가 효과적인 교수방법을 적용한다면 인성교육을 ~~활성화 시킬~~활성화할[9] 수 있다.

본 글에서는 ~~첫째, 실존주의 철학 둘째, 포스트모더니즘과 인간중심 교육과정 셋째, 관찰법과 인본적 교육과 넷째, 인지적 유연성 교수법에~~실존주의 철학, 포스트모더니즘과 인간 중심 교육과정, 관찰법과 인본적 교육 그리고 인지적 유연성 교수법에[10] 대하여 살펴보았다. 교사로서 인성교육을 활성화하기 위해서는 위와 같은 교육학 전반에 대한 지식뿐 아니라 전공교과에 ~~대한 전문성 함양을 위해~~대한 전문성[11]을 함양하기 위해 ~~지속적으로~~지속해서 노력하고, 학교에서는 인성교육에 관심을 가지고 바람직한 학교 ~~풍토 조성을 위해~~풍토를 조성하기 위해 노력해야 할 것이다.

8 뒤에서 '다차원적'이라는 단어를 사용하였으므로 앞부분에서 '일차원적'으로 통일하는 것이 좋습니다. 물론, 교과서 표현 그대로 적어도 큰 상관은 없으나, 독자(채점자)에게 감동을 주기 위해서는 이런 소소한 부분도 놓쳐서는 안 됩니다. 따라서, 항상 채점자가 편하게 읽을 수 있도록 가독성을 고려해 작성하는 습관을 들여야 합니다.

9 수험생분들이 흔히 하는 오류로 '~하다'로 충분한 낱말에 공연히 '시키다'를 덧붙이는 경향이 있습니다. 이는 잘못된 습관이므로 가급적 쓰지 않는 것이 좋습니다.

10 '첫째', '둘째' 뒤에 오는 말이 단어 중심의 짧은 어구이기 때문에 작성 시간도 줄일 겸 그냥 단어를 나열하는 것이 좋습니다.

11 목적격 조사를 쓰는 것이 좀 더 부드럽습니다.

이것만은 꼭 지키자

1. 습관적으로 사용하는 잘못된 표현을 줄이려고 노력해야 합니다.
2. '~것이다.'의 사용, '~에 대한'의 사용을 줄이고, 주술 호응을 신경 쓰면서 글을 작성해야 합니다.
3. 답안 작성을 연습하는 과정에서 독자(평가자)가 글을 읽을 때 어떤 구조로 글을 써야 한눈에 글이 파악할 수 있을지, 그러면서도 핵심 개념과 내용을 잘 전달할 수 있을지를 고민하면 좋겠습니다.

최종 모범답안 (1회차 - A)

<table>
<tr><td>본인은 수험생 유의 사항을 숙지하였으며 이를 지키지 않아 발생하는 모든 불이익을 감수할 것을 서약합니다.</td><td rowspan="2">수험번호</td><td>① ②</td><td colspan="2">※ 결시자 확인란(수험생은 표기하지 말 것)</td></tr>
<tr><td>성 명</td><td>⓪ ① ② ③ ④ ⑤ ⑥ ⑦ ⑧ ⑨
① ② ③ ④ ⑤ ⑥ ⑦ ⑧ ⑨
⓪ ① ② ③ ④ ⑤ ⑥ ⑦ ⑧ ⑨</td><td>결시자 설명과 수험 번호 기재
검은색 펜으로 결시자 수험 번호, 쪽 번호와 우측란은 '●'로 표기</td><td>○</td></tr>
<tr><td>교육학 논술 전용 답안지 | 쪽 번호: ●②</td><td></td><td>⓪ ① ② ③ ④ ⑤ ⑥ ⑦ ⑧ ⑨
⓪ ① ② ③ ④ ⑤ ⑥ ⑦ ⑧ ⑨
⓪ ① ② ③ ④ ⑤ ⑥ ⑦ ⑧ ⑨
⓪ ① ② ③ ④ ⑤ ⑥ ⑦ ⑧ ⑨</td><td>※ 감독관 확인란(수험생은 표기하지 말 것)
- 본인 여부, 성명, 수험 번호, 쪽 번호 기록이 정확한지 확인 후 서명/날인
- 결시자는 위의 결시자 확인란에도 표기</td><td>(서명 또는 날인)</td></tr>
</table>

- 수험 번호와 쪽 번호는 검은색 펜을 사용하여 '●'로 표기하시오.
- 답안은 지워지거나 번지지 않는 동일한 종류의 검은색 펜을 사용하여 작성하시오(연필/사인펜/수정테이프/수정액 사용 불가).
- 수험생 유의 사항을 위반하여 작성한 답안의 경우, 해당 부분이나 답안지 전체를 채점하지 않으니 유의하시오.

오늘날 우리 사회에서는 학교 교육에 지식교육뿐 아니라 인성교육의 활성화를 요구하고 있다. 실제로 현대 사회에서 다양한 사회문제 및 학교 폭력의 문제점이 대두되고 있는바, 본 글에서는 '인성교육 활성화를 위한 학교와 교사의 역할'을 주제로 교육철학, 교육과정, 교육평가, 교수 방법에 대해 논하고자 한다.

송 교사가 정의한 인성교육의 의미에 적합한 교육철학적 관점은 실존주의이다. 실존주의에서는 학생 스스로 존재에 관심을 두도록 한다. 송 교사가 주장하는 구체적인 교수 방법은 다음과 같다. 첫째, 교사와 학생이 인격적인 만남을 통해 학생의 비약적 성장으로 교육이 이루어지도록 한다. 둘째, 파이너의 쿠레레 방법론을 실시한다. 이러한 실존주의적 교육을 실시한다면 학생은 자신의 존재 및 삶의 의미에 대해 이해할 수 있을 것이다. 이처럼 교사와 학교는 교육철학에 관심을 가짐으로써 인성교육 활성화에 기여할 수 있다.

김 교사의 견해와 유사한 교육철학은 포스트모더니즘이다. 포스트모더니즘에서는 지식과 인성교육을 분리된 개념으로 보지 않기 때문이다. 김 교사가 제안하는 교육과정은 인간 중심 교육과정으로, 이는 학생의 자아실현과 전인 교육을 위해 교내에서 이루어지는 모든 경험을 교육 내용으로 삼는 것을 말한다. 이에 따른 교사의 역할은 조건 없는 긍정적 수용과 공감적 이해이다. 이처럼 교육철학을 바탕으로 교육과정을 실행한다면 교사 및 학교 차원에서 인성교육을 활성화할 수 있다.

박 교사가 언급한 평가의 실행방법은 관찰법 중 체크리스트를 활용하는 것이다. 해당 평가를 실시할 때 교사가 주의할 점은 평가의 계획을 분명하게 가지고 그에 따라 누가적으로 기록하여야 한다는 점이다. 또한 박 교사의 견해에 부합하는 교육관은 인본적 교육관이다. 인본적 교육관은 평가의 관점을 총평관으로 갖는다는 특징이 있다. 이처럼 교사와 학교는 평가와 교육관에 대한 이해를 통해 인성교육 활성화에 이바지할 수 있다.

송 교사가 제안하는 교수 방법은 인지적 유연성 교수법이다. 이는 지식이 일차원적이지 않고 다차원적이기 때문에 단편적인 지식습득은 지양하고 다차원적인 지식습득을 통해 인지적 유연성을 향상하는 데 관심을 두는 교수 방법이다. 해당 교수 방법을 실시할 때 교사가 주의할 점은 다음과 같다. 첫째, 수준에 맞는 다양한 사례를 제시하여야 한다. 둘째, 방만한 학습 내용으로 인해 학생의 학습 과정에 혼란이 생기지 않도록 도움을 제공해야 한다. 이처럼 교사가 효과적인 교수 방법을 적용한다면 인성교육을 활성화할 수 있다.

본 글에서는 실존주의 철학, 포스트모더니즘과 인간 중심 교육과정, 관찰법과 인본적 교육 그리고 인지적 유연성 교수법에 대하여 살펴보았다. 교사로서 인성교육을 활성화하기 위해서는 위와 같은 교육학 전반에 대한 지식뿐 아니라 전공 교과에 대한 전문성을 함양하기 위해 지속해서 노력하고, 학교에서는 인성교육에 관심을 가지고 바람직한 학교 풍토를 조성하기 위해 노력해야 할 것이다.

첨삭 배우기
(1회차 - B)

급격하게 변화하고 있는 사회에 ~~걸맞는~~걸맞은[1] 교육이 필요한 시점이다. 교사는 학생들이 교내 수업을 통해 인성을 개발하고 자아를 실현할 수 있도록 교육철학, 교육과정, 교육평가, 교수방법에 있어 전문성을 갖출 필요가 있다. 따라서 본 글에서는 '인성교육의 활성화를 위한 학교와 교사의 역할'이라는 주제로 교육철학, 교육과정, 교육평가, 교수방법에 대해 ~~논의해보고자 한다.~~[2]논의하고자 한다.

먼저 인성교육 강화를 위해서는(추가)[3] 인성교육에 대한 관점의 변화가 필요하다. 송 교사는 인성교육을 실존주의의 관점에서 해석하고 있다. '나는 어떤 인간이 되어야 하는지' 또는 '어떤 삶이 살 가치가 있는지' 학생 스스로 인간 존재에 대해 성찰할 수 있도록 한다는 점에서 그 근거를 찾을 수 있다. 실존주의는 자유의사에 따른 주체적인 판단과 선택으로 학생이 자신의 생활과 운명을 결정지을 수 있도록 하는 자아실현적 인간 형성을 위한 전인교육 사상이다. 이러한 교육을 ~~실현시킬 수 있는 방법에는 2가지가~~실현하는[4] 방법은 두 가지가[5] 있다. 첫째, 쿠레레 방법을 활용한다. 이를 통해 자신의 교육적 경험을 스스로 성찰하여 자신을 이해할 수 있다. 둘째, 인간중심 교육과정을 활용한다. 교사는 학생을 진실성 있게 ~~대하고 긍정적 존중을 해주고 공감해줌으로써~~대하고, 긍정적으로 존중하고[6]공감해 줌으로써 학생과 교육을 인간화시키는데 기여할 수 있다.

다음으로 인성교육 활성화를 위해 또 다른 관점을 제시할 수 있다. 김 교사는 인성교육에 대하여 아리스토텔레스와 그 관점을 같이 하고 있다. 김 교사는 지식교육과 인간교육이 과연 별개의 개념인지 먼저 검토해보아야 한다고 언급하였다. 아리스토텔레스는 학습자는 스스로 진리를 탐구하고 발전시킬 가능성이 있다고 보았고, 보편적 진리와 도덕적 인간을 추구하였다. 또한(추가)[7] '덕은 곧 지식이다'라는 말을 통해 옳고 그름을 분별해야 도덕적인 삶을 실현할 수 있다고 보았다. 지식 교육에만 치중해있는 우리나라 교육을 개선하기 위해서는 인간교육이 필요하다. 이를 해결하기 위해 김 교사가 제안한 교육과정은 인간중심 교육과정이다. 인간중심 교육과정은 학생의 잠재적 능력 향상과 자아 실현, 전인교육을 위한 교육과정이다. 이를 운영하기 ~~위한 교사의 역할에는 2가지가 있다.~~ 위해 교사는 두 가지 역할을 수행해야 한다.[8] 첫째, 교사는 촉진자의 역할을 한다. 교사는 지식을 일방적으로 가르치는 것이 아니라 학생들의 내적 동기를 ~~자극시켜~~자극해 스스로 학습할 수 있도록

1 걸맞다'는 형용사이므로 '걸맞은'으로 써야 바릅니다.

2 '논의하고자 한다.' '논할 것이다.', '논하기로 한다.'와 같은 조금 더 확정적인 표현을 사용하는 것이 좋습니다. (주의) 논의해보고자 한다. 가 틀린 것은 아님

3 주어 역할을 하는 어구가 명확하게 보여야 독자(평가자)에게 문장이 한눈에 들어오는 효과가 있습니다.

4 '~시키다'는 '남에게 어떤 일을 하게 하다'의 뜻으로 쓰지 않았다면 '~하다'를 쓰는 것이 좋습니다.

5 아라비아 숫자는 '2인의 선택'과 같은 경우에 사용하는 것이 좋으며, 해당 경우에는 고유어 수 표현을 사용하는 것이 좋습니다.

6 '긍정적 존중'은 일상생활에서 쓰는 단어의 조합이 아니므로, 논술로 쓸 때는 '긍정적으로 존중하고~'으로 수정하는 것이 좋습니다.

7 앞 문장과 뒷 문장에서 설명하는 내용이 달라지므로 '또한'과 같은 접속 표현을 적절하게 사용해야 합니다.

18 교사의 역할이 이미 정해져 있다는 표현보다는 교사가 인성 교육을 위해 어떠한 역할을 '수행'해야 하는지에 초점을 맞추는 문장이 적합하다고 판단됩니다.

한다. 둘째, 인간주의적 교사의 역할을 한다. 교사는 진실성, 긍정적 존중, 공감, 수용을 통해 학생의 인성계발을 ~~촉진시킨다.~~ 촉진한다.

~~그 다음으로~~한편[9] 인성교육을 추진하기 위해 평가의 관점을 변화시킬 필요가 있다. 박교사가 언급한 평가의 구체적인 방법에는 일화기록법이 있다. 학생을 관찰하여 유의미한 행동 사례를 기록하고 분석하는 방법이다. 이 평가를 실시할 때 교사는 객관적인 관점에서 학생의 정의적 특성을 관찰할 필요가 있다. 또한 박교사가 인성교육을 위해 언급한 교육관은 인본주의적 교육관이다. 인성교육이 미흡한 원인은 우리 교사와 학생 모두에게 있다고 ~~보는~~본다는 점에서 그 근거를 찾을 수 있다. 인본주의적 교육관은 인간을 환경과 상호작용하는 존재로 보고 자아실현을 목표로 하는 관점이다. 이 교육관의 특징은 학습자의 자율적이고 적극적인 학습 참여를 중요시한다는 것이다. 따라서 교사는 학생의 정의적 특성을 고려하는 평가를 하고 학생을 자율적인 존재로 보는 교육관을 통해 인성교육 활성화에 ~~커여할 수 있을 것이다.~~[10]기여할 수 있다.

[9] 앞 문단에서 '다음으로'라는 표지를 사용하였으므로 중복을 피하고, 앞 부분과는 다른 측면을 설명하는 점에서 '한편'의 사용을 제안합니다.

[10] 앞에서 이미 논증한 내용이므로 '기여할 수 있다.'라는 확정적 표현을 쓰는 것이 좋습니다.

마지막으로 인성교육을 위해 적절한 교수방법을 선택할 필요가 있다. 송 교사가 제안한 교수방법은 인지적 유연성 이론이다. 인지적 유연성 이론은 지식은 단편적으로 구성된 것이 아니라 다차원적으로 구성되어 있다고 보아 학생들에게 일차원적 개념이 아닌 다차원적인 개념을 가르치는 구성주의적 교수설계이론이다. 인성의 다양한 관점을 보여주는 여러 사례를 모은 웹사이트를 만들었다는 점에서 그 근거를 찾을 수 있다. 이 교수방법을 실시할 때 ~~교사가 주의해야할 점에는 2가지가 있다.~~ 교사는 두 가지를 주의해야 한다.[11] 첫째, 단편적인 정보만 제공하지 않도록 상황과 문맥을 파악할 수 있는 통합적인 자료를 제시해야 한다. 둘째, 지식의 아노미현상이 발생하지 않도록 학습주제에 맞는 자료를 제시해야 한다. 따라서 교사는 학습자가 스스로 지식을 구성하고 다양한 관점을 통한 인성을 배우게 함으로써 인성교육의 강화에 ~~커여할 수 있을 것이다.~~ 기여할 수 있다.

[11] 앞에서 설명한 '교사의 역할에는 ~~가 있다.'와 현재 문장의 '교사가 주의해야 할 점에는~~가 있다.'가 동일한 문장 구조입니다.
위의 문장 구조보다는 '교사는 ~주의해야 한다'와 같이 주체가 행동하는 서술어를 밝혀 적는 것이 더 좋습니다.

지금까지 '인성교육 활성화를 위한 학교와 교사의 역할'이라는 주제로 교육철학, 교육과정, 교육평가, 교수방법에 대하여 알아보았다. 본문에서 논의된 바를 토대로 학생의 인성교육을 위해 ~~스스로 성찰할 수 있고 자아실현을 추구할 수 있는~~[12]자아 성찰과 자아 실현이 가능한 교육 환경을 구현할 필요가 있다. 이를 통해 급변하는 현대사회에 대비할 수 있는 인재를 양성할 수 있을 것이다.

[12] 뒤에서 '자아실현'이라는 표현을 사용하였으므로 앞에서도 '자아 성찰'로 통일하는 것이 좋습니다.

이것만은 꼭 지키자

1. '~시키다'의 사용을 줄이고 자주 틀리는 띄어쓰기 오류를 발견해 연습해야 합니다.

2. '인간 형성'과 같이 단어와 단어 사이는 띄어 쓰는 것을 원칙으로 합니다. 다만, '교육내용'과 같이 단어와 단어의 결합이더라고 교육학이나 교과교육학 내에서 전문적으로 사용하는 용어의 경우 붙여쓰는 것도 허용합니다. 이 둘의 구분을 연습해야 합니다. '표준국어대사전'에 해당 단어를 검색했을 때 붙여서 쓰는 경우가 아닌 경우, 띄어쓰기를 원칙으로 한다는 사실에 유의하여 답안지 작성을 연습하기를 바랍니다. 채점 시 띄어쓰기를 예민하게 체크하지 않지만, 채점자의 성향에 따라 주관이 들어갈 수 있으므로 완전히 무시해서는 안 됩니다.

(※참고: 본문에 띄어쓰기 오류를 모두 표시하면 혼란스럽기 때문에, 띄어쓰기 오류는 모두 수정하여 편집했습니다. 자신이 쓴 답안지와 모범답안을 대조하며 띄어쓰기 오류를 잡아보세요.)

3. 문장과 문장을 연결하는 접속 표현을 적합하게 활용한다면 글의 구조를 더욱 잘 잡을 수 있습니다. 자주 쓰는 접속사가 무엇인지 모범답안을 보고 꼭 암기해 두세요.

최종 모범답안 (1회차 - B)

<table>
<tr><td colspan="2">본인은 수험생 유의 사항을 숙지하였으며 이를 지키지 않아 발생하는 모든 불이익을 감수할 것을 서약합니다.</td><td rowspan="8">수
험
번
호</td><td></td><td>① ②</td><td colspan="2">※결시자 확인란(수험생은 표기하지 말 것)</td></tr>
<tr><td colspan="2" rowspan="2"></td><td></td><td>⓪ ① ② ③ ④ ⑤ ⑥ ⑦ ⑧ ⑨</td><td rowspan="3">결시자 설명과 수험 번호 기재
검은색 펜으로 결시자 수험 번호, 쪽 번호와 우측란은 '●'로 표기</td><td rowspan="3">○</td></tr>
<tr><td></td><td>① ② ③ ④ ⑤ ⑥ ⑦ ⑧ ⑨</td></tr>
<tr><td colspan="2">성 명</td><td></td><td>⓪ ① ② ③ ④ ⑤ ⑥ ⑦ ⑧ ⑨</td></tr>
<tr><td rowspan="4">교육학 논술
전용 답안지</td><td>쪽 번호</td><td></td><td>⓪ ① ② ③ ④ ⑤ ⑥ ⑦ ⑧ ⑨</td><td colspan="2">※감독관 확인란(수험생은 표기하지 말 것)</td></tr>
<tr><td rowspan="3">●②</td><td></td><td>⓪ ① ② ③ ④ ⑤ ⑥ ⑦ ⑧ ⑨</td><td rowspan="3">- 본인 여부, 성명, 수험 번호, 쪽 번호 기록이 정확한지 확인 후 서명/날인
- 결시자는 위의 결시자 확인란에도 표기</td><td rowspan="3">(서명 또는 날인)</td></tr>
<tr><td></td><td>⓪ ① ② ③ ④ ⑤ ⑥ ⑦ ⑧ ⑨</td></tr>
<tr><td></td><td>⓪ ① ② ③ ④ ⑤ ⑥ ⑦ ⑧ ⑨</td></tr>
</table>

- 수험 번호와 쪽 번호는 검은색 펜을 사용하여 '●'로 표기하시오.
- 답안은 지워지거나 번지지 않는 동일한 종류의 검은색 펜을 사용하여 작성하시오(연필/사인펜/수정테이프/수정액 사용 불가).
- 수험생 유의 사항을 위반하여 작성한 답안의 경우, 해당 부분이나 답안지 전체를 채점하지 않으니 유의하시오.

급격하게 변화하고 있는 사회에 걸맞은 교육이 필요한 시점이다. 교사는 학생들이 교내 수업을 통해 인성을 개발하고 자아를 실현할 수 있도록 교육철학, 교육과정, 교육평가, 교수 방법에 있어 전문성을 갖출 필요가 있다. 따라서 본 글에서는 '인성교육의 활성화를 위한 학교와 교사의 역할'이라는 주제로 교육철학, 교육과정, 교육평가, 교수 방법에 대해 논의하고자 한다.

먼저 인성교육 강화를 위해서는 인성교육에 대한 관점의 변화가 필요하다. 송 교사는 인성교육을 실존주의의 관점에서 해석하고 있다. '나는 어떤 인간이 되어야 하는지' 또는 '어떤 삶이 살 가치가 있는지' 학생 스스로 인간 존재에 대해 성찰할 수 있도록 한다는 점에서 그 근거를 찾을 수 있다. 실존주의는 자유의사에 따른 주체적인 판단과 선택으로 학생이 자신의 생활과 운명을 결정지을 수 있도록 하는 자아실현적 인간 형성을 위한 전인 교육 사상이다. 이러한 교육을 실현하는 방법은 두 가지가 있다. 첫째, 쿠레레 방법을 활용한다. 이를 통해 자신의 교육적 경험을 스스로 성찰하여 자신을 이해할 수 있다. 둘째, 인간 중심 교육과정을 활용한다. 교사는 학생을 진실성 있게 대하고, 긍정적으로 존중하고 공감해 줌으로써 학생과 교육을 인간화시키는 데 기여할 수 있다.

다음으로 인성교육 활성화를 위해 또 다른 관점을 제시할 수 있다. 김 교사는 인성교육에 대하여 아리스토텔레스와 그 관점을 같이하고 있다. 김 교사는 지식교육과 인간교육이 과연 별개의 개념인지 먼저 검토해 보아야 한다고 언급하였다. 아리스토텔레스는 학습자는 스스로 진리를 탐구하고 발전시킬 가능성이 있다고 보았고, 보편적 진리와 도덕적 인간을 추구하였다. 또한 '덕은 곧 지식이다'라는 말을 통해 옳고 그름을 분별해야 도덕적인 삶을 실현할 수 있다고 보았다. 지식교육에만 치중해 있는 우리나라 교육을 개선하기 위해서는 인간교육이 필요하다. 이를 해결하기 위해 김 교사가 제안한 교육과정은 인간 중심 교육과정이다. 인간 중심 교육과정은 학생의 잠재적 능력 향상과 자아실현, 전인 교육을 위한 교육과정이다. 이를 운영하기 위해 교사는 두 가지 역할을 수행해야 한다. 첫째, 교사는 촉진자의 역할을 한다. 교사는 지식을 일방적으로 가르치는 것이 아니라 학생들의 내적 동기를 자극해 스스로 학습할 수 있도록 한다. 둘째, 인간주의적 교사의 역할을 한다. 교사는 진실성, 긍정적 존중, 공감, 수용을 통해 학생의 인성 계발을 촉진한다.

한편 인성교육을 추진하기 위해 평가의 관점을 변화시킬 필요가 있다. 박 교사가 언급한 평가의 구체적인 방법에는 일화 기록법이 있다. 학생을 관찰하여 유의미한 행동 사례를 기록하고 분석하는 방법이다. 이 평가를 실시할 때 교사는 객관적인 관점에서 학생의 정의적 특성을 관찰할 필요가 있다. 또한 박 교사가 인성교육을 위해 언급한 교육관은 인본주의적 교육관이다. 인성교육이 미흡한 원인은 우리 교사와 학생 모두에게 있다고 본다는 점에서 그 근거를 찾을 수 있다. 인본주의적 교육관은 인간을 환경과 상호작용하는 존재로 보고 자아실현을 목표로 하는 관점이다. 이 교육관의 특징은 학습자의 자율적이고 적극적인 학습 참여를 중요시한다는 것이다. 따라서 교사는 학생의 정의적 특성을 고려하는 평가를 하고 학생을 자율적인 존재로 보는 교육관을 통해 인성교육 활성화에 기여할 수 있다.

마지막으로 인성교육을 위해 적절한 교수 방법을 선택할 필요가 있다. 송 교사가 제안한 교수 방법은 인지적 유연성 이론이다. 인

최종 모범답안 (1회차 - B)

본인은 수험생 유의 사항을 숙지하였으며 이를 지키지 않아 발생하는 모든 불이익을 감수할 것을 서약합니다.		수	① ②	※결시자 확인란(수험생은 표기하지 말 것)	
성 명		험	⓪ ① ② ③ ④ ⑤ ⑥ ⑦ ⑧ ⑨	결시자 설명과 수험 번호 기재 검은색 펜으로 결시자 수험 번호, 쪽 번호와 우측란은 '●'로 표기	○
			① ② ③ ④ ⑤ ⑥ ⑦ ⑧ ⑨		
	쪽 번호	번	⓪ ① ② ③ ④ ⑤ ⑥ ⑦ ⑧ ⑨	※감독관 확인란(수험생은 표기하지 말 것)	
교육학 논술 전용 답안지	①●		⓪ ① ② ③ ④ ⑤ ⑥ ⑦ ⑧ ⑨	- 본인 여부, 성명, 수험 번호, 쪽 번호 기록이 정확한지 확인 후 서명/날인	(서명 또는 날인)
		호	⓪ ① ② ③ ④ ⑤ ⑥ ⑦ ⑧ ⑨	- 결시자는 위의 결시자 확인란에도 표기	
			⓪ ① ② ③ ④ ⑤ ⑥ ⑦ ⑧ ⑨		
			⓪ ① ② ③ ④ ⑤ ⑥ ⑦ ⑧ ⑨		

- 수험 번호와 쪽 번호는 검은색 펜을 사용하여 '●'로 표기하시오.
- 답안은 지워지거나 번지지 않는 동일한 종류의 검은색 펜을 사용하여 작성하시오(연필/사인펜/수정테이프/수정액 사용 불가).
- 수험생 유의 사항을 위반하여 작성한 답안의 경우, 해당 부분이나 답안지 전체를 채점하지 않으니 유의하시오.

지적 유연성 이론은 지식은 단편적으로 구성된 것이 아니라 다차원적으로 구성되어 있다고 보아 학생들에게 일차원적 개념이 아닌 다차원적인 개념을 가르치는 구성주의적 교수 설계 이론이다. 인성의 다양한 관점을 보여 주는 여러 사례를 모은 웹사이트를 만들었다는 점에서 그 근거를 찾을 수 있다. 이 교수 방법을 실시할 때 교사는 두 가지를 주의해야 한다. 첫째, 단편적인 정보만 제공하지 않도록 상황과 문맥을 파악할 수 있는 통합적인 자료를 제시해야 한다. 둘째, 지식의 아노미 현상이 발생하지 않도록 학습 주제에 맞는 자료를 제시해야 한다. 따라서 교사는 학습자가 스스로 지식을 구성하고 다양한 관점을 통한 인성을 배우게 함으로써 인성교육의 강화에 기여할 수 있다.

지금까지 '인성교육 활성화를 위한 학교와 교사의 역할'이라는 주제로 교육철학, 교육과정, 교육평가, 교수 방법에 대하여 알아보았다. 본문에서 논의된 바를 토대로 학생의 인성교육을 위해 자아 성찰과 자아실현이 가능한 교육 환경을 구현할 필요가 있다. 이를 통해 급변하는 현대 사회에 대비할 수 있는 인재를 양성할 수 있을 것이다.

첨삭 배우기 (1회차 - C)

학교는 학생들의 자아실현을 돕는 곳이다. 교사는 학생들이 학교에 적응하고 ~~자신의~~ 자아[1]를 실현할 수 있도록 도와야 한다. 이를 위해~~서는~~ 교사는[2] 실존주의, 인간중심 교육과정, 정의적 평가, 인지적 유연성 이론에 대하여 전문성을 갖추어 인성교육이 활성화될 수 있도록 해야 한다. 따라서 본 글에서는 인성교육 활성화를 위한 학교와 교사의 역할을 주제로 교육철학, 교육과정, 교육평가, 교수방법에 대하여 논의해 보겠다.

먼저 송교사는 인성교육을 위해 인간존재의 문제를 다룰 수 있어야 한다고 주장한다. 송교사가 정의한 인성교육의 의미는 실존주의에 적합하다. 실존주의~~에서~~는[3] 자아실현적 인간형성을 추구하는 철학으로 전인교육을 강조한다. 지식 위주의 교육보다 전인교육이 실현될 때 ~~학생들의 인간존재에 대한~~인간 존재에 대한 학생들의 성찰이[4] 촉진될 수 있다. 또한 송교사가 주장하는 교육의 구체적인 방법은 다음과 같다. 첫째, 자기평가를 ~~실시함으로서~~ [5]실시함으로써자신의 강점과 약점을 파악하는 자아성찰을 촉진할 수 있다. 둘째, 파이너의 쿠레레 교육방법을 적용하여 학생 개인의 고유한 교육경험이 어떤 ~~의미를 가지는지~~의미가 있는지 지각하게 하여 자아실현과 자아성찰을 촉진한다. 이처럼 지식교육보다 학생 스스로 성찰할 수 있는 교육을 실시할 때 인성교육이 활성화 될 수 있다.

다음으로 김교사는 최교사와 송교사의 교육철학 ~~주장에~~주장과는 상반된 견해를 ~~보이고 있다.~~보인다[6] 김교사는 분석적 교육철학을 주장하고 있다. 이는 본문의 ~~지식교육과 인간교육이~~지식 교육과 인간 교육이 별개의 개념인지 논리적으로 분석해 보아야 한다는 부분에서 알 수 있다. 또한 김교사는 학생들의 자아실현을 돕는 교육과정을 도입하고자 한다. 이는 인간중심 ~~교육과정으로 그 개념은~~[7]교육과정으로, 학생들의 잠재능력을 계발해 전인교육과 자아실현을 돕는 교육과정이다. 인간중심 교육과정에서 교사의 역할은 ~~2가지~~두 가지이다. 첫째, 공감하고 이해해주는 교사이다. 학생들의 이야기에 경청하고 공감해주는 자세가 필요하다. 둘째, ~~무조건적으로~~조건 없이[8] 긍정적인 존중을 해주는 교사이다. 학생들의 잠재가능성을 기대하고 존중해주는 교사의 역할이 필요하다. 이처럼 인간주의 교사가 될 때 윤활한[9] 인성교육이 실시될 수 있다.

1 '자아'라는 단어에 이미 '자신의'라는 의미가 포함되어 있으므로 '자신의'를 삭제해야 합니다.

2 '교사는'이라는 주어가 이미 있으므로 주어 역할을 하게 되는 '~서는'은 삭제하는 것이 좋습니다.

3 '-에서'는 장소를 나타낼 때 사용하는 부사이므로, 이 경우에는 '실존주의는~'으로 수정하는 것이 적합합니다.

4 뒤에 오는 '성찰'의 주체는 '학생들'이므로, '성찰'을 수식하는 관형어 '학생의'를 '성찰' 바로 앞에 제시하는 것을 제안합니다.

5 '~서'는 '교사로서'와 같이 역할의 의미를 나타낼 때 사용합니다. 해당 문장과 같이 방법의 의미로 사용하는 경우 '~써'가 적절한 표현입니다.

6 '보인다.'가 좀 더 간결합니다.

7 앞절과 뒷절의 내용을 구분하기 위해 ',' 사용을 제안합니다. 또한 해당 문장의 시작에 '이는'이라는 지시어를 사용하였으므로, 중복하여 지시어를 사용('그 개념은~')하는 것을 지양하는 것이 좋습니다.

8 과거 기출문제에서도 '무조건적인 긍정적 존중'을 많이 사용했지만, 이제는 바꿔쓰는 것이 좋겠습니다.

9 '윤활'은 기계의 부품에서 자주 쓰는 말이므로 '원활한'을 제안합니다.

한편 박교사는 정의적 평가를 실시하고자 한다. 그 구체적인 실행방법에는 관찰법이 있다. 관찰법으로 학생의 정의적 특성을 평가할 때는 ~~계획적으로 평가해야 하며~~[10], 계획적이어야 하며, 관찰 결과는 반드시 기록후 분석해야 한다는 점을 주의해야 한다. 또한 박교사는 인성교육의 미흡한 원인이 교사와 학생 모두에게 있다고 보는 총평관 관점을 취하고 있다. 이는 인본주의적 교육관과 관련이 ~~있으며 인본주의적 교육관의 특징에는~~있는데, 인본주의적 교육관의 특징은 학교 교육 실패의 책임이 교사와 학생 모두에게 있다는 것이다. 이처럼 인성교육을 활성화하기 위해서는 정의적 평가가 실시되어야 한다.

마지막으로 송교사는 학생들에게 다양한 사례를 제시해 인성교육을 다각도로 체험할 수 있도록 노력한다. 송교사가 제안하는 인지적유연성이론은 단순한 지식습득이 아닌 다차원적 개념 습득을 지향하며, 다양한 사례를 통한 학습을 강조한 이론이다. 인지적 유연성 이론을 토대로 수업을 실시할 때 다음과 같은 사항을 주의해야 한다. 첫째, 학생들의 수준을 고려해 자료를 제시하여 제시된 자료가 인지적 부담이 되지 않도록 한다. 둘째, 하이퍼 미디어를 활용하여 자료를 제시할 때는 ~~영상~~길이가 짧은 영상[11]을 여러개 제시한다. 이와 같은 점을 고려해 교수학습을 진행한다면 효과적인 교수학습과 ~~인성교육이 실현될~~[12]인성교육을 실현할 수 있다.

지금까지 인성교육 활성화를 위한 학교와 교사의 역할을 주제로 교육철학, 교육과정, 교육평가, 교수방법에 대하여 논의해 보았다. 소홀해진 인성교육을 강화하기 위해서는(추가)[13] 학교의 노력도 중요하지만, 교사의 역할이 가장 중요하다. 따라서 교사는 실존주의, 인간중심 교육과정, 정의적 평가, 인지적유연성이론에 전문성을 갖추기 위해 노력해야 하며, 그 결과 ~~인성교육이 활성화 될 수~~인성교육을 활성화할 수 있을 것이다.

[10] '평가하다'라는 서술어를 중복하여 사용하였으므로 수정하는 것이 좋습니다.

[11] 단어의 중복이 있습니다. 단어가 중복되지 않도록 문장을 작성하는 연습을 해야 합니다.

[12] 피동의 의미를 꼭 사용해야 하는 경우가 아니라면, '실현되다'와 같은 피동 표현은 지양하는 것이 좋습니다.

[13] 주어 역할을 하는 어구가 명확하게 보여야 독자(평가자)에게 문장이 한눈에 들어오는 효과가 있습니다.

이것만은 꼭 지키자

1. '인지적 유연성 이론'과 같이 단어와 단어 사이는 띄어 쓰는 것을 원칙으로 합니다. 다만, '교육내용'과 같이 단어와 단어의 결합이더라고 교육학이나 교과교육학 내에서 전문적으로 사용하는 용어의 경우 붙여 쓰는 것도 허용합니다. 이 둘의 구분을 연습해야 합니다.

2. 문법적 오류를 수정하는 연습을 하는 것이 좋겠습니다. 서술어 중복, 적절한 조사 사용, 피동 표현 지양 등에 신경 써서 비문(문법에 맞지 않는 문장)을 최대한 발생하지 않도록 해야 합니다. 전공자가 아닌 이상 쉽지 않겠지만, 노력하면 최소한으로 줄일 수 있습니다.

3. 문장을 쓸 때 한 문장 내에서 단어가 중복되지 않도록 유의해야 합니다. 단어가 중복되는 경우, 비문이 되는 문제가 있을 뿐만 아니라 독자(평가자)가 글쓰기의 성실성을 의심하게 되는 역기능을 초래할 수 있습니다.

최종 모범답안 (1회차 - C)

본인은 수험생 유의 사항을 숙지하였으며 이를 지키지 않아 발생하는 모든 불이익을 감수할 것을 서약합니다.		수험번호	① ②	※ 결시자 확인란(수험생은 표기하지 말 것)	
			⓪ ① ② ③ ④ ⑤ ⑥ ⑦ ⑧ ⑨	결시자 설명과 수험 번호 기재 검은색 펜으로 결시자 수험 번호, 쪽 번호와 우측란은 '●'로 표기	○
성 명			① ② ③ ④ ⑤ ⑥ ⑦ ⑧ ⑨		
			⓪ ① ② ③ ④ ⑤ ⑥ ⑦ ⑧ ⑨		
교육학 논술 전용 답안지	쪽 번호		⓪ ① ② ③ ④ ⑤ ⑥ ⑦ ⑧ ⑨	※ 감독관 확인란(수험생은 표기하지 말 것)	
	●②		⓪ ① ② ③ ④ ⑤ ⑥ ⑦ ⑧ ⑨	- 본인 여부, 성명, 수험 번호, 쪽 번호 기록이 정확한지 확인 후 서명/날인 - 결시자는 위의 결시자 확인란에도 표기	(서명 또는 날인)
			⓪ ① ② ③ ④ ⑤ ⑥ ⑦ ⑧ ⑨		
			⓪ ① ② ③ ④ ⑤ ⑥ ⑦ ⑧ ⑨		

- 수험 번호와 쪽 번호는 검은색 펜을 사용하여 '●'로 표기하시오.
- 답안은 지워지거나 번지지 않는 동일한 종류의 검은색 펜을 사용하여 작성하시오(연필/사인펜/수정테이프/수정액 사용 불가).
- 수험생 유의 사항을 위반하여 작성한 답안의 경우, 해당 부분이나 답안지 전체를 채점하지 않으니 유의하시오.

학교는 학생들의 자아실현을 돕는 곳이다. 교사는 학생들이 학교에 적응하고 자아를 실현할 수 있도록 도와야 한다. 이를 위해 교사는 실존주의, 인간 중심 교육과정, 정의적 평가, 인지적 유연성 이론에 대하여 전문성을 갖추어 인성교육이 활성화될 수 있도록 해야 한다. 따라서 본 글에서는 인성교육 활성화를 위한 학교와 교사의 역할을 주제로 교육철학, 교육과정, 교육평가, 교수 방법에 대하여 논의해 보겠다.

먼저 송 교사는 인성교육을 위해 인간 존재의 문제를 다룰 수 있어야 한다고 주장한다. 송 교사가 정의한 인성교육의 의미는 실존주의에 적합하다. 실존주의는 자아실현적 인간 형성을 추구하는 철학으로 전인교육을 강조한다. 지식 위주의 교육보다 전인교육이 실현될 때 인간존재에 대한 학생들의 성찰이 촉진될 수 있다. 또한 송 교사가 주장하는 교육의 구체적인 방법은 다음과 같다. 첫째, 자기평가를 실시함으로써 자신의 강점과 약점을 파악하는 자아 성찰을 촉진할 수 있다. 둘째, 파이너의 쿠레레 교육 방법을 적용하여 학생 개인의 고유한 교육 경험이 어떤 의미가 있는지 지각하게 하여 자아실현과 자아 성찰을 촉진한다. 이처럼 지식교육보다 학생 스스로 성찰할 수 있는 교육을 실시할 때 인성교육이 활성화될 수 있다.

다음으로 김 교사는 최 교사와 송 교사의 교육철학 주장과는 상반된 견해를 보인다. 김 교사는 분석적 교육철학을 주장하고 있다. 이는 본문의 지식교육과 인간교육이 별개의 개념인지 논리적으로 분석해 보아야 한다는 부분에서 알 수 있다. 또한 김 교사는 학생들의 자아실현을 돕는 교육과정을 도입하고자 한다. 이는 인간중심 교육과정으로, 학생들의 잠재 능력을 계발해 전인교육과 자아실현을 돕는 교육과정이다. 인간중심 교육과정에서 교사의 역할은 두 가지이다. 첫째, 공감하고 이해해 주는 교사이다. 학생들의 이야기에 경청하고 공감해 주는 자세가 필요하다. 둘째, 조건 없이 긍정적인 존중을 해 주는 교사이다. 학생들의 잠재 가능성을 기대하고 존중해 주는 교사의 역할이 필요하다. 이처럼 인간주의 교사가 될 때 원활한 인성교육이 실시될 수 있다.

한편 박 교사는 정의적 평가를 실시하고자 한다. 그 구체적인 실행 방법에는 관찰법이 있다. 관찰법으로 학생의 정의적 특성을 평가할 때는 계획적이어야 하며, 관찰 결과는 반드시 기록 후 분석해야 한다는 점을 주의해야 한다. 또한 박 교사는 인성교육의 미흡한 원인이 교사와 학생 모두에게 있다고 보는 총평관 관점을 취하고 있다. 이는 인본주의적 교육관과 관련이 있는데, 인본주의적 교육관의 특징은 학교 교육 실패의 책임이 교사와 학생 모두에게 있다는 것이다. 이처럼 인성교육을 활성화하기 위해서는 정의적 평가가 실시되어야 한다.

마지막으로 송 교사는 학생들에게 다양한 사례를 제시해 인성교육을 다각도로 체험할 수 있도록 노력한다. 송 교사가 제안하는 인지적 유연성 이론은 단순한 지식습득이 아닌 다차원적 개념 습득을 지향하며, 다양한 사례를 통한 학습을 강조한 이론이다. 인지적 유연성 이론을 토대로 수업을 실시할 때 다음과 같은 사항을 주의해야 한다. 첫째, 학생들의 수준을 고려해 자료를 제시하여 제시된자료가

최종 모범답안 (1회차 - C)

<table>
<tr><td>본인은 수험생 유의 사항을 숙지하였으며 이를 지키지 않아 발생하는 모든 불이익을 감수할 것을 서약합니다.</td><td></td><td rowspan="8">수
험
번
호</td><td></td><td>① ②</td><td colspan="2">※결시자 확인란(수험생은 표기하지 말 것)</td></tr>
<tr><td colspan="2">성 명</td><td></td><td>⓪ ① ② ③ ④ ⑤ ⑥ ⑦ ⑧ ⑨</td><td rowspan="3">결시자 설명과 수험 번호 기재
검은색 펜으로 결시자 수험 번호,
쪽 번호와 우측란은 '●'로 표기</td><td rowspan="3">○</td></tr>
<tr><td colspan="2"></td><td></td><td>① ② ③ ④ ⑤ ⑥ ⑦ ⑧ ⑨</td></tr>
<tr><td rowspan="5">교육학 논술
전용 답안지</td><td>쪽 번호</td><td></td><td>⓪ ① ② ③ ④ ⑤ ⑥ ⑦ ⑧ ⑨</td></tr>
<tr><td rowspan="4">①●</td><td></td><td>⓪ ① ② ③ ④ ⑤ ⑥ ⑦ ⑧ ⑨</td><td colspan="2">※감독관 확인란(수험생은 표기하지 말 것)</td></tr>
<tr><td></td><td>⓪ ① ② ③ ④ ⑤ ⑥ ⑦ ⑧ ⑨</td><td rowspan="3">- 본인 여부, 성명, 수험 번호, 쪽 번호 기록이 정확한지 확인 후 서명/날인
- 결시자는 위의 결시자 확인란에도 표기</td><td rowspan="3">(서명 또는 날인)</td></tr>
<tr><td></td><td>⓪ ① ② ③ ④ ⑤ ⑥ ⑦ ⑧ ⑨</td></tr>
<tr><td></td><td>⓪ ① ② ③ ④ ⑤ ⑥ ⑦ ⑧ ⑨</td></tr>
</table>

- 수험 번호와 쪽 번호는 검은색 펜을 사용하여 '●'로 표기하시오.
- 답안은 지워지거나 번지지 않는 동일한 종류의 검은색 펜을 사용하여 작성하시오(연필/사인펜/수정테이프/수정액 사용 불가).
- 수험생 유의 사항을 위반하여 작성한 답안의 경우, 해당 부분이나 답안지 전체를 채점하지 않으니 유의하시오.

인지적 부담이 되지 않도록 한다. 둘째, 하이퍼 미디어를 활용하여 자료를 제시할 때는 길이가 짧은 영상을 여러 개 제시한다. 이와 같은 점을 고려한다면 효과적인 교수학습과 인성교육을 실현할 수 있다.

지금까지 인성교육 활성화를 위한 학교와 교사의 역할을 주제로 교육철학, 교육과정, 교육평가, 교수 방법에 대하여 논의해 보았다. 소홀해진 인성교육을 강화하기 위해서는 학교의 노력도 중요하지만, 교사의 역할이 가장 중요하다. 따라서 교사는 실존주의, 인간 중심 교육과정, 정의적 평가, 인지적 유연성 이론에 전문성을 갖추기 위해 노력해야 하며, 그 결과 인성교육을 활성화할 수 있을 것이다.

첨삭 배우기 (1회차 - D)

다양한 사회적 문제가 야기됨에 따라 ~~과거 지적교육만 중시했던 것과 달리~~지적 교육만 중시했던 과거와 달리 오늘날에는[1] 인성교육의 중요성이 대두되고 있다. 따라서 본 글에서는 '인성교육활성화를 위한 ~~학교와~~학교의 역할'이라는 주제로 교육철학, 교육과정, 교육평가, 교육방법의 측면에서 ~~살펴보고자 한다.~~[2]살피고자 한다.

[1] '달리'의 대상은 '과거'이므로 '과거'와 '달리'를 붙여 '~했던 과거와 달리 오늘날에는'으로 작성하여 비교하는 대상을 명확하게 제시해야 합니다.

[2] '살피고자 한다', '살피기로 한다.', '살필 것이다.'와 같이 조금 더 확정적인 표현의 사용을 제안합니다.

송교사가 정의한 ~~인성교육을~~인성교육의 의미에 부합하는 교육철학적 관점은 실존주의로, 인간존재에 대한 성찰을 통해 인간문제에 ~~관심을 갖고~~관심을 두고 개인의 자율성, 주관성을 중시하는 관점이다. 송교사가 주장하는 교육의 구체적인 방법은 다음과 같다(추가)[3]. 첫째, 만남을 통한 교육으로 교사와 학생이 나-너의 관계를 맺고 인격적인 ~~만남,~~만남을 가지며 대화를 하는 것이고, 둘째,[4] 비연속적 교육으로 각성, 충고, 위기, 모험 등 비연속적 요소를 통해 학습지를 비약적으로 성장시키는 것이다. ~~이와 같이~~이처럼 인성교육의 활성화를 위해 교사는 학생이 인간존재에 ~~대한 성찰을~~대해 성찰할 할 수 있도록 적절한 교육방법을 활용할 필요가 있다.

[3] 독자(평가자)에게 이제부터 송교사가 주장하는 교육 방법을 설명할 것임을 예고하는 표지를 작성하는 것이 좋습니다.

[4] 문장이 길게 쉼표 사용을 통해 길게 이어지고 있는 구조이므로 ','가 꼭 필요한 경우가 아니라면 '만남을 가지며'와 같이 이어 쓰는 것이 좋습니다.

김교사의 견해와 가장 유사한 교육철학은 분석적 교육철학으로, 이는 교육의 개념, 의미를 명료화하는 것에 초점을 ~~두는 교육철학이다.~~둔다. 김교사가 제안하는 교육과정은 인간중심 교육과정으로, 그 개념은 학생의 자율성을 신장시키고 자아실현, 잠재력을 계발하기 위한 학교에서의 모든 ~~경험이고,~~경험을 포함한다. 교사의 역할은 첫째, 학생을 존중, 수용, 공감하는 교사이고, 둘째, 진실성있는 교사이다. ~~이와 같이~~[5]이처럼 인성교육의 활성화를 위해 교사는 인성교육의 의미를 명료화하고, 인간중심 교육과정에 근거한 인간주의적 교사가 되어야 한다.

[5] 이와 같이는 맞춤법 오류입니다. '이처럼'으로 쓰는 게 더 좋습니다.

박교사가 언급한 평가의 구체적인 실행방법은 관찰법으로, 생활, 학습 장면에서의 학생의 행동을 전반적으로 관찰하는 ~~것으로,~~[6]것이다. 이를 실시할 때 교사가 주의해야 할 점은 객관적인 태도로 ~~지속적 기록을 하는 것이다.~~[7]지속해서 기록해야 한다는 것이다. 박교사의 견해에 부합하는 교육관의 종류는 인본주의적 교육관으로~~특징은 교육의 목적을 자아실현에 두는 것이다.~~, 교육의 목적을 자아실현에 둔다는 특징이 있다. ~~이와 같이~~이처럼 인성교육의 활성화를 위해 교사는 인본주의적 교육관을 토대로 학생간 비교보다는 정의적 특

[6] 해당 부분을 '~것으로,'로 이으면 문장이 너무 길어지므로, 한 문장을 두 문장으로 나누는 것이 가독성 측면에서 훨씬 유리합니다.

[7] '지속적 기록'은 일상생활에서 쓰는 단어의 조합이 아니며, 학술적으로도 개념화되어 있지 않으므로 '지속해서 기록해야 한다는~'으로 수정하는 것이 좋습니다.

성을 평가하도록 해야 한다.

송교사가 제안하는 교수방법의 명칭은 인지적 융통성 이론으로, ~~개념은~~ 복잡하고 비구조화된 문제를 제시하여 개념의 다양한 관점을 파악해 인지적 융통성을 획득하는 ~~것으로,~~ 것을 의미한다. ~~교사가 주의해야 할 점은~~교사는 두 가지를 주의해야 하는데 첫째, 학생의 수준에 적합한 다양한 사례를 제시해야 ~~하는 것,~~[8]하며, 둘째, 학생이 주체적·자율적으로 학습을 진행할 수 있도록 조력자의 역할을 ~~수행하는 것이다.~~수행해야 한다. ~~이와 같이~~이처럼 인성교육의 활성화를 위해 교사는 인지적 융통성 이론과 같은 적절한 교수방법을 통해 효율적으로 인성교육이 실행되도록 노력해야 한다.

8 앞절의 서술어 모양과 뒷절의 서술어 모양을 맞추는 것이 좋습니다. (~제시해야 하며, ~수행해야 한다.)

지금까지 '인성교육의 활성화를 위한 학교와 교사의 역할'이라는 주제를 토대로 교육철학에서의 실존주의, 분석철학, 교육과정에서의 인간중심 교육과정, 교육평가에서의 정의적 특성 평가 중 관찰법, 인본주의적 교육관, 교수방법에서의 인지적 융통성 이론에 대해 살펴보았다. 21세기를 살아가는 학생들에게는[9](추가) 지적교육도 중요하지만,(추가) 그에 못지않게 인성교육도 중요하다. 따라서 교사는 인성교육의 중요성을 인식하고 다양한 측면에서 학생의 인성교육이 바람직하게 이루어질 수 있도록 노력해야 할 것이다.

9 주어 역할을 하는 어구가 가시적으로 제시되어야 독자(평가자)가 문장의 구조를 한눈에 파악할 수 있습니다.

이것만은 꼭 지키자

1. 문장이 길어지지 않도록 유의하며 글을 쓰는 연습을 하면 더 좋은 답안을 작성할 수 있겠습니다. 문장이 길어질 경우, 독자(평가자)의 가독성이 떨어지므로 글에서 하고자 하는 말을 파악하기에 어렵다는 문제가 있습니다. 따라서 적정 길이에서 문장을 끊어 작성해야 합니다.
2. 많은 수험생이 '이와 같이'라는 접속 표현을 습관적으로 사용하는데, 이는 '이처럼'으로 수정하여 작성하는 것이 좋습니다.

최종 모범답안 (1회차 – D)

본인은 수험생 유의 사항을 숙지하였으며 이를 지키지 않아 발생하는 모든 불이익을 감수할 것을 서약합니다.		수험번호	① ②	※결시자 확인란(수험생은 표기하지 말 것)	
			⓪ ① ② ③ ④ ⑤ ⑥ ⑦ ⑧ ⑨	결시자 설명과 수험 번호 기재 검은색 펜으로 결시자 수험 번호, 쪽 번호와 우측란은 '●'로 표기	○
성 명			① ② ③ ④ ⑤ ⑥ ⑦ ⑧ ⑨		
			⓪ ① ② ③ ④ ⑤ ⑥ ⑦ ⑧ ⑨		
교육학 논술 전용 답안지	쪽 번호		⓪ ① ② ③ ④ ⑤ ⑥ ⑦ ⑧ ⑨	※감독관 확인란(수험생은 표기하지 말 것)	
	●②		⓪ ① ② ③ ④ ⑤ ⑥ ⑦ ⑧ ⑨	– 본인 여부, 성명, 수험 번호, 쪽 번호 기록이 정확한지 확인 후 서명/날인 – 결시자는 위의 결시자 확인란에도 표기	(서명 또는 날인)
			⓪ ① ② ③ ④ ⑤ ⑥ ⑦ ⑧ ⑨		
			⓪ ① ② ③ ④ ⑤ ⑥ ⑦ ⑧ ⑨		

– 수험 번호와 쪽 번호는 검은색 펜을 사용하여 '●'로 표기하시오.
– 답안은 지워지거나 번지지 않는 동일한 종류의 검은색 펜을 사용하여 작성하시오(연필/사인펜/수정테이프/수정액 사용 불가).
– 수험생 유의 사항을 위반하여 작성한 답안의 경우, 해당 부분이나 답안지 전체를 채점하지 않으니 유의하시오.

다양한 사회적 문제가 야기됨에 따라 지적 교육만 중시했던 과거와 달리 오늘날에는 인성교육의 중요성이 대두되고 있다. 따라서 본 글에서는 '인성교육 활성화를 위한 학교의 역할'이라는 주제로 교육철학, 교육과정, 교육평가, 교육 방법의 측면에서 살피고자 한다.

송 교사가 정의한 인성교육의 의미에 부합하는 교육철학적 관점은 실존주의로, 인간존재에 대한 성찰을 통해 인간 문제에 관심을 두고 개인의 자율성, 주관성을 중시하는 관점이다. 송 교사가 주장하는 교육의 구체적인 방법은 다음과 같다. 첫째, 만남을 통한 교육으로 교사와 학생이 나–너의 관계를 맺고 인격적인 만남을 가지며 대화를 하는 것이고, 둘째, 비연속적 교육으로 각성, 충고, 위기, 모험 등 비연속적 요소를 통해 학습지를 비약적으로 성장시키는 것이다. 이처럼 인성교육의 활성화를 위해 교사는 학생이 인간 존재에 대해 성찰할 수 있도록 적절한 교육 방법을 활용할 필요가 있다.

김 교사의 견해와 가장 유사한 교육철학은 분석적 교육철학으로, 이는 교육의 개념, 의미를 명료화하는 것에 초점을 둔다. 김 교사가 제안하는 교육과정은 인간 중심 교육과정으로, 그 개념은 학생의 자율성을 신장시키고 자아실현, 잠재력을 계발하기 위한 학교에서의 모든 경험을 포함한다. 교사의 역할은 첫째, 학생을 존중, 수용, 공감하는 교사이고, 둘째, 진실성 있는 교사이다. 이처럼 인성교육의 활성화를 위해 교사는 인성교육의 의미를 명료화하고, 인간 중심 교육과정에 근거한 인간주의적 교사가 되어야 한다.

박 교사가 언급한 평가의 구체적인 실행방법은 관찰법으로, 생활, 학습 장면에서의 학생의 행동을 전반적으로 관찰하는 것이다. 이를 실시할 때 교사가 주의해야 할 점은 객관적인 태도로 지속해서 기록해야 한다는 것이다. 박 교사의 견해에 부합하는 교육관의 종류는 인본주의적 교육관으로, 교육의 목적을 자아실현에 둔다는 특징이 있다. 이처럼 인성교육의 활성화를 위해 교사는 인본주의적 교육관을 토대로 학생 간 비교보다는 정의적 특성을 평가하도록 해야 한다.

송 교사가 제안하는 교수 방법의 명칭은 인지적 융통성 이론으로, 복잡하고 비구조화된 문제를 제시하여 개념의 다양한 관점을 파악해 인지적 융통성을 획득하는 것을 의미한다. 교사는 두 가지를 주의해야 하는데 첫째, 학생의 수준에 적합한 다양한 사례를 제시해야 하며 둘째, 학생이 주체적·자율적으로 학습을 진행할 수 있도록 조력자의 역할을 수행해야 한다. 이처럼 교사는 인지적 융통성 이론과 같은 적절한 교수 방법을 통해 효율적으로 인성교육이 실행되도록 노력해야 한다.

지금까지 '인성교육의 활성화를 위한 학교와 교사의 역할'이라는 주제를 토대로 교육철학에서의 실존주의, 분석철학, 교육과정에서의 인간 중심 교육과정, 교육평가에서의 정의적 특성 평가 중 관찰법, 인본주의적 교육관, 교수 방법에서의 인지적 융통성 이론에 대해 살펴보았다. 21세기를 살아가는 학생들에게는 지적 교육도 중요하지만, 그에 못지않게 인성교육도 중요하다. 따라서 교사는 인성교육의 중요성을 인식하고 다양한 측면에서 학생의 인성교육이 바람직하게 이루어질 수 있도록 노력해야 할 것이다.

[1회] 수험생이 자주 하는 질문 모음

답안을 쓰다 보니 2장을 넘겨 버렸습니다. 수험생들의 답안 분량이 궁금합니다. (전공 조리)

실제 시험에서는 두 장의 답안지가 제공되므로 답안은 두 장 이상을 넘길 수는 없습니다. 수험생들의 답안의 양은 보통 한 장하고 1/3 또는 1/2 정도 더 쓰는 편입니다. 중요한 것은 답안의 양이 아니라 핵심 키워드의 존재 여부이므로 양을 너무 의식할 필요는 없습니다. 참고로 고득점 답안은 글의 밀도가 높아 한 장에 끝나는 경우도 많습니다.

결론을 작성할 때 본론의 주제를 어느 정도로 언급해야 할지 고민됩니다. 카페를 찾아보니 다른 수험생분들도 비슷한 고민을 많이 하시는 것 같은데, 댓글을 읽을 때는 어느 정도 이해가 되다가도 막상 실제로 결론 부분에 다다르면 어느 내용을 어느 정도 가져다 써야 할지 고민이 됩니다. 이번 회차에서는 세부 내용이 아닌 문제에 나와 있는 키워드만 대강 가져다 써 보았는데 괜찮을까요? (전공 수학)

교육학 쓰는 연습을 본격적으로 할 때 가장 많이 받는 스트레스가 서론과 결론입니다. 그런데 서론과 결론은 배점이 높지 않으므로 힘을 뺄 필요가 없습니다. 1~2줄로 무성의하게 쓰는 것은 문제가 되지만 3~4줄 정도 쓰면 크게 문제가 되지 않습니다. 제가 이렇게 말할 수 있는 근거는 실제로 교육학 만점을 받은 수험생들의 답안을 수년간 복기해 본 경험이 있기 때문입니다. 정리하면, 서론과 결론은 1~2문장 쓰는 것을 피하고 대주제와의 연계가 부족한 모습만 보이지 않으면 됩니다. 그런데 실제로 테스트해 보면 시간이 부족해 아예 결론을 못 쓰는 경우가 종종 있습니다. 이런 상황을 예방하기 위해서는 서론, 결론의 만능틀 자동화는 필수입니다. (원페이지 카페 정회원 자료 참고)

명칭과 개념을 설명하라고 할 때 "명칭은 ㅇㅇ 이다.", "이 이론의 개념은 ~ 이다." 이런 식으로 표현해도 되나요? (전공 수학)

둘 다 괜찮습니다. 그냥 문제에서 요구한 대로 적으면 됩니다.

개념은 기억이 나는데 명칭이 기억이 안 날 경우, 따로 명칭을 쓰라는 말이 없으면 안 쓰고 흐지부지 끝내도 될까요? (전공 화학)

문제에서 명칭을 따로 요구하지 않았으면 쓰지 않아도 됩니다. 과거 기출문제를 분석해 보면 명칭만을 물을 때도 있고, 명칭과 개념을 동시에 묻거나 개념만 물을 때도 있습니다. 공부하다 보면 개념은 어렴풋이 아는데, 명칭이 갑자기 떠오르지 않는 경우가 많습니다. 그래서 파트별 목차를 잘 암기하고 있어야 명칭 인출을 쉽게 할 수 있습니다. 모든 목차를 안 보고 다 적는 건 어렵겠지만 그래도 최소한 70~80%는 암기해야 합니다. 원페이지는 모든 목차가 한 장에 정리되어 있으므로 목차 페이지를 사진 찍듯이 계속 보면서 머리에 입력해 보세요.

PART

02

원페이지 교육학
모의고사 (2회)

중등학교교사 임용후보자 선정경쟁시험

원페이지 교육학 (2회)

수험 번호 : ( ) 성 명 : ()

제1차 시험	1 교시	1문항 20점	시험 시간 60분

○ 문제지 전체 면수가 맞는지 확인하시오.

다음은 ○○ 중학교 최 교사가 학교생활을 하며 느낀 내용을 기록한 성찰일지이다. 최 교사의 메모를 읽고 '공동체 역량을 확대하는 교육'이라는 주제로 교육과정, 교육행정, 교육방법, 상담이론에 대한 내용을 구성요소로 하여 서론, 본론, 결론을 갖추어 논하시오. [20점]

#1 나는 고등학교 생활을 뒤로 하고 ○○중학교로 옮겼다. 이곳에서의 생활은 고등학교와 달라 적응이 쉽지 않다. 특히 교육과정에 큰 의문을 품고 있다. 우리 중학교에서는 과학을 1년, 영어를 2년, 수학을 3년 동안 의무적으로 가르치고 있다. 왜 미술이나 기술은 자주 가르치지 않고, 필수교과로도 지정되지 않은 건지 모르겠다. 내 생각에는 우리 학교가 몇몇 교과를 다른 대안적인 교과에 대한 면밀한 검토 없이 그저 전통적으로 가르쳐 온 교과이므로 계속해서 가르치고 있다고 생각한다. 물론 과학과 영어, 수학은 매우 중요한 과목이지만, 그 과정에서 학생들에게 매우 유용할 수 있는 다른 교과목들을 배울 기회를 박탈하는 느낌이 든다. 어떻게 하면 이것을 해결할 수 있을까?

#2 교장 선생님의 열정은 대단한 것 같다. 개학하기 전에 교직원 워크숍을 개최하여 올해의 교육 목표를 함께 설정하고 공유하려고 노력하신다. 내가 이 학교로 옮기고 나서 가장 신기했던 부분은 업무분장이다. 교육 목표에 맞게 업무분장을 해마다 새롭게 편성하고 역할을 분담한다. 학기 중에는 교사의 활동 과정과 결과에 대해 평가하고 수시로 피드백을 주신다. 그리고 연말에는 한 해의 성과에 따라 각 부서를 평가하고 보상을 한다. 때론 교장 선생님의 열정이 부담스러울 때도 있지만 학생들에게 좋은 결과로 돌아가는 것을 보면서 느끼는 바가 많다.

#3 교내 전문적 학습공동체 연수를 통해 다양한 교수법을 배웠다. 요즘에는 공부 잘하는 학생을 만드는 것보다 진정으로 행복한 학생을 길러내는 것이 더 중요하다. 행복한 수업을 위해서 이 학교 선생님들은 협동학습을 많이 활용한다. 다양한 협동학습 모형이 있지만, 개인별 향상점수에 집단 보상을 추가한 모형이 가장 좋은 것 같다. 자기 집단을 위해 공헌할 수 있다는 자신감을 주기 때문이다. 간혹 집단 내 분쟁이 일어날 때도 있지만, 큰 문제가 되지는 않았다.

#4 우리 반 반장인 철수는 성적에 굉장히 예민하다. 철수는 기말고사를 앞두고 '이번 시험은 틀림없이 망칠 것이고, 난 결국 인생의 실패자가 될 거야'라고 생각하고 있다. 나는 철수에게 왜 이번 시험을 망칠 것이라고 확신하는지, 또 시험에 한두 번 실패해 보지 않은 사람이 어디 있으며, 설령 시험성적이 원하는 만큼 나오지 않는다고 해도 그것이 어떻게 인생의 실패와 관련되는지를 생각해 보도록 하여 합리적인 신념을 갖게 하고자 하였다.

〈 배 점 〉

○ 논술의 내용 [총 15점]

- #1와 관련된 교육과정의 개념을 쓰고, 그 교육과정이 발생하는 원인 2가지, 최 교사의 고민을 해결하는 극복방안 1가지 [4점]
- #2와 관련된 학교경영기법의 개념을 설명하고 특징 1가지만 제시, 이 기법으로 학교를 경영할 때 발생할 수 있는 문제점 1가지와 학교 차원에서 이 문제를 해결할 수 있는 구체적인 방안 1가지 [4점]
- #3에 언급된 협동학습 모형의 명칭과 개념을 제시하고 특징 2가지만 제시, 집단 내 분쟁을 해결할 수 있는 구체적인 방안 1가지 [4점]
- #4에 언급된 상담이론의 명칭과 개념, ABCDE모형에 근거한 철수의 문제점 분석, 이를 해결하기 위한 구체적인 상담기법 1가지 [3점]

○ 논술의 구성 및 표현 [총 5점]

- 논술의 내용과 '공동체 역량을 확대하는 교육'의 연계 및 논리적 형식 [3점]
- 표현의 적절성 [2점]

〈수고하셨습니다.〉

교육학 논술 초안 작성지

원페이지 교육학 (2회)

채점 세부 기준

<table>
<tr><th rowspan="2">영역</th><th colspan="3">채점 세부 기준</th><th rowspan="2">배점</th></tr>
<tr><th colspan="2">내용 요소</th><th>점수 부여 기준</th></tr>
<tr><td rowspan="2">논술의
내용
[15점]</td><td rowspan="2">1</td><td>1#와 관련된 교육과정의 개념</td><td>**영 교육과정**: 배울 만한 가치가 있음에도 불구하고 1) 공식적인 교육과정에 포함되지 않거나, 편성되어 있더라도 2) 학교에서 의도적으로 가르치지 않는 교육과정이다.

출제근거 [2012 중등] 다음 (가)와 (나)의 내용에 가장 부합하는 교육과정의 유형을 바르게 짝지은 것은?

(가) 학생들은 학교에서 교사의 희망 때문에 자기 자신의 욕망을 억누르고 또 공동선 때문에 자기의 행동을 조심하는 것을 배운다. 그들을 둘러싸고 있는 규칙·규정 및 관례에 따르는 것을 배운다. 그들은 사소한 좌절감을 극복하고, 권위를 가지고 있는 사람의 계획과 정책이 비합리적이고 불분명할지라도 그것에 따르는 것을 배운다. 다른 사회적 기관의 구성원들과 마찬가지로 학생들도 '세상이 다 그런 거야'라고 말하는 것을 배운다.
– 잭슨(P. Jackson), 아동의 교실생활

(나) 왜 대부분의 중등학교에서 영어를 4년, 수학을 2년, 과학을 1~2년, 역사와 사회를 2~3년 동안 의무적으로 가르치는가? 왜 중등학교에서 법학, 경제학, 인류학, 심리학, 무용, 시각예술, 음악은 자주 가르치지 않거나 필수교과로 지정하지 않는가? (중략) 나는 우리가 학교에서 몇몇 교과를 다른 대안적인 교과에 대한 면밀한 검토 없이 그저 전통적으로 가르쳐 온 교과이므로 계속해서 가르치고 있다고 생각한다. 그 과정에서 우리는 종종 학생들에게 매우 유용하다고 입증된 교과를 가르치지 않는다.
– 아이즈너(E. Eisner), 교육적 상상력

(가) (나)
① 영 교육과정 중핵 교육과정
② 영 교육과정 잠재적 교육과정
③ 잠재적 교육과정 영 교육과정 (정답)
④ 잠재적 교육과정 중핵 교육과정
⑤ 중핵 교육과정 영 교육과정</td><td>1점</td></tr>
<tr><td>그 교육과정이 발생하는 원인 2가지</td><td>1) **학교의 오래된 관행(=타성)** - 교육과정 개발자의 편견이나 경직된 제도 및 신념
예 국어, 수학은 오래 가르쳐 왔는데 그동안 이상이 없었음(=효과입증) → 계속 가르치자!
예 제2외국어, 윤리, 기술과목은 별 효과가 없네? → 학습에서 배제하자!
2) **교사 또는 학생의 무능(=무지)**</td><td>각
1점</td></tr>
</table>

<table>
<tr><td></td><td></td><td>3) 정치적, 사회적 요인 예 산업사회에선 농업을 가르치지 않음</td><td></td></tr>
<tr><td></td><td>최 교사의 고민을 해결하는 극복방안 1가지</td><td>1) 교육과정을 편성할 때 교육적으로 가치 있는 내용을 빠뜨리지 않았는지 성찰하여 반영한다.
2) 모든 목표를 관찰할 수 있는 행동적 용어로 진술할 수 없으므로 학습 후에 목표를 재설정하는 것을 고려한다.</td><td>1점</td></tr>
<tr><td>2</td><td>#2 와 관련된 학교경영기법의 개념을 설명</td><td>개인과외 MBO를 언급하고 설명하면 가장 깔끔한 문제입니다. 그런데 MBO가 떠오르지 않을 경우, (문제가 어떤 명칭을 쓰는 것이 아니라 #2와 관련된 학교경영기법의 개념을 설명하라는 문제였기 때문에) 굳이 MBO를 언급하지 않고 본문에서 내용을 찾아서 쓴 답안도 정답처리 될 수 있습니다. 논술 시험은 수험생의 지문 분석 능력을 측정하려는 것도 있습니다.

목표관리기법(MBO): 조직 구성원들이 공동으로 참여해 교육목표를 수립하고, 이를 달성하기 위해 역할을 분담하여 노력하고, 그 성과에 대해 평가하고 보상하는 방식으로 운영하는 경영기법이다.

출제근거 [2010 중등] 다음에서 공통적으로 설명하고 있는 학교경영 관리 기법은?
• 드러커(P. Drucker)가 소개하고, 오디온(G. Odiorne)이 체계화하였다.
• 조직 구성원의 전체적인 참여와 합의를 중시한다.
• 활동의 과정과 결과에 대해 평가하며 수시로 피드백 과정을 거친다.
• 학교운영의 분권화와 참여를 통해 관료화를 방지할 수 있다.
① 델파이기법(Delphi Technique)
② 비용 − 수익분석법(Cost−Benefit Analysis)
③ 목표관리기법(Management by Objectives) (정답)
④ 영기준예산제(Zero−Base Budgeting System)
⑤ 정보관리체제(Management Information System)</td><td>1점</td></tr>
<tr><td></td><td>특징 1가지</td><td>(오픈형 문제)
교직원의 공동 참여 − 교장과 교사들이 함께 목표를 결정하고 그 목표에 도달하기 위해 성과와 책임을 공유하며 서로 노력한다.
보다 구체적이고 분명한 목표를 설정 − 목표에 따라 자원 및 예산을 배분한다.
자체적인 내부 평가 후 보상 − 정해진 기준에 따라 자체적으로 구성원의 기여도를 측정해 내부를 평가하고 보상한다.
(장점을 활용해도 무방하다)
목표에 집중 − 모든 학교교육 활동을 교육목표에 집중시켜 효율성을 늘릴 수 있다.
의사소통 활성 − 교직원들 간의 의사소통이 활성화되고 화합을 도모할 수 있다.
역할 갈등의 해소 − 목표와 책임에 대한 명료한 설정으로 교직원들 간의 역할 갈등을 해소한다.</td><td>각 1점</td></tr>
</table>

	이 기법으로 학교를 경영할 때 발생할 수 있는 문제점 1가지	(오픈형 문제) **단기적 구체적 목표 강조** - 장기적, 전인적 목표를 내세우는 학교에는 부적합하다. **업무부담 가중** – 목표설정과 성과보고는 많은 노력과 시간이 필요하다. **질적인 교육 저해** - 측정 가능한 계량적인 교육목표는 질적인 교육을 저해한다.	각 1점
	학교 차원에서 이 문제를 해결할 수 있는 구체적인 방안 1가지	(오픈형 문제) 개인과외 오픈형 문제는 수험생을 당황하게 하여 시간을 끌기 위한 문제일 뿐, 정답은 많이 열려 있으므로 상식선에서 서술하면 거의 답으로 처리되는 편입니다. 평소 배우지 않았거나 암기하지 않았다고 해서 당황할 필요가 없습니다. 교육학에서 자주 사용되는 단어로 답안을 서술하면 됩니다. **상위경영층의 꾸준한 노력** – 목표관리가 성공하려면 목표관리에 대한 구성원의 인식은 물론 조직구성원 간의 신뢰적인 조직분위기와 이들의 개방적인 태도가 갖추어져야 한다. 이것은 단기간에 형성될 수 없으므로 오랜 기간에 걸쳐 조성되어야 하므로 상위경영층의 꾸준한 노력이 요구된다. **구성원에게 각종 교육을 제공** - 목표관리 초기에 조직 각 층에서 기초 교육을 비롯해 목표설정 방법, 소통 교육, 관리자의 상담훈련, 개인행동 및 집단행동 개발 등 여러 가지 조직개발활동을 단계적으로 제공한다. 그 밖에도 MBO의 특징으로 있는 내용을 활용해 답안을 작성해도 무난하다. **(교직원의 공동 참여, 보다 구체적이고 분명한 목표를 설정, 자체적인 내부 평가 후 보상, 목표에 집중, 의사소통 활성 등등)**	
3	협동학습 모형의 명칭과 개념을 제시	직소2와 STAD 둘 다 가능. **직소2:** 이질 집단 형성 → 교육내용을 집단별로 한 영역씩 맡음 → 팀별로 학습 후 → 다른 팀원들의 학습을 책임지는 협동학습 모형이다. 직소2는 직소1에 집단보상을 추가한 것이다. **성취과제 분담학습(STAD):** 개인의 성취가 팀의 성취로 연결되도록 하여 협동학습을 촉진하는 모형이다.	1점
	특징 1가지	협동학습의 원리, 특징, 장점을 묻는다면 항상 **목, 상, 개, 팀, 보, 대, 성**을 떠올린 후 뽑아서 쓰면 된다. 1) 수업의 **목표가 구체적**이고 그 목표에 대한 학습자의 목표 인식도가 높다. 학습자는 수업목표를 분명히 제시받고 그 목표를 달성하기 위해 구체적인 활동을 한다. 2) 학습자는 **긍정적 상호의존성**이 있다. 서로 도와주어야 자신의 목적을 달성할 수 있기 때문이다. 3) **개별적 책무성**이 있다.★ 집단 구성원 개개인은 다른 구성원에 대해 개인적인 의무와 책임을 지고 있다. 4) **이질적인 팀 구성**을 한다.★ 인지적 능력의 차이, 문화적 배경의 차이가 클수록	1점

		다양한 관점, 다양한 생각을 가지기 때문이다. 5) **집단목표(집단보상)**가 있다. 집단목표 달성을 위해 동료들을 도와주고 도움을 받는 긍정적 상호작용을 한다. 6) **대면적 상호작용**이 있다. 서로에게 관심, 개방적 태도, 격려가 필요하다. 7) **성공기회 균등**	
	집단 내 분쟁을 해결할 수 있는 구체적인 방안 1가지	**(오픈형 문제)** 토론 방법, 책임, 상호의존성 등 **구체적인 협동학습 방법을 지도**한다. **주기적으로 소집단을 재편성**한다. 그 밖에 다양한 방법이 존재할 수 있다.	1점
4	상담이론의 명칭과 개념	**엘리스의 합리 정서 행동 상담이론(REBT)**: 개인의 **인지과정에 초점**을 맞춘 상담이론으로 개인이 **정서적 문제**를 겪고 문제행동을 유발하는 원인은 **그릇된 비합리적 신념, 평가, 해석** 등으로 사건을 받아들이기 때문이다. 그래서 상담의 목적은 **비합리적 신념을 합리적 신념으로 변화**시키는 것이다. (추가설명) 개념을 쓰는 문제는 핵심 키워드를 2개 이상 포함한 문장이면 정답처리 한다.	2점
	ABCDE모형에 근거한 철수의 문제점 분석	비합리적인 신념을 제거하는 방법으로 ABCDE 모형 중 B **신념체계 또는 비합리적인 신념** 등을 언급하여 설명하였으면 정답으로 처리한다. **신념체계(Belief system)**:선행사건 때문에 나타나는 개인의 비합리적인 신념이다. 예 합리적 신념 - 취업 불합격은 불운한 일이다. 비합리적 신념 - 취업 불합격은 파멸의 길이다. 출제근거 [2008 초등] 〈보기〉의 대화에서 합리적-정서적 행동치료의 ABCDE 상담 모형 중 B단계에 해당하는 것은? ㉠ 교사 : 어떤 이야기를 하고 싶니? 아동 : 너무 화가 나서 죽겠어요. ㉡ 교사 : 무슨 일이 있었길래 그러니? 아동 : 호영이가 다른 애랑만 놀아요. ㉢ 교사 : 어떤 생각이 들어 화가 난 걸까? 아동 : 호영이는 나랑만 놀아야 해요. ㉣ 교사 : 호영이는 정말 너랑만 놀아야 될까? 아동 : 꼭 그렇지는 않지만……. 나랑 많이 놀면 좋겠어요. ① ㉠ ② ㉡ ③ ㉢ **(정답)** ④ ㉣	

02회

		엘리스의 합리 정서 행동 상담이론(REBT)의 상담기법은 다음과 같다. 인지적 기법 – 상담자가 내담자의 비합리적인 신념을 현실성에 비추어 반박해 내담자의 비합리적인 신념을 수정한다. 이때, 상담자는 **논박**을 활용한다. [논박] – '반드시 그렇게 되어야 해'가 아니라 '그렇게 되면 좋겠다.'로 변화시킨다. 정서적 기법 – 인간은 불완전한 존재라는 걸 받아들이게 해 인정을 받지 못하더라도 그것이 현실임을 알게 한다. 이때, 상담자는 **무조건적인 수용, 수치심 공격하기, 유머**를 활용한다. **[무조건적인 수용]** – 인간은 누구나 불완전하다고 알려준다. **[수치심 공격하기]** – 수치스러운 행동을 억지로 시켜 오히려 수치심에 무뎌지게 한다. **[유머]** – 유머를 보여주어 그것은 별로 심각한 것이 아니라고 설명해준다. 행동적 기법 – 내담자가 평소 부끄럽거나 수치스럽다고 생각한 것들을 실제로 해보면서 비합리적인 신념을 수정한다. 이때, 상담자는 **조작적 조건화, 체계적 둔감법, 이완훈련, 모델링** 등을 활용한다.	
	이를 해결하기 위한 구체적인 상담기법 1가지	출제근거 [2011 중등] 다음 글의 (가)~(다)에서 김 교사가 학생들의 문제를 해결하기 위해 활용한 상담기법을 올바르게 짝지은 것은? (가) 기훈이는 공부한 만큼 성적이 나오지 않는 편이라 공부 방법을 개선하고 싶어 한다. 김 교사는 기훈이가 효과적인 공부 방법을 사용할 수 있을 때까지 적절한 공부 방법을 알려주고 사용해 보도록 한 후, 피드백을 제공하였다. (나) 수정이는 시험 때가 되면 너무 예민해지고 압박감을 많이 느낀다. 김 교사는 이완훈련과 불안위계를 사용하여 수정이의 시험불안을 줄이고자 하였다. (다) 철수는 기말고사를 앞두고 '이번 시험은 틀림없이 망칠 것이고, 난 결국 인생의 실패자가 될 거야' 라고 생각하고 있다. 김 교사는 철수에게 왜 이번 시험을 망칠 것이라고 확신하는지, 또 시험에 한두 번 실패 안 해 본 사람이 어디 있으며, 설령 시험성적이 원하는 만큼 나오지 않는다고 해도 그것이 어떻게 인생의 실패와 관련되는지를 생각해 보도록 하여 합리적인 신념을 갖게 하고자 하였다. (가) / (나) / (다) ① 행동시연체계적 / 둔감법 / 역설적 기법 **② 행동시연체계적 / 둔감법 / 논박하기 (정답)** ③ 행동시연 / 용암법(fading) / 논박하기 ④ 자극포화법 / 용암법(fading) / 역설적 기법 ⑤ 자극포화법 / 용암법(fading) / 논박하기	각 1점

논술의 구성 및 표현 [5점]	논술의 내용과 주제와의 연계 및 논리적 형식[3점]	본론에서 주제와 관련된 내용의 논리적 일관성과 문장의 표현력이 모두 뛰어남	3점
		본론에서 주제와 관련된 내용의 논리적 일관성과 문장의 표현력 중 하나가 부족함	2점
		본론에서 주제와 관련된 내용의 논리적 일관성과 문장의 표현력이 모두 부족함	1점
	표현의 적절성[2점]	서론과 결론에서 논술 주제를 논리적으로 모두 다루고 있음	2점
		서론과 결론에서 논술 주제를 다루지 않거나 내용이 빈약함	1점

첨삭 배우기 (2회차 - A)

학교는 학생들의 자아실현을 돕는 곳이다. 최근 코로나19가 완화되어 모든 학생이 정상 등교를 하고 있으며, 그동안 온라인 수업을 통해 개별학습을 하여 협동학습의 기회가 부족하였으므로 앞으로 교사는 공동체 역량을 확대하는 교육을 통해 학생들이 학교생활에 잘 적응하고 ~~학생들의~~ 자아실현을 ~~실현~~[1]할 수 있도록 교육과정, 교육행정, 교육방법, 상담이론에 있어 전문성과 역량을 갖추어야 한다. 따라서 본 글에서는 공동체 역량을 확대하는 교육을 주제로 영 교육과정, 목표관리기법, 성취과제 분담학습, 엘리스의 합리·정서·행동 상담이론에 대해 논하고자 한다.

1 '학교생활에 잘 적응'하는 주체도 '학생들'이므로 '학생들이'를 앞에 제시하는 것이 좋겠습니다.

먼저 #1과와 관련된 교육과정은 영 교육과정이다. 이는 전통적으로 가르쳐 온 과학, 영어, 수학은 계속 가르치고 미술이나 기술은 자주 가르치지 않는다는 것에서 알 수 있다. 영 교육과정은 배울 가치가 있음에도 불구하고 공식적인 교육과정에 포함되지 않거나 편성되어 있더라도 의도적으로 가르치지 않는 교육과정이다. 영 교육과정이 발생하는 원인은 두 가지로, 첫째, 학교의 오래된 관행과 둘째, 교사 또는 학생의 무지가 있다. 최교사의 고민을 해결하는 극복방안은 공식적 교육과정을 다양화하기 위해 교육과정 편성 시 교육적 가치가 있는 내용을 빠뜨리지 않았는지 고려하여 ~~반영한다.~~[2]반영하는 것이다.

2 해당 서술어에 호응하는 주어는 '극복 방안은'이므로 주술호응을 고려하여 '반영하는 것이다.'라고 써야 합니다.

다음으로 #2와 관련된 학교경영기법은 목표관리 기법이다. 이는 교장 선생님이 교직원들과 함께 교육목표를 설정하고 공유한다는 ~~것에서 알 수 있으며~~[3]것과 교육목표에 맞게 역할을 분담한다는 것에서 알 수 있다. 목표관리기법은 조직 구성원들이 공동으로 참여하여 교육목표를 수립하고, 이를 달성하기 위해서 역할을 분담하여 노력하고 그 성과에 대해 평가하고 보상하는 방식으로 운영하는 경영기법이다. 목표관리기법의 특징은 교직원이 공동으로 참여한다는 것이다. 교장을 비롯하여 모든 교사들이 함께 목표를 설정하고 그 ~~목표를~~목표에 도달하기 위해서 성과와 책임을 공유하며 서로 노력한다~~는 것이 특징이다.~~[4] 이 기법으로 학교를 ~~경영할 때 발생할 수 있는 문제점은 단기적인 구체적 목표만을 강조한다는 점이다.~~경영하면 단기적인 구체적 목표만을 강조하는 문제 상황이 발생할 수 있다.[5] 학교 차원에서 이 문제를 ~~해결할 수 있는 구체적인 방안은~~해결하기 위해서는 장기적인 목표도 고려해야 한다.

3 해당 문장의 마지막에서 '알 수 있다'는 서술어를 사용하였으므로, 같은 문장에서 서술어가 반복되지 않도록 유의해야 합니다.

4 '특징'을 앞에서 언급했기 때문에, 다시 언급할 필요는 없습니다. 단어의 중복은 되도록 피하는 것이 좋습니다.

5 다음 문장이 '이 문제를 해결하기 위해서는–'으로 시작하므로 해당 문장은 '문제 상황이 발생할 수 있다.'라고 끝내는 것을 제안합니다. 이렇게 한다면 문장 간 유기성이 확보될 수 있습니다.

한편 #3에 언급된 협동학습 모형은 성취과제 ~~분담학습이다.~~분담학습으로, [6] ~~모형으로 특징은 첫째, 개별보상과 함께 집단보상도 주어진다는 점이다. 둘째,~~[7] ~~집단 구성원의 역할이 분담되지 않은 공동학습구조이다.~~ 개인별 향상 점수에 집단보상을 추가한 모형이라는 설명에서 알 수 있다.[8] 분담학습은 개인의 성취가 팀의 성취로 연결되도록 하여 협동학습을 촉진하는 모형으로, 개별보상과 집단보상이 함께 주어지며 집단 구성원의 역할이 분담되지 않은 공동 학습 구조라는 특징이 있다. 집단 내 분쟁을 해결할 수 있는 구체적인 방안으로는[9] 집단 구성원의 역할을 구체적으로 분담하여 분쟁이 생기지 않도록 한다.

마지막으로 #4에 언급된 상담이론은 엘리스의 합리·정서·행동 상담이론이다. 이는 철수가 '이번 시험은 틀림없이 망칠 것이고 난 결국 인생의 실패자가 될 거야'라고 생각한다는 것과 최교사가 철수에게 합리적인 신념을 갖게 하고자 했다는 것에서 알 수 있다. 엘리스의 합리·정서·행동 상담이론은 개인의 인지과정에 초점을 두고 정서적 문제를 겪고 문제 행동을 유발하는 원인을 비합리적 신념, 평가, 해석 등으로 사건을 받아들이기 때문에 상담의 목적을 비합리적 신념을 합리적 신념으로 변화시키는 것으로 주장하는 상담이론이다. ABCDE모형에 근거한 철수의 문제점은 선행사건 때문에 나타나는 비합리적인 신념을 가진 것이다. 이를 해결하기 위한 구체적인 상담기법은 인지적 기법이다. 이를 통해 철수의 비합리적인 신념을 현실성에 비추어 반박해 철수의 비합리적인 신념을 수정한다. 이때 상담자는 논박단계를 활용한다.

지금까지 #1와과 관련된 교육과정의 개념과 발생원인, 최교사의 고민을 해결하는 극복 방안, #2와 관련된 학교경영기법의 개념과 특징, 해당 기법으로 학교를 경영할 때 발생할 수 있는 문제점, 학교 차원에서 해결할 수 있는 구체적인 방안, #3에 언급된 협동학습 모형의 명칭과 개념, 특징, 집단 내 분쟁을 해결할 수 있는 구체적인 방안, #4에서 언급된 상담이론의 명칭과 개념, ABCDE모형에 근거한 철수의 문제점 분석, 이를 해결하기 위한 구체적인 상담기법에 대해 알아보았다. 이러한 이론은 공동체 역량을 확대하는 교육을 위한 학교와 교사의 역할을 잘 수행하도록 돕는다. 따라서 학교와 교사는 그동안 온라인 수업으로 인해 부족했던 공동체 생활의 기회를 통해 학생들의 공동체 역량을 확대하는 교육을 실시하여 자아실현을 도와야 한다.

[6] 문장이 너무 짧게 끝나지 않도록 유의하는 것도 좋습니다.

[7] 어떤 설명에서 유추하여 분담학습이라고 판단하였는지 밝혀 적는 것이 좋습니다.

[18] 표지어(첫째, 둘째) 사용 뒤에 제시할 문장의 길이가 짧다면 표지어를 생략하고 한 문장으로 이어 적는 것이 좋습니다.

[9] '집단 내 분쟁'과 관련하여 앞서 제시된 내용이 없으므로 어색한 느낌이 듭니다. 이럴 때는 지문의 내용을 끌어와서 활용하면 됩니다.

02회

최종 모범답안 (2회차 - A)

본인은 수험생 유의 사항을 숙지하였으며 이를 지키지 않아 발생하는 모든 불이익을 감수할 것을 서약합니다.		수험번호	① ②	※결시자 확인란(수험생은 표기하지 말 것)	
			⓪ ① ② ③ ④ ⑤ ⑥ ⑦ ⑧ ⑨	결시자 설명과 수험 번호 기재 검은색 펜으로 결시자 수험 번호, 쪽 번호와 우측란은 '●'로 표기	○
성 명			① ② ③ ④ ⑤ ⑥ ⑦ ⑧ ⑨		
			⓪ ① ② ③ ④ ⑤ ⑥ ⑦ ⑧ ⑨		
교육학 논술 전용 답안지	쪽 번호		⓪ ① ② ③ ④ ⑤ ⑥ ⑦ ⑧ ⑨	※감독관 확인란(수험생은 표기하지 말 것)	
	●②		⓪ ① ② ③ ④ ⑤ ⑥ ⑦ ⑧ ⑨	- 본인 여부, 성명, 수험 번호, 쪽 번호 기록이 정확한지 확인 후 서명/날인	(서명 또는 날인)
			⓪ ① ② ③ ④ ⑤ ⑥ ⑦ ⑧ ⑨		
			⓪ ① ② ③ ④ ⑤ ⑥ ⑦ ⑧ ⑨	- 결시자는 위의 결시자 확인란에도 표기	

- 수험 번호와 쪽 번호는 검은색 펜을 사용하여 '●'로 표기하시오.
- 답안은 지워지거나 번지지 않는 동일한 종류의 검은색 펜을 사용하여 작성하시오(연필/사인펜/수정테이프/수정액 사용 불가).
- 수험생 유의 사항을 위반하여 작성한 답안의 경우, 해당 부분이나 답안지 전체를 채점하지 않으니 유의하시오.

학교는 학생들의 자아실현을 돕는 곳이다. 최근 코로나19가 완화되어 모든 학생이 정상 등교를 하고 있으며, 그동안 온라인 수업을 통해 개별학습을 하여 협동학습의 기회가 부족하였으므로 앞으로 교사는 공동체 역량을 확대하는 교육을 통해 학생들이 학교생활에 잘 적응하고 자아실현을 할 수 있도록 교육과정, 교육행정, 교육 방법, 상담이론에 있어 전문성과 역량을 갖추어야 한다. 따라서 본 글에서는 공동체 역량을 확대하는 교육을 주제로 영 교육과정, 목표관리 기법, 성취과제 분담학습, 엘리스의 합리·정서·행동 상담이론에 대해 논하고자 한다.

먼저 #1과 관련된 교육과정은 영 교육과정이다. 이는 전통적으로 가르쳐 온 과학, 영어, 수학은 계속 가르치고 미술이나 기술은 자주 가르치지 않는다는 것에서 알 수 있다. 영 교육과정은 배울 가치가 있음에도 불구하고 공식적인 교육과정에 포함되지 않거나 편성되어 있더라도 의도적으로 가르치지 않는 교육과정이다. 영 교육과정이 발생하는 원인은 두 가지로, 첫째, 학교의 오래된 관행과 둘째, 교사 또는 학생의 무지가 있다. 최 교사의 고민을 해결하는 극복방안은 공식적 교육과정을 다양화하기 위해 교육과정 편성 시 교육적 가치가 있는 내용을 빠뜨리지 않았는지 고려하여 반영하는 것이다.

다음으로 #2와 관련된 학교경영 기법은 목표관리 기법이다. 이는 교장 선생님이 교직원들과 함께 교육목표를 설정하고 공유한다는 것과 교육목표에 맞게 역할을 분담한다는 것에서 알 수 있다. 목표관리 기법은 조직 구성원들이 공동으로 참여하여 교육목표를 수립하고, 이를 달성하기 위해서 역할을 분담하여 노력하고 그 성과에 대해 평가하고 보상하는 방식으로 운영하는 경영 기법이다. 목표관리 기법의 특징은 교직원이 공동으로 참여한다는 것이다. 교장을 비롯하여 모든 교사들이 함께 목표를 설정하고 그 목표에 도달하기 위해서 성과와 책임을 공유하며 서로 노력한다. 이 기법으로 학교를 경영하면 단기적인 구체적 목표만을 강조하는 문제 상황이 발생할 수 있다. 학교 차원에서 이 문제를 해결하기 위해서는 장기적인 목표도 고려해야 한다.

한편 #3에 언급된 협동학습 모형은 성취과제 분담학습으로, 개인별 향상점수에 집단 보상을 추가한 모형이라는 것에서 알 수 있다. 이는 개인의 성취가 팀의 성취로 연결되도록 하여 협동학습을 촉진하는 모형으로, 첫째, 개별 보상과 함께 집단 보상도 주어지며, 둘째, 집단 구성원의 역할이 분담되지 않은 공동 학습 구조라는 특징이 있다. 협동학습 시 일어날 수 있는 집단 내 분쟁은 집단 구성원의 역할을 구체적으로 분담하여 해결한다.

마지막으로 #4에 언급된 상담이론은 엘리스의 합리·정서·행동 상담이론이다. 이는 철수가 '이번 시험은 틀림없이 망칠 것이고 난 결국 인생의 실패자가 될 거야'라고 생각한다는 것과 최 교사가 철수에게 합리적인 신념을 갖게 하고자 했다는 것에서 알 수 있다. 엘리스의 합리·정서·행동 상담이론은 개인의 인지과정에 초점을 두고 정서적 문제를 겪고 문제행동을 유발하는 원인을 비합리적 신념, 평가, 해석 등으로 사건을 받아들이기 때문에 상담의 목적을 비합리적 신념을 합리적 신념으로 변화시키는 것으로 주

최종 모범답안 (2회차 - A)

본인은 수험생 유의 사항을 숙지하였으며 이를 지키지 않아 발생하는 모든 불이익을 감수할 것을 서약합니다.		수험번호	① ②	※결시자 확인란(수험생은 표기하지 말 것)	
성 명			⓪ ① ② ③ ④ ⑤ ⑥ ⑦ ⑧ ⑨	결시자 설명과 수험 번호 기재 검은색 펜으로 결시자 수험 번호, 쪽 번호와 우측란은 '●'로 표기	○
			① ② ③ ④ ⑤ ⑥ ⑦ ⑧ ⑨		
교육학 논술 전용 답안지	쪽 번호		⓪ ① ② ③ ④ ⑤ ⑥ ⑦ ⑧ ⑨	※감독관 확인란(수험생은 표기하지 말 것)	
	①●		⓪ ① ② ③ ④ ⑤ ⑥ ⑦ ⑧ ⑨	- 본인 여부, 성명, 수험 번호, 쪽 번호 기록이 정확한지 확인 후 서명/날인 - 결시자는 위의 결시자 확인란에도 표기	(서명 또는 날인)
			⓪ ① ② ③ ④ ⑤ ⑥ ⑦ ⑧ ⑨		
			⓪ ① ② ③ ④ ⑤ ⑥ ⑦ ⑧ ⑨		
			⓪ ① ② ③ ④ ⑤ ⑥ ⑦ ⑧ ⑨		

- 수험 번호와 쪽 번호는 검은색 펜을 사용하여 '●'로 표기하시오.
- 답안은 지워지거나 번지지 않는 동일한 종류의 검은색 펜을 사용하여 작성하시오(연필/사인펜/수정테이프/수정액 사용 불가).
- 수험생 유의 사항을 위반하여 작성한 답안의 경우, 해당 부분이나 답안지 전체를 채점하지 않으니 유의하시오.

이론이다. ABCDE 모형에 근거한 철수의 문제점은 선행사건 때문에 나타나는 비합리적인 신념을 가진 것이다. 이를 해결하기 위한 구체적인 상담기법은 인지적 기법이다. 이를 통해 철수의 비합리적인 신념을 현실성에 비추어 반박해 철수의 비합리적인 신념을 수정한다. 이때 상담자는 논박 단계를 활용한다.

지금까지 #1과 관련된 교육과정의 개념과 발생 원인, 최 교사의 고민을 해결하는 극복방안, #2와 관련된 학교경영 기법의 개념과 특징, 해당 기법으로 학교를 경영할 때 발생할 수 있는 문제점, 학교 차원에서 해결할 수 있는 구체적인 방안, #3에 언급된 협동학습 모형의 명칭과 개념, 특징, 집단 내 분쟁을 해결할 수 있는 구체적인 방안, #4에서 언급된 상담이론의 명칭과 개념, ABCDE 모형에 근거한 철수의 문제점 분석, 이를 해결하기 위한 구체적인 상담기법에 대해 알아보았다. 이러한 이론은 공동체 역량을 확대하는 교육을 위한 학교와 교사의 역할을 잘 수행하도록 돕는다. 따라서 학교와 교사는 그동안 온라인 수업으로 인해 부족했던 공동체 생활의 기회를 통해 학생들의 공동체 역량을 확대하는 교육을 실시하여 자아실현을 도와야 한다.

첨삭 배우기 (2회차 - B)

학교는 학생들의 자아실현을 돕는 곳으로, 학생의 공동체 역량을 키워 바람직한 민주시민으로 성장하도록 도와야 한다. 이에 '공동체 역량을 확대하는 교육'이라는 주제로 교육과정, 교육행정, 교육방법, 상담이론에 대한 내용을 ~~논의해보고~~[1]논의하고, 학교와 교사가 어떠한 노력을 해야할지 생각해 보고자 한다.

[1] '논의하고'와 같이 조금 더 확정적인 표현을 제안합니다. 또한 해당 문장의 뒷절에서 '보고자 한다.'라고 마무리하였으므로 중복을 피하는 것도 고려해야 합니다.

먼저, 최교사는 고등학교에 근무하다 중학교로 옮긴 후 왜 학생들에게 유용할 수 있는 교과목들이 자주 가르쳐지지 않고 필수교과로 지정되지 않았는지 의문을 가지고 있는데, 이와 관련된 교육과정의 개념은 영 교육과정에 해당한다. 영 교육과정이란 배울만한 가치가 있음에도 교육과정에서 배제되었거나 교육과정에 포함되어 있음에도 ~~가르치지~~[2]가르쳐지지 않아 학생들이 학습할 기회가 ~~없는~~없었던[3] 교과목들을 의미한다. 영 교육과정이 발생하는 원인으로는 첫째, 오래된 관행 때문이다. 예전부터 국영수사과를 중요시했고 많이 가르쳐 왔기에 계속해서 그 교과목들을 주로 가르치고 예술교과나 다른 대안적인 교과를 등한시하는 것이다. 둘째, 사회적·정치적 요인 때문이다. 대학 입시에 중요한 과목들을 ~~주로하여~~[4] 가르치거나 해당 과목 교사들의 입지 다툼 등 여러 사회적·정치적인 요인들이 영향을 미친다. 이러한 영 교육과정을 고민하는 최교사의 문제를 해결하는 ~~극복~~[5]방안으로는 중핵 교육과정 운영을 생각해 볼 수 있다. 다른 대안적인 교과와 기존 교과를 통합하여 함께 다룰 수 있는 주제를 중심으로 한 수업을 통하여 학생들에게 학습 기회를 제공한다. 이렇게 하여 다양한 교과를 ~~접하여~~접할 기회를 마련하면[6] 학생들의 공동체 역량 확대에 기여할 수 있을 것이다.

[2] '가르치지'로 쓸 경우, '교사가/학교에서 가르치지 않아'라고 써야 합니다.

[3] 내용의 맥락을 고려하여 과거 시제를 사용하는 것이 좋습니다.

[4] 바로 뒤에 '가르치거나'가 서술어에 해당합니다. '주로하여'는 문법에도 맞지 않고, 서술어의 중복을 일으키는 문제가 있습니다.

[5] '해결한다'에 이미 '극복'의 의미가 포함되어 있으므로 '극복'을 삭제해야 합니다.

[6] '기여할 수 있을 것이다.'와의 호응을 고려하여 수정할 것을 제안합니다.

다음으로 #2와 관련된 교육행정 분야의 내용을 살펴보고자 한다. ㅇㅇ중학교의 학교경영기법은 목표관리기법(MBO)이다. 교직원과 함께 목표를 설정하고 업무분장을 편성하고 역할을 분담하며, 교사의 활동 과정과 결과에 대해 수시로 피드백을 준다는 것에서 근거를 찾을 수 있다. 목표관리기법의 특징은 조직 구성원들이 함께 참여하여 조직의 목표를 설정한다는 것이다. 이러한 목표관리기법으로 학교를 경영할 때 발생할 수 있는 문제점은 단기적인 목표를 강조하게 되어 장기적인 계획이 필요한 목표나 ~~이전년도와~~전년도와 연계가 필요한 목표를 달성하기 어렵다는 것이다. 학교 차원에서 이 문제를 해결할 수 있는 구체적인 방안으로는 장기적인 목표를 설정하여 그 목표를 달성하는데 필요한 단기적인 목표들을 수립하고 달성해 나가는 방법이 있다. 학생들의 공동체 역량을 확대하는 교육은 장기적인 목표로 설정하여야 할 것이다.

#3에서 최교사가 언급한 협동학습 모형은 STAD(성취과제 분담모형)이다. STAD는 전통적인 모집단 활동과는 달리 학습활동 전에 개인별 기본 수준을 알아보는 평가를 ~~한 후~~ 한 뒤, 학습 후 다시 개인별 형성평가를 실시하여 개인별 향상점수를 얻고, 이를 합산하여 소집단의 점수를 책정하고 집단보상을 실시한다. STAD의 특징~~정리할 수 있는데,~~은 두 가지로 정리할 수 있다.[7] 첫 번째는 집단 내에서는 협동을, 집단 간에는 경쟁~~을~~[8] 한다는 점이고 ~~두번째 특징은~~, 두 번째는 향상점수를 기반으로 집단 점수를 책정하여 집단 보상을 하므로 학업 성취도가 낮은 학생도 소집단에 기여할 수 있어 모둠원 간 긍정적 상호 의존성을 갖는다는 점이다. STAD를 활용하여 수업을 ~~하다가~~하면 집단 내 분쟁이 발생할 수 있는데, 이를 해결하기 위해 주기적으로 소집단을 재편성할 수 있다. 교사는 STAD를 포함하여 다양한 협동학습 방법을 연구하여 학생들의 공동체 역량 함양에 힘써야 한다.

#4에서 철수의 문제를 해결하기 위하여 최교사가 사용한 상담이론은 엘리스의 인지 정의 행동치료(REBT)이다. REBT는 내담자의 문제발생 원인을 비합리적 신념에 근거한 행동 때문이라고 보고, 비합리적 신념을 합리적 신념으로 바꾸고자 한다. ABCDE모형에 근거하여 철수의 문제점을 분석해보자면, 철수는 과거 어떠한 경험(사건) ~~에 의하여~~[9]때문에 자신은 시험을 망치고 그로 인해 인생도 실패하게 될 것이라는 신념을 갖게 되어 현재와 같이 시험에 굉장히 ~~예민한 결과~~[10]예민한 반응을 보이게 되었다.~~를 보게 되었다. 어를 논박하여 합리적인 신념을 갖게 하여 효과를 보아야 한다. 철수의 문제점인 비합리적인 신념을 해결하기 위한 구체적인 상담기법은 논박이다.~~철수의 문제점은 비합리적인 신념으로, 이를 논박하여 합리적인 신념을 갖게 하여 효과를 보아야 한다. 철수와 대화를 통하여 철수가 가진 비합리적인 신념을 나타내게 하고 이를 조목조목 논박하여 열심히 하면 시험을 잘 볼 것이고 설령 기대만큼 못본다고 하더라도 인생에~~을~~ 실패하는 것은 아니며, 다음에 더 열심히 하면 ~~된다는 생각을 갖게 한다.~~된다고 생각하게 할 수 있다[11] 이렇게 하여 시험에 예민하지 않도록 변화시키고 친구들과 함께 공부하는 즐거움을 느끼게 하여 공동체 역량을 강화해 줄 수 있다.

지금까지 공동체 역량을 확대하는 교육이라는 주제로 영 교육과정, 목표관리기법, STAD 수업 모형, 엘리스의 REBT 상담이론에 대하여 이야기해 보았다. 학생의 공동체 역량[12]을 함량하고 자아실현을 돕기 위해 교사는 항상 다양한 교육 분야에 관심을 가지고 전

[7] 특징이 두 가지가 있고, 이를 이제부터 설명하겠다는 안내 표지를 삽입하는 것이 좋습니다.

[8] 조사 '을/를/이/가'를 쓰지 않아도 된다면 가급적 쓰지 않는 것이 좋습니다.

[9] '에 의하여'란 표현은 일본어 표현이므로 되도록 사용하지 않는 것이 좋습니다.

[10] '결과'는 비교적 객관성의 의미를 포함하는 단어로 '예민하다'라는 주관성의 의미를 포함하는 단어와 어울리지 않는 면이 있습니다.

[11] 철수가 생각을 하는 것이므로, '생각을 갖게 한다'는 수동성인 의미보다 '생각하게 할 수 있다'는 능동성을 포함하는 어구로 수정하는 것이 좋겠습니다.

[12] 논술에 적합하도록 문장을 보다 명확히 다듬었습니다.

02회

문성을 갖추어야 ~~한다는 생각이 들었고,~~ 하며, 학생에게도 주의를 기울여 문제가 없는지 살피고 도우려는 태도를 ~~가져야~~보여야 한다. ~~한다는 생각이 들었다.~~ 교사는 수업뿐만 아니라 교육과정과 학생을 위한 상담이론 등 여러 부분에서 전문적 역량을 갖추어 학생의 전인 형성을 돕기 위해 노력하고 학교는 이를 뒷받침해 주어야 할 것이다.

이것만은 꼭 지키자

1. 의미 중복 지양하기 (문제를 해결하는 극복 방안 → 문제의 극복 방안)

2. 목적어 생략 가능 시 생략하기

3. 주술호응 맞추기

최종 모범답안 (2회차 – B)

<table>
<tr><td colspan="2">본인은 수험생 유의 사항을 숙지하였으며 이를 지키지 않아 발생하는 모든 불이익을 감수할 것을 서약합니다.</td><td rowspan="8">수
험
번
호</td><td></td><td>① ②</td><td colspan="2">※결시자 확인란(수험생은 표기하지 말 것)</td></tr>
<tr><td colspan="2">성 명</td><td></td><td>⓪ ① ② ③ ④ ⑤ ⑥ ⑦ ⑧ ⑨</td><td rowspan="3">결시자 설명과 수험 번호 기재
검은색 펜으로 결시자 수험 번호, 쪽 번호와 우측란은 '●'로 표기</td><td rowspan="3">○</td></tr>
<tr><td colspan="2"></td><td></td><td>① ② ③ ④ ⑤ ⑥ ⑦ ⑧ ⑨</td></tr>
<tr><td rowspan="5">교육학 논술 전용 답안지</td><td>쪽 번호</td><td></td><td>⓪ ① ② ③ ④ ⑤ ⑥ ⑦ ⑧ ⑨</td></tr>
<tr><td rowspan="4">●②</td><td></td><td>⓪ ① ② ③ ④ ⑤ ⑥ ⑦ ⑧ ⑨</td><td colspan="2">※감독관 확인란(수험생은 표기하지 말 것)</td></tr>
<tr><td></td><td>⓪ ① ② ③ ④ ⑤ ⑥ ⑦ ⑧ ⑨</td><td rowspan="3">– 본인 여부, 성명, 수험 번호, 쪽 번호 기록이 정확한지 확인 후 서명/날인
– 결시자는 위의 결시자 확인란에도 표기</td><td rowspan="3">(서명 또는 날인)</td></tr>
<tr><td></td><td>⓪ ① ② ③ ④ ⑤ ⑥ ⑦ ⑧ ⑨</td></tr>
<tr><td></td><td>⓪ ① ② ③ ④ ⑤ ⑥ ⑦ ⑧ ⑨</td></tr>
</table>

– 수험 번호와 쪽 번호는 검은색 펜을 사용하여 '●'로 표기하시오.
– 답안은 지워지거나 번지지 않는 동일한 종류의 검은색 펜을 사용하여 작성하시오(연필/사인펜/수정테이프/수정액 사용 불가).
– 수험생 유의 사항을 위반하여 작성한 답안의 경우, 해당 부분이나 답안지 전체를 채점하지 않으니 유의하시오.

학교는 학생들의 자아실현을 돕는 곳으로, 학생의 공동체 역량을 키워 바람직한 민주 시민으로 성장하도록 도와야 한다. 이에 '공동체 역량을 확대하는 교육'이라는 주제로 교육과정, 교육행정, 교육 방법, 상담이론에 대한 내용을 논의하고, 학교와 교사가 어떠한 노력을 해야 할지 생각해 보고자 한다.

먼저, 최 교사는 고등학교에 근무하다 중학교로 옮긴 후 왜 학생들에게 유용할 수 있는 교과목들이 자주 가르쳐지지 않고 필수교과로 지정되지 않았는지 의문을 가지고 있는데, 이와 관련된 교육과정의 개념은 영 교육과정에 해당한다. 영 교육과정이란 배울만한 가치가 있음에도 교육과정에서 배제되었거나 교육과정에 포함되어 있음에도 가르쳐지지 않아 학생들이 학습할 기회가 없는 교과목들을 의미한다. 영 교육과정이 발생하는 원인으로는 첫째, 오래된 관행 때문이다. 예전부터 국영수사과를 중요시했고 많이 가르쳐 왔기에 계속해서 그 교과목들을 주로 가르치고 예술 교과나 다른 대안적인 교과를 등한시하는 것이다. 둘째, 사회적·정치적 요인 때문이다. 대학입시에 중요한 과목들을 주로 가르치거나 해당 과목 교사들의 입지 다툼 등 여러 사회적·정치적인 요인들이 영향을 미친다. 이러한 영 교육과정을 고민하는 최 교사의 문제를 해결하는 방안으로는 중핵 교육과정 운영을 생각해 볼 수 있다. 다른 대안적인 교과와 기존 교과를 통합하여 함께 다룰 수 있는 주제를 중심으로 한 수업을 통하여 학생들에게 학습 기회를 제공한다. 이렇게 하여 다양한 교과를 접할 기회를 마련하면 학생들의 공동체 역량 확대에 기여할 수 있을 것이다.

다음으로 #2와 관련된 교육행정 분야의 내용을 살펴보고자 한다. ○○중학교의 학교 경영 기법은 목표관리 기법(MBO)이다. 교직원과 함께 목표를 설정하고 업무분장을 편성하고 역할을 분담하며, 교사의 활동 과정과 결과에 대해 수시로 피드백을 준다는 것에서 근거를 찾을 수 있다. 목표관리 기법의 특징은 조직 구성원들이 함께 참여하여 조직의 목표를 설정한다는 것이다. 이러한 목표관리 기법으로 학교를 경영할 때 발생할 수 있는 문제점은 단기적인 목표를 강조하게 되어 장기적인 계획이 필요한 목표나 전년도와 연계가 필요한 목표를 달성하기 어렵다는 것이다. 학교 차원에서 이 문제를 해결할 수 있는 구체적인 방안으로는 장기적인 목표를 설정하여 그 목표를 달성하는 데 필요한 단기적인 목표들을 수립하고 달성해 나가는 방법이 있다. 학생들의 공동체 역량을 확대하는 교육은 장기적인 목표로 설정하여야 할 것이다.

#3에서 최 교사가 언급한 협동학습 모형은 STAD(성취 과제 분담 모형)이다. STAD는 전통적인 모집단 활동과는 달리 학습 활동 전에 개인별 기본 수준을 알아보는 평가를 한 뒤 학습 후 다시 개인별 형성평가를 실시하여 개인별 향상점수를 얻고, 이를 합산하여 소집단의 점수를 책정하고 집단 보상을 실시한다. STAD의 특징은 두 가지로 정리할 수 있다. 첫 번째는 집단 내에서는 협동을, 집단 간에는 경쟁한다는 점이고, 두 번째는 향상점수를 기반으로 집단 점수를 책정하여 집단 보상을 하므로 학업 성취도가 낮은 학생도 소집단에 기여할 수 있어 모둠원 간 긍정적 상호 의존성을 갖는다는 점이다. STAD를 활용하여 수업하면 집단 내 분쟁이 발생할 수 있

최종 모범답안 (2회차 - B)

<table>
<tr><td colspan="2">본인은 수험생 유의 사항을 숙지하였으며 이를 지키지 않아 발생하는 모든 불이익을 감수할 것을 서약합니다.</td><td rowspan="8">수
험
번
호</td><td>① ②</td><td colspan="2">※ 결시자 확인란(수험생은 표기하지 말 것)</td></tr>
<tr><td colspan="2" rowspan="2">성 명</td><td>⓪ ① ② ③ ④ ⑤ ⑥ ⑦ ⑧ ⑨</td><td rowspan="3">결시자 설명과 수험 번호 기재
검은색 펜으로 결시자 수험 번호, 쪽 번호와 우측란은 '●'로 표기</td><td rowspan="3">○</td></tr>
<tr><td>① ② ③ ④ ⑤ ⑥ ⑦ ⑧ ⑨</td></tr>
<tr><td colspan="2"></td><td>⓪ ① ② ③ ④ ⑤ ⑥ ⑦ ⑧ ⑨</td></tr>
<tr><td rowspan="4">교육학 논술
전용 답안지</td><td>쪽 번호</td><td>⓪ ① ② ③ ④ ⑤ ⑥ ⑦ ⑧ ⑨</td><td colspan="2">※ 감독관 확인란(수험생은 표기하지 말 것)</td></tr>
<tr><td rowspan="3">①●</td><td>⓪ ① ② ③ ④ ⑤ ⑥ ⑦ ⑧ ⑨</td><td rowspan="3">- 본인 여부, 성명, 수험 번호, 쪽 번호 기록이 정확한지 확인 후 서명/날인
- 결시자는 위의 결시자 확인란에도 표기</td><td rowspan="3">(서명 또는 날인)</td></tr>
<tr><td>⓪ ① ② ③ ④ ⑤ ⑥ ⑦ ⑧ ⑨</td></tr>
<tr><td>⓪ ① ② ③ ④ ⑤ ⑥ ⑦ ⑧ ⑨</td></tr>
</table>

- 수험 번호와 쪽 번호는 검은색 펜을 사용하여 '●'로 표기하시오.
- 답안은 지워지거나 번지지 않는 동일한 종류의 검은색 펜을 사용하여 작성하시오(연필/사인펜/수정테이프/수정액 사용 불가).
- 수험생 유의 사항을 위반하여 작성한 답안의 경우, 해당 부분이나 답안지 전체를 채점하지 않으니 유의하시오.

는데, 이를 해결하기 위해 주기적으로 소집단을 재편성할 수 있다. 교사는 STAD를 포함하여 다양한 협동학습 방법을 연구하여 학생들의 공동체 역량 함양에 힘써야 한다.

#4에서 철수의 문제를 해결하기 위하여 최 교사가 사용한 상담이론은 엘리스의 합리·정서·행동치료(REBT)이다. REBT는 내담자의 문제 발생 원인을 비합리적 신념에 근거한 행동 때문이라고 보고, 비합리적 신념을 합리적 신념으로 바꾸고자 한다. ABCDE 모형에 근거하여 철수의 문제점을 분석해 보자면, 철수는 과거 어떠한 경험(사건) 때문에 자신은 시험을 망치고 그로 인해 인생도 실패하게 될 것이라는 신념을 갖게 되어 현재와 같이 시험에 굉장히 예민한 반응을 보이게 되었다. 철수의 문제점은 비합리적인 신념으로, 이를 논박하여 합리적인 신념을 갖게 하여 효과를 보아야 한다. 철수와 대화를 통하여 철수가 가진 비합리적인 신념을 나타내게 하고 이를 조목조목 논박하여 열심히 하면 시험을 잘 볼 것이고 설령 기대만큼 못 본다고 하더라도 인생에 실패하는 것은 아니며, 다음에 더 열심히 하면 된다고 생각하게 할 수 있다. 이렇게 하여 시험에 예민하지 않도록 변화시키고 친구들과 함께 공부하는 즐거움을 느끼게 하여 공동체 역량을 강화해 줄 수 있다.

지금까지 공동체 역량을 확대하는 교육이라는 주제로 영 교육과정, 목표관리 기법, STAD 수업 모형, 엘리스의 REBT 상담이론에 대하여 이야기해 보았다. 학생의 공동체 역량을 함량하고 자아실현을 돕기 위해 교사는 항상 다양한 교육 분야에 관심을 가지고 전문성을 갖추어야 하며, 학생에게도 주의를 기울여 문제가 없는지 살피고 도우려는 태도를 보여야 한다. 교사는 수업뿐만 아니라 교육과정과 학생을 위한 상담이론 등 여러 부분에서 전문적 역량을 갖추어 학생의 전인 형성을 돕기 위해 노력하고 학교는 이를 뒷받침해 주어야 할 것이다.

첨삭 배우기 (2회차 - C)

학교는 학생들이 다양한 사람들과 상호 소통하고 교류할 수 있는 능력을 기르는 곳이다. 2015 개정 교육과정에서도 필수적으로 습득해야 할 6가지 역량 중 하나로 공동체 역량을 제시하고 있다. 이에 따라 '공동체 역량을 확대하는 교육'을 주제로 교육과정, 교육행정, 교육방법, 상담이론에 대해 ~~다루어 보고자 한다.~~ 1 논의하고자 한다. 2

학생들의 공동체 역량을 ~~증진시키기~~ 3 증진하기 위해서는 교육과정에 대한 성찰과 검토가 필요하다. 제시문에서 최 교사는 영어, 수학 등의 과목과 달리 미술이나 기술 등의 교과가 제대로 가르쳐지지 않는 점에 대한 의문을 제기하고 있다. 이와 관련된 교육과정은 '영 교육과정'으로, 4 가르칠 가치가 충분히 존재함에도 불구하고 교육과정에 편성되지 않거나 편성되었더라도 학교에서 배제하는 교육과정을 뜻한다. 영 교육과정이 발생하는 원인은 다음과 같다. 5 첫째, 교육과정 개발자들이 타성에 젖어 다른 교과를 고려하기보다 기존의 교과들을 유지하려고 하기 때문이다. 둘째, 학생과 교사의 무지로 인해 특정 교과나 활동의 중요성을 인지하지 ~~못하는 경우 영 교육과정이 발생한다.~~ 6 못하기 때문이다. 이를 해결하려는 방안으로는 방과 후 프로그램이나 ~~동아리 등의 활동을~~ 동아리 활동 등을 통해 학교에서 잘 다루어지지 않는 교과의 내용을 습득할 기회를 마련하는 것이 있다. 영 교육과정이 발생하는 원인과 이에 대한 해결책을 파악하는 것은 ~~보다 다양한 교과를 통한~~ 7 공동체 역량 함양에 도움이 될 것이다.

공동체 역량을 확대하는 교육을 실현하기 위해서는 올바른 학교 경영 기법이 필요하다. 제시문에서 나타나는 학교 경영 기법은 '목표관리기법(MBO)'으로, 교육목표를 함께 설정하고 역할을 분담하며 성과에 따라 각 부서를 평가하고 보상한다는 내용에서 이를 찾을 수 있다. MBO는 구성원들이 함께 목표를 설정하고 역할을 분담하기 때문에 각자 맡은 일이 분명해져 역할 갈등이 일어나지 않는다는 특징이 있다. 다만 단기적, 구체적 목표 달성에 치중하여 장기적이고 전인적인 목표를 추구하는 학교에는 적합하지 ~~않는다는~~ 않다는 8 문제점이 있다. 학교차원에서 이 문제를 해결하기 ~~위한 방안은~~ 위해서는 ~~측정 가능한~~ 측정할 수 있는 양적인 목표뿐만 아니라 보다 장기적이고 질적인 목표를 ~~염두하여~~ 염두에 두어 학교의 궁극적인 목적인 학생의 성장에 기여할 수 있는 학교 문화 풍토를 ~~조성하는 것이다.~~ 9 조성해야 한다. MBO의 특징과 단점을 분석하여 공동체 역량을 향상시킬 수 있도록 하는

1 '논의하고자 한다.' '논할 것이다.', '논하기로 한다.'와 같은 조금 더 확정적인 표현을 사용하는 것이 좋습니다. (주의) '다루어 보고자 한다.'가 틀린 표현은 아님

2 논의해 보고자 한다.로 수정하는 것을 제안합니다.

3 사동의 의미를 꼭 전달해야 하는 경우가 아니라면, 사동 표현은 사용하지 않는 것이 좋습니다.

[참고]
- 주동 – 주어가 동작을 직접 하는 것
- 사동 – 주어가 남에게 동작하도록 시키는 것.

4 앞절과 뒷절을 구분하기 위해 쉼표 사용을 제안합니다.

5 영 교육과정의 발생 원인을 설명하겠다는 표지어를 밝혀 적는 것이 좋습니다.

6 이미 앞에서 영 교육과정의 발생 원인에 대해 제시하겠다고 작성하였으므로 '영 교육과정이 발생한다'는 서술부는 내용의 중복이며 문장이 길어진다는 문제가 있습니다.

7 논술 답안과 같은 글에서는 꼭 작성해야 하는 내용이 아니라면 삭제하여 전달하고자 하는 키워드를 최대한 명확하게 작성하는 것이 좋습니다.

8 '않다'는 동사이므로 '–는–'을 붙여 사용하지 않습니다.

9 논술문의 특성에 맞게 윤문하였습니다.

것이 중요하다.

학생들 간의 상호작용을 극대화할 수 있는 협동학습을 교수방법으로 활용하여 공동체 역량을 키울 수 있다. 제시문에서 개인별 향상 점수에 집단 보상을 추가한 모형을 언급하고 있는데, 이는 '성취과제분담모형(STAD)'에 해당한다. 이는 이질적인 팀을 구성하여 팀별로 문제지를 해결하고 개별 점수와 개인 향상점수를 통한 팀 점수를 도출하여 개인 보상과 집단 보상을 모두 제고하는 협동학습 모형이다. STAD모형의 특징은 두 가지로 정리할 수 있다. 첫째, 구성원들의 역할이 분담되어 있지 않고 학생들은 공동학습자가 되어 참여한다. 둘째, 개별 보상뿐만 아니라 집단 보상도 주어지므로 보상 의존도가 높다. 집단 내 분쟁을 해결할 수 있는 방안으로는 구성원들이 각자 팀을 위해 얼마나 노력하고 기여하고 있는지 서로 평가하여 개별적 책무성, 즉 구성원들에 대한 개인의 책임감을 높일 수 있도록 하는 것이 있다. 협동학습을 적절히 활용하여 과제를 함께 해결하고 성취감을 느끼는 기회를 부여한다면 학생들의 공동체 역량이 향상될 수 있을 것이다.

제시문에서 나타나는 상담이론은 '엘리스의 합리·정서·행동 상담이론(REBT)'이다. 이는 문제 행동의 원인은 부정적인 자기 언어로 인한 비합리적 신념에서 비롯된다고 보며, 비합리적 신념을 합리적 신념을 변화시키는 것이 목적인 상담이론이다. 상담 과정은 ABCDE 모형에 근거하는데, 이는 선행사건–신념체계–결과–논박–효과의 5단계를 뜻한다. 제시문에서 철수는 시험을 앞두고 '이번 시험은 틀림없이 망칠 것이고, 인생의 실패자가 될 것'이라는 비합리적 신념을 보이고 있다. 이는 ABCDE모형 중 B(신념 체계)에 해당~~하며, 이는~~[10]해당하는 것으로, 부정적인 정서와 행동을 발생시킨다. 비합리적 신념을 제거하기 위한 구체적인 상담 기법으로는 '논박'이 있다. 이는 내담자와의 비합리적 신념을 상담자가 논리성, 현실성, 실용성에 비추어 반박하여 합리적인 신념으로 수정하도록 하는 것이다. 학생이 가진 문제를 해결하기 위해 효과적인 상담을 진행하는 것은 타인과 조화롭게 살아가도록 하는 공동체 역량 증진에 도움이 될 것이다.

[10] 뒷절에 제시한 '이는'은 이미 앞절의 앞 부분에서 사용하였으므로 삭제하는 것이 좋습니다. 앞절의 내용을 뒷절이 한 문장 내에서 받기 위해서는 '~해당하는 것으로'로 앞절을 마무리하는 방법을 제안합니다.

지금까지 '공동체 역량을 확대하는 교육'을 주제로 영 교육과정, 목표관리기법, STAD 모형, 엘리스의 합리·정서·행동 상담이론에 대해 알아보았다. 21세기 미래 사회에서 적절히 적응하고 사람들과 교류할 수 있는 역량이 점점 강조되고 있는 만큼 교사와 학교는 공동체 역량을 확대하는 교육을 실천하기 위해 다양한 측면을 살피고 개선하도록 노력해야 할 것이다.

최종 모범답안 (2회차 - C)

본인은 수험생 유의 사항을 숙지하였으며 이를 지키지 않아 발생하는 모든 불이익을 감수할 것을 서약합니다.		수험번호	① ②	※ 결시자 확인란(수험생은 표기하지 말 것)	
			⓪ ① ② ③ ④ ⑤ ⑥ ⑦ ⑧ ⑨	결시자 설명과 수험 번호 기재 검은색 펜으로 결시자 수험 번호, 쪽 번호와 우측란은 '●'로 표기	○
성 명			① ② ③ ④ ⑤ ⑥ ⑦ ⑧ ⑨		
			⓪ ① ② ③ ④ ⑤ ⑥ ⑦ ⑧ ⑨		
교육학 논술 전용 답안지	쪽 번호		⓪ ① ② ③ ④ ⑤ ⑥ ⑦ ⑧ ⑨	※ 감독관 확인란(수험생은 표기하지 말 것)	
	●②		⓪ ① ② ③ ④ ⑤ ⑥ ⑦ ⑧ ⑨	- 본인 여부, 성명, 수험 번호, 쪽 번호 기록이 정확한지 확인 후 서명/날인 - 결시자는 위의 결시자 확인란에도 표기	(서명 또는 날인)
			⓪ ① ② ③ ④ ⑤ ⑥ ⑦ ⑧ ⑨		
			⓪ ① ② ③ ④ ⑤ ⑥ ⑦ ⑧ ⑨		

- 수험 번호와 쪽 번호는 검은색 펜을 사용하여 '●'로 표기하시오.
- 답안은 지워지거나 번지지 않는 동일한 종류의 검은색 펜을 사용하여 작성하시오(연필/사인펜/수정테이프/수정액 사용 불가).
- 수험생 유의 사항을 위반하여 작성한 답안의 경우, 해당 부분이나 답안지 전체를 채점하지 않으니 유의하시오.

학교는 학생들이 다양한 사람들과 상호 소통하고 교류할 수 있는 능력을 기르는 곳이다. 2015 개정 교육과정에서도 필수적으로 습득해야 할 여섯 가지 역량 중 하나로 공동체 역량을 제시하고 있다. 이에 따라 '공동체 역량을 확대하는 교육'을 주제로 교육과정, 교육행정, 교육방법, 상담이론에 대해 논의하고자 한다.

학생들의 공동체 역량을 증진하기 위해서는 교육과정에 대한 성찰과 검토가 필요하다. 제시문에서 최 교사는 영어, 수학 등의 과목과 달리 미술이나 기술 등의 교과가 제대로 가르쳐지지 않는 점에 대한 의문을 제기하고 있다. 이와 관련된 교육과정은 '영 교육과정'으로, 가르칠 가치가 충분히 존재함에도 불구하고 교육과정에 편성되지 않거나 편성되었더라도 학교에서 배제하는 교육과정을 뜻한다. 영 교육과정이 발생하는 원인은 다음과 같다. 첫째, 교육과정 개발자들이 타성에 젖어 다른 교과를 고려하기보다 기존의 교과들을 유지하려고 하기 때문이다. 둘째, 학생과 교사의 무지로 인해 특정 교과나 활동의 중요성을 인지하지 못하기 때문이다. 이를 해결하려는 방안으로는 방과 후 프로그램이나 동아리 활동 등을 통해 학교에서 잘 다루어지지 않는 교과의 내용을 습득할 기회를 마련하는 것이 있다. 영 교육과정이 발생하는 원인과 이에 대한 해결책을 파악하는 것은 공동체 역량 함양에 도움이 될 것이다.

공동체 역량을 확대하는 교육을 실현하기 위해서는 올바른 학교경영 기법이 필요하다. 제시문에서 나타나는 학교 경영 기법은 '목표관리 기법(MBO)'으로, 교육목표를 함께 설정하고 역할을 분담하며 성과에 따라 각 부서를 평가하고 보상한다는 내용에서 이를 찾을 수 있다. MBO는 구성원들이 함께 목표를 설정하고 역할을 분담하기 때문에 각자 맡은 일이 분명해져 역할 갈등이 일어나지 않는다는 특징이 있다. 다만 단기적, 구체적 목표 달성에 치중하여 장기적이고 전인적인 목표를 추구하는 학교에는 적합하지 않다는 문제점이 있다. 학교 차원에서 이 문제를 해결하기 위해서는 측정할 수 있는 양적인 목표뿐만 아니라 보다 장기적이고 질적인 목표를 염두에 두어 학교의 궁극적인 목적인 학생의 성장에 기여할 수 있는 학교 문화 풍토를 조성해야 한다. MBO의 특징과 단점을 분석하여 공동체 역량을 향상시킬 수 있도록 하는 것이 중요하다.

학생들 간의 상호작용을 극대화할 수 있는 협동학습을 교수 방법으로 활용하여 공동체 역량을 키울 수 있다. 제시문에서 개인별 향상점수에 집단 보상을 추가한 모형을 언급하고 있는데, 이는 '성취 과제 분담 모형(STAD)'에 해당한다. 이는 이질적인 팀을 구성하여 팀별로 문제를 해결하고 개별 점수와 개인 향상 점수를 통한 팀 점수를 도출하여 개인 보상과 집단 보상을 모두 제고하는 협동학습 모형이다. STAD 모형의 특징은 두 가지로 정리할 수 있다. 첫째, 구성원들의 역할이 분담되어 있지 않고 학생들은 공동 학습자가 되어 참여한다. 둘째, 개별 보상뿐만 아니라 집단 보상도 주어지므로 보상 의존도가 높다. 집단 내 분쟁을 해결할 수 있는 방안으로는 구성원들이 각자 팀을 위해 얼마나 노력하고 기여하고 있는지 서로 평가하여 개별적 책무성, 즉 구성원들에 대한 개인의 책임감을 높일 수 있도록 하는 것이 있다. 협동 학습을 적절히 활용하여 과제를 함께 해결하고 성취감을 느끼는 기회를 부여한다면 학생들의 공

최종 모범답안 (2회차 – C)

<table>
<tr><td colspan="2">본인은 수험생 유의 사항을 숙지하였으며 이를 지키지 않아 발생하는 모든 불이익을 감수할 것을 서약합니다.</td><td rowspan="8">수
험
번
호</td><td>① ②</td><td colspan="2">※ 결시자 확인란(수험생은 표기하지 말 것)</td></tr>
<tr><td colspan="2" rowspan="2"></td><td>⓪ ① ② ③ ④ ⑤ ⑥ ⑦ ⑧ ⑨</td><td rowspan="3">결시자 설명과 수험 번호 기재
검은색 펜으로 결시자 수험 번호,
쪽 번호와 우측란은 '●'로 표기</td><td rowspan="3">○</td></tr>
<tr><td>① ② ③ ④ ⑤ ⑥ ⑦ ⑧ ⑨</td></tr>
<tr><td colspan="2">성 명</td><td>⓪ ① ② ③ ④ ⑤ ⑥ ⑦ ⑧ ⑨</td></tr>
<tr><td rowspan="4">교육학 논술
전용 답안지</td><td>쪽 번호</td><td>⓪ ① ② ③ ④ ⑤ ⑥ ⑦ ⑧ ⑨</td><td colspan="2">※ 감독관 확인란(수험생은 표기하지 말 것)</td></tr>
<tr><td rowspan="3">①●</td><td>⓪ ① ② ③ ④ ⑤ ⑥ ⑦ ⑧ ⑨</td><td rowspan="3">– 본인 여부, 성명, 수험 번호, 쪽 번호 기록이 정확한지 확인 후 서명/날인
– 결시자는 위의 결시자 확인란에도 표기</td><td rowspan="3">(서명
또는
날인)</td></tr>
<tr><td>⓪ ① ② ③ ④ ⑤ ⑥ ⑦ ⑧ ⑨</td></tr>
<tr><td>⓪ ① ② ③ ④ ⑤ ⑥ ⑦ ⑧ ⑨</td></tr>
</table>

– 수험 번호와 쪽 번호는 검은색 펜을 사용하여 '●'로 표기하시오.
– 답안은 지워지거나 번지지 않는 동일한 종류의 검은색 펜을 사용하여 작성하시오(연필/사인펜/수정테이프/수정액 사용 불가).
– 수험생 유의 사항을 위반하여 작성한 답안의 경우, 해당 부분이나 답안지 전체를 채점하지 않으니 유의하시오.

동체 역량이 향상될 수 있을 것이다.

제시문에서 나타나는 상담이론은 '엘리스의 합리·정서·행동 상담이론(REBT)'이다. 이는 문제 행동의 원인은 부정적인 자기 언어로 인한 비합리적 신념에서 비롯된다고 보며, 비합리적 신념을 합리적 신념을 변화시키는 것이 목적인 상담이론이다. 상담 과정은 ABCDE 모형에 근거하는데, 이 모형은 선행 사건–신념 체계–결과–논박–효과의 5단계를 뜻한다. 제시문에서 철수는 시험을 앞두고 '이번 시험은 틀림없이 망칠 것이고, 인생의 실패자가 될 것'이라는 비합리적 신념을 보이고 있다. 이는 ABCDE 모형 중 B(신념 체계)에 해당하는 것으로, 부정적인 정서와 행동을 발생시킨다. 비합리적 신념을 제거하기 위한 구체적인 상담 기법으로는 '논박'이 있다. 이는 내담자와의 비합리적 신념을 상담자가 논리성, 현실성, 실용성에 비추어 반박하여 합리적인 신념으로 수정하도록 하는 것이다. 학생이 가진 문제를 해결하기 위해 효과적인 상담을 진행하는 것은 타인과 조화롭게 살아가도록 하는 공동체 역량 증진에 도움이 될 것이다.

지금까지 '공동체 역량을 확대하는 교육'을 주제로 영 교육과정, 목표관리 기법, STAD 모형, 엘리스의 합리·정서·행동 상담이론에 대해 알아보았다. 21세기 미래 사회에서 적절히 적응하고 사람들과 교류할 수 있는 역량이 점점 강조되고 있는 만큼 교사와 학교는 공동체 역량을 확대하는 교육을 실천하기 위해 다양한 측면을 살피고 개선하도록 노력해야 할 것이다.

첨삭 배우기 (2회차 - D)

오늘날 우리 사회에서 학생들에게 필요한 역량은 공동체 속에서 함께 더불어 살아갈 수 있는 역량이다. 인간은 사회적 존재로서 타인과 함께 살아가는 능력이 꼭 필요하다. 이에 따라 본 글에서는 '공동체 역량을 확대하는 교육'을 주제로 교육과정, 교육행정, 교육방법, 상담이론에 대해 논하고자 한다.

학생의 역량을 길러 주기 위해서는 교육과정에 대한 이해가 필요하다. #1과 관련된 교육과정은 영 교육과정으로, 학교의 이념과도 일치하고 교육할 만한 가치가 있음에도 불구하고 가르쳐지지 않는 교육과정이다. 이러한 영 교육과정이 발생하는 이유는 첫째, 학교의 오래된 관행이 이어졌거나, 둘째, 교사나 학생이 무능하거나 무지하기 때문이다. 따라서 최 교사의 고민을 해결하는 극복방안은 국가 차원에서 공식적 교육과정에 영 교육과정을 반영하고 ~~확대시킴으로써~~[1]확대함으로써 공식적 교육과정을 풍요화하는 방법이 있다. 이처럼 다양한 교육과정을 학생에게 제공한다면 학생의 공동체 역량을 ~~시킬 수~~향상할 수 있을 것이다.

공동체 역량을 확대하기 위해서는 학교 또한 변화하여야 한다. #2와 관련된 학교경영기법은 목표관리기법으로, 구성원이 함께 목표를 설정하고 이를 달성하기 위해 노력함으로써 조직 내부의 자체 평가 및 보상이 주어지는 기법이다. 해당 기법의 특징은 상호 협력하는 것을 바탕으로 역할 갈등을 해소할 수 있다는 점이다. 한편, 해당 기법으로 ~~학교 경영시~~ 학교를 경영할 때 발생하는 문제점은 구성원의 과도한 노력과 시간이 필요하다는 점이다. 이를 해결하기 위해서 학교에서는 효율적인 업무 지침을 마련해 ~~줌으로써~~[2] 구성원의 고충을 해소해주는 방법을 활용할 수 있다. 이처럼 학교 차원에서도 ~~노력을 함으로써~~노력함으로써[3] 공동체 역량 확대에 기여할 수 있다.

교수학습 차원에서 공동체 역량 향상을 위해서는 협동학습을 실시하는 것이 바람직하다. #3에서 나타난 협동학습 모형은 성취과제 분담학습으로, 집단 내 역할 분담 없이 공동으로 협력하여 과제를 해결하는 모형이다. 해당 모형의 특징은 첫째, 개별 책무성을 강조하여 집단 구성원에 대한 책임을 갖는다는 점과 둘째, 성취 결과의 균등 분배가 이루어진다는 점이다. 한편, 집단 내 분쟁을 ~~해결할 수 있는 방법은~~[4]해결하는 방법은 주기적으로

[1] 사동의 의미를 꼭 전달해야 하는 경우가 아니라면, 사동 표현은 사용하지 않는 것이 좋습니다.

[2] ~로써가 반복되어 해당 부분에서는 삭제하는 것을 제안합니다.

[3] ~로써의 문장 구조를 사용할 때는 조사 을/를을 밝혀 적는 것이 부자연스럽습니다.

[4] 논술문 답안은 사용하지 않아도 될 어구를 삭제하고 명확하게 전달하는 것이 중요합니다.

5 '주기적인 소집단 재편성'이 있다.로 수정하는 것을 제안합니다.

6 '첫째'와 같은 표지어 뒤에 올 내용이 너무 짧은 경우에는 표지어를 사용하지 않는 것이 좋습니다. 또한 해당 부분은 결론부에서 앞의 내용을 요약하는 기능을 하고 있으므로, 살핀 내용을 병렬적으로 나열하는 것이 더욱 효과적입니다.

7 되도록 '및'은 줄여 쓰는 것이 좋습니다.

소집단을 재편성을 해 주는 것이 있다[5]. 이처럼 협동학습을 한다면 학생의 공동체 역량을 발전시킬 수 있다.

학생이 공동체에 잘 적응하기 위해서는 긍정적 심리 상태를 가질 필요가 있다. #4에 언급된 상담이론은 합리·정서·행동 상담이론으로, 문제 행동의 원인을 부정적인 자기 언어에 따른 비합리적 신념 때문이라고 보며 이를 합리적 신념으로 변화하도록 돕는 이론이다. 따라서 철수의 문제점은 선행사건에 따른 인생의 실패자가 될 것이라는 비합리적 신념에 있다. 이를 해결하기 위해서는 논박을 활용할 수 있다. 비합리적인 신념의 논리성, 현실성, 실용성에 대해 반박함으로써 합리적 신념을 갖게 하는 것이다. 이처럼 학생이 긍정적인 자아 개념을 갖도록 상담을 제공해 준다면 학생의 공동체 역량을 증대시킬 수 있다.

본 글에서는 '공동체 역량을 확대하는 교육'을 주제로 ~~첫째, 영 교육과정 둘째, 목표 관리 기법, 셋째, 성취과제분담 모형, 넷째, 합리·정서·행동 상담이론에~~[6]영 교육과정, 목표관리기법, 성취과제 분담 분담학습, 합리·정서·행동 상담이론에 대하여 살펴보았다. 이처럼 공동체 역량을 확대하기 위해서는 교사의 전문성뿐 아니라 ~~학교 및 사회~~[7]학교나 사회 차원에서도 높은 관심과 노력이 필요할 것이다.

이것만은 꼭 지키자

1. 습관적인 '-시키다' 사용을 줄이자.

2. 논술문의 서론-본론-결론에서 작성해야 할 내용과 글쓰기 전략을 지속적으로 연습하자.

최종 모범답안 (2회차 - D)

<table>
<tr><td colspan="2">본인은 수험생 유의 사항을 숙지하였으며 이를 지키지 않아 발생하는 모든 불이익을 감수할 것을 서약합니다.</td><td rowspan="8">수
험
번
호</td><td></td><td>① ②</td><td colspan="2">※결시자 확인란(수험생은 표기하지 말 것)</td></tr>
<tr><td colspan="2"></td><td></td><td>⓪ ① ② ③ ④ ⑤ ⑥ ⑦ ⑧ ⑨</td><td rowspan="3">결시자 설명과 수험 번호 기재
검은색 펜으로 결시자 수험 번호,
쪽 번호와 우측란은 '●'로 표기</td><td rowspan="3">○</td></tr>
<tr><td colspan="2">성 명</td><td></td><td>① ② ③ ④ ⑤ ⑥ ⑦ ⑧ ⑨</td></tr>
<tr><td colspan="2"></td><td></td><td>⓪ ① ② ③ ④ ⑤ ⑥ ⑦ ⑧ ⑨</td></tr>
<tr><td rowspan="4">교육학 논술
전용 답안지</td><td>쪽 번호</td><td></td><td>⓪ ① ② ③ ④ ⑤ ⑥ ⑦ ⑧ ⑨</td><td colspan="2">※감독관 확인란(수험생은 표기하지 말 것)</td></tr>
<tr><td rowspan="3">●②</td><td></td><td>⓪ ① ② ③ ④ ⑤ ⑥ ⑦ ⑧ ⑨</td><td rowspan="3">- 본인 여부, 성명, 수험 번호, 쪽 번호 기록이 정확한지 확인 후 서명/날인
- 결시자는 위의 결시자 확인란에도 표기</td><td rowspan="3">(서명
또는
날인)</td></tr>
<tr><td></td><td>⓪ ① ② ③ ④ ⑤ ⑥ ⑦ ⑧ ⑨</td></tr>
<tr><td></td><td>⓪ ① ② ③ ④ ⑤ ⑥ ⑦ ⑧ ⑨</td></tr>
</table>

- 수험 번호와 쪽 번호는 검은색 펜을 사용하여 '●'로 표기하시오.
- 답안은 지워지거나 번지지 않는 동일한 종류의 검은색 펜을 사용하여 작성하시오(연필/사인펜/수정테이프/수정액 사용 불가).
- 수험생 유의 사항을 위반하여 작성한 답안의 경우, 해당 부분이나 답안지 전체를 채점하지 않으니 유의하시오.

오늘날 우리 사회에서 학생들에게 필요한 역량은 공동체 속에서 함께 더불어 살아갈 수 있는 역량이다. 인간은 사회적 존재로서 타인과 함께 살아가는 능력이 꼭 필요하다. 이에 따라 본 글에서는 '공동체 역량을 확대하는 교육'을 주제로 교육과정, 교육행정, 교육 방법, 상담이론에 대해 논하고자 한다.

학생의 역량을 길러 주기 위해서는 교육과정에 대한 이해가 필요하다. #1과 관련된 교육과정은 영 교육과정으로, 학교의 이념과도 일치하고 교육할 만한 가치가 있음에도 불구하고 가르쳐지지 않는 교육과정이다. 이러한 영 교육과정이 발생하는 이유는 첫째, 학교의 오래된 관행이 이어졌거나, 둘째, 교사나 학생이 무능하거나 무지하기 때문이다. 따라서 최 교사의 고민을 해결하는 극복방안은 국가 차원에서 공식적 교육과정에 영 교육과정을 반영하고 확대함으로써 공식적 교육과정을 풍요화하는 방법이 있다. 이처럼 다양한 교육과정을 학생에게 제공한다면 학생의 공동체 역량을 향상할 수 있을 것이다.

공동체 역량을 확대하기 위해서는 학교 또한 변화하여야 한다. #2와 관련된 학교 경영 기법은 목표 관리 기법으로, 구성원이 함께 목표를 설정하고 이를 달성하기 위해 노력함으로써 조직 내부의 자체 평가 및 보상이 주어지는 기법이다. 해당 기법의 특징은 상호 협력하는 것을 바탕으로 역할 갈등을 해소할 수 있다는 점이다. 한편, 해당 기법으로 학교를 경영할 때 발생하는 문제점은 구성원의 과도한 노력과 시간이 필요하다는 점이다. 이를 해결하기 위해서 학교에서는 효율적인 업무 지침을 마련해 구성원의 고충을 해소해주는 방법을 활용할 수 있다. 이처럼 학교 차원에서도 노력함으로써 공동체 역량 확대에 기여할 수 있다.

교수학습 차원에서 공동체 역량 향상을 위해서는 협동 학습을 실시하는 것이 바람직하다. #3에서 나타난 협동학습 모형은 성취과제 분담학습으로, 집단 내 역할 분담 없이 공동으로 협력하여 과제를 해결하는 모형이다. 해당 모형의 특징은 첫째, 개별 책무성을 강조하여 집단 구성원에 대한 책임을 갖는다는 점과 둘째, 성취 결과의 균등 분배가 이루어진다는 점이다. 한편, 집단 내 분쟁을 해결하는 방법은 주기적으로 소집단을 재편성해 주는 것이 있다. 이처럼 협동학습을 한다면 학생의 공동체 역량을 발전시킬 수 있다.

학생이 공동체에 잘 적응하기 위해서는 긍정적 심리 상태를 가질 필요가 있다. #4에 언급된 상담이론은 합리·정서·행동 상담이론으로, 문제 행동의 원인을 부정적인 자기 언어에 따른 비합리적 신념 때문이라고 보며 이를 합리적 신념으로 변화하도록 돕는 이론이다. 따라서 철수의 문제점은 선행 사건에 따른 인생의 실패자가 될 것이라는 비합리적 신념에 있다. 이를 해결하기 위해서는 논박을 활용할 수 있다. 비합리적인 신념의 논리성, 현실성, 실용성에 대해 반박함으로써 합리적 신념을 갖게 하는 것이다. 이처럼 학생이 긍정적인 자아 개념을 갖도록 상담을 제공해 준다면 학생의 공동체 역량을 증대시킬 수 있다.

본 글에서는 '공동체 역량을 확대하는 교육'을 주제로 영 교육과정, 목표 관리 기법, 성취과제 분담학습, 합리·정서·행동 상담이론에 대하여 살펴보았다. 이처럼 공동체 역량을 확대하기 위해서는 교사의 전문성뿐 아니라 학교나 사회 차원에서도 높은 관심과 노력이 필요할 것이다.

첨삭 배우기
(2회차 - E)

2015 개정 교육과정에서 공동체 역량을 6대 핵심역량 중 한 가지로 제시함에 따라 '공동체 역량을 확대하는 교육'이 중요한 주제로 논의되고 있다. 따라서 '공동체 역량을 확대하는 교육'을 주제로 교육과정, 교육행정, 교육방법, 상담이론 등 다양한 교육학적 관점에서 논하겠다.

#1과 관련된 교육과정은 영 교육과정이다. ~~어는~~ 공식적 교육과정에서 의도적으로 배제되거나 공식적 교육과정에 있는 내용임에도 불구하고 의도적으로 배제한 교육과정을 말한다.❶ 영 교육과정이 발생하는 ~~원인은 첫째, 교사의 무지 둘째, 교사의 타성이다.~~ 첫 번째 원인은 교사의 무지이며, 두 번째 원인은 교사의 타성이다. 영 교육과정은 교사들이 해당 부분에 대해 인지하지 못하였거나 인지했다 할지라도 기존의 관행에 따라 교육과정을 운영하며 생기게 된다. 영 교육과정과 관련하여 최 교사의 고민을 ~~해결할 수 있는 방안~~❷해결하는 방안~~으로는~~으로는 교육과정을 구성하고 운영하는 교육 관계자들이 공식적 교육과정뿐 아니라 잠재적 교육과정, 영 교육과정 모두를 고려하며, 학생과 학부모 등의 요구를 바탕으로 학생이 실생활에서 유용하게 활용할 수 있는 내용들을 반영하여 교육과정을 ~~재구성해야 한다.~~❸❹재구성하는 것이 있다. 교육과정은 목표, 교육내용 및 경험, 평가 등과 전반적으로 밀접한 관련이 있으므로 '공동체 역량을 확대하는 교육'을 위해 가장 먼저 고민해야 하는 부분이다.

#2와 관련된 학교경영기법은 목표관리기법이다. 목표관리기법이란 조직원 모두가 공동으로 참여하여 교육목표를 설정하고, 목표를 달성하기 위해 역할을 분담한 뒤 목표 도달 정도를 토대로 평가와 성과에 따른 보상을 실시하는 것이다.❺ MBO~~의 특징은~~는 목표를 설정할 때 구성원이 참여하므로 구성원들의 의사를 반영하여 목표를 설정할 수 있다는 장점이 있는 반면, 구체적이고 단기적인 목표에 치중하게 되어 학교 교육의 최종 목표인 전인적 목표 등과 같은 장기적 ~~목표는 실현이 어렵다.~~❻목표를 실현하기는 어렵다는 문제점도 있다. 이를 해결할 수 있는 구체적인 방안은 목표를 수립할 때 장기적 목표를 고려하여 단기적 목표가 장기적 목표 수립을 위한 과정이 될 수 있도록 목표를 ~~설정한다.~~ 설정하는 것이다. 학교경영기법은 학교교육의 실제적 운영자인 교사들과 관련된 부분이므로 '공동체 역량을 ~~확도해는~~확대하는 교육'을 원활히 운영하기 위해 학교장이 고민해야 하는 부분이다.

❶ '-거나'로 연결하면 다른 내용이 전개되어야 하지만 내용이 같으므로 굳이 두 가지를 다 언급할 필요는 없습니다. 공식적 교육과정의 정의 두 가지를 다 외웠어도 시간 절약 차원에서 하나만 쓰는 것을 추천 합니다. 간혹 정의만 2~3줄씩 쓰는 수험생들이 있는데, 많이 쓴다고 점수를 더 주는 것이 아니므로, 아는 내용이 나왔을 때 흥분하지 않아야 합니다.

❷ '~할 수~'가 없어도 의미에 차이가 없고 어구를 길어지게만 하므로 '해결하는 방안으로는'으로 수정하는 것을 제안합니다. 논술문 답안에서는 되도록 간결하고 명확한 표현으로 독자(평가자)에게 키워드를 전달해야 합니다.

❸ '주어부와의 호응 관계를 고려하여 수정이 필요합니다.

❹ 해당 부분이 한 문장으로 구성되어 있습니다. 문장이 길어질 경우, 가독성이 떨어지는 문제가 있습니다. 학생이 채점 기준이 되는 키워드를 모두 작성하였다고 하더라도, 긴 문장으로 작성하면 키워드 파악이 어려운 문제가 발생합니다.

❺ '목표관리기법이란'과의 호응을 고려하여 '실시하는 ~을 말한다.'로 수정하는 것을 제안합니다.

❻ 전달하고자 하는 내용을 대조 문장 구조를 사용하여 윤문하였습니다.

#3에 언급된 협동학습 모형은 STAD로, 이는 모둠 구성원 개개인의 향상점수를 합하여 집단의 점수를 산출한 뒤 보상하는 방법이다. STAD의 특징은 첫째, 성적이 낮은 학생도 모둠에 큰 기여를 할 수 있다는 점, 둘째, 모둠원끼리 긍정적 상호 작용을 하며 함께 성장해 나간다는 점이다. 협동학습에서 간혹 나타나는 집단 내 분쟁을 해결할 수 있는 구체적인 방안은 구성원들 각각 개별 책무성을 가질 수 있도록 교사가 조력자가 되어 명확한 역할 분담을 할 수 있도록 도와준다. 협동학습은 '공동체 역량을 확대하는 교육'에서 반드시 고려되어야 하는 교육 방법이므로 교사들은 협동학습의 다양한 운영 방법에 대해 연구해야 한다.

#4에 언급된 상담이론의 명칭은 해결중심 상담이론으로, 이는 문제 원인보다 해결방법에 중점을 두고 단기간 내에 상담목적을 달성하는 이론이다. ABCDE이론에 근거한 철수의 문제점은 비합리적 신념이다. 철수는 시험의 실패가 자신의 인생 ~~전체를 실패하게 되는 것이라는~~[7] 전체의 실패로 이어진다는 비합리적 신념을 가지고 있다. 이를 해결하기 위한 구체적인 상담기법은 논박이다. 철수의 비합리적 신념에 대해 하나하나 논박하는 과정을 통해 합리적 신념으로의 변화를 유도할 수 있다. '공동체 역량을 확대하는 교육'을 위해 학생 개개인이 합리적 신념을 가질 수 있도록 적절한 상담을 병행해야 한다.

[7] '전체를 실패한다'는 말은 자연스럽지 않으므로 '전체의 실패로 이어진다'라고 수정하는 것을 제안합니다.

'공동체 역량을 확대하는 교육'을 주제로 다양한 교육학적 관점에서 논하였다. 학교교육이 운영되기 위해서는 다양한 요소들을 고려해야 하므로 여러 문제점이 발생할 수 있다. ~~그러나 교육 관계자들이~~따라서 교육 관계자들은 적극적으로 의견을 내고 협의하는 과정을 통해 '공동체 역량을 확대하는 교육'이 잘 실현될 수 있도록 노력해야 한다.

이것만은 꼭 지키자

1. 작성하고자 하는 내용에 적합한 문장 구조 사용하기(MBO의 장점과 문제점 대조 구조 참고)

2. 간결하고 명확하게 표현하기(해결할 수 있는 방안 → 해결 방안)

3. 적절한 표지어 사용(~은 다음과 같다)

4. 주어와 서술부의 호응 맞추기

최종 모범답안 (2회차 – E)

<table>
<tr><td colspan="2">본인은 수험생 유의 사항을 숙지하였으며 이를 지키지 않아 발생하는 모든 불이익을 감수할 것을 서약합니다.</td><td rowspan="8">수
험
번
호</td><td></td><td>① ②</td><td colspan="2">※ 결시자 확인란(수험생은 표기하지 말 것)</td></tr>
<tr><td colspan="2" rowspan="2"></td><td></td><td>⓪ ① ② ③ ④ ⑤ ⑥ ⑦ ⑧ ⑨</td><td rowspan="3">결시자 설명과 수험 번호 기재
검은색 펜으로 결시자 수험 번호, 쪽 번호와 우측란은 '●'로 표기</td><td rowspan="3">○</td></tr>
<tr><td></td><td>① ② ③ ④ ⑤ ⑥ ⑦ ⑧ ⑨</td></tr>
<tr><td colspan="2">성 명</td><td></td><td>⓪ ① ② ③ ④ ⑤ ⑥ ⑦ ⑧ ⑨</td></tr>
<tr><td rowspan="4">교육학 논술 전용 답안지</td><td>쪽 번호</td><td></td><td>⓪ ① ② ③ ④ ⑤ ⑥ ⑦ ⑧ ⑨</td><td colspan="2">※ 감독관 확인란(수험생은 표기하지 말 것)</td></tr>
<tr><td rowspan="3">●②</td><td></td><td>⓪ ① ② ③ ④ ⑤ ⑥ ⑦ ⑧ ⑨</td><td rowspan="3">– 본인 여부, 성명, 수험 번호, 쪽 번호 기록이 정확한지 확인 후 서명/날인
– 결시자는 위의 결시자 확인란에도 표기</td><td rowspan="3">(서명 또는 날인)</td></tr>
<tr><td></td><td>⓪ ① ② ③ ④ ⑤ ⑥ ⑦ ⑧ ⑨</td></tr>
<tr><td></td><td>⓪ ① ② ③ ④ ⑤ ⑥ ⑦ ⑧ ⑨</td></tr>
</table>

– 수험 번호와 쪽 번호는 검은색 펜을 사용하여 '●'로 표기하시오.
– 답안은 지워지거나 번지지 않는 동일한 종류의 검은색 펜을 사용하여 작성하시오(연필/사인펜/수정테이프/수정액 사용 불가).
– 수험생 유의 사항을 위반하여 작성한 답안의 경우, 해당 부분이나 답안지 전체를 채점하지 않으니 유의하시오.

2015 개정 교육과정에서 공동체 역량을 6대 핵심역량 중 한 가지로 제시함에 따라 '공동체 역량을 확대하는 교육'이 중요한 주제로 논의되고 있다. 따라서 '공동체 역량을 확대하는 교육'을 주제로 교육과정, 교육행정, 교육 방법, 상담이론 등 다양한 교육학적 관점에서 논하겠다.

#1과 관련된 교육과정은 영 교육과정이다. 영 교육과정이란 공식적 교육과정에 있는 내용임에도 불구하고 의도적으로 배제한 교육과정을 말한다. 영 교육과정이 발생하는 첫 번째 원인은 교사의 무지이며, 두 번째 원인은 교사의 타성이다. 영 교육과정은 교사들이 해당 부분에 대해 인지하지 못하였거나 인지했다 할지라도 기존의 관행에 따라 교육과정을 운영하며 생기게 된다. 영 교육과정과 관련하여 최 교사의 고민을 해결하는 방안으로는 교육과정을 구성하고 운영하는 교육 관계자들이 공식적 교육과정뿐 아니라 잠재적 교육과정, 영 교육과정 모두를 고려하며, 학생과 학부모 등의 요구를 바탕으로 학생이 실생활에서 유용하게 활용할 수 있는 내용들을 반영하여 교육과정을 재구성하는 것이 있다. 교육과정은 목표, 교육 내용 및 경험, 평가 등과 전반적으로 밀접한 관련이 있으므로 '공동체 역량을 확대하는 교육'을 위해 가장 먼저 고민해야 하는 부분이다.

#2와 관련된 학교 경영 기법은 목표관리기법이다. 목표관리기법이란 조직원 모두가 공동으로 참여하여 교육목표를 설정하고, 목표를 달성하기 위해 역할을 분담한 뒤 목표 도달 정도를 토대로 평가와 성과에 따른 보상을 실시하는 것이다. MBO의 특징은 목표를 설정할 때 구성원이 참여하므로 구성원들의 의사를 반영하여 목표를 설정할 수 있다는 점이다. 문제점으로는 구체적이고 단기적인 목표에 치중하게 되어 학교 교육의 최종 목표인 전인적 목표 등과 같은 장기적 목표를 실현하기는 어렵다는 것이 있다. 이를 해결할 수 있는 구체적인 방안은 목표를 수립할 때 장기적 목표를 고려하여 단기적 목표가 장기적 목표 수립을 위한 과정이 될 수 있도록 목표를 설정하는 것이다. 학교 경영 기법은 학교 교육의 실제적 운영자인 교사들과 관련된 부분이므로 '공동체 역량을 확대하는 교육'을 원활히 운영하기 위해 학교장이 고민해야 하는 부분이다.

#3에 언급된 협동학습 모형은 STAD로, 이는 모둠 구성원 개개인의 향상점수를 합하여 집단의 점수를 산출한 뒤 보상하는 방법이다. STAD의 특징은 첫째, 성적이 낮은 학생도 모둠에 큰 기여를 할 수 있다는 점, 둘째, 모둠원끼리 긍정적 상호작용을 하며 함께 성장해 나간다는 점이다. 협동학습에서 간혹 나타나는 집단 내 분쟁을 해결할 수 있는 구체적인 방안은 구성원들 각각 개별 책무성을 가질 수 있도록 교사가 조력자가 되어 명확한 역할 분담을 할 수 있도록 도와준다. 협동학습은 '공동체 역량을 확대하는 교육'에서 반드시 고려되어야 하는 교육 방법이므로 교사들은 협동학습의 다양한 운영 방법에 대해 연구해야 한다.

#4에 언급된 상담이론의 명칭은 해결 중심 상담이론으로, 이는 문제 원인보다 해결 방법에 중점을 두고 단기간 내에 상담 목적을 달성하는 이론이다. ABCDE 이론에 근거한 철수의 문제점은 비합리적 신념이다. 철수는 시험의 실패가 자신의 인생 전체의 실패로

최종 모범답안 (2회차 – E)

본인은 수험생 유의 사항을 숙지하였으며 이를 지키지 않아 발생하는 모든 불이익을 감수할 것을 서약합니다.		수험번호		① ②	※결시자 확인란(수험생은 표기하지 말 것)	
성 명				⓪ ① ② ③ ④ ⑤ ⑥ ⑦ ⑧ ⑨	결시자 설명과 수험 번호 기재 검은색 펜으로 결시자 수험 번호, 쪽 번호와 우측란은 '●'로 표기	○
				① ② ③ ④ ⑤ ⑥ ⑦ ⑧ ⑨		
				⓪ ① ② ③ ④ ⑤ ⑥ ⑦ ⑧ ⑨	※감독관 확인란(수험생은 표기하지 말 것)	
교육학 논술 전용 답안지	쪽 번호			⓪ ① ② ③ ④ ⑤ ⑥ ⑦ ⑧ ⑨	– 본인 여부, 성명, 수험 번호, 쪽 번호 기록이 정확한지 확인 후 서명/날인 – 결시자는 위의 결시자 확인란에도 표기	(서명 또는 날인)
	①●			⓪ ① ② ③ ④ ⑤ ⑥ ⑦ ⑧ ⑨		
				⓪ ① ② ③ ④ ⑤ ⑥ ⑦ ⑧ ⑨		
				⓪ ① ② ③ ④ ⑤ ⑥ ⑦ ⑧ ⑨		

– 수험 번호와 쪽 번호는 검은색 펜을 사용하여 '●'로 표기하시오.
– 답안은 지워지거나 번지지 않는 동일한 종류의 검은색 펜을 사용하여 작성하시오(연필/사인펜/수정테이프/수정액 사용 불가).
– 수험생 유의 사항을 위반하여 작성한 답안의 경우, 해당 부분이나 답안지 전체를 채점하지 않으니 유의하시오.

이어진다는 비합리적인 신념을 가지고 있다. 이를 해결하기 위한 구체적인 상담 기법은 논박이다. 철수의 비합리적 신념에 대해 하나하나 논박하는 과정을 통해 합리적 신념으로의 변화를 유도할 수 있다. '공동체 역량을 확대하는 교육'을 위해 학생 개개인이 합리적 신념을 가질 수 있도록 적절한 상담을 병행해야 한다.

'공동체 역량을 확대하는 교육'을 주제로 다양한 교육학적 관점에서 논하였다. 학교 교육이 운영되기 위해서는 다양한 요소들을 고려해야 하므로 여러 문제점이 발생할 수 있다. 따라서 교육 관계자들은 적극적으로 의견을 내고 협의하는 과정을 통해 '공동체 역량을 확대하는 교육'이 잘 실현될 수 있도록 노력해야 한다.

[2회] 수험생이 자주 하는 질문 모음

질문 01

저는 교육학 시험을 볼 때 15~20분 정도를 문제 독해 및 개요 작성을 위해 쓰고 나머지는 글을 쓰는 데에 시간을 쏟는데, 앞선 2번의 시험에서는 개요 짜는데 너무 시간을 많이 할애한 것 같습니다. 목표한 시간 15~20분 이내에 쓰고 바로 글쓰기로 넘어가야 할까요? (전공 역사)

초안 작성은 20분도 살짝 긴 감이 있습니다. 실제 시험은 무조건 시간을 더 잡아먹는다고 가정해야 합니다. 가능한 한 초안은 15분 이내로 끝내는 게 좋습니다. 그리고 초안은 무조건 키워드 위주로 간략히 짜는 것이 좋습니다. 만약, 줄글로 적으면 본 시험에서는 무조건 시간이 부족합니다. 교육학 내공이 올라가면 키워드 인출만으로도 속 내용을 줄줄 풀어 쓸 수 있게 됩니다. 이 정도 수준으로 공부해 놓으면 지문을 보고 응용해서 답안을 작성할 수 있습니다. 제출하신 답안을 보면 내용은 풍부하지만, 핵심 키워드가 없거나 틀린 경우가 많았습니다.

질문 02

처음이라 시간도 모자라고 모르는 것도 많았습니다. 그래도 꽤 열심히 적었는데 점수가 낮은 이유를 모르겠습니다. (전공 보건)

열심히 쓰셨는데 점수가 낮은 이유는, 핵심 키워드가 많이 빠졌기 때문입니다. 모든 문제는 어떤 키워드가 반드시 나와야 하는데, (물론 키워드를 정확하게 적은 문항도 있습니다) 감으로 적은 듯한 문장이 많았습니다. 이것은 암기를 열심히 하면 나중에 자연스럽게 해결되는 부분입니다. 교육학은 책에 있는 표현 그대로 적는 것이 매우 중요합니다.

질문 03

기본 개념을 거의 2~3줄씩 쓰게 되는데 괜찮은지 궁금합니다. (전공 식품가공)

간혹 암기한 부분이 많아 그것을 다 쏟아 내기 위해 기본 개념을 2~3줄씩 쓰는 분들이 종종 있습니다. 모르는 내용이 나왔을 때는 '핵심 키워드 얻어걸려라' 전법으로 장황하게 쓸 수도 있지만, 정확히 아는 내용은 가능한 한 핵심 키워드 2~3단어 정도를 포함해 한 줄 정도로 끝내는 것이 좋습니다. 모든 문제는 배점이 1~2점으로 제한되어 있어, 점수를 더 주는 것도 아니므로 (아는 것이 나왔다고 해서 흥분하며) 장황하게 쓰는 습관은 버리는 것이 좋습니다.

답안을 쓰다 보니 2장을 넘겨버렸습니다. 수험생들의 답안 분량이 궁금합니다. (전공 조리)

실제 시험에서는 두 장의 답안지가 제공되므로 답안은 두 장 이상을 넘길 수는 없습니다. 수험생들의 답안의 양은 보통 한 장하고 1/3 또는 1/2 정도 더 쓰는 편입니다. 중요한 것은 답안의 양이 아니라 핵심 키워드의 존재 여부이므로 양을 너무 의식할 필요는 없습니다. 참고로 고득점 답안은 글의 밀도가 높아 한 장에 끝나는 경우도 많습니다.

P E D A G O G Y

원페이지 교육학 모의고사

PART 03

원페이지 교육학 모의고사 (3회)

중등학교교사 임용후보자 선정경쟁시험

원페이지 교육학 (3회)

수험 번호 : ( )　성 명 : ()

제1차 시험	1 교시	1문항 20점	시험 시간 60분

○ 문제지 전체 면수가 맞는지 확인하시오.

다음은 ㅇㅇ 고등학교 홈페이지에 게시된 신입생 모집 홍보자료의 일부이다. 이 자료에는 교육과정, 교육행정, 교육사회, 진로지도와 관련된 내용이 포함되어 있다. 이를 바탕으로 "학생 맞춤형 교육을 위한 전략"이라는 주제로 서론, 본론, 결론의 형식을 갖추어 논하시오. [20점]

여러분 안녕하십니까? ㅇㅇ 고등학교 홈페이지에 방문해 주신 여러분을 진심으로 환영합니다. 본교는 성실이라는 교훈 아래, "행복한 학교, 즐거운 배움, 건강한 교육"이라는 학교경영 관을 바탕으로, 학생 · 학부모 · 지역사회로부터 신뢰받는 학교로 발전시켜 나가기 위해 최선의 노력을 기울이고 있습니다. 지금은 폭발하는 정보와 사회 질서의 변화 속에서 "학생 맞춤형 교육"이 필요한 시대입니다. 따라서 우리 학교는 이를 학교 교육 비전으로 삼고, 안정된 교육환경 속에서 바른 품성을 익히고 자신을 사랑하며 미래를 꿈꾸며 도전할 수 있도록 학생 중심 교육활동과 재능계발에 더 큰 노력을 기울일 것입니다.

◆ 교육과정 전면 개편

"2022 개정 교육과정이 전면 도입되면 학생들은 자신에게 필요한 과목을 선택해서 공부함으로써 자기 적성과 소질을 발견하고, 진로를 개척할 수 있게 됩니다. 앞으로 새 교육과정 도입을 빈틈없이 꼼꼼하게 준비하여, 다양한 과목 개설과 맞춤형 진로지도로 학생들이 만들어갈 미래를 함께 설계하겠습니다." **-A 교장-**

◆ 학생의 개성을 존중

"우리 학교 교육은 전인적 성장 발달을 추구합니다. 교육은 손, 가슴, 머리의 조화로운 발달을 도모하지만, 그 중심은 가슴이 되어야 한다는 생각에 이견이 없습니다. 또, 우리 학교 선생님들은 여러분의 흥미와 개성을 존중할 준비가 되어 있습니다." **-B 교사-**

◆ 대입 스트레스 및 교육격차 해소

"우리나라 경제 수준이 매우 높아졌습니다. 모든 국민이 대학 교육을 쉽게 받을 수 있는 상황입니다. 그러나 우리는 개인의 대학 진학 여부는 국가나 학교가 개입하기보다는 학생들의 능력과 노력에 맡기는 것이 더 좋다고 봅니다. 그리고 바쁜 부모님들을 위해 자녀에게 관심을 가지고 격려도 하고 학습 도우미 역할을 할 수 있도록 학교 차원에서 다양한 프로그램을 만들어 적극적으로 지원하겠습니다." -C 교사-

◆ 진로 탐색 활동을 강조

"고등학교는 학생들이 자신의 진로를 찾는 과정에서 가장 중요한 시기라고 볼 수 있습니다. 고교 졸업 후에 대학에 진학할지, 직업 세계로 입문할지도 정해야 하고, 대학에 진학한다면 전공도 결정해야 하기 때문입니다. 우리 학교는 학생들의 환경적 요인과 심리적 요인뿐만 아니라 사회적 요인까지 파악해 가장 적합한 진로를 탐색할 수 있도록 준비하고 있습니다." **-D 교사-**

〈 배 점 〉

○ 논술의 내용 [총 15점]

- A 교장이 강조하고 있는 2022 개정 교육과정이 학습자 측면에서 갖는 의의 2가지, 이 교육과정을 도입할 때 발생할 수 있는 문제점 1가지와 학교 차원에서 지원할 수 있는 구체적인 방안 1가지 [4점]
- B 교사가 언급하는 페스탈로찌(J. H. Pestalozzi) 합자연(合自然) 교육의 방법적 원리 2가지, 브룸(V. Vroom)의 기대 이론 관점에서 학생들의 흥미를 높이기 위한 구체적인 방안 2가지 [4점]
- C 교사가 언급한 교육 평등관 1가지, 콜만 보고서(Coleman Report)의 연구결과에 근거하여 C 교사의 프로그램이 학생에게 미치는 영향 1가지와 이 프로그램을 활성화하기 위해 학교 차원에서 지원할 수 있는 방안 1가지 [3점]
- D 교사가 언급한 환경적 요인과 심리적 요인을 크럼볼츠(J. Krumbolts)의 사회학습이론에 근거하여 각각 1가지, 블로(P. Blau)의 이론에서 강조하는 진로발달의 핵심요소와 교사의 역할 각각 1가지 [4점]

○ 논술의 구성 및 표현 [총 5점]

- 논술의 내용과 '학생 맞춤형 교육을 위한 전략'의 연계 및 논리적 형식 [3점]
- 표현의 적절성 [2점]

〈수고하셨습니다.〉

교육학 논술 초안 작성지

원페이지 교육학 (3회)

채점 세부 기준

<table>
<tr><th rowspan="2">영역</th><th colspan="2">채점 세부 기준</th><th rowspan="2">배점</th></tr>
<tr><th>내용 요소</th><th>점수 부여 기준</th></tr>
<tr><td rowspan="3">논술의 내용
[15점]</td><td>A 교장이 강조하고 있는 2022 개정 교육과정이 학습자 측면에서 갖는 의의 2가지</td><td>개인과외 2022 개정 교육과정의 핵심이 무엇인지 한번은 정리하고 넘어가야 합니다.

2022 개정 교육과정은 교육부가 7차 교육과정을 개정한 교육과정이다. 핵심은 고교학점제의 도입이며 2025년부터 모든 고등학교에서 전면 시행될 예정이다.
2015 개정 교육과정이 창의 융합형 인재를 양성하는 교육과정(문·이과 통합)이었다면, 2022 개정 교육과정은 미래사회 역량 함양을 목표로 한 개별 성장 맞춤형 교육과정이다.
(구체적인 것은 원페이지 기본서 참고)

또, 교육학 입문자분들은 장점이라고 묻지 않고 조금 다르게 물으면 당황하는 경우가 많습니다. 예를 들어, “교육적 효과 2가지”, “효용성 2가지” 이렇게 물으면 장점을 알고 있더라도 ‘교육적 효과를 공부한 적은 없는데….’하고 당황하는 경우가 많아요. 이 문제도 그럴싸하게 물었지만 결국은 장점을 묻는 것과 같습니다.

(오픈형 답안)
1) 학생은 자신의 진로와 적성에 맞춰 자신이 희망하는 과목을 들을 수 있다.

2) 학생은 자율성과 자기 주도 능력을 키울 수 있다.</td><td>각1점</td></tr>
<tr><td>이 교육과정을 도입할 때 발생할 수 있는 문제점 1가지</td><td>(오픈형 답안)
1) 진로 체험활동에 대한 실효성 의문과 기초학력이 저하될 수 있다.

2) 수도권과 지방의 교육환경 차이로 인해 더 큰 학력 격차가 일어날 수도 있다.

3) 특정 과목에 학생이 몰리거나 수강 인원이 미달된 과목은 폐강이 될 수 있다.</td><td>1점</td></tr>
<tr><td>학교 차원에서 지원할 수 있는 구체적인 방안 1가지</td><td>(오픈형 답안)
1) 학교 상황에 따라 자율적으로 선택하여 운영할 수 있는 자율성을 부여할 필요가 있다.

2) 교사의 수업 전문성을 지원할 연수와 자료 준비가 필요하다.

3) 학생, 학부모, 교사가 교육과정 개설 방안에 대해 논의하고 결정할 수 있는 시스템을 만들고 이를 뒷받침할 법령 개정이 필요하다.</td><td>1점</td></tr>
</table>

<table>
<tr>
<td>B 교사가 언급하는 페스탈로찌(J. H. Pestalozzi) 합자연(合自然) 교육의 방법적 원리 2가지</td>
<td>
도덕성 중시의 원리(=조화의 원리) - 교육은 머리(지적), 가슴(도덕적), 손(신체적)의 조화로운 발달을 도모해야 하며 그 중심은 가슴이 되어야 한다는 원리이다.
자발성의 원리 – 교육은 아동의 흥미, 자발성을 기초로 교육해야 한다는 원리이다.
직관의 원리 - 교육은 직접 접촉하여 배우는 직관교육에서 출발해야 한다는 원리이다. 직관의 3요소는 다음과 같다.

출제근거 [2010 초등] 페스탈로찌(J. H. Pestalozzi)가 말하는 합자연(合自然) 교육의 방법적 원리와 그에 대한 설명을 가장 적절하게 짝지은 것은?
① 자발성의 원리 – 자발성은 외부적 자극에 의해 촉발되므로, 외부로부터의 주입과 주형이 교육의 근간이 되어야 한다.
② 도덕성 중시의 원리 – 교육은 손(기능), 가슴(심정), 머리(지력)의 조화로운 발달을 도모하지만, 그 중심은 가슴이 되어야 한다. (정답)
③ 안방(거실) 교육의 원리 – 교육의 목적은 사회적 인간을 육성하는 것이기 때문에, 안방교육은 공공교육 기관의 원리를 따라야 한다.
④ 일반도야의 원리 – 인간적인 실존의 바탕은 직업이기 때문에, 직업교육이 전인교육에 앞서야 하며 전인교육은 직업교육에 종속되어야 한다.
⑤ 직관의 원리 - 직관은 감각이 아니라 마음의 눈을 통해서 세계의 본질을 직접 파악하는 것이기 때문에, 감각 중심의 교육을 지양해야 한다.
</td>
<td>각1점</td>
</tr>
<tr>
<td>브룸(V. Vroom)의 기대이론 관점에서 학생들의 흥미를 높이기 위한 구체적인 방안 2가지</td>
<td>
높은 성과기대 - 학생들이 노력하면 성과를 얻을 수 있다는 믿음을 심어주자
높은 보상기대 - 높은 성과가 보상으로 이어질 수 있다는 보상기대를 구체적으로 제안하자
높은 유인가 - 보상의 매력도를 높이기 위해 학생들이 원하는 보상내용을 파악하자

출제근거 [2012 초등] 다음 내용에 가장 부합하는 동기이론은?
• 최 교장은 교사들이 노력만 하면 성과를 얻을 수 있다는 믿음을 주기 위해서 교사를 위한 훈련프로그램, 안내, 지원, 후원, 참여 등을 강화하였다.
• 최 교장은 교사들의 성과와 보상의 연결 정도를 분명히 하였다.
• 최 교장은 교사들이 생각하는 보상에 대한 유인가를 증진시키기 위해 교사들이 더 매력적으로 생각하는 보상내용을 파악하고 그들이 바라는 보상을 적절히 제공하였다.

① 브룸(V. Vroom)의 기대 이론 (정답)
② 허즈버그(F. Herzberg)의 동기–위생 이론
③ 아지리스(C. Argyris)의 미성숙–성숙 이론
④ 알더퍼(C. Alderfer)의 생존–관계–성장 이론
⑤ 로크(E. Locke)와 라탐(G. Latham)의 목표설정 이론
</td>
<td>각1점</td>
</tr>
</table>

03회

<table>
<tr>
<td>C 교사가 언급한 교육 평등관 1가지</td>
<td>

허용적 평등관: 모든 사람에게 교육받을 기회를 보장하기 위해 출발점 행동을 동등하게 보장하는 것이다.

인간의 능력은 모두 다르므로 누구나 능력이 미치는 데까지 교육을 받을 수 있도록 하는 것이다.

출제근거 [2010 초등] 고등학교 의무교육제도화에 관한 교사들의 대화 내용과 교육 평등관을 가장 적절하게 연결한 것은?

홍 교사 : 이제 우리나라 경제수준도 높아지고 했으니, 모든 국민이 고등학교 교육을 받을 수 있도록 고등학교 무상의무교육제도를 도입하는 것이 좋을 것 같아요.
정 교사 : 개인의 고등학교 진학 여부는 국가에서 개입하기보다는 당사자의 능력과 노력에 맡기는 것이 좋지 않을까요?
박 교사 : 글쎄요. 저는 요즘 같은 사회양극화 시대에는 고등학교 무상의무교육제도 도입에서 한발 더 나아가, 계층 간 학업성취도의 격차를 좁힐 수 있도록 소외 계층 학생을 위한 적극적 배려정책이 필요하다고 보는데요.

	홍 교사	정 교사	박 교사
①	기회 허용적 평등	조건의 평등	기회 보장적 평등
②	기회 보장적 평등	조건의 평등	결과의 평등
③	**기회 보장적 평등**	**기회 허용적 평등**	**결과의 평등(정답)**
④	조건의 평등	기회 허용적 평등	기회 보장적 평등
⑤	조건의 평등	결과의 평등	기회 허용적 평등

</td>
<td>1점</td>
</tr>
<tr>
<td>콜만 보고서 (Coleman Report) 의 연구결과에 근거하여 C 교사의 프로그램이 학생에게 미치는 영향 1가지</td>
<td>

사회적 자본을 언급하고 설명해야 한다

콜만 보고서: 학업성취에 가장 큰 영향을 주는 요인은 학교의 교육조건(1인당 교육비, 시설, 교육과정, 교원경력)이 아니라 학생의 가정환경이다.

사회적 자본: 부모와 자식 간의 상호관계이다. 사회적 자본은 2가지가 있다.
(가정 내 사회자본 : 부모와의 심리적 유대 관계나 학습에 대한 관심)
(가정 외 사회자본 : 부모의 인맥, 지인들과의 정보교류)

가정의 사회적 자본이 성적에 가장 큰 영향을 미친다.

가정 내 사회자본은 자녀의 사회적, 정서적 발달에 영향을 주게 되며 부모의 관심을 적게 받거나 부모의 기대가 낮을 때 자녀의 학업성취가 낮을 수 있다.

가정 외 사회자본의 영향도 매우 크며, 가정이 다른 자본을 많이 지니고 있어도 사회적 자본이 결핍되면 자녀의 학업성취가 낮을 수 있다.

</td>
<td>1점</td>
</tr>
</table>

<table>
<tr><td></td><td>

출제근거 [2009 초등] 다음은 학생의 학업성취도에 영향을 미치는 가정배경에 관한 대화이다. 각 교사의 대화내용을 콜만(J. S. Coleman)이 제시한 세 가지 자본과 가장 적절하게 짝지은 것은?

권 교사 : 부모의 교육수준이 중요하죠. 학력이 높으면 지적 능력도 뛰어나고 자녀의 학습에도 알게 모르게 영향을 미칠 테니까, 결국 자녀의 성적도 높아진다고 봐야죠.
김 교사 : 저는 부모의 소득이 자녀의 성적에 크게 영향을 미친다고 봐요. 엄청난 사교육비를 생각해 보세요.
류 교사 : 학력과 소득이 높아도 자녀교육에 관심이 없으면 소용없어요. 자녀에게 관심을 가지고 격려도 하고 학습 도우미 역할도 해 주고 그래야 성적이 좋아지죠.

	권 교사	김 교사	류 교사
①	경제자본	사회자본	인간자본
②	사회자본	경제자본	인간자본
③	사회자본	인간자본	경제자본
④	인간자본	사회자본	경제자본
⑤	**인간자본**	**경제자본**	**사회자본(정답)**

</td><td></td></tr>
<tr><td>이 프로그램을 활성화하기 위해 학교 차원에서 지원할 수 있는 구체적인 방안 1가지</td><td>

(오픈형 답안)

학부모와 함께하는 체험학습, 학부모-지역주민 프로그램 운영, 집단상담 프로그램 운영, 학부모 초청 방과후 프로그램 운영 등등 답은 매우 많이 열려 있다.

</td><td>1점</td></tr>
<tr><td>D 교사가 언급한 환경적 요인과 심리적 요인을 크럼볼츠(J. Krumbolts)의 사회학습이론에 근거하여 각각 1가지</td><td>

개인과외 만약 이 문제를 '크럼볼츠의 관점에서 진로 의사결정에 영향을 주는 요인 2가지'를 적으라고 했다면 좀 더 쉽게 풀 수 있었을 것입니다. 그런데 이 문제처럼 '환경적 요인'과 '심리적 요인' 차원에서 쓰라고 하면 평소에 크럼볼츠를 어렴풋이 알고 있던 사람도 당황할 수 있어요.

비슷한 예로, 2020년에 비고츠키에 대해 나왔는데, 비고츠키는 교육학을 공부하는 사람들이 모를 리가 없는 주제이죠. 그런데 '비고츠키의 지식론'에 대해 쓰라고 문제가 나오니 수험생들이 엄청나게 당황했었던 적이 있습니다. 만약 비고츠키의 구성주의라고 물었다면 누구나 쉽게 작성할 수 있었을 것입니다.

이처럼 평소에 알고 있던 주제라면 다소 생소한 내용이 나오더라도 너무 당황하지 않았으면 합니다. 그런 문제는 분명 내가 이미 암기하고 있던 내용 안에 정답이 있을 확률이 매우 높습니다. 최근 기출 문제를 분석해 보면 출제진들이 쉬운 교육학 내용을 조금 생소한 단어로 바꿔서 묻는 경향이 있습니다.

</td><td>각1점</td></tr>
</table>

	[환경적 요인] 1) **선천적(유전적) 요인과 특별한 능력** - 개인의 유전적 요인과 특별한 능력을 의미한다. 예 키, 성격, 성별, 지능 2) **환경적 조건과 사건** - 개인이 속해있는 사회의 다양한 여건들을 의미한다. 예 가정, 학교, 지역사회, 기술발전, 사회정책(노동법) [심리적 요인] 1) **학습경험** - 개인이 과거에 학습한 경험은 현재나 미래의 진로선택에 큰 영향을 미친다. 과거의 학습경험에는 다음 3가지가 있다. * 도구적 학습경험(조작적 조건화) – 어떤 행동에 대해 정적 또는 부적 강화를 받을 때 나타난다. * 연합(연상)적 학습경험(고전적 조건화) – 중립적 사건이나 자극이 비중립적 사건과 자극으로 연결될 때 나타난다. * 대리적 학습경험 - 타인의 행동을 관찰하거나 모방할 때 나타난다. 2) **과제접근기술** - 개인이 환경을 이해하고 문제를 해결하며, 미래를 예견하는 인지적(문제해결방식) 능력이나, 직업습관 및 학습 습관 등 여러 가지 기술을 의미한다.	
블로(P. Blau)의 이론에서 강조하는 진로발달의 핵심요소	블로의 사회학적이론: 문화나 인종 차이보다 개인을 둘러싼 **가정, 학교, 지역사회** 등의 **사회적 요인**과 그 계층 속에서 생활하고 있는 **사람들의 심리적 환경**이 진로 결정에 큰 영향을 미친다는 이론이다. 출제근거 [2010 중등] 진로이론에 대한 설명 중 옳은 것을 〈보기〉에서 고른 것은? ㄱ. 수퍼(D. Super)의 발달이론에서는 직업 선택이 부모-자녀 관계에서 형성된 개인의 성격과 욕구구조에 의해서 결정 된다고 본다. ㄴ. 홀랜드(J. Holland)의 인성이론에서는 성격유형과 직업환경을 각각 6가지로 분류하고, 개인의 성격유형에 맞는 직업 환경을 찾아야 한다고 본다. ㄷ. 파슨스(F. Parsons)의 특성요인이론에서는 자아개념을 중요시하며, 진로선택을 타협과 선택이 상호작용하는 적응 과정으로 본다. ㄹ. **블로(P. Blau)**의 사회학적 이론에 따르면 가정, 학교, 지역 사회 등의 사회적 요인이 직업 선택에 큰 영향을 미친다. ① ㄱ, ㄴ ② ㄱ, ㄷ ③ ㄴ, ㄷ ④ ㄴ, ㄹ **(정답)** ⑤ ㄷ, ㄹ	1점

	교사의 역할 1가지	**(오픈형)** 진로 상담 시 개인을 둘러싸고 있는 **주변 상황을 파악**하여 지도해야 한다.	1점
논술의 구성 및 표현 [5점]	논술의 내용과 주제와의 연계 및 논리적 형식 [3점]	본론에서 주제와 관련된 내용의 논리적 일관성과 문장의 표현력이 모두 뛰어남	3점
		본론에서 주제와 관련된 내용의 논리적 일관성과 문장의 표현력 중 하나가 부족함	2점
		본론에서 주제와 관련된 내용의 논리적 일관성과 문장의 표현력이 모두 부족함	1점
	표현의 적절성 [2점]	서론과 결론에서 논술 주제를 논리적으로 모두 다루고 있음	2점
		서론과 결론에서 논술 주제를 다루지 않거나 내용이 빈약함	1점

첨삭 배우기 (3회차 - A)

1 해당 어구와 같이 수정하면 '자신의'와 같은 단어를 추가하지 않더라도 명확한 내용 전달이 가능합니다.

2 아라비아 숫자는 '2인의 선택'과 같은 경우에만 사용하고, 이 경우에는 고유어 숫자 표현을 사용해야 합니다.

3 틀린 것은 아니지만, 영어 투 표현이므로 우리말 표현으로 바꿔줍니다.

4 논술문 답안에서는 어구를 추가하여 의미가 구체화되거나 달라지는 경우가 아니라면 최대한 간결하게 표현하는 것이 좋습니다.

5 해당 문장은 '왜냐하면~'으로 시작하였으므로, 이 어구와 호응을 맞추기 위해 '~ 때문이다'를 추가하여 수정하는 것은 제안합니다.

6 이미 '제공해야 한다'는 말이 문장 끝에 제시되었으므로 내용의 중복을 피하고 문장을 간결하게 표현하기 위해 수정되어야 합니다.

7 동의어 반복이므로 '스스로'와 '자발적으로' 중 택일하여 작성해야 합니다.

~~학생들이 행복하고 자신의 잠재력을 실현하기 위해서~~학생들의 행복과 잠재력 실현을 위해[1] 학생 맞춤형 교육의 중요성이 대두되고 있다. 왜냐하면 급변하는 4차 산업 혁명 시대에서 학생들이 넘쳐나는 정보 속에서 자신에게 필요한 정보를 찾고 자신의 미래 진로에 ~~대비하여,~~대비함으로써 학생들의 전인적인 ~~성장을 촉진하여~~성장을 촉진해 지적, 정의적, 심동적 발달을 고루 균형 있게 촉진할 수 있기 때문이다. 따라서 본 글에서는 학생 맞춤형 교육을 위한 전략을 주제로 2022 개정 교육과정, 교육행정, 교육사회, 진로지도의 측면에서 논하고자 한다.

학교는 2022 개정 교육과정이 도입됨에 따라 이에 맞는 학생 맞춤형 교육 전략을 고려해야 한다. 2022 개정 교육과정이 학습자에게 갖는 ~~의의 2가지는~~[2]두 가지 의의는 다음과 같다. 첫째, 고교학점제가 전면 도입됨에 따라 ~~학생들을~~학생들은 기초 소양을 갖추고, 자신에게 필요한 과목을 선택할 수 ~~있기 때문에~~[3]있으므로 자율성과 동기를 촉진할 수 있다. 둘째, 학생들은 자신의 미래에 ~~대한 대비를 할~~[4]대비할 수 있다. 왜냐하면 학생들이 적극적으로 자신의 진로를 탐색하는 과정에서 학교에서 이를 촉진할 수 있는 다양한 과목과 진로 활동을 제공할 수 있어 학생들이 미래 진로 선택에 도움을 받을 수 있기 때문이다[5]. 하지만 이 교육과정을 ~~도입시에~~도입하면 학생들에게 많은 선택권과 책임을 갖게 하여 혼란을 초래할 수 있다. 이를 위해 학교에서는 고교학점제 등 교육과정이 추구하는 목표와 그 방향에 대해 학생들에게 충분한 ~~자료제공~~[6]과자료와 가이드를 제공해야 한다.

다음으로 학생 맞춤형 교육을 위해서 학생들의 성장을 도모하고 흥미를 촉진하는 방향으로 전략을 세워야 한다. 이를 위해 인간성 계발은 3H, 즉 머리, 가슴, 손의 조화로운 계발을 통해 가능하다고 주장한 페스탈로치로 부터 학생들의 전인 발달을 위한 교육의 방법적 원리 ~~2가지를 고려할 수 있는데 이는 다음과 같다.~~두 가지를 고려할 수 있다. 첫째, 도덕성 중시의 원리이다. 학생들의 인간성 계발을 위해 3H를 고루 발달시켜야 하지만 그중에서도 가슴, 즉 도덕성이 그 중심이 되어 학생의 인성적 측면의 발달을 촉진하는 교육을 실천해야 한다. 둘째, 자발성의 원리이다. 학생들의 전인적 성장을 위해서 교육은 학생의 흥미와 자발성을 기초로 하여 주입식 교육보다는 자신의 능력을 스스로, 자발적으로[7] 계발할 수 있어야 한다. 또한 학생들의 흥미를 촉진하기 위한 방안을 브룸의 기대이론 관점에서 ~~고려해주면 다음과 같다.~~고려할 수 있다. 브룸은 학생들의 동기는 자신이 최선을 다해 노력하면 ~~성취를 할~~[8]성취할것이라는 성과기대와 이 성취를 통해 보상이 주어질 것이라는 보상기대와 그 보상이 얼마나 매력적인가에 대한 유인가가 높을 때 촉진된다고 ~~했으므로~~[9]했다. 따라서 첫째, 학생들의 성과기대를 높이기 위해서 학생들에게 적절한 난이도의 도전적인 학습을 제공하여 노력하면 성과를 이룰 수 있다는 기대감을 심어 줘야 한다. 둘째, 유인가를 높이기 위해서 학생들이 필요로 하고 가장 원하는 보상이 무엇인지를 사전에 조사하여야 한다.

8 목적격 조사 '을/를'은 생략할 수 있는 상황에서는 생략하는 것이 더 자연스럽습니다.

9 작성하고자 하는 내용이 분리되는 것을 문장 구조에서 드러내고, 문장이 길어지는 것을 막기 위해 단문으로 끊어 쓰는 것이 좋습니다.

한편 학생 맞춤형 교육 전략을 모색하기 위해서 교육평등관과 콜만 보고서를 고찰할 필요가 있다. 우선, 학생들의 대입에 대한 선택은 국가와 학교보다는 학생 개인의 능력에 따라 이루어져야 한다는 교육 평등란은 허용적 평등관이다. 이 평등관은 모든 사람에게 교육받을 권리를 보장하지만, 인간이 가진 능력은 모두 다르기 때문에 이 능력에 따라 교육기회는 달라질 수 있다고 보았다. 콜만보고서에서는 학업성취에 가장 영향을 주는 것은 학교보다는 가정환경이라고 했다. C교사의 교육프로그램은 이러한 가정에서의 심리, 유대의 결핍이나 공백을 채워 줄 수 ~~있기 때문~~에있으므로 학생들의 학업 성취에 도움이 될 수 있다. 이를 위해 학교는 학생들이 교육을 통해 격려받고 심리적 유대감을 쌓을 수 있도록 ~~다양한 프로그램을 지원하기 위해~~[10](제거) 방과 후에 학생들이 이러한 프로그램에 참여할 수 있도록 계획하고 실천하는 것이 필요하다.

10 뒤따르는 내용으로 충분히 맥락을 이해할 수 있으므로, 제거해도 괜찮습니다.

마지막으로 자신의 진로에 대한 선택에 놓인 학생들을 위해 학생 맞춤형 교육에 대한 전략도 이러한 선택에 도움이 되는 방향으로 추진·도입될 필요가 있다. ~~우선,~~ 크럼볼츠의 사회학습이론에 따르면, 진로 선택은 개인의 선천적 요인과 특별한 능력, 환경적 조건과 사건, 학습 경험, 과제 접근 기술의 ~~상호 작용에 의해~~상호 작용으로 이루어진다~~고 보았다~~.[11] 현재 ~~고등학교 학생들은 진로를 선택하는데 있어~~고등학생들은 대학에 갈지 직업 세계로 바로 가야 할지 등의 정해진 환경적 조건과 사건 속에서 다양한 선택을 해야 한다. 이때 학생 개인은 자신이 현재 처한 선택의 문제를 해결하고자 하고, 또한 자신의 선택이 미래를 어떻게 예견해 줄지를 고려하는 ~~과제접근 기술이 요구된다.~~[12]과제접근 기술을 요구받는다. 블로에 따르면, 이렇게 진로 선택에 놓인 학생들의 환경적 요인, 심리적 요인뿐만 아니라 ~~블로에 따르면~~ 사회적 요인 또한 중요하다. 블로는 개인이 통제할 수 없는 사회적 요인인 가정, 학교, 지역 사회가 진로 결정에 영향을 준다고 ~~보았는데,~~보았다. 이에 따라 교사는 학생들이 자신의 개성과 능력을 잘 발휘할 수 있는 진로를 선택할 수 있도록 격려하고,

11 '이루어진다고 보았다.'라고 작성하고자 할 경우, '크럼볼츠의 사회학습이론에 따르면,'을 '크럼볼츠는 사회학습이론을 통해' 등으로 수정해야 합니다.

12 이 문장의 주체는 '학생 개인'입니다. 학생들은 과제접근 기술을 요구받는 입장이므로 주술호응을 위해 서술부를 수정해야 합니다.

다양한 진로를 탐색하도록 다양한 진로 정보와 활동을 제공해야 한다.

지금까지 학생 맞춤형 교육을 위한 전략을 모색하기 위해 2022 개정 교육과정, 교육행정, 교육사회, 진로지도의 측면에서 알아보았다. 2022 개정 교육과정의 도입에 따라 학생들의 선택권과 진로 선택에서의 자율성을 키워 주며, 학생들의 인지적, 정의적, 심동적 영역을 고루 발달시키고, 학습동기를 극대화하며, 자신의 능력에 맞춰 교육 기회를 ~~향유하며,~~[13]누리며 가정에서의 심리적 유대감의 결핍을 ~~학교에서 채워주고, 학생들의 진로선택을 가이드하고 도와주는~~학교에서 채울 수 있고 진로 선택에 대한 안내를 받을 수 있는[14] 전략이 요구된다. 학교는 이에 따라 학생의 행복과 성장을 증진하고, 개성과 잠재력을 잘 발휘할 수 있는 진로를 선택하여 힘찬 미래를 위해 노력해야 할 것이다.

13 '향유'라는 표현은 틀린 표현이 아니므로 쓰고 싶다면 써도 되지만, 되도록 쉬운 표현을 쓰는 것이 좋습니다.

14 가이드라는 외래어보다는 우리말이 좋겠습니다.

이것만은 꼭 지키자

1. 습관적인 '~ 때문에' 사용 지양하기. 아라비아 숫자(1,2,3) 대신에 고유어 숫자 표현을 사용해야 합니다. 또한 '~ 때문에'는 모든 경우에 수정해야 하는 것은 아니지만 '~있으므로', '~했으므로'처럼 수정하는 것이 좋습니다.

2. 간결하고 명확하게 표현하기. (고려해주면 다음과 같다 → 다음과 같이 고려할 수 있다.)

최종 모범답안 (3회차 - A)

<table>
<tr><td colspan="2">본인은 수험생 유의 사항을 숙지하였으며 이를 지키지 않아 발생하는 모든 불이익을 감수할 것을 서약합니다.</td><td rowspan="9">수
험
번
호</td><td></td><td>① ②</td><td colspan="2">※ 결시자 확인란(수험생은 표기하지 말 것)</td></tr>
<tr><td colspan="2" rowspan="2"></td><td></td><td>⓪ ① ② ③ ④ ⑤ ⑥ ⑦ ⑧ ⑨</td><td rowspan="3">결시자 설명과 수험 번호 기재
검은색 펜으로 결시자 수험 번호,
쪽 번호와 우측란은 '●'로 표기</td><td rowspan="3">○</td></tr>
<tr><td></td><td>① ② ③ ④ ⑤ ⑥ ⑦ ⑧ ⑨</td></tr>
<tr><td colspan="2">성 명</td><td></td><td>⓪ ① ② ③ ④ ⑤ ⑥ ⑦ ⑧ ⑨</td></tr>
<tr><td colspan="2"></td><td></td><td>⓪ ① ② ③ ④ ⑤ ⑥ ⑦ ⑧ ⑨</td><td colspan="2">※ 감독관 확인란(수험생은 표기하지 말 것)</td></tr>
<tr><td rowspan="4">교육학 논술
전용 답안지</td><td>쪽 번호</td><td></td><td>⓪ ① ② ③ ④ ⑤ ⑥ ⑦ ⑧ ⑨</td><td rowspan="4">- 본인 여부, 성명, 수험 번호, 쪽 번호 기록이 정확한지 확인 후 서명/날인
- 결시자는 위의 결시자 확인란에도 표기</td><td rowspan="4">(서명 또는 날인)</td></tr>
<tr><td rowspan="3">●②</td><td></td><td>⓪ ① ② ③ ④ ⑤ ⑥ ⑦ ⑧ ⑨</td></tr>
<tr><td></td><td>⓪ ① ② ③ ④ ⑤ ⑥ ⑦ ⑧ ⑨</td></tr>
<tr><td></td><td>⓪ ① ② ③ ④ ⑤ ⑥ ⑦ ⑧ ⑨</td></tr>
</table>

- 수험 번호와 쪽 번호는 검은색 펜을 사용하여 '●'로 표기하시오.
- 답안은 지워지거나 번지지 않는 동일한 종류의 검은색 펜을 사용하여 작성하시오(연필/사인펜/수정테이프/수정액 사용 불가).
- 수험생 유의 사항을 위반하여 작성한 답안의 경우, 해당 부분이나 답안지 전체를 채점하지 않으니 유의하시오.

학생들의 행복과 잠재력 실현을 위해 학생 맞춤형 교육의 중요성이 대두되고 있다. 왜냐하면 급변하는 4차 산업 혁명 시대에 학생들은 넘쳐나는 정보 속에서 자신에게 필요한 정보를 찾고 자신의 미래 진로에 대비해야 학생들의 전인적인 성장을 촉진해 지적, 정의적, 심동적 발달을 고루 균형 있게 이루어 낼 수 있기 때문이다. 따라서 본 글에서는 학생 맞춤형 교육을 위한 전략을 주제로 2022 개정 교육과정, 교육행정, 교육사회, 진로지도의 측면에서 논하고자 한다.

학교는 2022 개정 교육과정이 도입됨에 따라 이에 맞는 학생 맞춤형 교육 전략을 고려해야 한다. 2022 개정 교육과정이 학습자에게 갖는 두 가지 의의는 다음과 같다. 첫째, 고교학점제가 전면 도입됨에 따라 학생들은 기초 소양을 갖추고, 자신에게 필요한 과목을 선택할 수 있으므로 자율성과 동기를 촉진할 수 있다. 둘째, 학생들은 자신의 미래에 대비할 수 있다. 왜냐하면 학생들이 적극적으로 자신의 진로를 탐색하는 과정에서 학교에서 이를 촉진할 수 있는 다양한 과목과 진로 활동을 제공할 수 있어 학생들이 미래 진로 선택에 도움을 받을 수 있기 때문이다. 하지만 이 교육과정을 도입하면 학생들에게 많은 선택권과 책임을 갖게 하여 혼란을 초래할 수 있다. 이를 위해 학교에서는 고교학점제 등 교육과정이 추구하는 목표와 그 방향에 대해 학생들에게 충분한 자료와 가이드를 제공해야 한다.

다음으로 학생 맞춤형 교육을 위해서 학생들의 성장을 도모하고 흥미를 촉진하는 방향으로 전략을 세워야 한다. 이를 위해 인간성 계발은 3H, 즉 머리, 가슴, 손의 조화로운 계발을 통해 가능하다고 주장한 페스탈로치로부터 학생들의 전인 발달을 위한 교육의 방법적 원리 두 가지를 고려할 수 있다. 첫째, 도덕성 중시의 원리이다. 학생들의 인간성 계발을 위해 3H를 고루 발달시켜야 하지만 그중에서도 가슴, 즉 도덕성이 그 중심이 되어 학생의 인성적 측면의 발달을 촉진하는 교육을 실천해야 한다. 둘째, 자발성의 원리이다. 학생들의 전인적 성장을 위해서 교육은 학생의 흥미와 자발성을 기초로 하여 주입식 교육보다는 자신의 능력을 스스로 계발할 수 있어야 한다. 또한 학생들의 흥미를 촉진하기 위한 방안을 브룸의 기대이론 관점에서 고려할 수 있다. 브룸은 학생들의 동기는 자신이 최선을 다해 노력하면 성취할 수 있을 것이라는 성과기대와 이 성취를 통해 보상이 주어질 것이라는 보상 기대 그리고 그 보상이 얼마나 매력적인가에 대한 유인가가 높을 때 촉진된다고 했다. 따라서 첫째, 학생들의 성과기대를 높이기 위해서 학생들에게 적절한 난이도의 도전적인 학습을 제공하여 노력하면 성과를 이룰 수 있다는 기대감을 심어 줘야 한다. 둘째, 유인가를 높이기 위해서 학생들이 필요로 하고 가장 원하는 보상이 무엇인지를 사전에 조사하여야 한다.

한편 학생 맞춤형 교육 전략을 모색하기 위해서 교육 평등관과 콜만보고서를 고찰할 필요가 있다. 우선, 학생들의 대입에 대한 선택은 국가와 학교보다는 학생 개인의 능력에 따라 이루어져야 한다는 교육 평등관은 허용적 평등관이다. 이 평등관은 모든 사람에게 교육받을 권리를 보장하지만, 인간이 가진 능력은 모두 다르기 때문에 이 능력에 따라 교육 기회는 달라질 수 있다고 보았다. 콜만보고서에서는 학업 성취에 가장 영향을 주는 것은 학교보다는 가정환경이라고 했다. C 교사의 교육프로그램은 이러한 가정에서의 심리,

최종 모범답안 (3회차 – A)

본인은 수험생 유의 사항을 숙지하였으며 이를 지키지 않아 발생하는 모든 불이익을 감수할 것을 서약합니다.		수험번호	① ②	※ 결시자 확인란(수험생은 표기하지 말 것)	
			⓪ ① ② ③ ④ ⑤ ⑥ ⑦ ⑧ ⑨	결시자 설명과 수험 번호 기재 검은색 펜으로 결시자 수험 번호, 쪽 번호와 우측란은 '●'로 표기	○
성 명			① ② ③ ④ ⑤ ⑥ ⑦ ⑧ ⑨		
			⓪ ① ② ③ ④ ⑤ ⑥ ⑦ ⑧ ⑨		
교육학 논술 전용 답안지	쪽 번호		⓪ ① ② ③ ④ ⑤ ⑥ ⑦ ⑧ ⑨	※ 감독관 확인란(수험생은 표기하지 말 것)	
	①●		⓪ ① ② ③ ④ ⑤ ⑥ ⑦ ⑧ ⑨	– 본인 여부, 성명, 수험 번호, 쪽 번호 기록이 정확한지 확인 후 서명/날인 – 결시자는 위의 결시자 확인란에도 표기	(서명 또는 날인)
			⓪ ① ② ③ ④ ⑤ ⑥ ⑦ ⑧ ⑨		
			⓪ ① ② ③ ④ ⑤ ⑥ ⑦ ⑧ ⑨		

– 수험 번호와 쪽 번호는 검은색 펜을 사용하여 '●'로 표기하시오.
– 답안은 지워지거나 번지지 않는 동일한 종류의 검은색 펜을 사용하여 작성하시오(연필/사인펜/수정테이프/수정액 사용 불가).
– 수험생 유의 사항을 위반하여 작성한 답안의 경우, 해당 부분이나 답안지 전체를 채점하지 않으니 유의하시오.

유대의 결핍이나 공백을 채워 줄 수 있으므로 학생들의 학업 성취에 도움이 될 수 있다. 이를 위해 학교는 학생들이 교육을 통해 격려받고 심리적 유대감을 쌓을 수 있도록 방과 후에 학생들이 이러한 프로그램에 참여할 수 있도록 계획하고 실천하는 것이 필요하다.

마지막으로 진로 선택에 놓인 학생들을 위해 학생 맞춤형 교육에 대한 전략도 이러한 선택에 도움이 되는 방향으로 추진·도입될 필요가 있다. 크럼볼츠의 사회 학습 이론에 따르면, 진로 선택은 개인의 선천적 요인과 특별한 능력, 환경적 조건과 사건, 학습 경험, 과제접근 기술의 상호작용으로 이루어진다. 현재 고등학생들은 대학에 갈지 직업 세계로 바로 가야 할지 등의 정해진 환경적 조건과 사건 속에서 다양한 선택을 해야 한다. 이때 학생 개인은 자신이 현재 처한 선택의 문제를 해결하고자 하고, 또한 자신의 선택이 미래를 어떻게 예견해 줄지를 고려하는 과제접근 기술을 요구받는다. 블로에 따르면, 이렇게 진로 선택에 놓인 학생들의 환경적 요인, 심리적 요인뿐만 아니라 사회적 요인 또한 중요하다. 블로는 개인이 통제할 수 없는 사회적 요인인 가정, 학교, 지역 사회가 진로 결정에 영향을 준다고 보았다. 이에 따라 교사는 학생들이 자신의 개성과 능력을 잘 발휘할 수 있는 진로를 선택할 수 있도록 격려하고, 다양한 진로를 탐색하도록 다양한 진로 정보와 활동을 제공해야 한다.

지금까지 학생 맞춤형 교육을 위한 전략을 모색하기 위해 2022 개정 교육과정, 교육행정, 교육사회, 진로지도의 측면에서 알아보았다. 2022 개정 교육과정의 도입에 따라 학생들의 선택권과 진로 선택에서의 자율성을 키워 주며, 학생들의 인지적, 정의적, 심동적 영역을 고루 발달시키고, 학습 동기를 극대화하며, 자신의 능력에 맞춰 교육 기회를 누리며, 가정에서의 심리적 유대감의 결핍을 학교에서 채울 수 있고, 진로 선택에 대한 안내를 받을 수 있는 전략이 요구된다. 학교는 이에 따라 학생의 행복과 성장을 증진하고, 개성과 잠재력을 잘 발휘할 수 있는 진로를 선택하여 힘찬 미래를 위해 노력해야 할 것이다.

첨삭 배우기 (3회차 - B)

1 현대 사회의 속성을 설명하는 것이 핵심이므로 '급변하는 현대 사회 속에서'로 수정하는 것을 제안합니다.

2

1. 앞 문장에서 학생의 역량 강화의 구체적인 내용을 확인할 수 없으므로 '이러한'이라는 지시어로 받는 것이 어색하므로 수정해야 합니다.
2. '역량V강화'와 같은 띄어쓰기에 유의해야 합니다.
3. 논술문 답안에서는 '위해선'과 같이 줄여서 표현하지 않는 것이 좋습니다.

3 '우선적으로'는 다른 대안이나 요소보다도 가장 먼저 고려해야 하는 것을 전달하고자 할 때 사용하면 좋습니다. 이 경우에는 우선순위가 중요하기보다는 고려해야 할 내용을 나열하고 있는 구조이므로 '먼저'로 수정하는 것이 좋습니다.

~~현대의 급격하게 변화하는 사회속에서~~급변하는 현대 사회 속에서[1] 학생의 개별적인 역량 강화가 필요해지고 있다. ~~이러한 학생의 역량강화를 위해선~~[2]이처럼 학생의 역량 강화를 위해서는 학생 맞춤형 교육이 실시되어야 한다. 학교와 교사는 교육과정과 교육행정, 교육사회, 진로지도의 측면에서 이를 반영할 수 있어야 한다. 제시문의 홍보 자료를 바탕으로 학생 맞춤형 교육을 위한 전략에 대해 논하고자 한다.

교육과정 측면에서 학생 맞춤형 교육을 ~~우선적으로~~[3]먼저 고려할 수 있어야 한다. 이를 위해 2022 개정 교육과정을 도입해 고교학점제를 실행하여 개별적 학습을 할 수 있도록 해야 한다. A 교장이 강조하고 있는 2022 개정 교육과정이 학습자 측면에서 갖는 의의는 다음과 같다. 첫째, 다양한 과목 중에서 학생이 자율적 선택을 할 수 있어 스스로 무엇이 부족하고 필요한지 ~~베타~~배타적으로 의식하는 자기 주도적 학습 능력이 강화될 수 있다. 둘째, 학생이 자신의 진로와 연관된 과목을 선택할 수 있어 학교 수업과 진로를 분리하지 않고 학교 수업을 통해 진로를 체계적으로 탐색할 수 있도록 한다. 이 교육과정을 도입할 때 발생할 수 있는 문제점은 특정 과목에 학생들이 몰려 듣고 싶은 과목을 듣지 못하는 상황이 발생할 수 있다. 학교 차원에서 지원할 수 있는 구체적인 방안은 교육과정 클러스터를 조작하여 지역 내의 학교들에서 형성된 과목을 학생들이 자유롭게 들을 수 있도록 하는 것이다. 이처럼 2022 개정 교육과정을 도입하여 학생들이 자율적으로 과목을 선택할 수 있는 학생맞춤형 교육이 실시될 수 있어야 한다.

교육행정 또한 학생의 개성을 존중하고 흥미를 높이는 방법을 통해 학생 맞춤형 교육을 실현할 수 있다. ~~우선적으로~~먼저 학생의 전면적 성장을 발달할 수 있도록 하여 개성을 존중할 수 있어야 한다. B 교사가 언급하는 페스탈로치의 합자연의 원리는 첫째, 직관의 원리이다. 이는 학생이 수, 형, 어를 통해 직관적으로 대상을 파악할 수 있도록 하는 것이다. 둘째, ~~초화의 원리가 있다.~~조화의 원리이다. 이는 3H인 손, 가슴, 머리의 조화를 의미하는데, 그 중심을 가슴에 두어야 한다는 것이다. 그다음으로는 학생의 맞춤 교육을 위해 학생의 흥미를 고려할 수 있어야 한다. 브룸의 기대이론 관점에서, 학생들이 흥미를 높이기 위한 구체적인 방안은 첫째, 학생이 자신 스스로 성과를 낼 수 있다는 기대를 가질 수 있게 학습한 후 구체적인 ~~피드백 제시를 통해~~[4]피드백을 제시해 학습자의 능동적 학습을 높여 기대를 촉진시키고 흥미를 ~~높일 수 있다.~~ 높이는 것이다. 둘째, 학습자가 성과에 대한 보상을 받을 수 있다는 ~~기대를 가질~~기대를 할 수 있게 성과 이후에 즉각적인 보상을 제시하여 보상기대를 ~~촉진시키고~~[5]촉진하고 흥미를 ~~유발 할 수 있다~~[6]. 유발하는 것이다. 이처럼 페스탈로치의 합자연의 원리, 브룸의 기대이론 등을 활용하여 학생의 개성을 존중하고 흥미를 높이는 학생맞춤형 교육이 될 수 있어야 ~~할 것이다.~~ 한다.

교육사회 측면에서도 학생맞춤형 교육을 고려하여 학교와 교사가 이에 적합한 프로그램들을 실시할 수 있다. 이를 위해 ~~우선적으로~~먼저 교육평등관에 대한 고려가 필요하다. C 교사가 언급한 교육평등관은 허용적 평등관으로, ~~이는~~[7] 출발점을 같게 하여 각자의 능력에 따라 평등한 교육이 실시되어야 한다는 개념이다. 또한 교육평등에 기여하는 다양한 요인에 대한 고려가 필요한데, 콜만 보고서의 연구 결과에 근거한 C 교사의 프로그램이 학생에게 미치는 영향은 프로그램을 통해 학부모가 자녀의 학습과 생활에 관심을 ~~갖도록~~두도록 하여 ~~학생으로 하여금~~[8]학생이 가정 내 문화적 자본이 실현된 환경에서 학습이 이루어질 수 있도록 한다. 이러한 프로그램 활성화를 위해 학교 차원에서 ~~지원할 수 있는 방안은~~[9] 지원하는 방안은 학부모 특강을 마련하여 교육전문가들과 학부모의 교류를 ~~증진시키는~~[10] 증진하는 것이다. 이처럼 학생맞춤형 교육은 교육평등관과 이에 기여하는 다양한 요인을 파악하는 ~~것은~~것을 통해 실현될 수 있을 것이다.

또한 진로지도를 통해 각자에 적합한 진로를 탐색하여 진정한 학생맞춤형 교육이 실현될 수 있을 것이다. 이를 위해 교사는 학생들의 환경적 요인과 심리적 요인을 잘 알 수 있어야 한다. D 교사가 언급한 환경적 요인은 환경적 조건과 사건을 말한다. 이는 학생의 가정, 또래 집단, 학교 등의 환경에서 볼 수 없는 여러 조건과 사건을 의미한다. 그리고 D 교사가 언급한 심리적 ~~요인은~~[11]요인에는 선천적 요인과 특별한 능력이 있다. 이는 학생이 타고난 능력과 요인을 의미한다. 이렇게 학생들의 심리, 환경적 요인을 파악하는 데 더해 교사는 진로 발달의 핵심 요소와 교사의 역할 또한 파악하고 있어야 한다. 블로의 이론에서 강조하는 진로 발달의 핵심 요소는 가정, 학교 그리고 ~~사회문화가 있다.~~ 사회문화이다. ~~이 이론에서 강조하는 교사의 역할은 교사는 학생의 진로선택에 영향을 주는 학생이 변화시킬 수없는 사회적 환경적 요인을 고려하여 진로를 지도할 수 있어야 한다는 것이다.~~ 이 이론에서는 교사가 학생이 변화시킬 수 없는 사회적, 환경적 요인을 고려해 진로를 지도할 수 있어야 한다는 점을 강조한다. 이처럼 교사는 학생의 심리적, 환경적 요인을 알고 진로

[4] 논술문 답안은 군더더기 없이 간결하게 표현할 수 있는 부분은 간결하게 표현하는 것이 좋습니다. '~를 통해'의 어구를 사용하지 않더라도 의미에 변화가 없으므로 '피드백을 제시해', '피드백을 제시하여' 정도로 수정할 것을 제안합니다.

[5] '~시키다'는 사동 표현입니다. 사동의 의미를 꼭 전달해야 하는 경우가 아니라면, 사동 표현은 지양하는 것이 좋습니다.

[6] '~것이다.'는 앞에서 설명한 문장을 다른 말로 재진술할 때 사용하면 유용한 어구입니다.

[7]
1. 앞절과 뒷절을 구분하기 위해 쉼표 사용을 제안합니다.
2. 앞절의 마지막이 '~평등관으로,'이므로 뒷절의 처음에서 '이는'으로 받지 않아도 자연스럽게 이어집니다.

[8] '~하여금'은 꼭 사용해야 하는 경우가 아니라면 사용하지 않는 것이 좋습니다. 간결하게 표현할 수 있는 것은 최대한 간결하고 명확하게 표현해야 평가자가 키워드를 한눈에 알아볼 수 있습니다.

[9] 이 부분도 마찬가지로 필요 없는 어구('~할 수 있는')는 사용하지 않는 것이 좋습니다.

[10] 이 부분도 마찬가지로 사동 표현이 불필요하게 사용되었습니다.

[11] '~능력이 있다.'라는 서술부와 주어부의 호응을 고려하여 '요인에는'으로 수정해야 합니다.

발달에 대해 깊이 이해하여 학생 맞춤형 교육을 실현할 수 있도록 해야 한다.

변화하는 사회 속에서 학생들이 사회에 나가 잘 적응하기 ~~위해선~~위해서는 학생 맞춤형 교육을 통해 개별적인 역량을 증진해야 한다. 이러한 학생 맞춤형 교육을 위한 전략을 실행하기 위해 학교와 교사는 교육과정 측면에서 2022 개정 교육과정을 잘 이해하고 교육행정 측면에서 전인적인 발달과 학생의 흥미를 충족할 수 있어야 한다. 그리고 교육사회 측면에서 교육평등관을 정립하고 이를 위한 프로그램을 개발하며, 마지막으로 학생의 심리적, 환경적 요인을 고려하고 진로 발달에 ~~대한 심도있는 이해를 할 수 있도록 다방면적 노력이 필요할 것이다.~~ 대해 깊이 이해할 수 있도록 여러 방면에서 노력해야 할 것이다.

이것만은 꼭 지키자

1. 띄어쓰기 오류와 오탈자 신경 쓰기. 평가자가 요구하는 키워드를 모두 적었다 하더라도 글에서 띄어쓰기 오류와 오탈자가 다수 눈에 띄면 글의 신뢰도가 낮아질 수밖에 없습니다.

2. '우선적으로'의 습관적 사용 금지 –〉 '먼저' 활용

3. 필요 없는 어구 사용 지양 (지원할 수 있는 방안은→지원하는 방안은)

4. 줄임말 사용 지양(위해선→위해서는)

최종 모범답안 (3회차 - B)

본인은 수험생 유의 사항을 숙지하였으며 이를 지키지 않아 발생하는 모든 불이익을 감수할 것을 서약합니다.		수험번호	① ②	※결시자 확인란(수험생은 표기하지 말 것)	
성 명			⓪ ① ② ③ ④ ⑤ ⑥ ⑦ ⑧ ⑨	결시자 설명과 수험 번호 기재 검은색 펜으로 결시자 수험 번호, 쪽 번호와 우측란은 '●'로 표기	○
			① ② ③ ④ ⑤ ⑥ ⑦ ⑧ ⑨		
교육학 논술 전용 답안지	쪽 번호		⓪ ① ② ③ ④ ⑤ ⑥ ⑦ ⑧ ⑨	※감독관 확인란(수험생은 표기하지 말 것)	
	●②		⓪ ① ② ③ ④ ⑤ ⑥ ⑦ ⑧ ⑨	- 본인 여부, 성명, 수험 번호, 쪽 번호 기록이 정확한지 확인 후 서명/날인 - 결시자는 위의 결시자 확인란에도 표기	(서명 또는 날인)
			⓪ ① ② ③ ④ ⑤ ⑥ ⑦ ⑧ ⑨		
			⓪ ① ② ③ ④ ⑤ ⑥ ⑦ ⑧ ⑨		
			⓪ ① ② ③ ④ ⑤ ⑥ ⑦ ⑧ ⑨		

- 수험 번호와 쪽 번호는 검은색 펜을 사용하여 '●'로 표기하시오.
- 답안은 지워지거나 번지지 않는 동일한 종류의 검은색 펜을 사용하여 작성하시오(연필/사인펜/수정테이프/수정액 사용 불가).
- 수험생 유의 사항을 위반하여 작성한 답안의 경우, 해당 부분이나 답안지 전체를 채점하지 않으니 유의하시오.

급변하는 현대 사회 속에서 학생의 개별적인 역량 강화가 필요해지고 있다. 이처럼 학생의 역량 강화를 위해서는 학생 맞춤형 교육이 실시되어야 한다. 학교와 교사는 교육과정과 교육행정, 교육사회, 진로지도의 측면에서 이를 반영할 수 있어야 한다. 제시문의 홍보 자료를 바탕으로 학생 맞춤형 교육을 위한 전략에 대해 논하고자 한다.

교육과정 측면에서 학생 맞춤형 교육을 먼저 고려할 수 있어야 한다. 이를 위해 2022 개정 교육과정을 도입해 고교학점제를 실행하여 개별적 학습을 할 수 있도록 해야 한다. A 교장이 강조하고 있는 2022 개정 교육과정이 학습자 측면에서 갖는 의의는 다음과 같다. 첫째, 다양한 과목 중에서 학생이 자율적 선택을 할 수 있어 스스로 무엇이 부족하고 필요한지 배타적으로 의식하는 자기 주도적 학습 능력이 강화될 수 있다. 둘째, 학생이 자신의 진로와 연관된 과목을 선택할 수 있어 학교 수업과 진로를 분리하지 않고 학교 수업을 통해 진로를 체계적으로 탐색할 수 있도록 한다. 이 교육과정을 도입할 때 발생할 수 있는 문제점은 특정 과목에 학생들이 몰려 듣고 싶은 과목을 듣지 못하는 상황이 발생할 수 있다는 것이다. 학교 차원에서 지원할 수 있는 구체적인 방안은 교육과정 클러스터를 조작하여 지역 내의 학교들에서 형성된 과목을 학생들이 자유롭게 들을 수 있도록 하는 것이다. 이처럼 2022 개정 교육과정을 도입하여 학생들이 자율적으로 과목을 선택할 수 있는 학생 맞춤형 교육이 실시될 수 있어야 한다.

교육행정 또한 학생의 개성을 존중하고 흥미를 높이는 방법을 통해 학생 맞춤형 교육을 실현할 수 있다. 먼저 학생의 전면적 성장을 발달할 수 있도록 하여 개성을 존중할 수 있어야 한다. B 교사가 언급하는 페스탈로치의 합자연의 원리는 첫째, 직관의 원리이다. 이는 학생이 수, 형, 어를 통해 직관적으로 대상을 파악할 수 있도록 하는 것이다. 둘째, 조화의 원리이다. 이는 3H인 손, 가슴, 머리의 조화를 의미하는데, 그 중심을 가슴에 두어야 한다는 것이다. 그다음으로는 학생의 맞춤 교육을 위해 학생의 흥미를 고려할 수 있어야 한다. 브룸의 기대이론 관점에서 학생들이 흥미를 높이기 위한 구체적인 방안은 첫째, 학생이 자신 스스로 성과를 낼 수 있다는 기대를 할 수 있게 학습한 후 구체적인 피드백을 제시해 학습자의 능동적 학습을 높여 기대를 촉진시키고 흥미를 높이는 것이다. 둘째, 학습자가 성과에 대한 보상을 받을 수 있다는 기대를 할 수 있게 성과 이후에 즉각적인 보상을 제시하여 보상 기대를 촉진하고 흥미를 유발하는 것이다. 이처럼 페스탈로치의 합자연의 원리, 브룸의 기대이론 등을 활용하여 학생의 개성을 존중하고 흥미를 높이는 학생 맞춤형 교육이 될 수 있어야 한다.

교육사회 측면에서도 학생 맞춤형 교육을 고려하여 학교와 교사가 이에 적합한 프로그램들을 실시할 수 있다. 이를 위해 먼저 교육 평등관에 대한 고려가 필요하다. C 교사가 언급한 교육 평등관은 허용적 평등관으로, 출발점을 같게 하여 각자의 능력에 따라 평등한 교육이 실시되어야 한다는 개념이다. 또한 교육 평등에 기여하는 다양한 요인에 대한 고려가 필요한데, 콜만보고서의 연구 결과에 근거한 C 교사의 프로그램이 학생에게 미치는 영향은 프로그램을 통해 학부모가 자녀의 학습과 생활에 관심을 두도록 하여 학생

최종 모범답안 (3회차 - B)

본인은 수험생 유의 사항을 숙지하였으며 이를 지키지 않아 발생하는 모든 불이익을 감수할 것을 서약합니다.		수험번호	① ②	※결시자 확인란(수험생은 표기하지 말 것)	
성 명			⓪ ① ② ③ ④ ⑤ ⑥ ⑦ ⑧ ⑨	결시자 설명과 수험 번호 기재 검은색 펜으로 결시자 수험 번호, 쪽 번호와 우측란은 '●'로 표기	○
			① ② ③ ④ ⑤ ⑥ ⑦ ⑧ ⑨		
			⓪ ① ② ③ ④ ⑤ ⑥ ⑦ ⑧ ⑨		
교육학 논술 전용 답안지	쪽 번호		⓪ ① ② ③ ④ ⑤ ⑥ ⑦ ⑧ ⑨	※감독관 확인란(수험생은 표기하지 말 것)	
	①●		⓪ ① ② ③ ④ ⑤ ⑥ ⑦ ⑧ ⑨	- 본인 여부, 성명, 수험 번호, 쪽 번호 기록이 정확한지 확인 후 서명/날인 - 결시자는 위의 결시자 확인란에도 표기	(서명 또는 날인)
			⓪ ① ② ③ ④ ⑤ ⑥ ⑦ ⑧ ⑨		
			⓪ ① ② ③ ④ ⑤ ⑥ ⑦ ⑧ ⑨		

- 수험 번호와 쪽 번호는 검은색 펜을 사용하여 '●'로 표기하시오.
- 답안은 지워지거나 번지지 않는 동일한 종류의 검은색 펜을 사용하여 작성하시오(연필/사인펜/수정테이프/수정액 사용 불가).
- 수험생 유의 사항을 위반하여 작성한 답안의 경우, 해당 부분이나 답안지 전체를 채점하지 않으니 유의하시오.

이 가정 내 문화적 자본이 실현된 환경에서 학습이 이루어질 수 있도록 하는 것이다. 이러한 프로그램 활성화를 위해 학교 차원에서 지원하는 방안은 학부모 특강을 마련하여 교육전문가들과 학부모의 교류를 증진하는 것이다. 이처럼 학생 맞춤형 교육은 교육 평등관과 이에 기여하는 다양한 요인을 파악하는 것을 통해 실현될 수 있다.

또한 진로지도를 통해 각자에 적합한 진로를 탐색하여 진정한 학생 맞춤형 교육이 실현될 수 있을 것이다. 이를 위해 교사는 학생들의 환경적 요인과 심리적 요인을 잘 알 수 있어야 한다. D 교사가 언급한 환경적 요인은 환경적 조건과 사건을 말한다. 이는 학생의 가정, 또래 집단, 학교 등의 환경에서 볼 수 없는 여러 조건과 사건을 의미한다. 그리고 D 교사가 언급한 심리적 요인에는 선천적 요인과 특별한 능력이 있다. 이는 학생이 타고난 능력과 요인을 의미한다. 이렇게 학생들의 심리, 환경적 요인을 파악하는 데 더해 교사는 진로 발달의 핵심 요소와 교사의 역할 또한 파악하고 있어야 한다. 블로의 이론에서 강조하는 진로 발달의 핵심 요소는 가정, 학교 그리고 사회문화이다. 이 이론에서는 교사가 학생이 변화시킬 수 없는 사회적, 환경적 요인을 고려해 진로를 지도할 수 있어야 한다는 점을 강조한다. 이처럼 교사는 학생의 심리적, 환경적 요인을 알고 진로 발달에 대해 깊이 이해하여 학생 맞춤형 교육을 실현할 수 있도록 해야 한다.

변화하는 사회 속에서 학생들이 사회에 나가 잘 적응하기 위해서는 학생 맞춤형 교육을 통해 개별 역량을 증진해야 한다. 이러한 학생 맞춤형 교육을 위한 전략을 실행하기 위해 학교와 교사는 교육과정 측면에서 2022 개정 교육과정을 잘 이해하고 교육행정 측면에서 전인적인 발달과 학생의 흥미를 충족할 수 있어야 한다. 그리고 교육사회 측면에서 교육 평등관을 정립하고 이를 위한 프로그램을 개발하며, 마지막으로 학생의 심리적, 환경적 요인을 고려하고 진로 발달에 대해 깊이 이해할 수 있도록 여러 방면에서 노력해야 할 것이다.

첨삭 배우기 (3회차 - C)

학생의 선택과 결정을 확대하는 교육을 지향하는 2022 개정 교육과정이 도입되면 학생 맞춤형 교육이 실현될 수 있다. 교사는 교육과정, 교육행정, 교육사회, 진로지도 등 다양한 방면에서 세심한 노력을 기울여 학생의 특성과 적성을 고려한 개별 맞춤형 교육을 실시해야 한다. 따라서 본 글에서는[1] 학생 맞춤형 교육을 위한 전략에 대해 논하고자 한다.

먼저, 교사는 교육과정 개편에 발맞추어 학생들이 요구하는 다양한 과목을 개설하고 맞춤형 진로지도를 실시하기 위해 노력해야 한다. 2022 개정 교육과정이 학습자 측면에서 갖는 ~~의의를 제시하면~~의의는 다음과 같다.[2] 첫째, 학생은 흥미있는 과목을 ~~자신의 적성과~~ 자기 적성과 소질을 계발하여 자신을 더욱 사랑하며 멋진 미래를 설계할 수 있다. 이 교육과정을 도입할 때 발생할 수 있는 문제점은 수강 신청한 과목이 학생 수가 너무 적어 개설이 안 될 수도 있다는 것이다. 이러한 문제점을 해결하기 위해 학교에서는 온라인 공동교육과정을 운영해야 한다. 온라인 공동 교육과정을 운영하면 학생이 원하는 과목을 수강할 수 있어서 온라인 학습 조건에서도 학생 간, 학생과 교사 간의 쌍방향의 활발한 상호 작용이 가능한 학생 맞춤형 교육을 제공할 수 있을 것이다.

둘째, 교사는 학생의 흥미와 개성을 존중하는 교수 전략을 세워야 한다. B 교사가 언급하는 페스탈로치 교육의 방법적 ~~원리를 제시하면~~원리는 다음과 같다. 첫째, 조화의 원리이다. 이는 지, 덕, 체의 조화로운 발달을 통해 학생의 전인적 교육을 추구하는 것이다. 둘째, 자발성의 원리이다. 학생의 흥미와 개성을 존중하여 학생이 학습에 자발적으로 참여하도록 하는 것이다. ~~학생의 흥미와 개성을 존중하여 학생이 학습에 자발적으로 참여하도록 하는 것이다.~~[3] 한편, 브룸의 기대이론 관점에서 학생들의 흥미를 ~~높이기 위한 방안을 제시하면,~~[4]높이는 방안은 다음과 같다. 첫째, 성과기대를 높여준다. 교사는 조언을 통해 ~~학생들에게 열심히 노력하면~~[5]열심히 노력한 학생들의 보상 내용을 고려하여 그에 맞는 합당한 보상을 해 준다. 이처럼 교사는 학생의 흥미, 특성을 고려한 학생 맞춤형 교육을 실시하기 위해 ~~세심한 관찰과~~세심하게 관찰하고 피드백을 제공해야 할 것이다.

1 주어가 빠져 있습니다. '본 글에서는' 이런 단어를 추가하면 좀 더 자연스럽게 보입니다.

2 '의의는 다음과 같다'라고만 표현해도 뒷문장에서 의의를 제시하겠다는 의미가 통합니다. 논술문 답안에서는 간결하게 표현할 수 있는 부분에서는 간결하고 명확하게 표현하는 것이 필요합니다.

3 앞 문장에서 진술한 내용과 차이가 없으므로 삭제하는 것을 제안합니다. 해당 위치에는 앞 문장의 내용을 다른 내용과 근거를 추가하여 뒷받침하는 것이 필요합니다.

4
1. '~제시하면'의 습관적 사용을 줄이는 게 필요합니다.
2. '높이기 위한 방안'에서 '~위한'은 의미 변화에 작용하지 않는 어구입니다. '높이는 방안은 다음과 같다'와 같이 간결하고 명확하게 제시하는 연습이 필요합니다.

5 비문이 생기지 않도록 유의하여 글을 작성해야 합니다.

셋째, 교사는 학생 맞춤형 교육을 실시하여 교육 격차를 ~~해소시켜야~~[6]해소해야 한다. C 교사가 언급한 학생들의 대학 진학 여부를 학생들의 능력과 노력에 맡기는 것은 허용적 평등관에 ~~해당된다.~~[7]해당한다 그리고 콜만 보고서의 연구 결과에 따르면, C 교사의 프로그램은 사회적 자본과 관련이 있으며 부모의 자녀에 대한 관심, 유대 관계는 학생의 학업 성취도에 가장 큰 영향을 미친다. 이 프로그램을 활성화하기 위해 학교에서는 온~~-~~오프라인[8] 부모 교실 프로그램을 열어 전문 강사의 자녀 교육 노하우를 학부모님께 제공해 주는 ~~방안이 있다.~~방안을 마련할 수 있다. 이처럼 ~~학생의 교육격차를~~학생 간 교육 격차를 ~~해소시키기~~해소하기 위해 교사, 학부모, 학교가 함께 노력한다면 학생 맞춤형 교육이 실현될 것이다.

마지막으로, 교사는 맞춤형 진로 상담을 통해 개별적 맞춤형 교육을 하기 위해 최선을 다해야 한다. 크럼볼츠의 사회학습이론에 따를 때, 학생의 진로 결정에 영향을 미치는 요인을 제시하면 다음과 같다. 첫째, 가정, 학교, 지역 사회의 여건과 같은 환경적 요인이다. 둘째, 고차적 조건화와 같은 심리적 요인이다. 교사가 솔선수범하여 학생들에게 모범을 보이면 학생은 장래 희망으로 교사를 꿈꾸게 된다. 한편, 블로의 이론에서 강조하는 진로 발달의 핵심 요소는 사회적 요인이다. 사회적 요인인 가정, 학교, 지역 사회가 학생의 진로 결정에 큰 영향을 미치므로 교사는 가정, 지역 사회와 연계하여 학생의 진로에 도움이 되도록 조력자 역할을 해야 한다. 이처럼 교사는 학생의 환경적, 심리적, 사회적 요인을 고려하여 맞춤형 진로 교육을 강화해 나가야 할 것이다.

지금까지 학생 맞춤형 교육을 위한 전략을 살펴보았다. 교사는 학생들이 적성과 소질을 계발할 수 있도록 교육 환경을 제공하고, 학생의 흥미와 개성을 존중하며, 교육 격차 해소를 위한 노력을 해야 한다. 또한 ~~다영한 진로탐색할 수 있는 기회를 제공하며~~진로 탐색을 할 수 있는 다양한 기회[9]를 제공하고 학생 맞춤형 교육을 위해 전문성을 함양해 나가야 할 것이다. 학생 중심 교육은 학생들을 미래를 꿈꾸며 도전하는 자신을 사랑하는 멋진 학생으로 만들어 줄 것이다.

[6] '~시키다'는 사동 표현입니다. 사동 표현은 반드시 사동의 의미를 전달해야 하는 경우가 아니라면 사용하지 않는 것이 좋습니다.

[7] '~되다'는 피동 표현입니다. 피동 표현은 반드시 피동의 의미를 전달해야 하는 경우가 아니라면 사용하지 않는 것이 좋습니다.

[8] 합성어이므로 온점이 필요 없습니다.

[9] '다양한'이 수식하는 내용은 '진로 탐색'이 아니라 '기회'이므로 '기회' 앞에 '다양한'을 쓰는 것을 제안합니다.

이것만은 꼭 지키자

1. 습관적인 '~제시하면 다음과 같다' 사용 지양. '~는 다음과 같다.' 정도로 수정할 것
2. 사동 표현과 피동 표현 사용 지양(~시키다, ~되다 등)

최종 모범답안 (3회차 - C)

본인은 수험생 유의 사항을 숙지하였으며 이를 지키지 않아 발생하는 모든 불이익을 감수할 것을 서약합니다.		수험번호		※결시자 확인란(수험생은 표기하지 말 것)	
성 명			① ②	결시자 설명과 수험 번호 기재	○
			⓪ ① ② ③ ④ ⑤ ⑥ ⑦ ⑧ ⑨	검은색 펜으로 결시자 수험 번호,	
			① ② ③ ④ ⑤ ⑥ ⑦ ⑧ ⑨	쪽 번호와 우측란은 '●'로 표기	
			⓪ ① ② ③ ④ ⑤ ⑥ ⑦ ⑧ ⑨	※감독관 확인란(수험생은 표기하지 말 것)	
교육학 논술 전용 답안지	쪽 번호		⓪ ① ② ③ ④ ⑤ ⑥ ⑦ ⑧ ⑨	- 본인 여부, 성명, 수험 번호, 쪽 번호 기록이 정확한지 확인 후 서명/날인	(서명 또는 날인)
	●②		⓪ ① ② ③ ④ ⑤ ⑥ ⑦ ⑧ ⑨	- 결시자는 위의 결시자 확인란에도 표기	
			⓪ ① ② ③ ④ ⑤ ⑥ ⑦ ⑧ ⑨		
			⓪ ① ② ③ ④ ⑤ ⑥ ⑦ ⑧ ⑨		

- 수험 번호와 쪽 번호는 검은색 펜을 사용하여 '●'로 표기하시오.
- 답안은 지워지거나 번지지 않는 동일한 종류의 검은색 펜을 사용하여 작성하시오(연필/사인펜/수정테이프/수정액 사용 불가).
- 수험생 유의 사항을 위반하여 작성한 답안의 경우, 해당 부분이나 답안지 전체를 채점하지 않으니 유의하시오.

학생의 선택과 결정을 확대하는 교육을 지향하는 2022 개정 교육과정이 도입되면 학생 맞춤형 교육이 실현될 수 있다. 교사는 교육과정, 교육행정, 교육사회, 진로지도 등 다양한 방면에서 세심한 노력을 기울여 학생의 특성과 적성을 고려한 개별 맞춤형 교육을 실시해야 한다. 따라서 본 글에서는 학생 맞춤형 교육을 위한 전략에 대해 논하고자 한다.

먼저, 교사는 교육과정 개편에 발맞추어 학생들이 요구하는 다양한 과목을 개설하고 맞춤형 진로지도를 실시하기 위해 노력해야 한다. 2022 개정 교육과정이 학습자 측면에서 갖는 의의는 다음과 같다. 첫째, 학생은 흥미 있는 과목을 자기 적성과 소질을 계발하여 자신을 더욱 사랑하며 멋진 미래를 설계할 수 있다. 이 교육과정을 도입할 때 발생할 수 있는 문제점은 수강 신청한 과목이 학생 수가 너무 적어 개설이 안 될 수도 있다는 것이다. 이러한 문제점을 해결하기 위해 학교에서는 온라인 공동 교육과정을 운영해야 한다. 온라인 공동 교육과정을 운영하면 학생이 원하는 과목을 수강할 수 있어서 온라인 학습 조건에서도 학생 간, 학생과 교사 간의 쌍방향의 활발한 상호작용이 가능한 학생 맞춤형 교육을 제공할 수 있을 것이다.

둘째, 교사는 학생의 흥미와 개성을 존중하는 교수 전략을 세워야 한다. B 교사가 언급하는 페스탈로치 교육의 방법적 원리는 다음과 같다. 첫째, 조화의 원리이다. 이는 지, 덕, 체의 조화로운 발달을 통해 학생의 전인적 교육을 추구하는 것이다. 둘째, 자발성의 원리이다. 학생의 흥미와 개성을 존중하여 학생이 학습에 자발적으로 참여하도록 하는 것이다. 한편, 브룸의 기대이론 관점에서 학생들의 흥미를 높이는 방안은 다음과 같다. 첫째, 성과기대를 높여 준다. 교사는 조언을 통해 열심히 노력한 학생들의 보상 내용을 고려하여 그에 맞는 합당한 보상을 해 준다. 이처럼 교사는 학생의 흥미, 특성을 고려한 학생 맞춤형 교육을 실시하기 위해 세심하게 관찰하고 피드백을 제공해야 할 것이다.

셋째, 교사는 학생 맞춤형 교육을 실시하여 교육 격차를 해소해야 한다. C 교사가 언급한 학생들의 대학 진학 여부를 학생들의 능력과 노력에 맡기는 것은 허용적 평등관에 해당한다. 그리고 콜만 보고서의 연구 결과에 따르면, C 교사의 프로그램은 사회적 자본과 관련이 있으며 부모의 자녀에 대한 관심, 유대 관계는 학생의 학업 성취도에 가장 큰 영향을 미친다. 이 프로그램을 활성화하기 위해 학교에서는 온오프라인 부모 교실 프로그램을 열어 전문 강사의 자녀 교육 노하우를 학부모님께 제공해 주는 방안을 마련할 수 있다. 이처럼 학생 간 교육 격차를 해소하기 위해 교사, 학부모, 학교가 함께 노력한다면 학생 맞춤형 교육이 실현될 것이다.

마지막으로, 교사는 맞춤형 진로 상담을 통해 개별적 맞춤형 교육을 하기 위해 최선을 다해야 한다. 크럼볼츠의 사회 학습 이론에 따를 때, 학생의 진로 결정에 영향을 미치는 요인을 제시하면 다음과 같다. 첫째, 가정, 학교, 지역 사회의 여건과 같은 환경적 요인이다. 둘째, 고차적 조건화와 같은 심리적 요인이다. 교사가 솔선수범하여 학생들에게 모범을 보이면 학생은 장래 희망으로 교사를 꿈꾸게 된다. 한편, 블로의 이론에서 강조하는 진로 발달의 핵심 요소는 사회적 요인이다. 사회적 요인인 가정, 학교, 지역 사회가 학생

최종 모범답안 (3회차 - C)

본인은 수험생 유의 사항을 숙지하였으며 이를 지키지 않아 발생하는 모든 불이익을 감수할 것을 서약합니다.		수험번호		※ 결시자 확인란(수험생은 표기하지 말 것)	
			① ②	결시자 설명과 수험 번호 기재 검은색 펜으로 결시자 수험 번호, 쪽 번호와 우측란은 '●'로 표기	○
성 명			⓪ ① ② ③ ④ ⑤ ⑥ ⑦ ⑧ ⑨		
			① ② ③ ④ ⑤ ⑥ ⑦ ⑧ ⑨		
	쪽 번호		⓪ ① ② ③ ④ ⑤ ⑥ ⑦ ⑧ ⑨	※ 감독관 확인란(수험생은 표기하지 말 것)	
교육학 논술 전용 답안지	①●		⓪ ① ② ③ ④ ⑤ ⑥ ⑦ ⑧ ⑨	- 본인 여부, 성명, 수험 번호, 쪽 번호 기록이 정확한지 확인 후 서명/날인 - 결시자는 위의 결시자 확인란에도 표기	(서명 또는 날인)
			⓪ ① ② ③ ④ ⑤ ⑥ ⑦ ⑧ ⑨		
			⓪ ① ② ③ ④ ⑤ ⑥ ⑦ ⑧ ⑨		
			⓪ ① ② ③ ④ ⑤ ⑥ ⑦ ⑧ ⑨		

- 수험 번호와 쪽 번호는 검은색 펜을 사용하여 '●'로 표기하시오.
- 답안은 지워지거나 번지지 않는 동일한 종류의 검은색 펜을 사용하여 작성하시오(연필/사인펜/수정테이프/수정액 사용 불가).
- 수험생 유의 사항을 위반하여 작성한 답안의 경우, 해당 부분이나 답안지 전체를 채점하지 않으니 유의하시오.

의 진로 결정에 큰 영향을 미치므로 교사는 가정, 지역 사회와 연계하여 학생의 진로에 도움이 되도록 조력자 역할을 해야 한다. 이처럼 교사는 학생의 환경적, 심리적, 사회적 요인을 고려하여 맞춤형 진로 교육을 강화해 나가야 할 것이다.

지금까지 학생 맞춤형 교육을 위한 전략을 살펴보았다. 교사는 학생들이 적성과 소질을 계발할 수 있도록 교육 환경을 제공하고, 학생의 흥미와 개성을 존중하며, 교육 격차 해소를 위한 노력을 해야 한다. 또한 진로 탐색을 할 수 있는 다양한 기회를 제공하고 학생 맞춤형 교육을 위해 전문성을 함양해 나가야 할 것이다. 학생 중심 교육은 학생들을 미래를 꿈꾸며 도전하는 자신을 사랑하는 멋진 학생으로 만들어 줄 것이다.

첨삭 배우기
(3회차 - D)

최근 교육 현장에서는 학생의 흥미와 개성에 맞는 교육을 제공하는 것이 화두로 떠오르고 있다. 교사는 학생에게 개인별 맞춤형 교육을 제공하기 위하여 이에 맞는 전문성을 갖출 필요가 있다. 따라서 본 글에서는 '학생 맞춤형 교육을 위한 전략'이라는 주제로 교육과정, 교육행정, 교육사회, 진로지도에 대하여 알아보고자 한다.

먼저 학생의 맞춤형 교육을 위해 교육과정의 변화가 필요하다. 2022 개정 교육과정이 학습자 측면에서 갖는 ~~의의에는 2가지가~~ 있다.[1]의의는 두 가지가 첫째, 자기주도적 학습이 가능하다. 학생 스스로 필요한 과목을 선택하여 공부할 수 있다. 둘째, 수준별 맞춤형 교육이 가능하다. 학생은[2] 자신에게 맞는 과목을 공부해 나가는 과정에서 ~~자신의 적성을~~ 자기 적성을 ~~발견해 나감으로써 학생의 진로성향에~~발견할 수 있고, 교사는 이를 토대로 학생의 진로 성향에[3] ~~맞는~~[4]적합한 교육을 명확하게 제시할 수 있다. 한편 2022 개정 교육과정을 도입할 때 발생할 수 있는 문제점은 학생마다 다른 교육을 제공하기 때문에 교사의 역량에 따라 학생들이 받을 수 있는 교육의 수준이 달라질 수 있다는 것이다. 2022 개정 교육과정을 학교 차원에서 ~~지원할 수 있는 방안~~[5]지원하는 방안은은 고교학점제를 통해 학생 스스로 과목을 ~~선택하게 하는 방법을 사용한다.~~[6]선택하도록 하는 것이 있다. 따라서 교사는 2022 개정 교육과정이 추구하는 인재상을 활용하여 학생들의 맞춤형 교육을 제공하는 데 기여할 수 있을 것이다.

다음으로 학생의[7] 맞춤형 교육을 위해 교육행정의 측면을 고려할 필요가 있다. 페스탈로치의 합자연 교육의 방법적 원리 ~~2가지는~~두 가지는 다음과 같다. 첫째, 도덕성 중시의 ~~원리가 있다.~~[8]원리이다. 교육은 머리, 가슴, 손의 조화로운 발달을 도모하지만 그 중심은 가슴이 되어야 한다는 것이다. 둘째, 자발성의 원리이다. 학생의 흥미와 개성에 따라 교육을 제공하여 학생이 자발적으로 학습할 수 있도록 하는 원리이다. 브룸의 기대이론은 학생이 학습을 통해 성과를 얻을 수 있을 것이라는 성과기대와 그 성과에 대해 보상을 받을 수 있다는 ~~결과거대와~~결과기대 그리고 보상이 얼마나 매력적인지 나타내는 유인가를 통해 학생의 동기가 달라질 수 있다고 보는 이론이다. 이 이론을 통해 학생들의 흥미를 높이기 위한 ~~방안에는 2가지가~~방안으로는 두 가지가 있다. 첫째, 높은 성과기대를 제시한다. 학습을 통해 학생이 도달할 수 있는 학습 목표에 대해서 구체적으로 알려준다. 둘째, 높은 결과기

---

[1] 아라비아 숫자는 '2인의 선택'과 같은 경우에만 사용하고, 해당 경우에는 고유어 숫자를 사용하는 것이 좋습니다.

[2] 주어 역할을 할 수 있는 조사를 써 주는 것이 좋습니다.

[3] 교사가 학생이 발견한 적성을 바탕으로/토대로 ~을 제시할 수 있다는 흐름이 잘 드러나도록 수정하는 것을 제안합니다.

[4] 꼭 수정해야 하는 것은 아니지만, 논술문 답안에서는 한자어 사용이 유용할 때가 있습니다. '맞는'보다 '적합한'으로 표현하면 글의 전문성이 확보되는 인상을 줄 수 있고, 의미의 명확한 전달이 되는 경우도 있으니 참고하기 바랍니다.

[5] '지원할 수 있는 방안'에서 '~할 수 있는'은 의미 변화에 작용하지 않는 어구입니다. '지원하는 방안은'과 같이 간결하고 명확하게 제시하는 연습이 필요합니다.

[6] '~하게 하다'는 사동의 의미입니다. 사동의 의미를 꼭 전달해야 하는 경우가 아니라면 사용하지 않는 것이 좋습니다.

[7] '~의'는 뒤의 어구를 수식해야 하는 경우가 아니라면 사용을 지양하는 것이 좋습니다.

[8] 교육의 방법적 원리를 차례대로 설명하는 부분이므로, 교육의 방법적 원리만 명확하게 밝혀 적으면 됩니다.

대를 제시한다. 목표를 ~~달성할 경우~~달성하면 받을 수 있는 ~~내적인 보상 또는 외적인 보상을 제시하여~~[9]내적 보상 또는 외적 보상을 제시해 학생의 흥미를 이끌어 낸다. 따라서 교사는 페스탈로치의 전인교육과 기대이론을 통해 학생의 개성을 존중하고 흥미를 이끌어 냄으로써 학생의 맞춤형 교육에 기여할 수 있다.

9 이 경우에도 간결하게 표현하는 것이 좋습니다.

그 다음으로 학생의 맞춤형 교육을 위해 교육사회의 측면을 고려해 볼 수 있다. C 교사가 언급한 교육평등관은 허용적 평등관이다. 이 평등관은 모든 사람에게 교육받을 기회를 제공해야 한다는 것으로, 개인의 능력이 미치는 데까지 교육을 지원해야 한다고 주장한다. 개인의 대학 진학 여부는 국가나 학교가 개입하기보다는 학생들의 능력과 노력에 맡기는 것이 더 좋다고 본다는 것을 그 근거로 설명할 수 있다. 콜만 보고서는 학생들의 도착점 행동이 같아야 한다는 결과적 평등관을 주장하였고, 여기에는 ~~가정배경~~가정 환경과 동료 집단이 영향을 미친다고 보았다. C 교사의 ~~프로그램이 학생에게 미치는 영향은 가정환경이 뒤처지는 학생들에게 부모님들 대신 학습도우미 역할을 하여 도착점행동을 같게 만들어 줄 수 있다는 점이다.~~프로그램은[10] 가정 환경이 뒤처지는 학생들에게 부모님 대신 학습 도우미 역할을 하여 도착점 행동을 같게 만들어 줄 수 있다. 이 프로그램을 활성화하기 위해 학교 차원에서는 방과 후 수업을 제공하여 부족한 학습을 채워줄 수 있다. 따라서 교사는 학생들의 교육에 대한 평등을 추구하고 이를 지원하는 프로그램을 활용함으로써 교육 격차를 해소하여 학생 각각에 맞는 교육을 제공할 수 있다.

10 주어부를 길게 쓰는 것은 지양하는 것이 좋습니다. 해당 문장에서 말하고자 하는 주체를 명확하게 표현하는 것이 좋습니다.

03회

마지막으로 학생의 맞춤형 교육을 위해 진로지도 활동에 대한 연구가 필요하다. 크럼볼츠 사회학습이론은 선천적 요인, 환경적 조건 및 사건, 학습 경험, 과제 접근 기술이 학생의 진로 선택에 영향을 미친다고 보았고, 그중 학습 경험의 영향이 제일 크다고 보았다. 교사가 언급한 환경적 요인은 환경적 조건 및 사건으로 학생을 둘러싼 환경에 대한 영향을 의미하는 것이다. 심리적 요인은 학습경험으로 대리적 학습경험, 연합적 학습경험 등을 통해 학생의 경험을 통해 배운 학습을 의미한다. 블로의 이론들에서 강조한 진로발달 핵심요소는 사회적요인으로 가정, 학교, 지역사회가 여기에 해당된다. 이때 필요한 교사의 역할은 학생의 사회적 요인, 즉 주변 환경을 잘 파악하여 진로지도를 ~~할 수 있도록 한다.~~하는 것이다.[11] 따라서 교사는 학생의 진로지도를 위해 사회학습이론과 블로의 이론을 통해 학생을 둘러싼 환경과 각각의 경험을 잘 파악하여 학생 개인에게 맞는 교육을 제공할 필요가 있다.

11 앞의 내용을 설명해주는 부분이므로 '~것이다' 어구를 사용하는 것이 유용합니다.

지금까지 '학생 맞춤형 교육을 위한 전략'이라는 주제로 교육과정, 교육사회, 진로지도에 대해서 알아보았다. 교사는 학생의 개성과 환경 등을 잘 파악하여 교육을 제공할 필요가 ~~있다. 이를 통해 학생 개인별 맞춤형 교육을 제공하여~~있으며, 이를 통해 현대 사회에 맞는 인재를 육성할 수 있을 것이다.

이것만은 꼭 지키자

1. 아라비아 숫자, 고유어 숫자 사용
2. 습관적인 '~의' 사용 지양
3. 필요 없는 어구 사용 지양(지원할 수 있는 방안→지원 방안)

최종 모범답안 (3회차 - D)

<table>
<tr><td colspan="2">본인은 수험생 유의 사항을 숙지하였으며 이를 지키지 않아 발생하는 모든 불이익을 감수할 것을 서약합니다.</td><td rowspan="7">수
험
번
호</td><td>① ②</td><td colspan="2">※ 결시자 확인란(수험생은 표기하지 말 것)</td></tr>
<tr><td colspan="2">성 명</td><td>⓪ ① ② ③ ④ ⑤ ⑥ ⑦ ⑧ ⑨</td><td rowspan="3">결시자 설명과 수험 번호 기재
검은색 펜으로 결시자 수험 번호,
쪽 번호와 우측란은 '●'로 표기</td><td rowspan="3">○</td></tr>
<tr><td colspan="2"></td><td>① ② ③ ④ ⑤ ⑥ ⑦ ⑧ ⑨</td></tr>
<tr><td rowspan="4">교육학 논술
전용 답안지</td><td>쪽 번호</td><td>⓪ ① ② ③ ④ ⑤ ⑥ ⑦ ⑧ ⑨</td></tr>
<tr><td rowspan="3">●②</td><td>⓪ ① ② ③ ④ ⑤ ⑥ ⑦ ⑧ ⑨</td><td colspan="2">※ 감독관 확인란(수험생은 표기하지 말 것)</td></tr>
<tr><td>⓪ ① ② ③ ④ ⑤ ⑥ ⑦ ⑧ ⑨
⓪ ① ② ③ ④ ⑤ ⑥ ⑦ ⑧ ⑨</td><td>- 본인 여부, 성명, 수험 번호, 쪽 번호 기록이 정확한지 확인 후 서명/날인</td><td rowspan="2">(서명 또는 날인)</td></tr>
<tr><td>⓪ ① ② ③ ④ ⑤ ⑥ ⑦ ⑧ ⑨</td><td>- 결시자는 위의 결시자 확인란에도 표기</td></tr>
</table>

- 수험 번호와 쪽 번호는 검은색 펜을 사용하여 '●'로 표기하시오.
- 답안은 지워지거나 번지지 않는 동일한 종류의 검은색 펜을 사용하여 작성하시오(연필/사인펜/수정테이프/수정액 사용 불가).
- 수험생 유의 사항을 위반하여 작성한 답안의 경우, 해당 부분이나 답안지 전체를 채점하지 않으니 유의하시오.

최근 교육 현장에서는 학생의 흥미와 개성에 맞는 교육을 제공하는 것이 화두로 떠오르고 있다. 교사는 학생에게 개인별 맞춤형 교육을 제공하기 위하여 이에 맞는 전문성을 갖출 필요가 있다. 따라서 본 글에서는 '학생 맞춤형 교육을 위한 전략'이라는 주제로 교육과정, 교육행정, 교육사회, 진로지도에 대하여 알아보고자 한다.

먼저 학생 맞춤형 교육을 위해 교육과정의 변화가 필요하다. 2022 개정 교육과정이 학습자 측면에서 갖는 의의는 두 가지가 있다. 첫째, 자기주도적 학습이 가능하다. 학생 스스로 필요한 과목을 선택하여 공부할 수 있다. 둘째, 수준별 맞춤형 교육이 가능하다. 학생은 자신에게 맞는 과목을 공부해 나가는 과정에서 자기 적성을 발견할 수 있고, 교사는 이를 토대로 학생의 진로 성향에 적합한 교육을 명확하게 제시할 수 있다. 한편 2022 개정 교육과정을 도입할 때 발생할 수 있는 문제점은 학생마다 다른 교육을 제공하기 때문에 교사의 역량에 따라 학생들이 받을 수 있는 교육의 수준이 달라질 수 있다는 것이다. 2022 개정 교육과정을 학교 차원에서 지원하는 방안은 고교학점제를 통해 학생 스스로 과목을 선택하도록 하는 것이 있다. 따라서 교사는 2022 개정 교육과정이 추구하는 인재상을 활용하여 학생 맞춤형 교육을 제공하는 데 기여할 수 있을 것이다.

다음으로 학생 맞춤형 교육을 위해 교육행정의 측면을 고려할 필요가 있다. 페스탈로치의 합자연 교육의 방법적 원리 두 가지는 다음과 같다. 첫째, 도덕성 중시의 원리이다. 교육은 머리, 가슴, 손의 조화로운 발달을 도모하지만, 그 중심은 가슴이 되어야 한다는 것이다. 둘째, 자발성의 원리이다. 학생의 흥미와 개성에 따라 교육을 제공하여 학생이 자발적으로 학습할 수 있도록 하는 원리이다. 브룸의 기대이론은 학생이 학습을 통해 성과를 얻을 수 있을 것이라는 성과기대와 그 성과에 대해 보상을 받을 수 있다는 결과 기대 그리고 보상이 얼마나 매력적인지 나타내는 유인가를 통해 학생의 동기가 달라질 수 있다고 보는 이론이다. 이 이론을 통해 학생들의 흥미를 높이기 위한 방안으로는 두 가지가 첫째, 높은 성과기대를 제시한다. 학습을 통해 학생이 도달할 수 있는 학습 목표에 대해서 구체적으로 알려 준다. 둘째, 높은 결과 기대를 제시한다. 목표를 달성하면 받을 수 있는 내적 보상 또는 외적 보상을 제시해 학생의 흥미를 이끌어 낸다. 따라서 교사는 페스탈로치의 전인교육과 기대이론을 통해 학생의 개성을 존중하고 흥미를 이끌어 냄으로써 학생 맞춤형 교육에 기여할 수 있다.

그다음으로 학생 맞춤형 교육을 위해 교육사회의 측면을 고려해 볼 수 있다. C 교사가 언급한 교육 평등관은 허용적 평등관이다. 이 평등관은 모든 사람에게 교육받을 기회를 제공해야 한다는 것으로, 개인의 능력이 미치는 데까지 교육을 지원해야 한다고 주장한다. 개인의 대학 진학 여부는 국가나 학교가 개입하기보다는 학생들의 능력과 노력에 맡기는 것이 더 좋다고 본다는 것을 그 근거로 설명할 수 있다. 콜만 보고서는 학생들의 도착점 행동이 같아야 한다는 결과적 평등관을 주장하였고, 여기에는 가정환경과 동료 집단이 영향을 미친다고 보았다. C 교사의 프로그램은 가정환경이 뒤처지는 학생들에게 부모님 대신 학습 도우미 역할을 하여 도착점 행

최종 모범답안 (3회차 - D)

본인은 수험생 유의 사항을 숙지하였으며 이를 지키지 않아 발생하는 모든 불이익을 감수할 것을 서약합니다.		수험번호	① ②	※ 결시자 확인란(수험생은 표기하지 말 것)	
			⓪ ① ② ③ ④ ⑤ ⑥ ⑦ ⑧ ⑨	결시자 설명과 수험 번호 기재 검은색 펜으로 결시자 수험 번호, 쪽 번호와 우측란은 '●'로 표기	○
성 명			① ② ③ ④ ⑤ ⑥ ⑦ ⑧ ⑨		
			⓪ ① ② ③ ④ ⑤ ⑥ ⑦ ⑧ ⑨		
교육학 논술 전용 답안지	쪽 번호		⓪ ① ② ③ ④ ⑤ ⑥ ⑦ ⑧ ⑨	※ 감독관 확인란(수험생은 표기하지 말 것)	
	①●		⓪ ① ② ③ ④ ⑤ ⑥ ⑦ ⑧ ⑨	- 본인 여부, 성명, 수험 번호, 쪽 번호 기록이 정확한지 확인 후 서명/날인	(서명 또는 날인)
			⓪ ① ② ③ ④ ⑤ ⑥ ⑦ ⑧ ⑨	- 결시자는 위의 결시자 확인란에도 표기	
			⓪ ① ② ③ ④ ⑤ ⑥ ⑦ ⑧ ⑨		

- 수험 번호와 쪽 번호는 검은색 펜을 사용하여 '●'로 표기하시오.
- 답안은 지워지거나 번지지 않는 동일한 종류의 검은색 펜을 사용하여 작성하시오(연필/사인펜/수정테이프/수정액 사용 불가).
- 수험생 유의 사항을 위반하여 작성한 답안의 경우, 해당 부분이나 답안지 전체를 채점하지 않으니 유의하시오.

동을 갖게 만들어 줄 수 있다. 이 프로그램을 활성화하기 위해 학교 차원에서는 방과 후 수업을 제공하여 부족한 학습을 채워 줄 수 있다. 따라서 교사는 학생들의 교육에 대한 평등을 추구하고 이를 지원하는 프로그램을 활용함으로써 교육 격차를 해소하여 학생 각각에 맞는 교육을 제공할 수 있다.

마지막으로 학생의 맞춤형 교육을 위해 진로지도 활동에 대한 연구가 필요하다. 크럼볼츠 사회 학습 이론은 선천적 요인, 환경적 조건 및 사건, 학습 경험, 과제접근 기술이 학생의 진로 선택에 영향을 미친다고 보았고, 그중 학습 경험의 영향이 제일 크다고 보았다. 교사가 언급한 환경적 요인은 환경적 조건 및 사건으로 학생을 둘러싼 환경에 대한 영향을 의미하는 것이다. 심리적 요인은 학습 경험으로 대리적 학습경험, 연합적 학습경험 등을 통해 학생의 경험을 통해 배운 학습을 의미한다. 블로의 이론들에서 강조한 진로 발달 핵심요소는 사회적 요인으로 가정, 학교, 지역 사회가 여기에 해당된다. 이때 필요한 교사의 역할은 학생의 사회적 요인, 즉 주변 환경을 잘 파악하여 진로지도를 하는 것이다. 따라서 교사는 학생의 진로지도를 위해 사회 학습 이론과 블로의 이론을 통해 학생을 둘러싼 환경과 각각의 경험을 잘 파악하여 학생 개인에게 맞는 교육을 제공할 필요가 있다.

지금까지 '학생 맞춤형 교육을 위한 전략'이라는 주제로 교육과정, 교육사회, 진로지도에 대해서 알아보았다. 교사는 학생의 개성과 환경 등을 잘 파악하여 교육을 제공할 필요가 있으며, 이를 통해 현대 사회에 맞는 인재를 육성할 수 있을 것이다.

첨삭 배우기 (3회차 - E)

학생이 교육의 중요한 주제로 떠오르며 학습자 중심 교육의 중요성 또한 대두되고 있다. 이러한 상황에서 학교와 교사는 개별 학생의 특성을 파악하고 적절한 교육을 제공하기 위해 노력해야 한다. 이에 따라, 제시문을 토대로 교육과정, 교육행정, 교육사회, 진로지도의 측면에서 '학생 맞춤형 교육을 위한 전략'이라는 주제에 대해 논의해 보고자 한다.

먼저, 학생 맞춤형 교육을 위해 학생 중심의 교육과정을 도입해야 한다. A 교장이 강조하는 2022 개정 교육과정은 학습자 측면에서 다음과 같은 의의를 가진다. 첫째, 미래의 직업 선택과 관련된 내용을 학습함으로써 배운 내용을 실생활에서 활용할 수 있다. 둘째, 창의력과 문제해결력 등의 고등 정신 능력이 향상될 수 있다. 그러나 이 교육과정을 도입할 경우, 기초 학력 수준의 저하가 초래될 수 있다는 문제점이 있다.[1] 이에 대해 학교 차원에서는 기초 교과목 지식과 학생이 선택한 내용을 통합해 재구성한 교육과정을 운영함으로써 학생들의 기초 학력 수준 향상과 자율적인 과목 선택을 동시에 보장할 수 있다. ~~이와 같이~~이처럼 교육과정의 특성을 고려하여 과목을 개설하고 운영하여 학생 맞춤형 교육의 토대를 다질 수 있다.

1 근거가 보강되어야 합니다.

다음으로, 학생의 흥미와 개성에 대한 존중을 바탕으로 교육을 운영할 수 있는 방법을 찾아야 한다. B 교사가 언급하는 페스탈로찌 합자연 교육의 방법적 원리 중 첫째는 자발성의 원리이다. 교육은 ~~아동~~학생의 자발성[2]과 흥미가 바탕이 되어야 한다. 두 번째 원리는 안방교육의 원리이다. 교육은 학교 이전에 가정에서부터 ~~보모와~~부모와 자녀의 인격적 만남을 통해 이루어져야 한다. 또, 학생들의 흥미를 높이기 위해 브룸의 기대 이론 관점에서 다음과 같은 방법을 제시할 수 있다. 첫째로, 성과기대를 높여야 한다. 이는 자신의 노력이 성과로 이어질 수 있다는 기대를 높이는 것으로, 학습 내용과 평가 내용을 일치시킴으로써 달성할 수 있다. 둘째로, 보상기대를 높여야 한다. 이는 성과에 따라 주어지는 보상의 매력도를 높임으로써 목표 성취 동기를 증진시키는 것이다. ~~전인적 성장 발달을 추구하며 이러한 방법을 통해~~이러한 방법을 통해 전인적 성장 발달을 추구하고[3] 학생의 흥미와 개성을 존중하는 교육을 만들어 교육에 대한 학생의 만족도를 높일 수 있을 것이다.

2 중등 교육은 아동을 대상으로 하지 않으므로 '학생'이라고 적는 것이 좋습니다.

3 앞 문장과의 유기성을 고려하여 수정하는 것을 제안합니다. 기존의 표현대로 쓸 경우 '전인적 성장 발달을 추구하며'의 주체를 알기 어렵고, 어떤 맥락에서 작성된 것인지 파악하기 어렵습니다.

[4] 논술문의 성격에 맞게 수정하였습니다.

[5] '보충할 수 있는 기회를'에서 '~할 수 있는'은 의미 변화에 작용하지 않는 어구입니다. '보충할 기회'와 같이 간결하고 명확하게 제시하는 연습이 필요합니다.

학생 맞춤형 교육을 위해서는 사회학적 ~~관점에서도 교육을 바라봐야 한다.~~[4]관점에서 교육을 바라볼 필요도 있다. C 교사가 언급한 교육 평등관은 동등한 교육 기회의 보장을 곧 평등으로 보는 허용적 평등관이다. 콜만 보고서의 연구 결과에 근거할 때, C 교사의 프로그램은 자녀의 교육에 대한 부모의 관심, 즉 사회적 자본이 부족한 학생들에게 이를 ~~보충할 수 있는 기회를~~[5]보충할 기회를 제공하는 것이다. 이 프로그램의 활성화를 위해 학교는 지역 사회와 연계하여 지역 대학교와의 결연을 통해 멘토링 프로그램을 운영하는 방안을 활용할 수 있다. 이처럼 ~~학교가~~학교는 교육 관련 문제를 사회학적 관점에서 조망하고 적극적으로 대응함으로써 대입 스트레스와 교육 격차를 해소하고 보다 효과적인 교육을 제공할 수 있다.

효과적인 교육을 위해서는 학생을 둘러싼 환경 및 심리적 요인에 대해서도 파악해야 한다. 크럼볼츠의 사회학습이론에 따르면, 환경적 요인으로는 환경적 조건 및 사건이 있다. 이는 학생을 둘러싼 물리적 환경 및 다양한 경험을 가리킨다. 심리적 요인으로는 과제 접근 기술이 있다. 이는 학생이 과제 해결을 위해 사용하는 전략, 미래 학습 상황에 대한 예견 등을 가리킨다. 블로의 이론에서는 진로 발달의 핵심 요소로 학생이 속한 사회의 심리적·사회적 요인을 강조한다. 교사는 이에 따라 학생이 속한 사회 집단의 ~~문화적, 심리적~~문화적·심리적 특성 등을 세세히 파악하여 이를 고려한 진로 지도를 진행해야 한다. 학생의 학습과 진로 선택에 영향을 미치는 요인들에 대한 이해를 통해 학생의 특성에 적합한 진로 탐색 활동이 이루어질 수 있을 것이다.

지금까지 학생 맞춤형 교육을 위한 전략에 대해 교육과정, 교육행정, 교육사회, 진로지도의 측면에서 논의해 보았다. 학생 맞춤형 교육을 위해 학교는 교육과정을 적절히 개편해 운영해야 하고, 전인교육을 통해 학생의 개성과 흥미를 존중하는 교육을 시행할 수 있다. 사회학적 관점에서 교육 문제를 해결해야 하며, 학생에게 영향을 미치는 환경적·심리적 요인을 고려해 진로지도를 해야 한다. 이러한 내용을 바탕으로 학교와 교사가 뚜렷한 교육 비전을 토대 삼아 나아간다면 학교와 교사, 학생은 함께 성장할 수 있을 것이다.

이것만은 꼭 지키자

1. 필요 없는 어구 사용 지양(보충할 수 있는 기회→보충할 기회)

2. 앞 문장과 뒷 문장의 유기성을 고려하여, 근거를 보강하고 도입 표현을 매끄럽게 작성.

최종 모범답안 (3회차 - E)

본인은 수험생 유의 사항을 숙지하였으며 이를 지키지 않아 발생하는 모든 불이익을 감수할 것을 서약합니다.		수험번호	① ②	※결시자 확인란(수험생은 표기하지 말 것)	
성 명			⓪ ① ② ③ ④ ⑤ ⑥ ⑦ ⑧ ⑨	결시자 설명과 수험 번호 기재 검은색 펜으로 결시자 수험 번호, 쪽 번호와 우측란은 '●'로 표기	○
			① ② ③ ④ ⑤ ⑥ ⑦ ⑧ ⑨		
			⓪ ① ② ③ ④ ⑤ ⑥ ⑦ ⑧ ⑨		
교육학 논술 전용 답안지	쪽 번호		⓪ ① ② ③ ④ ⑤ ⑥ ⑦ ⑧ ⑨	※감독관 확인란(수험생은 표기하지 말 것)	
	●②		⓪ ① ② ③ ④ ⑤ ⑥ ⑦ ⑧ ⑨	- 본인 여부, 성명, 수험 번호, 쪽 번호 기록이 정확한지 확인 후 서명/날인	(서명 또는 날인)
			⓪ ① ② ③ ④ ⑤ ⑥ ⑦ ⑧ ⑨		
			⓪ ① ② ③ ④ ⑤ ⑥ ⑦ ⑧ ⑨	- 결시자는 위의 결시자 확인란에도 표기	

- 수험 번호와 쪽 번호는 검은색 펜을 사용하여 '●'로 표기하시오.
- 답안은 지워지거나 번지지 않는 동일한 종류의 검은색 펜을 사용하여 작성하시오(연필/사인펜/수정테이프/수정액 사용 불가).
- 수험생 유의 사항을 위반하여 작성한 답안의 경우, 해당 부분이나 답안지 전체를 채점하지 않으니 유의하시오.

학생이 교육의 중요한 주제로 떠오르며 학습자 중심 교육의 중요성 또한 대두되고 있다. 이러한 상황에서 학교와 교사는 개별 학생의 특성을 파악하고 적절한 교육을 제공하기 위해 노력해야 한다. 이에 따라, 제시문을 토대로 교육과정, 교육행정, 교육사회, 진로지도의 측면에서 '학생 맞춤형 교육을 위한 전략'이라는 주제에 대해 논의해 보고자 한다.

먼저, 학생 맞춤형 교육을 위해 학생 중심의 교육과정을 도입해야 한다. A 교장이 강조하는 2022 개정 교육과정은 학습자 측면에서 다음과 같은 의의를 가진다. 첫째, 미래의 직업 선택과 관련된 내용을 학습함으로써 배운 내용을 실생활에서 활용할 수 있다. 둘째, 창의력과 문제해결력 등의 고등 정신 능력이 향상될 수 있다. 그러나 이 교육과정을 도입할 경우, 교과과정 선택의 폭이 너무 확대되어 학생들의 기초 학력 수준이 저하될 수 있다는 문제점이 있다. 이에 대해 학교 차원에서는 기초 교과목 지식과 학생이 선택한 내용을 통합해 재구성한 교육과정을 운영함으로써 학생들의 기초 학력 수준 향상과 자율적인 과목 선택을 동시에 보장할 수 있다. 이처럼 교육과정의 특성을 고려하여 과목을 개설하고 운영하여 학생 맞춤형 교육의 토대를 다질 수 있다.

다음으로, 학생의 흥미와 개성에 대한 존중을 바탕으로 교육을 운영할 수 있는 방법을 찾아야 한다. B 교사가 언급하는 페스탈로치 합자연 교육의 방법적 원리 중 첫째는 자발성의 원리이다. 교육은 학생의 자발성과 흥미가 바탕이 되어야 한다. 두 번째 원리는 안방 교육의 원리이다. 교육은 학교 이전에 가정에서부터 부모와 자녀의 인격적 만남을 통해 이루어져야 한다. 또, 학생들의 흥미를 높이기 위해 부름의 기대이론 관점에서 다음과 같은 방법을 제시할 수 있다. 첫째로, 성과기대를 높여야 한다. 이는 자신의 노력이 성과로 이어질 수 있다는 기대를 높이는 것으로, 학습 내용과 평가 내용을 일치시킴으로써 달성할 수 있다. 둘째로, 보상 기대를 높여야 한다. 이는 성과에 따라 주어지는 보상의 매력도를 높임으로써 목표 성취동기를 증진하는 것이다. 이러한 방법을 통해 전인적 성장 발달을 추구하고 학생의 흥미와 개성을 존중하는 교육을 만들어 교육에 대한 학생의 만족도를 높일 수 있을 것이다.

학생 맞춤형 교육을 위해서는 사회학적 관점에서 교육을 바라볼 필요도 있다. C 교사가 언급한 교육 평등관은 동등한 교육 기회의 보장을 곧 평등으로 보는 허용적 평등관이다. 콜만 보고서의 연구 결과에 근거할 때, C 교사의 프로그램은 자녀의 교육에 대한 부모의 관심, 즉 사회적 자본이 부족한 학생들에게 이를 보충할 기회를 제공하는 것이다. 이 프로그램의 활성화를 위해 학교는 지역 사회와 연계하여 지역 대학교와의 결연을 통해 멘토링 프로그램을 운영하는 방안을 활용할 수 있다. 이처럼 학교는 교육 관련 문제를 사회학적 관점에서 조망하고 적극적으로 대응함으로써 대입 스트레스와 교육 격차를 해소하고 보다 효과적인 교육을 제공할 수 있다.

효과적인 교육을 위해서는 학생을 둘러싼 환경 및 심리적 요인에 대해서도 파악해야 한다. 크럼볼츠의 사회 학습 이론에 따르면, 환경적 요인으로는 환경적 조건 및 사건이 있다. 이는 학생을 둘러싼 물리적 환경 및 다양한 경험을 가리킨다. 심리적 요인으로는 과

03회

최종 모범답안 (3회차 - E)

<table>
<tr><td colspan="2">본인은 수험생 유의 사항을 숙지하였으며 이를 지키지 않아 발생하는 모든 불이익을 감수할 것을 서약합니다.</td><td rowspan="8">수
험
번
호</td><td>① ②</td><td colspan="2">※결시자 확인란(수험생은 표기하지 말 것)</td></tr>
<tr><td colspan="2"></td><td>⓪ ① ② ③ ④ ⑤ ⑥ ⑦ ⑧ ⑨</td><td rowspan="3">결시자 설명과 수험 번호 기재
검은색 펜으로 결시자 수험 번호,
쪽 번호와 우측란은 '●'로 표기</td><td rowspan="3">○</td></tr>
<tr><td colspan="2">성 명</td><td>① ② ③ ④ ⑤ ⑥ ⑦ ⑧ ⑨</td></tr>
<tr><td colspan="2"></td><td>⓪ ① ② ③ ④ ⑤ ⑥ ⑦ ⑧ ⑨</td></tr>
<tr><td rowspan="4">교육학 논술
전용 답안지</td><td>쪽 번호</td><td>⓪ ① ② ③ ④ ⑤ ⑥ ⑦ ⑧ ⑨</td><td colspan="2">※감독관 확인란(수험생은 표기하지 말 것)</td></tr>
<tr><td rowspan="3">①●</td><td>⓪ ① ② ③ ④ ⑤ ⑥ ⑦ ⑧ ⑨</td><td rowspan="3">- 본인 여부, 성명, 수험 번호, 쪽 번호 기록이 정확한지 확인 후 서명/날인
- 결시자는 위의 결시자 확인란에도 표기</td><td rowspan="3">(서명 또는 날인)</td></tr>
<tr><td>⓪ ① ② ③ ④ ⑤ ⑥ ⑦ ⑧ ⑨</td></tr>
<tr><td>⓪ ① ② ③ ④ ⑤ ⑥ ⑦ ⑧ ⑨</td></tr>
</table>

- 수험 번호와 쪽 번호는 검은색 펜을 사용하여 '●'로 표기하시오.
- 답안은 지워지거나 번지지 않는 동일한 종류의 검은색 펜을 사용하여 작성하시오(연필/사인펜/수정테이프/수정액 사용 불가).
- 수험생 유의 사항을 위반하여 작성한 답안의 경우, 해당 부분이나 답안지 전체를 채점하지 않으니 유의하시오.

제접근 기술이 있다. 이는 학생이 과제 해결을 위해 사용하는 전략, 미래 학습 상황에 대한 예견 등을 가리킨다. 블로의 이론에서는 진로 발달의 핵심 요소로 학생이 속한 사회의 심리적·사회적 요인을 강조한다. 교사는 이에 따라 학생이 속한 사회 집단의 문화적·심리적 특성 등을 세세히 파악하여 이를 고려한 진로지도를 진행해야 한다. 학생의 학습과 진로 선택에 영향을 미치는 요인들에 대한 이해를 통해 학생의 특성에 적합한 진로 탐색 활동이 이루어질 수 있을 것이다.

지금까지 학생 맞춤형 교육을 위한 전략에 대해 교육과정, 교육행정, 교육사회, 진로지도의 측면에서 논의해 보았다. 학생 맞춤형 교육을 위해 학교는 교육과정을 적절히 개편해 운영해야 하고, 전인교육을 통해 학생의 개성과 흥미를 존중하는 교육을 시행할 수 있다. 사회학적 관점에서 교육 문제를 해결해야 하며, 학생에게 영향을 미치는 환경적·심리적 요인을 고려해 진로지도를 해야 한다. 이러한 내용을 바탕으로 학교와 교사가 뚜렷한 교육 비전을 토대 삼아 나아간다면 학교와 교사, 학생은 함께 성장할 수 있을 것이다.

[3회] 수험생이 자주 하는 질문 모음

개념은 기억이 나는데 명칭이 기억이 안 날 경우, 따로 명칭을 쓰라는 말이 없으면 안 쓰고 흐지부지 끝내도 될까요? (전공 화학)

문제에서 명칭을 따로 요구하지 않았으면 쓰지 않아도 됩니다. 과거 기출문제를 분석해 보면 명칭만을 물을 때도 있고, 명칭과 개념을 동시에 묻거나 개념만 물을 때도 있습니다. 공부하다 보면 개념은 어렴풋이 아는데, 명칭이 갑자기 떠오르지 않는 경우가 많습니다. 그래서 파트별 목차를 잘 암기하고 있어야 명칭 인출을 쉽게 할 수 있습니다. 모든 목차를 안 보고 다 적는 건 어렵겠지만 그래도 최소한 70~80%는 암기해야 합니다. 원페이지는 모든 목차가 한 장에 정리되어 있으므로 목차 페이지를 사진 찍듯이 계속 보면서 머리에 입력해 보세요.

간단한 제언을 위해 의문문을 써도 될까요? (전공 화학)

교육학 논술에서 의문문은 큰 의미가 없으므로 되도록 쓰지 않는 것이 좋습니다.

서론을 두 줄만 작성해도 되는지 궁금합니다. (전공 전문상담)

서론은 두 줄 이상 쓰는 것이 좋습니다. 왜냐하면 논술의 구성 및 표현이라는 채점항목이 있으므로 내용 빈약의 근거로 점수를 주지 않을 수도 있기 때문입니다. 3~4줄 정도는 대주제와 연결해서 쓰는 것이 안전합니다.

P E D A G O G Y

원페이지 교육학 모의고사

PART

04

원페이지 교육학 모의고사 (4회)

원페이지 교육학 (4회)

수험 번호 : ( )　성 명 : ()

제1차 시험	1 교시	1문항 20점	시험 시간 60분

○ 문제지 전체 면수가 맞는지 확인하시오.

다음은 A 중학교에서 두 교사가 나눈 대화 중 일부이다. 이 대화를 읽고 '학생성장에 도움이 되는 교육'이라는 주제로 교육행정, 교육심리, 상담이론, 교육평가를 구성요소로 하여 서론, 본론, 결론을 갖추어 논하시오. [20점]

김 교사: 최 선생님 원격수업 기간에 온라인 수업 잘 운영되던가요? 저는 굉장히 힘들었어요. 학생들의 수업 진도와 레벨을 고려하지 않고 수업 자료를 올리다 보니, 성적이 매우 낮거나 높은 학생들은 참여도가 굉장히 낮더라고요. 그렇다고 개인의 학습 수준과 패턴에 맞게 수업 자료를 만들려니 너무 부담되었어요.

최 교사: 저도 교실 수업보다 훨씬 힘들었던 기억이 납니다. 듣기로는 이번에 교육부에서 K-에듀 통합 플랫폼을 구축한다고 들었어요. 제대로만 운영되면 흩어져 있는 콘텐츠와 학습 도구 등을 하나로 연결하고 학습 시간 및 출결 등을 통합으로 관리할 수 있을 것 같아요. 또, 학생들에게 IT 기기도 적극적으로 지원할 예정이래요.

김 교사: 좋은 소식이네요. 그런 계획은 막대한 예산이 필요하겠죠? 저는 예산 낭비를 방지하기 위해, 학교 차원에서 먼저 도급경비제를 적극적으로 활용하고, 사용한 경비에 대해서 납득할 만한 이유를 모두에게 공개해야 한다고 봐요. 또, 무조건 지원하기보다는 소외 계층 학생들에게 차등적으로 재정 지원을 했으면 좋겠네요.

최 교사: 네, 저도 그렇게 생각합니다. 그런데 선생님 반 학생들 생활지도는 잘되고 있나요?

김 교사: 혹시 저희 반 영철이 아세요? 영철이는 어렸을 때부터 줄곧 외국에 살면서 유치원과 초등학교에 다녔어요. 그래서 최근에 귀국한 영철이는 언어적 어려움을 겪고 있는 것 같더군요. 이번 중간고사에서 국어 40점, 수학 30점을 받아 기초학력 부진으로 의심되기도 해요. 저는 영철이의 학력 부진 원인을 파악하기 위해 상담센터에 심리검사를 의뢰했어요. 상담센터에서는 영철이의 특수한 상황을 고려하여 다양한 사회적, 문화적 배경을 지닌 학생의 지적 능력을 공평하게 평가할 수 있도록 준비해 주기로 했어요. 선생님 반 학생들은 별일 없었나요?

최 교사: 저는 요즘에 부반장인 영주의 고민을 많이 들어줬어요. 영주는 예전에 반장인 민영이와 정말 친했는데 요즘은 민영이를 보면 섭섭한 마음이 든대요. 그 이유를 물으니 그냥 잘 모르겠대요. 그래서 제가 의자 두 개를 갖다 놓고 영주에게 앉고 싶은 곳에 앉으라고 했어요. 그 후 나머지 의자에는 민영이가 있다고 상상하게 했어요. 그랬더니 영주가 속마음을 털어놓더라고요. 요즘 민영이가 자기에게 신경을 너무 안 쓰고, 말을 걸어도 대꾸도 잘 안 해서 너무 속상했대요. 그 이야기를 듣고 곧바로 의자를 바꾼 뒤, 영주에게 민영이의 입장에서 얘기해 보라고 했어요. 그랬더니 영주가 민영이가 부담을 느꼈을 수도 있었겠다고 스스로 생각하더라고요. 이렇게 상담을 계속 이어 갔더니 영주의 마음이 한결 가벼워지는 걸 옆에서 느꼈어요.

김 교사: 선생님 굉장히 좋은 방법 같아요. 과거에 집착하거나, 현재에 대한 양면성을 제대로 파악하지 못한 학생에게 특히 효과가 있을 것 같네요. 그런데 상담하다 보면 학생과 담임의 관계를 잊어버리는 학생들도 있지 않던가요?

최 교사: 네, 있었어요. 그래서 저는 상담을 진행할 때 담임도 학생도 아닌 한 인간으로서 인격적으로 동등한 관계를 유지하려고 노력하는 편이에요. 또, 상담 후에는 곧바로 학생과 담임의 관계로 돌아갈 수 있도록 서로 약속하고요.

김 교사: 선생님과 대화를 하다 보니 교사로서 더 고민하고 노력해야겠다는 생각이 듭니다. 그런데, 이번에 제가 맡은 방과 후 업무도 정말 만만치 않네요. 교장 선생님이 방과 후 프로그램을 모두 평가하자고 제안했는데, 어떻게 할지 모르겠어요. 제 생각에는 평가의 주된 목적은 프로그램 개선을 위한 것이니 상황, 투입, 과정, 산출의 네 가지 측면에서 프로그램을 평가하는 것이 좋을 것 같긴 해요.

최 교사: 그것도 좋지만, 제 생각에는 프로그램의 부수적인 효과까지 평가 항목에 포함해 분석하는 것이 더 좋다고 생각해요. 학생들이 목표 달성에 실패하더라도 부수적인 효과가 크면 그 프로그램은 유용한 것으로 평가할 수 있을 테니까요.

〈 배 점 〉

○ 논술의 내용 [총 15점]
- K-에듀 통합 플랫폼의 교육적 효과 1가지, 김 교사가 말한 도급경비의 특징 1가지와 교육재정의 운영원리 2가지 [4점]
- 상담센터에서 실시될 수 있는 지능검사의 구체적인 종류 2가지와 그 검사들이 영철이에게 적합한 이유 1가지 [3점]
- 최 교사가 활용하고 있는 상담기법과 가장 밀접한 상담이론의 명칭과 개념을 설명하고 그 상담이론의 목표와 상담기법 각각 1가지, 최 교사가 자기 반 학생을 상담하는 과정에서 행한 상담윤리 1가지 제시 [4점]
- 김 교사가 제안하는 교육평가 모형의 명칭과 개념, 그 평가모형에 근거한 평가자의 역할 1가지, 최 교사가 선호하는 교육평가 모형의 명칭과 개념, 그 평가모형의 특징 1가지 [4점]

○ 논술의 구성 및 표현 [총 5점]
- 논술의 내용과 '학생성장에 도움이 되는 교육'의 연계 및 논리적 형식 [3점]
- 표현의 적절성 [2점]

교육학 논술 초안 작성지

원페이지 교육학 (4회)

채점 세부 기준

<table>
<tr><th rowspan="2">영역</th><th colspan="2">채점 세부 기준</th><th rowspan="2">배점</th></tr>
<tr><th>내용 요소</th><th>점수 부여 기준</th></tr>
<tr><td>논술의 내용 [15점]</td><td>최 교사가 언급한 K-에듀 통합 플랫폼의 교육적 효과 1가지</td><td>
K-에듀 통합 플랫폼의 교육적 효과 (오픈형 문제)
- 학생의 학습양식 선호도에 따라 적절한 교육방법을 선택할 수 있다.
- 자기주도적 학습이 가능하다.
- 학습자 적성을 고려한 수업방식으로 최적의 개별화 수업이 가능하다.
- 어려운 주제를 실제상황에서 학습해 더 깊이 학습할 수 있다.
- 비순차적이고 다차원적 학습전략을 활용해, 지식의 전이성이 향상된다.
- 기초 지식을 바탕으로 상위 지식을 도출해 지식을 재구성하는 데 도움이 된다.

개인과외 처음 보는 용어라도 당황할 필요가 없습니다. K-에듀 통합 플랫폼을 처음 들었어도 지문을 통해 어떤 시스템인지 추측할 수 있습니다. 이런 문제가 나오면 당황할 것이 아니라 점수를 그냥 주겠다는 의미로 받아들이고 기분 좋게 좋은 말 대잔치로 비비면 됩니다. 이때, 주의할 점은 추상적인 표현이 아니라 구체적인 교육학 용어를 활용해야 합니다.

[참고] K-에듀 통합 플랫폼이란? 교실에서 일어나는 모든 교육을 디지털(<u>에듀테크</u>)로 전환하기 위해 교육부에서 준비 중인 교육자원 통합 플랫폼이다. (2024년 전면 오픈 예정)

이 시스템이 도입되면 2024년부터 교사·학생은 민·관 교육자료부터 수업을 지원하는 각종 에듀테크, 인공지능(AI) 맞춤형 학습 지원 서비스까지 한번에 이용할 수 있다. 교육행정정보시스템(나이스), 회계 관리시스템(에듀파인)까지 모두 연계돼 교사는 로그인 한 번으로 수업과 학사관리, 향후 교육자료 과금까지 함께 처리할 수 있다.

플랫폼 구축에는 약 3000억원의 예산이 소요될 것으로 전망되며, 교육 분야 가장 대규모 시스템이 될 것으로 예상된다. 교육부는 한국형뉴딜사업인 그린스마트 미래학교 일환으로 추진하면서 예비타당성조사를 진행 중이다.

개인과외 디지털 교육을 강조하면서 에듀테크(EduTech)라는 단어가 종종 보이는데, 특별한 것은 없습니다. 그냥 개인별 맞춤형 수업이 가능한 기술을 의미합니다.

에듀테크란? 단순히 온라인으로 수업을 듣는 기존의 e-learing을 넘어 <u>개인의 학습 패턴을 파악</u>해 부족한 부분은 더 많은 공부를 할 수 있고, 틀린 문제는 다시 틀리지 않도록 다시 풀어 보게 하는 프로세스를 통해 <u>개개인의 맞춤 수업</u>이 가능한 <u>교육과 기술을 결합</u>한 교육이다.

[정리] 미래 교육 체제 핵심은 디지털 기술의 발전 등 사회변화에 신속히 대응하는 시스템을 갖추고 '학생 개인의 맞춤형 성장'을 지원하는 것이다.
</td><td>1점</td></tr>
</table>

<table>
<tr><td>김 교사가 언급하는 도급경비제의 특징 1가지</td><td>도급경비제는 예산을 총액으로 지급하여 재량권을 부여함으로써 효율적인 운영을 할 수 있다.

남은 경비를 다음 연도로 이월할 수 있으므로, 탄력적인 예산집행이 가능하다.

개인과외 도급경비는 일상경비와 함께 알고 있어야 합니다.
1. 우선 일상경비란 일상적으로 발생하는 경비를 말합니다. 예를 들면 교직원 월급, 냉난방비, 시설 수리비, 여비 등등 학교를 운영하는 데 꼭 필요한 돈입니다.
2. 도급경비는 총액으로 지급하는 경비입니다. 현장에서는 이것을 '사업비'라고도 합니다. 다시 말해 도급경비는 학교에서 자율적으로 운영할 수 있는 경비라고 보면 됩니다. 예를 들면, 행정보조원 인건비, 급식실 운영비, 행복한 학교 만들기 환경개선비, 이웃 주민들과 함께하는 방과 후 교실, 학교 체육실 리모델링 등등 기존에 목적이 정해져 있었던 것이 아니라 학교에서 자율적으로 사용 목적을 만들어서 사용하는 경비라고 보면 됩니다. 필수가 아닌 선택적인 부분이죠.
3. 이제 단위학교 예산제도의 배경을 한번 읽어 보세요. (원페이지 기본서 개인과외 참고) 기존에 저런 문제점 때문에 단위학교 예산제도가 생겼고 교육청에서 "우리가 한 번에 돈을 줄 테니 학교에서 알아서 일상이랑 도급으로 잘 나눠서 운영해 봐."라고 하는 것입니다.
그 밖에도 단위학교 예산제도는 중요한 내용이 많습니다. 언제든 출제될 수 있는 내용이므로 잘 알고 있어야 합니다. 도급경비를 잘 몰랐다면 이 기회에 이 부분을 마스터하면 좋을 것 같습니다. 원페이지 기본서의 개인과외 파트에 자세히 정리되어 있으니 꼭 참고해 주세요.</td><td>1점</td></tr>
<tr><td>교육재정의 운영원리 2가지</td><td>책무성의 원리 : 사용한 경비에 대해 납득할 만한 이유를 제시하고 책임을 질 수 있어야 한다.
투명성의 원리 : 교육재정운영 과정이 일반 대중에게 공개되고 개방되어야 한다.
공정성의 원리 : 어떤 기준에 따라 교육재정을 차등적으로 분배하는 것은 정당하다.

개인과외 그 밖에도 충족성의 원리, 효율성의 원리, 자율성의 원리, 투명성의 원리 등 기출에 나왔던 원리를 구체적으로 알고 있어야 합니다.

출제근거 [2013 중등] 다음 (가)~(다)에 들어갈 말로 옳은 것은?
교육재정의 운영은 재정의 '확보 → 배분 → 지출 → 평가'의 과정으로 이루어진다. 확보, 배분, 지출, 평가의 각 단계에는 중요하게 요구되는 원리가 있다. '확보' 단계에서 요구되는 원리 중 (가) 는 교육활동을 운영하는 데 필요한 재원을 충분히 확보해야 한다는 것이고, '배분' 단계에서 요구되는 원리 중 (나) 는 최소한의 재정투자로 최대한의 교육성과를 이룰 수 있도록 교육재정을 사용해야 한다는 것이다.
'평가' 단계에서 요구되는 원리 중 (다) 는 사용한 경비에 대해서는 납득할 만한 이유를 제시할 수 있고 책임을 질 수 있어야 한다는 것이다.</td><td>각1점</td></tr>
</table>

<table>
<tr>
<td></td>
<td>
(가) (나) (다)
① 안정성의 원리 자율성의 원리 효과성의 원리
② 안정성의 원리 효과성의 원리 적정성의 원리
③ 자구성의 원리 효율성의 원리 효과성의 원리
④ 충족성의 원리 효과성의 원리 책무성의 원리
⑤ 충족성의 원리 효율성의 원리 책무성의 원리 (정답)

출제근거 [2002 중등] 학생들의 개인차 또는 프로그램의 교육비 수준에 따라 차등적으로 재정 지원을 한다면, 이때 적용한 교육재정 배분기준은?
① 자율성
② 공정성 (정답)
③ 평등성
④ 효율성
</td>
<td></td>
</tr>
<tr>
<td>김 교사가 언급한 상담센터에서 실시될 수 있는 지능검사의 구체적인 종류 2가지</td>
<td>
<table>
<tr><td>SOMPA검사
(다문화검사체제)</td><td>(배경) 웩슬러의 아동용 지능검사를 보완하기 위해 등장했다.(5~11세)
아동의 의료적 요소(키, 몸무게, 시각, 청각 등등)와 사회적 요소(문화, 인종, 배경)를 고려한 지능검사이다.</td></tr>
<tr><td>카우프만검사
(K-ABC)</td><td>(배경) 문화적 편향을 극복하기 위해 개발했다. (2~12세)
아동의 학습잠재력과 성취도 측정을 위한 검사이다.</td></tr>
<tr><td>레이븐검사
(CPMT)</td><td>노인과 장애인들도 할 수 있는 범문화적 검사로 언어나 학습경험의 개입을 최소화한 지능검사이다.</td></tr>
</table>

출제근거 [2012 초등,특수] 다음과 같은 상황에서 실시될 수 있는 지능 검사들로 가장 적절한 것은?

수미는 어렸을 때부터 줄곧 외국에 살면서 유치원과 초등학교를 다녔다. 최근에 귀국한 수미는 언어적 어려움을 겪고 있으며, 학력 평가에서 국어 30점, 수학 40점을 받아 기초학력 부진으로 의심되었다. 김 교사는 수미의 학력부진 원인을 파악하기 위해 상담센터에 심리검사를 의뢰하였다. 상담센터에서는 수미의 특수한 상황을 고려하여 다양한 사회적·문화적 배경을 지닌 아동의 지적 능력을 공평하게 평가할 수 있는 문화공평 검사(culture-fair test)를 실시하고자 한다.

① 고대-비네 검사, 카우프만 검사(K-ABC)
② 고대-비네 검사, 웩슬러 검사(KEDI-WISC)
③ 카우프만 검사(K-ABC), 레이븐 검사(CPMT) (정답)
④ 쿨먼-앤더슨 집단지능 검사, 레이븐 검사(CPMT)
⑤ 쿨먼-앤더슨 집단지능 검사, 웩슬러 검사(KEDI-WISC)
</td>
<td>각1점</td>
</tr>
<tr>
<td>그 검사들이 영철이에게 적합한 이유 1가지</td>
<td>문화공평검사(culture-fair test)의 핵심 키워드를 포함하여 설명하면 정답으로 인정한다.
대부분의 지능검사는 언어성 검사로 제작되었다. 그런데 언어가 지닌 계급성으로 인해 특정 계층이나 인종에 유리하거나 공평하지 못했다. 그래서 이런 문화적 편향성을 극복하기 위해 만들어진 비언어성 검사를 문화공평검사라고 한다.</td>
<td>1점</td>
</tr>
</table>

<table>
<tr>
<td>최 교사가 활용하고 있는 상담기법과 가장 밀접한 상담이론의 명칭과 개념을 설명</td>
<td>

펄스의 형태심리치료(게슈탈트) 상담이론 – 과거의 미해결 과제가 현재에 대한 자각(awareness)을 방해한다고 보는 이론이다.

출제근거 [2011 중등] 다음 대화에서 최 교사가 활용하고 있는 상담기법과 가장 밀접한 상담이론에 대한 설명으로 옳은 것은?

민　영 : 요즘 영주가 저를 멀리하는데, 저를 정말 싫어하는 것 같지 않으세요?
최 교사 : 나한테 질문하지 말고 네가 영주에 대해 어떻게 느끼는지 말해 보렴.
민　영 : 예전에는 정말 친했는데 요즘은 영주를 보면 섭섭한 마음이 들어요.
최 교사 : 요즘 영주와 얘기를 잘 안 하는 이유가 뭐니? 여기 의자가 두 개 있는데 먼저 네가 앉고 싶은 곳에 앉고, 나머지 의자에는 영주가 앉아 있다고 상상해 보렴. 자, 지금부터 네가 영주에게 원하는 것이 무엇이고, 어떤 감정을 느끼고 있는지 영주에게 직접 얘기해 보겠니?
민　영 : 무엇을 말해야 할지 모르겠어요.
최 교사 : 그럼 '내가 너에게 무엇부터 말해야 할지 잘 모르겠어' 라고 말해 보렴.
민　영 : 영주야. 무슨 말부터 해야 할지 잘 모르겠지만……. 난 너와 계속 좋은 친구로 지내면 좋겠어. 그런데 요즘 넌 나한테 신경을 너무 안 쓰는 것 같아. 내가 말을 걸면 대꾸도 잘 안 해서 너무 속상해.
최 교사 : 그럼 이제 의자를 바꾸고, 네가 영주의 입장이 되어 민영이에게 얘기해 보겠니?
민　영 : 난 여전히 너를 가장 친한 친구로 생각하고 있어. 그런데 내가 공부에 열중하고 있을 때 네가 말을 걸면 짜증날 때가 많았어. 중학교에 오면서 공부할 게 많아져서 부담스러웠고, 그래서 너한테 신경을 많이 못 썼던 것 같아.
최 교사 : 민영아, 지금 기분이 어떠니?

① 미해결 과제는 현재에 대한 자각(awareness)을 방해한다고 본다. (정답)
② 상담자의 진솔성, 무조건적인 긍정적 존중, 공감적 이해를 강조한다.
③ 자아가 무의식적 충동을 조절하기 위해 방어기제를 사용한다는 점을 강조한다.
④ 3R(책임감, 현실, 옳고 그름)을 강조하며, 책임감 있는 사람이 정신적으로 건강하다고 본다.
⑤ 상담자로 하여금 내담자가 최종목표행동에 도달하도록 행동조형(shaping)을 사용할 것을 강조한다.

개인과외 상담 파트에서는 글래서의 현실치료나 엘리스의 REBT 이론이 출제 0순위 이론이지만, 실제로 글래서나 엘리스를 출제하게 되면 변별력이 너무 없는 느낌입니다. 너무 뻔한 내용이죠. 그래서 약간의 변별력을 위해서 오히려 뒤쪽 부분을 건드릴 수도 있습니다. 교육학을 혼자서 공부하는 분들은 게슈탈트를 버리는 경우가 많습니다. 대부분의 기본서가 이해하기 어렵게 정리되어 있기 때문입니다. 게슈탈트는 원페이지 기본서 개인과외에 쉽게 정리해 두었습니다. 꼭 참고해 주세요. 11, 08년도에 기출 문제로 나왔기 때문에 절대로 버려서는 안 됩니다.
</td>
<td>각1점</td>
</tr>
</table>

<table>
<tr><td>그 상담이론의 목표</td><td>핵심 키워드 2개 이상을 포함하여 설명하면 정답 처리한다.

스스로 현재를 어떻게 느끼고 경험하는지 알 수 있도록 접촉하여 전경-배경을 해결하고, 여기-지금(here and now)을 완전하게 경험하도록 도와준다.</td><td>1점</td></tr>
<tr><td>상담기법</td><td>빈 의자 기법 - 현재 상담 자리에 있지 않은 사람과 상호 작용이 필요할 때 상대 인물이 맞은편 의자에 있다고 상상하며 대화하는 기법이다.
환상 방법 - 실제 장면을 연상하는 환상을 통해 경험을 지금-여기로 재현하는 방법이다.
예 자기주장이 어려운 상담자에게 자기 생각을 꼭 말해야 하는 상황을 상상하게 하고, 그가 수동적이었을 때의 느낌과 능동적이었을 때의 느낌을 서로 비교하게 한다.

내담자의 삶에 흥미와 관심을 보인다.

내담자의 자립적인 태도나 행동은 격려하지만, 의존적인 태도는 좌절시킨다.

출제근거 [2007 중등] 다음 진술의 내용과 관련된 상담이론에서 주로 적용하는 상담기법은?

상담은 내담자가 알아차림(awareness)을 통해 '지금-여기'의 감정에 충실하거나 미해결 과제를 자각하고 표현하게 하여 비효율적인 감정의 고리에서 벗어나도록 돕는 것을 목표로 삼는다.

① 빈의자 기법 (정답)
② 자유연상
③ 합리적 논박
④ 체계적 둔감법</td><td>1점</td></tr>
<tr><td>최 교사가 자기 반 학생을 상담하는 과정에서 행한 상담윤리 1가지 제시</td><td>1) 상담자는 내담자와 이중적 관계를 피해야 한다.
2) 상담자는 상담에 사용되는 규칙을 상담 전에 미리 알려 줘야 한다.

개인과외 아마도 '상담윤리'라는 말에 당황했을 것입니다. 그렇게 중요한 내용은 아니지만, 어려운 내용도 아니니 가볍게 이해하고 넘어가도록 합니다.

출제근거 [2004 초등] 다음은 상담을 담당하는 김교사가 자기 반 학생을 접수면접 하는 과정에서 행한 내용이다. 이 내용과 가장 밀접하게 관련되는 상담윤리는?

"상담실에서는 담임도 학생도 아닌 한 인간으로서 인격적으로 동등한 관계여야 해. 그리고 상담실을 나가면 우리는 다시 학생과 담임의 관계로 돌아갈 수 있어야 하거든. 그래야 상담이 될 수 있단다. 그럴 수 있겠니?"

① 상담자는 내담자에게 해로운 영향을 끼칠 수도 있는 이중적 관계를 피해야 한다. (정답)
② 상담자는 상담 전 내담자에게 상담의 목표, 기술, 규칙, 한계 등을 알려 주어야 한다.
③ 상담자는 자기가 속한 기관의 목적 및 방침에 모순되지 않는 활동을 할 책임이 있다.
④ 상담자는 상담을 통해 알게 된 내담자의 정보에 대해서 비밀을 보장할 책임이 있다.</td><td>1점</td></tr>
</table>

김 교사가 제안하는 교육평가 모형의 명칭과 개념	**스터플빔의 의사결정모형(CIPP) (운영중심평가모형)** – 평가의 주된 목적은 프로그램 개선을 위한 의사결정을 돕는 데 있다" 스터플빔은 평가를 **의사 결정자에게 유용한 정보를 제공하여 의사결정을 돕는 과정**으로 보고, **상황, 투입, 과정, 산출의 측면에서 4가지 평가유형을 제시**했다. 출제근거 [2011 초등] 방과 후 학교 프로그램을 평가하는 데 참여한 각각의 교사들이 선호하는 교육평가 모형을 가장 적절하게 짝지은 것은? 김 교사 : 목표달성 여부를 확인하기 위해 프로그램에 참여한 학생들의 학업성취도를 평가하는 것이 좋겠습니다. 이 교사 : 제 생각에는 평가의 주된 목적은 프로그램 개선을 위한 의사결정을 돕는 데 있다고 봅니다. 이를 위해서는 상황, 투입, 과정, 산출의 네 가지 측면에서 프로그램을 평가하는 것이 좋다고 생각합니다. 박 교사 : 저는 프로그램의 부수적인 효과까지 평가 항목에 포함해 분석하는 것이 더 좋다고 생각합니다. 목표 달성에는 실패했지만 부수적인 효과가 큰 경우 그 프로그램을 계속 채택할 수 있기 때문입니다. 김 교사 / 이 교사 / 박 교사 ① 타일러(Tyler)모형 / 스테이크(Stake)모형 / 스터플빔(Stufflebeam)모형 **② 타일러 모형 / 스터플빔 모형 / 스크리븐(Scriven) 모형(정답)** ③ 타일러 모형 / 스크리븐 모형 / 스테이크 모형 ④ 스테이크 모형 / 스크리븐 모형 / 타일러 모형 ⑤ 스테이크 모형 / 타일러 모형 / 스크리븐 모형	1점
그 평가모형에 근거한 평가자의 역할 1가지	평가자의 역할은 최종적인 가치판단이 아니라, **충분한 정보를 수집·제공하는 것**이다. 출제근거 [2008 중등] 〈보기〉에서 스터플빔(D. L. Stufflebeam)의 CIPP모형에 해당하는 설명을 바르게 묶은 것은? ㉠ 평가자의 주관적인 전문성을 가장 중요한 평가전략으로 간주한다. ㉡ 평가구조의 차원을 수업, 기관, 행동으로 구성된 3차원으로 구분한다. ㉢ 평가자의 역할은 최종적인 가치판단이 아니라, 충분한 정보를 수집·제공하는 것이다. ㉣ 조직의 관리과정 및 의사결정을 중심으로 평가활동을 수행해야 한다는 점을 강조한다. ① ㉠, ㉡ ② ㉠, ㉢ ③ ㉡, ㉣ **④ ㉢, ㉣ (정답)**	1점

04회

<table>
<tr><td rowspan="2"></td><td>최 교사가 선호하는 교육평가 모형의 명칭과 개념</td><td>스크리븐의 가치판단 모형(탈목표 평가모형, 소비자중심 평가모형): 교육평가가 단순히 목적 달성여부를 판단하는 것이 아니라 목적 달성이 학생의 복지향상에 얼마큼 기여 하는지 객관적인 가치를 판단해야 한다고 주장했다.
목표를 달성했지만, 부정적 효과로 프로그램이 폐기될 수도 있고 반대로 긍정적 효과로 계속 채택될 수도 있다.</td><td>1점</td></tr>
<tr><td>그 평가모형의 특징 1가지</td><td>● 비교평가와 비(非)비교 평가의 구분
프로그램 자체의 가치나 효과를 따지는 비(非)비교평가뿐만 아니라 다른 프로그램의 가치나 효과를 비교하는 비교평가도 중요시한다.

● 목표중심 평가와 탈목표(goal-free)평가
목표중심 평가뿐만 아니라 목표 이외의 부가적인 효과를 평가하는 탈목표평가도 중요시한다.

● 내재적 준거와 외재적 준거에 의한 평가를 구분
내재적 준거인 평가도구 또는 평가방법의 신뢰도나 객관도 뿐만 아니라 교육평가의 외재적 준거인 프로그램 효과에도 관심을 가져야 한다.

● 형성평가와 총합평가(총괄평가)의 구분
수업개선을 위해 문제점을 수정&보완하는 형성평가와 수업 후 프로그램의 가치를 종합적으로 판단하려는 총합평가(총괄평가)가 구별되어야 한다.

● 메타평가
스크리븐의 가치판단 모형은 평가도구의 개선을 위한 것이므로 메타평가라고도 할 수 있다.</td><td>1점</td></tr>
<tr><td rowspan="5">논술의 구성 및 표현 [5점]</td><td rowspan="3">논술의 내용과 주제와의 연계 및 논리적 형식 [3점]</td><td>본론에서 주제와 관련된 내용의 논리적 일관성과 문장의 표현력이 모두 뛰어남</td><td>3점</td></tr>
<tr><td>본론에서 주제와 관련된 내용의 논리적 일관성과 문장의 표현력 중 하나가 부족함</td><td>2점</td></tr>
<tr><td>본론에서 주제와 관련된 내용의 논리적 일관성과 문장의 표현력이 모두 부족함</td><td>1점</td></tr>
<tr><td rowspan="2">표현의 적절성 [2점]</td><td>서론과 결론에서 논술 주제를 논리적으로 모두 다루고 있음</td><td>2점</td></tr>
<tr><td>서론과 결론에서 논술 주제를 다루지 않거나 내용이 빈약함</td><td>1점</td></tr>
</table>

첨삭 배우기 (4회차 - A)

2022 개정 교육과정에서 미래 사회 역량 함양을 위한 개별 맞춤형 교육을 추구하는 만큼 학교도 학생의 개별적 성장을 돕기 위한 방안을 마련할 필요가 있다. 교사는 지금까지의 경험에 빗대어 학생들에게 더 나은 교육을 선사하기 위해 끊임없이 공부하고 노력해야 한다. 따라서 본문에서는 두 교사의 대화문을 바탕으로 '학생 성장에 도움이 되는 교육'에 대해 교육행정, 교육심리, 상담이론, 교육평가의 측면에서 논해 볼 것이다.

K-에듀 통합 플랫폼은 효과적인 온라인 수업을 가능하게 하여 학생들의 개별적 성장을 도울 수 있다. K-에듀 통합 플랫폼은 흩어져 있는 콘텐츠와 학습 도구를 하나로 연결할 뿐만 아니라 학습 시간 및 출결도 통합적으로 관리할 수 있게 한다. 따라서 K-에듀 통합 플랫폼을 이용한다면 학생들의 개별 수준에 맞는 온라인 수업을 제공할 수 있어 다수의 학생들을 효과적으로 관리할 수 있다. 하지만 이러한 프로그램 운영과 더불어 학생들에게 IT 기기를 지원하기 위해서는 막대한 예산이 필요하다. 이는 김 교사가 제안한 '도급경비제'를 활용해서 해결할 수 있는데, 도급경비란 예산을 단위 학교에 총액 배부해서 단위 학교의 예산 편성에 대한 자율성을 부여하는 제도이다. 도급경비제는 효율적인 예산의 사용을 위해 첫째, 사용한 경비에 대해 모두에게 공개하는 투명성의 원리와 둘째, 일정 기준을 두고 차등적으로 재정을 지원하는 공정성의 원리를 준수함으로써 바람직하게 이행될 수 있다.

학생들의 학력 부진 원인을 파악해 적절한 ~~대안책~~[1]대책을 제시하는 것 역시 학생의 특성 파악을 통한 학생 성장에 도움을 준다. 상담센터에서 다양한 사회적·문화적 배경을 지닌 학생의 지적 능력을 공평하게 평가해 주는 ~~문화공평검사에는 첫째 SOMPA 검사가 있다.~~ 문화공평검사로는 두 가지가 있다. 첫째, SOMPA 검사이다.[2] SOMPA검사는 의료적 요소나 사회적 요소를 고려하여 언어적 어려움을 겪는 영철이에게 문화적 편향성 없는 지능 검사를 제공해 준다. 둘째, K-ABC 검사이다. 이는 문화적 차이에 의한 검사 문항의 문화적 편향성을 제거함으로써 학생의 지능 검사를 돕는다. 이는 외국에서 오랜 시간을 살다 온 영철이가 갖는 언어적 어려움에 의해 영철이의 지능 지수가 낮게 나오는 것을 방지함으로써 문화적 편향성을 ~~극복하는 지능검사가 가능하게~~[3]극복할 수 있으므로 영철이에게 적합하다.

1 '대안책'은 "A의 방법 실행에 문제가 발생할 경우, 이에 대한 대안을 마련해야 한다."의 흐름에서 사용하는 단어입니다. 따라서 이 맥락에서는 '대책', '방안' 정도로 수정하는 것이 좋습니다.

2 앞으로 문화공평검사에 대해 두 가지를 제시하겠다는 표지를 적어 주는 것이 좋습니다.

3 자연스럽지 못한 어구이므로 '극복할 수 있으므로'와 같이 명확하게 수정하는 것을 제안합니다.

04회

상담을 통해 학생에게 정서적 안정을 부여하는 것은 학생의 원만한 학교생활에 도움을 주고 더 나아가 학생의 정의적 성장에 긍정적인 영향을 미친다. 최 교사가 활용하는 상담 기법은 빈의자 기법으로, '게슈탈트 상담이론'과 밀접한 관계를 갖는다. 게슈탈트 상담이론은 전경으로 떠오른 게슈탈트를 바람직하게 해소할 수 있도록 '지금-여기'에 초점을 둔 상담이다. 게슈탈트 상담이론은 전경으로 떠오른 게슈탈트를 해소하여 배경으로 잘 물러나게 하거나 미해결 과제를 해결하는 것을 목표로 한다. 그 방법으로는 '환상방법'을 들 수 있다. 환상방법이란 특정 상황을 상상하며 지금-여기로 재현한 뒤 문제를 해결하는 방법이다. 이처럼 상담 활동을 통해 학생들에게 도움을 주기 위해서는 교사로서 몇 가지 상담 윤리를 준수해야 한다. 최 교사는 상담 후에는 곧바로 담임과 학생의 관계로 돌아갈 수 있도록 약속함으로써 내담자와 상담자의 이중적 관계가 형성되는 것을 방지한다.

교육 프로그램 개선을 위한 적절한 교육 평가는 교육에 대한 효과를 극대화시켜 학생의 성장을 도모한다. 김 교사가 제안한 교육평가 모형은 CIPP 모형으로, 프로그램 개선을 위한 평가를 실시하여 의사결정자에게 도움을 주는 평가 모형이다. CIPP에 근거하면 평가자는 객관적으로 프로그램의 효과를 평가하여 의사 결정자에게 교육 프로그램 개선을 위한 ~~의사 결정자에게~~ 정보를 제공한다.[4] 이는 교육 프로그램의 개선 및 수정에는 큰 도움을 주지만 프로그램의 유용성을 직접적으로 확인하지는 못한다는 한계가 있다.[5] 최 교사는 탈목표평가를 제안하였는데, ~~달목표평가란~~탈목표평가란 프로그램의 부수적 효과까지 분석함으로써 프로그램의 가치를 판단하는 평가 모형이다. 스크리븐의 탈목표평가 모형에 따르면 이는 비교평가와 비비교평가를 구분한다. 즉 다른 프로그램과 비교하는 평가와 프로그램 자체만을 분석하는 비비교평가를 구분해서 모두 실시함으로써 교육 프로그램의 유용성을 판단한다.

4 '의사 결정자에게'의 위치를 수정하는 것이 좋습니다.

5 서술한 문장이 한계점이라는 것을 드러내는 서술부를 작성하는 것이 좋습니다.

지금까지 '학생 성장에 도움이 되는 교육'에 대해 논해 보았다. ~~교사로서~~[6]교사는 학생 개개인의 성장을 돕기 위해 오프라인 수업뿐 아니라 온라인 교육에도 관심을 갖고 K-에듀 통합 플랫폼을 활용해야 하며, 온라인 IT 교육에서 소외되는 학생이 발생하지 않도록 예산의 적절한 배분을 통해 학생을 지원해야 한다. 또한 문화공평검사를 ~~적극적~~적극적으로 활용하여 학생들의 학력 격차 원인을 파악하고 그에 ~~걸맞는~~걸맞은[7] 해결책을 제시해 주어야 한다. 더 나아가 상담 활동을 통해 학생들의 정서적 안정을 길러 주고 교육 프로그램에 대한 가치 평가를 시험한다면 학생들에게 더 유용한 교육을 제공하여 학생 성장에 긍정적 영향을 미칠 수 있을 것이다.

6 문장의 주어를 밝혀 적어야 합니다.

7 '걸맞은'이 맞는 표현입니다. (예) 걸맞은 학생, 걸맞은 경험

최종 모범답안 (4회차 – A)

본인은 수험생 유의 사항을 숙지하였으며 이를 지키지 않아 발생하는 모든 불이익을 감수할 것을 서약합니다.		수험번호	① ②	※결시자 확인란(수험생은 표기하지 말 것)	
성 명			⓪ ① ② ③ ④ ⑤ ⑥ ⑦ ⑧ ⑨	결시자 설명과 수험 번호 기재 검은색 펜으로 결시자 수험 번호, 쪽 번호와 우측란은 '●'로 표기	○
			① ② ③ ④ ⑤ ⑥ ⑦ ⑧ ⑨		
			⓪ ① ② ③ ④ ⑤ ⑥ ⑦ ⑧ ⑨		
교육학 논술 전용 답안지	쪽 번호		⓪ ① ② ③ ④ ⑤ ⑥ ⑦ ⑧ ⑨	※감독관 확인란(수험생은 표기하지 말 것)	
	●②		⓪ ① ② ③ ④ ⑤ ⑥ ⑦ ⑧ ⑨	– 본인 여부, 성명, 수험 번호, 쪽 번호 기록이 정확한지 확인 후 서명/날인	(서명 또는 날인)
			⓪ ① ② ③ ④ ⑤ ⑥ ⑦ ⑧ ⑨	– 결시자는 위의 결시자 확인란에도 표기	
			⓪ ① ② ③ ④ ⑤ ⑥ ⑦ ⑧ ⑨		

– 수험 번호와 쪽 번호는 검은색 펜을 사용하여 '●'로 표기하시오.
– 답안은 지워지거나 번지지 않는 동일한 종류의 검은색 펜을 사용하여 작성하시오(연필/사인펜/수정테이프/수정액 사용 불가).
– 수험생 유의 사항을 위반하여 작성한 답안의 경우, 해당 부분이나 답안지 전체를 채점하지 않으니 유의하시오.

2022 개정 교육과정에서 미래 사회 역량 함양을 위한 개별 맞춤형 교육을 추구하는 만큼 학교도 학생의 개별적 성장을 돕기 위한 방안을 마련할 필요가 있다. 교사는 지금까지의 경험에 빗대어 학생들에게 더 나은 교육을 선사하기 위해 끊임없이 공부하고 노력해야 한다. 따라서 본문에서는 두 교사의 대화문을 바탕으로 '학생 성장에 도움이 되는 교육'에 대해 교육행정, 교육심리, 상담이론, 교육평가의 측면에서 논해 볼 것이다.

K-에듀 통합 플랫폼은 효과적인 온라인 수업을 가능하게 하여 학생들의 개별적 성장을 도울 수 있다. K-에듀 통합 플랫폼은 흩어져 있는 콘텐츠와 학습 도구를 하나로 연결할 뿐만 아니라 학습 시간 및 출결도 통합적으로 관리할 수 있게 한다. 따라서 K-에듀 통합 플랫폼을 이용한다면 학생들의 개별 수준에 맞는 온라인 수업을 제공할 수 있어 다수의 학생들을 효과적으로 관리할 수 있다. 하지만 이러한 프로그램 운영과 더불어 학생들에게 IT 기기를 지원하기 위해서는 막대한 예산이 필요하다. 이는 김 교사가 제안한 '도급 경비제'를 활용해서 해결할 수 있는데, 도급 경비제란 예산을 단위 학교에 총액 배부해서 단위 학교의 예산 편성에 대한 자율성을 부여하는 제도이다. 도급 경비제는 효율적인 예산의 사용을 위해 첫째, 사용한 경비에 대해 모두에게 공개하는 투명성의 원리와 둘째, 일정 기준을 두고 차등적으로 재정을 지원하는 공정성의 원리를 준수함으로써 바람직하게 이행될 수 있다.

학생들의 학력 부진 원인을 파악해 적절한 대책을 제시하는 것 역시 학생의 특성 파악을 통한 학생 성장에 도움을 준다. 상담센터에서 다양한 사회적·문화적 배경을 지닌 학생의 지적 능력을 공평하게 평가해 주는 문화 공평 검사로는 두 가지가 있다. 첫째, SOMPA 검사이다. SOMPA 검사는 의료적 요소나 사회적 요소를 고려하여 언어적 어려움을 겪는 영철이에게 문화적 편향성 없는 지능 검사를 제공해 준다. 둘째, K-ABC 검사이다. 이는 문화적 차이에 의한 검사 문항의 문화적 편향성을 제거함으로써 학생의 지능 검사를 돕는다. 이는 외국에서 오랜 시간을 살다 온 영철이가 갖는 언어적 어려움에 의해 영철이의 지능 지수가 낮게 나오는 것을 방지함으로써 문화적 편향성을 극복할 수 있으므로 영철이에게 적합하다.

상담을 통해 학생에게 정서적 안정을 부여하는 것은 학생의 원만한 학교생활에 도움을 주고 더 나아가 학생의 정의적 성장에 긍정적인 영향을 미친다. 최 교사가 활용하는 상담 기법은 빈 의자 기법으로, '게슈탈트 상담이론'과 밀접한 관계를 갖는다. 게슈탈트 상담이론은 전경으로 떠오른 게슈탈트를 바람직하게 해소할 수 있도록 '지금-여기'에 초점을 둔 상담이다. 게슈탈트 상담이론은 전경으로 떠오른 게슈탈트를 해소하여 배경으로 잘 물러나게 하거나 미해결 과제를 해결하는 것을 목표로 한다. 그 방법으로는 '환상 방법'을 들 수 있다. 환상 방법이란 특정 상황을 상상하며 지금-여기로 재현한 뒤 문제를 해결하는 방법이다. 이처럼 상담 활동을 통해 학생들에게 도움을 주기 위해서는 교사로서 몇 가지 상담 윤리를 준수해야 한다. 최 교사는 상담 후에는 곧바로 담임과 학생의 관계로 돌아갈 수 있도록 약속함으로써 내담자와 상담자의 이중적 관계가 형성되는 것을 방지해야 한다.

최종 모범답안 (4회차 - A)

본인은 수험생 유의 사항을 숙지하였으며 이를 지키지 않아 발생하는 모든 불이익을 감수할 것을 서약합니다.		수험번호	① ②	※ 결시자 확인란(수험생은 표기하지 말 것)	
			⓪ ① ② ③ ④ ⑤ ⑥ ⑦ ⑧ ⑨	결시자 설명과 수험 번호 기재 검은색 펜으로 결시자 수험 번호, 쪽 번호와 우측란은 '●'로 표기	○
성 명			① ② ③ ④ ⑤ ⑥ ⑦ ⑧ ⑨		
			⓪ ① ② ③ ④ ⑤ ⑥ ⑦ ⑧ ⑨		
교육학 논술 전용 답안지	쪽 번호		⓪ ① ② ③ ④ ⑤ ⑥ ⑦ ⑧ ⑨	※ 감독관 확인란(수험생은 표기하지 말 것)	
	①●		⓪ ① ② ③ ④ ⑤ ⑥ ⑦ ⑧ ⑨	- 본인 여부, 성명, 수험 번호, 쪽 번호 기록이 정확한지 확인 후 서명/날인	(서명 또는 날인)
			⓪ ① ② ③ ④ ⑤ ⑥ ⑦ ⑧ ⑨	- 결시자는 위의 결시자 확인란에도 표기	
			⓪ ① ② ③ ④ ⑤ ⑥ ⑦ ⑧ ⑨		

- 수험 번호와 쪽 번호는 검은색 펜을 사용하여 '●'로 표기하시오.
- 답안은 지워지거나 번지지 않는 동일한 종류의 검은색 펜을 사용하여 작성하시오(연필/사인펜/수정테이프/수정액 사용 불가).
- 수험생 유의 사항을 위반하여 작성한 답안의 경우, 해당 부분이나 답안지 전체를 채점하지 않으니 유의하시오.

교육 프로그램 개선을 위한 적절한 교육평가는 교육에 대한 효과를 극대화시켜 학생의 성장을 도모한다. 김 교사가 제안한 교육평가 모형은 CIPP 모형으로, 프로그램 개선을 위한 평가를 실시하여 의사 결정자에게 도움을 주는 평가 모형이다. CIPP에 근거하면 평가자는 객관적으로 프로그램의 효과를 평가하여 의사 결정자에게 교육 프로그램 개선을 위한 정보를 제공한다. 이는 교육 프로그램의 개선 및 수정에는 큰 도움을 주지만 프로그램의 유용성을 직접적으로 확인하지는 못한다는 한계가 있다. 최 교사는 탈목표 평가를 제안하였는데, 탈목표 평가란 프로그램의 부수적 효과까지 분석함으로써 프로그램의 가치를 판단하는 평가 모형이다. 스크리븐의 탈목표 평가 모형에 따르면 이는 비교 평가와 비비교 평가를 구분한다. 즉 다른 프로그램과 비교하는 평가와 프로그램 자체만을 분석하는 비비교 평가를 구분해서 모두 실시함으로써 교육 프로그램의 유용성을 판단한다.

지금까지 '학생 성장에 도움이 되는 교육'에 대해 논해 보았다. 교사는 학생 개개인의 성장을 돕기 위해 오프라인 수업뿐 아니라 온라인 교육에도 관심을 갖고 K-에듀 통합 플랫폼을 활용해야 하며, 온라인 IT 교육에서 소외되는 학생이 발생하지 않도록 예산의 적절한 배분을 통해 학생을 지원해야 한다. 또한 문화 공평 검사를 적극적으로 활용하여 학생들의 학력 격차 원인을 파악하고 그에 걸맞은 해결책을 제시해 주어야 한다. 더 나아가 상담 활동을 통해 학생들의 정서적 안정을 길러 주고 교육 프로그램에 대한 가치 평가를 시험한다면 학생들에게 더 유용한 교육을 제공하여 학생 성장에 긍정적 영향을 미칠 수 있을 것이다.

첨삭 배우기
(4회차 - B)

교사는 학생 성장에 도움이 되는 교육을 제공해야 한다. 왜냐하면 교사가 얼마나 교육에 관심을 가지고 학생을 성장시키기 위해 ~~노력하는 정도에~~노력하는지에 따라 학생들은 각각 다르게 성장하기 때문이다. 따라서 본 글은 학생 성장에 도움이 되는 교육이라는 주제로 교육행정, 교육심리, 상담이론, 교육평가 측면에서 논해 보고자 한다.

학생 성장에 도움이 되는 교육을 실시하기 위해서는 적합한 교수 플랫폼을 활용하여야 한다. K- 에듀 통합 플랫폼의 교육적 효과는 교사들이 수업 준비 및 설계 시간을 절약함으로써 효율성이 증가한다. 다음으로 김 교사가 말한 도급경비의 특징은 단위 학교 환경과 상황에 맞는 유연한 예산 사용이 가능하다는 것이다.[1] 예산 낭비 방지를 위해 도급경비제를 ~~활용하고, 이에 맞는 교육재정 운영을 하는데 김교사가 언급한 운영원리는~~활용하면 이에 맞는 교육 재정 운영이 가능해진다.[2] 김 교사가 언급한 운영 원리는 다음과 같다. 첫째, 사용한 경비에 대해서 납득할 만한 이유를 모두에게 공개하는 것은 투명성의 원리이다. 둘째, 소외 계층 학생들에게 차등적으로 재정 지원을 하는 것은 공정성의 원리이다.[3] ~~이와 같이~~[4]이처럼 교사는 적합한 교육 플랫폼의 활용과 교육 재정 운영으로 학생들의 성장에 도움이 되는 교육을 실시해야 한다.

학생 성장에 도움이 되기 위해 교사는 적합한 지능 검사를 ~~적극~~[5]적극적으로 활용할 필요가 있다. 본 지문에서 언급한 것처럼 특수한 상황을 고려하여 사회적, 문화적 배경을 지닌 학생의 지적 능력을 공평하게 평가할 수 있는 평가는 문화공평검사이다. 첫째, 카우프만 검사, 둘째, SOMPA 검사가 있다.구체적으로 두 종류로 나눌 수 있는데,[6]~~구체적인 종류는 첫째, 카우프만검사와 둘째 SOMPA 검사가 있다.~~ 이러한 검사들이 영철이에게 적합한 이유는 언어적 어려움으로 인해 지능 검사 결과가 낮게 측정되는 점을 보완하여 문화적 편향성을 극복했기 때문이다.

교사는 상담을 통해서도 학생의 성장을 이끌어 낼 수 있다. 최 교사가 활용하고 있는 상담 기법은 빈의자기법이다. 이 상담 기법과 관련된 상담이론은 게슈탈트(형태심리치료) 상담이론이다. 이 이론은 과거 미해결된 과제가 현재의 지각을 방해한다고 주장하는 이론이다. 게슈탈트 상담이론의 목표는 스스로 현재를 경험하는지 알 수 있도록 전경-배경을

1 '다음으로' 접속사를 사용하면 두 문장이 연결되어야 하는데, 두 문장이 약간 어색합니다. 접속사 '한편'을 활용하던가 아예 삭제하는 것이 좋겠습니다.

2 도급경비제를 활용하면 어떤 장점이 있는지를 서술하는 것이 좋습니다.

3 정확한 답이 있는 문제는 두괄식으로 정답을 먼저 제시하고 후술하는 것이 좋습니다.

4 '이와 같이'보다 '이처럼'을 사용하는 것이 문법적으로 더 올바른 표현입니다.

5 '적극'은 명사이므로 수식할 수 없습니다. '적극적', '적극적으로', '적극적인' 등으로 써야 합니다.

6 앞으로 제시할 내용을 안내하는 말을 추가하여 가독성을 높일 수 있습니다.

해결하고 여기-지금을 경험하도록 하는 것이다. 관련된 상담 기법은 환상 기법이 있다. 다음으로 최 교사가 자기 반 학생을 상담하는 과정에서 행한 상담 윤리는 내담자와의 이중적 관계를 피하는 것이다. ~~어와 같이~~이처럼 교사는 상담을 활용하여 ~~학생들의 어려운 점에~~[7] 학생들이 겪는 어려움에 귀 기울이고 한층 성장하는 교육을 제공하도록 노력해야 한다.

마지막으로 교사는 적합한 평가 모형을 활용하여 학생을 성장시킬 필요가 있다. 김 교사가 제안하는 교육평가 모형은 스티폴빔의 의사결정 모형이다. ~~의사결정 모형은~~[8] 계획, 구조화, 실행, 재순환 단계에 따른 유용한 정보를 의사결정자에게[9] 제공하는 모형이다. 이 평가 모형에서의 평가자의 역할은 의사 결정자에게 도움이 될 만한 정보를 제공하는 것이다. 반면, 부수적 효과까지 평가 항목에 ~~포함시키는~~[10]포함하는 것이 좋다고 한 최 교사가 말한 평가 모형은 스크리븐의 가치판단 모형이다. 가치판단 모형은 단순히 목적 달성 여부만을 판단하는 것이 아니라, 학생의 복지 향상에 귀 기울이는 평가 모형이다. 이 평가 모형의 특징은 ~~다음과 같다.~~[11] 목표 중심 평가이자 ~~탈목표평가이다.~~ 탈목표 평가라는 것이다. 즉 목표 중심 평가뿐만 아니라 목표 이외의 부가적인 효과를 평가하는 탈목표 평가도 중요시하는 평가 모형이다. 이처럼 교사는 주어진 상황에 적합한 평가 모형을 선정하여 학생 교육에 이바지할 수 있어야 한다.

지금까지 학생 성장에 도움이 되는 교육이라는 주제로 교육행정, 교육심리, 상담이론, 교육평가 측면에서 논해 보았다. 교사가 어떤 마음가짐과 행동으로 학생을 대하느냐에 따라 학생은 다르게 성장하기 때문에 교육심리와 상담 측면의 전문성을 길러야 한다. 또한 교육행정과 평가 측면의 내용에도 관심을 가져 학생들이 미래 사회가 요구하는 미래 인재로 성장할 수 있도록 그에 적합한 교육을 제공해야 한다.

7 '학생들의 어려운 점'은 의미가 명확하지 않은 측면이 있습니다. '학생들이 겪는 어려움'이라고 서술어를 밝혀 적고, '~점에'를 삭제하여 명확하고 간결하게 표현하는 것을 제안합니다.

8 바로 앞 어구에서 '의사결정 모형'을 진술하였으므로, 중복하여 서술하지 않아도 자연스럽게 이어집니다.

9 의사∨결정자

10 '~시키다'는 사동 표현입니다. 사동의 의미를 꼭 전달해야 할 경우가 아니라면 사용하지 않는 것이 좋습니다.

11 '다음과 같다'는 표지는 유용하게 활용될 수 있지만, 설명하고자 하는 내용의 분량이 어구 단위로 적을 때는 어색합니다. 이 경우에는 목표 중심 평가와 탈 목표 평가라는 용어만 제시하면 되는 맥락이므로, '다음과 같다'를 삭제하는 것을 제안합니다.

최종 모범답안 (4회차 - B)

<table>
<tr><td rowspan="2">본인은 수험생 유의 사항을 숙지하였으며 이를 지키지 않아 발생하는 모든 불이익을 감수할 것을 서약합니다.</td><td rowspan="8">수
험
번
호</td><td>① ②</td><td colspan="2">※ 결시자 확인란(수험생은 표기하지 말 것)</td></tr>
<tr><td>⓪ ① ② ③ ④ ⑤ ⑥ ⑦ ⑧ ⑨</td><td rowspan="3">결시자 설명과 수험 번호 기재
검은색 펜으로 결시자 수험 번호, 쪽 번호와 우측란은 '●'로 표기</td><td rowspan="3">○</td></tr>
<tr><td>성 명</td><td>① ② ③ ④ ⑤ ⑥ ⑦ ⑧ ⑨</td></tr>
<tr><td></td><td>⓪ ① ② ③ ④ ⑤ ⑥ ⑦ ⑧ ⑨</td></tr>
<tr><td>쪽 번호</td><td>⓪ ① ② ③ ④ ⑤ ⑥ ⑦ ⑧ ⑨</td><td colspan="2">※ 감독관 확인란(수험생은 표기하지 말 것)</td></tr>
<tr><td rowspan="3">교육학 논술 전용 답안지 / ●②</td><td>⓪ ① ② ③ ④ ⑤ ⑥ ⑦ ⑧ ⑨</td><td rowspan="3">- 본인 여부, 성명, 수험 번호, 쪽 번호 기록이 정확한지 확인 후 서명/날인
- 결시자는 위의 결시자 확인란에도 표기</td><td rowspan="3">(서명 또는 날인)</td></tr>
<tr><td>⓪ ① ② ③ ④ ⑤ ⑥ ⑦ ⑧ ⑨</td></tr>
<tr><td>⓪ ① ② ③ ④ ⑤ ⑥ ⑦ ⑧ ⑨</td></tr>
</table>

- 수험 번호와 쪽 번호는 검은색 펜을 사용하여 '●'로 표기하시오.
- 답안은 지워지거나 번지지 않는 동일한 종류의 검은색 펜을 사용하여 작성하시오(연필/사인펜/수정테이프/수정액 사용 불가).
- 수험생 유의 사항을 위반하여 작성한 답안의 경우, 해당 부분이나 답안지 전체를 채점하지 않으니 유의하시오.

교사는 학생 성장에 도움이 되는 교육을 제공해야 한다. 왜냐하면 교사가 얼마나 교육에 관심을 가지고 학생을 성장시키기 위해 노력하는지에 따라 학생들은 각각 다르게 성장하기 때문이다. 따라서 본 글은 학생 성장에 도움이 되는 교육이라는 주제로 교육행정, 교육심리, 상담이론, 교육평가 측면에서 논해 보고자 한다.

학생 성장에 도움이 되는 교육을 실시하기 위해서는 적합한 교수 플랫폼을 활용하여야 한다. K-에듀 통합 플랫폼의 교육적 효과는 교사들이 수업 준비 및 설계 시간을 절약함으로써 효율성이 증가한다. 한편 김 교사가 말한 도급경비의 특징은 단위 학교 환경과 상황에 맞는 유연한 예산 사용이 가능하다는 것이다. 예산 낭비 방지를 위해 도급 경비제를 활용하면 이에 맞는 교육 재정 운영이 가능해진다. 김 교사가 언급한 운영원리는 다음과 같다. 첫째, 투명성의 원리로 사용한 경비에 대해 납득할 만한 이유를 모두에게 공개하는 것이다. 둘째, 공정성의 원리로 소외 계층 학생들에게 차등적으로 재정 지원을 해주는 것이다. 이처럼 교사는 적합한 교육 플랫폼의 활용과 교육 재정 운영으로 학생들의 성장에 도움이 되는 교육을 실시해야 한다.

학생의 성장에 도움이 되기 위해 교사는 적합한 지능 검사를 적극적으로 활용할 필요가 있다. 본 지문에서 언급한 것처럼 특수한 상황을 고려하여 사회적, 문화적 배경을 지닌 학생의 지적 능력을 공평하게 평가할 수 있는 평가는 문화 공평 검사이다. 구체적으로 두 종류로 나눌 수 있는데, 첫째, 카우프만 검사, 둘째, SOMPA 검사가 있다. 이러한 검사들이 영철이에게 적합한 이유는 언어적 어려움으로 인해 지능 검사 결과가 낮게 측정되는 점을 보완하여 문화적 편향성을 극복했기 때문이다.

교사는 상담을 통해서도 학생의 성장을 이끌어 낼 수 있다. 최 교사가 활용하고 있는 상담 기법은 빈 의자 기법이다. 이 상담 기법과 관련된 상담이론은 게슈탈트(형태 심리 치료) 상담이론이다. 이 이론은 과거 미해결된 과제가 현재의 지각을 방해한다고 주장하는 이론이다. 게슈탈트 상담이론의 목표는 스스로 현재를 경험하는지 알 수 있도록 전경-배경을 해결하고 여기-지금을 경험하도록 하는 것이다. 관련된 상담 기법은 환상 기법이 있다. 다음으로 최 교사가 자기 반 학생을 상담하는 과정에서 행한 상담 윤리는 내담자와의 이중적 관계를 피하는 것이다. 이처럼 교사는 상담을 활용하여 학생들이 겪는 어려움에 귀 기울이고 한층 성장하는 교육을 제공하도록 노력해야 한다.

마지막으로 교사는 적합한 평가 모형을 활용하여 학생을 성장시킬 필요가 있다. 김 교사가 제안하는 교육평가 모형은 스터플빔의 의사 결정 모형이다. 이는 계획, 구조화, 실행, 재순환 단계에 따른 유용한 정보를 의사 결정자에게 제공하는 모형이다. 이 평가 모형에서의 평가자의 역할은 의사 결정자에게 도움이 될 만한 정보를 제공하는 것이다. 반면, 부수적 효과까지 평가 항목에 포함하는 것이 좋다고 한 최 교사가 말한 평가 모형은 스크리븐의 가치판단 모형이다. 가치판단 모형은 단순히 목적 달성 여부만을 판단하는 것이 아니라, 학생의 복지 향상에 귀 기울이는 평가 모형이다. 이 평가 모형의 특징은 목표 중심 평가이자 탈목표 평가라는 것이다. 즉 목표 중심

최종 모범답안 (4회차 - B)

본인은 수험생 유의 사항을 숙지하였으며 이를 지키지 않아 발생하는 모든 불이익을 감수할 것을 서약합니다.		수험번호	① ②	※ 결시자 확인란(수험생은 표기하지 말 것)	
			⓪ ① ② ③ ④ ⑤ ⑥ ⑦ ⑧ ⑨	결시자 설명과 수험 번호 기재 검은색 펜으로 결시자 수험 번호, 쪽 번호와 우측란은 '●'로 표기	○
성 명			① ② ③ ④ ⑤ ⑥ ⑦ ⑧ ⑨		
			⓪ ① ② ③ ④ ⑤ ⑥ ⑦ ⑧ ⑨		
교육학 논술 전용 답안지	쪽 번호		⓪ ① ② ③ ④ ⑤ ⑥ ⑦ ⑧ ⑨	※ 감독관 확인란(수험생은 표기하지 말 것)	
	①●		⓪ ① ② ③ ④ ⑤ ⑥ ⑦ ⑧ ⑨	- 본인 여부, 성명, 수험 번호, 쪽 번호 기록이 정확한지 확인 후 서명/날인 - 결시자는 위의 결시자 확인란에도 표기	(서명 또는 날인)
			⓪ ① ② ③ ④ ⑤ ⑥ ⑦ ⑧ ⑨		
			⓪ ① ② ③ ④ ⑤ ⑥ ⑦ ⑧ ⑨		

- 수험 번호와 쪽 번호는 검은색 펜을 사용하여 '●'로 표기하시오.
- 답안은 지워지거나 번지지 않는 동일한 종류의 검은색 펜을 사용하여 작성하시오(연필/사인펜/수정테이프/수정액 사용 불가).
- 수험생 유의 사항을 위반하여 작성한 답안의 경우, 해당 부분이나 답안지 전체를 채점하지 않으니 유의하시오.

평가뿐만 아니라 목표 이외의 부가적인 효과를 평가하는 탈목표 평가도 중요시하는 평가 모형이다. 이처럼 교사는 주어진 상황에 적합한 평가 모형을 선정하여 학생 교육에 이바지할 수 있어야 한다.

지금까지 학생 성장에 도움이 되는 교육이라는 주제로 교육행정, 교육심리, 상담이론, 교육평가 측면에서 논해 보았다. 교사가 어떤 마음가짐과 행동으로 학생을 대하느냐에 따라 학생은 다르게 성장하기 때문에 교육심리와 상담 측면의 전문성을 길러야 한다. 또한 교육행정과 평가 측면의 내용에도 관심을 가져 학생들이 미래 사회가 요구하는 미래 인재로 성장할 수 있도록 그에 적합한 교육을 제공해야 한다.

첨삭 배우기 (4회차 - C)

학교는 학생이 자아실현을 통해 성장해 나가는 곳이다. 학생의 성장은 지적, 정의적, 신체적 측면 등 다양한 분야에서 나타날 수 있는데, 최근 코로나19로 인해 원격 수업으로 진행되다 보니 학생들의 성장에 큰 영향을 미치고 있다. 따라서 학교와 교사는 학생들이 어떻게 하면 더 상장해 나갈 수 있는지 끊임없이 생각하고 노력해야 한다. 본 글에서는 '학생 성장에 도움이 되는 교육'이라는 주제로 교육행정, 교육심리, 상담이론, 교육평가의 측면으로 논해 보고자 한다.

최근 원격 수업으로 인해 학생들이 성장하는 데 걸림돌이 많아지고 있다. 이러한 문제를 해결하기 위해서 교육부에서는 K-에듀 통합 플랫폼을 구축했다. 이 플랫폼의 교육적 효과는 흩어져 있는 콘텐츠와 학습 도구 등을 하나로 연결하여 교사는 교육하기가 ~~용이해지고~~❶쉬워지고, 학생들은 IT 기기를 이용해 ~~수업을 하기~~❷수업받기 때문에 학생들의 흥미가 유발되어 학습 동기가 향상될 수 있는 특징이 있다. 이러한 교육 플랫폼 구축을 위해 예산이 ~~필요하고,~~ 필요한데, 이를 위해 도급경비제를 활용할 수 있다. 도급경비제는 부여받은 예산의 총액을 가지고 학교에서 자율적으로 운영할 수 있는 ~~특징을~~❸제도를 말한다. 또한 김 교사가 말하는 교육재정의 원리는 사용한 경비에 대해서 납득할 만한 이유를 모두에게 공개한다는 ~~투명성과~~투명성의 원리와 소외 계층 학생들에게 차등적으로 재정을 지원하는 ~~공정성이다.~~ 공정성의 원리를 포함하는 개념이다. 이처럼 학생의 성장을 위해서는 다양한 프로그램과 플랫폼을 ~~구축해야 하고~~❹구축하고, 이를 위한 예산을 적절히 분배하고 사용해야 한다.

❶ 틀린 표현은 아니지만, 한자어보다 좀 더 쉬운 단어를 쓰는 것이 좋습니다.

❷ 조사 '을/를/이/가'를 쓰지 않아도 된다면 쓰지 않는 것이 좋습니다.

❸ 주어가 '도급경비제'이므로 '제도'를 활용하는 것이 적절합니다. '특징'이라는 단어는 도급 경비제의 속성이나 특징을 서술할 때 더 적합한 단어입니다.

❹ 뒷절에서 '~해야 한다'를 사용하고 있으므로, 중복을 피하기 위해 해당 부분에서는 '구축하고'로 수정하는 것을 제안합니다.

학생은 학교에서 지적인 측면에서도 성장이 일어난다. 학교에서는 다양한 학생들이 존재하기 때문에 각 학생의 특징을 파악하도록 노력해야 한다. 상담을 통해 학생들의 특징을 알 수 ~~있고,~~❺있는데, 특히 상담센터에서 실시될 수 있는 지능 검사는 SOMPA 검사와 카우프만 검사가 있다. 영철이가 외국에 살았기 때문에 문화적인 영향을 받을 수 있는데, 이 검사들은 문화적·사회적 영향을 고려한 검사이기 때문에 영철이에게 적합하다. 이처럼 지능 검사를 통해 학생의 특징을 파악하여 ~~캐캐인에~~개개인에게❻ 맞는 교육을 제공함으로써 학생이 성장할 수 있는 발판을 마련할 수 있다.

❺ 앞절에서 설명한 내용을 구체화하여 설명하고자 하는 경우, '~있는데,' 어구를 사용하는 것이 유용합니다.

❻ 사람 뒤에 부사격 조사를 쓰는 경우에는 '-에게'를 사용합니다.

[7] 논술문 답안은 간결하게 표현할 수 있는 부분은 최대한 간결하고 명확하게 표현해야 합니다. '파악할 수 있고'의 '~할 수 있고'가 덧붙여진다고 해서 의미 변화가 생기는 것이 아니므로 '파악하고'로 수정할 것을 제안합니다.

[8] '~것이다'는 앞에 진술한 문장의 내용을 구체화하여 서술할 때 사용하면 유용한 어구입니다.

지능 검사뿐만 아니라 학생들과의 상담을 통해 학생이 어떤 고민을 가지고 있는지 ~~파악할 수 있고~~[7]파악하고 고민을 함께 해결해 나가는 과정을 통해서도 학생은 다른 일이 닥쳤을 때도 해결할 수 있는 능력을 기를 수 있다. 최 교사가 사용하는 상담 기법은 빈의자기법이다. 빈의자기법은 의자 두 개를 준비하고 한 의자에는 자신이 앉고, 다른 의자에는 상대방이 앉아 있다고 상상하며 대화를 통해 스스로 ~~생각할 수 있는 기회를~~생각할 기회를 ~~준다.~~주는 것이다.[8] 이 상담이론의 목표는 미해결 과제를 자각하고 전경과 배경을 해결하고, 지금–여기를 완전하게 경험할 수 있도록 하는 것이다. 이 상담이론의 상담 기법은 상담을 통해 내담자의 삶에 흥미를 보여 대화를 이끌어 내는 ~~것이다.~~것을 목표로 한다. 최 교사는 영주의 고민은 들어줬으므로 무조건적 긍정적 수용의 상담 윤리를 지키고 있다. 이처럼 학생은 교사와의 상담을 통해 정서적인 측면에서도 한 걸음 더 성숙한 사람으로 성장할 수 있다.

마지막으로 학생들이 경험하는 프로그램을 만들고 이 프로그램을 어떻게 평가하는지에 따라 학생이 경험할 수 있는 폭이 다양해질 수 있다. 김 교사가 제안하는 모형은 CIPP 모형으로, 프로그램을 상황, 투입, 과정, 산출의 네 가지 측면에서 평가하는 것을 말한다. 이 모형에서 평가자의 역할은 의사 결정자에게 유용한 정보를 제공하여 의사 결정을 ~~도와야 한다.~~돕는 것이다. 최 교사가 선호하는 모형은 탈목표 평가 모형인데, 탈목표 평가 모형의 특징은 비교평가와 비비교평가를 구분하여 중요시해야 한다는 것이다. 이처럼 학생들이 참여하는 프로그램이 유용한지 판단하기 위해 평가하는 것은 학생의 성장에도 영향을 미칠 수 있다.

지금까지 '학생 성장에 도움이 되는 교육'이라는 주제로 학생의 성장을 도모하는 프로그램을 위한 예산을 계획하는 방법과 학생 개인의 지능을 알 수 있는 지능 검사, 학생의 고민을 알 수 있는 상담 기법과 학생이 참여하는 프로그램에 대한 평가를 논해 보았다. 학교는 학생의 다양한 측면에서의 성장을 돕고 실현해 나갈 수 있는 곳이기 때문에 끊임없이 학생의 성장을 위해 노력해야 할 것이다.

최종 모범답안 (4회차 - C)

<table>
<tr><td colspan="2">본인은 수험생 유의 사항을 숙지하였으며 이를 지키지 않아 발생하는 모든 불이익을 감수할 것을 서약합니다.</td><td rowspan="8">수
험
번
호</td><td></td><td>① ②</td><td colspan="2">※결시자 확인란(수험생은 표기하지 말 것)</td></tr>
<tr><td colspan="2" rowspan="2">성 명</td><td></td><td>⓪ ① ② ③ ④ ⑤ ⑥ ⑦ ⑧ ⑨</td><td rowspan="3">결시자 설명과 수험 번호 기재
검은색 펜으로 결시자 수험 번호,
쪽 번호와 우측란은 '●'로 표기</td><td rowspan="3">○</td></tr>
<tr><td></td><td>① ② ③ ④ ⑤ ⑥ ⑦ ⑧ ⑨</td></tr>
<tr><td colspan="2"></td><td></td><td>⓪ ① ② ③ ④ ⑤ ⑥ ⑦ ⑧ ⑨</td></tr>
<tr><td rowspan="4">교육학 논술
전용 답안지</td><td>쪽 번호</td><td></td><td>⓪ ① ② ③ ④ ⑤ ⑥ ⑦ ⑧ ⑨</td><td colspan="2">※감독관 확인란(수험생은 표기하지 말 것)</td></tr>
<tr><td rowspan="3">●②</td><td></td><td>⓪ ① ② ③ ④ ⑤ ⑥ ⑦ ⑧ ⑨</td><td rowspan="3">- 본인 여부, 성명, 수험 번호, 쪽 번호 기록이 정확한지 확인 후 서명/날인
- 결시자는 위의 결시자 확인란에도 표기</td><td rowspan="3">(서명
또는
날인)</td></tr>
<tr><td></td><td>⓪ ① ② ③ ④ ⑤ ⑥ ⑦ ⑧ ⑨</td></tr>
<tr><td></td><td>⓪ ① ② ③ ④ ⑤ ⑥ ⑦ ⑧ ⑨</td></tr>
</table>

- 수험 번호와 쪽 번호는 검은색 펜을 사용하여 '●'로 표기하시오.
- 답안은 지워지거나 번지지 않는 동일한 종류의 검은색 펜을 사용하여 작성하시오(연필/사인펜/수정테이프/수정액 사용 불가).
- 수험생 유의 사항을 위반하여 작성한 답안의 경우, 해당 부분이나 답안지 전체를 채점하지 않으니 유의하시오.

학교는 학생이 자아실현을 통해 성장해 나가는 곳이다. 학생의 성장은 지적, 정의적, 신체적 측면 등 다양한 분야에서 나타날 수 있는데, 최근 코로나19로 인해 원격수업으로 진행되다 보니 학생들의 성장에 큰 영향을 미치고 있다. 따라서 학교와 교사는 학생들이 어떻게 하면 더 성장해 나갈 수 있는지 끊임없이 생각하고 노력해야 한다. 본 글에서는 '학생 성장에 도움이 되는 교육'이라는 주제로 교육행정, 교육심리, 상담이론, 교육평가의 측면에서 논해 보고자 한다.

최근 원격수업으로 인해 학생들이 성장하는 데 걸림돌이 많아지고 있다. 이러한 문제를 해결하기 위해서 교육부에서는 K-에듀 통합 플랫폼을 구축했다. 이 플랫폼은 흩어져 있는 콘텐츠와 학습 도구 등을 하나로 연결하여 교사는 교육하기가 쉬워지고, 학생들은 IT 기기를 이용해 수업받기 때문에 학생들의 흥미가 유발되어 학습 동기가 향상될 수 있는 특징이 있다. 이러한 교육 플랫폼 구축을 위해 예산이 필요한데, 이를 위해 도급 경비제를 활용할 수 있다. 도급 경비제는 부여받은 예산의 총액을 가지고 학교에서 자율적으로 운영할 수 있는 제도를 말한다. 또한 김 교사가 말하는 교육 재정의 원리는 사용한 경비에 대해서 납득할 만한 이유를 모두에게 공개한다는 투명성의 원리와 소외 계층 학생들에게 차등적으로 재정을 지원하는 공정성의 원리를 포함하는 개념이다. 이처럼 학생의 성장을 위해서는 다양한 프로그램과 플랫폼을 구축하고, 이를 위한 예산을 적절히 분배하고 사용해야 한다.

학생은 학교에서 지적인 측면에서도 성장이 일어난다. 학교에서는 다양한 학생들이 존재하기 때문에 각 학생의 특징을 파악하도록 노력해야 한다. 상담을 통해 학생들의 특징을 알 수 있는데, 특히 상담센터에서 실시될 수 있는 지능 검사는 SOMPA 검사와 카우프만 검사가 있다. 영철이는 외국에 살았기 때문에 문화적인 영향을 받을 수 있는데, 이 검사들은 문화적·사회적 영향을 고려한 검사이기 때문에 영철이에게 적합하다. 이처럼 지능 검사를 통해 학생의 특징을 파악하여 개개인에게 맞는 교육을 제공함으로써 학생이 성장할 수 있는 발판을 마련할 수 있다.

지능 검사뿐만 아니라 학생들과의 상담을 통해 학생이 어떤 고민을 가지고 있는지 파악하고 고민을 함께 해결해 나가는 과정을 통해서도 학생은 다른 일이 닥쳤을 때도 해결할 수 있는 능력을 기를 수 있다. 최 교사가 사용하는 상담 기법은 빈 의자 기법이다. 빈 의자 기법은 의자 두 개를 준비한 뒤, 한 의자에는 자신이 앉고, 다른 의자에는 상대방이 앉아 있다고 상상하며 대화를 통해 스스로 생각할 기회를 주는 것이다. 이 상담이론의 목표는 미해결 과제를 자각하고 전경과 배경을 해결하고, 지금-여기를 완전하게 경험할 수 있도록 하는 것이다. 이 상담이론의 상담 기법은 상담을 통해 내담자의 삶에 흥미를 보여 대화를 이끌어 내는 것을 목표로 한다. 최 교사는 영주의 고민을 들어 줬으므로 무조건적 긍정적 수용의 상담 윤리를 지키고 있다. 이처럼 학생은 교사와의 상담을 통해 정서적인 측면에서도 한 걸음 더 성숙한 사람으로 성장할 수 있다.

마지막으로 학생들이 경험하는 프로그램을 만들고 이 프로그램을 어떻게 평가하는지에 따라 학생이 경험할 수 있는 폭이 다양해

최종 모범답안 (4회차 – C)

<table>
<tr><td colspan="2">본인은 수험생 유의 사항을 숙지하였으며 이를 지키지 않아 발생하는 모든 불이익을 감수할 것을 서약합니다.</td><td rowspan="8">수
험
번
호</td><td>① ②</td><td colspan="2">※ 결시자 확인란(수험생은 표기하지 말 것)</td></tr>
<tr><td colspan="2"></td><td>⓪ ① ② ③ ④ ⑤ ⑥ ⑦ ⑧ ⑨</td><td rowspan="3">결시자 설명과 수험 번호 기재
검은색 펜으로 결시자 수험 번호,
쪽 번호와 우측란은 '●'로 표기</td><td rowspan="3">○</td></tr>
<tr><td colspan="2">성 명</td><td>① ② ③ ④ ⑤ ⑥ ⑦ ⑧ ⑨</td></tr>
<tr><td colspan="2"></td><td>⓪ ① ② ③ ④ ⑤ ⑥ ⑦ ⑧ ⑨</td></tr>
<tr><td rowspan="4">교육학 논술
전용 답안지</td><td>쪽 번호</td><td>⓪ ① ② ③ ④ ⑤ ⑥ ⑦ ⑧ ⑨</td><td colspan="2">※ 감독관 확인란(수험생은 표기하지 말 것)</td></tr>
<tr><td rowspan="3">①●</td><td>⓪ ① ② ③ ④ ⑤ ⑥ ⑦ ⑧ ⑨</td><td rowspan="3">- 본인 여부, 성명, 수험 번호, 쪽 번호 기록이 정확한지 확인 후 서명/날인
- 결시자는 위의 결시자 확인란에도 표기</td><td rowspan="3">(서명
또는
날인)</td></tr>
<tr><td>⓪ ① ② ③ ④ ⑤ ⑥ ⑦ ⑧ ⑨</td></tr>
<tr><td>⓪ ① ② ③ ④ ⑤ ⑥ ⑦ ⑧ ⑨</td></tr>
</table>

- 수험 번호와 쪽 번호는 검은색 펜을 사용하여 '●'로 표기하시오.
- 답안은 지워지거나 번지지 않는 동일한 종류의 검은색 펜을 사용하여 작성하시오(연필/사인펜/수정테이프/수정액 사용 불가).
- 수험생 유의 사항을 위반하여 작성한 답안의 경우, 해당 부분이나 답안지 전체를 채점하지 않으니 유의하시오.

질 수 있다. 김 교사가 제안하는 모형은 CIPP 모형으로, 프로그램을 상황, 투입, 과정, 산출의 네 가지 측면에서 평가하는 것을 말한다. 이 모형에서 평가자의 역할은 의사 결정자에게 유용한 정보를 제공하여 의사 결정을 돕는 것이다. 최 교사가 선호하는 모형은 탈목표 평가 모형인데, 탈목표 평가 모형의 특징은 비교 평가와 비비교 평가를 구분하여 중요시해야 한다는 것이다. 이처럼 학생들이 참여하는 프로그램이 유용한지 판단하기 위해 평가하는 것은 학생의 성장에도 영향을 미칠 수 있다.

지금까지 '학생 성장에 도움이 되는 교육'이라는 주제로 학생의 성장을 도모하는 프로그램을 위한 예산을 계획하는 방법과 학생 개인의 지능을 알 수 있는 지능 검사, 학생의 고민을 알 수 있는 상담 기법과 학생이 참여하는 프로그램에 대한 평가를 논해 보았다. 학교는 학생의 다양한 측면에서의 성장을 돕고 실현해 나갈 수 있는 곳이기 때문에 끊임없이 학생의 성장을 위해 노력해야 할 것이다.

첨삭 배우기
(4회차 - D)

교육의 진정한 목표는 학생의 성장을 지원하는 데에 있다. 변화된 상황 속에서 학생의 성장을 지원하기 위해서는 교육의 많은 부분이 ~~수정과 보완을 거쳐야~~수정되고 보완되어야 할 것이다. 이를 위해서는 교육의 ~~여러 부분들을~~[1]여러 부분을 총체적으로 재검토하면서 각 부분의 유기적인 통합과 연계가 필요하다. 따라서 본 글에서는 '학생 성장에 도움이 되는 교육'이라는 주제를 중심으로 교육의 여러 요소를 ~~대한 검토를 해볼 것이다.~~검토해 볼 것이다.[2]

[1] '여러'에 이미 '들'이 나타내고 있는 복수의 의미가 포함되어 있으므로 수정을 제안합니다.

[2] '~대한'은 필요 없는 어구로 작용할 때가 많습니다. '~에 대한'이 꼭 필요한 경우를 제외하고는 쓰지 않는 것이 간결하고 명확한 문장 쓰기에 도움이 됩니다.

먼저 학생들의 학습을 진행하기 위해 행정적 부분의 검토가 필요하다. 제시문에서 언급된 통합 플랫폼의 교육적 효과는 학생들에게 필요한 교육적 자료와 상황을 적시 제공하여 학생들의 개인적 특성에 맞는 학습을 지원할 수 있다는 것이다. 이러한 교육 플랫폼의 구축에는 많은 예산이 ~~필요하며 도급경비제를 통해 예산을 운영한다.~~필요한데, 예산[3] 운영은 도급경비제를 통해 이루어질 수 있다. 도급경비제는 국가에서 품목별로 세세하게 예산을 정해서 배부하는 방식이 아닌, 총액으로 예산을 배분하여 단위 학교가 부여된 총액 예산을 자율적으로 편성하고 책임성을 높인다는 특징이 존재한다. 이러한 교육 재정을 운영하기 위해 사용한 경비에 대해 이유를 제시하는 투명성의 원리와 차등적으로 재정 지원을 통해 공정성의 원리가 충족되어야 한다. 학생 성장에 기여하기 위해 예산운영과 플랫폼 구축의 운영은 변화된 시대에 맞춰 유동적으로 이루어져야 할 것이다.

[3] 앞절과 뒷절의 내용이 연관되므로, '~필요하며'로 앞절을 끝내는 것보다 '필요한데'로 앞절과 뒷절을 이어주는 표현이 더 적합합니다.

다음으로 학생의 성장을 위해 학생의 특성을 잘 고려하는 교육이 되어야 한다. 다문화 상황 속에서 학력 부진으로 판단되는 학생을 검사하기 위해 상담센터는 SOMPA와 K-ABC를 통해 검사를 진행할 수 있다. 이러한 검사들은 문화적 편향성을 제거한 검사로서 영철이와 같이 다른 언어로 인해 진정한 검사를 할 수 없었던 학생들에게 비언어성 검사를 ~~제공하여 이러한 학생들의~~[4] ~~성장을 돕기 위해 적합한 정보를 제공받을 수 있는 것이다.~~제공하고 성장을 돕기 위한 적합한 정보를 제공받을 수 있다.

[4] '이러한'이 지시하는 내용이 무엇인지 파악하기 어려운 비문입니다. 전달하고자 하는 내용이 명확하게 표현되도록 문장을 써야 합니다.

또한 학생의 성장을 위해 생활지도에서 적절한 관계를 교사와 학생이 맺어야 한다. 최 교사는 게슈탈트 상담이론에서 활용되는 빈의자기법을 사용하고 있다. 게슈탈트 상담이론은 미해결 과제에 대한 존재는 현재에 대한 자각을 방해한다는 이론으로서, 미해결 과제

[5]
1. '~로 하여금'은 꼭 필요한 경우가 아니라면 사용하지 않는 것이 좋습니다.
2. 주어를 밝혀 적어 문장의 주체를 명확하게 표현해야 합니다.

[6] 실천하고 있는 것은 '상담 윤리'이므로 서술어 앞에 '상담 윤리를'을 배치하는 것이 더 좋습니다.

를 해결하고 지금–여기의 상황을 강조하는 상담이론이다. 게슈탈트 상담이론에서 빈 의자 기법뿐만 아니라 환상 방법을 통해 ~~내담자로 하여금~~[5]내담자가 특정 상황을 상상케 하여 그에 따라 문제 상황을 진단하고 해결하는 상담 기법을 활용한다. 최 교사는 상담 중에서도 인격적으로 동등한 관계를 맺으려고 하며 [6]~~상담윤리 중에서도 상담자와 내담자간의 이중적 관계를 피할 것을 실천하고 있다.~~상담자와 내담자 간의 이중적 관계를 피하는 상담 윤리를 실천하고 있다. 이렇게 적절한 생활지도는 학생의 성장 발판을 제공해 줄 것이다.

전체적인 교수 활동에 대한 평가 역시 다면적으로 고려되어야 한다. 김 교사가 제안하는 교육 평가 모형은 스터플빔의 CIPP 모형이며, 이 모형은 의사 결정자에게 평가와 관련한 유용한 정보를 제시하는 평가자의 역할을 강조한다. 더불어 최 교사는 교육 평가 모형 중 스크리븐의 탈목표 평가 모형을 ~~선호하며,~~선호하는데, 이 모형은 목표 달성 이외의 요소를 고려하여 복지 향상에 얼마만큼 기여하는지 객관적인 가치를 판단하는 모형이다. 이러한 모형은 비교 평가뿐만 아니라 다른 프로그램과의 효과의 비교를 통한 비비교평가를 ~~중요시 여기는~~중요시한다는 특징이 있다.

[7] '~하기 위한'을 작성한다고 해서 추가되는 미가 없으므로 삭제하는 것이 좋습니다. 논술문 답안은 간결하게 표현할 수 있는 부분은 최대한 간결하고 명확하게 작성해야 합니다.

[8] 이미 바로 앞 어구에서 '상호 연계'한다고 하였으므로, '상호 유기적 협조'는 의미 중복이므로 수정해야 합니다.

이러한 학생의 성장에 도움이 되는 교육을 ~~실현하기 위한~~실현하는 방인[7]을 교육행정, 다문화 검사 체제, 학생에 대한 상담 원리와 원칙 그리고 평가 모형까지의 영역으로 알아보았다. 이렇게 변화된 세상 속에서 학생들이 잘 적응할 수 있도록 학교는 하나의 작은 사회로서 '전인적 성장'이라는 대목표를 달성하기 위해 교육의 모든 부분과 상호 연계하여 ~~상호유기적 협조가 필요하다고 볼 수 있을 것이다.~~[8]유기적으로 협조할 필요가 있다.

최종 모범답안 (4회차 - A)

본인은 수험생 유의 사항을 숙지하였으며 이를 지키지 않아 발생하는 모든 불이익을 감수할 것을 서약합니다.		수험번호		※결시자 확인란(수험생은 표기하지 말 것)	
성 명			① ②	결시자 설명과 수험 번호 기재 검은색 펜으로 결시자 수험 번호, 쪽 번호와 우측란은 '●'로 표기	○
			⓪ ① ② ③ ④ ⑤ ⑥ ⑦ ⑧ ⑨		
			① ② ③ ④ ⑤ ⑥ ⑦ ⑧ ⑨		
			⓪ ① ② ③ ④ ⑤ ⑥ ⑦ ⑧ ⑨		
교육학 논술 전용 답안지	쪽 번호		⓪ ① ② ③ ④ ⑤ ⑥ ⑦ ⑧ ⑨	※감독관 확인란(수험생은 표기하지 말 것)	
	●②		⓪ ① ② ③ ④ ⑤ ⑥ ⑦ ⑧ ⑨	- 본인 여부, 성명, 수험 번호, 쪽 번호 기록이 정확한지 확인 후 서명/날인	(서명 또는 날인)
			⓪ ① ② ③ ④ ⑤ ⑥ ⑦ ⑧ ⑨		
			⓪ ① ② ③ ④ ⑤ ⑥ ⑦ ⑧ ⑨	- 결시자는 위의 결시자 확인란에도 표기	

- 수험 번호와 쪽 번호는 검은색 펜을 사용하여 '●'로 표기하시오.
- 답안은 지워지거나 번지지 않는 동일한 종류의 검은색 펜을 사용하여 작성하시오(연필/사인펜/수정테이프/수정액 사용 불가).
- 수험생 유의 사항을 위반하여 작성한 답안의 경우, 해당 부분이나 답안지 전체를 채점하지 않으니 유의하시오.

교육의 진정한 목표는 학생의 성장을 지원하는 데에 있다. 변화된 상황 속에서 학생의 성장을 지원하기 위해서는 교육의 많은 부분이 수정되고 보완되어야 할 것이다. 이를 위해서는 교육의 여러 부분을 총체적으로 재검토하면서 각 부분의 유기적인 통합과 연계가 필요하다. 따라서 본 글에서는 '학생 성장에 도움이 되는 교육'이라는 주제를 중심으로 교육의 여러 요소를 검토해 볼 것이다.

먼저 학생들의 학습을 진행하기 위해 행정적 부분의 검토가 필요하다. 제시문에서 언급된 통합 플랫폼의 교육적 효과는 학생들에게 필요한 교육적 자료와 상황을 적시 제공하여 학생들의 개인적 특성에 맞는 학습을 지원할 수 있다는 것이다. 이러한 교육 플랫폼의 구축에는 많은 예산이 필요한데, 예산 운영은 도급 경비제를 통해 이루어질 수 있다. 도급 경비제는 국가에서 품목별로 세세하게 예산을 정해서 배부하는 방식이 아닌, 총액으로 예산을 배분하여 단위 학교가 부여된 총액 예산을 자율적으로 편성하고 책임성을 높인다는 특징이 존재한다. 이러한 교육 재정을 운영하기 위해 사용한 경비에 대해 이유를 제시하는 투명성의 원리와 차등적으로 재정 지원을 통해 공정성의 원리가 충족되어야 한다. 학생 성장에 기여하기 위해 예산 운영과 플랫폼 구축의 운영은 변화된 시대에 맞춰 유동적으로 이루어져야 할 것이다.

다음으로 학생의 성장을 위해 학생의 특성을 잘 고려하는 교육이 되어야 한다. 다문화 상황 속에서 학력 부진으로 판단되는 학생을 검사하기 위해 상담센터는 SOMPA와 K-ABC를 통해 검사를 진행할 수 있다. 이러한 검사들은 문화적 편향성을 제거한 검사로서 영철이와 같이 다른 언어로 인해 진정한 검사를 할 수 없었던 학생들에게 비언어성 검사와 성장을 돕기 위한 적합한 정보를 제공할 수 있다.

또한 학생의 성장을 위해 교사와 학생은 생활 지도에서 적절한 관계를 맺어야 한다. 최 교사는 게슈탈트 상담이론에서 활용되는 빈 의자 기법을 사용하고 있다. 게슈탈트 상담이론은 미해결 과제에 대한 존재는 현재에 대한 자각을 방해한다는 이론으로, 미해결 과제를 해결하고 지금-여기의 상황을 강조하는 상담이론이다. 게슈탈트 상담이론에서는 빈 의자 기법뿐만 아니라 환상 방법을 통해 내담자가 특정 상황을 상상케 하여 그에 따라 문제 상황을 진단하고 해결하는 상담 기법을 활용한다. 최 교사는 상담 중에서도 인격적으로 동등한 관계를 맺으려고 하며 상담자와 내담자 간의 이중적 관계를 피하는 상담 윤리를 실천하고 있다. 이렇게 적절한 생활 지도는 학생의 성장 발판을 제공해 줄 것이다.

전체적인 교수 활동에 대한 평가 역시 다면적으로 고려되어야 한다. 김 교사가 제안하는 교육평가 모형은 스터플빔의 CIPP 모형이며, 이 모형은 의사 결정자에게 평가와 관련한 유용한 정보를 제시하는 평가자의 역할을 강조한다. 더불어 최 교사는 교육평가 모형 중 스크리븐의 탈목표 평가 모형을 선호하는데, 이 모형은 목표 달성 이외의 요소를 고려하여 복지 향상에 얼마만큼 기여하는지 객관적인 가치를 판단하는 모형이다. 이러한 모형은 비교 평가뿐만 아니라 다른 프로그램과의 효과의 비교를 통한 비비교 평가를 중

최종 모범답안 (4회차 – A)

<table>
<tr><td colspan="2">본인은 수험생 유의 사항을 숙지하였으며 이를 지키지 않아 발생하는 모든 불이익을 감수할 것을 서약합니다.</td><td rowspan="7">수
험
번
호</td><td>① ②</td><td colspan="2">※ 결시자 확인란(수험생은 표기하지 말 것)</td></tr>
<tr><td colspan="2">성 명</td><td>⓪ ① ② ③ ④ ⑤ ⑥ ⑦ ⑧ ⑨</td><td rowspan="3">결시자 설명과 수험 번호 기재
검은색 펜으로 결시자 수험 번호, 쪽 번호와 우측란은 '●'로 표기</td><td rowspan="3">○</td></tr>
<tr><td colspan="2"></td><td>① ② ③ ④ ⑤ ⑥ ⑦ ⑧ ⑨</td></tr>
<tr><td rowspan="4">교육학 논술 전용 답안지</td><td>쪽 번호</td><td>⓪ ① ② ③ ④ ⑤ ⑥ ⑦ ⑧ ⑨</td></tr>
<tr><td rowspan="3">①●</td><td>⓪ ① ② ③ ④ ⑤ ⑥ ⑦ ⑧ ⑨</td><td colspan="2">※ 감독관 확인란(수험생은 표기하지 말 것)</td></tr>
<tr><td>⓪ ① ② ③ ④ ⑤ ⑥ ⑦ ⑧ ⑨
⓪ ① ② ③ ④ ⑤ ⑥ ⑦ ⑧ ⑨</td><td rowspan="2">- 본인 여부, 성명, 수험 번호, 쪽 번호 기록이 정확한지 확인 후 서명/날인
- 결시자는 위의 결시자 확인란에도 표기</td><td rowspan="2">(서명 또는 날인)</td></tr>
<tr><td>⓪ ① ② ③ ④ ⑤ ⑥ ⑦ ⑧ ⑨</td></tr>
</table>

- 수험 번호와 쪽 번호는 검은색 펜을 사용하여 '●'로 표기하시오.
- 답안은 지워지거나 번지지 않는 동일한 종류의 검은색 펜을 사용하여 작성하시오(연필/사인펜/수정테이프/수정액 사용 불가).
- 수험생 유의 사항을 위반하여 작성한 답안의 경우, 해당 부분이나 답안지 전체를 채점하지 않으니 유의하시오.

요시한다는 특징이 있다.

이러한 학생의 성장에 도움이 되는 교육을 실현하는 방안을 교육행정, 다문화 검사 체제, 학생에 대한 상담 원리와 원칙 그리고 평가 모형까지의 영역으로 알아보았다. 이렇게 변화된 세상 속에서 학생들이 잘 적응할 수 있도록 학교는 하나의 작은 사회로서 '전인적 성장'이라는 대목표를 달성하기 위해 교육의 모든 부분과 상호 연계하여 유기적으로 협조할 필요가 있다.

[4회] 수험생이 자주 하는 질문 모음

교육학에 나오는 교육심리, 상담이론 개념들과 용어들이 전공과 약간 다른데, 전공개념과 용어로 통일해서 작성해도 되는지 궁금합니다. (전공 전문상담)

전공개념으로 적어도 괜찮다는 의견도 있습니다만, 저는 될 수 있으면 교육학 용어를 더 권합니다. 교육학 채점은 비전공자인 현직교사가 하는 경우도 많아 괜히 생소한 전공 용어를 사용하면 채점에 불이익을 당할 수도 있기 때문입니다.

서론을 작성할 때 만능틀을 가지고 들어가는 게 더 유리할 것 같다는 생각이 듭니다. 많은 분들의 만능틀을 참고하여 저만의 것을 작성해보면 좋을까요? (전공 국어)

내가 글쓰기 천재가 아니라면 무조건 만능틀을 준비하는 것이 좋습니다. "나는 진짜 아무것도 모르겠다. 글 쓰는 게 너무 두렵다."라는 분들은 만능틀(패턴) 1개는 꼭 준비하셔서 그걸 계속 활용하시고, 시험 경험이 많은 분들은 2~3개 정도의 패턴을 만들어 놓고 주제에 맞게 적용하면 됩니다. 신기한 것은 만능틀을 만들어 놓고 모의고사 문제를 많이 풀다 보면 자기도 모르게 여유가 생기면서 자신의 만능틀을 유연하게 바꾸는 경지에 이르게 됩니다.

모의고사를 작성하면서 매번 드는 의문점이 있는데요, 지문을 끌고 와서 개념을 작성해도 될까요? 또한 특징을 물어볼 때, 지문에서 이야기하고 있는 특징을 끌어와도 되는지 아니면 다른 특징을 제시해도 되는지 궁금합니다. (전공 국어)

지문에 있는 내용을 활용하는 것은 논술 시험의 기본 스킬입니다. 다만, 본문을 그대로 끌어오면 표현 부분에서 감점을 당할 수 있으니 되도록 패러프레이징(바꿔쓰기)해 주는 것이 좋습니다. 특징 역시 지문에서 이야기하고 있는 특징을 그대로 끌어오면 정답으로 인정받지 못할 수 있으니 다른 특징을 제시하던가 표현을 바꿔쓰는 것이 안전합니다.

한 이론의 특징을 서술해야 하는 부분에서, 글의 흐름이 자연스럽게 이어질 수 있도록 교사의 대화 내용 속에서 유추할 수 있는 특징을 적어야 하는지, 아예 다른 내용의 특징을 적어도 점수는 그대로 받을 수 있는 것인지 궁금합니다. (전공 보건)

둘 다 괜찮습니다만 지문에서 한 이론의 특징이 노출되어 있다면 그 내용에 적합한 특징을 적는 것이 더 좋습니다. 출제자가 그 부분을 노리고 출제했을 확률이 높기 때문입니다.

만능 서론 결론을 사용하여 문장을 작성하다 보니, '대주제(ex. 학생성장에 도움이 되는 교육)라는 말을 반복적으로 쓰게 됩니다. 서론과 결론 부분에서 대주제는 한 번씩만 언급하면 되는 건가요? 반복적으로 같은 말을 쓰면 글의 질이 많이 떨어지는지 궁금합니다. (전공 보건)

서론 본론에서 대주제는 한 번씩만 언급하면 됩니다. 같은 말을 반복적으로 쓰면 표현의 적절성 측면에서 감점을 당할 확률이 높으므로 패러프레이징(바꿔쓰기) 연습은 필수입니다.

결론을 작성할 때 본론의 주제를 어느 정도로 언급해야 할지 고민됩니다. 카페를 찾아보니 다른 수험생분들도 비슷한 고민을 많이 하시는 것 같은데, 댓글을 읽을 때는 어느 정도 이해가 되다가도 막상 실제로 결론 부분에 다다르면 어느 내용을 어느 정도 가져다 써야 할지 고민이 됩니다. 이번 회차에서는 세부 내용이 아닌 문제에 나와 있는 키워드만 대강 가져다 써보았는데 괜찮을까요? (전공 수학)

교육학 쓰는 연습을 본격적으로 할 때 가장 많이 받는 스트레스가 서론과 결론입니다. 그런데 서론과 결론은 배점이 높지 않으므로 힘을 뺄 필요가 없습니다. 1~2줄로 무성의하게 쓰는 것은 문제가 되지만 3~4줄 정도 쓰면 크게 문제가 되지 않습니다. 제가 이렇게 말할 수 있는 근거는 실제로 교육학 만점을 받은 수험생들의 답안을 수년간 복기해본 경험이 있기 때문입니다. 정리하면, 서론과 결론은 1~2문장 쓰는 것을 피하고 대주제와의 연계가 부족한 모습만 보이지 않으면 됩니다. 그런데 실제로 테스트해보면 시간이 부족해 아예 결론을 못 쓰는 경우도 많습니다. 이런 상황을 예방하기 위해 충분한 연습이 필요합니다.

문제 중에서 상담기법 1가지를 적으라는 문제 같은 경우 '빈의자 기법'이라고만 적어도 되는지 '빈의자 기법으로 ~~한 기법이다.'라고 부가 설명을 붙여야 하는지 상관없는지 항상 헷갈립니다. (전공 국어)

부가 설명은 필수입니다. 우리 시험은 단답형 시험이 아니라, 논술 시험이기 때문에 어떤 의견에 뒤따르는 충분한 설명이나 근거가 있어야 논리적으로 보이기 때문입니다.

평가자의 역할 이 부분에서 만약 제가 아직 부족해 프로그램 개선을 위해 평가자가 의사결정자의 의사결정을 돕기위해 정보를 제공한다. 이런 식으로 알고 있어서 이 부분을 개념과 평가자의 역할로 똑같이 쓰면 안 될 것 같은데 평가모형의 개념과 평가자 역할을 최대한 중복해서 쓰지 않았다고 느낌을 줘야 점수를 받을 수 있을지 궁금합니다. (전공 생물)

표현의 중복은 되도록 피해야 합니다. 배점 항목에는 '표현의 적절성'이 있으므로 비슷한 표현을 반복하면 감점을 당할 수도 있기 때문입니다.

답안을 작성하다 보니 평가의 명칭과 개념을 작성하라고 한 문제에서 "~~~한 내용(개념)은 ~~~의 ~~~ 모형이다." 이렇게 썼습니다. 쓰는 중에 "이 모형은 스크리븐의 탈목표모형이다. 이 모형은 ~~~ 이다."이렇게 나눠서 쓰는 게 더 두괄식으로 보기 좋은 내용이 될 것 같다고 느꼈는데 혹시 이에 대한 선생님의 생각이 궁금합니다. (전공 생물)

둘 다 크게 상관은 없습니다만, 저는 채점자의 피로감과 채점 오류를 줄이기 위해 명확한 두괄식 전개를 좀 더 선호하는 편입니다.

P E D A G O G Y

원페이지 교육학 모의고사

PART 05

원페이지 교육학 모의고사 (5회)

중등학교교사 임용후보자 선정경쟁시험

원페이지 교육학 (5회)

수험 번호 : ( )　성 명 : ()

제1차 시험	1 교시	1문항 20점	시험 시간 60분

○ 문제지 전체 면수가 맞는지 확인하시오.

오늘날과 같은 급변하는 사회에 적응하기 위해선 교육운영의 모든 국면을 변혁하는 것이 중요하다. 이러한 시대적 추이를 반영하여 ㅇㅇ 교육청에서는 교장단 협의회를 개최하였다. 다음은 여기에 제안된 주요 의견을 정리한 것이다. 그 내용은 지도성, 학부모교류, 수업설계, 학교문화의 변혁 방향에 관한 것이다. 이를 바탕으로 "학교개혁을 위한 구성원들의 노력"이라는 주제로 서론, 본론, 결론을 갖추어 논하시오. [20점]

구 분	주 요 의 견
A 교장	○ 학교개혁을 위해서는 구성원들의 능력에 따라 적절한 지도성과 관심을 제공할 필요가 있음 ○ 우리 학교 교과 선생님들은 전반적으로 전문성은 높으나 동기 수준이 낮은 것으로 파악되고, 비교과 선생님들은 성숙도 수준이 매우 높은 것으로 판단됨 ○ 이런 학교문화에서는 교사의 성숙도에 따라 지도성 유형을 달리해야 하며, 이와 관련하여 허시(P. Hersey) 와 블랜차드(K. H. Blanchard)의 상황적 지도성 이론이 많은 시사점을 줄 수 있음
B 교장	○ 학교 교육의 질적 수준을 높이는 데 있어 학부모의 학교 참여는 매우 중요함 ○ 학생 주변 환경의 다차원적인 체계가 상호작용하여 발생하는 힘은 학생의 발달과 행동에 큰 영향을 미침 ○ '학교운영위원회' 및 '학생생활교육위원회'를 정기적으로 개최하여 학부모의 참여를 유도해야 함
C 교장	○ 인터넷과 스마트폰 사용으로, 학생들은 책과 점점 더 멀어지고 있음 ○ 독서 교육이 활발하게 이루어지기 위해서는 브라운(A. Brown)의 교수 방법을 활용할 수 있음 ○ 교사는 학생이 읽은 내용을 깊이 이해하고 생각하도록 도와주는 것이 매우 중요함. 특히 과제의 난이도와 학생의 능력을 고려하여, 학습의 주도권이 교사에서 학생으로 옮겨가야 함 ○ 독서 습관을 제대로 잡기 위해서는 전문가를 초청해 독서 교육의 중요성을 연설하고, 그 내용에 대해 학생들이 전문가와 질의응답 시간을 가지는 토의식 수업이 유용함
D 교장	○ 학교의 사회, 심리적 풍토(School climate)가 학업 격차에 많은 영향을 줄 수 있음 ○ 학교를 제대로 분석하기 위해서는 투입-과정-산출 모형을 도입해야 함 ○ 우리 학교의 경우, 학생들의 입학성적이 매우 낮고 대부분 학업에 흥미가 없어 교사들 또한 학생에게 거는 기대가 없음 ○ 이런 학교문화에서는 창의적인 교육을 기대하기 어려움

〈 배 점 〉

○ 논술의 내용 [총 15점]
- A 교장이 언급한 허시(P. Hersey) 와 블랜차드(K. H. Blanchard)의 상황적 지도성 이론에 근거한 효과적인 지도성 유형 2가지, 이 이론에 근거한 지도자의 구체적인 역할 2가지 [4점]
- B 교장의 진술에 가장 부합하는 인간발달 이론의 명칭과 특징 1가지, 이 개념에 근거하여 B 교장이 강조하는 내용은 어느 체제(System)인지 명칭과 개념 제시, 학교와 학부모의 교류가 학생에게 미치는 교육적 효과 1가지와 학부모의 적극적인 참여를 유도하기 위해 학교 차원에서 지원할 수 있는 구체적인 방안 1가지 [4점]
- C 교장의 의견에서 제시된 수업을 설계할 때 활용할 수 있는 교수-학습방법의 명칭, 그 개념에 근거한 교사의 모델링 전략 4가지 제시, C 교장이 말한 토의식 수업의 유형과 교육적 기대효과 1가지 [4점]
- 브루코버(W. B. Brookover)의 사회체제 접근 모형의 개념, 그 개념에 근거하여 효과적인 학교를 설명하고 D 교장이 언급한 학교의 문제점을 해결하기 위한 구체적인 방안 1가지 [3점]

○ 논술의 구성 및 표현 [총 5점]
- 논술의 내용과 '학교개혁을 위한 구성원들의 노력'의 연계 및 논리적 형식 [3점]
- 표현의 적절성 [2점]

〈수고하셨습니다.〉

교육학 논술 초안 작성지

원페이지 교육학 (5회)

채점 세부 기준

<table>
<tr><th rowspan="2">영역</th><th colspan="2">채점 세부 기준</th><th rowspan="2">배점</th></tr>
<tr><th>내용 요소</th><th>점수 부여 기준</th></tr>
<tr><td>논술의 내용 [15점]</td><td>A 교장이 언급한 허시(P. Hersey) 와 블랜차드(K. H. Blanchard)의 상황적 지도성 이론에 근거한 효과적인 지도성 유형 2가지</td><td>1) 지원형(참여형) : 구성원의 동기가 낮고 능력이 높을 경우
2) 위임형 : 구성원의 동기가 높고 능력도 높을 경우
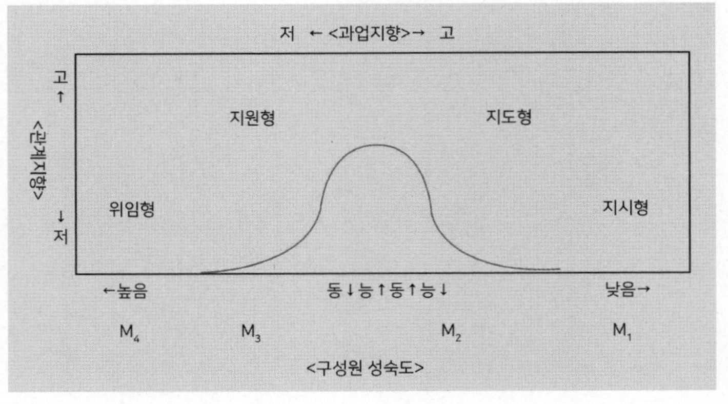

출제근거 [1997 중등] “보람 중학교”에 새로 부임한 김교장은 교사들이 전문성은 높으나 동기 수준이 낮음을 발견하였다. 김교장이 우선적으로 발휘해야 할 지도성 유형을 다음 그림에서 고른다면?
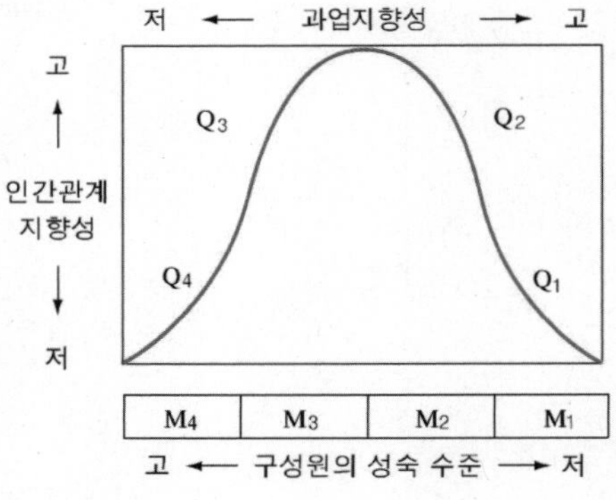

① Q_1
② Q_2
③ Q_3 (정답)
④ Q_4</td><td></td></tr>
</table>

	출제근거 [2001 중등] 다음 대화에서 두 교장선생님이 공통적으로 적용하고 있는 교육 지도성이론은? 김 교장 : 요즘 우리학교 선생님들은 인화를 강조하는 저의 지도방식에 대해 불만을 가지고 있습니다. 때문에 저는 선생님들에게 교사로서의 과업을 강조하는 지도성을 발휘하려 애쓰고 있습니다. 박 교장 : 우리 학교 선생님들은 전반적으로 성숙도 수준이 매우 높은 것으로 판단됩니다. 그래서 저는 요즘 **위임적인 지도성**을 발휘하려고 노력하고 있습니다. ① **상황이론(정답)** ② 특성이론 ③ 유형이론 ④ 행위이론
이 이론에 근거한 지도자의 역할 2가지를 그 이유와 함께 제시	※ 아래의 핵심 키워드를 포함하여 설명하면 정답처리 한다. **[지원형(참여형)]** 1) 지도자는 **낮**은 과업 행동과 **높**은 관계 행동이 효과적이다. 2) 구성원들을 **의사결정에 참여**시키고 **의사를 반영**한다. **방향제시가 불필요**하다. **[위임형]** 3) 지도자는 **낮**은 과업 행동과 **낮**은 관계 행동이 효과적이다. 4) 구성원에게 **과업을 위임**하고 **책임과 결정권을 부여**해 **집단에 대한 신뢰**를 보여준다.
B 교장의 진술에 가장 부합하는 인간발달 이론의 명칭과 특징 1가지	**브론펜브레너의 생태학적 발달이론**: 아동을 둘러싼 직접적 환경 (가족관계)뿐만 아니라, 간접적으로 영향을 미칠 수 있는 사회적 환경이, 어떻게 아동 발달에 영향을 미치는지 보여주는 이론이다. [특징] 1) 개인 발달은 **유전과 환경에 모두 영향을 받는다**. 그래서 상호작용을 중시한다. 2) 아동은 환경에 영향을 주기도 하는 **능동적 존재**이다. 출제근거 [2012 초등] 다음의 진술들과 가장 부합하는 인간발달 이론은? • 개인의 발달은 유전과 환경 모두의 영향을 받는다. • 환경의 다차원적인 체계가 상호작용하여 발생하는 힘이 개인의 발달과 행동에 영향을 미친다. • 개인을 둘러싼 환경은 미시체계, 중간체계, 외체계, 거시체계의 네 층과 시간체계로 구분된다. • 개인의 발달에 영향을 미치는 지배적인 환경은 연령 증가에 따라 미시체계에서 바깥층의 체계로 점차 이동한다. ① 엘더(G. Elder)의 생애 이론 ② 게젤(A. Gesell)의 성숙 이론 ③ 반두라(A. Bandura)의 사회인지 이론 ④ 에릭슨(E. Erikson)의 심리사회적 이론 ⑤ **브론펜브레너(U. Bronfenbrenner)의 생태학적 이론 (정답)**

이 개념에 근거하여 B 교장이 강조하는 내용은 어느 체제인지 명칭과 개념 제시	**둘 다 정답이 가능함** **중간체계** – 미시체계 간의 상호관계를 말한다. 예 **가정과 학교의 관계**, 가정과 또래의 관계 **외체계** – 아동이 직접 참여하지는 않지만, 아동에게 영향을 미치는 사회적 환경이다. 예 부모 직장, 이웃, **교육위원회**, 사회복지기관, 대중매체 개인과외 만약 '체계'로 물었다면 미, 중, 외, 거, 시 연상 단어가 떠올라 정답을 쉽게 떠올렸을 수도 있을 것입니다. 하지만 '체제'라는 말과 system을 언급해 수험생을 당황하게 했습니다. 과거 기출을 분석해 보면 기존에 알고 있는 내용을 조금 다르게 물어 수험생들을 당황하게 하는 경우가 많습니다. 문제를 보자마자 감각적으로 어떤 이론이 생각났다면 그 내용에 정답이 있을 확률이 높습니다. 아무튼 낯선 용어를 좋아하는 출제진들의 함정에 빠지지 않도록 합니다. (체계 = 체제 = system) 그리고 이 문제는 중간체계인지 외체계인지 헷갈렸을 것입니다. 최초에 출제 의도는 각종 위원회를 강조해 '외체계'라는 정답을 의도했지만, B 교장은 학부모의 학교 참여도 매우 중시한다는 문장이 있으므로 중간체계도 정답이 될 수 있습니다. 어떤 개념을 제시하든 간에 자세한 설명이나 충분한 근거를 제시하면 정답으로 처리하는 경우가 있습니다. (참고: 정확한 명칭을 쓰지 않았는데도 만점을 받는 경우가 있음) 만약 이 부분을 다시 출제한다면 정답이 명확한, 시간체계(학교폭력 등을 예로 들어)가 시험에서 나올 수 있겠다는 생각도 들었습니다. 아무튼 브론펜브레너는 출제하기에 좋은 내용이 많으니 이 기회에 정확하게 숙달하시기 바랍니다.	
학교와 학부모의 교류가 학생에게 미치는 교육적 효과 1가지	**(오픈형 문제)** **학교에 대한 긍정적 이미지 형성** – 학부모에게 학사 일정, 각종 위원회 정보, 교육과정 편성, 대입 및 진학 시스템 안내 등등 각종 학교 정보를 제공해 학부모와 학생에게 우호적인 태도를 형성하게 할 수 있다. **학생 지도의 효율성 증진** – 학부모로부터 학생들의 정보를 얻을 수 있어 학생 지도에 많은 도움이 된다. 개인과외 오픈형 문제에 대한 답을 쓸 때는 가급적 추상적인 표현은 피해야 합니다. 예를 들어, 위 문제에 대한 답으로 "~~~은 학생 지도에 많은 도움이 된다." 이렇게만 쓰면 구체적인 근거가 없어 설득력이 없는 문장이 됩니다. "학부모로부터 학생의 정보를 얻을 수 있어 (구체적인 표현) 학생 지도에 많은 도움이 된다." 이렇게 최대한 구체적인 표현을 써야 합니다.	

<table>
<tr>
<td>학부모의 적극적인 참여를 유도하기 위해 학교 차원에서 지원할 수 있는 구체적인 방안 1가지</td>
<td>

(오픈형 문제)

구체적인 방법을 제시하였으면 모두 정답처리 한다.

무보수 참여 관행 개선 – 현행 각 지방자치단체와 교육청의 학교운영위원회 및 각종 학부모회 조례에는 위원에게 회의, 연수 등 참가에 따른 교통비 등 실비를 공무원 여비규정에 준하여 예산의 범위에서 지급할 수 있다. 그러나 이는 필수 규정이 아니므로 보수를 지급하는 학교는 거의 없다. 이런 각종 위원회의 무보수 참여 관행을 개선한다.

학생 생활 통지 방법 개선 – 학교의 일방적인 안내를 지양하고 학부모의 흥미를 유발할 수 있는 다양한 학생 정보가 포함된 생활 통신문을 제공해 참여를 유도한다.

학부모 연수 실시 – **유명인사를 초청**하여 학부모들의 참여 동기를 유발하고 자녀교육에 도움이 되는 많은 정보를 제공한다.

개인과외 최근 학교 현장에는 '(학생)**생활교육위원회**'라는 것이 생겼습니다. 새롭게 생긴 것은 아니고, 과거 '선도위원회'의 명칭을 변경한 것입니다.

생활교육위원회(구 선도위원회)란? 학생이 교칙을 위반하였거나, 벌점이 누적된 경우, 음주, 흡연, 마약 사용, 무면허 운전, 도박, 절도, 기물파손, 부정행위(커닝), 불건전한 이성 관계, 교사 지시 불이행, 교권 침해 등의 부적절한 행위를 하였을 경우 학교에서 학생에게 재발 방지나 선도를 위하여 자치적으로 징계를 내리는 교내 기관.

(참고) 징계의 종류 – 교내봉사, 사회봉사, 특별교육, 출석정지, 강제전학, 퇴학

</td>
<td></td>
</tr>
<tr>
<td>C 교장의 의견에서 제시된 수업을 설계할 때 활용할 수 있는 교수–학습방법의 명칭</td>
<td>

상보적(상호적) 교수법: 학생끼리 또는 학생과 교사 간의 상보적인 도움을 통해 독해전략을 향상하기 위한 수업 방식이다. 주된 목적은 학생이 읽은 내용을 깊이 이해하고 생각하도록 도와주는 것이다.

출제근거 [2010 중등] 다음의 교수–학습 방법에서 강조하는 교사의 역할과 가장 거리가 먼 것은?

- 팰린사(A. Palincsar)와 브라운(A. Brown)이 독해력 지도를 위해 제안하였다.
- 교사는 독해력을 지도할 때 질문하기, 요약하기, 명료화하기, 예견하기의 4가지 인지전략을 사용한다.
- 리더 역할은 경우에 따라 교사나 학생이 모두 수행할 수 있다.

① 수업의 처음 단계와 마지막 단계를 교사가 통제한다. (정답)
② 학생에게 현재 수준에 맞는 피드백과 조언을 제공한다.
③ 학생이 능동적으로 지식을 구성하도록 교사가 격려한다.
④ 사회적 상호작용을 통해 학생의 사고 발달을 교사가 촉진한다.
⑤ 도입 단계에서 교사는 학생에게 인지전략을 설명하고 시범보인다.

</td>
<td></td>
</tr>
</table>

그 개념에 근거한 교사의 모델링 전략 4가지 제시	시범단계 (모델링 전략) : 읽은 내용 **요약하기**, 의문점 **질문하기**, 어려운 부분 **명료화하기**, 다음에 무엇이 올지 **예측하기**를 시범으로 보여줌으로써 메타인지적 독해전략을 학습자들이 습득할 수 있도록 한다. 출제근거 [2008 중등] 다음에서 제시하는 교수-학습방법은? • 학생이 읽은 내용을 깊이 이해하고 생각하도록 도와주는 것이 목적이다. • 학생으로 하여금 자신이 읽은 내용을 요약하고, 의문을 제기하고, 이해가 어려운 부분을 명료화하고, 후속 내용을 예측하게 한다. • 과제의 난이도와 학생의 능력을 고려하여, 학습의 주도권이 교사로부터 학생에게 점진적으로 옮겨가게 한다. ① 구안법(project method) **② 상호교수(reciprocal teaching) (정답)** ③ 발견학습(discovery learning) ④ 프로그램교수(programmed instruction)
C 교장이 말한 토의식 수업의 유형	**공개토의 (포럼)** : 1~3명의 전문가가 10~20분간 공개 연설 후 사회자가 토의를 진행하는 형식 개인과외 포럼과 심포지엄을 헷갈린 분들은 그 차이점을 잘 알고 있어야 합니다. 포럼과 심포지엄의 차이점은 청중의 참여 여부입니다. 포럼은 청중들이 참여할 수 있지만, 심포지엄은 (기본적으로) 청중들의 참여가 불가능합니다. (참고: 심포지엄은 상황에 따라 참여를 할 수도 있지만, 기본적으로는 불가능합니다.) 그 밖에도 토의법에서 헷갈리는 부분들을 원페이지 기본서 개인과외에 자세히 설명해 두었으니 참고해 주세요. 출제근거 [2007 중등] 다음에서 김교사가 활용한 토의식 수업의 유형은? 김교사는 환경오염에 대한 수업시간에 환경전문가인 강박사를 초청하였다. 김교사는 수업방식 및 주제에 대하여 간단히 안내하였다. 강박사는 학생들에게 약 15분간 지역의 환경오염 방지 방안을 설명하였다. 이후 김교사의 사회로 학생들은 설명 내용에 대하여 30분간 강박사와 질의응답 시간을 가졌다. **① 포럼(forum) (정답)** ② 배심토의(panel discussion) ③ 버즈토의(buzz session method) ④ 원탁토의(round table discussion)
교육적 기대효과 1가지	**(오픈형 문제)** **의사소통 능력의 향상** **다양한 사고활동의 촉진** **비판적 사고능력의 함양** 출제근거 [2003 중등] 인터넷을 이용한 <보기>와 같은 토론수업의 교육적 기대효과

<table>
<tr><td></td><td>와 가장 거리가 먼 것은?

교사는 대학 기여 입학제에 관한 토론 수업을 시도하였다. 먼저 학생들로 하여금 각자 찬반 의견을 인터넷 토론방에 올리도록 하였다. 그리고 동료 학생들의 의견을 읽고 비평하게 하였다. 마지막으로 자신의 의견을 수정하여 다시 올리도록 하였다.

① 의사소통 능력의 향상
② 다양한 사고활동의 촉진
③ 비판적 사고능력의 함양
④ 교사가 의도한 최종 결론의 도출 (정답)</td><td></td></tr>
<tr><td>브루코버(W. B. Brookover)의 사회체제 접근 모형의 개념</td><td><u>교사의 기대</u>, <u>교사의 평가</u>, <u>교사의 평가와 기대에 대한 학생의 지각</u>, <u>학생의 무능력감</u> 등을 중심으로 측정한 “학교의 사회, 심리적 풍토(School climate)”가 학업격차에 영향을 준다.

출제근거 [2009 중등] 학교에 대한 브루코버(W. B. Brookover)와 그 동료들의 사회체제 접근 모형에 관한 설명으로 옳은 것을 〈보기〉에서 모두 고른 것은?

ㄱ. 학교의 사회 심리적 풍토를 강조한다.
ㄴ. 학교사회에 대한 거시적 접근 방식을 취한다.
ㄷ. 교장, 교사, 직원의 배경 요인을 과정변인으로 설정한다.
ㄹ. 학교를 분석하기 위해 투입–과정–산출 모형을 도입한다.
ㅁ. 학교 구성원 상호 간의 역할 지각, 기대, 평가 등을 강조한다.

① ㄱ, ㄴ
② ㄱ, ㄹ, ㅁ(정답)
③ ㄴ, ㄷ, ㅁ
④ ㄷ, ㄹ, ㅁ
⑤ ㄱ, ㄴ, ㄹ, ㅁ</td><td></td></tr>
<tr><td>그 개념에 근거하여 효과적인 학교를 설명</td><td>효과적인 학교란? 동등한 조건과 <u>[투입변인]</u><u>(구성원의 인적배경, 물리적 환경 및 자원)</u> 및 <u>[과정변인]</u><u>(학교조직구조, 프로그램 구성, 학교–지역사회 관계, 학구적 풍토)</u>으로 높은 성취 및 효과를 <u>[산출]</u>하는 학교이다.</td><td></td></tr>
<tr><td>D 교장이 언급한 학교의 문제점을 해결하기 위한 구체적인 방안 1가지</td><td>(오픈형 문제)
– 교장과 교사의 강한 지도력
– 학생의 학업성취에 대한 교사의 높은 기대
– 분명한 교수–학습 목표
– 학교의 학구적 분위기와 그에 따른 교직원 교육
– 학생의 학업 진전도의 주기적 확인
– 학부모들의 적극적인 참여</td><td></td></tr>
</table>

논술의 구성 및 표현 [5점]	논술의 내용과 주제와의 연계 및 논리적 형식 [3점]	본론에서 주제와 관련된 내용의 논리적 일관성과 문장의 표현력이 모두 뛰어남	3점
		본론에서 주제와 관련된 내용의 논리적 일관성과 문장의 표현력 중 하나가 부족함	2점
		본론에서 주제와 관련된 내용의 논리적 일관성과 문장의 표현력이 모두 부족함	1점
	표현의 적절성 [2점]	서론과 결론에서 논술 주제를 논리적으로 모두 다루고 있음	2점
		서론과 결론에서 논술 주제를 다루지 않거나 내용이 빈약함	1점

첨삭 배우기
(5회차 - A)

미래 사회를 대비하는 교육은 지식을 많이 획득하는 교육이 아닌 학생들이 배움으로써 ~~행복한 교육을 지향해야 한다.~~❶행복을 추구하는 교육이다. 이를 실현하기 위해 교사는 학교 개혁을 위한 구성원으로 ~~노력하는 것이 필요하다.~~노력해야 한다. 따라서 본 글에서는 '학교 개혁을 위한 구성원들의 노력'이라는 주제로 지도성, 학부모교류, 수업설계, 학교문화의 변혁 방향의 측면에서 논해 보겠다.

❶ 중의적으로 읽히는 문장입니다. '학생이 '행복한 교육'을 지향해야 한다'와 "'학생이 행복한' 교육을 지향해야 한다' 두 가지의 의미로 전달됩니다. 중의적인 의미 전달을 피하여 문장을 서술하는 것을 제안합니다.

먼저 A 교장이 언급한 ~~효과적인 지도성유형 2가지는~~효과적인 지도성 유형 두 가지는❷ 다음과 같다. 첫째, 지원형이다. 지원형은 구성원의 능력은 높으나 동기는 낮은 유형이다. 둘째, 위임형이다. 위임형은 구성원의 능력과 동기 수준이 둘 다 높은 유형이다. 이에 따른 지도자의 구체적인 ~~역할 2가지는 첫째~~역할을 두 가지로 구분할 수 있다.❸ 첫째,❹ 지원형 구성원들을 의사 결정 과정에 참여시키고 방향제시는 하지 않아도 된다. 즉 낮은 과업행동과 높은 관계행동이 필요하다. 둘째, 위임형은 구성원의 능력과 심리적 성숙도가 모두 ~~높기 때문에~~높으므로 낮은 과업행동과 낮은 관계 행동으로 구성원을 신뢰하고 권한을 대폭 위임한다. 이처럼 A 교장이 언급한 효과적인 지도성을 발휘할 때 학교 개혁을 위해 한 걸음 나아갈 수 있을 것이다.

❷ 띄어쓰기에 유의해야 합니다.
아라비아 숫자(1,2,3)은 '2인의 선택'과 같은 경우에만 쓰고, 다른 경우에는 고유어 숫자 표기를 하는 것이 좋습니다.

❸ 앞으로 지도자의 역할을 두 가지 제시하겠다는 것을 안내하는 문장을 작성하면 좋습니다.

❹ 순서를 나타내는 표지어를 직접적으로 사용하여, 독자(평가자)가 문장의 구조 한눈에 알아볼 수 있도록 작성하는 것이 좋습니다.

다음으로 B 교장의 진술에 가장 부합하는 인간 발달이론의 명칭은 브론펜브레너의 생태학적 발달이론이다. 이 이론의 특징은 개인의 발달은 유전자 환경의 영향을 모두 받고, 이들의 상호 작용이 중요하다는 것이다. 교장이 강조하는 내용은 중간체계로, 미시체계 간의 상호 관계를 의미한다. 즉, 아동의 발달에 직접적으로 영향을 미치는 부모와 학교 간의 상호 관계이다. 학교와 학부모의 교류가 학생에게 미치는 교육적 효과는 학교 교육이 가정과 연계되어 가정에서도 학생에게 실질적으로 필요한 교육을 실행할 수 있다는 것이다. 학부모의 적극적인 참여를 유도하기 위해 학교 차원에서 지원할 수 있는 방안은 학교가 먼저 가정에 관심을 가지고 가정통신문, 온라인 연락 등을 통해 학교와 학부모의 교류가 학생들에게 얼마나 긍정적인 영향을 줄 수 있는지 그 필요성에 대해 알려야 한다. ~~이와 같이~~❺이처럼 학생 주변 환경의 다차원적인 체계가 상호 작용할 수 있도록 하는 것은 학교 개혁을 위한 구성원들의 ❻~~노력으로 꼭 필요하다.~~노력이 선행되어야 한다.

❺ '이와 같이'보다 '이처럼'이 문법적으로 더 적확한 표현입니다.

❻ '꼭 필요하다'보다 '~해야 한다'라고 자신의 주장을 말하는 것이 더 논술문의 표현에 적합합니다.

한편 C 교장의 의견에서 제시된 수업 설계 시 활용할 수 있는 교수 학습 방법의 명칭은 상보적 교수법으로, 학생의 독해 전략을 ~~향상시키기~~[7]향상하기 위한 교수 방법이다. 이 개념에 근거한 교사의 모델링 전략 ~~4가지는~~네 가지는 다음과 같다. 첫째, 읽은 내용을 요약한다. 둘째, 잘 모르는 내용은 질문한다. 셋째, 어려운 부분을 명료화한다. 넷째, 다음에 무엇이 올지 예측하기를 시범으로 보여 줌으로써 메타인지적 독해 전략을 학생들이 습득할 수 있도록 돕는다. C 교장이 말한 토의식 수업의 유형은 공개토의이다. 공개토의란 전문가가 공개연설을 한 후에 사회자의 토의로 학생들도 함께 질의응답 시간을 가질 수 있는 수업 형태이다. 이 ~~유형의 교육적 기대효과는~~유형을 적용하면 학생들이 모두 참여하여 학습 성과를 기대해 볼 수 있다. 위와 같은 상보적 교수법과 공개토의 수업은 학생들을 학습에 능동적으로 참여하게 하여 학교 개혁을 위한 수업 설계에 도움이 될 것이다.

[7] '~시키다'는 사동 표현입니다. 사동의 의미를 꼭 전달해야 하는 경우가 아니라면 사동 표현 사용은 지양해야 합니다.

마지막으로 브루코버의 사회체제 접근모형의 개념은 학교가 학업 성적의 차이를 만들어 낸다고 본다. 특히 교사의 기대나 평가, 학교의 사회 심리적 풍토가 학업 격차에 영향을 준다는 것이다. 이 개념에 ~~근거하여~~근거했을 때 효과적인 학교는 동등한 조건과 투입변인, 과정변인[8]으로 높은 효과를 산출하는 학교이다. D 교장이 언급한 학교의 문제점을 해결하기 위해서는 교사가 먼저 학생의 학업 성취에 대한 높은 ~~기대를 가지고,~~기대를 하고 학생들을 훌륭한 잠재력을 가진 존재로 여기며 ~~계속적으로~~[9]계속해서 성장할 수 있다는 믿음을 학생들에게 심어 주어야 한다. 이러한 교사의 높은 기대는 학교 개혁을 위한 노력의 하나로 ~~중요하지 않을 수 없다.~~[10]더할 나위 없이 중요하다.

[8] 투입V변인, 과정V변인(띄어쓰기)

[9] '~적'은 가능한 한 쓰지 않는 것이 좋습니다.

[10] 부정을 두 번 써서 가독성이 떨어 집니다.

지금까지 학교 개혁을 위한 구성원들의 노력이라는 주제로 상황적 지도성, 생태학적 발달이론, 상보적 교수법과 공개토의 수업, 브루코버의 사회체제 접근모형에 대해 살펴보았다. 위와 같은 논의는 미래 사회를 대비하고 학교 개혁을 위한 구성원들의 노력으로 ~~반드시 필요한~~[11]꼭 필요한 사안이다. 따라서 학교 현장에서 교사가 학교 개혁을 위해 최선의 노력을 다할 때 학생들이 배움으로써 행복한 교육을 실현할 수 있을 것이다.

[11] 동의어 반복 오류입니다.

최종 모범답안 (5회차 – A)

본인은 수험생 유의 사항을 숙지하였으며 이를 지키지 않아 발생하는 모든 불이익을 감수할 것을 서약합니다.		수험번호	① ②	※ 결시자 확인란(수험생은 표기하지 말 것)	
성 명			⓪ ① ② ③ ④ ⑤ ⑥ ⑦ ⑧ ⑨	결시자 설명과 수험 번호 기재 검은색 펜으로 결시자 수험 번호, 쪽 번호와 우측란은 '●'로 표기	○
			① ② ③ ④ ⑤ ⑥ ⑦ ⑧ ⑨		
교육학 논술 전용 답안지	쪽 번호		⓪ ① ② ③ ④ ⑤ ⑥ ⑦ ⑧ ⑨		
			⓪ ① ② ③ ④ ⑤ ⑥ ⑦ ⑧ ⑨	※ 감독관 확인란(수험생은 표기하지 말 것)	
	●②		⓪ ① ② ③ ④ ⑤ ⑥ ⑦ ⑧ ⑨	– 본인 여부, 성명, 수험 번호, 쪽 번호 기록이 정확한지 확인 후 서명/날인 – 결시자는 위의 결시자 확인란에도 표기	(서명 또는 날인)
			⓪ ① ② ③ ④ ⑤ ⑥ ⑦ ⑧ ⑨		
			⓪ ① ② ③ ④ ⑤ ⑥ ⑦ ⑧ ⑨		

– 수험 번호와 쪽 번호는 검은색 펜을 사용하여 '●'로 표기하시오.
– 답안은 지워지거나 번지지 않는 동일한 종류의 검은색 펜을 사용하여 작성하시오(연필/사인펜/수정테이프/수정액 사용 불가).
– 수험생 유의 사항을 위반하여 작성한 답안의 경우, 해당 부분이나 답안지 전체를 채점하지 않으니 유의하시오.

미래 사회를 대비하는 교육은 지식을 많이 획득하는 교육이 아닌 학생들이 배움으로써 행복을 추구하는 교육이다. 이를 실현하기 위해 교사는 학교 개혁을 위한 구성원으로 노력해야 한다. 따라서 본 글에서는 '학교 개혁을 위한 구성원들의 노력'이라는 주제로 지도성, 학부모 교류, 수업 설계, 학교 문화의 변혁 방향의 측면에서 논해 보겠다.

먼저 A 교장이 언급한 효과적인 지도성 유형 두 가지는 다음과 같다. 첫째, 지원형이다. 지원형은 구성원의 능력은 높으나 동기는 낮은 유형이다. 둘째, 위임형이다. 위임형은 구성원의 능력과 동기 수준이 둘 다 높은 유형이다. 이에 따른 지도자의 구체적인 역할을 두 가지로 구분할 수 있다. 첫째, 지원형 구성원들을 의사 결정 과정에 참여시키고 방향제시는 하지 않아도 된다. 즉 낮은 과업 행동과 높은 관계 행동이 필요하다. 둘째, 위임형은 구성원의 능력과 심리적 성숙도가 모두 높으므로 낮은 과업 행동과 낮은 관계 행동으로 구성원을 신뢰하고 권한을 대폭 위임한다. 이처럼 A 교장이 언급한 효과적인 지도성을 발휘할 때 학교 개혁을 위해 한 걸음 나아갈 수 있을 것이다.

다음으로 B 교장의 진술에 가장 부합하는 인간 발달이론의 명칭은 브론펜브레너의 생태학적 발달이론이다. 이 이론의 특징은 개인의 발달은 유전자 환경의 영향을 모두 받고, 이들의 상호작용이 중요하다는 것이다. 교장이 강조하는 내용은 중간체계로, 미시체계 간의 상호 관계를 의미한다. 즉, 아동의 발달에 직접적으로 영향을 미치는 부모와 학교 간의 상호 관계이다. 학교와 학부모의 교류가 학생에게 미치는 교육적 효과는 학교 교육이 가정과 연계되어 가정에서도 학생에게 실질적으로 필요한 교육을 실행할 수 있다는 것이다. 학부모의 적극적인 참여를 유도하기 위해 학교 차원에서 지원할 수 있는 방안은 학교가 먼저 가정에 관심을 가지고 가정통신문, 온라인 연락 등을 통해 학교와 학부모의 교류가 학생들에게 얼마나 긍정적인 영향을 줄 수 있는지 그 필요성에 대해 알려야 한다. 이처럼 학생 주변 환경의 다차원적인 체계가 상호작용하기 위해서는 학교 개혁을 위한 구성원들의 노력이 선행되어야 한다.

한편 C 교장의 의견에서 제시된 수업 설계 시 활용할 수 있는 교수학습 방법의 명칭은 상보적 교수법으로, 학생의 독해 전략을 향상하기 위한 교수 방법이다. 이 개념에 근거한 교사의 모델링 전략 네 가지는 다음과 같다. 첫째, 읽은 내용을 요약한다. 둘째, 잘 모르는 내용은 질문한다. 셋째, 어려운 부분을 명료화한다. 넷째, 다음에 무엇이 올지 예측하기를 시범으로 보여 줌으로써 메타인지적 독해 전략을 학생들이 습득할 수 있도록 돕는다. C 교장이 말한 토의식 수업의 유형은 공개토의이다. 공개토의란 전문가가 공개 연설을 한 후에 사회자의 토의로 학생들도 함께 질의응답 시간을 가질 수 있는 수업 형태이다. 이 유형을 적용하면 학생들이 모두 참여하여 학습 성과를 기대해 볼 수 있다.

위와 같은 상보적 교수법과 공개토의 수업은 학생들을 학습에 능동적으로 참여하게 하여 학교 개혁을 위한 수업 설계에 도움이 될 것이다.

최종 모범답안 (5회차 - A)

본인은 수험생 유의 사항을 숙지하였으며 이를 지키지 않아 발생하는 모든 불이익을 감수할 것을 서약합니다.		수험번호	① ②	※ 결시자 확인란(수험생은 표기하지 말 것)	
			⓪ ① ② ③ ④ ⑤ ⑥ ⑦ ⑧ ⑨	결시자 설명과 수험 번호 기재 검은색 펜으로 결시자 수험 번호, 쪽 번호와 우측란은 '●'로 표기	○
성 명			① ② ③ ④ ⑤ ⑥ ⑦ ⑧ ⑨		
			⓪ ① ② ③ ④ ⑤ ⑥ ⑦ ⑧ ⑨		
교육학 논술 전용 답안지	쪽 번호		⓪ ① ② ③ ④ ⑤ ⑥ ⑦ ⑧ ⑨	※ 감독관 확인란(수험생은 표기하지 말 것)	
	①●		⓪ ① ② ③ ④ ⑤ ⑥ ⑦ ⑧ ⑨	- 본인 여부, 성명, 수험 번호, 쪽 번호 기록이 정확한지 확인 후 서명/날인	(서명 또는 날인)
			⓪ ① ② ③ ④ ⑤ ⑥ ⑦ ⑧ ⑨	- 결시자는 위의 결시자 확인란에도 표기	
			⓪ ① ② ③ ④ ⑤ ⑥ ⑦ ⑧ ⑨		

- 수험 번호와 쪽 번호는 검은색 펜을 사용하여 '●'로 표기하시오.
- 답안은 지워지거나 번지지 않는 동일한 종류의 검은색 펜을 사용하여 작성하시오(연필/사인펜/수정테이프/수정액 사용 불가).
- 수험생 유의 사항을 위반하여 작성한 답안의 경우, 해당 부분이나 답안지 전체를 채점하지 않으니 유의하시오.

마지막으로 브루코버의 사회 체제 접근모형의 개념은 학교가 학업 성적의 차이를 만들어 낸다고 본다. 특히 교사의 기대나 평가, 학교의 사회심리적 풍토가 학업 격차에 영향을 준다는 것이다. 이 개념에 근거했을 때 효과적인 학교는 동등한 조건과 투입 변인, 과정 변인으로 높은 효과를 산출하는 학교이다. D 교장이 언급한 학교의 문제점을 해결하기 위해서는 교사가 먼저 학생의 학업 성취에 대한 높은 기대를 하고, 학생들을 훌륭한 잠재력을 가진 존재로 여기며 계속해서 성장할 수 있다는 믿음을 학생들에게 심어 주어야 한다. 이러한 교사의 높은 기대는 학교 개혁을 위한 노력의 하나로 더할 나위 없이 중요하다.

지금까지 학교 개혁을 위한 구성원들의 노력이라는 주제로 상황적 지도성, 생태학적 발달이론, 상보적 교수법과 공개토의 수업, 브루코버의 사회 체제 접근모형에 대해 살펴보았다. 위와 같은 논의는 미래 사회를 대비하고 학교 개혁을 위한 구성원들의 노력으로 꼭 필요한 사안이다. 따라서 학교 현장에서 교사가 학교 개혁을 위해 최선의 노력을 다할 때 학생들이 배움으로써 행복한 교육을 실현할 수 있을 것이다.

첨삭 배우기 (5회차 - B)

학교는 학생의 성장과 발달에 기여하여야 하며 이를 위한~~지속적인 노력과 방향에 대한 고민이 필요하다.~~ 교육 방향을 고민할 필요가 있다.[1] 최근 급변하는 사회 환경 속에서 그 적응을 위해서는 학교 개혁이 필요하다. 교장단 협의회의 교장대회를 토대로 '학교 개혁을 위한 구성원들의 노력'이라는 주제로 논의해 보고자 한다.

먼저, 상황적 지도성 이론에 근거하여 A 교장 학교의 선생님들에게 적합한 지도성 유형은 첫째, 지원형이다. 교과 선생님들의 경우 현재 전문 능력은 높으나 동기 수준이 낮으므로 교장은 낮은 과업 지향 행동과 높은 관계 행동인 지원형을 통해 효과적 지도성을 발휘할 수 있다. 둘째, 비교과 선생님들에게는 위임형 지도성이 효과적이다. 동기 수준과 능력 수준이 높으므로 낮은 관계 행동과 낮은 과업 행동의 지도성이 효과적이다. 이 이론에 ~~근거하여 지도자의 구체적 역할로 첫째~~근거했을 때 지도자의 구체적 역할은 다음과 같다.[2] 첫째,[3] 지원형의 경우 구성원들을 의사소통에 참여시키고 의사를 반영하면 된다. 둘째, 위임형의 경우 과업을 구성원들에게 믿고 맡겨서 자율과 책임, 결정권을 주면 된다. 이와 같이 지도성 측면에서 학교 개혁을 위한 노력을 살펴볼 수 있었다.

다음으로 B 교장은 학생이 겪는 환경이 학생에게 영향을 미친다고 진술하는데, 이에 적합한 인간발달 이론은 생태학적 발달이론이다. 생태학적 발달이론의[4] 특징으로는 유전적 요인과 환경적 요인이 모두 이들에게 ~~역할을~~영향을 준다고[5] 말하는 점이 있다. B 교장이 강조하는 부분은 중간체제이다. 이는 학교와 학부모라는 두 미시체계의 상호 작용이라는 부분에서 알 수 있다. 중간체제는 미시체계 간의 상호 작용을 의미하는 것이다. 이러한 중간체계의 상호 작용, 즉 학부모와 학교의 교류는 학생에 대한 관심도를 더욱 증진하고 정보를 ~~교류하여~~교류함으로써 학생에게 더욱 효과적인 학습 방법을 고찰하여 교육의 질을 높이는 교육적 ~~효과가 나타날 수 있다.~~[6]효과를 도출할 수 있다. 이를 위해 학부모의 적극적 참여를 유도하는 학교 주관의 학부모 세미나를 주기적으로 실시할 수 있다. 학생에게 관심을 가지는 부모라면 학교에서의 세미나에 참석해 학교 환경과 현재 교육 수준 등을 파악할 기회를 마다하지 않을 것이다. 이처럼 학생 발달과 그 환경과의 상호 작용에 대한 논의는 학교 개혁에 있어 새로운 관점을 제공하였다.

[1] '지속적인 노력'과 '고민의 필요'는 각각 다른 내용을 서술하는 것이 아니기 때문에 간결하고 명확하게 서술하는 것을 제안합니다.

[2] 이후 문장에서 지도자의 구체적 역할을 설명하겠다는 안내 문장을 작성하는 것이 독자(평가자)가 가독성 있게 글을 읽을 수 있는 기제가 됩니다.

[3] 순서를 나타내는 표지어는 문장의 앞에 쓰는 것이 좋습니다.

[4] 새로운 문장이 시작되는 부분으로 문장의 주어가 무엇인지 밝혀 적는 것이 필요합니다. 만약, 앞 문장의 끝에서 생태학적 발달이론을 언급했기 때문에 중복해서 적기 꺼려진다면 "이는"을 사용해서라도 문장의 주체를 명확하게 밝혀야 합니다.

[5] '역할을 준다'는 것은 일상적으로 사용하는 단어의 조합이 아니므로 수정하는 것을 제안합니다.

[6] 문장에서 주어가 이미 제시되어 있으므로 여기서는 목적어를 활용하여 문장의 끝부분을 수정하는 것을 제안합니다.

05회

7 아라비아 숫자(1,2,3)은 '2인의 선택'과 같은 경우에만 쓰고, 다른 경우에는 고유어 숫자 표기를 하는 것이 좋습니다.

8 '가진다는'으로 표현해야 제시문에 나타난 부분에서 이를 알 수 있다는 의미가 제대로 전달됩니다.

9 '효과적인'을 사용하려면 무엇에 효과적이라는 것을 밝혀야 하는데, 그 내용이 해당 문장의 중심 내용은 아니므로 아예 삭제하고 간결하고 명확하게 표현하는 것을 제안합니다.

10 앞절과 뒷절의 내용이 구분될 필요가 있으므로, 해당 부분에서 쉼표를 사용해주면 가독성이 향상됩니다.

한편 C 교장이 제시한 방법은 상보적 교수법이다. 이는 독서 능력과 독해, 생각을 키워주어야 한다는 말에서 알 수 있다. 상보적 교수이론에서의 모델링 전략 ~~4가지는~~[7] ~~첫째 읽을 내용 안내하기 둘째 어려운 부분 명료화하기 셋째 읽은 내용 요약하기 넷째 이후의 내용 예측하기가 있다.~~ 네 가지는 첫째, 읽을 내용 안내하기, 둘째, 어려운 부분 명료화하기, 셋째, 읽은 내용 요약하기, 넷째, 이후의 내용 예측하기이며, 이를 통해 시범을 진행할 수 있다. 또한 독서 교육과 더불어 C 교장이 제시한 토의법은 포럼이다. 이는 전문가가 먼저 발언하고 질의응답을 ~~가지는~~[8]가진다는 부분에서 알 수 있다. 이를 통해 모든 학생들이 다른 사람의 의견을 경청하고 비판적으로 생각해 볼 수 있는 기회를 ~~가짐으로써~~얻음으로써 사고력의 함양이라는 교육적 기대효과를 가질 수 있을 것이다. 독서 교육과 토의라는 관점에서 교육이 어떻게 변화해야 할지를 논의한다면 더 다양하고 의미 있는 학교 개혁이 될 수 있을 것이다.

마지막으로 사회체제 접근모형은 학생의 가정 환경이 아니라 학교에서의 인적·물리적 환경과 같은 투입요인과 교수 방법 등과 같은 과정요인에 따라 학생의 학업 성과가 달라질 수 있다는 것이다. 이러한 입장에서 효과적인 학교는 교사가 학생의 학업 성취에 ~~대한~~대해 긍정적이고 높은 기대를 가지는 요인, 학생들이 달성할 분명하고 구체적인 목표가 제시되는 요인, 긍정적이고 학구적인 학교 분위기, 학부모의 참여와 교사가 교장의 훌륭한 지도력이 발휘되는 요인 등을 ~~갖추면 효과적인 학교이다.~~[9]갖춘 학교이다. 창의적인 교육을 위해서는 수업 분위기 측면에서의 개혁이 필요하다. 다른 사람과의 생각이 다를 수 있다는 개방적이고 자율적인 사고가 필요한데, 이는 다른 사람의 입장을 체험해 보는 역할놀이를 통해 이루어질 수 있다. 따라서 주기적인 연극회를 구성해 학생들이 체험하도록 하는 것이 좋은 방안이다. 학교의 분위기와 풍토, 다른 요인들에 의해서도 학교를 어떻게 개혁해 나갈지에 대한 고민이 이루어질 수 있다.

지금까지 학생 발달과 주변 환경의 입장, 독서와 같은 학습의 입장, 학교 풍토와 투입 과정 요인들의 입장에서 학교 개혁을 위한 구성원들의 노력이라는 주제로 논의를 진행하였다. 학교 개혁이란 학교 내·외부의 많고 다양하고 사소하고 거시적인 부분 모두에서 고민해 볼 수 있는 문제로,[10] 앞으로 급변하는 미래 ~~사회 대비를 위해 당면한 개혁과제가 많다는 것을~~사회를 대비하기 위해 현재 수많은 개혁과제를 당면하고 있음을 알 수 있었다.

최종 모범답안 (5회차 - B)

본인은 수험생 유의 사항을 숙지하였으며 이를 지키지 않아 발생하는 모든 불이익을 감수할 것을 서약합니다.		수험번호	① ②	※결시자 확인란(수험생은 표기하지 말 것)	
			⓪ ① ② ③ ④ ⑤ ⑥ ⑦ ⑧ ⑨	결시자 설명과 수험 번호 기재 검은색 펜으로 결시자 수험 번호, 쪽 번호와 우측란은 '●'로 표기	○
성 명			① ② ③ ④ ⑤ ⑥ ⑦ ⑧ ⑨		
			⓪ ① ② ③ ④ ⑤ ⑥ ⑦ ⑧ ⑨		
교육학 논술 전용 답안지	쪽 번호		⓪ ① ② ③ ④ ⑤ ⑥ ⑦ ⑧ ⑨	※감독관 확인란(수험생은 표기하지 말 것)	
	●②		⓪ ① ② ③ ④ ⑤ ⑥ ⑦ ⑧ ⑨	- 본인 여부, 성명, 수험 번호, 쪽 번호 기록이 정확한지 확인 후 서명/날인 - 결시자는 위의 결시자 확인란에도 표기	(서명 또는 날인)
			⓪ ① ② ③ ④ ⑤ ⑥ ⑦ ⑧ ⑨		
			⓪ ① ② ③ ④ ⑤ ⑥ ⑦ ⑧ ⑨		

- 수험 번호와 쪽 번호는 검은색 펜을 사용하여 '●'로 표기하시오.
- 답안은 지워지거나 번지지 않는 동일한 종류의 검은색 펜을 사용하여 작성하시오(연필/사인펜/수정테이프/수정액 사용 불가).
- 수험생 유의 사항을 위반하여 작성한 답안의 경우, 해당 부분이나 답안지 전체를 채점하지 않으니 유의하시오.

학교는 학생의 성장과 발달에 기여하고 이를 위해 지속해서 노력하고 방향에 대해 고민할 필요가 있다. 최근 급변하는 사회 환경 속에서 그 적응을 위해서는 학교 개혁이 필요하다. 교장단 협의회의 교장대회를 토대로 '학교 개혁을 위한 구성원들의 노력'이라는 주제로 논의해 보고자 한다.

먼저, 상황적 지도성 이론에 근거하여 A 교장 학교의 선생님들에게 적합한 지도성 유형은 첫째, 지원형이다. 교과 선생님들의 경우 현재 전문 능력은 높으나 동기 수준이 낮으므로 교장은 낮은 과업 지향 행동과 높은 관계 행동인 지원형을 통해 효과적 지도성을 발휘할 수 있다. 둘째, 비교과 선생님들에게는 위임형 지도성이 효과적이다. 동기 수준과 능력 수준이 높으므로 낮은 관계 행동과 낮은 과업 행동의 지도성이 효과적이다. 이 이론에 근거했을 때 지도자의 구체적 역할은 다음과 같다. 첫째, 지원형의 경우 구성원들을 의사소통에 참여시키고 의사를 반영하면 된다. 둘째, 위임형의 경우 과업을 구성원들에게 믿고 맡겨서 자율과 책임, 결정권을 주면 된다. 이처럼 지도성 측면에서 학교 개혁을 위한 노력을 살펴볼 수 있다.

다음으로 B 교장은 학생이 겪는 환경이 학생에게 영향을 미친다고 진술하는데, 이에 적합한 인간 발달이론은 생태학적 발달이론이다. 생태학적 발달이론의 특징으로는 유전적 요인과 환경적 요인이 모두 이들에게 영향을 준다고 말하는 점이 있다. B 교장이 강조하는 부분은 중간체제이다. 이는 학교와 학부모라는 두 미시 체계의 상호작용이라는 부분에서 알 수 있다. 중간체제는 미시 체계 간의 상호작용을 의미하는 것이다. 이러한 중간 체계의 상호작용, 즉 학부모와 학교의 교류는 학생에 대한 관심도를 더욱 증진하고 정보를 교류함으로써 학생에게 더욱 효과적인 학습 방법을 고찰하여 교육의 질을 높이는 교육적 효과를 도출할 수 있다. 이를 위해 학부모의 적극적 참여를 유도하는 학교 주관의 학부모 세미나를 주기적으로 실시할 수 있다. 학생에게 관심을 가지는 부모라면 학교에서의 세미나에 참석해 학교 환경과 현재 교육 수준 등을 파악할 기회를 마다하지 않을 것이다. 이처럼 학생 발달과 그 환경과의 상호작용에 대한 논의는 학교 개혁에 있어 새로운 관점을 제공하였다.

한편 C 교장이 제시한 방법은 상보적 교수법이다. 이는 독서 능력과 독해, 생각을 키워 주어야 한다는 말에서 알 수 있다. 상보적 교수 이론에서의 모델링 전략 네 가지는 첫째, 읽을 내용 안내하기, 둘째, 어려운 부분 명료화하기, 셋째, 읽은 내용 요약하기, 넷째, 이후의 내용 예측하기이며, 이를 통해 시범을 진행할 수 있다. 또한 독서 교육과 더불어 C 교장이 제시한 토의법은 포럼이다. 이는 전문가가 먼저 발언하고 질의응답을 가진다는 부분에서 알 수 있다. 이를 통해 모든 학생들이 다른 사람의 의견을 경청하고 비판적으로 생각해 볼 수 있는 기회를 얻음으로써 사고력의 함양이라는 교육적 기대효과를 가질 수 있을 것이다. 독서 교육과 토의라는 관점에서 교육이 어떻게 변화해야 할지를 논의한다면 더 다양하고 의미 있는 학교 개혁이 될 수 있을 것이다.

마지막으로 사회 체제 접근모형은 학생의 가정환경이 아니라 학교에서의 인적·물리적 환경과 같은 투입 요인과 교수 방법 등과

최종 모범답안 (5회차 - B)

본인은 수험생 유의 사항을 숙지하였으며 이를 지키지 않아 발생하는 모든 불이익을 감수할 것을 서약합니다.		수험번호	① ②	※ 결시자 확인란(수험생은 표기하지 말 것)	
성 명			⓪ ① ② ③ ④ ⑤ ⑥ ⑦ ⑧ ⑨	결시자 설명과 수험 번호 기재 검은색 펜으로 결시자 수험 번호, 쪽 번호와 우측란은 '●'로 표기	○
			① ② ③ ④ ⑤ ⑥ ⑦ ⑧ ⑨		
			⓪ ① ② ③ ④ ⑤ ⑥ ⑦ ⑧ ⑨		
교육학 논술 전용 답안지	쪽 번호		⓪ ① ② ③ ④ ⑤ ⑥ ⑦ ⑧ ⑨	※ 감독관 확인란(수험생은 표기하지 말 것)	
	①●		⓪ ① ② ③ ④ ⑤ ⑥ ⑦ ⑧ ⑨	- 본인 여부, 성명, 수험 번호, 쪽 번호 기록이 정확한지 확인 후 서명/날인	(서명 또는 날인)
			⓪ ① ② ③ ④ ⑤ ⑥ ⑦ ⑧ ⑨	- 결시자는 위의 결시자 확인란에도 표기	
			⓪ ① ② ③ ④ ⑤ ⑥ ⑦ ⑧ ⑨		

- 수험 번호와 쪽 번호는 검은색 펜을 사용하여 '●'로 표기하시오.
- 답안은 지워지거나 번지지 않는 동일한 종류의 검은색 펜을 사용하여 작성하시오(연필/사인펜/수정테이프/수정액 사용 불가).
- 수험생 유의 사항을 위반하여 작성한 답안의 경우, 해당 부분이나 답안지 전체를 채점하지 않으니 유의하시오.

같은 과정 요인에 따라 학생의 학업 성과가 달라질 수 있다는 것이다. 이러한 입장에서 효과적인 학교는 교사가 학생의 학업 성취에 대해 긍정적이고 높은 기대를 가지는 요인, 학생들이 달성할 분명하고 구체적인 목표가 제시되는 요인, 긍정적이고 학구적인 학교 분위기, 학부모의 참여와 교사가 교장의 훌륭한 지도력이 발휘되는 요인 등을 갖춘 학교이다. 창의적인 교육을 위해서는 수업 분위기 측면에서의 개혁이 필요하다. 다른 사람과의 생각이 다를 수 있다는 개방적이고 자율적인 사고가 필요한데, 이는 다른 사람의 입장을 체험해 보는 역할 놀이를 통해 이루어질 수 있다. 따라서 주기적인 연극회를 구성해 학생들이 체험하도록 하는 것이 좋은 방안이다. 학교의 분위기와 풍토, 다른 요인들에 의해서도 학교를 어떻게 개혁해 나갈지에 대한 고민이 이루어질 수 있다.

지금까지 학생 발달과 주변 환경의 입장, 독서와 같은 학습의 입장, 학교 풍토와 투입 과정 요인들의 입장에서 학교 개혁을 위한 구성원들의 노력이라는 주제로 논의를 진행하였다. 학교 개혁이란 학교 내·외부의 다양하고 사소하고 거시적인 부분 모두에서 고민해 볼 수 있는 문제로, 앞으로 급변하는 미래 사회를 대비하기 위해 현재 수많은 개혁과제를 당면하고 있음을 알 수 있었다.

첨삭 배우기 (5회차 - C)

오늘날 학교 현장에서는 학교 개혁을 위한 구성원들의 노력이 ~~주요화두로 대두되고~~주요 화두가 되고[1] 있다. 학교 구성원들은 지도성, 학부모교류[2], 수업설계, 학교문화의 변혁 방향 등 광범위한 영역에 걸쳐 학교 개혁을 위한 고민을 해야 한다. 제시문의 교장단협의회를 토대로 학교 개혁에 필요한 사항을 논의하고자 한다.

A 교장이 언급한 허쉬와 블랜차드의 지도성 유형은 첫째, 위임형이다. 비교와 교사들의 성숙도 수준이 높은것은 교사들의 동기 수준과 전문성이 높은 ~~상태인 것을~~상태임을 뜻한다. 이런 경우 교장은 과업을 교사들에게 위임하여 책임을 부여하고 신뢰를 보여 주는 것이 효과적이다. 둘째, 지원형이다. 교과 선생님의 경우 전문성은 높지만 동기가 낮다. 이런 경우 과업에는 크게 관여하지 않고 구성원들의 동기를 높이기 위해 의사 결정에 구성원들을 참여시킨다. 이 이론에 근거할 때 지도자의 역할은 두 가지이다.[3] 첫째, 구성원들의 성숙도에 따라 지도성 유형을 다르게 적용한다. 둘째, 구성원들의 성숙도 상황을 지속적으로 분석하여 구성원들의 전문성 동기 수준이 향상되고 있는지 점검한다. 학교 개혁을 위해서는 지도자가 적절한 지도성을 발휘하여 구성원들의 성숙도를 높여 주는 것이 효과적이다.

B 교장의 진술에 부합하는 인간발달 이론은 생태학적 발달이론이다. 이 이론은 한 사람을 둘러싼 다양한 체계인 내체계, 중간체계, 거시체계, 외체계를 언급한다. 한 사람의 ~~발달,~~[4]발달과 성장을 위해서는 한 가지 체계나 가정 환경만 중요한 것이 아니라 사회 전체의 상호 작용이 요구된다고 주장하는 특징이 있다. 제시문에서 B 교사가 강조하는 ~~체재를~~체제는 중간체제이다. 중간체제는 핵심과 직접 상호작용하는 체제인 내체계 간의 상호 작용을 의미한다. ~~예컨대~~[5] ~~학교와 학부모의 교류가 있는데~~학교와 학부모의 교류를 예로 들 수 있는데, 학교와 학부모가 좋은 관계를 유지하고 상호 작용이 증가하면 학생에게 연속적인 교육을 제공할 수 있어서 교육의 효과가 높아진다. 학부모가 학교 교육에 적극적으로 참여할 수 있도록 하기 위해서는[6] 학부모의 요구와 흥미를 파악해야 한다. 요구와 흥미에 일치하는 학교 운영만큼 학교를 개혁하는 데에 있어서는 학부모의 참여도 요구된다. 학교 교육의 질을 높이기 ~~위한~~위해 학부모의 참여를 적절히 유도해야 할 것이다.

1
1. 띄어쓰기에 유의해야 합니다.
2. '화두로 대두되다'는 어색한 표현입니다. '화두가 되다'라는 표현으로 수정해야 합니다.

2 학부모V교류(띄어쓰기)

3 이후 문장에서 지도자의 역할을 두 가지로 나누어 설명하겠다는 안내 문장을 작성하는 것이 좋습니다.

4 2음절의 짧은 단어를 서술하는 것이므로 쉼표를 사용하기 보다는 '와/과'를 사용하여 연결하는 것이 자연스럽습니다.

5 '예컨대'는 뒤에 오는 말이 실제 사례일 때 자연스럽게 사용할 수 있습니다. 이 경우에는 뒤에 오는 말이 실제 사례가 아니라, 실제 사례 보다 높은 범주(학교와 학부모의 교류)이므로, 수정 제안 문장과 같이 고쳐 쓰는 것이 좋습니다.

6 조사를 활용하여 문장의 주어 역할을 하는 어구를 정확하게 드러내는 것이 좋습니다.

05회

C 교장이 언급한 수업을 설계하기 위해서는 브라운의 상보적교수법이 적용될 수 있다. 상보적교수법을 위해 ~~교사의 전략을 4가지 적용할 수 있는데 그 방법으로는~~적용할 수 있는 교사의 전략은 총 네 가지이다.[7] 요약하기, 질문하기, 명료화하여 어려운 부분 이해하기, 다음에 무엇이 올지 ~~예측하는 것을 시범보여준다.~~ 예측하기이다.[8] C 교사가 언급한 토의법은 공개토의이다. 공개토의는 청중의 적극적인 참여가 허용되므로 능동적인 학습을 통한 성과를 기대할 수 있다. 이처럼 학교 교육을 개혁하기 위해서는 다양한 방식으로 수업을 설계하는 것이 필요하다. 학생의 필요에 맞는 교육을 고민하고 필요를 충족시켜 줄 수 있는 교육을 제공해야 한다.

[7] 이후 서술할 문장에서 교사의 전략을 네 가지로 나누어 설명하겠다는 안내 문장을 적는 것이 독자(평가자)의 가독성을 높이는 데 효과적으로 기여합니다.

[8] 논술문의 답안은 꼭 들어가야 하는 키워드 중심으로 최대한 간결하고 명확하게 작성하는 것이 좋습니다.

브루코버의 사회체제접근모형은 학교가 학업 성적의 차이를 만들어 낸다고 본다. 학교의 사회, 심리적 풍토가 학업 격차에 영향을 주는데, 교사의 기대, 교사의 평가, 교사의 기대와 평가에 대한 학생의 지각, 학생의 무능력감 등으로 학교의 풍토를 측정할 수 있다. 이제 근거할 때 효과적인 학교는 투입변인인 학생의 사회 물리적 배경, 자원 등이 과정변인인 학생과 교사의 관계, 학교의 교육 풍토, 지역 사회와 학교의 관계 ~~등으로~~등을 통해 높은 학업 성취를 산출하는 학교이다. D 교장이 언급한 문제점을 해결하기 위해서는 학생들에게 학업의 흥미를 높이기 위해 자기주도학습, 프로그램학습등을 이용하여 개인의 ~~학습수준에 맞는 속도를 학습하고[9] 흥미있는 학습을 선택할 수 있도록 한다.~~ 학습 수준에 맞는 속도로 흥미 있는 분야를 공부할 수 있도록 해야 한다. 이를 통해[10] 학생의 자율성 욕구를 충족시켜 흥미와 동기를 줄일 수 있다. 이처럼 학교를 개혁하고 발전시키기 위해서는 현재 학교의 풍토를 점검할 필요가 있다. 학교의 풍토를 ~~효과적이게~~효과적으로 변화시킬 때 학생의 학업 성취를 높이고 창의적인 교육을 실현할 수 있다.

[9] 학습하는 대상은 속도가 아니므로 전달하고자 하는 내용이 아예 달라지는 것에 유의해야 합니다.

[10] 앞문장과 뒷문장의 의미 관계를 고려하여 적절한 연결 표현 사용 '이를 통해'를 활용하면 좋습니다.

학교 구성원들은 학교 교육을 개혁하기 위하여 노력해야 한다. 이를 위해 교육 지도성, 학부모와의 교류, 적절한 학습 설계, 학교 문화의 개선 등 전반적인 측면에서 학교 개혁을 향한 방향으로 나아가야 한다. 이 같은 구성원들의 노력이 지속된다면 학교 교육은 획기적으로 개선되고 발전할 수 있을 것이다.

최종 모범답안 (5회차 - C)

본인은 수험생 유의 사항을 숙지하였으며 이를 지키지 않아 발생하는 모든 불이익을 감수할 것을 서약합니다.		수험번호	① ②	※결시자 확인란(수험생은 표기하지 말 것)	
성 명			⓪ ① ② ③ ④ ⑤ ⑥ ⑦ ⑧ ⑨	결시자 설명과 수험 번호 기재 검은색 펜으로 결시자 수험 번호, 쪽 번호와 우측란은 '●'로 표기	○
			① ② ③ ④ ⑤ ⑥ ⑦ ⑧ ⑨		
			⓪ ① ② ③ ④ ⑤ ⑥ ⑦ ⑧ ⑨		
교육학 논술 전용 답안지	쪽 번호		⓪ ① ② ③ ④ ⑤ ⑥ ⑦ ⑧ ⑨	※감독관 확인란(수험생은 표기하지 말 것)	
	●②		⓪ ① ② ③ ④ ⑤ ⑥ ⑦ ⑧ ⑨	- 본인 여부, 성명, 수험 번호, 쪽 번호 기록이 정확한지 확인 후 서명/날인 - 결시자는 위의 결시자 확인란에도 표기	(서명 또는 날인)
			⓪ ① ② ③ ④ ⑤ ⑥ ⑦ ⑧ ⑨		
			⓪ ① ② ③ ④ ⑤ ⑥ ⑦ ⑧ ⑨		

- 수험 번호와 쪽 번호는 검은색 펜을 사용하여 '●'로 표기하시오.
- 답안은 지워지거나 번지지 않는 동일한 종류의 검은색 펜을 사용하여 작성하시오(연필/사인펜/수정테이프/수정액 사용 불가).
- 수험생 유의 사항을 위반하여 작성한 답안의 경우, 해당 부분이나 답안지 전체를 채점하지 않으니 유의하시오.

오늘날 학교 현장에서는 학교 개혁을 위한 구성원들의 노력이 주요 화두가 되고 있다. 학교 구성원들은 지도성, 학부모교류, 수업 설계, 학교 문화의 변혁 방향 등 광범위한 영역에 걸쳐 학교 개혁을 위한 고민을 해야 한다. 제시문의 교장단 협의회를 토대로 학교 개혁에 필요한 사항을 논의하고자 한다.

A 교장이 언급한 허쉬와 블랜차드의 지도성 유형은 첫째, 위임형이다. 비교와 교사들의 성숙도 수준이 높은 것은 교사들의 동기 수준과 전문성이 높은 상태임을 뜻한다. 이런 경우 교장은 과업을 교사들에게 위임하여 책임을 부여하고 신뢰를 보여 주는 것이 효과적이다. 둘째, 지원형이다. 교과 선생님의 경우 전문성은 높지만, 동기가 낮다. 이런 경우 과업에는 크게 관여하지 않고 구성원들의 동기를 높이기 위해 의사 결정에 구성원들을 참여시킨다. 이 이론에 근거할 때 지도자의 역할은 두 가지이다. 첫째, 구성원들의 성숙도에 따라 지도성 유형을 다르게 적용한다. 둘째, 구성원들의 성숙도 상황을 지속적으로 분석하여 구성원들의 전문성 동기 수준이 향상되고 있는지 점검한다. 학교 개혁을 위해서는 지도자가 적절한 지도성을 발휘하여 구성원들의 성숙도를 높여 주는 것이 효과적이다.

B 교장의 진술에 부합하는 인간 발달이론은 생태학적 발달이론이다. 이 이론은 한 사람을 둘러싼 다양한 체계인 내체계, 중간체계, 거시체계, 외체계를 언급한다. 한 사람의 발달과 성장을 위해서는 한 가지 체계나 가정환경만 중요한 것이 아니라 사회 전체의 상호작용이 요구된다고 주장한다는 특징이 있다. 제시문에서 B 교사가 강조하는 체계는 중간체계이다. 중간체계는 핵심과 직접 상호작용하는 체계인 내체계 간의 상호작용을 의미한다. 학교와 학부모의 교류를 예로 들 수 있는데, 학교와 학부모가 좋은 관계를 유지하고 상호작용이 증가하면 학생에게 연속적인 교육을 제공할 수 있어서 교육의 효과가 높아진다. 학부모가 학교 교육에 적극적으로 참여할 수 있도록 하기 위해서는 학부모의 요구와 흥미를 파악해야 한다. 요구와 흥미에 일치하는 학교 운영만큼 학교를 개혁하는 데에 있어서는 학부모의 참여도 요구된다. 학교 교육의 질을 높이기 위해 학부모의 참여를 적절히 유도해야 할 것이다.

C 교장이 언급한 수업을 설계하기 위해서는 브라운의 상보적 교수법이 적용될 수 있다. 상보적 교수법을 위해 적용할 수 있는 교사의 전략은 총 네 가지이다. 요약하기, 질문하기, 명료화하여 어려운 부분 이해하기, 다음에 무엇이 올지 예측하기이다. C 교사가 언급한 토의법은 공개토의이다. 공개토의는 청중의 적극적인 참여가 허용되므로 능동적인 학습을 통한 성과를 기대할 수 있다. 이처럼 학교 교육을 개혁하기 위해서는 다양한 방식으로 수업을 설계하는 것이 필요하다. 학생의 필요에 맞는 교육을 고민하고 필요를 충족시켜 줄 수 있는 교육을 제공해야 한다.

브루코버의 사회 체제 접근모형은 학교가 학업 성적의 차이를 만들어 낸다고 본다. 학교의 사회, 심리적 풍토가 학업 격차에 영향을 주는데, 교사의 기대, 교사의 평가, 교사의 기대와 평가에 대한 학생의 지각, 학생의 무능력감 등으로 학교의 풍토를 측정할 수 있다. 이제 근거할 때 효과적인 학교는 투입 변인인 학생의 사회 물리적 배경, 자원 등이 과정 변인인 학생과 교사의 관계, 학교의 교육

최종 모범답안 (5회차 - C)

<table>
<tr><td colspan="2">본인은 수험생 유의 사항을 숙지하였으며 이를 지키지 않아 발생하는 모든 불이익을 감수할 것을 서약합니다.</td><td rowspan="8">수
험
번
호</td><td>① ②</td><td colspan="2">※ 결시자 확인란(수험생은 표기하지 말 것)</td></tr>
<tr><td colspan="2" rowspan="2">성 명</td><td>⓪ ① ② ③ ④ ⑤ ⑥ ⑦ ⑧ ⑨</td><td rowspan="3">결시자 설명과 수험 번호 기재
검은색 펜으로 결시자 수험 번호,
쪽 번호와 우측란은 '●'로 표기</td><td rowspan="3">○</td></tr>
<tr><td>① ② ③ ④ ⑤ ⑥ ⑦ ⑧ ⑨</td></tr>
<tr><td colspan="2"></td><td>⓪ ① ② ③ ④ ⑤ ⑥ ⑦ ⑧ ⑨</td></tr>
<tr><td rowspan="4">교육학 논술
전용 답안지</td><td>쪽 번호</td><td>⓪ ① ② ③ ④ ⑤ ⑥ ⑦ ⑧ ⑨</td><td colspan="2">※ 감독관 확인란(수험생은 표기하지 말 것)</td></tr>
<tr><td rowspan="3">①●</td><td>⓪ ① ② ③ ④ ⑤ ⑥ ⑦ ⑧ ⑨</td><td rowspan="3">- 본인 여부, 성명, 수험 번호, 쪽 번호 기록이 정확한지 확인 후 서명/날인
- 결시자는 위의 결시자 확인란에도 표기</td><td rowspan="3">(서명
또는
날인)</td></tr>
<tr><td>⓪ ① ② ③ ④ ⑤ ⑥ ⑦ ⑧ ⑨</td></tr>
<tr><td>⓪ ① ② ③ ④ ⑤ ⑥ ⑦ ⑧ ⑨</td></tr>
</table>

- 수험 번호와 쪽 번호는 검은색 펜을 사용하여 '●'로 표기하시오.
- 답안은 지워지거나 번지지 않는 동일한 종류의 검은색 펜을 사용하여 작성하시오(연필/사인펜/수정테이프/수정액 사용 불가).
- 수험생 유의 사항을 위반하여 작성한 답안의 경우, 해당 부분이나 답안지 전체를 채점하지 않으니 유의하시오.

풍토, 지역 사회와 학교의 관계 등을 통해 높은 학업 성취를 산출하는 학교이다. D 교장이 언급한 문제점을 해결하기 위해서는 학생들에게 학업의 흥미를 높이기 위해 자기주도 학습, 프로그램 학습 등을 이용하여 개인의 학습 수준에 맞는 속도로 흥미 있는 분야를 공부할 수 있도록 해야 한다. 이를 통해 학생의 자율성 욕구를 충족시켜 흥미와 동기를 줄일 수 있다. 이처럼 학교를 개혁하고 발전시키기 위해서는 현재 학교의 풍토를 점검할 필요가 있다. 학교의 풍토를 효과적으로 변화시킬 때 학생의 학업 성취를 높이고 창의적인 교육을 실현할 수 있다.

학교 구성원들은 학교 교육을 개혁하기 위하여 노력해야 한다. 이를 위해 교육 지도성, 학부모와의 교류, 적절한 학습 설계, 학교 문화의 개선 등 전반적인 측면에서 학교 개혁을 향한 방향으로 나아가야 한다. 이 같은 구성원들의 노력이 지속된다면 학교 교육은 획기적으로 개선되고 발전할 수 있을 것이다.

첨삭 배우기
(5회차 - D)

시대는 매우 빠르게 변화하고 있다. 그러므로 교육도 그에 걸맞게 빠르게 변화해야 한다. 따라서 본 글에서는 학교 개혁을 위한 구성원들의 노력이라는 주제로 지도성, 학부모 교류, 수업설계, 학교문화에 대해 논하고자 한다.

학교 개혁을 위한 구성원들의 노력으로 A 교장이 언급한 허쉬-블랜차드 상황적 지도성 ~~이론에서~~이론에 의거했을 때,[1] 본문의 지도성 유형은 첫째, 지원형 지도성이다. 교과 선생님들은 전문성은 높으나 동기 수준이 낮으므로 업무 능력은 높고 동기 수준은 낮은 것으로 파악되므로 지원형 지도성이 효과적이다. 둘째, 위임형 지도성이다. 비교과 선생님들은 성숙도 수준이 높은 것으로 판단되므로 위임형 지도성이 ~~효과적인 지도성이 될~~효과적일 것이다. ~~지도자의 구체적인 역할로는 첫째,~~이를 위해 지도자는 다음과 같은 역할을 수행해야 한다.[2] 첫째,[3] 지원형 지도성에서는 선생님들을 의사 결정에 참여시키고 업무 관계는 높게, 과업 관계는 낮게 지도하여 의사 결정의 의사를 반영시키도록 한다. 둘째, 위임형 지도성에서는 업무에 관해 위임하며 집단의 신뢰를 보여 주도록 한다. 업무 관계와 과업 관계는 모두 낮게 지도하도록 한다. 이처럼 교사의 성숙도, 과업, 관계에 따라 지도성을 달리하면 학교 ~~개혁을 위한 노력이~~개혁을 이루는 데 도움이[4] 될 것이다.

[1] 본문의 지도성 유형을 판단한 기준을 작성하는 것이므로, '~에 의거했을 때,'. '~에 근거하여' 로 수정하는 것이 좋습니다.

[2] 해당 문장과 같이 이후에 지도자의 역할을 제시하겠다는 안내를 제시하면 독자(평가자)가 더욱 가독성 있게 글을 읽을 수 있는 기제가 됩니다.

[3] 순서를 나타내는 표지어는 문장의 가장 앞 부분에 적는 것이 좋습니다.

[4] '노력이 도움이 된다'보다는 개혁을 이루는 데 도움이 된다는 것이 더 정확한 의미 전달이므로 수정하는 것을 제안합니다.

학교 개혁을 위한 구성원들의 노력으로 B 교장이 진술한 인간발달 이론은 브론펜브래너의 생태학적 발달 이론이다. 특징은 학생과 학생 주변의 다차원적 상호 작용으로 이 학생의 발달과 행동에 큰 영향을 미친다는 것이다. B 교장이 강조하는 체제는 외체제이다. 외체제는 학생의 주변 환경과 사회와의 관계로 학부모의 학교 참여, 학교와의 관계 등 주변 환경의 상호 작용이다. 학교와 학부모 교류가 학생에게 미치는 교육적 효과는 학부모의 환경과 상호작용이 학생의 발달과 교육의 질적 수준을 높일 수 있다는 것이다. 학부모의 적극 참여 유도를 위해 학교 차원에서 지원할 수 있는 구체적 방안은 학생과 학부모가 함께하는 체험학습이나 학부모 참여 방과 후 수업 등이 될 수 있다. 이처럼 학생의 발달과 행동에 학부모와 환경이 상호 작용하는 것이 ~~중요하고~~중요하며, 학교에서는 참여를 유도하여 학교 개혁을 위해 노력해야 할 것이다.

학교 개혁을 위한 구성원들의 노력으로 C 교장의 의견에 제시된 교수·학습 방법의 명칭은 상보적 교수법이다. 상보적 교수법은 학생과 교사의 상호 작용으로 브라운의 상보적 교수방법으로 자주 사용되고 있다. 절차는 안내, 시범, 스캐폴딩, 페이딩 ~~단계가 있다.~~단계로 이루어져 있다. 학생이 읽은 내용을 깊이 이해하고 생각하도록 도와주는 것이 중요하다. 시범 단계의 모델링 ~~전략 4가지는~~전략은 총 네 가지이다.[5] 첫재, 요약하기로 읽은 내용을 요약해 주는 것이다. 둘째, 질문하기로 의문점을 질문하도록 해주는 것이다. 셋째, 명료화하기이다. 어려운 부분을 명료화하여 이해를 돕는다. 넷째, 예측하기로 다음에 올 부분을 예측하여 지도한다. 이런 시범 단계를 통하여 학습의 주도권이 교사에서 학생으로 옮겨갈 수 있도록 도움을 준다. C 교장이 말한 토의식 수업은 포럼이다. 포럼은 전문가 1인이 연설 후, 그 내용에 대해 학생과 질의응답을 가지는 것이다. 교육적 기대효과는 학생들이 적극적으로 참여하고 질의응답을 통하여 수업의 질적 이해를 높일 수 있다. 이처럼 상보적 교수법과 포럼을 통해 ~~독서교육과 독서습관을 길러줄~~독서 교육을 진행하고 독서 습관을 길러 줄[6] 수 있도록 노력해야 할 것이다.

학교 개혁을 위한 구성원들의 노력으로 브루코버의 사회체제 접근 모형의 개념은 학교의 사회심리적 풍토가 오히려 학생들의 학업 격차에 영향을 준다는 것이다. 교사의 기대 수준, 평가 학생들의 노력이 학업 격차에 영향를 미친다는 것이다.[7] ~~이것에 따른~~이에 의거했을 때[8] 효과적인 학교는 투입변인과 과정변인을 통해 산출을 하는 것인데,[9] 투입변인은 구성원, 물리적 자원 등이 되고, 과정변인은 학교 프로그램과 학교 내의 풍토, 학교와 지역 사회 관계 등이 될 수 있다. 산출은 투입 과정에 따른 높은 성취와 효과를 말한다. 학교의 문제점을 해결하기 위한 구체적인 방안으로는 교직원들의 전문성 신장 연수, 학생들이 홍미를 카질느낄 수 있는 수업 ~~프로그램개발을 통해 홍미, 교사의 기대수준 향상, 학생의 능력 향상을 할 수 있겠다.~~[10]프로그램 개발 등을 통해 교사의 기대 수준과 홍미, 학생의 능력을 향상하는 것이 있다.

지금까지 학교 개혁을 위한 구성원들의 노력이라는 주제로 허쉬블랜차드의 상황적 지동성 이론, 학부모교류는 브론펜브래너의 생태학적 발달이론, 수업설계는 상보적 교수법, 포럼, 학교문화는 브루코버의 사회체제 접근 모형에 대입해 알아보았다. ~~학생은 교육의 주체이므로~~교육의 주체는 학생이므로 교사는 학생의 성장의 조력자가 되도록 끊임없이 노력하여야 할 것이다.

[5] 아라비아 숫자(1,2,3)은 '2인의 선택'과 같은 경우에만 쓰고, 다른 경우에는 고유어 숫자 표기를 하는 것이 좋습니다.

[6] 학생들이 독서교육을 위해 노력해야 한다고 읽히기도 하므로 '독서 교육을 진행하고'로 수정하는 것을 제안합니다.

[7] 학생들의 노력이 학업 격차에 미친다는 내용은 비문이므로 수정이 필요합니다.

[8] 앞 문장의 내용을 기준으로 하여 다음 문장의 내용을 서술하는 부분이므로, '이에 의거했을 때', '이에 근거하면'과 같은 어구를 사용하여 말하고자 하는 내용의 기준이 무엇을 나타내는지 안내하는 것이 좋습니다.

[9] 무엇을 산출하는지 구체적으로 제시해야 합니다.

[10]
1. 누구의 흥미를 말하는 것인지 제시해야 합니다.
2. 띄어쓰기에 유의해야 합니다.

최종 모범답안 (5회차 - D)

본인은 수험생 유의 사항을 숙지하였으며 이를 지키지 않아 발생하는 모든 불이익을 감수할 것을 서약합니다.		수험번호	① ②	※결시자 확인란(수험생은 표기하지 말 것)	
성 명			⓪ ① ② ③ ④ ⑤ ⑥ ⑦ ⑧ ⑨	결시자 설명과 수험 번호 기재 검은색 펜으로 결시자 수험 번호, 쪽 번호와 우측란은 '●'로 표기	○
			① ② ③ ④ ⑤ ⑥ ⑦ ⑧ ⑨		
			⓪ ① ② ③ ④ ⑤ ⑥ ⑦ ⑧ ⑨		
교육학 논술 전용 답안지	쪽 번호		⓪ ① ② ③ ④ ⑤ ⑥ ⑦ ⑧ ⑨	※감독관 확인란(수험생은 표기하지 말 것)	
	●②		⓪ ① ② ③ ④ ⑤ ⑥ ⑦ ⑧ ⑨	- 본인 여부, 성명, 수험 번호, 쪽 번호 기록이 정확한지 확인 후 서명/날인	(서명 또는 날인)
			⓪ ① ② ③ ④ ⑤ ⑥ ⑦ ⑧ ⑨	- 결시자는 위의 결시자 확인란에도 표기	
			⓪ ① ② ③ ④ ⑤ ⑥ ⑦ ⑧ ⑨		

- 수험 번호와 쪽 번호는 검은색 펜을 사용하여 '●'로 표기하시오.
- 답안은 지워지거나 번지지 않는 동일한 종류의 검은색 펜을 사용하여 작성하시오(연필/사인펜/수정테이프/수정액 사용 불가).
- 수험생 유의 사항을 위반하여 작성한 답안의 경우, 해당 부분이나 답안지 전체를 채점하지 않으니 유의하시오.

시대는 매우 빠르게 변화하고 있다. 그러므로 교육도 그에 걸맞게 빠르게 변화해야 한다. 따라서 본 글에서는 학교 개혁을 위한 구성원들의 노력이라는 주제로 지도성, 학부모교류, 수업 설계, 학교문화에 대해 논하고자 한다.

학교 개혁을 위한 구성원들의 노력으로 A 교장이 언급한 허쉬-블랜차드 상황적 지도성 이론에 의거했을 때, 본문의 지도성 유형은 첫째, 지원형 지도성이다. 교과 선생님들은 전문성은 높으나 동기 수준이 낮으므로 업무 능력은 높고 동기 수준은 낮은 것으로 파악되므로 지원형 지도성이 효과적이다. 둘째, 위임형 지도성이다. 비교과 선생님들은 성숙도 수준이 높은 것으로 판단되므로 위임형 지도성이 효과적일 것이다. 이를 위해 지도자는 다음과 같은 역할을 수행해야 한다. 첫째, 지원형 지도성에서는 선생님들을 의사 결정에 참여시키고 업무 관계는 높게, 과업 관계는 낮게 지도하여 의사 결정의 의사를 반영시키도록 한다. 둘째, 위임형 지도성에서는 업무에 관해 위임하며 집단의 신뢰를 보여 주도록 한다. 업무 관계와 과업 관계는 모두 낮게 지도하도록 한다. 이처럼 교사의 성숙도, 과업, 관계에 따라 지도성을 달리하면 학교 개혁을 이루는 데 도움이 될 것이다.

학교 개혁을 위한 구성원들의 노력으로 B 교장이 진술한 인간 발달이론은 브론펜브래너의 생태학적 발달이론이다. 특징은 학생과 학생 주변의 다차원적 상호작용으로 학생의 발달과 행동에 큰 영향을 미친다는 것이다. B 교장이 강조하는 체제는 외체제이다. 외체제는 학생의 주변 환경과 사회와의 관계로 학부모의 학교 참여, 학교와의 관계 등 주변 환경의 상호작용이다. 학교와 학부모교류가 학생에게 미치는 교육적 효과는 학부모의 환경과 상호작용이 학생의 발달과 교육의 질적 수준을 높일 수 있다는 것이다. 학부모의 적극적인 참여 유도를 위해 학교 차원에서 지원할 수 있는 구체적 방안은 학생과 학부모가 함께하는 체험 학습이나 학부모 참여 방과 후 수업 등이 될 수 있다. 이처럼 학생의 발달과 행동에 학부모와 환경이 상호작용하는 것이 중요하며, 학교에서는 참여를 유도하여 학교 개혁을 위해 노력해야 할 것이다.

학교 개혁을 위한 구성원들의 노력으로 C 교장의 의견에 제시된 교수·학습 방법의 명칭은 상보적 교수법이다. 상보적 교수법은 학생과 교사의 상호작용으로 브라운의 상보적 교수 방법으로 자주 사용되고 있다. 절차는 안내, 시범, 스캐폴딩, 페이딩 단계로 이루어져 있다. 학생이 읽은 내용을 깊이 이해하고 생각하도록 도와주는 것이 중요하다. 시범 단계의 모델링 전략은 총 네 가지이다. 첫째, 요약하기로 읽은 내용을 요약해 주는 것이다. 둘째, 질문하기로 의문점을 질문하도록 해주는 것이다. 셋째, 명료화하기이다. 어려운 부분을 명료화하여 이해를 돕는다. 넷째, 예측하기로 다음에 올 부분을 예측하여 지도한다. 이런 시범 단계를 통하여 학습의 주도권이 교사에서 학생으로 옮겨 갈 수 있도록 도움을 준다. C 교장이 말한 토의식 수업은 포럼이다. 포럼은 전문가 1인이 연설 후, 그 내용에 대해 학생과 질의응답을 가지는 것이다. 교육적 기대효과는 학생들이 적극적으로 참여하고 질의응답을 통하여 수업의 질적 이해를 높일 수 있다. 이처럼 상보적 교수법과 포럼을 통해 독서교육을 진행하고 독서 습관을 길러 줄 수 있도록 노력해야 할 것이다.

최종 모범답안 (5회차 - D)

<table>
<tr><td colspan="2">본인은 수험생 유의 사항을 숙지하였으며 이를 지키지 않아 발생하는 모든 불이익을 감수할 것을 서약합니다.</td><td rowspan="8">수
험
번
호</td><td>① ②</td><td colspan="2">※ 결시자 확인란(수험생은 표기하지 말 것)</td></tr>
<tr><td colspan="2"></td><td>⓪ ① ② ③ ④ ⑤ ⑥ ⑦ ⑧ ⑨</td><td rowspan="3">결시자 설명과 수험 번호 기재
검은색 펜으로 결시자 수험 번호, 쪽 번호와 우측란은 '●'로 표기</td><td rowspan="3">○</td></tr>
<tr><td colspan="2">성 명</td><td>① ② ③ ④ ⑤ ⑥ ⑦ ⑧ ⑨</td></tr>
<tr><td colspan="2"></td><td>⓪ ① ② ③ ④ ⑤ ⑥ ⑦ ⑧ ⑨</td></tr>
<tr><td rowspan="4">교육학 논술 전용 답안지</td><td>쪽 번호</td><td>⓪ ① ② ③ ④ ⑤ ⑥ ⑦ ⑧ ⑨</td><td colspan="2">※ 감독관 확인란(수험생은 표기하지 말 것)</td></tr>
<tr><td rowspan="3">①●</td><td>⓪ ① ② ③ ④ ⑤ ⑥ ⑦ ⑧ ⑨</td><td rowspan="3">- 본인 여부, 성명, 수험 번호, 쪽 번호 기록이 정확한지 확인 후 서명/날인
- 결시자는 위의 결시자 확인란에도 표기</td><td rowspan="3">(서명 또는 날인)</td></tr>
<tr><td>⓪ ① ② ③ ④ ⑤ ⑥ ⑦ ⑧ ⑨</td></tr>
<tr><td>⓪ ① ② ③ ④ ⑤ ⑥ ⑦ ⑧ ⑨</td></tr>
</table>

- 수험 번호와 쪽 번호는 검은색 펜을 사용하여 '●'로 표기하시오.
- 답안은 지워지거나 번지지 않는 동일한 종류의 검은색 펜을 사용하여 작성하시오(연필/사인펜/수정테이프/수정액 사용 불가).
- 수험생 유의 사항을 위반하여 작성한 답안의 경우, 해당 부분이나 답안지 전체를 채점하지 않으니 유의하시오.

학교 개혁을 위한 구성원들의 노력으로 브루코버의 사회 체제 접근모형의 개념은 학교의 사회 심리적 풍토가 오히려 학생들의 학업 격차에 영향을 준다는 것이다. 즉, 교사의 기대 수준, 평가 학생들의 노력이 학업 격차에 영향를 미친다는 것이다. 이에 의거했을 때 효과적인 학교는 투입 변인과 과정 변인을 통해 높은 학업 성취를 산출하는 것인데, 투입 변인은 구성원, 물리적 자원 등이 되고, 과정 변인은 학교 프로그램과 학교 내의 풍토, 학교와 지역 사회 관계 등이 될 수 있다. 산출은 투입 과정에 따른 높은 성취와 효과를 말한다. 학교의 문제점을 해결하기 위한 구체적인 방안으로는 교직원들의 전문성 신장 연수, 학생들이 흥미를 느낄 수 있는 수업 프로그램 개발 등을 통해 교사의 기대 수준과 흥미, 학생의 능력을 향상하는 것이 있다.

지금까지 학교 개혁을 위한 구성원들의 노력이라는 주제로 허쉬블랜차드의 상황적 지동성 이론, 브론펜브래너의 생태학적 발달이론, 상보적 교수법, 포럼, 브루코버의 사회체제 접근모형에 대해 알아보았다. 교육의 주체는 학생이므로 교사는 학생의 성장의 조력자가 되도록 끊임없이 노력하여야 할 것이다.

[5회] 수험생이 자주 하는 질문 모음

A 교장의 질문에 해당하는 답변을 작성할 때 "효과적인 지도성 1 + 지도자의 구체적인 역할1" or "효과적인 지도성 2 + 지도자의 구체적인 역할2"처럼 작성해도 될까요? 아니면 제시된 순서대로 지도성 1, 2를 쓰고 역할1, 2를 써야 할까요?

둘 다 크게 문제가 되지 않습니다만, 저는 개인적으로 채점자의 피로도를 줄이기 위해 문제에서 제시된 순서대로 쓰는 것을 권합니다. 채점자는 보통 문제에서 요구한 내용을 순서대로 찾으며 점수를 매기는데, 내용을 혼합해서 쓰면 채점자가 놓칠 수도 있기 때문입니다.

실제 시험 점수는 17.33, 14.66 등등 소수점으로 나오는 경우가 있는데, 왜 그런 건가요? (전공 영어 수험생)

05회

실제 시험은 수험생 한 명의 답안지를 총 3명의 현직교사가 채점합니다. 예를 들어, 채점자 두 명이 17점을 주고 한 명이 18점을 줬다면 그 답지는 17.33을 받게 됩니다. 이처럼 논술시험은 특성상 사람의 주관이 들어갈 수밖에 없으므로, (스터디를 통해) 여러 사람에게 자신의 글을 평가받고, 자신의 약점을 빨리 파악하는 것이 중요합니다.

오픈형 문제에 대비하기 위해서는 어떤 자료를 참고하면 좋을지 고민이 됩니다. 2차 면접 책이나 유튜브 영상을 참고하면 될까요?

오픈형 문제는 학교 관련 상식이 풍부한 사람에게 유리한 것이 사실입니다. 기간제 경험이 있으면 당연히 유리하겠죠. 그런데 교직 경험 없이도 오픈형 문제를 쉽게 해결하고 교육학을 고득점 받는 경우가 많습니다. 저는 이런 고득점자분들이 오픈형 문제만을 위해 따로 공부하는 경우는 잘 보지 못했습니다. 대부분 초수거나 교육학에 콤플렉스가 있는 분들이 오픈형에 겁먹고 다양한 공부 방법을 생각하는데, 사실 오픈형 문제는 원페이지 교육학 6판 서두에도 밝혀 두었지만, 모의고사 문제를 풀면서 익혀 나가는 것이 시간 대비 효율이 가장 높은 공부 방법이라고 할 수 있습니다.

막상 유튜브 영상이나 행복한 교육 잡지 같은 것을 보면 뜬구름 잡는 내용밖에 보이지 않아 머릿속에 잘 들어오지 않습니다. 그나마 2차 면접 책은 구체적인 내용이 있어 영상이나 잡지보다는 좋습니다. 그런데 면접 책도 혼자서 하기에는 쉽지 않습니다. 어느 부분을 집중적으로 봐야 하는지 파악하기가 힘들기 때문입니다. 또, 2차 면접 내용이 교육학 오픈형에 도움이 되는 내용인지 아닌지 계속 의문을 가지면서 보기 때문에 집중하기도 어렵습니다. 만약 2차 면접 교재를 활용하실 분들은 오픈형 문제를 대비한다는 전략으로 접근하기보다는 2차 면접을 미리 준비한다는 마인드로 폭넓게 공부하면 좋을 것 같습니다.

어쨌든, 저는 각종 자료를 가지고 혼자서 막연히 인풋하는 공부는 별로 추천하고 싶지 않습니다. 혼자서 하면 1~2시간 동안 핵심을 잡지 못하고 끙끙할 수 있지만, 경험 많은 수험생과 스터디를 하면 단 5분 안에 핵심 내용을 배울 수 있으므로 저는 되도록 여러 수험생과 스터디하는 것을 가장 추천합니다. 물론 그런 수험생을 어디서 구하느냐가 문제이지만, 진도 빼기 스터디가 아니라 문제 풀이 스터디는 수험생들이 어느 정도 공부된 상태에서 진행하기 때문에 경험 많은 수험생을 찾는 것은 어렵지 않습니다.

오픈형 문제를 해결해 보겠다고 혼자서 2차 면접 책이나 유튜브 영상을 보면 삼천포로 빠지거나 시간 낭비가 될 수 있으니 주의해야 합니다. 무조건 혼자서 하는 방법이 나쁘다는 말은 아니니, 자신의 평소 학습 스타일을 잘 판단해야 합니다. 마지막으로 정리하겠습니다. 저는 오픈형 문제만을 위해 뭔가 따로 공부하기보다는, 모의고사 스터디를 만들어 많은 모의고사를 풀면서 스터디원들과 토론을 통해 내공을 쌓으라고 조언하고 싶습니다.

PART 06

원페이지 교육학 모의고사 (6회)

중등학교교사 임용후보자 선정경쟁시험

원페이지 교육학 (6회)

수험 번호 : ( )　성 명 : ()

제1차 시험	1 교시	1문항 20점	시험 시간 60분

○ 문제지 전체 면수가 맞는지 확인하시오.

다음은 ㅇㅇ 중학교에 재직하고 있는 최 교감이 교내 3학년 담임 선생님에게 쓴 메신저 내용의 일부이다. 이 내용을 읽고 '교실 수업 개선을 위한 방안'이라는 주제로 교육방법, 교육철학, 학교사회, 장학활동을 구성요소로 하여 서론, 본론, 결론을 갖추어 논하시오. [20점]

3학년 담임 선생님에게

다음 주에는 교내 공개수업이 예정되어 있습니다. 원활한 공개수업을 진행할 수 있도록 몇 가지 안내 사항을 전달하겠습니다. 우선 학업성적 미달을 예방하기 위해 성적이 낮은 학생들을 특별히 신경 써 주시길 바랍니다. 특히, 선행지식이 없는 학생들을 위해 수업 목표를 명확히 안내해 주시고, 학생들이 수업 내용을 쉽게 이해할 수 있도록 전체 내용을 포괄하는 예를 충분히 제시해 주시기 바랍니다. 또, 한 가지의 개념만 가르치지 마시고, 해당 개념을 수정하거나 변형하여 새로운 학습을 포섭해 의미 있는 수용학습(reception learning)이 되도록 학습지도안을 작성해 주십시오.

교내 공개수업이 어려운 학급은 원격수업으로 대체하겠습니다. 온라인 수업을 할 때는 해당 교과 선생님이 의도한 메시지와 학생들이 받아들이는 메시지가 일치할 수도 있지만, 그렇지 않은 경우가 많으므로 벌로(D. Berlo)의 SMCR 모형에 기초하여 수업 설계를 해야 합니다. 그리고 수업 내용을 전달할 때는 피터스(R.S. Peters)가 강조한 것처럼 도덕적으로 온당한 방법을 고려해 주시기 바랍니다.

… (중략) …

최근에 각반 구글 클래스룸에 접속해 보니 학습 과제물 관리가 어려운 것 같습니다. 온라인 과제물은 학생들의 성적과도 관련이 있으니 특별히 신경 써 주시길 바랍니다. 학생들은 온라인 과제를 통해 스스로 문제를 해결할 수 있는 능력을 키우고 자기 행동에 대해 책임지는 법을 터득해야 합니다. 그러므로 과제물을 늦게 제출했을 때는 개인 사정을 고려해 주지 마시고, 학생들의 특성과 관계없이 모두 같은 내용을 공유해 주십시오. 단, 최상급 반 학생들은 흥미와 적성에 맞는 과제를 제시해 성취감을 느낄 수 있도록 해주십시오.

… (중략) …

교장 선생님께서 이번 공개수업에 관심이 많습니다. 올해는 신규 선생님들이 많으므로 공개수업에 어려움을 느끼지 않도록 이번 주부터 교장 선생님이 직접 학급 순시를 할 계획이라고 합니다. 저도 공개수업 도중에 교실을 잠시 방문할 수 있으니 참고하시기 바랍니다. 마지막으로 최근에 설치된 실외 자판기 때문에 교내 쓰레기양이 대폭 늘어났습니다. 특히, 학생들의 무분별한 쓰레기 투척으로 인한 여러 선생님의 불만을 확인했으며 저 또한 고민이 많습니다. 이와 관련된 내용은 조만간 다시 안내하겠습니다.

〈 배 점 〉

○ 논술의 내용 [총 15점]
- 오수벨(D. Ausubel)의 선행조직자 교수모형의 관점에서 최 교감이 강조한 선행조직자와 포섭의 유형 각각 1가지, 유의미한 수용학습을 위해 학습과제를 제시한 다음 단계에서 할 수 있는 교사와 학생의 역할 각각 1가지 [4점]
- 벌로(D. Berlo)의 SMCR 모형의 시사점에 근거하여 효과적인 의사소통 방안 1가지, 최 교감이 강조한 피터스(R. S. Peters)의 교육의 개념적 준거 1가지를 설명하고, 그 개념에 근거한 교수설계 운영 방안 2가지 [4점]
- 드리븐(R. Dreeben)의 학교사회화 내용 중 최 교감이 강조한 규범 3가지 설명 [3점]
- 교장이 계획하고 있는 장학의 명칭과 이 장학유형이 가지는 장점과 단점 각각 1가지, 서지오바니(Sergiovanni)의 인적자원론적 장학의 관점에서 교사들의 고민 해소를 위해 활용할 수 있는 최 교감의 학교 운영 방안 1가지 [4점]

○ 논술의 구성 및 표현 [총 5점]
- 논술의 내용과 '교실 수업 개선을 위한 방안'의 연계 및 논리적 형식 [3점]
- 표현의 적절성 [2점]

〈수고하셨습니다.〉

교육학 논술 초안 작성지

원페이지 교육학 (6회)
채점 세부 기준

<table>
<tr><th rowspan="2">영역</th><th colspan="2">채점 세부 기준</th><th rowspan="2">배점</th></tr>
<tr><th>내용 요소</th><th>점수 부여 기준</th></tr>
<tr><td>1</td><td>오수벨(D. Ausubel)의 선행조직자 교수모형의 관점에서 최 교감이 강조한 선행조직자 1가지</td><td>설명조직자 – 선행지식이 없을 때 내용을 포괄할 수 있는 개념이나 일반적인 예를 제시하는 것이다. (산 설명 후 숲, 나무, 가지 설명)

출제근거 [2010 중등] 박 교사는 오수벨(D. Ausubel)의 유의미 수용학습 이론에 따라 수업을 하고자 한다. (가), (나), (다)에 들어갈 내용을 바르게 짝지은 것은?

박 교사는 학생들에게 먼저 수업목표를 명확히 제시하고, 수업내용을 쉽게 이해하게 하도록 수업내용을 포괄하는 예를 (가) 로 제시하였다. 박 교사는 (가) 가 학생들의 인지구조 내에서 새로운 학습내용을 (나) 하여 의미 있는 수용학습이 이루어지도록 촉진할 것이라고 기대하였다. 그 이유는 수업내용을 학습하기 전에 수업내용에 관한 포괄적인 예를 제시하면 그것이 (다) 의 역할을 수행하여 학습의 정교화를 촉진할 것이기 때문이다.

(가) (나) (다)
① 비교조직자 대조 정착 아이디어(anchoring ideas)
② 비교조직자 포섭 지식망(knowledge network)
③ 설명조직자 대조 정착 아이디어(anchoring ideas)
④ 설명조직자 포섭 지식망(knowledge network)
⑤ 설명조직자 포섭 정착 아이디어(anchoring ideas) (정답)

개인과외 과거 기출 문제를 분석해 보면 오수벨 같이 임고생 누구든 중요하게 공부하는 이론은 거시적으로 잘 묻지 않고, 지엽적이거나 세부적인 내용을 묻는 경우가 많습니다. 만약 오수벨을 보고 기뻤으나 세부적인 내용을 물어 당황했다면 아직 약점이 있다는 뜻이므로 별표 높은 이론들을 다시 점검할 필요가 있습니다.</td><td>1점</td></tr>
<tr><td>1</td><td>포섭의 유형 1가지</td><td>상관적 포섭 – 학습자의 인지구조 속에 있는 개념을 수정 또는 변형하여 학습하는 것</td><td>1점</td></tr>
</table>

		출제근거 [2008 초등] 〈보기〉에 제시된 (가)와 (나)의 학습에 활용된 오수벨(D. P. Ausubel)의 포섭 유형을 바르게 나열한 것은? (가) • 사각형의 개념을 학습하였다. ↓ • 정사각형, 직사각형, 마름모 등을 학습하여 사각형에는 여러 가지 형태가 있음을 알게 되었다. (나) • 고양이, 소, 돌고래의 특징을 학습하였다. ↓ • 이 동물들은 새끼에게 젖을 먹이며, 이런 공통점을 지닌 동물들이 포유류임을 알게 되었다. (가) (나) ① 상관적 포섭 상위적 포섭 ② **상관적 포섭** 병렬적 포섭 ③ **파생적 포섭 상위적 포섭 (정답)** ④ 파생적 포섭 병렬적 포섭	
1	유의미한 수용학습을 위해 학습과제를 제시한 다음 단계에서 할 수 있는 교사와 학생의 역할 각각 1가지	**(오픈형 문제)** 다음의 핵심 키워드가 있으면 정답처리 한다. **〈교사의 역할〉** 1. **가정**이나 **추론** 상황을 제시한다. 2. 개념이나 명제들 사이의 공통점과 차이점을 학습자의 선행학습 내용에 근거해서 **비교, 설명하게 한다.** 3. **비판적 접근, 명료화, 요점정리**를 활용한다. 4. 새로운 학습내용을 **정착**시키고 이를 **강화**한다. **〈학생의 역할〉** 1. 학습자는 새로운 내용을 **포섭**하기 위해 **관련 정착 지식**를 가지고 있어야 한다. 2. 학습자는 **유의미한 학습태세**를 가지고 있어야 한다. 출제근거 [2012 중등] 다음은 오수벨(D. Ausubel)의 선행조직자 교수모형이다. (가) 단계에서 교사가 수행하는 대표적인 교수 활동으로 옳은 것을 〈보기〉에서 고른 것은? 선행조직자 제시 → 학습과제와 자료 제시 → (가)	각각 1점

<table>
<tr><td></td><td></td><td>

㉠ 학습결과를 분석하여 선행조직자의 개선을 위한 자료를 수집한다.
㉡ 수업목표를 제시하고 점진적 분화의 원리에 따라 학습자료에 나오는 개념이나 명제를 학습하도록 유도한다.
㉢ 학습자가 학습자료의 내용을 다른 시각에서 살펴보거나 숨겨져 있는 가정이나 추론 등에 대해 도전하게 한다.
㉣ 학습자료에 제시된 여러 가지 개념이나 명제들 사이의 공통점과 차이점을 학습자의 선행학습 내용에 근거해서 비교·설명하게 한다.

① ㉠, ㉡
② ㉠, ㉢
③ ㉡, ㉢
④ ㉡, ㉣
⑤ ㉢, ㉣ **(정답)**

</td><td></td></tr>
<tr><td>2</td><td>벌로(D. Berlo)의 SMCR 모형의 시사점에 근거하여 효과적인 의사소통 방안 1가지</td><td>

1. 송신자(교사)와 수신자(학생)의 하위영역이 일치할수록 커뮤니케이션이 원만해지므로, 송신자인 교사는 **학생의 통신기술, 태도, 지식수준, 문화양식과 일치할 수 있도록 노력**해야 한다. (사회는 못 건드림)
2. 통신수단은 시각과 청각뿐만 아니라 촉각, 후각, 미각 등 5 감각을 통해 전달되므로, 교사는 **다양한 매체를 활용해 수업**해야 한다.
3. 전달내용(교육내용)은 **내용, 요소, 구조, 코드, 처리로 구체화하여 전달**되어야 한다.

출제근거 [2012 중등] 의사소통 모형인 벌로(D. Berlo)의 SMCR 모형에 기초하여 김 교사와 학생의 수업과정을 분석할 때, M 단계의 하위 요소에 해당하는 것으로 옳은 것을 <보기>에서 고른 것은?

김 교사는 학생의 흥미와 수준을 고려하여 ㉠ 가르칠 내용의 순서에 따라 설명하기 때문에 학생도 수업의 흐름을 놓치지 않고 잘 따라온다. 김 교사의 ㉡ 교과와 수업에 대한 열의는 수업시간에 그대로 반영되어, 학생이 교사의 말에 더욱 집중하게 된다. 김 교사의 수업이 쉽고 지루하지 않은 것은 설명이 명확해서이기도 하지만, ㉢ 비언어적 표현, 즉 몸짓, 눈 맞추기, 표정 등을 적절히 활용하기 때문이다. 김 교사가 컴퓨터 활용 수업을 할 때에는 ㉣ 학생이 자료를 읽거나 사용하는 의사소통기술에 어려움이 없도록 지도한다. 전반적으로 김 교사의 수업에서는 학생들이 ㉤ 보고 듣기만 하는 것이 아니라, 만져보고 때로는 냄새를 맡고 맛을 보기도 하는 등 오감각을 통해 보다 풍부한 의사소통을 한다.

① ㉠, ㉡
② ㉠, ㉢ **(정답)**
③ ㉡, ㉣
④ ㉢, ㉤
⑤ ㉣, ㉤

</td><td>1점</td></tr>
</table>

		개인과외 교육학 내공이 낮은 분들은 벌로의 SMCR 모형을 대충 보고 넘어갔을 것입니다. 교재에 별표가 없기도 하고 읽어봐도 잘 와닿지 않기 때문입니다. 교육학이 논술로 바뀐 지 10년이 다 돼가기도 하고 갈수록 문제의 난이도가 높아지고 있으므로 고득점을 노리는 분들은 빠짐없이 공부하는 것이 좋습니다. 벌로는 12년도와 04년도에 중등 문제로 등장한 이력 때문에 이제 대충 봐서는 안 됩니다. 원페이지 기본서에 벌로의 SMCR 모형과 쉐논과 슈람의 통신모형을 공부하기 편하게 한 페이지로 정리해 뒀으니 굵은 글씨 위주로 이해하고 넘어가기를 바랍니다. 참고로 위 문제에서... ⓛ, ⓡ은 수신자의 태도와 관련이 있고 ⓜ은 통신수단과 관련이 있습니다. **출제근거** [2004 중등] 벌로(D.Berlo)의 SMCR모형에 관한 설명으로 옳은 것은? ① 메시지는 내용, 요소, 처리, 해독으로 구성된다. ② 잡음(noise)을 메시지 전달 과정의 중요한 변인으로 고려한다. ③ 송신자의 메시지는 수신자의 시각과 청각에 의해서만 전달된다. **④ 송신자는 통신기술, 지식수준, 사회체제, 문화양식에 의해 영향을 받는다. (정답)**	
2	최 교감이 강조한 피터스(R. S. Peters)의 교육의 개념적 준거 1가지를 설명	**과정적 준거** – 교육방법과 관련된 것으로, 교육내용의 전달방법이나 과정이 도덕적으로 온당해야 하는 것을 말한다. 도덕적으로 온당한 방법이란 학습자의 의지나 자발적인 노력에 근거한 방법이다. **출제근거** [2008 초등] 다음 해당하는 피터스(R. S. Peters)의 교육의 개념적 준거는? 아무리 좋은 내용이라 하더라고 그것을 학습자의 의지와 자발성이 결여된 방식으로 가르쳐서는 안 된다. 이 점에서 조건화(conditioning)나 세뇌(brainwashing) 등과 같은 방법은 교육이라 부를 수 없다 **① 과정적 준거 (정답)** ② 규범적 준거 ③ 기술적 준거 ④ 인지적 준거	1점
2	그 개념에 근거한 교수설계 운영 방안 2가지	1) 학습자에게 전달되는 **자료는 흥미 있는 것**으로 하고, 2) 이념을 주입하는 **조건화**나 **세뇌**는 교육에서 **제외**되어야 한다.	각 1점
3	드리븐(R. Dreeben)의 학교사회화 내용 중 최 교감이 강조한 규범 3가지	1. **독립성** – 학생들이 과제를 스스로 수행하고 자신의 행위에 대해 책임져야 한다는 것을 배우는 것을 말한다. (지문) 학생들은 온라인 과제를 통해 스스로 문제를 해결할 수 있는 능력을 키우고 자신의 행동에 대해 책임지는 법을 터득해야 합니다. 2. **보편성** – 모두에게 적용되는 보편적인 규칙과 규범을 배우는 것을 말한다. 보편성	각 1점

은 학년이 같은 학생들이 개인의 특성과 관계없이 같은 학습내용과 과제를 공유함으로써 습득한다.

(지문) 그러므로 과제물을 늦게 제출했을 때는 개인 사정을 고려해주지 마시고, 학생들의 특성과 관계없이 모두 같은 내용을 공유해주십시오.

> **개인과외** 드리븐을 제대로 공부한 분들은 특수성과 성취성에서 고민을 많이 했을 것입니다. 사실 이 문제는 특수성을 노리고 출제했으나 "성취감을 느낄 수 있도록"이라는 말도 있으므로 성취성도 정답이 될 수 있습니다.

(주의)3번은 아래 둘 다 가능함. 설명을 제대로 했으면 둘 다 정답처리 한다.

3. **특수성(특정성), 성취성** – 정당한 사유가 있다면 예외도 인정받는다는 것을 배우는 것을 말한다. 특정성은 학년이 올라감에 따라 흥미와 적성에 맞는 분야를 교육받는 과정에서 습득한다.

(지문) 최상급반 학생들은 홍미와 적성에 맞는 과제를 제시해 성취감을 느낄 수 있도록 해주십시오.

출제근거 [2007 전문] 다음은 학교사회화 과정에서 습득되는 특성에 대한 드리븐의 설명이다. (가)~(다)에 들어갈 것으로 바르게 묶은 것은?

> 학교에서 학생들로 하여금 과제를 스스로 처리하게 하고 자신의 행동에 대하여 책임을 지게 함으로써 (**가**)이 길러진다. 동일 학년의 학생들이 개인의 특성과 관계없이 같은 학습내용과 과제를 공유함으로써 (**나**)이(가) 길러진다. 이러한 공유를 바탕으로 학년이 올라감에 따라 자신의 흥미와 적성에 맞는 분야를 교육받는 과정에서 (**다**)이 길러진다.

	(가)	(나)	(다)
①	**독립성**	**보편성**	**특수성 (정답)**
②	독립성	성 취	특수성
③	특수성	보편성	독립성
④	보편성	성 취	특수성

출제근거 [2007 중등] 드리븐(R. Dreeben)의 학교사회화 내용 중 다음의 빈칸에 해당하는 것은?

> (　　)은 학년이 높아짐에 따라 흥미와 적성에 맞는 분야의 교육에 집중함으로써 학생들이 학습하게 되는 것이다.

① 독립성

② 특정성 (정답)

③ 보편성

④ 성취성

<table>
<tr>
<td>4</td>
<td>교장이 계획하고 있는 장학의 명칭</td>
<td>
약식장학 – 교장이나 교감이 간헐적으로 짧은 시간 동안 학급을 순시하거나 수업을 참관하고 이에 대해 지도, 조언하는 장학이다.

출제근거 [2007 중등] 〈보기〉의 설명과 가장 가까운 교내자율장학의 유형은?
○ 교장이나 교감이 학교교육 전반의 정보를 파악하는 데에 도움이 된다.
○ 교장이나 교감이 간헐적으로 학급을 순시하거나 수업을 참관하는 것이다.
○ 교장이나 교감이 교사들의 평상시 수업 및 학급경영활 동을 관찰하고 지도 조언한다.
① 약식장학 (정답)
② 동료장학
③ 수업장학
④ 자기장학

출제근거 [2007 초등] 〈보기〉에 나타나 있는 장학의 유형은?
이번 학기에 천하 초등학교에는 신규 교사인 김 교사가 부임하였다. 교장은 김 교사가 수업에 어려움을 느끼지 않는지 교감에게 수업을 참관하도록 지시하였다. 교감은 김 교사의 교실을 잠시 방문하여 수업을 참관하고, 그 결과를 교장에게 보고한 후, 김 교사를 만나 간단한 조언을 해주었다.
① 약식 장학
② 요청 장학
③ 동료 장학
④ 담임 장학

개인과외 사실 장학에서는 컨설팅 장학과 임상 장학이 가장 중요합니다. 임상 장학은 출제된 이력이 있어 다음으로 장학을 다루면 컨설팅이 유력합니다. 출제자 입장에서는 컨설팅을 제출하면 너무 뻔한 문제가 되고, 변별력이 없으므로 오히려 이런 기본적인 장학을 물어볼 수도 있습니다. 이 문제를 틀린 분들은 다른 부분에서도 기본을 놓친 것은 없는지 재점검할 필요가 있습니다.
</td>
<td>1점</td>
</tr>
<tr>
<td>4</td>
<td>이 장학유형이 가지는 장점과 단점 각각 1가지</td>
<td>
(오픈형 문제)
〈장점〉
1. 실제 교사들의 평상시 수업 및 학급 경영활동을 관찰하므로 교장과 교감 입장에서는 (실제 교사들의 행동을 볼 수 있어) 학교 교육 전반의 정보를 파악하는 데 큰 도움이 되는 장학이다.
〈단점〉
1. 교사들에게 불쾌감을 줄 수 있으므로 약식장학은 교사와 교감 교장 간에 충분한 신뢰 관계가 동반되어야 한다.
2. 구체적인 피드백이 불가능하다.
</td>
<td>각1점</td>
</tr>
</table>

06회

<table>
<tr>
<td>4</td>
<td>서지오바니(Sergiovanni)의 인적자원론적 장학의 관점에서 교사들의 고민 해소를 위해 활용할 수 있는 최 교감의 학교 운영 방안 1가지</td>
<td>아래의 핵심 키워드가 두 개 이상 있으면 정답처리 한다.
인적자원론적 장학 – 교사들을 학교의 의사결정 과정에 참여시켜 공동의 의사결정을 도입하면 학교의 효율성이 증가하고, 이를 통해 교사의 직무 만족도가 증가하는 장학 형태이다.

개인과외 인적자원론적 장학은 서지오바니(Sergiovanni)에 의해 연구된 장학 형태입니다. 이 이론이 생소한 분들은 기본서에 있는 개인과외와 내용을 참고해 주세요. 최근에는 이런 인간중심 장학 형태를 선호하고 있으므로 알아 둘 필요가 있습니다.

출제근거 [2009 초등] 서지오바니의 인적자원론적 장학의 관점을 가장 잘 나타낸 것은?
① 교사의 만족도가 증가하면 학교의 효율성이 증가하고, 이를 통해 공동의 의사결정이 달성된다.
② 교사의 만족도가 증가하면 공동의 의사결정이 달성되고, 이를 통해 학교의 효율성이 증가된다.
③ 학교의 효율성이 증가하면 교사의 만족도가 증가하고, 이를 통해 공동의 의사결정이 달성된다.
④ 공동의 의사결정을 도입하고 나면 학교의 효율성이 증가하고, 이를 통해 교사의 만족도가 증가한다. (정답)
⑤ 공동의 의사결정을 도입하고 나면 교사의 만족도가 증가하고, 이를 통해 학교의 효율성이 증가한다.</td>
<td>1점</td>
</tr>
<tr>
<td rowspan="5">논술의 구성 및 표현 [5점]</td>
<td rowspan="3">논술의 내용과 주제와의 연계 및 논리적 형식 [3점]</td>
<td>본론에서 주제와 관련된 내용의 논리적 일관성과 문장의 표현력이 모두 뛰어남</td>
<td>3점</td>
</tr>
<tr>
<td>본론에서 주제와 관련된 내용의 논리적 일관성과 문장의 표현력 중 하나가 부족함</td>
<td>2점</td>
</tr>
<tr>
<td>본론에서 주제와 관련된 내용의 논리적 일관성과 문장의 표현력이 모두 부족함</td>
<td>1점</td>
</tr>
<tr>
<td rowspan="2">표현의 적절성 [2점]</td>
<td>서론과 결론에서 논술 주제를 논리적으로 모두 다루고 있음</td>
<td>2점</td>
</tr>
<tr>
<td>서론과 결론에서 논술 주제를 다루지 않거나 내용이 빈약함</td>
<td>1점</td>
</tr>
</table>

첨삭 배우기
(6회차 - A)

1 학교v사회(띄어쓰기)

2 장학v활동(띄어쓰기)

3 '~위한'은 쓰지 않아도 의미 변화를 일으키지 않으므로 삭제하는 것이 좋습니다. 논술문 답안은 간결하게 표현할 수 있는 부분은 최대한 간결하고 명확하게 표현해야 합니다.

4 본인의 분석이 제시문의 근거하였다는 것을 표현적으로 밝혀 적을 필요가 있습니다.

5 '~을 해봄'을 쓰지 않아도 의미 변화에 영향을 미치지 않으므로 삭제하는 것이 좋습니다.

6 정착v지식(띄어쓰기)

학교는 학생들의 자아 실현을 돕는 곳이다. 교사는 학생들이 학교생활에 잘 적응하고 자신의 자아를 실현할 수 있도록 교육방법, 교육철학, 학교사회[1]의 장학활동[2] 등의 영역에서 전문성과 역량을 갖춰야 한다. 따라서 본 ~~글은~~글에서는 제시문의 메신저 내용을 토대로 교실 수업을 ~~개선하기 위한 방안에 대해~~[3]개선하는 방향에 대해 논의해 보고자 한다.

먼저, 오수벨의 유의미 수용학습이론의 관점에서 최 교감이 강조하는 선행조직자는 설명조직자이다. 이는 선행 지식이 없는 학생들에게 수업 내용을 쉽게 이해할 수 있도록 내용을 포괄하는 개념 또는 예시를 제시하는 것으로, 최 교감의 메신저 내용을 ~~읽고~~통해 이를 유추할 수 있다.[4] 또한 기존의 개념을 수정하거나 변경하여 새로운 학습을 포섭한다는 것을 보아 상관적 포섭을 말하고 ~~있다.~~있음을 확인할 수 있다. 이 모형에 근거하여 학습 과제를 제시한 후에, 교사는 학습자에게 복잡하고 구체적인 사례를 보여 ~~주거나 또는~~주거나 ~~질문을 해봄으로써~~[5]질문함으로써 학습자가 학습 내용과 관련된 정착지식[6]을 ~~가지고 있는지~~가졌는지 확인해야 한다. 이때 학생은 관련 정착지식을 가지고 새로운 학습 내용을 포섭한다. 이처럼 ~~교사가~~교사는 학생들에게 적절한 선행조직자를 제시하고 새로운 학습 내용의 포섭을 ~~유도할 때,~~ 유도함으로써 교실 수업을 좀 더 개선할 수 있다.

다음으로, 벌로의 SMCR 모형에 근거할 때, 교사가 의도한 메시지와 학생들이 받아들이는 메시지가 일치하여야 효과적인 의사소통이라고 할 수 있다. 이를 위해 교사는 학생의 통신 기술, 태도, 지식 수준, 문화 양식을 구체적으로 분석하고 고려하여 메시지가 일치될 수 있도록 노력해야 한다. 그리고 피터스가 수업 내용을 전달할 때 전달 방법 또는 과정이 도덕적으로 온당해야 한다고 주장했듯이, 주입식이나 세뇌와 같은 방법으로 교수 학습이 이루어져서는 안 된다. 피터스의 교육개념적 준거에 근거했을 때, 교수 설계 운영 방안은 다음과 같다. 첫째, 학생들이 스스로 문제를 해결해 보면서 지식 체계를 구성하는 문제중심학습법이다. 둘째, 학생들에게 맥락적이고 실제성이 있는 환경을 조성하고 인지 구조에 지식을 연결하도록 돕는 앵거드 모형에 따른 교수 설계이다. 이와 같이 교수자와 학습자 간 전달 내용을 일치시키고, 도덕적으로 온당한 방법으로 수업이 진행된다면 교실 수업은 개선될 수 있다.

한편, 최 교감이 3학년 담임 교사들에게 강조한 규범들은 드리븐의 학교사회화 이론으로 설명할 수 있다. 첫째, 학생들이 온라인 과제를 통해 스스로 ~~문제해결을 하고~~문제를 해결하고 자신의 행동에 책임을 갖는 것은 독립성이다. 둘째, 과제물을 늦게 제출했을 때 개인 사정을 고려하지 않는 것은 보편성이다. 그리고 세 번째는 앞서 이야기한 보편성과 달리 최상급반 학생들에게 개별화된 과제를 제시하는 특수성이다. 이는 정당한 사유가 있을 때는 예외도 인정하는 것이다. 교실 수업뿐만 아니라 온라인 수업 개선을 위해서는 독립성, 보편성, 특수성 등과 같은 규범이 정해져 있어야 한다.

마지막으로, 교장이 직접 학급 순시를 할 것이라는 내용을 보았을 때, 교장이 계획하고 있는 것은 약식장학이다. 약식장학은 교장 또는 교감이 간헐적으로 짧은 시간에 학급 순시를 하고 수업 참관을 함으로써 이루어지는 교내 장학이다. 이는 교장이 학교 전체의 교육과정을 파악할 수 있다는 ~~장점을 갖지만,~~ 장점이 있지만 불시에 진행되는 ~~장학이기도 하다. 때문에~~[7] 장학이기 때문에교사와 교장 간에 신뢰 관계가 형성되어 있지 않다면 교사가 불쾌감을 느낄 수 있다는 단점이 있다. 서지오바니의 인적 자원론적 장학의 관점에서 교사들의 고민 해소를 ~~위한 학교운영방안은 다음과 같다. 학교 의사결정 과정에 교사를 적극적으로 참여시켜 공동의 의사결정을 실시하는 것이다.~~ 위해서는 학교 의사 결정 과정에 교사를 적극 참여시켜 공동 의사 결정을 실시해야 한다.[8] 교사의 의견이 수용되고 반영될 때, 교사의 업무 만족도와 효율은 올라가게 되고, 동시에 양질의 교육을 제공하게 된다. 이처럼 교내 장학을 활용하고 교사가 학교 의사 결정 과정에 참여하는 과정을 통해 교실 수업의 개선을 위한 방안은 구축될 수 있다.

[7] '때문에'를 문장의 첫 부분에 사용하는 것은 적절하지 않습니다. 앞문장과 연결하는 것을 제안합니다.

[8] 많은 수험생이 '~것이다.'를 자주 씁니다. '~것이다.'는 이미 앞에서 제시한 내용을 구체화하여 재진술하거나 추가 설명할 때 적합한 어구입니다. 논술문에선 자신의 생각이나 주장을 명확히 해야 하므로 '~해야 한다.' 어구를 사용하는 것이 좋습니다.

지금까지 오수벨의 유의미수용학습이론, 벌로의 SMCR 모형과 피터스의 교육 준거, 드리븐의 학교 사회화에 대해 살펴보았다. 더 나아가 약식장학과 서지오바니의 인적자원론적 장학에 관해서도 다루었다. 이러한 이론들은 교실 수업 개선을 위한 방안 마련을 돕는다. 따라서 교사를 비롯한 교육 전문가들은 이에 대해 올바르게 이해하고 이를 체계적으로 실시하여 교육 발전에 이바지할 수 있어야 한다.

최종 모범답안 (6회차 - A)

본인은 수험생 유의 사항을 숙지하였으며 이를 지키지 않아 발생하는 모든 불이익을 감수할 것을 서약합니다.		수험번호	① ②	※결시자 확인란(수험생은 표기하지 말 것)	
			⓪ ① ② ③ ④ ⑤ ⑥ ⑦ ⑧ ⑨	결시자 설명과 수험 번호 기재	○
성 명			① ② ③ ④ ⑤ ⑥ ⑦ ⑧ ⑨	검은색 펜으로 결시자 수험 번호,	
			⓪ ① ② ③ ④ ⑤ ⑥ ⑦ ⑧ ⑨	쪽 번호와 우측란은 '●'로 표기	
교육학 논술 전용 답안지	쪽 번호		⓪ ① ② ③ ④ ⑤ ⑥ ⑦ ⑧ ⑨	※감독관 확인란(수험생은 표기하지 말 것)	
	●②		⓪ ① ② ③ ④ ⑤ ⑥ ⑦ ⑧ ⑨	- 본인 여부, 성명, 수험 번호, 쪽 번호 기록이 정확한지 확인 후 서명/날인	(서명 또는 날인)
			⓪ ① ② ③ ④ ⑤ ⑥ ⑦ ⑧ ⑨		
			⓪ ① ② ③ ④ ⑤ ⑥ ⑦ ⑧ ⑨	- 결시자는 위의 결시자 확인란에도 표기	

- 수험 번호와 쪽 번호는 검은색 펜을 사용하여 '●'로 표기하시오.
- 답안은 지워지거나 번지지 않는 동일한 종류의 검은색 펜을 사용하여 작성하시오(연필/사인펜/수정테이프/수정액 사용 불가).
- 수험생 유의 사항을 위반하여 작성한 답안의 경우, 해당 부분이나 답안지 전체를 채점하지 않으니 유의하시오.

학교는 학생들의 자아실현을 돕는 곳이다. 교사는 학생들이 학교생활에 잘 적응하고 자신의 자아를 실현할 수 있도록 교육 방법, 교육철학, 학교 사회의 장학 활동 등의 영역에서 전문성과 역량을 갖춰야 한다. 따라서 본 글에서는 제시문의 메신저 내용을 토대로 교실 수업을 개선하는 방향에 대해 논의해 보고자 한다.

먼저, 오수벨의 유의미 수용학습이론의 관점에서 최 교감이 강조하는 선행조직자는 설명 조직자이다. 이는 선행 지식이 없는 학생들에게 수업 내용을 쉽게 이해할 수 있도록 내용을 포괄하는 개념 또는 예시를 제시하는 것으로, 최 교감의 메신저 내용을 통해 이를 유추할 수 있다. 또한 기존의 개념을 수정하거나 변경하여 새로운 학습을 포섭한다는 것을 보아 상관적 포섭을 말하고 있음을 확인할 수 있다. 이 모형에 근거하여 학습 과제를 제시한 후에, 교사는 학습자에게 복잡하고 구체적인 사례를 보여 주거나 질문함으로써 학습자가 학습 내용과 관련된 정착 지식을 가졌는지 확인해야 한다. 이때 학생은 관련 정착 지식을 가지고 새로운 학습 내용을 포섭한다. 이처럼 교사는 학생들에게 적절한 선행조직자를 제시하고 새로운 학습 내용의 포섭을 유도함으로써 교실 수업을 좀 더 개선할 수 있다.

다음으로, 벌로의 SMR 모형에 근거할 때, 교사가 의도한 메시지와 학생들이 받아들이는 메시지가 일치하여야 효과적인 의사소통이라고 할 수 있다. 이를 위해 교사는 학생의 통신 기술, 태도, 지식수준, 문화 양식을 구체적으로 분석하고 고려하여 메시지가 일치될 수 있도록 노력해야 한다. 그리고 피터스가 수업 내용을 전달할 때 전달 방법 또는 과정이 도덕적으로 온당해야 한다고 주장했듯이, 주입식이나 세뇌와 같은 방법으로 교수학습이 이루어져서는 안 된다. 피터스의 교육 개념적 준거에 근거했을 때, 교수 설계 운영 방안은 다음과 같다. 첫째, 학생들이 스스로 문제를 해결해 보면서 지식 체계를 구성하는 문제 중심 학습법이다. 둘째, 학생들에게 맥락적이고 실제성이 있는 환경을 조성하고 인지 구조에 지식을 연결하도록 돕는 옷걸이들 모형에 따른 교수 설계이다. 이처럼 교수자와 학습자 간 전달 내용을 일치시키고, 도덕적으로 온당한 방법으로 수업이 진행된다면 교실 수업은 개선될 수 있다.

한편, 최 교감이 3학년 담임 교사들에게 강조한 규범들은 드리븐의 학교사회화 이론으로 설명할 수 있다. 첫째, 학생들이 온라인 과제를 통해 스스로 문제를 해결하고 자신의 행동에 책임을 갖는 것은 독립성이다. 둘째, 과제물을 늦게 제출했을 때 개인 사정을 고려하지 않는 것은 보편성이다. 그리고 세 번째는 앞서 이야기한 보편성과 달리 최상급반 학생들에게 개별화된 과제를 제시하는 특수성이다. 이는 정당한 사유가 있을 때는 예외도 인정하는 것이다. 교실 수업뿐만 아니라 온라인 수업 개선을 위해서는 독립성, 보편성, 특수성 등과 같은 규범이 정해져 있어야 한다.

마지막으로, 교장이 직접 학급 순시를 할 것이라는 내용을 보았을 때, 교장이 계획하고 있는 것은 약식 장학이다. 약식 장학은 교장 또는 교감이 간헐적으로 짧은 시간에 학급 순시를 하고 수업 참관을 함으로써 이루어지는 교내 장학이다. 이는 교장이 학교 전체의 교육과정을 파악할 수 있다는 장점이 있지만, 불시에 진행되는 장학이기 때문에 교사와 교장 간에 신뢰 관계가 형성되어 있지 않다

최종 모범답안 (6회차 – A)

본인은 수험생 유의 사항을 숙지하였으며 이를 지키지 않아 발생하는 모든 불이익을 감수할 것을 서약합니다.		수험번호	① ②	※ 결시자 확인란(수험생은 표기하지 말 것)	
성 명			⓪ ① ② ③ ④ ⑤ ⑥ ⑦ ⑧ ⑨	결시자 설명과 수험 번호 기재 검은색 펜으로 결시자 수험 번호, 쪽 번호와 우측란은 '●'로 표기	○
			① ② ③ ④ ⑤ ⑥ ⑦ ⑧ ⑨		
			⓪ ① ② ③ ④ ⑤ ⑥ ⑦ ⑧ ⑨		
교육학 논술 전용 답안지	쪽 번호		⓪ ① ② ③ ④ ⑤ ⑥ ⑦ ⑧ ⑨	※ 감독관 확인란(수험생은 표기하지 말 것)	
	①●		⓪ ① ② ③ ④ ⑤ ⑥ ⑦ ⑧ ⑨	– 본인 여부, 성명, 수험 번호, 쪽 번호 기록이 정확한지 확인 후 서명/날인 – 결시자는 위의 결시자 확인란에도 표기	(서명 또는 날인)
			⓪ ① ② ③ ④ ⑤ ⑥ ⑦ ⑧ ⑨		
			⓪ ① ② ③ ④ ⑤ ⑥ ⑦ ⑧ ⑨		

– 수험 번호와 쪽 번호는 검은색 펜을 사용하여 '●'로 표기하시오.
– 답안은 지워지거나 번지지 않는 동일한 종류의 검은색 펜을 사용하여 작성하시오(연필/사인펜/수정테이프/수정액 사용 불가).
– 수험생 유의 사항을 위반하여 작성한 답안의 경우, 해당 부분이나 답안지 전체를 채점하지 않으니 유의하시오.

면 교사가 불쾌감을 느낄 수 있다는 단점이 있다. 서지오바니의 인적 자원론적 장학의 관점에서 교사들의 고민 해소를 위해서는 학교 의사 결정 과정에 교사를 적극 참여시켜 공동 의사 결정을 실시해야 한다. 교사의 의견이 수용되고 반영될 때, 교사의 업무 만족도와 효율은 올라가게 되고, 동시에 양질의 교육을 제공하게 된다. 이처럼 교내 장학을 활용하고 교사가 학교 의사 결정 과정에 참여하는 과정을 통해 교실 수업의 개선을 위한 방안은 구축될 수 있다.

지금까지 오수벨의 유의미 수용 학습 이론, 벌로의 SMCR 모형과 피터스의 교육 준거, 드리븐의 학교 사회화에 대해 살펴보았다. 더 나아가 약식 장학과 서지오바니의 인적 자원론적 장학에 관해서도 다루었다. 이러한 이론들은 교실 수업 개선을 위한 방안 마련을 돕는다. 따라서 교사를 비롯한 교육 전문가들은 이에 대해 올바르게 이해하고 이를 체계적으로 실시하여 교육 발전에 이바지할 수 있어야 한다.

첨삭 배우기 (6회차 - B)

우리 사회 전반은 물론 우리 교육에도 수많은 변화가 촉진되어 미래 교육에 한 발자국 더 가까이 다가서게 되었다. 특히 다양한 온라인 매체 및 플랫폼을 활용한 온라인 수업의 활성화가 두드러진 변화의 구체적 사례로 주목받고 있으나, 현시점에서는 결국 교실 수업의 중요성이 매우 크다고 할 수 있다. 이에 "교실 수업 개선을 위한 방안"을 주제로 교육방법, 교육철학, 학교사회, 장학 활동의 측면에서 살펴보고자 한다.

먼저, 교육 방법의 측면에서 교실 수업 개선을 위한 노력이 필요하다. 특히, 오수벨이 제시한 선행조직자 교수 모형의 적절한 활용은 교사 중심 수업의 효율성과 효과성을 ~~높여 줄 수 있는 방안이 될수~~[2]높일 방안이 될 수 있는데, 이 같은 선행조직자 모형의 관점에서 최 교감이 강조한 선행조직자의 유형은 선행 지식이 없는 학생들을 위해 제공할 수 있는 "설명조직자"이며, 해당 개념을 수정 및 변형하여 새로운 학습으로 이어지도록 하는 포섭은 "상관적 포섭"에 해당한다. 또한, 교사는(추가)[3] 유의미한 수용 학습을 위하여 학습 과제를 제시한 다음 ~~단계에서는 교사는~~[4] 해당 학습 과제에 대한 다양한 사례 및 연습 기회를 제공하여야 하며, 학생은 교사가 제공한 내용을 바탕으로 학습 내용을 유의미하게 내면화하고 ~~사례들 간의 공통점과 차이점등을~~사례들 간의 공통점과 차이점 등을 찾아보는 등 능동적인 학습을 이어가야 한다. 즉, 교사는 통합적 조정의 원리를 살려 적절한 사례 및 연습 기회를 제공하고, 학습자는 이를 능동적으로 받아들여 학습을 지속하여야 한다.

다음으로, 교실 수업의 개선을 위해서는 효과적인 의사소통과 교육철학에 기반한 교수 설계 운영이 필요하다. 먼저, 벌로의 SMCR모형의 시사점에 근거한 의사소통 방안으로는 송신자인 교과 선생님이 의도한 메시지와 수신자인 학생들이 받아들이는 메시지를 일치시키는 것이 있다.[5] 메시지가 일치할수록 통신이 ~~환벽해지고 학습효과가~~완벽해지고 학습 효과가 극대화되므로, 이 같은 원활한 통신을 위하여 교사는 학습자가 이해할 수 있는 명확한 교사 언어를 사용하여 학생들과 소통함으로써 학습 효과를 ~~극대화해야~~높여야 한다. 한편, 최 교감이 강조한 피터스의 교육의 개념적 준거는 "규범적 준거"로서,[6] ~~이 같은 규범적 준거에 근거한 교수설계 운영방안으로는, 첫째, 도덕적으로 온당한 방법을 기반으로 교수설계활동이 운영되어야 하며, 둘째, 교육의 내재적 가치, 즉 인간 성장을 목표로 교수설계가 운영되어야 한다.~~교수 설계 운영은 이 같은 규범적 준거에 근거하여, 첫째,[7] 도덕적으로 온당한 방법을 기반으로 운영되어야 하며, 둘째, 교육의 내재적 가치, 즉 인간 성장을 목표로 해야 한다.

[2] 논술문 답안은 간결하고 명확하게 서술하는 것이 중요합니다. '~여줄 수 있는'을 삭제해도 의미 전달에 영향을 끼치지 않으므로 삭제하는 것을 제안합니다.

[3] 학습 과제를 제시하는 주체가 누구인지 밝혀 적어야 합니다.

[4] 간결하고 명확하게 서술하는 연습이 필요합니다.

[5] 문장이 너무 길어질 때는, 중간에 문장을 한번 끊어준 후에 작성하는 것이 좋습니다.

[6] '~로서'는 자격이나 신분을 나타낼 때 사용합니다.

[7] '~에 근거하여', '~에 의거하여' 어구를 사용하여 이후 제시한 교수 설계 운영 방안의 판단 기준을 명확하게 표시하는 것이 좋습니다.

06회

이어서, 교실 수업 개선을 위해서는 교육사회학적 측면에서 교실 수업 운영 방안에 대한 고찰이 필요하다. 드리븐의 학교사회화의 내용 중 최 교감이 강조한 규범은, 첫째, 독립성이다. 지문에 제시된 바와 같이 온라인 과제 등을 통해 학생들은 스스로 문제를 해결할 수 있는 능력과 자신의 행동에 대한 책임을 길러 독립성을 획득할 수 있다. 둘째, 보편성이다. 학습자들은 그들의 특성과 무관하게 모두 공통적인 내용을 학습함으로써 사회에서 보편적으로 요구되는 능력이나 규범 즉 보편성을 기를 수 있는데, 지문의 최 교감의 말처럼 학생의 특성과 관계없이 모두 같은 내용을 공유해 주는 부분은 이 같은 보편성 습득을 위한 것으로 볼 수 있다. 셋째, 특수성이다. 학생들은 보편적으로 공통된 내용 및 태도·기능 등을 학습하기도 하지만, 한편으로는 자신이 속한 집단이나 수준 등에 적합하게 조정된 특수한 내용, 기능, 지식 태도 등을 학습하게 ~~되는데,~~된다. 지문 속 최상급반 학생들의 흥미와 적성에 맞는 과제를 제시해 주는 부분은 이 같은 특수성에 해당하는 내용으로 볼 수 있다. 즉, '최상급반'이라는 특수하게 인정되는 상황 속에서 그에 맞는 규칙을 적용함으로써 그들의 흥미와 적성에 맞는 학습이 이루어지는 것이다.

마지막으로, 교실 수업 개선을 위해서는 적합한 장학활동을 적절히 활용할 수 있어야 한다. 지문에 제시된 교장이 계획하고 있는 장학은 약식장학으로써, 교장이나 교감이 학급 순시 과정 중 교사의 자연스러운 수업 운영과정을 관찰하여 이에 대한 피드백을 제공해 줄 수 있다는 장점이 있으나, 교사의 입장에서 심적 부담감 및 스트레스 유발 요인으로 작용할 수 있다는 ~~점은 단점으로 볼 수 있다.~~[8]단점 또한 공존한다. 한편, 서지오바니의 인간자원론적 장학의 관점에서는 교사의 참여를 통한 학교 효과성 증대를 이끌어내고, 궁극적으로 교사효능감, 행복 만족 등으로 이어지는 학교 운영이 강조되므로, 실외자판기로 비롯된 교내 쓰레기 문제에 대하여 교사들이 자신의 의견을 피력할 수 있는 소통의 장을 마련하여 교사들의 의견을 수렴하고, 이를 바탕으로 교사들의 의견을 적극적으로 반영한 민주적 의사 결정을 통해 ~~문제해결책~~[9]~~을 모색하는 학교운영이~~해결 방안을 모색하는 학교 운영이 이루어지는 것이 바람직하다.

지금까지 "교실수업개선을 위한 방안"을 주제로 오수벨의 선행조직자교수모형과 벌로의 SMCR모형, 피터스의 교육의 개념적 준거에 기반한 교수 설계를 살펴보았다. 또한 드리븐이 제시한 학교사회화와 약식장학, 인간자원론적 장학의 구체적인 ~~내용들을~~내용에 대해서도 살펴보았다. 교실 수업 개선은 우리 교육의 전체적인 질 향상을 위해 가장 기초적으로 요구되는 요소인 만큼 학교 구성원 모두의 폭넓은 참여와 지속적인 노력이 이어져야 할 것이다.

8 자신의 생각을 명확하게 제시해야 하는 글의 특성을 고려하여, '~ 볼 수 있다'와 같은 어구보다 좀 더 확정적인 표현을 쓰는 것을 제안합니다.

9 이미 앞에 '문제'라고 언급되었으므로 여기에서는 '해결 방안'정도로 수정하는 것이 좋습니다.

최종 모범답안 (6회차 - B)

본인은 수험생 유의 사항을 숙지하였으며 이를 지키지 않아 발생하는 모든 불이익을 감수할 것을 서약합니다.		수험번호	① ②	※결시자 확인란(수험생은 표기하지 말 것)	
성 명			⓪ ① ② ③ ④ ⑤ ⑥ ⑦ ⑧ ⑨	결시자 설명과 수험 번호 기재 검은색 펜으로 결시자 수험 번호, 쪽 번호와 우측란은 '●'로 표기	○
			① ② ③ ④ ⑤ ⑥ ⑦ ⑧ ⑨		
			⓪ ① ② ③ ④ ⑤ ⑥ ⑦ ⑧ ⑨		
교육학 논술 전용 답안지	쪽 번호		⓪ ① ② ③ ④ ⑤ ⑥ ⑦ ⑧ ⑨	※감독관 확인란(수험생은 표기하지 말 것)	
	●②		⓪ ① ② ③ ④ ⑤ ⑥ ⑦ ⑧ ⑨	- 본인 여부, 성명, 수험 번호, 쪽 번호 기록이 정확한지 확인 후 서명/날인	(서명 또는 날인)
			⓪ ① ② ③ ④ ⑤ ⑥ ⑦ ⑧ ⑨	- 결시자는 위의 결시자 확인란에도 표기	
			⓪ ① ② ③ ④ ⑤ ⑥ ⑦ ⑧ ⑨		

- 수험 번호와 쪽 번호는 검은색 펜을 사용하여 '●'로 표기하시오.
- 답안은 지워지거나 번지지 않는 동일한 종류의 검은색 펜을 사용하여 작성하시오(연필/사인펜/수정테이프/수정액 사용 불가).
- 수험생 유의 사항을 위반하여 작성한 답안의 경우, 해당 부분이나 답안지 전체를 채점하지 않으니 유의하시오.

우리 사회 전반은 물론 교육에도 수많은 변화가 촉진되어 미래 교육에 한 발자국 더 가까이 다가서게 되었다. 특히 다양한 온라인 매체 및 플랫폼을 활용한 온라인 수업의 활성화가 두드러진 변화의 구체적 사례로 주목받고 있으나, 현시점에서는 결국 교실 수업의 중요성이 매우 크다고 할 수 있다. 이에 "교실 수업 개선을 위한 방안"을 주제로 교육 방법, 교육철학, 학교 사회, 장학 활동의 측면에서 살펴보고자 한다.

먼저, 교육 방법의 측면에서 교실 수업 개선을 위한 노력이 필요하다. 특히, 오수벨이 제시한 선행조직자 교수 모형의 적절한 활용은 교사 중심 수업의 효율성과 효과성을 높일 방안이 될 수 있는데, 이 같은 선행조직자 모형의 관점에서 최 교감이 강조한 선행조직자의 유형은 선행 지식이 없는 학생들을 위해 제공할 수 있는 "설명 조직자"이며, 해당 개념을 수정 및 변형하여 새로운 학습으로 이어지도록 하는 포섭은 "상관적 포섭"에 해당한다. 또한, 교사는 유의미한 수용학습을 위하여 학습 과제를 제시한 다음 해당 학습 과제에 대한 다양한 사례 및 연습 기회를 제공하여야 하며, 학생은 교사가 제공한 내용을 바탕으로 학습 내용을 유의미하게 내면화하고 사례들 간의 공통점과 차이점 등을 찾아보는 등 능동적인 학습을 이어가야 한다. 즉, 교사는 통합적 조정의 원리를 살려 적절한 사례 및 연습 기회를 제공하고, 학습자는 이를 능동적으로 받아들여 학습을 지속하여야 한다.

다음으로, 교실 수업의 개선을 위해서는 효과적인 의사소통과 교육철학에 기반한 교수 설계 운영이 필요하다. 먼저, 벌로의 SMCR 모형의 시사점에 근거한 의사소통 방안으로는 송신자인 교과 선생님이 의도한 메시지와 수신자인 학생들이 받아들이는 메시지를 일치시키는 것이 있다. 메시지가 일치할수록 통신이 완벽해지고 학습 효과가 극대화되므로, 이 같은 원활한 통신을 위하여 교사는 학습자가 이해할 수 있는 명확한 교사 언어를 사용하여 학생들과 소통함으로써 학습 효과를 높여야 한다. 한편, 최 교감이 강조한 피터스의 교육의 개념적 준거는 "규범적 준거"로, 교수 설계 운영은 이 같은 규범적 준거에 근거하여, 첫째, 도덕적으로 온당한 방법을 기반으로 운영되어야 하며, 둘째, 교육의 내재적 가치, 즉 인간 성장을 목표로 해야 한다.

이어서, 교실 수업 개선을 위해서는 교육사회학적 측면에서 교실 수업 운영 방안에 대한 고찰이 필요하다. 드리븐의 학교 사회화의 내용 중 최 교감이 강조한 규범은, 첫째, 독립성이다. 지문에 제시된 바와 같이 온라인 과제 등을 통해 학생들은 스스로 문제를 해결할 수 있는 능력과 자신의 행동에 대한 책임을 길러 독립성을 획득할 수 있다. 둘째, 보편성이다. 학습자들은 그들의 특성과 무관하게 모두 공통적인 내용을 학습함으로써 사회에서 보편적으로 요구되는 능력이나 규범 즉 보편성을 기를 수 있는데, 지문의 최 교감의 말처럼 학생의 특성과 관계없이 모두 같은 내용을 공유해 주는 부분은 이 같은 보편성 습득을 위한 것으로 볼 수 있다. 셋째, 특수성이다. 학생들은 보편적으로 공통된 내용 및 태도·기능 등을 학습하기도 하지만, 한편으로는 자신이 속한 집단이나 수준 등에 적합하게 조정된 특수한 내용, 기능, 지식 태도 등을 학습하게 된다. 지문 속 최상급반 학생들의 흥미와 적성에 맞는 과제를 제시해 주는 부분은 이 같은

최종 모범답안 (6회차 - B)

본인은 수험생 유의 사항을 숙지하였으며 이를 지키지 않아 발생하는 모든 불이익을 감수할 것을 서약합니다.		수험번호	① ②	※결시자 확인란(수험생은 표기하지 말 것)	
성 명			⓪ ① ② ③ ④ ⑤ ⑥ ⑦ ⑧ ⑨	결시자 설명과 수험 번호 기재 검은색 펜으로 결시자 수험 번호, 쪽 번호와 우측란은 '●'로 표기	○
			① ② ③ ④ ⑤ ⑥ ⑦ ⑧ ⑨		
			⓪ ① ② ③ ④ ⑤ ⑥ ⑦ ⑧ ⑨		
교육학 논술 전용 답안지	쪽 번호		⓪ ① ② ③ ④ ⑤ ⑥ ⑦ ⑧ ⑨	※감독관 확인란(수험생은 표기하지 말 것)	
	①●		⓪ ① ② ③ ④ ⑤ ⑥ ⑦ ⑧ ⑨	- 본인 여부, 성명, 수험 번호, 쪽 번호 기록이 정확한지 확인 후 서명/날인 - 결시자는 위의 결시자 확인란에도 표기	(서명 또는 날인)
			⓪ ① ② ③ ④ ⑤ ⑥ ⑦ ⑧ ⑨		
			⓪ ① ② ③ ④ ⑤ ⑥ ⑦ ⑧ ⑨		

- 수험 번호와 쪽 번호는 검은색 펜을 사용하여 '●'로 표기하시오.
- 답안은 지워지거나 번지지 않는 동일한 종류의 검은색 펜을 사용하여 작성하시오(연필/사인펜/수정테이프/수정액 사용 불가).
- 수험생 유의 사항을 위반하여 작성한 답안의 경우, 해당 부분이나 답안지 전체를 채점하지 않으니 유의하시오.

특수성에 해당하는 내용으로 볼 수 있다. 즉, '최상급반'이라는 특수한 상황 속에서 그에 맞는 규칙을 적용함으로써 그들의 흥미와 적성에 맞는 학습이 이루어지는 것이다.

마지막으로, 교실 수업 개선을 위해서는 적합한 장학 활동을 적절히 활용할 수 있어야 한다. 지문에 제시된 교장이 계획하고 있는 장학은 약식 장학으로, 교장이나 교감이 학급 순시 과정 중 교사의 자연스러운 수업 운영과정을 관찰하여 이에 대한 피드백을 제공해 줄 수 있다는 장점이 있으나, 교사의 입장에서 심적 부담감 및 스트레스 유발 요인으로 작용할 수 있다는 단점 또한 공존한다. 한편, 서지오바니의 인간 자원론적 장학의 관점에서는 교사의 참여를 통한 학교 효과성 증대를 이끌어 내고, 궁극적으로 교사 효능감, 행복 만족 등으로 이어지는 학교 운영이 강조된다. 따라서 실외 자판기로 비롯된 교내 쓰레기 문제에 대하여 교사들이 자신의 의견을 피력할 수 있는 소통의 장을 마련하여 교사들의 의견을 수렴하고, 이를 바탕으로 교사들의 의견을 적극적으로 반영한 민주적 의사 결정을 통해 해결 방안을 모색하는 학교 운영이 이루어지는 것이 바람직하다.

지금까지 "교실 수업 개선을 위한 방안"을 주제로 오수벨의 선행조직자 교수 모형과 벌로의 SMCR 모형, 피터스의 교육의 개념적 준거에 기반한 교수 설계를 살펴보았다. 또한 드리븐이 제시한 학교 사회화와 약식 장학, 인간 자원론적 장학의 구체적인 내용에 대해서도 살펴보았다. 교실 수업 개선은 우리 교육의 전체적인 질 향상을 위해 가장 기초적으로 요구되는 요소인 만큼 학교 구성원 모두의 폭넓은 참여와 지속적인 노력이 이어져야 할 것이다.

첨삭 배우기
(6회차 - C)

❶ '~수 있는'을 삭제해도 동일한 의미를 전달합니다. 논술문 답안은 최대한 간결하고 명확하게 자신의 생각을 전달하는 것이 중요합니다.

❷ 이 경우도 마찬가지로 간결하고 명확한 표현을 위해 수정을 제안합니다.

❸ '근거하여'보다, "'근거했을 때' ~이러하다"고 서술하는 것이 더 자연스럽습니다. (상황에 따라 '근거하여'가 더 적합할 때도 있음)

❹ '메시지'가 적합한 표현입니다.

❺ 틀렸다고 볼 수는 없지만 좀 더 부드럽게...

❻ 조사의 적절한 사용이 필요합니다.

❼ '이와 같이'보다 '이처럼'이 문법적으로 맞는 표현입니다.

최근 학생들의 학습 환경의 변화와 이로 인한 학업 성취도의 변화 가능성에 대한 사회의 관심이 높다. 학교에서는 사회의 변화에 따라 학생들의 학습을 효과적으로 ~~도울 수 있는 방안을~~돕는 방안을❶ ~~마련해야 할~~❷마련할 필요가 있다. 이에 본 글에서는 제시된 메신저의 내용을 토대로 교육방법, 교육철학, 학교사회, 장학활동의 영역을 중심으로 교실 수업 개선을 위한 방안을 탐색하고자 한다.

교실 수업 개선을 위해서는 교육 방법의 영역에서부터 변화가 필요하다. 최 교감이 강조한 선행조직자는 선행 지식이 없는 학생들을 위해 포괄적 개념부터 점진적으로 제시하는 설명조직자이다. 또한, 해당 개념을 수정 및 변형하여 새로운 학습이 가능한 상관형 포섭을 강조한다. 학생들의 유의미한 수용 학습을 위해 학습 과제 제시 단계 다음으로 교사는 학생들이 명료화, 요점 정리 등의 방안을 활용하도록 안내하여 인지 조직의 강화 및 정착을 유도해야 한다. 학생은 새로운 개념의 포섭을 위해 관련 정착 지식과 능동적이면서 유의미한 학습 태세를 갖고 학습에 임해야한다.

평가적 관점에서도 교실 수업 개선 방안을 탐색할 수 있다. SMCR모형의 시사점에 근~~거하여 효과적인 의사소통은 교사의 메세지가 학생의 통신기술, 태도, 지식수준, 문화환경과 일치할 수록~~근거했을 때❸ 효과적인 의사소통은 교사의 메시지❹가 학생의 통신 기술, 태도, 지식 수준, 문화 환경과 일치할수록 가능하다. 또한 최 교감이 강조한 피터스의 준거는 과정적 준거로, 이는 학습 내용의 전달 방법이 학습자의 자발성과 능동적 참여로 이루어져 도덕적으로 온당한 것을 의미한다. 이 개념에 근거하여 교사는 ~~학생들에게 흥미 있는~~ ❺학생들의 흥미를 유발할 수 있는 자료를 준비해야 한다. 그리고 조건화나 세뇌를 유도하는 ~~방법은~~❻방법을 제의하여 학생들의 내재적 ~~만족을 이끌어내는 교수설계 운영을 해야한다.~~만족을 이끌어 내는 교수 설계를 운영해야 한다. ~~이와 같이~~❼이처럼 학생의 자발적 학습 참여를 통한 교사와 학생의 교육적 상호 작용은 학업 성취도를 향상시키고 교실 수업 개선에 큰 도움이 될 것이다.

교실 수업 개선을 위해서는 교육 사회의 영역에서도 방안을 탐색해 볼 필요가 있다. 최 교감이 강조하는 규범은 세 가지이다. 첫째, 학생들이 스스로 과제를 해결하고 그 결과에

[8] 첫째, 둘째와 같은 표지어 이후, 이후 이어지는 말이 한 문장 정도의 분량이 나온다면, 문장 단위로 끊는 것이 가독성을 높이는 데 효과적입니다.

책임지는 것을 배우는 ~~독립성과~~[8]독립성이다. 둘째, 개인 사정을 고려하지 않고 모두에게 동일한 규범을 적용하는 보편성이다. ~~최상급 반에게는 흥미와 적성에 맞는 과제를 제시하여 자신의 성과의 중요성을 느끼게 하는 성취성을 강조하고 있다.~~마지막으로 최상급반에게 흥미와 적성에 맞는 과제를 제시해 성과의 중요성을 느끼게 하는 성취성이다. 이와 같이 사회에서 중요시되는 사회화 규범들을 교실 속에서 학습시키는 것은 교실 수업 개선에 중요한 요소가 된다.

장학 활동의 영역에서도 교실 수업 개선을 위한 방안을 탐색할 수 있다. 교장이 계획하는 장학은 약식장학으로, 수업 중간에 교장 또는 교감이 짧은 시간 동안 방문하는 장학 방식이다. 따라서 짧은 시간에 학교 전반의 정보를 파악하기에 ~~용이하다는 장점이 있는 반면,~~쉽다는 장점이 있지만, 교장 및 교감이 교사와의 신뢰 관계가 동반되지 ~~않는 경우에는~~ 않으면 교사가 불쾌감을 느낄 수 있다는 단점이 있다. 서지오바니의 인적 자원론적 장학의 관점에서 최 교감은 교내 쓰레기양 증가의 문제를 해결하기 위한 학교의 의사 결정에 교사들을 ~~참가시켜~~참여시킴으로써 학교의 효율성을 증가시키고 교사들의 직무 만족도를 향상시킬 수 있다. 이렇듯 여러 가지 장학 활동을 통해 교사의 교수 전략을 개선하고 교육의 질을 높이는 것은 올바른 교실 수업 개선을 위한 방안에 더 ~~가까워 질 수 있는~~[9]가까워지는 계기가 될 것이다.

[9] 이 경우에도 필요 없는 어구를 삭제하여 좀 더 명확하게 표현하는 것이 좋습니다.

본 글에서는 교실 수업 개선을 위한 방안 마련을 위해 오수벨의 선행조직자와 포섭의 유형을 살펴보고 교사와 학생의 역할을 확인하였다. 이어서 효과적인 의사소통 방안과 피터스의 개념적 준거에 근거한 운영 방안을 살펴보았다. 또한 드리븐의 ~~학교사회와~~학교사회화[10] 이론과 장학 유형에 대해 논의하였다. 교실 수업 개선을 위한 방안에 대한 노력은 교육의 모든 영역에서 이루어져야 한다. 교사 역시 학생들에 대한 이해를 바탕으로 교실 수업 개선을 위해 더욱 노력해야 할 것이다.

[10] 이런 실수는 평가 요소의 누락으로 이어질 수 있으므로 유의해야 합니다.

최종 모범답안 (6회차 - C)

본인은 수험생 유의 사항을 숙지하였으며 이를 지키지 않아 발생하는 모든 불이익을 감수할 것을 서약합니다.		수험번호	① ②	※결시자 확인란(수험생은 표기하지 말 것)	
성 명			⓪ ① ② ③ ④ ⑤ ⑥ ⑦ ⑧ ⑨	결시자 설명과 수험 번호 기재 검은색 펜으로 결시자 수험 번호, 쪽 번호와 우측란은 '●'로 표기	○
			① ② ③ ④ ⑤ ⑥ ⑦ ⑧ ⑨		
교육학 논술 전용 답안지	쪽 번호		⓪ ① ② ③ ④ ⑤ ⑥ ⑦ ⑧ ⑨	※감독관 확인란(수험생은 표기하지 말 것)	
	●②		⓪ ① ② ③ ④ ⑤ ⑥ ⑦ ⑧ ⑨	- 본인 여부, 성명, 수험 번호, 쪽 번호 기록이 정확한지 확인 후 서명/날인 - 결시자는 위의 결시자 확인란에도 표기	(서명 또는 날인)
			⓪ ① ② ③ ④ ⑤ ⑥ ⑦ ⑧ ⑨		
			⓪ ① ② ③ ④ ⑤ ⑥ ⑦ ⑧ ⑨		
			⓪ ① ② ③ ④ ⑤ ⑥ ⑦ ⑧ ⑨		

- 수험 번호와 쪽 번호는 검은색 펜을 사용하여 '●'로 표기하시오.
- 답안은 지워지거나 번지지 않는 동일한 종류의 검은색 펜을 사용하여 작성하시오(연필/사인펜/수정테이프/수정액 사용 불가).
- 수험생 유의 사항을 위반하여 작성한 답안의 경우, 해당 부분이나 답안지 전체를 채점하지 않으니 유의하시오.

최근 학생들의 학습 환경의 변화와 이로 인한 학업 성취도의 변화 가능성에 대한 사회의 관심이 높다. 학교에서는 사회의 변화에 따라 학생들의 학습을 효과적으로 돕는 방안을 마련할 필요가 있다. 이에 본 글에서는 제시된 메신저의 내용을 토대로 교육 방법, 교육철학, 학교 사회, 장학 활동의 영역을 중심으로 교실 수업 개선을 위한 방안을 탐색하고자 한다.

교실 수업 개선을 위해서는 교육 방법의 영역에서부터 변화가 필요하다. 최 교감이 강조한 선행조직자는 선행 지식이 없는 학생들을 위해 포괄적 개념부터 점진적으로 제시하는 설명 조직자이다. 또한 해당 개념을 수정 및 변형하여 새로운 학습이 가능한 상관형 포섭을 강조한다. 학생들의 유의미한 수용학습을 위해 학습 과제 제시 단계 다음으로 교사는 학생들이 명료화, 요점정리 등의 방안을 활용하도록 안내하여 인지 조직의 강화 및 정착을 유도해야 한다. 학생은 새로운 개념의 포섭을 위해 관련 정착 지식과 능동적이면서 유의미한 학습 태세를 갖고 학습에 임해야 한다.

평가적 관점에서도 교실 수업 개선 방안을 탐색할 수 있다. SMCR 모형의 시사점에 근거했을 때 효과적인 의사소통은 교사의 메시지가 학생의 통신 기술, 태도, 지식수준, 문화 환경과 일치할수록 가능해진다. 또한 최 교감이 강조한 피터스의 준거는 과정적 준거로, 이는 학습 내용의 전달 방법이 학습자의 자발성과 능동적 참여로 이루어져 도덕적으로 온당한 것을 의미한다. 이 개념에 근거하여 교사는 학생들의 흥미를 유발할 수 있는 자료를 준비해야 한다. 그리고 조건화나 세뇌를 유도하는 방법을 제외하여 학생들의 내재적 만족을 이끌어 내는 교수 설계를 운영해야 한다. 이처럼 학생의 자발적 학습 참여를 통한 교사와 학생의 교육적 상호작용은 학업 성취도를 향상시키고 교실 수업 개선에 큰 도움이 될 것이다.

교실 수업 개선을 위해서는 교육사회의 영역에서도 방안을 탐색해 볼 필요가 있다. 최 교감이 강조하는 규범은 세 가지이다. 첫째, 학생들이 스스로 과제를 해결하고 그 결과에 책임지는 것을 배우는 독립성이다. 둘째, 개인 사정을 고려하지 않고 모두에게 동일한 규범을 적용하는 보편성이다. 마지막으로 최상급반에게 흥미와 적성에 맞는 과제를 제시해 성과의 중요성을 느끼게 하는 성취성이다. 이처럼 사회에서 중요시되는 사회화 규범들을 교실 속에서 학습시키는 것은 교실 수업 개선에 중요한 요소가 된다.

장학 활동의 영역에서도 교실 수업 개선을 위한 방안을 탐색할 수 있다. 교장이 계획하는 장학은 약식 장학으로, 수업 중간에 교장 또는 교감이 짧은 시간 동안 방문하는 장학 방식이다. 따라서 짧은 시간에 학교 전반의 정보를 파악하기에 쉽다는 장점이 있지만, 교장 및 교감이 교사와의 신뢰 관계가 동반되지 않으면 교사가 불쾌감을 느낄 수 있다는 단점이 있다. 서지오바니의 인적 자원론적 장학의 관점에서 최 교감은 교내 쓰레기양 증가의 문제를 해결하기 위한 학교의 의사 결정에 교사들을 참여시킴으로써 학교의 효율성을 증가시키고 교사들의 직무 만족도를 향상시킬 수 있다. 이렇듯 여러 가지 장학 활동을 통해 교사의 교수 전략을 개선하고 교육의 질을 높이는 것은 올바른 교실 수업 개선을 위한 방안에 더 가까워지는 계기가 될 것이다.

최종 모범답안 (6회차 – C)

<table>
<tr><td colspan="2">본인은 수험생 유의 사항을 숙지하였으며 이를 지키지 않아 발생하는 모든 불이익을 감수할 것을 서약합니다.</td><td rowspan="6">수
험
번
호</td><td>① ②</td><td colspan="2">※ 결시자 확인란(수험생은 표기하지 말 것)</td></tr>
<tr><td colspan="2" rowspan="2">성 명</td><td>⓪ ① ② ③ ④ ⑤ ⑥ ⑦ ⑧ ⑨</td><td rowspan="3">결시자 설명과 수험 번호 기재
검은색 펜으로 결시자 수험 번호,
쪽 번호와 우측란은 '●'로 표기</td><td rowspan="3">○</td></tr>
<tr><td>① ② ③ ④ ⑤ ⑥ ⑦ ⑧ ⑨</td></tr>
<tr><td rowspan="3">교육학 논술
전용 답안지</td><td>쪽 번호</td><td>⓪ ① ② ③ ④ ⑤ ⑥ ⑦ ⑧ ⑨</td></tr>
<tr><td rowspan="2">①●</td><td>⓪ ① ② ③ ④ ⑤ ⑥ ⑦ ⑧ ⑨
⓪ ① ② ③ ④ ⑤ ⑥ ⑦ ⑧ ⑨</td><td colspan="2">※ 감독관 확인란(수험생은 표기하지 말 것)</td></tr>
<tr><td>⓪ ① ② ③ ④ ⑤ ⑥ ⑦ ⑧ ⑨
⓪ ① ② ③ ④ ⑤ ⑥ ⑦ ⑧ ⑨</td><td>– 본인 여부, 성명, 수험 번호, 쪽 번호 기록이 정확한지 확인 후 서명/날인
– 결시자는 위의 결시자 확인란에도 표기</td><td>(서명 또는 날인)</td></tr>
</table>

– 수험 번호와 쪽 번호는 검은색 펜을 사용하여 '●'로 표기하시오.
– 답안은 지워지거나 번지지 않는 동일한 종류의 검은색 펜을 사용하여 작성하시오(연필/사인펜/수정테이프/수정액 사용 불가).
– 수험생 유의 사항을 위반하여 작성한 답안의 경우, 해당 부분이나 답안지 전체를 채점하지 않으니 유의하시오.

본 글에서는 교실 수업 개선을 위한 방안 마련을 위해 오수벨의 선행조직자와 포섭의 유형을 살펴보고 교사와 학생의 역할을 확인하였다. 이어서 효과적인 의사소통 방안과 피터스의 개념적 준거에 근거한 운영 방안을 살펴보았다. 또한 드리븐의 학교사회화 이론과 장학 유형에 대해 논의하였다. 교실 수업 개선을 위한 방안에 대한 노력은 교육의 모든 영역에서 이루어져야 한다. 교사 역시 학생들에 대한 이해를 바탕으로 교실 수업 개선을 위해 더욱 노력해야 할 것이다.

첨삭 배우기 (6회차 - D)

최근 급격한 사회의 변화에 따라 ~~교육환경에서~~[1] ~~지대한 영향을 미치고 있다.~~교육 환경 또한 지대한 영향을 받고 있다. 이러한 변화에 학생들이 학교에서 불안과 혼란을 느끼지 않도록 철저한 방안을 계획해야 한다. 또한 교사는 가장 중요하게 여겨야 할 교실 수업을 ~~개선시킬 수~~[2]개선할 수 있는 방향도 함께 모색해야 할 것이다. 따라서 본 글에서는 교실 수업 개선을 위한 방안이라는 주제로 교육방법, 교육철학, 학교사회, 장학활동 측면에서 논하고자 한다.

교실 수업을 개선시키기[3] 위해서는 우선 성적이 낮은 학생들에 대한 고려가 필요하다. 오수벨의 관점에 따라 최 교감이 강조한 선행조직자와 포섭은 다음과 같다. 먼저 선행조직자는 설명조직자이며, 선행조직자가 없을 때 수업 내용을 이해할 수 있도록 포괄하는 새로운 예시를 ~~제시해주는 것이다.~~[4]제시해야 한다. 이어서 포섭은 상관적 포섭이며, 이는 학습자의 기존 인지 구조 속의 개념을 수정하거나 변형시켜 제시하는 포섭을 의미한다. 그다음으로 학습 과제를 제시한 후 그다음 단계에서 할 수 있는 교사와 학생의 역할은 다음과 같다. 첫째, 학생은 관련 정착 지식과 유의미한 학습 태세를 갖추고 있어야 한다. 둘째, 교사는 인지 조직의 정착 및 강화를 위하여 비판적 접근, 명료화, 요점 정리의 방법을 활용할 수 있다. 따라서 교사는 성적이 낮은 학생들에게 오수벨의 이론에 따라 선행조직자와 포섭 등의 유의미 수용학습이 일어날 수 있도록 하여 교실 수업을 ~~개선시킬 수~~개선할 수 있다.

교실 수업은 ~~학교내 공간 뿐만 아니라 시공간을 초월한 원격수업을~~교내 공간뿐만 아니라 원격 수업까지[5] 포함하므로 온라인 수업에 대한 개선도 필요하다. 벌로의 SMCR 모형의 시사점을 고려할 때 효과적으로 의사소통하기 위해서는 교사와 학생의 통신 기술, 태도, 지식수준, 사회 체제, 문화 양식이 서로 일치하게 하여 보다 효율적으로 송신자인 교사와 수신자인 학생이 소통할 수 있도록 해야 한다. 이어서 최 교감이 강조한 피터스의 개념적 준거는 과정적 준거이다. 과정적 준거는 교육 방법과 관련된 것으로, 전달 과정과 전략이 도덕적으로 온당한 방식 즉, 학습자의 자발적인 노력과 의지를 고려해야 한다는 것이다. 이러한 과정적 준거에 근거한 교수 설계 운영 방안 ~~2가지는~~[6]두 가지는 다음과 같다. 첫째, 학습자에게 제공할 학습 자료는 흥미로운 것이어야 한다. 둘째, 이념을 주입하는 조건화나 세뇌와 같은 교육 방법은 ~~제외시켜야~~제외해야 한다. 따라서 ~~학교 내 공간 뿐만~~교내 공간뿐만 아니라 온라인 수업에서의 개선을 위하여 SMCR이론에 따라 송신자와 수신자의

[1] 어떠한 변화에 따라 '교육 환경에서' 영향을 받는다는 표현이 어색합니다. '교육 환경 또한', '교육 환경이' 정도로 수정하는 것을 제안합니다.

[2] '~시키다'는 사동 표현입니다. 사동 표현은 사동의 의미를 꼭 전달해야 하는 경우가 아니라면 사용하지 않는 것이 좋습니다.

[3] 사동 표현의 삭제와 명확한 표현을 위해 '교실 수업의 개선을 위해서는'으로 수정하는 것을 제안합니다.

[4] 간결하고 명확한 표현을 위해 수정을 제안합니다. 또한 논술문 답안에서 자신의 생각을 논증할 때는 '~해야 한다'의 확정적 표현을 사용하는 것이 도움이 됩니다.

[5]
1. 띄어쓰기 오류
2. '학교 내'는 일반적으로 '교내'라는 말로 쓰임
3. 모든 원격수업은 시공간을 초월한다는 특징이 있다는 점, 원격수업의 특징이 핵심 키워드가 아니라는 점에서 '시공간을 초월한' 삭제

[6] 아라비아 숫자(1,2,3)은 '2인의 선택'과 같은 경우에만 쓰고, 다른 경우에는 고유어 숫자 표기를 하는 것이 좋습니다.

06회

~~영역이 일치하도록 하고~~영역을 일치시키고 피터스의 개념적 준거에 근거하여 도덕적으로 온당한 방식의 수업을 제공해야 한다.

과제물을 관리하는 것 또한 학생들의 성적과 관련이 있으므로 관심이 필요하다. 드리븐의 학교사회화 내용 중 최 교감이 강조하고 있는 규범 ~~3가지는~~세 가지는 다음과 같다. 첫째, 독립성이다. 독립성은 과제를 스스로 수행하고 자신의 행위에 책임지는 규범을 의미하므로 학생들의 온라인 과제를 스스로 해결하고 책임을 지는 내용과 일치한다. 둘째, 보편성이다. 보편성은 보편적인 규범이나 규칙을 배우도록 하는 것이며 과제물에 대한 개인 사정을 고려하지 않고 공정하게 ~~적요한다는 제시문 내용에 부합된다.~~적용한다는 제시문 내용과 부합한다.[7] 마지막은 성취성이다. 성취성은 성과에 따라 대우를 받는다는 것이며 학생의 흥미와 적성에 맞는 과제를 제시하여 성취감을 느끼게 해 준다는 최 교감의 주장과 일맥상통한다. 따라서 교사는 드리븐의 학교사회화 규범을 학교 상황에 적용하여 교실 수업을 개선해야 할 것이다.

[7]
1. 오탈자 발생
2. '~내용과 부합하다.'가 더 자연스러운 문장

~~교실에서의~~교실 수업 개선을 위해서는 궁극적으로 교사의 역량을 발휘해야 하며 이에 따른 장학 활동이 반드시 요구될 것이다. 교장이 계획하고 있는 장학은 약식장학이다. 약식장학은 교장 혹은 학교의 관리자가 짧고 간헐적인 시간 내에 학급을 순시하면서 학급에 대한 정보를 빠르게 파악할 수 있다는 장점이 있다. 그러나 교장과 교사 ~~교사의 관계가 신뢰롭지~~ [8] ~~못한 상황에서~~간에 신뢰 관계가 형성되지 않은 상황에서 약식장학이 진행된다면 교사가 불쾌감과 불신감을 느낄 수 있다는 단점을 가지고 있다. 마지막으로 인적자원론적 장학에 근거할 때, 최 교감은 교사들을 학교 쓰레기 문제에 대한 의사 결정에 참여시키고 공동의 의사 결정을 통해 효율성을 증진해 교사들의 직무 만족도를 ~~향상시키는~~향상하는 방안을 제시해야 할 것이다. 따라서 학교는 약식장학과 인적자원론적 장학과 같이 교사들의 전문성을 높일 수 있는 장학 활동을 제공해야 한다.

[8] '신뢰롭다'는 문법적 오류입니다.

본 글에서는 교실 수업에 대한 개선 방안이라는 주제로 다양한 측면에서 논의하였다. 교육방법에서는 오수벨의 유의미 수용학습과 벌로의 SMCR모형에 대한 내용을 살펴보고 교육철학에서는 피터스의 과정적 준거에 대해 알아보았다. 그 다음으로 학교사회에서는 드리븐의 보편성과 성취성, 독립성과 같은 사회화 규범을 이해하고 끝으로 약식장학과 인적자원론적 장학의 내용을 정리하였다. 교사는 이전에 제시한 다양한 방법으로 수업 개선에 힘써야 ~~할 것이며~~하며, 무엇보다 교사 스스로 수업에 대한 문제점과 해결점을 찾아가는 자발적인 노력과 책임이 필요할 것이다.

최종 모범답안 (6회차 - D)

<table>
<tr><td>본인은 수험생 유의 사항을 숙지하였으며 이를 지키지 않아 발생하는 모든 불이익을 감수할 것을 서약합니다.</td><td rowspan="2">수험번호</td><td>① ②</td><td colspan="2">※결시자 확인란(수험생은 표기하지 말 것)</td></tr>
<tr><td>성 명</td><td>⓪ ① ② ③ ④ ⑤ ⑥ ⑦ ⑧ ⑨
① ② ③ ④ ⑤ ⑥ ⑦ ⑧ ⑨
⓪ ① ② ③ ④ ⑤ ⑥ ⑦ ⑧ ⑨</td><td>결시자 설명과 수험 번호 기재
검은색 펜으로 결시자 수험 번호,
쪽 번호와 우측란은 '●'로 표기</td><td>○</td></tr>
<tr><td>교육학 논술 전용 답안지 / 쪽 번호: ●②</td><td></td><td>⓪ ① ② ③ ④ ⑤ ⑥ ⑦ ⑧ ⑨
⓪ ① ② ③ ④ ⑤ ⑥ ⑦ ⑧ ⑨
⓪ ① ② ③ ④ ⑤ ⑥ ⑦ ⑧ ⑨
⓪ ① ② ③ ④ ⑤ ⑥ ⑦ ⑧ ⑨</td><td>※감독관 확인란(수험생은 표기하지 말 것)
- 본인 여부, 성명, 수험 번호, 쪽 번호 기록이 정확한지 확인 후 서명/날인
- 결시자는 위의 결시자 확인란에도 표기</td><td>(서명 또는 날인)</td></tr>
</table>

- 수험 번호와 쪽 번호는 검은색 펜을 사용하여 '●'로 표기하시오.
- 답안은 지워지거나 번지지 않는 동일한 종류의 검은색 펜을 사용하여 작성하시오(연필/사인펜/수정테이프/수정액 사용 불가).
- 수험생 유의 사항을 위반하여 작성한 답안의 경우, 해당 부분이나 답안지 전체를 채점하지 않으니 유의하시오.

최근 급격한 사회의 변화에 따라 교육 환경 또한 지대한 영향을 받고 있다. 이러한 변화에 학생들이 학교에서 불안과 혼란을 느끼지 않도록 철저한 방안을 계획해야 한다. 또한 교사는 가장 중요하게 여겨야 할 교실 수업을 개선할 수 있는 방향도 함께 모색해야 할 것이다. 따라서 본 글에서는 교실 수업 개선을 위한 방안이라는 주제로 교육 방법, 교육철학, 학교 사회, 장학 활동 측면에서 논하고자 한다.

교실 수업을 개선하기 위해서는 우선 성적이 낮은 학생들에 대한 고려가 필요하다. 오수벨의 관점에 따라 최 교감이 강조한 선행조직자와 포섭은 다음과 같다. 먼저 선행조직자는 설명 조직자이며, 선행조직자가 없을 때 수업 내용을 이해할 수 있도록 포괄하는 새로운 예시를 제시해 주어야 한다. 이어서 포섭은 상관적 포섭이며, 이는 학습자의 기존 인지 구조 속의 개념을 수정하거나 변형시켜 제시하는 포섭을 의미한다. 그다음으로 학습 과제를 제시한 후 그다음 단계에서 할 수 있는 교사와 학생의 역할은 다음과 같다. 첫째, 학생은 관련 정착 지식과 유의미한 학습 태세를 갖추고 있어야 한다. 둘째, 교사는 인지 조직의 정착 및 강화를 위하여 비판적 접근, 명료화, 요점 정리의 방법을 활용할 수 있다. 따라서 교사는 성적이 낮은 학생들에게 오수벨의 이론에 따라 선행조직자와 포섭 등의 유의미 수용학습이 일어날 수 있도록 하여 교실 수업을 개선할 수 있다.

교실 수업은 교내 공간뿐만 아니라 원격수업까지 포함하므로 온라인 수업에 대한 개선도 필요하다. 벌로의 SMCR 모형의 시사점을 고려할 때 효과적으로 의사소통하기 위해서는 교사와 학생의 통신 기술, 태도, 지식수준, 사회 체제, 문화 양식이 서로 일치하게 하여 보다 효율적으로 송신자인 교사와 수신자인 학생이 소통할 수 있도록 해야 한다. 이어서 최 교감이 강조한 피터스의 개념적 준거는 과정적 준거이다. 과정적 준거는 교육 방법과 관련된 것으로, 전달 과정과 전략이 도덕적으로 온당한 방식 즉, 학습자의 자발적인 노력과 의지를 고려해야 한다는 것이다. 이러한 과정적 준거에 근거한 교수 설계 운영 방안 두 가지는 다음과 같다. 첫째, 학습자에게 제공할 학습 자료는 흥미로운 것이어야 한다. 둘째, 이념을 주입하는 조건화나 세뇌와 같은 교육 방법은 제외해야 한다. 따라서 교내 공간뿐만 아니라 온라인 수업에서의 개선을 위하여 SMCR 모형에 따라 송신자와 수신자의 영역을 일치시키고 피터스의 개념적 준거에 근거하여 도덕적으로 온당한 방식의 수업을 제공해야 한다.

과제물을 관리하는 것 또한 학생들의 성적과 관련이 있으므로 관심이 필요하다. 드리븐의 학교사회화 내용 중 최 교감이 강조하고 있는 규범 세 가지는 다음과 같다. 첫째, 독립성이다. 독립성은 과제를 스스로 수행하고 자신의 행위에 책임지는 규범을 의미하므로 학생들의 온라인 과제를 스스로 해결하고 책임을 지는 내용과 일치한다. 둘째, 보편성이다. 보편성은 보편적인 규범이나 규칙을 배우도록 하는 것이며 과제물에 대한 개인 사정을 고려하지 않고 공정하게 적용한다는 제시문 내용과 부합한다. 마지막은 성취성이다. 성취성은 성과에 따라 대우를 받는 것으로, 학생의 흥미와 적성에 맞는 과제를 제시하여 성취감을 느끼게 해 준다는 최 교감의 주장과 일맥

06회

최종 모범답안 (6회차 - D)

본인은 수험생 유의 사항을 숙지하였으며 이를 지키지 않아 발생하는 모든 불이익을 감수할 것을 서약합니다.		수험번호	① ②	※ 결시자 확인란(수험생은 표기하지 말 것)	
성 명			⓪ ① ② ③ ④ ⑤ ⑥ ⑦ ⑧ ⑨	결시자 설명과 수험 번호 기재 검은색 펜으로 결시자 수험 번호, 쪽 번호와 우측란은 '●'로 표기	○
			① ② ③ ④ ⑤ ⑥ ⑦ ⑧ ⑨		
교육학 논술 전용 답안지	쪽 번호		⓪ ① ② ③ ④ ⑤ ⑥ ⑦ ⑧ ⑨	※ 감독관 확인란(수험생은 표기하지 말 것)	
	①●		⓪ ① ② ③ ④ ⑤ ⑥ ⑦ ⑧ ⑨	- 본인 여부, 성명, 수험 번호, 쪽 번호 기록이 정확한지 확인 후 서명/날인 - 결시자는 위의 결시자 확인란에도 표기	(서명 또는 날인)
			⓪ ① ② ③ ④ ⑤ ⑥ ⑦ ⑧ ⑨		
			⓪ ① ② ③ ④ ⑤ ⑥ ⑦ ⑧ ⑨		
			⓪ ① ② ③ ④ ⑤ ⑥ ⑦ ⑧ ⑨		

- 수험 번호와 쪽 번호는 검은색 펜을 사용하여 '●'로 표기하시오.
- 답안은 지워지거나 번지지 않는 동일한 종류의 검은색 펜을 사용하여 작성하시오(연필/사인펜/수정테이프/수정액 사용 불가).
- 수험생 유의 사항을 위반하여 작성한 답안의 경우, 해당 부분이나 답안지 전체를 채점하지 않으니 유의하시오.

상통한다. 따라서 교사는 드리븐의 학교사회화 규범을 학교 상황에 적용하여 교실 수업을 개선해야 할 것이다.

교실 수업 개선을 위해서는 궁극적으로 교사의 역량을 발휘해야 하며 이에 따른 장학 활동이 반드시 요구될 것이다. 교장이 계획하고 있는 장학은 약식 장학이다. 약식 장학은 교장 혹은 학교의 관리자가 짧고 간헐적인 시간 내에 학급을 순시하면서 학급에 대한 정보를 빠르게 파악할 수 있다는 장점이 있다. 그러나 교장과 교사 간에 신뢰 관계가 형성되지 않은 상황에서 약식 장학이 진행된다면 교사가 불쾌감과 불신감을 느낄 수 있다는 단점을 가지고 있다. 마지막으로 인적 자원론적 장학에 근거할 때, 최 교감은 교사들을 학교 쓰레기 문제에 대한 의사 결정에 참여시키고 공동의 의사 결정을 통해 효율성을 증진해 교사들의 직무 만족도를 향상하는 방안을 제시해야 할 것이다. 따라서 학교는 약식 장학과 인적 자원론적 장학과 같이 교사들의 전문성을 높일 수 있는 장학 활동을 제공해야 한다.

본 글에서는 교실 수업에 대한 개선 방안이라는 주제로 다양한 측면에서 논의하였다. 교육 방법에서는 오수벨의 유의미 수용학습과 벌로의 SMCR 모형에 대한 내용을 살펴보고, 교육철학에서는 피터스의 과정적 준거에 대해 알아보았다. 그다음으로 학교 사회에서는 드리븐의 보편성과 성취성, 독립성과 같은 사회화 규범을 이해하고, 끝으로 약식 장학과 인적 자원론적 장학의 내용을 정리하였다. 교사는 이전에 제시한 다양한 방법으로 수업 개선에 힘써야 하며, 무엇보다 교사 스스로 수업에 대한 문제점과 해결점을 찾아가는 자발적인 노력과 책임이 필요할 것이다.

첨삭 배우기
(6회차 - E)

학교 교육의 질을 높이는 것은 학생과 교사 모두에게 중요하다. 학생의 학업 동기와 성취도를 향상하고 교사의 만족도 또한 높이기 위해서는 학교 교육의 질적 개선이 중요하다. 이를 ~~위해서 특히,~~ 위해서는 특히 교실 수업의 개선이 요구된다. 따라서 본 글에서는 교실 수업 개선을 위한 구체적인 방안에 대해 교육방법, 교육철학, 학교사회, 장학활동의 측면에서 제시하고자 한다.

먼저, 교실 수업 개선을 위해서는 교육 방법의 변화가 요구된다. 최 교감은 오수벨의 선생조직자 중 설명조직자를 활용할 것을 강조한다. 설명조직자는 선행 지식이 없는 학습자에게 포괄적이고 일반적인 내용을 수업 전개전에 제시하는 것으로 수업 이해에 효과적이다. 또한 ~~이어서~~[1] 최 교감은 종속적 포섭 중 상관적 포섭의 활용을 강조한다. 상관적 포섭은 기존 학생의 인지 구조보다 하위의 개념을 학습할 때 해당 개념을 수정하여 기존 인지구조에 효과적으로 연결되도록 하는 포섭의 한 종류이다. ~~연결되도록 한다.~~[2] 이처럼 선행조직자를 제시하고 학습 과제를 효과적으로 제시하면 학생의 수업 이해도가 증진될 수 있다. 다음으로 학습 과제 제시 이후에는 인지적 조직의 정착 및 강화의 단계가 이루어진다. 이 단계에서 교사는 학생이 학습한 내용을 명료화할 수 있도록 요약 및 정리~~한다. 학생을~~ 해야 하며, 학생은 비판적 접근을 통해[3] 학습 내용과 자신의 인지 구조가 강화되도록 해야 한다. 이처럼 유의미 수용 학습 방법을 활용한다면 수업이 질적으로 개선될 수 있다.

다음으로 교실 수업의 질적 향상을 위해서는 의사소통과 교수 설계 운영 방안이 개선되어야 한다. 효과적인 의사소통을 위해서는 수신자가 발신자의 메시지를 정확하게 받아들일 수 있도록 적정량의 메시지를 제공해야 한다. ~~이어서 최교감은~~[4] 최 교감은 피터스의 과정적 준거를 강조하며 교육 방법은 학생의 자발성에 기초하여 도덕적으로 온당한 방법으로 이루어져야 한다고 한다. 이를 바탕으로 하여 교수 설계를 운영할 때는 첫째, 학습자의 흥미와 적성을 고려해야 하며, 둘째, 학습자가 능동적으로 참여하고 활동하는 방안을 활용해야 한다. 이처럼 수업 중 ~~의사소통을 효과적으로 하고,~~ 효과적으로 의사소통하고[5] 과정적 준거에 근거하여 교수 설계를 운영함으로써 교실 수업이 개선될 수 있다.

1 의미 없는 군더더기 표현입니다.

2 해당 문장은 상관적 포섭의 개념에 대해 간단하게 설명하는 문장이므로, 상관적 포섭이 어떤 것인지 설명하기 위해서는 '연결되도록 하는 ~이다'라고 작성하는 것이 더 좋습니다.

3 뒷 문장에 주어가 누락 되어 있습니다. 그런데 뒷 문장의 주어가 앞 문장의 '교사는'과 같으므로 한 문장으로 이어서 작성해야 합니다. 물론 주어가 같더라도 문장의 길이가 너무 길어지는 경우에는 두 문장으로 나누어야 합니다.

4
1. 꼭 필요한 접속 표현이 아니라면 생략하는 것이 좋습니다.
2. 최V교감(띄어쓰기). 사람의 성과 직분은 띄어 씁니다.

5 '효과적으로'가 수식하는 것은 '의사소통'이므로 수식하는 어구를 '의사소통' 앞에 배치하는 것이 좋습니다.

그뿐만 아니라 학교사회화를 고려하여 ~~교실의~~ 수업을[6] 발전시키도록 해야 한다. 최 교감이 강조한 드리븐의 학교사회화 내용은 독립성, 보편성, 특수성이다. 독립성이란 학습자가 자신의 행동에 책임을 져야 한다는 것으로, 과제물을 제출하지 않았을 경우 학습자 자신이 책임을 지는 것을 학습해야 한다는 것이다. 다음으로, 보편성이란 같은 학년 학생들이 개인의 ~~특성에~~특성과 관계없이 ~~동일한~~[7]같은 내용을 학습하도록 해야 한다는 것이다. 마지막으로 특수성이란 학습자의 개인적 흥미와 적성, 수준 등을 고려하여 ~~상이한~~다른 내용을 학습하는 것을 의미한다. 이처럼 드리븐의 학교사회화 내용을 고려하여 수업이 개선될 수 있도록 해야 한다.

[6] '수업을'로 수정하는 것을 제안합니다. '수업'은 대부분 '교실'에서 이루어지므로 '수업을'이라고만 작성해도 의미 전달이 충분합니다.

[7] 틀린 것은 아니지만 이왕이면 한자가 아닌 쉬운 우리말 표현을 활용합니다.

마지막으로 ~~교실~~ 수업 개선[8]을 위해서는 장학을 통한 교사의 발전도 필요하다. 교장이 계획하는 장학은 약식장학이다. 약식장학은 교장 또는 교감이 학습 순시를 통해 수업을 관찰함으로써 이루어지므로 단시간 내에 간편하게 효율적으로 진행된다는 장점이 있다. 하지만 단시간 내에 수업이나 교실을 관찰한다는 점에서 구체적이고 세부적인 조언이나 ~~개선을 하기에는~~[9]개선하기에는 어렵다는 단점이 있다. ~~이어서 최교감은~~ 최 교감은 인적이원론적 장학을 통해 학교를 개선할 수 있다. 최 교감은 교사들의 의견을 반영하여 요구를 ~~충족시킴으로써 구성원의 만족도가 향상되고 이는 집단의 생산성 향상으로 이어질수 있게 될 것이다.~~충족시킴으로써 구성원의 만족도를 향상시킬 수 있으며,[10] 이는 집단의 생산성 향상으로 이어질 수 있다. 이처럼 교내 장학을 효과적으로 활용하여 교사의 수업 개선과 만족도~~를 향상시킨다면~~[11]가 향상된다면 교실 수업 또한 질적으로 향상될 것이다.

[8] '수업 개선'으로 수정하는 것이 더 깔끔합니다.

[9] 굳이 조사 '을/를/이/가'를 쓰지 않아도 된다면 쓰지 않습니다.

[10] 주어가 '최 교감'이므로 구성원의 만족도가 향상된다고 표현하기보다는, 최 교감이 구성원의 만족도를 향상시킨다는 사동 표현을 사용하는 것이 더 자연스럽습니다.

[11] '향상된다면'으로 수정하는 것을 제안합니다.

지금까지 교실 수업 개선에 대한 구체적인 실천 방안을 살펴보았다. 교실 수업을 개선하기 위해서는 오수벨의 선행조직에 교수모형을 활용하여 수업을 진행하고, SMCR 모형에 근거하여 효과적인 의사소통을 실천하고, 도덕적으로 온당한 방법으로 ~~교수설계 운영을 해야 한다.~~교수 설계를 운영해야 한다. 또한 드리븐의 ~~학교 사회화를 활용하고,~~학교사회화와 교내 자율 장학을 ~~적극~~[12]적극적으로 활용한다면 교실 수업이 질적으로 향상될 수 있을 것이다. 이처럼 학교 교육의 발전을 위해서는 학교 구성원의 적극적인 노력이 ~~요구되는 바이다.~~요구된다.

[12] '적극'은 명사이므로 '적극적', '적극적으로', '적극적인' 등으로 써야 합니다.

최종 모범답안 (6회차 – E)

본인은 수험생 유의 사항을 숙지하였으며 이를 지키지 않아 발생하는 모든 불이익을 감수할 것을 서약합니다.		수험번호	① ②	※결시자 확인란(수험생은 표기하지 말 것)	
성 명			⓪ ① ② ③ ④ ⑤ ⑥ ⑦ ⑧ ⑨	결시자 설명과 수험 번호 기재 검은색 펜으로 결시자 수험 번호, 쪽 번호와 우측란은 '●'로 표기	○
			① ② ③ ④ ⑤ ⑥ ⑦ ⑧ ⑨		
교육학 논술 전용 답안지	쪽 번호		⓪ ① ② ③ ④ ⑤ ⑥ ⑦ ⑧ ⑨	※감독관 확인란(수험생은 표기하지 말 것)	
	●②		⓪ ① ② ③ ④ ⑤ ⑥ ⑦ ⑧ ⑨	– 본인 여부, 성명, 수험 번호, 쪽 번호 기록이 정확한지 확인 후 서명/날인	(서명 또는 날인)
			⓪ ① ② ③ ④ ⑤ ⑥ ⑦ ⑧ ⑨	– 결시자는 위의 결시자 확인란에도 표기	
			⓪ ① ② ③ ④ ⑤ ⑥ ⑦ ⑧ ⑨		
			⓪ ① ② ③ ④ ⑤ ⑥ ⑦ ⑧ ⑨		

– 수험 번호와 쪽 번호는 검은색 펜을 사용하여 '●'로 표기하시오.
– 답안은 지워지거나 번지지 않는 동일한 종류의 검은색 펜을 사용하여 작성하시오(연필/사인펜/수정테이프/수정액 사용 불가).
– 수험생 유의 사항을 위반하여 작성한 답안의 경우, 해당 부분이나 답안지 전체를 채점하지 않으니 유의하시오.

학교 교육의 질을 높이는 것은 학생과 교사 모두에게 중요하다. 학생의 학업 동기와 성취도를 향상하고 교사의 만족도 또한 높이기 위해서는 학교 교육의 질적 개선이 중요하다. 이를 위해서는 특히 교실 수업의 개선이 요구된다. 따라서 본 글에서는 교실 수업 개선을 위한 구체적인 방안을 교육 방법, 교육철학, 학교 사회, 장학 활동의 측면에서 제시하고자 한다.

먼저, 교실 수업 개선을 위해서는 교육 방법의 변화가 요구된다. 최 교감은 오수벨의 선생 조직자 중 설명 조직자를 활용할 것을 강조한다. 설명 조직자는 선행 지식이 없는 학습자에게 포괄적이고 일반적인 내용을 수업 전개 전에 제시하는 것으로, 수업 이해에 효과적이다. 또한 최 교감은 종속적 포섭 중 상관적 포섭의 활용을 강조한다. 상관적 포섭은 기존 학생의 인지 구조보다 하위의 개념을 학습할 때 해당 개념을 수정하여 기존 인지 구조에 효과적으로 연결되도록 하는 포섭의 한 종류이다. 이처럼 선행조직자를 제시하고 학습 과제를 효과적으로 제시하면 학생의 수업 이해도가 증진될 수 있다. 다음으로 학습 과제 제시 이후에는 인지적 조직의 정착 및 강화의 단계가 이루어진다. 이 단계에서 교사는 학생이 학습한 내용을 명료화할 수 있도록 요약 및 정리해야 하며, 학생은 비판적 접근을 통해 학습 내용과 자신의 인지 구조가 강화되도록 해야 한다. 이처럼 유의미 수용학습 방법을 활용한다면 수업이 질적으로 개선될 수 있다.

다음으로 교실 수업의 질적 향상을 위해서는 의사소통과 교수 설계 운영 방안이 개선되어야 한다. 효과적인 의사소통을 위해서는 수신자가 발신자의 메시지를 정확하게 받아들일 수 있도록 적정량의 메시지를 제공해야 한다. 최 교감은 피터스의 과정적 준거를 강조하며 교육 방법은 학생의 자발성에 기초하여 도덕적으로 온당한 방법으로 이루어져야 한다고 한다. 이를 바탕으로 하여 교수 설계를 운영할 때는 첫째, 학습자의 흥미와 적성을 고려해야 하며, 둘째, 학습자가 능동적으로 참여하고 활동하는 방안을 활용해야 한다. 이처럼 수업 중 효과적으로 의사소통하고 과정적 준거에 근거하여 교수 설계를 운영함으로써 교실 수업이 개선될 수 있다.

그뿐만 아니라 학교사회화를 고려하여 수업을 발전시키도록 해야 한다. 최 교감이 강조한 드리븐의 학교사회화 내용은 독립성, 보편성, 특수성이다. 독립성이란 학습자가 자신의 행동에 책임을 져야 한다는 것으로, 과제물을 제출하지 않았을 경우 학습자 자신이 책임을 지는 것을 학습해야 한다는 것이다. 다음으로, 보편성이란 같은 학년 학생들이 개인의 특성과 관계없이 같은 내용을 학습하도록 해야 한다는 것이다. 마지막으로 특수성이란 학습자의 개인적 흥미와 적성, 수준 등을 고려하여 다른 내용을 학습하는 것을 의미한다. 이처럼 드리븐의 학교사회화 내용을 고려하여 수업이 개선될 수 있도록 해야 한다.

마지막으로 수업 개선을 위해서는 장학을 통한 교사의 발전도 필요하다. 교장이 계획하는 장학은 약식 장학이다. 약식 장학은 교장 또는 교감이 학습 순시를 통해 수업을 관찰함으로써 이루어지므로 단시간 내에 간편하게 효율적으로 진행된다는 장점이 있다. 하지만 단시간 내에 수업이나 교실을 관찰한다는 점에서 구체적이고 세부적인 조언이나 개선하기에는 어렵다는 단점이 있다. 최 교감은 인적 이원론적 장학을 통해 학교를 개선할 수 있다. 최 교감은 교사들의 의견을 반영하여 요구를 충족시킴으로써 구성원의 만족도를 향상시킬 수

최종 모범답안 (6회차 - E)

<table>
<tr><td colspan="2">본인은 수험생 유의 사항을 숙지하였으며 이를 지키지 않아 발생하는 모든 불이익을 감수할 것을 서약합니다.</td><td rowspan="8">수
험
번
호</td><td></td><td>① ②</td><td colspan="2">※ 결시자 확인란(수험생은 표기하지 말 것)</td></tr>
<tr><td colspan="2"></td><td></td><td>⓪ ① ② ③ ④ ⑤ ⑥ ⑦ ⑧ ⑨</td><td rowspan="3">결시자 설명과 수험 번호 기재
검은색 펜으로 결시자 수험 번호, 쪽 번호와 우측란은 '●'로 표기</td><td rowspan="3">○</td></tr>
<tr><td colspan="2">성 명</td><td></td><td>① ② ③ ④ ⑤ ⑥ ⑦ ⑧ ⑨</td></tr>
<tr><td colspan="2"></td><td></td><td>⓪ ① ② ③ ④ ⑤ ⑥ ⑦ ⑧ ⑨</td></tr>
<tr><td rowspan="4">교육학 논술 전용 답안지</td><td>쪽 번호</td><td></td><td>⓪ ① ② ③ ④ ⑤ ⑥ ⑦ ⑧ ⑨</td><td colspan="2">※ 감독관 확인란(수험생은 표기하지 말 것)</td></tr>
<tr><td rowspan="3">①●</td><td></td><td>⓪ ① ② ③ ④ ⑤ ⑥ ⑦ ⑧ ⑨</td><td rowspan="3">- 본인 여부, 성명, 수험 번호, 쪽 번호 기록이 정확한지 확인 후 서명/날인
- 결시자는 위의 결시자 확인란에도 표기</td><td rowspan="3">(서명 또는 날인)</td></tr>
<tr><td></td><td>⓪ ① ② ③ ④ ⑤ ⑥ ⑦ ⑧ ⑨</td></tr>
<tr><td></td><td>⓪ ① ② ③ ④ ⑤ ⑥ ⑦ ⑧ ⑨</td></tr>
</table>

- 수험 번호와 쪽 번호는 검은색 펜을 사용하여 '●'로 표기하시오.
- 답안은 지워지거나 번지지 않는 동일한 종류의 검은색 펜을 사용하여 작성하시오(연필/사인펜/수정테이프/수정액 사용 불가).
- 수험생 유의 사항을 위반하여 작성한 답안의 경우, 해당 부분이나 답안지 전체를 채점하지 않으니 유의하시오.

있으며, 이는 집단의 생산성 향상으로 이어질 수 있다. 이처럼 교내 장학을 효과적으로 활용하여 교사의 수업 개선과 만족도가 향상된다면 교실 수업 또한 질적으로 향상될 것이다.

지금까지 교실 수업 개선에 대한 구체적인 실천 방안을 살펴보았다. 교실 수업을 개선하기 위해서는 오수벨의 선행조직에 교수모형을 활용하여 수업을 진행하고, SMCR 모형에 근거하여 효과적인 의사소통을 실천하고, 도덕적으로 온당한 방법으로 교수 설계를 운영해야 한다. 또한 드리븐의 학교사회화와 교내 자율 장학을 적극적으로 활용한다면 교실 수업이 질적으로 향상될 수 있을 것이다. 이처럼 학교 교육의 발전을 위해서는 학교 구성원의 적극적인 노력이 요구된다.

[6회] 수험생이 자주 하는 질문 모음

질문 01 **문단과 문단 사이에 한 줄 띄어도 되나요? (전공 물리)**

네. 상관없습니다. 대부분은 붙여서 쓰지만 띄어서 쓴다고 특별히 감점당하지는 않습니다.

질문 02 **답안 작성 시 최 교감을 직접적으로 언급하거나, 배점표에 있는 질문 내용을 그대로 쓰고 답을 쓰는 형식도 괜찮나요? (전공 전문상담)**

네. 괜찮을 뿐만 아니라, 실제로 그렇게 작성해야 합니다. 지문 내용을 직접적으로 언급하거나 배점표에 있는 질문 내용을 써야 대주제와의 연계를 쉽게 할 수 있습니다.

질문 03 **주제연계를 위한 각 문단의 도입부를 적기가 어렵습니다. 아래처럼 들어가도 되는지 궁금합니다. (전공 음악)**

1. 먼저, 교육 방법 측면에서 오수벨의 선행조직자 교수모형의 관점으로 최 교감이 강조한 선행조직자는 설명조직자이다.
2. 다음으로 교수 방법에서 벌로의 SMCR 모형을 살펴보면, ~~~
3. 이어서 교육사회 측면에서 살펴보면~~~
4. 마지막으로 교육행정 측면에서는 교사의 장학도 빼놓을 수 없다.

쓰신 도입부를 보면 어떤 주장이나 대주제와의 연계가 없습니다. 점수를 1점이라도 더 받기 위해서는 채점항목에 있는 내용을 쓰는 것이 중요합니다. 그래서 "논술의 구성 및 표현 [5점]"을 위해 자기주장이나 대주제와의 논점을 언급하는 것이 가장 좋습니다. 다음 예를 참고해 주세요.

1. <u>교실 수업 개선</u>(대주제)을 위해서는 <u>교육 방법</u>(소주제)의 영역에서부터 변화가 필요하다.
2. <u>평가적 관점</u>(소주제)에서도 <u>교실 수업 개선</u>(대주제) 방안을 탐색할 수 있다.
3. 다음으로 교사는 <u>구글 클래스룸의 개선</u>(대주제)을 위해 <u>학교 사회</u>(소주제)의 측면을 고려할 수 있다.
4. 마지막으로 <u>교실 수업의 개선</u>(대주제)을 위해 <u>장학</u>(소주제)을 활용할 수 있다.

이때 주의할 것은, 아래처럼 반복된 표현(틀)은 지양해야 합니다. 최대한 패러프레이징(바꿔쓰기)하여 단조로움을 피해야 합니다.

1. 교실 수업 개선을 위해서는 교육 방법의 <u>변화가 필요하다</u>.
2. 평가적 관점에서 교실 수업 개선의 <u>변화가 필요하다</u>.
3. 다음으로 구글 클래스룸의 개선을 위해 학교 사회의 <u>변화가 필요하다</u>.
4. 마지막으로 교실 수업의 개선을 위해 장학의 <u>변화가 필요하다</u>. → (주의: '변화가 필요하다.' 를 반복적으로 사용해 문장이 매우 단조롭다. 이렇게 쓸 경우 '논술의 표현' 채점 항목에서 감점을 당할 수 있다.)

06회

오수벨에서 유의미한 수용학습을 위해 학습과제를 제시한 다음 단계에서 할 수 있는 교사와 학생의 역할을 각각 1가지씩 찾는 문제에서, 답을 정확하게 모르겠으면 (교사, 학생의 역할을 따로 구분해서 외우지 못하였음) 인지 구조의 강화 내용 중 기억나는 내용을 '교사는 ~~~한 역할을 한다. 학생은 ~~~한 것을 한다.'라고 유연성 있게 작성하면 될까요? (전공 생물)

이번 회차의 오수벨 문제는 완전히 오픈형 문제는 아닙니다. 그래서 교사와 학생의 역할에서 각각 구체적인 핵심 키워드가 있습니다. 만약, 완벽한 오픈형 문제라면 말씀한 것처럼 하나의 내용을 두 개로 나눠서 최대한 유연성 있게 작성하면 됩니다. 관련 내용을 도저히 모르겠으면 보통은 교사의 역할을 쓰고 그 역할에 따른 학생의 활동을 쓰는 식으로 쉽게 해결할 수 있습니다.

4번째 본론 답을 작성할 때 '약식 장학의 장, 단점은 ~~~하다.'라고 쓰고 바로 서지오바니의 인적자원론적 장학 관점에서 '교사의 고민을 해소하기 위해서는 교사들을 의사결정에 적극적으로 참여시킨다.' 이렇게 답을 이어 쓰는데, 뭔가 약식 장학을 쓴 다음 갑자기 서지오바니의 인적자원론적 장학과 관련한 문장을 나타내는 것 같아 문장이 안 이어지는 듯한 느낌이 드는데, 중간에 이어지게 하는 문장이 없어도 괜찮을까요? (전공 생물)

지금처럼 문제 내용이 달라서 연결해서 쓰면 어색한 경우에는 중간에 덧붙이는 말을 하나 적어 주면 좋습니다.

[샘플 문장] 약식 장학의 장, 단점은 ~~~이다. 서지오바니의 인적자원론적 장학 관점에서 ~~~.

1. 대주제 또는 소주제를 언급하는 문장을 추가한다.
   약식 장학의 장, 단점은 ~~~이다. (수업 개선을 위해서 교사들의 고민을 해소하는 것은 매우 중요하다.) 서지오바니의 인적자원론적 장학 관점에서 ~~~.
2. 접속사를 활용한다. (시간이 부족한 경우 좋음)
   약식 장학의 장, 단점은 ~~~이다. (한편) 서지오바니의 인적자원론적 장학 관점에서 ~~~.

문제에서 '방안'과 '전략'의 차이점을 모르겠습니다. (전공 과학)

둘 다 똑같은 것입니다. 구체적인 방법을 제시하면 됩니다.

예를 들어 "오수벨의 유의미 이론에서 교감이 사용한 선행조직자는?"라는 문제가 있을 때, 답지에 줄줄이 문제를 다 써도 되나요? 아니면 "교감이 사용한 선행조직자는 설명조직자이다." 이렇게 묻는 답만 써야 할까요? (전공 보건)

둘 다 상관없습니다만, 저는 시간 절약 차원에서 (문제를 다 쓰기보다) 묻는 것만 간략히 쓰는 것을 좀 더 선호합니다.

PART 07

원페이지 교육학 모의고사 (7회)

중등학교교사 임용후보자 선정경쟁시험

원페이지 교육학 (7회)

수험 번호 : ( )　성 명 : ()

제1차 시험	1 교시	1문항 20점	시험 시간 60분

○ 문제지 전체 면수가 맞는지 확인하시오.

다음은 ○○ 고등학교 박 교사가 최근 성찰한 내용을 기록한 메모이다. 박 교사의 메모를 읽고 "학생중심 교육을 위한 교사의 반성적 실천"이라는 주제로 동기이론, 교육과정, 학생상담, 행정업무에 대한 내용을 구성 요소로 하여 논하시오. [20점]

#1 평소에 A 학생은 역사에 흥미가 있어 열심히 했는데, 요즘 배우는 고려 시대 내용은 어려운지 재미를 느끼지 못하는 것 같다. 그래서 나는 A 학생에게 "너는 고고학자가 꿈이니, 지금 배우고 있는 고려 시대 내용은 너에게 중요하고 앞으로 많은 도움이 될 거야."라고 격려했다. 그리고 조선 시대 내용을 특히 어려워했던 B 학생에게는 "다음 주에 배울 조선 시대 주제들이 조금 어렵긴 하지만, 관심 있는 주제를 반 친구들에게 발표해 보는 건 어떨까?"라고 말하며 과제 선택권을 부여했다. 그랬더니 B 학생은 "조선 시대 내용이 어렵지만, 해 볼 만한 것 같아요. 저는 조선 시대의 통치 체제에 대해 준비해서 발표할게요."라고 말하며 부담을 덜어낸 듯 보였다. 그런데 C 학생은 "제가 아무리 열심히 공부해도 역사 시험은 실패할 거예요."라고 말해 어떻게 지도해야 할지 고민이 많다.

#2 올해 교육과정 부장을 맡으면서 고민이 많다. 내년부터 당장 고교학점제를 도입해야 하는데, 우리 학교는 교육과정 사소화 현상이 심해 어떻게 운영해야 할지 걱정이다. 역사 과목을 어떻게 운영해야 할지도 모르겠다. 교장 선생님은 다양한 방법의 수업을 존중하지만, 막상 학생들의 진로를 위해서는 성적이 가장 중요하므로 교과서의 내용을 충실히 가르치는 수업을 강조한다. 학생들의 미래를 위해서는 성적을 무시할 수 없지만, 나는 학생들이 역사를 흥미 있게 배울 수 있도록 다양한 지역문화를 탐방하는 수업으로 교육과정을 재구성하고 싶다.

#3 지난주 실시했던 진로 검사 결과가 나왔다. 학급 반장인 영희는 평소에 다른 사람들과 어울리는 것을 좋아하고, 다른 사람들을 도와주는 활동을 많이 해서 서비스직이나 사회복지사 같은 직업이 나올 줄 알았다. 그런데 검사 결과는 완전히 반대였다. 영희는 기계를 만지거나 조작하는 것을 더 좋아했고, 몸을 움직이는 활동에 관심이 더욱 많았다. 영희를 불러 상담했더니 뜻밖의 이야기를 들을 수 있었다. "선생님 저는 어렸을 때부터 즐겁게 학교에 다니는 친구들이 너무 부러웠어요. 저는 형제도 없고 가정이 화목하지 않아 학교에 가지 않는 날에는 너무 외롭고 쓸쓸했거든요. 전 그게 싫어서 외로움을 달래기 위해 매번 학급 반장이 되려고 노력했던 것 같아요." 그동안 이런 사실을 몰랐던 나는 미안하면서도 한편으론 영희가 기특해 곧바로 질문을 했었다. "영희야 힘든 상황에서도 포기하지 않고 지금까지 버틸 수 있게 해 준 것은 무엇이야?"

#4 최근에 그린 스마트 미래학교 관련 공문이 계속 내려오고 있다. 교육부에서는 전국의 중등교사가 근무하는 지역을 크게 대도시, 중소도시, 읍면 지역으로 나눈 다음, 각 지역에 근무하는 교사 수의 비율을 2 : 1 : 1로 가정하여 대도시에서 근무하는 교사 500명, 중소도시에서 근무하는 교사 250명, 읍면지역에서 근무하는 교사 250명을 표집해 조사할 계획이라고 한다. 본 업무에 부담되지 않게 조사한다고 하지만, 공문이 너무 많이 내려와 업무에 스트레스가 많다.

〈 배 점 〉

○ 논술의 내용 [총 15점]
- 1#과 관련하여 박 교사가 A, B 학생에게 적용한 동기이론의 명칭과 개념 각각 1가지, C 학생의 말을 와이너 (B.Weiner)의 귀인이론에 근거하여 원인의 소재, 안정성, 통제 가능성의 세 차원으로 설명하고, 그 개념에 근거해 박 교사가 C 학생을 지원할 수 있는 구체적인 방안 1가지 [4점]
- 교육과정 사소화 현상을 최소화하기 위한 교육과정 개발모형의 명칭과 그 모형에 근거하여 교육과정을 개발할 때 가장 먼저 수행해야 할 구체적인 활동 1가지, 교육과정의 운영 주체에 따른 교육과정 개발에 있어 교장이 강조하는 교육과정의 장점과 단점 각각 1가지, 박 교사가 계획하는 교육과정 재구성의 구체적인 방법 1가지 [5점]
- 홀랜드(J. Holland)의 진로이론에 근거하여 영희의 직업적 성격유형을 1가지, 영희의 사례에 나타난 방어기제 1가지, 해결중심(Solution focused) 상담이론의 관점에서 박 교사가 활용한 상담기법 1가지 설명 [3점]
- 4#에 언급된 표집방법 1가지, 교육부와 학교 차원에서 업무를 줄이기 위한 구체적인 방안 각각 1가지 [3점]

○ 논술의 구성 및 표현 [총 5점]
- 논술의 내용과 '학생중심 교육을 위한 교사의 반성적 실천'의 연계 및 논리적 형식 [3점]
- 표현의 적절성 [2점]

〈수고하셨습니다.〉

교육학 논술 초안 작성지

원페이지 교육학 (7회)

채점 세부 기준

<table>
<tr><th rowspan="2">영역</th><th colspan="2">채점 세부 기준</th><th rowspan="2">배점</th></tr>
<tr><th>내용 요소</th><th>점수 부여 기준</th></tr>
<tr><td>1</td><td>1#과 관련하여 박 교사가 A, B 학생에게 적용한 동기이론의 명칭과 개념 각각 1가지</td><td>(A학생) 기대-가치 이론: 자신이 성공할 것이라는 기대에, 그 성공에 대해 개인이 부여하는 가치를 곱한 값만큼 동기화된다는 이론이다. (=기대와 가치가 동기화의 원인이 된다)

(B학생) 자기결정성이론 : 인간은 유능감, 자율성, 관계성의 욕구를 타고났고 이러한 욕구를 충족시키면 자기결정성이 향상되어 내재적 동기가 높아져 결국 학습동기도 올라간다는 이론이다.

(자기결정성이란? 자신의 행동과 운명을 자율적으로 선택할 수 있다는 믿음이다.)

출제근거 [2013 중등] 다음 (가)와 (나)의 대화에서 최 교사가 활용하고 있는 동기유발 활동에 부합하는 동기이론으로 가장 적절한 것은?

(가) 은 미 : 선생님, 처음에는 역사가 재미있어서 열심히 했는데, 요즘에 배우는 고려 시대 내용은 재미도 없고 너무 어려운 것 같아요.
최교사 : 그래? 그런데 내가 생각하기로는 잘하는 것으로 보이는데……. 그리고 너는 고고학자가 꿈이잖아. 아마 지금 배우고 있는 고려 시대 내용은 너에게 중요하고 앞으로 도움이 많이 될 거야.

(나) 최교사 : 미영아, 다음 주에 배울 6단원의 주제들이 조금 어렵긴 하지만, 이 중 어떤 주제를 언제 발표할지 정해서 알려줄래?
미 영 : 맞아요. 6단원 내용이 어려운 것 같아요. 하지만 해볼 만한 것 같아요. 저는 6단원 중에서 '조선 시대의 통치 체제'에 대해 준비해서 발표할게요. 발표는 다음 주 수요일에 할게요.

(가) / (나)
① 귀인이론 / 욕구위계이론
② 귀인이론 / 자기결정성이론
③ 기대-가치이론 / 강화이론
④ 기대-가치이론 / 욕구위계이론
⑤ 기대-가치이론 / 자기결정성이론 (정답)</td><td>각 1점</td></tr>
<tr><td>1</td><td>C 학생의 말을 와이너(B.Weiner)의 귀인이론에 근거하여 원인의 소재, 안정성, 통제 가능성의 세 차원으로 설명</td><td>내적, 안정적, 통제 불가능을 언급하면서 지문을 설명하면 정답으로 처리한다.

원인의 소재 - 내적
안정성 - 안정적
통제 가능성 - 통제 불가능</td><td>1점</td></tr>
</table>

<table>
<tr>
<td></td>
<td></td>
<td>
개인과외 귀인이론은 동기이론 중에서 나올 확률이 가장 높은 이론 중 하나입니다. 어떤 내용인지 대략 알고 있지만, 구체적인 내용을 모르는 분들은 이 기회에 마스터하고 넘어가길 바랍니다.

과거 기출 문제(05 중등, 06 초등, 01 초등)를 분석해 보면 귀인이론은 항상 귀인의 차원을 묻기 때문에 이 부분을 완벽히 알고 있어야 합니다. 원페이지 기본서 개인과외에 자세히 설명되어 있으니 꼭 참고하시기 바랍니다.

출제근거 [2001 초등] 와이너의 귀인이론을 적용하여 학습된 무기력을 지닌 아동을 설명한 것으로 가장 알맞은 것은?
① 실패의 원인을 내적, 불안정적인 것에 둔다.
② 실패의 원인을 외적, 불안정적, 통제 가능한 것에 둔다.
③ 실패의 원인을 통제 불가능한 것에 둔다.
④ 실패의 원인을 내적, 안정적, 통제 불가능한 것에 둔다. (정답)

출제근거 [2006 초등] 영희는 “시험칠 때 갑자기 배가 아팠어요.”라고 시험점수가 낮은 이유를 부모님께 말씀드렸다. 영희의 말을 와이너(B.Weiner)의 귀인이론에 근거하여 원인의 소재, 안정성, 통제 가능성의 세 차원으로 설명할 때, 바르게 나열한 것은?

<table>
<tr><th></th><th>원인의 소재</th><th>안정성</th><th>통제가능성</th></tr>
<tr><td>①</td><td>내적</td><td>안정적</td><td>불가능</td></tr>
<tr><td>②</td><td>내적</td><td>불안정</td><td>불가능 (정답)</td></tr>
<tr><td>③</td><td>외적</td><td>안정적</td><td>가 능</td></tr>
<tr><td>④</td><td>외적</td><td>불안정</td><td>가 능</td></tr>
</table>
</td>
<td></td>
</tr>
<tr>
<td>1</td>
<td>그 개념에 근거해 박 교사가 C 학생을 지원할 수 있는 구체적인 방안 1가지</td>
<td>
1) 노력귀인사용 – 성공이나 실패의 원인을 <u>자신의 노력으로 돌린다</u>.
2) 전략귀인사용 – 실패의 원인을 <u>자신의 학습방법이나 학습전략으로 귀인</u>한다.
3) 포기귀인사용 – 충분한 노력과 전략을 사용했어도 결과가 좋지 않을 때는 과제나 목표를 포기하도록 유도해 <u>학습자의 기대 자체를 수정하고 새로운 전략을 수립</u>한다.
</td>
<td>1점</td>
</tr>
<tr>
<td>2</td>
<td>2#와 관련하여 교육과정 사소화 현상을 최소화하기 위한 교육과정 개발모형의 명칭</td>
<td>
학교중심 교육과정 개발모형(SBCD) – 학교중심 교육과정 개발모형이란 교사가 주체가 되어 학교, 학부모, 학생의 특성을 고려한 학교 수준의 교육과정이다.

교사중심 교육과정 개발모형(귀납적 교육과정 개발모형) – 교사가 직접 학생의 요구와 흥미를 먼저 파악하는 것에서부터 출발하는 교사 중심의 교육과정이다.
</td>
<td>1점</td>
</tr>
</table>

개인과외 중앙집권형 교육과정 (=국가 수준 교육과정, 교사 배제 교육과정)의 대표적인 단점이 교육과정 사소화 현상입니다.

교육과정 사소화 현상이란? 교사가 교육과정으로부터 소외되어 교육과정에 대해 깊이 사고하지 않는 것입니다. 쉽게 설명하면, 교육과정은 국가가 알아서 운영하는 것으로 생각해 교사들이 교육과정을 중요하게 생각하지 않는 것입니다.

이런 중앙집권형 교육과정의 단점을 보완하는 방법으로는 다음과 같은 교육과정을 활용할 수 있습니다.

1) 스킬벡의 학교 수준 교육과정(SBCD)
2) 타바의 귀납적 교육과정 개발모형(교사 중심 교육과정)

제가 타바나 스킬벡을 직접 물었다면, 누구나 맞출 수 있었겠지만 이렇게 역으로 물어보면 타바나 스킬벡을 달달 공부해 놓고도 인출을 못 할 수 있습니다. 과거 기출 문제를 분석해 보면 이렇게 간접적으로 묻는 문제도 많이 나오므로 단편적으로만 암기하고 있으면 안 됩니다.

바로 앞 1번 문제도 그렇고 이렇게 활용형 문제가 나오면 막상 인출이 안 될 수 있으니 **목차를 잘 암기하고 있어야 합니다.**

출제근거 [2005 초등] 교사들이 교육과정 개발에서 적극적인 역할을 수행하지 못할 경우, 교육과정을 중요하게 생각하지 않는 교육과정의 사소화 현상이 종종 일어난다. 〈보기〉에서 이러한 문제를 최소화하기 위한 적절한 방안을 골라 바르게 묶은 것은?

가. 단위 학교 내 학교교육과정위원회의 기능을 활성화한다.
나. 전문가의 연구·개발·보급 과정을 거쳐 현장에 적용하는 교육과정 개발 방식을 강화한다.
다. 국가는 교사 배제형 교육과정 (teacher – proof curriculum)을 개발하여 단위 학교에 보급한다.
라. 일반 원리에 따른 절차보다는 구체적인 실천 사례의 반성을 통해 교육과정을 개발한다.

① 가, 나
② 나, 다
③ 가, 라 (정답)
④ 다, 라

출제근거 [2009 초등] 학교수준교육과정 개발(SBCD)의 특징으로 가장 적절한 것은?
① 각 학교의 특성을 고려한 교육과정 개발이 용이하다. (정답)
② 연구·개발·보급 모형(RDD model)에 따라 개발된다.
③ 중앙–주변 모형(center–periphery model)에 따라 개발된다.
④ 전국적·공통적 교육과정(common curriculum)의 특성을 갖는다.
⑤ 교사배제 교육과정(teacher–proof curriculum)이라는 지적을 받는다.

2

그 모형에 근거하여 교육과정을 개발할 때 가장 먼저 수행해야 할 구체적인 활동 1가지

1) **교육정책과 학교풍토에 대한 분석**을 한다.
2) **교사의 가치관, 태도, 경험 등을 확인**한다.
3) **학생들의 적성 및 능력을 조사**한다.
4) **학부모의 교육적 요구를 조사**한다.

(주의) '외적요인과 내적요인 등 학교와 관련된 여러 가지 상황들을 고려한다.' 이렇게 추상적으로 쓰면 오답 처리한다.

> 개인과외 최근 기출문제를 분석해 보면 그냥 방안을 쓰라는 경우는 잘 없고 대부분 구체적인 방안을 제시하라고 적혀 있습니다. 이것은 채점할 때 추상적인 표현을 쓰면 오답 처리하겠다는 뜻으로 볼 수 있습니다. 이 때문에 교육학 내용을 이해 없이 그대로 인출할 경우 본 시험에서도 오답 처리될 수 있으니 주의해야 합니다.

[SBCD의 개발절차 5단계]

1. **상황분석★★★** - 외적요인(지역사회, 학부모, 국가교육과정)과 내적요인(학생, 교사, 학교환경) 등의 학교와 관련된 여러 가지 상황들을 고려한다.
2. **목표설정★** – 교사와 학생의 행동을 강화할 수 있는 목표를 설정한다.
3. 프로그램 구성 - 교육내용 및 교육방법 등 교수 학습활동에 대해 설계한다.
4. 해석(판단)과 실행 - 교육과정에 문제 될 수 있는 것을 해석(판단)하고 실행한다.
5. 모니터링, 피드백, 평가, 재구성 - 모니터링, 피드백, 평가 후 최종적으로 재구성한다.

출제근거 [2013 중등] 다음은 스킬백(M. Skilbeck)의 모형(SBCD)에 따른 학교 교육과정 개발의 단계와 내용이다. (가)~(다)에 대한 설명으로 옳은 것만을 〈보기〉에서 있는 대로 고른 것은?

단계	내용
상황 분석	(가)
목표 설정	o 교육과정 운영 목표 설정 – 전년 대비 학업 성취도 2% 향상 (하략)
프로그램 구성	(나)
(다)	o 변화된 교육과정에 따라 야기되는 문제점 예측 – 교과교실제 확대에 따른 교실 2개 부족 (하략)
모니터링, 피드백, 평가, 재구성	o 모니터링 및 평가 체제 설계 – 교육과정 평가 일정 준비 (하략)

1점

		ㄱ. (가)에서는 교육정책과 학교풍토에 대한 분석이 이루어진다. ㄴ. (나)에서는 교수.학습 활동에 대한 설계가 이루어진다. ㄷ. (나)에서는 교사배제 교육과정(teacher-proof curriculum)의 아이디어를 실현하기 위한 활동이 수행된다. ㄹ. (다)는 '해석과 실행' 단계에 해당한다. ① ㉠, ㉡ ② ㉠, ㉢ ③ ㉢, ㉣ **④ ㉠, ㉡, ㉣ (정답)** ⑤ ㉡, ㉢, ㉣ 출제근거 [2011 초등] 스킬백(M. Skilbeck)의 교육과정 개발 모형이다. (가)와 (나)에서 수행해야 할 활동을 〈보기〉에서 골라 바르게 짝지은 것은? (가) ↓ (나) ↓ 프로그램 구성 ↓ 해석과 실행 ↓ 모니터링, 피드백, 평가, 재구성 ㉠ 교육 활동의 방향을 설정한다. ㉡ 기대되는 학습 성과를 진술한다. ㉢ 교사의 가치관, 태도, 경험 등을 확인한다. ㉣ 학생들의 적성, 능력 및 교육적 요구를 조사한다 (가) (나) ① ㉠, ㉡ ㉢, ㉣ ② ㉠, ㉢ ㉡, ㉣ ③ ㉠, ㉣ ㉡, ㉢ ④ ㉡, ㉢ ㉠, ㉣ **⑤ ㉢, ㉣ ㉠, ㉡ (정답)**	
2	교육과정의 운영 주체에 따른 교육과정 개발에 있어 교장이 강조하는 교육과정의 장점과 단점 각각 1가지	**(오픈형 문제)** 교장이 강조하는 교육과정 - **중앙집권형 교육과정, 국가 수준 교육과정, 교사 배제 교육과정** **[장점]** 1. 풍부한 전문 인력과 자원을 투입하여 질 높은 교육과정을 설계하고 관리할 수 있다. 2. 통일된 평가기준으로 전국의 학교수준을 균등하게 높일 수 있다. 3. 새 교육과정이나 국가 수준의 교육목표를 달성하는 데 도움을 준다.	각 1점

<table>
<tr><td></td><td></td><td>4. 학교 급, 학교 간 연계성을 충족시킬 수 있다.
5. 교육의 책무성 강화를 통해 국가 경쟁력을 높일 수 있다.
6. 지역 교육과정 개발을 위한 비용과 시간을 절감할 수 있다

[단점]
1. 교육부-교육청-학교-교사 관계에서 권위주의적 교육풍토를 조성할 가능성이 크다.
2. 한번 제정된 교육과정은 개정에 대한 신중성 때문에 교육과정 운영이 획일화 및 경직화되기 쉽고 수정이 어렵다.
3. 교사가 교육과정으로부터 소외되어 교육과정에 대해 깊이 사고하지 않는 교육과정 사소화 문제가 발생할 수 있다.
4. 지역, 학교, 학생의 특수성에 부합하는 교육과정을 운영하기 어렵다.

출제근거 [2002 중등] 교육과정을 지방 자치적으로 운영하던 나라들이 국가 수준의 교육과정기준(National Standards) 또는 국가 교육과정(National Curriculum)을 채택하게 된 이유와 가장 거리가 먼 것은?
① 교사의 전문성과 자율성을 향상시킬 수 있다. (정답)
② 교육의 책무성 강화를 통해 국가 경쟁력을 높일 수 있다.
③ 지역 교육과정 개발을 위한 비용과 시간을 절감할 수 있다.
④ 학생의 거주지 이동에 관계없이 교육의 계속성을 보장할 수 있다.</td><td></td></tr>
<tr><td>2</td><td>박 교사가 계획하는 교육과정 재구성의 구체적인 방법 1가지</td><td>교과와 창의적 체험활동의 연계를 통한 재구성 - 교과와 창체를 연계하여 재구성하는 방법이다.

개인과외 이제 교육과정 재구성을 잘 모르는 분들은 없을 것입니다. 최근 시험에 나오기도 했고 각종 모의고사에서 많이 다뤘기 때문에 대부분 익숙할 것입니다. 교육과정 재구성은 크게 3가지 범주로 나눌 때 수험생들은 '교과 내 재구성', '교과 간 재구성'은 쉽게 인출하는 반면, 창의적 체험활동을 활용한 재구성은 대충 알고 있는 경우가 많습니다. 우선 창체가 무엇인지 잘 모르기도 하고, 대충 넘어가기 때문입니다. 창체 관련해서는 기본서 개인과외에 자세히 설명해 두었으니 꼭 알고 있어야 합니다.

그리고 수험생분들이 자주 하는 질문 중에 이런 게 있습니다.
"시험에서 '창체'로 줄여도 써도 괜찮은가요?"

교육학은 대부분 현직 교사가 채점하므로 창의적 체험활동을 창체로 줄여 써도 내용을 이해하겠지만, 논술 시험지 하단부에 보면 '표현이 적절할 것 [2점]'이라는 표현에 대한 구체적인 배점 항목이 있습니다. 따라서 줄여서 쓰기보다는 다 풀어서 쓰는 것이 안전합니다.

예 국어시간에 이력서를 쓰거나 면접 연습을 한다.
(국어 + 진로활동)
예 과학시간에 분리수거 방법을 배워 탄소중립 교육을 한다.
(과학 + 봉사활동)</td><td>1점</td></tr>
</table>

번호	문항	채점 기준	배점
3	홀랜드(J. Holland)의 진로이론에 근거하여 영희의 직업적 성격유형을 1가지	실재형(Realistic)	1점

※ 직업적 성격유형론(RIASEC) 6가지

실재형(Realistic)	남성적, 단순	대인관계능력 부족	기술자
탐구형(Investigative)	분석적, 학구적	지도능력 부족	과학자
예술형(Artistic)	상상력, 감수성	사무기술능력 부족	예술가
사회형(Social)	이해심, 봉사적	기계적능력 부족	사회복지가, 교육자
기업형(Enterprising)	지배적, 설득적	과학적능력 부족	경영인, 정치가
관습형(Conventional)	계획성, 세밀함	예술적능력 부족	회계사, 은행원

출제근거 [2009 중등] 최 교사는 학생들의 진로지도를 위하여 홀랜드(j. holland)의 진로탐색검사를 실시하였다. 검사 결과 영철이의 직업적 성격 유형은 다음 그림의 ㉠과 ㉡에 해당되는 것으로 나타났다. 영철이의 직업적 성격 특성을 가장 잘 설명하는 것은?

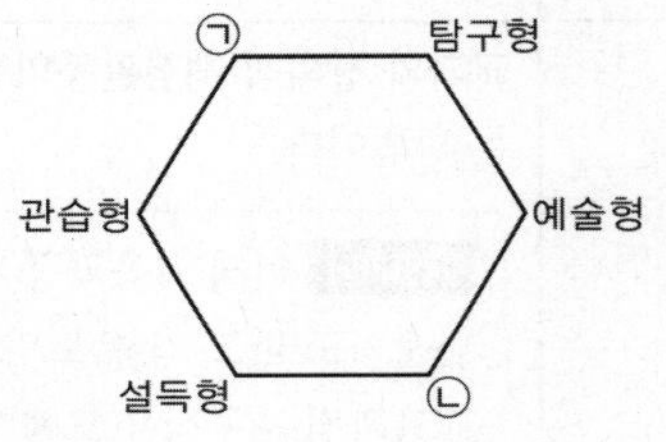

	㉠	㉡
①	다른 사람들과 어울리는 것을 좋아하고, 다른 사람들을 도와주는 활동을 선호한다.	계획에 따라 일하기를 좋아하며, 계산적인 능력을 발휘하는 활동을 선호한다.
②	지도력과 통솔력이 있으며, 말을 잘하고 다른 사람들을 관리하는 활동을 선호한다.	기계를 만지거나 조작하는 것을 좋아하며, 몸을 움직이는 활동을 선호한다.
③	정확하고 분석적이며, 지적 호기심이 많고 체계적인 활동을 선호한다.	변화와 다양성을 좋아하고, 자유롭고 창의적인 활동을 선호한다.
④	계획에 따라 일하기를 좋아하며, 계산적인 능력을 발휘하는 활동을 선호한다.	지도력과 통솔력이 있으며, 말을 잘하고 다른 사람들을 관리하는 활동을 선호한다.
⑤	**기계를 만지거나 조작하는 것을 좋아하며, 몸을 움직이는 활동을 선호한다. (정답)**	**다른 사람들과 어울리는 것을 좋아하고, 다른 사람들을 도와주는 활동을 선호한다. (정답)**

3	영희의 사례에 나타난 방어기제 1가지	**승화** – 공격적인 충동 및 자신의 욕구를 사회적으로 바람직한 방식으로 전환하는 것 출제근거 [2006 중등] 보기의 사례에 해당하는 프로이드(S. freud)의 방어기제는? 외아들인 기수는 형제가 있는 친구들을 볼 때마다 매우 부러워했다. 특히 학교를 가지 않는 날이면 외롭고 쓸쓸하였다. 그래서 기수는 시(市) 에서 운영하는 청소년 단체에 가입해서 나이가 서로 다른 사람들과 어울림으로써 외로움을 많이 달랬고 그 결과 사교성도 발달하였다. **① 승화 (정답)** ② 투사 ③ 치환 ④ 합리화	1점
3	해결중심(Solution focused) 상담이론의 관점에서 박 교사가 활용한 상담기법 1가지 설명	**대처질문** – 지금까지 해결해온 방법을 스스로 찾도록 도와준다. 예 최악의 상황인 사람에게 그동안 어떻게 견딜 수 있었나요? 출제근거 [2012 초등] 다음에서 김 교사가 사용한 해결중심상담의 질문기법으로 가장 적절한 것은? (철수 어머니는 학교를 방문하여, 철수의 문제행동에 대해 김 교사와 상담하였다. 어머니는 철수 아버지가 교통사고로 갑자기 돌아가신 후 혼자서 철수를 힘들게 키워온 이야기를 하였다.) 철수 어머니 : 철수가 내 말은 이제 전혀 듣지 않아요. 정말 제 나름대로는 최선을 다해 왔는데…. 왜 이렇게 계속해서 힘든 일들이 생기는지 모르겠어요. 이제는 지치네요. 김 교사 : 고생을 많이 하셨겠군요. 그래도 철수 어머니께서 그렇게 힘든 상황에서도 포기하지 않고 지금까지 버틸 수 있게 해 준 것은 무엇이었나요? 철수 어머니 : 철수 아버지가 부모 없이 자라서 늘 입버릇처럼 철수가 하고 싶은 건 다 해주고 싶다고 하셨거든요. 전 정말 그 바람을 지켜 드리고 싶어요. ① 기적 질문 ② 척도 질문 ③ 관계 질문 **④ 대처 질문 (정답)** ⑤ 악몽 질문	1점
4	4#에 언급된 표집방법 1가지	**유층 표집** – 모집단을 동질적인 몇 개의 하위집단으로 나누고(유층화), 각 하위 집단을 무선표집하는 방법이다. 예 고등학생 영어능력 측정시, 전국 고등학생을 지역별, 성별, 학년별로 나눈 후 무선표집한다.	1점

07회

개인과외 교육학이 객관식에서 주관식으로 바뀐 지 이제 10년이 다 되어가고 있습니다. 그래서 그동안 소홀했던 교육연구 파트를 완전히 무시하기에는 찜찜한 것이 사실입니다. 또, 최근에 교육연구와 관련 있는 주제를 건드린 적도 있어 교육연구에서 나올 만한 이론은 따로 정리할 필요가 있습니다.

교육연구 파트도 내용이 많지만, 기출 문제 중심으로 나올 만한 것을 정리하면 다음 내용이 유력합니다.

양적연구, 질적연구, 확률적 표집, 비확률적 표집, 시험연구에서 내적타당도, 외적타당도

기본서에 쉽게 정리해 두었으므로 이 정도는 꼭 마스터하도록 합니다.

개인과외 추가로 수험생분들이 알아야 할 내용이 있습니다.
바로 "그린 스마트 미래학교"입니다. 최근 현장에서는 이 사업이 굉장히 활발하게 이루어지고 있습니다.

그린 스마트 미래학교란? 교육부에서 추진하고 있는 사업입니다. 한국판 뉴딜 대표과제로 학생들이 다양한 학습 경험을 제공받을 수 있도록 학생 중심의 창의적 교육 공간을 만드는 것을 말합니다.

공간혁신, 스마트교실, 그린학교 등등 좋은 말을 다 갖다 붙였지만, 그냥 쉽게 설명하면 <u>오래된 학교를 리모델링하는 사업</u>이라고 보면 됩니다.

오래된 학교라는 전제가 붙기 때문에 최근 신설된 학교는 해당되지 않습니다. 교실을 리모델링 하는 동안에 학생들은 모듈러 교실을 이용하게 됩니다.

모듈러 교실이란? 설치-해체-이동이 가능하도록 개발된 학교 건물입니다. 컨테이너를 상상하면 안 되고 그것보다 훨씬 예쁜 조립식 건물입니다.

모듈러 교실은 품질을 확보할 수 있고, 건설폐기물이 감소되고, 내진, 소방, 단열 등 안전이 확보되는 장점이 있습니다.

<table>
<tr>
<td></td>
<td></td>
<td>출제근거 [2008 중등] 다음 상황에서 김 교사가 사용한 표집방법은?

김 교사는 전국의 중등교사 중에서 1,000명을 표집하여 교실환경 개선방향에 대한 의견을 조사하고 있다. 김 교사는 전국의 중등교사가 근무하는 지역을 크게 대도시, 중·소도시, 읍·면 지역으로 나눈 다음, 각 지역에 근무하는 교사수의 비율을 2 : 1 : 1로 가정하여 대도시에 소재한 학교에 근무하는 교사 500명, 중·소도시에 소재한 학교에 근무하는 교사 250명, 읍·면 지역에 소재한 학교에 근무하는 교사 250명을 표집하였다.

① 유층 표집(stratified sampling) (정답)
② 의도적 표집(purposive sampling)
③ 편의 표집(convenience sampling)
④ 체계적 표집(systematic sampling)</td>
<td></td>
</tr>
<tr>
<td>4</td>
<td>교육부와 학교 차원에서 업무를 줄이기 위한 구체적인 방안 2가지</td>
<td>(오픈형 문제)
(주의) 추상적인 답은 오답 처리한다.
공문 발송을 최소화한다. (X)
교육부에서 업무경감 전용 플랫폼을 개발해 공문 발송을 최소화한다. (ㅇ)

〈교육부 차원〉
컨설팅 활용 – 컨설팅을 통해 불필요한 업무를 객관적으로 파악하고 평가한다.
업무의 디지털화 - 에듀테크를 통해 중복되는 업무를 줄이고 교육부 차원에서 데이터를 제공해 교사 개인의 업무를 최소화 한다.

〈학교차원〉
각종 위원회 활용 - 인사위원회 및 각종 위원회를 개설하여 학교 업무를 객관적으로 분석하고 불필요한 행정업무를 제거한다.
업무분장 개편 - 교사들이 기피하는 부서를 찾아 업무를 공평하게 분담하고 업무분장을 개편해 기피 부서를 최소화한다.
보상제도 - 업무를 줄이는데 좋은 아이디어를 낸 교사에게 각종 보상을 제공한다.
기타방법 – 연수, 장학활동, 전문적 학습공동체, 비공식 조직 활용 등등 구체적인 내용을 쓰면 정답처리 한다.</td>
<td>각 1점</td>
</tr>
<tr>
<td rowspan="5">논술의 구성 및 표현 [5점]</td>
<td rowspan="3">논술의 내용과 주제와의 연계 및 논리적 형식 [3점]</td>
<td>본론에서 주제와 관련된 내용의 논리적 일관성과 문장의 표현력이 모두 뛰어남</td>
<td>3점</td>
</tr>
<tr>
<td>본론에서 주제와 관련된 내용의 논리적 일관성과 문장의 표현력 중 하나가 부족함</td>
<td>2점</td>
</tr>
<tr>
<td>본론에서 주제와 관련된 내용의 논리적 일관성과 문장의 표현력이 모두 부족함</td>
<td>1점</td>
</tr>
<tr>
<td rowspan="2">표현의 적절성 [2점]</td>
<td>서론과 결론에서 논술 주제를 논리적으로 모두 다루고 있음</td>
<td>2점</td>
</tr>
<tr>
<td>서론과 결론에서 논술 주제를 다루지 않거나 내용이 빈약함</td>
<td>1점</td>
</tr>
</table>

첨삭 배우기 (7회차 - A)

교사는 학생의 가치관 형성에 많은 영향을 ~~미치는 존재로서~~❶준다는 점에서 지속적인 자기 계발 및 반성적 성찰이 필요하다. 또한 오늘날 학교 교육이 지향하는 학생 중심 수업을 ~~위해 노력하는 모습도~~위한 노력도 요구된다.❷ 따라서 본 글에서는 학생 중심 교육을 위한 교사의 반성적 실천을 주제로 동기이론, 교육과정, 학생상담, 행정업무에 대해 논하고자 한다.

❶ '준다는 점에서'로 수정하는 것을 제안합니다. 교사가 '존재'인 것은 맞지만, 현재 단어 사용은 "존재"라는 단어가 사용되는 양상과는 거리가 있습니다.

❷ 교사의 역할로 요구되는 것은 '학생 중심 수업을 위한 노력'이므로 '모습'은 삭제하는 것이 좋습니다.

학생 중심 교육을 위해 교사는 학생의 동기 유발에 전문성을 지녀야 한다. 이와 관련하여 박 교사가 적용한 동기 이론은 다음과 같다. 첫째, A 학생에게는 기대×가치이론을 적용하였다. 기대×가치이론이란 학생이 스스로 성공할 것이라는 기대와 과제에 대해 부여하는 가치를 곱한 것이 동기가 된다는 이론이다. 둘째, B 학생에게는 자기결정성이론을 적용하였다. 자기결정성이론이란 인간은 유능감, 자율성, 관계성 욕구를 타고났고 해당 욕구가 충족되면 자기결정성이 증가하여 내적 동기 및 학습 동기가 향상된다고 보는 이론이다. 한편, C 학생의 발언을 와이너의 귀인이론에 근거하여 설명하면, 현재 능력에 귀인하고 있으므로 소재는 내부, 안정성을 가지고, 통제할 수는 없는 요소임을 알 수 있다. 따라서 박 교사가 C 학생을 지원할 수 있는 방안은 귀인 재훈련을 실시하는 것이다. 구체적으로 ~~과제 실패를 했을 때~~❸과제에 실패했을 때 노력귀인을 하도록 하고, 다시 실패할 경우 전략귀인, 포기귀인 ~~순으로~~❹순서로 돕는 방법이다. 이처럼 교사로서 학생의 동기를 향상시킬 수 있도록 계속해서 노력하여 학생 중심 교육을 실천할 수 있다.

❸ '과제 실패'는 어떤 이론을 의미하거나 주로 함께 쓰이는 단어가 아니므로 '과제에 실패하다.'와 같이 조사를 밝혀 적어 주는 것이 좋습니다.

❹ '포기귀인의 순서로'로 수정하는 것을 제안합니다. 일상 생활에서는 '순서'를 '순'이라고 많이 사용하지만, 문어체에서는 '순서'라고 적는 것이 좋습니다.

교사로서 현재 시행되고 있는 교육 과정❺에 대한 전반적인 성찰이 필요하다. 교육 과정 사소화 현상을 최소화 할 수 있는 교육 과정 개발 모형은 스킬벡의 학교 중심 교육 과정 개발 모형이다. 해당 모형에 근거하여 교육 과정 개발 시 가장 먼저 수행해야 할 활동은 상황분석이다. 이를 통해 학교의 외적 요인과 내적 요인을 파악해야 한다. 한편, 교장이 강조하는 교육 과정의 장점은 질적인 교육을 제공할 수 있다는 점이고, 단점은 학생이나 학교 등의 개별적 특수성을 고려하지 않는다는 점이다. 그리고 박 교사가 계획하는 교육 과정 재구성의 방안은 창의적 체험 활동과 연계하여 직접 다양한 지역을 탐방, 조사 및 체험하도록 하는 것이다. 이처럼 교사로서 전문성을 발휘하여 교육 과정을 개발함으로써 학생 중심

❺ 교육과정(띄어쓰기)
'교육과정'은 붙여 씁니다. 이 단어는 논술형 답안에서 자주 사용하게 되는 단어이므로 붙여 쓴다는 것을 알아 두는 것이 좋습니다.

교육을 실천할 수 있다.

교사는 학생 상담에 대해서도 ~~반성적 성찰의~~반성적으로 성찰할 필요가 있다. 홀랜드의 진로이론에 ~~근거하여~~[6]근거했을 때 영희의 직업적 성격유형은 실재형이다. 또한 영희의 사례에 나타난 방어기제는 승화로, 충동이나 욕구를 바람직한 방법으로 해소하는 것이다. 그리고 해결중심 상담이론에서 박 교사가 활용한 상담 기법은 대처질문으로, 내담자가 문제 상황에 대해 어떻게 ~~대처해온 것인지를~~[7]대처해 왔는지 질문하는 것이다. 이와 같이 교사는 올바른 상담을 실시함으로써 학생 중심 교육에 이바지할 수 있다.

[6] '근거하여'보다 '근거했을 때'라고 작성하는 것이 '앞의 내용에 근거한다면 다음과 같다'라는 판단의 기준이 조금 더 명확하게 표현되는 경향이 있습니다.

[7] '–것'은 앞에 '것'을 받는 내용이 작성되었을 때만 사용하는 것이 좋습니다.

교사로서 ~~교수활동 뿐 아니라 행정업무 측면에 대해~~교수 활동뿐만 아니라 행정업무 측면에 대해서도[8] 관심을 가져야 한다. #4에 나타난 표집 방법은 유층표집으로, 각 집단별로 비율에 맞추어 표집하는 방법이다. 한편, 교육부와 학교 차원에서 업무를 줄이기 위한 구체적인 방안은 다음과 같다. 첫째, 교육부 차원에서는 교원을 ~~보다 더~~[9] 확충하여 1인당 맡게 되는 업무량을 경감해 주는 것이다. 둘째, 학교 차원에서는 구체적인 업무 처리 지침을 마련하여 효율적인 업무 수행이 가능하도록 돕는 방법이 있다. 이를 통해 업무 처리 시간 및 노력을 줄일 수 있어 업무 경감의 효과도 꾀할 수 있다. 이처럼 교사로서 행정 업무를 효과적으로 처리하여 학생 중심 교육이 이루어지는 학교를 실현할 수 있다.

[8] '~뿐만 아니라'라는 어구를 사용하였으므로 뒤에서 '대해서도'라고 '도'라는 보조사를 사용하는 것이 좋습니다.

[9] 의미 변화에 기여하지 않는 어구는 삭제하여 최대한 간결하고 명확하게 표현하는 것이 좋습니다.

본 글에서는 학생 중심 교육을 위한 교사의 반성적 실천을 주제로 첫째, 기대×가치이론 및 자기결정성이론과 귀인이론, 둘째, 스킬벡의 학교중심 교육 과정 모형과 교육 과정 재구성, 셋째, 홀랜드의 인성 이론과 방어기제 및 해결 중심 상담, 넷째, 표집과 업무 경감 방안에 대해 살펴보았다. 이처럼 학생 중심 교육을 위해서는 교사로서 지속적으로 반성하고 성찰하는 마음가짐이 필요할 것이다.

최종 모범답안 (7회차 - A)

본인은 수험생 유의 사항을 숙지하였으며 이를 지키지 않아 발생하는 모든 불이익을 감수할 것을 서약합니다.		수험번호	① ②	※결시자 확인란(수험생은 표기하지 말 것)	
			⓪ ① ② ③ ④ ⑤ ⑥ ⑦ ⑧ ⑨	결시자 설명과 수험 번호 기재 검은색 펜으로 결시자 수험 번호, 쪽 번호와 우측란은 '●'로 표기	○
성 명			① ② ③ ④ ⑤ ⑥ ⑦ ⑧ ⑨		
			⓪ ① ② ③ ④ ⑤ ⑥ ⑦ ⑧ ⑨		
교육학 논술 전용 답안지	쪽 번호		⓪ ① ② ③ ④ ⑤ ⑥ ⑦ ⑧ ⑨	※감독관 확인란(수험생은 표기하지 말 것)	
	●②		⓪ ① ② ③ ④ ⑤ ⑥ ⑦ ⑧ ⑨	- 본인 여부, 성명, 수험 번호, 쪽 번호 기록이 정확한지 확인 후 서명/날인 - 결시자는 위의 결시자 확인란에도 표기	(서명 또는 날인)
			⓪ ① ② ③ ④ ⑤ ⑥ ⑦ ⑧ ⑨		
			⓪ ① ② ③ ④ ⑤ ⑥ ⑦ ⑧ ⑨		

- 수험 번호와 쪽 번호는 검은색 펜을 사용하여 '●'로 표기하시오.
- 답안은 지워지거나 번지지 않는 동일한 종류의 검은색 펜을 사용하여 작성하시오(연필/사인펜/수정테이프/수정액 사용 불가).
- 수험생 유의 사항을 위반하여 작성한 답안의 경우, 해당 부분이나 답안지 전체를 채점하지 않으니 유의하시오.

교사는 학생의 가치관 형성에 많은 영향을 준다는 점에서 지속적인 자기 계발 및 반성적 성찰이 필요하다. 또한 오늘날 학교 교육이 지향하는 학생 중심 수업을 위한 노력도 요구된다. 따라서 본 글에서는 학생 중심 교육을 위한 교사의 반성적 실천을 주제로 동기이론, 교육과정, 학생 상담, 행정업무에 대해 논하고자 한다.

학생 중심 교육을 위해 교사는 학생의 동기 유발에 전문성을 지녀야 한다. 이와 관련하여 박 교사가 적용한 동기이론은 다음과 같다. 첫째, A 학생에게는 기대×가치 이론을 적용하였다. 기대×가치 이론이란 학생이 스스로 성공할 것이라는 기대와 과제에 대해 부여하는 가치를 곱한 것이 동기가 된다는 이론이다. 둘째, B 학생에게는 자기 결정성 이론을 적용하였다. 자기 결정성 이론이란 인간은 유능감, 자율성, 관계성 욕구를 타고났고 해당 욕구가 충족되면 자기 결정성이 증가하여 내적 동기 및 학습 동기가 향상된다고 보는 이론이다. 한편, C 학생의 발언을 와이너의 귀인이론에 근거하여 설명하면, 현재 능력에 귀인하고 있으므로 소재는 내부, 안정성을 가지고, 통제할 수는 없는 요소임을 알 수 있다. 따라서 박 교사가 C 학생을 지원할 수 있는 방안은 귀인 재훈련을 실시하는 것이다. 구체적으로 과제에 실패했을 때 노력 귀인을 하도록 하고, 다시 실패할 경우 전략 귀인, 포기 귀인 순서로 돕는 방법이다. 이처럼 교사로서 학생의 동기를 향상시킬 수 있도록 계속해서 노력하여 학생 중심 교육을 실천할 수 있다.

교사로서 현재 시행되고 있는 교육과정에 대한 전반적인 성찰이 필요하다. 교육과정 사소화 현상을 최소화할 수 있는 교육과정 개발모형은 스킬벡의 학교 중심 교육과정 개발모형이다. 해당 모형에 근거하여 교육과정 개발 시 가장 먼저 수행해야 할 활동은 상황 분석이다. 이를 통해 학교의 외적 요인과 내적 요인을 파악해야 한다. 한편, 교장이 강조하는 교육과정의 장점은 질적인 교육을 제공할 수 있다는 점이고, 단점은 학생이나 학교 등의 개별적 특수성을 고려하지 않는다는 점이다. 그리고 박 교사가 계획하는 교육과정 재구성의 방안은 창의적 체험 활동과 연계하여 직접 다양한 지역을 탐방, 조사 및 체험하도록 하는 것이다. 이처럼 교사로서 전문성을 발휘하여 교육과정을 개발함으로써 학생 중심 교육을 실천할 수 있다.

교사는 학생상담에 대해서도 반성적으로 성찰할 필요가 있다. 홀랜드의 진로 이론에 근거했을 때 영희의 직업적 성격유형은 실재형이다. 또한 영희의 사례에 나타난 방어기제는 승화로, 충동이나 욕구를 바람직한 방법으로 해소하는 것이다. 해결 중심 상담이론에서 박 교사가 활용한 상담 기법은 대처 질문으로, 내담자가 문제 상황에 대해 어떻게 대처해 왔는지 질문하는 것이다. 이처럼 교사는 올바른 상담을 실시함으로써 학생 중심 교육에 이바지할 수 있다.

교사로서 교수 활동뿐만 아니라 행정업무 측면에 대해서도 관심을 가져야 한다. #4에 나타난 표집 방법은 유층 표집으로, 각 집단별로 비율에 맞추어 표집하는 방법이다. 한편, 교육부와 학교 차원에서 업무를 줄이기 위한 구체적인 방안은 다음과 같다. 첫째, 교육부 차원에서는 교원을 확충하여 1인당 맡게 되는 업무량을 경감해 주는 것이다. 둘째, 학교 차원에서는 구체적인 업무 처리 지침을

최종 모범답안 (7회차 – A)

<table>
<tr><td colspan="2">본인은 수험생 유의 사항을 숙지하였으며 이를 지키지 않아 발생하는 모든 불이익을 감수할 것을 서약합니다.</td><td rowspan="8">수
험
번
호</td><td>① ②</td><td colspan="2">※ 결시자 확인란(수험생은 표기하지 말 것)</td></tr>
<tr><td colspan="2" rowspan="2"></td><td>⓪ ① ② ③ ④ ⑤ ⑥ ⑦ ⑧ ⑨</td><td rowspan="3">결시자 설명과 수험 번호 기재
검은색 펜으로 결시자 수험 번호,
쪽 번호와 우측란은 '●'로 표기</td><td rowspan="3">○</td></tr>
<tr><td>① ② ③ ④ ⑤ ⑥ ⑦ ⑧ ⑨</td></tr>
<tr><td colspan="2">성 명</td><td>⓪ ① ② ③ ④ ⑤ ⑥ ⑦ ⑧ ⑨</td></tr>
<tr><td rowspan="4">교육학 논술
전용 답안지</td><td>쪽 번호</td><td>⓪ ① ② ③ ④ ⑤ ⑥ ⑦ ⑧ ⑨</td><td colspan="2">※ 감독관 확인란(수험생은 표기하지 말 것)</td></tr>
<tr><td rowspan="3">①●</td><td>⓪ ① ② ③ ④ ⑤ ⑥ ⑦ ⑧ ⑨</td><td rowspan="3">– 본인 여부, 성명, 수험 번호, 쪽 번호 기록이 정확한지 확인 후 서명/날인
– 결시자는 위의 결시자 확인란에도 표기</td><td rowspan="3">(서명 또는 날인)</td></tr>
<tr><td>⓪ ① ② ③ ④ ⑤ ⑥ ⑦ ⑧ ⑨</td></tr>
<tr><td>⓪ ① ② ③ ④ ⑤ ⑥ ⑦ ⑧ ⑨</td></tr>
</table>

– 수험 번호와 쪽 번호는 검은색 펜을 사용하여 '●'로 표기하시오.
– 답안은 지워지거나 번지지 않는 동일한 종류의 검은색 펜을 사용하여 작성하시오(연필/사인펜/수정테이프/수정액 사용 불가).
– 수험생 유의 사항을 위반하여 작성한 답안의 경우, 해당 부분이나 답안지 전체를 채점하지 않으니 유의하시오.

마련하여 효율적인 업무 수행이 가능하도록 돕는 방법이 있다. 이를 통해 업무 처리 시간 및 노력을 줄일 수 있어 업무 경감의 효과도 꾀할 수 있다. 이처럼 교사로서 행정업무를 효과적으로 처리하여 학생 중심 교육이 이루어지는 학교를 실현할 수 있다.

본 글에서는 학생 중심 교육을 위한 교사의 반성적 실천을 주제로 첫째, 기대×가치 이론 및 자기 결정성 이론과 귀인이론, 둘째, 스킬벡의 학교 중심 교육과정 모형과 교육과정 재구성, 셋째, 홀랜드의 인성 이론과 방어기제 및 해결 중심 상담, 넷째, 표집과 업무 경감 방안에 대해 살펴보았다. 이처럼 학생 중심 교육을 위해서는 교사로서 지속적으로 반성하고 성찰하는 마음가짐이 필요할 것이다.

첨삭 배우기 (7회차 - B)

교사는 학생을 바람직한 방향으로 성장시켜 주는 헌신적인 존재이다. 학생이 자발적이고 주도적으로 교육 활동에 참여하도록 동기이론, 교육과정, 학생상담, 행정업무 등 다양한 방면에서 전문성과 역량을 강화해 나가야 한다. 따라서 학생 중심 교육을 위한 교사의 반성적 실천에 대해 논하고자 한다.

먼저, 교사는 학생 중심 교육을 하기 위해 학생의 동기를 유발시켜 주어야 한다. 박 교사는 A 학생에게 기대가치이론을 적용하여 동기를 부여하고 있다. 기대가치이론은 성공기대와 과제가치의 곱만큼 동기가 촉진된다는 것이다. B 학생에게는 자기결정성 이론을 적용하고 있다. 자기결정성 이론은 인간은 자율적 욕구, 유능감 욕구, 관제성 욕구를 갖고 태어나며, 자율적·유능감·관계성 욕구를 충족시켜 줄 때 내재적 동기가 촉진된다는 것이다. 한편, 와이너의 귀인이론에 근거하여 C학생은 실패의 원인을 능력에 귀인하고 있다. 이는 내적 소재, 안정적, 통제 불가능한 차원이다. 박 교사는 C 학생에게 노력 부족과 전략 부족에 귀인하도록 지도해 주어야 한다.

다음으로, 교사는 학생 중심 교육을 실천하기 위해 교육 과정을 개발하고 재구성해야 한다. 교육 과정 사소화 현상을 최소화하기 위해서는[1] 학교중심 교육과정 개발모형을 도입해야 한다. 학교중심 교육과정 개발모형은 학교의 특성과 상황을 고려하여 교육과정을 개발하는 것이다. 이때 가장 먼저 수행해야 할 활동은 학교 상황을 분석하는 것이다. 외적 요인은 국가교육과정, 지역 사회, 학부모의 기대가 있고 내적 요인은 학생의 능력, 적성, 교육적 요구와 교사의 기대, 가치, 경험, 학교 환경이 있다. 한편, 교장은 교과서의 내용을 충실히 가르치는 교과 중심 교육 과정을 강조하고 있다. 교과 중심 교육 과정의 장점은 교육 내용이 논리적이고 체계적이어서 ~~가르치기가 효율적이다.~~효율적으로 가르칠 수 있다는 점이다. 단점은 학생의 흥미와 요구를 무시하여 학습 동기를 유발시키기 어렵다는 것이다. 따라서 박 교사는 학생의 흥미를 유발하고 적극적인 참여를 이끌어 내기 위해 창의적 체험활동과 교과를 연계하여 교육 과정을 재구성하려고 계획하고 있다.

[1] 문장에 주어 역할을 하는 어구가 없을 경우, 조사를 추가하여 주어 역할을 하는 어구를 확실히 제시해야 합니다.

2 '진로 및 상담 지도' 혹은 '진로 상담 및 지도'로 수정하여 문장의 의미가 중의적으로 전달되는 것을 피해야 합니다.

3 '근거하여'보다 '근거했을 때'라고 작성하는 것이 '앞의 내용에 근거한다면 다음과 같다'라는 판단의 기준이 조금 더 명확하게 표현되는 경향이 있습니다.

4 여기서 '제시하면'은 군더더기 표현입니다. '교사의 업무를 줄이기 위한 방안은 다음과 같다'로 간결하게 표현하는 것이 좋습니다.

또한, 교사는 학생 중심 교육을 하기 위해 학생의 ~~진로와 상담지도~~ 2 를진로 상담 및 지도를 해야 한다. 홀랜드의 진로이론에 ~~근거하여~~ 3 근거했을 때 영희의 직업적 성격유형은 실재형이다. 실재형은 기계를 만지고 조작하는 것과 몸을 움직이는 활동을 선호한다. 영희는 상담 과정에서 외로움을 달래기 위해 학급 반장이 되려고 노력했다고 말하며 방어기제로 승화를 사용하였다. 이에 박 교사는 해결중심 상담이론의 관점에서 대처질문을 하며 영희와 상담을 진행하였다.

마지막으로, 교사는 학생 중심 교육을 하기 위해 행정 업무를 줄여야 한다. 교사의 업무를 줄이기 위한 방안~~을 제시하면은~~ 다음과 같다. 4 교육부 차원에서 K-에듀 통합 플랫폼을 상용화한다. 한 번의 로그인으로 교사가 나이스, 회계 처리, 학생 수업 운영을 효율적으로 진행하도록 도와야 한다. 또한 학교 차원에서 교무실무사를 채용하여 교사의 행정 업무를 경감시켜 교수-학습 연구에 전념하도록 지원해야 한다.

지금까지 학생 중심 교육을 실천하기 위해 동기이론을 활용하고, 학교 중심 교육과정을 개발하고, 교육과정을 재구성하고, 학생의 직업적 성격유형검사를 통해 상담을 진행하고, 행정업무를 경감시키는 방안에 대해 살펴보았다. 학생 중심 교육을 실천하면 학생은 더욱 바람직한 방향으로 성장해 나갈 것이다.

최종 모범답안 (7회차 - B)

본인은 수험생 유의 사항을 숙지하였으며 이를 지키지 않아 발생하는 모든 불이익을 감수할 것을 서약합니다.		수험번호	① ②	※ 결시자 확인란(수험생은 표기하지 말 것)	
			⓪ ① ② ③ ④ ⑤ ⑥ ⑦ ⑧ ⑨	결시자 설명과 수험 번호 기재 검은색 펜으로 결시자 수험 번호, 쪽 번호와 우측란은 '●'로 표기	○
성 명			① ② ③ ④ ⑤ ⑥ ⑦ ⑧ ⑨		
			⓪ ① ② ③ ④ ⑤ ⑥ ⑦ ⑧ ⑨		
교육학 논술 전용 답안지	쪽 번호		⓪ ① ② ③ ④ ⑤ ⑥ ⑦ ⑧ ⑨	※ 감독관 확인란(수험생은 표기하지 말 것)	
	●②		⓪ ① ② ③ ④ ⑤ ⑥ ⑦ ⑧ ⑨	- 본인 여부, 성명, 수험 번호, 쪽 번호 기록이 정확한지 확인 후 서명/날인 - 결시자는 위의 결시자 확인란에도 표기	(서명 또는 날인)
			⓪ ① ② ③ ④ ⑤ ⑥ ⑦ ⑧ ⑨		
			⓪ ① ② ③ ④ ⑤ ⑥ ⑦ ⑧ ⑨		

- 수험 번호와 쪽 번호는 검은색 펜을 사용하여 '●'로 표기하시오.
- 답안은 지워지거나 번지지 않는 동일한 종류의 검은색 펜을 사용하여 작성하시오(연필/사인펜/수정테이프/수정액 사용 불가).
- 수험생 유의 사항을 위반하여 작성한 답안의 경우, 해당 부분이나 답안지 전체를 채점하지 않으니 유의하시오.

교사는 학생을 바람직한 방향으로 성장시켜 주는 헌신적인 존재이다. 학생이 자발적이고 주도적으로 교육 활동에 참여하도록 동기이론, 교육과정, 학생상담, 행정업무 등 다양한 방면에서 전문성과 역량을 강화해 나가야 한다. 따라서 학생 중심 교육을 위한 교사의 반성적 실천에 대해 논하고자 한다.

먼저, 교사는 학생 중심 교육을 하기 위해 학생의 동기를 유발시켜 주어야 한다. 박 교사는 A 학생에게 기대 가치 이론을 적용하여 동기를 부여하고 있다. 기대 가치 이론은 성공 기대와 과제 가치의 곱만큼 동기가 촉진된다는 것이다. B 학생에게는 자기 결정성 이론을 적용하고 있다. 자기 결정성 이론은 인간은 자율적 욕구, 유능감 욕구, 관계성 욕구를 갖고 태어나며, 자율적·유능감·관계성 욕구를 충족시켜 줄 때 내재적 동기가 촉진된다는 것이다. 한편, 와이너의 귀인이론에 근거하여 C학생은 실패의 원인을 능력에 귀인하고 있다. 이는 내적 소재, 안정적, 통제 불가능한 차원이다. 박 교사는 C 학생에게 노력 부족과 전략 부족에 귀인 하도록 지도해 주어야 한다.

다음으로, 교사는 학생 중심 교육을 실천하기 위해 교육과정을 개발하고 재구성해야 한다. 교육과정 사소화 현상을 최소화하기 위해서는 학교 중심 교육과정 개발모형을 도입해야 한다. 학교 중심 교육과정 개발모형은 학교의 특성과 상황을 고려하여 교육과정을 개발하는 것이다. 이때 가장 먼저 수행해야 할 활동은 학교 상황을 분석하는 것이다. 외적 요인은 국가 교육과정, 지역 사회, 학부모의 기대가 있고, 내적 요인은 학생의 능력, 적성, 교육적 요구와 교사의 기대, 가치, 경험, 학교 환경이 있다. 한편, 교장은 교과서의 내용을 충실히 가르치는 교과 중심 교육과정을 강조하고 있다. 교과 중심 교육과정의 장점은 교육 내용이 논리적이고 체계적이어서 효율적으로 가르칠 수 있다는 점이다. 단점은 학생의 흥미와 요구를 무시하여 학습 동기를 유발시키기 어렵다는 것이다. 따라서 박 교사는 학생의 흥미를 유발하고 적극적인 참여를 이끌어 내기 위해 창의적 체험 활동과 교과를 연계하여 교육과정을 재구성하려고 계획하고 있다.

또한, 교사는 학생 중심 교육을 하기 위해 학생의 진로 상담 및 지도를 해야 한다. 홀랜드의 진로 이론에 근거했을 때 영희의 직업적 성격유형은 실재형이다. 실재형은 기계를 만지고 조작하는 것과 몸을 움직이는 활동을 선호한다. 영희는 상담 과정에서 외로움을 달래기 위해 학급 반장이 되려고 노력했다고 말하며 방어기제로 승화를 사용하였다. 이에 박 교사는 해결 중심 상담이론의 관점에서 대처질문을 하며 영희와 상담을 진행하였다.

마지막으로, 교사는 학생 중심 교육을 하기 위해 행정업무를 줄여야 한다. 교사의 업무를 줄이기 위한 방안을 제시하면 다음과 같다. 교육부 차원에서 K-에듀 통합 플랫폼을 상용화한다. 한 번의 로그인으로 교사가 나이스, 회계 처리, 학생 수업 운영을 효율적으로 진행하도록 도와야 한다. 또한 학교 차원에서 교무 실무사를 채용하여 교사의 행정업무를 경감시켜 교사가 교수-학습 연구에 전념하도록 지원해야 한다.

최종 모범답안 (7회차 - B)

본인은 수험생 유의 사항을 숙지하였으며 이를 지키지 않아 발생하는 모든 불이익을 감수할 것을 서약합니다.		수험번호		① ②	※ 결시자 확인란(수험생은 표기하지 말 것)	
성 명				⓪ ① ② ③ ④ ⑤ ⑥ ⑦ ⑧ ⑨	결시자 설명과 수험 번호 기재 검은색 펜으로 결시자 수험 번호, 쪽 번호와 우측란은 '●'로 표기	○
				① ② ③ ④ ⑤ ⑥ ⑦ ⑧ ⑨		
교육학 논술 전용 답안지	쪽 번호			⓪ ① ② ③ ④ ⑤ ⑥ ⑦ ⑧ ⑨	※ 감독관 확인란(수험생은 표기하지 말 것)	
	①●			⓪ ① ② ③ ④ ⑤ ⑥ ⑦ ⑧ ⑨	- 본인 여부, 성명, 수험 번호, 쪽 번호 기록이 정확한지 확인 후 서명/날인 - 결시자는 위의 결시자 확인란에도 표기	(서명 또는 날인)
				⓪ ① ② ③ ④ ⑤ ⑥ ⑦ ⑧ ⑨		
				⓪ ① ② ③ ④ ⑤ ⑥ ⑦ ⑧ ⑨		
				⓪ ① ② ③ ④ ⑤ ⑥ ⑦ ⑧ ⑨		

- 수험 번호와 쪽 번호는 검은색 펜을 사용하여 '●'로 표기하시오.
- 답안은 지워지거나 번지지 않는 동일한 종류의 검은색 펜을 사용하여 작성하시오(연필/사인펜/수정테이프/수정액 사용 불가).
- 수험생 유의 사항을 위반하여 작성한 답안의 경우, 해당 부분이나 답안지 전체를 채점하지 않으니 유의하시오.

지금까지 학생 중심 교육을 실천하기 위해 동기이론을 활용하고, 학교 중심 교육과정을 개발하고, 교육과정을 재구성하고, 학생의 직업적 성격 유형 검사를 통해 상담을 진행하고, 행정업무를 경감시키는 방안에 대해 살펴보았다. 학생 중심 교육을 실천하면 학생은 더욱 바람직한 방향으로 성장해 나갈 것이다.

07회

첨삭 배우기 (7회차 - C)

급변하는 사회에서 교육에 대한 요구도 다양해지고 있다. 다양한 구성원들의 요구에 ~~맞추어나기가 위해~~맞추어 나가기 위해서는[1] 교육의 노력이 필요하다. 특히, 학생의 개성을 존중하고 학생 개개인에게 만족을 줄 수 있도록 학생 중심 교육을 실천해야 할 필요가 있다. 본 글에서는 "학생 중심 교육을 위한 교사의 반성적 실천"이라는 주제를 중심으로 동기이론과 교육과정, 학생상담과 행정업무의 측면에서 논의하고자 한다.

> 1
> 1. 맞추어∨나가기(띄어쓰기)
> 2. 주어 역할을 하는 어구가 없는 경우에 '는'과 같이 조사를 추가하여 주어의 기능을 드러내야 합니다.

먼저, 다양한 학생들의 동기를 증진시킬 수 있도록 노력해야 한다. 제시문의 A 학생에게 적용한 동기이론은 기대×가치 이론이다. 학생이 성공할 수 있다는 기대와 그 성공에 도움이 될 것이라는 가치를 인식시켜 학생의 동기를 증진시키는 것이다. B 학생에게 적용한 동기이론은 자기결정성 이론이다. 학생에게 선택권을 부여함으로써 자율성을 증진시키고 이로 인해 동기가 증진되는 것이다. C 학생은 학습된 무기력에 빠진 상태로 내적, 안정적, 통제불가능[2]한 노력에 귀인하고 있~~기 때문~~이다.[3] C 학생을 지원하기 위해서는 교사가 학생이 노력하면 달성할 수 있는 수준의 목표를 제시하여 성공 경험을 제공하는 것이 도움을 줄 수 있다. 학생의 동기를 증진시키는 것은 학생 중심 교육을 위해 교사가 할 수 있는 노력의 출발점이 될 것이다.

> 2 통제∨불가능(띄어쓰기)
>
> 3 주어와 서술어의 호응이 맞지 않습니다. 보통 '~ 때문이다'의 서술어를 사용할 경우, 문장의 앞에 '왜냐하면'을 사용해야 합니다.

다음으로, 교육과정 개발과 운영에 대한 고민이 필요하다. 교육 과정 사소화 현상을 최소화하기 위해서는 학교중심 교육과정 개발모형을 활용할 수 있다. 이 모형을 활용할 때 상황 분석 단계를 가장 먼저 수정하여 학교의 내적, 외적[4] 상황과 요구에 대해 파악해야 한다. 교장이 강조하는 ~~교육과정을 국가교육과정으로,~~ 교육과정은 국가 교육 과정으로, 모든 학교에서는 일관성 있는 수업과 평가가 가능하다는 장점이 있다. 하지만 획일적으로 운영되어 학생들의 흥미나 요구를 반영하기 어렵다는 단점도 존재한다. 또, 박 교사는 학생들에게 지역 탐방 보고서 과제를 ~~포트폴리오제작으로~~포트폴리오 제작 형식으로[5] 제시하여, 직접 방문하거나 영상, SNS 컨텐츠 등을 시청하는 등의 다양한 방법을 활용하여 과제에 참여할 수 있도록 할 수 있다. 이처럼 교사는 교육 과정의 변화와 운영을 통해 학생 중심 교육을 해야 한다.

> 4 내적·외적(가운뎃점 사용을 하면 좋습니다.)
>
> 5 '포트폴리오 제작 형식', '포트폴리오를 제작하는 방식'과 같이 수정하는 것이 좋습니다.

한편, 학생의 진로 및 생활 지도를 위한 상담도 필요하다. 영희의 직업적 성격유형은 실재형이다. 또, 제시문에 사례에 나타난 방어기제는 부정적인 상황이나 감정을 긍정적인 행동으로 ~~전환시키는~~[6]전환하는 승화이다. 박 교사는 해결중심 상담이론의 대처질문을 활용하여 영희가 이제까지 버틸 수 있었던 원인을 떠올리고 공감해 주었다. 적절한 직업 진로 감사와 상담의 활용은 교사가 학생 중심 교육을 실천하기 위한 필수적 요소일 것이다.

마지막으로, 행정업무 수행을 위한 교사의 노력도 있다. 제시문에서 언급된 표집 방법은 유층표집으로, 여러 하위 집단에서 일정 비율을 정해 두고 표집하는 방법이다. 교사의 업무 스트레스를 줄이기 위한 노력도 필요하다.[7] 교육부에서는 교사들이 빠르게 답할 수 있는 간편한 설문지를 제작하여 비대면으로 효율적으로 답할 수 있는 소통 창구를 활용하여 시간을 절약하여 조사할 수 있도록 할 수 있다. 학교는 교사들이 빠르게 ~~공문을에 답할 수 있도록~~[8] 열람할 수 있도록 행정업무 담당 구성원을 활용하여 전체에 공문 내용을 간략히 알려주고 바로 간편하게 기록할 수 있는 체크리스트 형식의 설문지로 수거하도록 한다. 행정업무의 부담이 줄어든다면 이는 학생 중심 교육을 위해 교사가 노력할 수 있는 원동력이 될 것이다.

지금까지 "학생 중심 교육을 위한 교사의 반성적 실천"이라는 주제로 다양한 동기이론과 동기 증진 방안을 설명하고 학교중심 교육과정 개발모형과 교육과정 재구성에 대해 살펴보았다. 또, 학생의 진로와 생활 지도를 위한 상담이론을 살펴보았고, 행정 업무 부담을 줄이기 위한 방법을 찾아보았다. 교사는 학생 중심 교육을 위해 주체적으로 실천하고 반성할 수 있도록 해야 한다. 이에 학교의 지원과 관심이 더해지고, 지역 사회의 연계, 더 나아가 국가 차원의 노력이 더해진다면 우리 교육의 미래는 지금보다 더욱 ~~밝을~~밝아질 것이다.

[6] '-시키다'는 사동의 의미를 꼭 전달해야 하는 경우에만 사용하는 것이 좋습니다.

[7] 문제 특성상 이렇게 써도 괜찮지만 가능한 한 앞 문장과 뒷 문장의 유기성을 위해 접속사 '한편' 등을 활용하는 것이 좋습니다.

[8] '공문을 열람할 수 있도록'으로 수정할 것을 제안합니다. 교사들은 공문에 대답하기 보다는 이를 열람하여 업무에 활용하거나 때에 따라서는 관련 공문을 기안하는 방식으로 업무하기 때문에, 답하다는 표현은 자연스럽지 못합니다.

최종 모범답안 (7회차 - C)

<table>
<tr><td colspan="2">본인은 수험생 유의 사항을 숙지하였으며 이를 지키지 않아 발생하는 모든 불이익을 감수할 것을 서약합니다.</td><td rowspan="9">수
험
번
호</td><td></td><td>① ②</td><td colspan="2">※ 결시자 확인란(수험생은 표기하지 말 것)</td></tr>
<tr><td colspan="2">성 명</td><td></td><td>⓪ ① ② ③ ④ ⑤ ⑥ ⑦ ⑧ ⑨</td><td rowspan="3">결시자 설명과 수험 번호 기재
검은색 펜으로 결시자 수험 번호,
쪽 번호와 우측란은 '●'로 표기</td><td rowspan="3">○</td></tr>
<tr><td colspan="2"></td><td></td><td>① ② ③ ④ ⑤ ⑥ ⑦ ⑧ ⑨</td></tr>
<tr><td rowspan="5">교육학 논술
전용 답안지</td><td>쪽 번호</td><td></td><td>⓪ ① ② ③ ④ ⑤ ⑥ ⑦ ⑧ ⑨</td></tr>
<tr><td rowspan="4">●②</td><td></td><td>⓪ ① ② ③ ④ ⑤ ⑥ ⑦ ⑧ ⑨</td><td colspan="2">※ 감독관 확인란(수험생은 표기하지 말 것)</td></tr>
<tr><td></td><td>⓪ ① ② ③ ④ ⑤ ⑥ ⑦ ⑧ ⑨</td><td rowspan="3">- 본인 여부, 성명, 수험 번호, 쪽 번호 기록이 정확한지 확인 후 서명/날인
- 결시자는 위의 결시자 확인란에도 표기</td><td rowspan="3">(서명 또는 날인)</td></tr>
<tr><td></td><td>⓪ ① ② ③ ④ ⑤ ⑥ ⑦ ⑧ ⑨</td></tr>
<tr><td></td><td>⓪ ① ② ③ ④ ⑤ ⑥ ⑦ ⑧ ⑨</td></tr>
</table>

- 수험 번호와 쪽 번호는 검은색 펜을 사용하여 '●'로 표기하시오.
- 답안은 지워지거나 번지지 않는 동일한 종류의 검은색 펜을 사용하여 작성하시오(연필/사인펜/수정테이프/수정액 사용 불가).
- 수험생 유의 사항을 위반하여 작성한 답안의 경우, 해당 부분이나 답안지 전체를 채점하지 않으니 유의하시오.

급변하는 사회에서 교육에 대한 요구도 다양해지고 있다. 다양한 구성원들의 요구에 맞추어 나가기 위해서는 교육의 노력이 필요하다. 특히, 학생의 개성을 존중하고 학생 개개인에게 만족을 줄 수 있도록 학생 중심 교육을 실천해야 할 필요가 있다. 본 글에서는 "학생 중심 교육을 위한 교사의 반성적 실천"이라는 주제를 중심으로 동기이론과 교육과정, 학생상담과 행정업무의 측면에서 논의하고자 한다.

먼저, 다양한 학생들의 동기를 증진시킬 수 있도록 노력해야 한다. 제시문의 A 학생에게 적용한 동기이론은 기대×가치이론이다. 학생이 성공할 수 있다는 기대와 그 성공에 도움이 될 것이라는 가치를 인식시켜 학생의 동기를 증진시키는 것이다. B 학생에게 적용한 동기이론은 자기 결정성 이론이다. 학생에게 선택권을 부여함으로써 자율성과 동기를 증진시키는 것이다. C 학생은 학습된 무기력에 빠진 상태로 내적, 안정적, 통제 불가능한 노력에 귀인하고 있다. C 학생을 지원하기 위해서는 교사가 학생이 노력하면 달성할 수 있는 수준의 목표를 제시하여 성공 경험을 제공하는 것이 도움을 줄 수 있다. 학생의 동기를 증진시키는 것은 학생 중심 교육을 위해 교사가 할 수 있는 노력의 출발점이 될 것이다.

다음으로, 교육과정 개발과 운영에 대한 고민이 필요하다. 교육과정 사소화 현상을 최소화하기 위해서는 학교 중심 교육과정 개발 모형을 활용할 수 있다. 이 모형을 활용할 때 상황 분석 단계를 가장 먼저 수정하여 학교의 내적·외적 상황과 요구에 대해 파악해야 한다. 교장이 강조하는 교육과정은 국가 교육과정으로, 모든 학교에서 일관성 있는 수업과 평가가 가능하다는 장점이 있다. 하지만 획일적으로 운영되어 학생들의 흥미나 요구를 반영하기 어렵다는 단점도 존재한다. 또, 박 교사는 학생들에게 지역 탐방 보고서 과제를 포트폴리오 제작 형식으로 제시하여, 직접 방문하거나 영상, SNS 컨텐츠 등을 시청하는 등의 다양한 방법을 활용하여 과제에 참여할 수 있도록 할 수 있다. 이처럼 교사는 교육과정의 변화와 운영을 통해 학생 중심 교육을 해야 한다.

한편, 학생의 진로 및 생활 지도를 위한 상담도 필요하다. 영희의 직업적 성격유형은 실재형이다. 또, 제시문에 사례에 나타난 방어기제는 부정적인 상황이나 감정을 긍정적인 행동으로 전환하는 승화이다. 박 교사는 해결중심 상담이론의 대처 질문을 활용하여 영희가 이제까지 버틸 수 있었던 원인을 떠올리고 공감해 주었다. 적절한 직업 진로 감사와 상담의 활용은 교사가 학생 중심 교육을 실천하기 위한 필수적 요소일 것이다.

마지막으로, 행정업무 수행을 위한 교사의 노력도 있다. 제시문에서 언급된 표집 방법은 유층 표집으로, 여러 하위 집단에서 일정 비율을 정해 두고 표집하는 방법이다. 한편, 교사의 업무 스트레스를 줄이기 위한 노력도 필요하다. 교육부에서는 교사들이 빠르게 답할 수 있는 간편한 설문지를 제작하여 비대면으로 효율적으로 답할 수 있는 소통창구를 활용하여 시간을 절약하여 조사할 수 있도록 할 수 있다. 학교는 교사들이 빠르게 공문을 열람할 수 있도록 행정업무 담당 구성원을 활용하여 전체에 공문 내용을 간략히 알려

최종 모범답안 (7회차 – C)

본인은 수험생 유의 사항을 숙지하였으며 이를 지키지 않아 발생하는 모든 불이익을 감수할 것을 서약합니다.		수험번호		※결시자 확인란(수험생은 표기하지 말 것)	
성 명			① ②	결시자 설명과 수험 번호 기재 검은색 펜으로 결시자 수험 번호, 쪽 번호와 우측란은 '●'로 표기	○
			⓪ ① ② ③ ④ ⑤ ⑥ ⑦ ⑧ ⑨		
교육학 논술 전용 답안지	쪽 번호		① ② ③ ④ ⑤ ⑥ ⑦ ⑧ ⑨		
	①●		⓪ ① ② ③ ④ ⑤ ⑥ ⑦ ⑧ ⑨	※감독관 확인란(수험생은 표기하지 말 것)	
			⓪ ① ② ③ ④ ⑤ ⑥ ⑦ ⑧ ⑨	– 본인 여부, 성명, 수험 번호, 쪽 번호 기록이 정확한지 확인 후 서명/날인 – 결시자는 위의 결시자 확인란에도 표기	(서명 또는 날인)
			⓪ ① ② ③ ④ ⑤ ⑥ ⑦ ⑧ ⑨		
			⓪ ① ② ③ ④ ⑤ ⑥ ⑦ ⑧ ⑨		
			⓪ ① ② ③ ④ ⑤ ⑥ ⑦ ⑧ ⑨		

– 수험 번호와 쪽 번호는 검은색 펜을 사용하여 '●'로 표기하시오.
– 답안은 지워지거나 번지지 않는 동일한 종류의 검은색 펜을 사용하여 작성하시오(연필/사인펜/수정테이프/수정액 사용 불가).
– 수험생 유의 사항을 위반하여 작성한 답안의 경우, 해당 부분이나 답안지 전체를 채점하지 않으니 유의하시오.

주고 바로 간편하게 기록할 수 있는 체크리스트 형식의 설문지로 수거하도록 한다. 행정업무의 부담이 줄어든다면 이는 학생 중심 교육을 위해 교사가 노력할 수 있는 원동력이 될 것이다.

지금까지 "학생 중심 교육을 위한 교사의 반성적 실천"이라는 주제로 다양한 동기이론과 동기 증진 방안을 설명하고 학교 중심 교육과정 개발모형과 교육과정 재구성에 대해 살펴보았다. 또, 학생의 진로와 생활 지도를 위한 상담이론을 살펴보았고, 행정업무 부담을 줄이기 위한 방법을 찾아보았다. 교사는 학생 중심 교육을 위해 주체적으로 실천하고 반성할 수 있도록 해야 한다. 이에 학교의 지원과 관심이 더해지고, 지역 사회의 연계, 더 나아가 국가 차원의 노력이 더해진다면 우리 교육의 미래는 지금보다 더욱 밝아질 것이다.

07회

첨삭 배우기 (7회차 - D)

최근 학생들의 수업 참여가 중요시됨에 따라 학생 중심 교육을 위한 교사의 '반성적 실천'이 중요한 문제로 대두되고 있다. 이에 따라 교사는 동기이론, 교육과정, 학생상담, 행정업무 등 다각적인 ~~측면에서의 고찰이 요구된다.~~측면에서 고찰할 것을 요구받고 있다[1]. 본 글에서는 제시문 속 성찰 일지를 토대로 '학생 중심 교육을 위한 교사의 반성적 실천'에 대해 논하고자 한다.

[1] 앞 문장에서 최근 패러다임에 대해 설명하고 있으므로, 이에 따라 교사에게 요구되는 역할을 설명하기 위해서는 '요구받고 있다'라는 표현이 조금 더 자연스럽습니다.

학생 중심 교육을 위해 교사는 학생들의 학습에 관한 동기를 ~~촉진시켜~~촉진해 능동적인 수업 참여를 유도할 수 있어야 한다. 박 교사가 A 학생에게 적용한 동기이론은 기대×가치이론이다. 성공에 관한 기대와 학생이 성공에 부여한 가치가 곱해진 만큼 동기화가 된다는 이론이다. B 학생에게 적용한 동기이론은 자기결정성 이론이다. 학생의 유능감 욕구, 자율성 욕구, 관계성 욕구를 충족시키면 내재적 동기가 향상된다는 이론이다. 박 교사는 B 학생에게 과제에 대한 선택권을 부여해 ~~학습에 내재적동기를~~학습의 내재적 동기를 향상해 주었다. C 학생은 아무리 열심히 ~~공부를 해도~~[2]공부해도 실패할 거라는 생각을 ~~가지고~~하고 있다. 이를 와이너 귀인이론에 비추어 보면 C 학생은 능력 부족으로 귀인하고 있다. 원인의 소재는 학업 성취의 성공과 실패 원인이 자신의 내부에 있냐 외부에 있냐는 것이고, 안정성은 학업의 성공과 실패의 원인이 상황과 시간에 따라 변할 수 있는지 없는지를 나타낸다. 통제 가능성은 학생의 의지로 학업의 성공과 실패할 변화시킬 수 있냐는 것이다. 능력은 소재가 내부에 있고, 안정적이며, 통제 불가능한 원인이다. 박 교사는 C학생을 지원하기 위해 학습 동기 향상을 위한 재귀인 훈련을 실시할 수 있다. 처음엔 자신의 학업성공과 실패 원인을 노력 부족으로 ~~귀인한다.~~[3] 생각하다가~~귀인을 한다. 그 후에도 실패를 하면 학습방법과 학습전략으로 귀인을 한다.~~그 후에도 실패하면 학습 방법과 학습 전략으로 귀인한다. 충분히 귀인해도 ~~실패를 한다면~~실패한다면 포기귀인을 사용해 다른 목표를 세우거나 학습자의 기대를 수정할 수 있게 한다. 교사는 학생들이 학습에 가지는 동기의 정도를 파악하고 학생들의 동기 향상을 위한 전략을 사용한다면 학생들의 학습에 대한 동기 향상으로 학생 중심의 수업이 이루어질 수 있을 것이다.

[2] '을/를'은 생략할 수 있는 경우에는 생략하는 것이 더 자연스럽습니다.

[3] 이렇게 수정할 경우 앞 문장과 뒷 문장의 서술어가 일치하는 문제가 발생하므로, 해당 부분을 '노력 부족으로 생각하다가' 정도로 풀어쓰는 것이 좋습니다.

교사는 학생 중심 교육을 위해 교육 과정을 학교와 학생의 요구에 맞게 재구성하여 활용할 수 있어야 한다. ~~교육과정, 사소화현상을 교사들이 교육과정과 학교교육 현장에~~교육과정 사소화 현상은 교사들이 교육 과정과 학교 교육 현장에 괴리감을 느껴 교육과정을 중요시하지 않는 현상이다. 이 현상을 최소화하기 위해선 학교중심 교육과정 개발모형을 사용해야 한다. 학교중심 교육과정 개발모형은 학교의 상황과 환경, 요구[4]를 고려해 학교에 적합한 교육과정을 개발하는 모형이다. 이 모형에 근거해 교육과정을 개발할 땐 상황 분석을 가장 먼저 해야한다. 상황 분석은 학교의 내적 요인인 학생, 교사, 학교 환경과 외적 요인인 학부모, 국가 교육 과정, ~~지역사회를 분석하는 교육과정은 운영주체에 따라 다르게 개발할 수 있다.~~지역 사회를 고려해 운영 주체에 따라 다르게 분석 및 개발할 수 있다. 성적을 위해 교과서 내용을 중심으로 가르치는 수업을 강조하는 교육 과정은 교육 과정 전문가가 개발해 체계적이고 전문성 높은 내용을 가르칠 수 있다는 장점이 있지만, 교사는 전달자의 역할만 할 뿐 학생의 흥미와 학교 상황을 고려할 수 없다는 단점이 있다. 이에 반해 박 교사는 학생들이 흥미를 가지고 다양한 지역 문화를 탐방하며 배우는 교과와 참여적 체험학습의 연계를 통한 재구성을 계획하고 있다. 교사는 학생 중심 교육을 위해 학생들의 흥미와 상황을 고려하는 교육과정을 선택하고 ~~교육과정을~~ 재구성해 학생들에게 제공할 수 있어야 한다.

> 4 누구의 요구인지 써주는 것이 좋습니다.

교사는 학생들과의 상담을 통해 학생들의 성격과 현재 상태를 파악하고 격려를 통해 학생 중심 교육을 실현할 수 있어야 한다. 홀랜드는 ~~성격유형 6개에 따른 직업적 성격유형을 6가지제시했다.~~성격유형에 따른 직업적 성격유형 여섯 가지를 제시했다. ~~기계를 만지기 좋아하고~~[5]기계 만지기와 몸을 움직이는 걸 좋아하는 영희의 직업적 성격유형은 실재형이다. 그리고 영희는 외로움을 달래기 위해 학급 반장이 되기 위해 노력했다. 영희는 방어기제 중 자신의 욕구를 사회적으로 바람직한 방식으로 전환하는 승화를 사용하고 있다. 박 교사는 기특한 영희에게 힘든 상황에서도 포기하지 않고 지금까지 버틸 수 있게 해 준 건 무엇이냐는 대처질문을 사용했다. 교사는 학생과의 상담을 통해 학생이 처한 문제를 해결하고 학생에게 자신의 성격유형에 관한 정보를 제공해 그에 맞는 학생 중심 수업을 제시해야 한다.

> 5 서술어가 겹치면 하나의 서술어만 쓰는 것이 좋습니다.

학생 중심 교육을 위해서는 교사가 수업 준비에 더 많은 시간을 할애할 수 있도록 교사의 업무를 경감시켜주어야 한다. 제시문에서 언급된 표집 방법은 유층표집이다. 유층표집은 집단을 동질적인 몇 개의 하위 집단으로 나눈 뒤 무선표집을 하는 방법이다. 유층표집을 한 후 교사의 업무를 조사하게[6] 되면 업무가 많은 교사는 업무 부담으로 스트레스를 받게 된다. 교육부에서는 교사의 업무를 줄이기 위해 행정 업무를 담당할 전문 행정가의 지

> 6 조사의 대상을 구체적으로 적는 것이 좋습니다. 교사들을 조사하는 것이 아니라, 교사의 업무를 조사하는 것이 좋겠습니다.

7 "감소시킬 수 있다"로 수정하는 것을 제안합니다.

원으로 행정업무에 대한 교사의 부담을 ~~감소시켜 줄 수 있다.~~[7]감소시킬 수 있다. 학교에서는 교사의 업무를 줄이기 위해 교사들의 수업시수와 역할, 적성 등을 고려해 업무를 균등하게 분배해 주어야 한다. 이처럼 교사는 학생 중심 교육을 위해 수업에 더 많은 시간을 할애할 수 있도록 학교와 교육부의 지원이 필요하다고 목소리를 내어야 한다.

8 학습동기를 촉진시키는 주체가 학생들이라고 읽히는 중의성 문제가 있으므로 수정하는 것이 좋습니다.

지금까지 '학생 중심 교육을 위한 교사의 반성적 실천'에 대해 동기이론, 교육과정, 학생상담, 행정업무의 측면에서 살펴보았다. 교사는 ~~학생들이 학습동기를 촉진시켜 학습의 능동적인 참여를~~[8]학생들의 학습 동기를 촉진해 학습에 능동적으로 참여하도록 유도하고, 학생과 학교의 흥미와 상황을 고려해 교육과정을 재구성해야 한다. 또한 상담을 통해 학생의 ~~문제에 해결을~~문제 해결을 돕고 학생의 성격에 맞는 수업을 진행해야 하며, 업무 부담을 줄여 학생 중심 교육을 위한 수업 준비에 더 많은 시간을 할애할 수 있어야 한다.

최종 모범답안 (7회차 - D)

<table>
<tr><td colspan="2">본인은 수험생 유의 사항을 숙지하였으며 이를 지키지 않아 발생하는 모든 불이익을 감수할 것을 서약합니다.</td><td rowspan="8">수
험
번
호</td><td></td><td>① ②</td><td colspan="2">※결시자 확인란(수험생은 표기하지 말 것)</td></tr>
<tr><td colspan="2" rowspan="2"></td><td></td><td>⓪ ① ② ③ ④ ⑤ ⑥ ⑦ ⑧ ⑨</td><td rowspan="3">결시자 설명과 수험 번호 기재
검은색 펜으로 결시자 수험 번호,
쪽 번호와 우측란은 '●'로 표기</td><td rowspan="3">○</td></tr>
<tr><td></td><td>① ② ③ ④ ⑤ ⑥ ⑦ ⑧ ⑨</td></tr>
<tr><td colspan="2">성 명</td><td></td><td>⓪ ① ② ③ ④ ⑤ ⑥ ⑦ ⑧ ⑨</td></tr>
<tr><td colspan="2"></td><td></td><td>⓪ ① ② ③ ④ ⑤ ⑥ ⑦ ⑧ ⑨</td><td colspan="2">※감독관 확인란(수험생은 표기하지 말 것)</td></tr>
<tr><td rowspan="3">교육학 논술
전용 답안지</td><td>쪽 번호</td><td></td><td>⓪ ① ② ③ ④ ⑤ ⑥ ⑦ ⑧ ⑨</td><td rowspan="3">- 본인 여부, 성명, 수험 번호, 쪽 번호 기록이 정확한지 확인 후 서명/날인
- 결시자는 위의 결시자 확인란에도 표기</td><td rowspan="3">(서명
또는
날인)</td></tr>
<tr><td rowspan="2">●②</td><td></td><td>⓪ ① ② ③ ④ ⑤ ⑥ ⑦ ⑧ ⑨</td></tr>
<tr><td></td><td>⓪ ① ② ③ ④ ⑤ ⑥ ⑦ ⑧ ⑨</td></tr>
</table>

- 수험 번호와 쪽 번호는 검은색 펜을 사용하여 '●'로 표기하시오.
- 답안은 지워지거나 번지지 않는 동일한 종류의 검은색 펜을 사용하여 작성하시오(연필/사인펜/수정테이프/수정액 사용 불가).
- 수험생 유의 사항을 위반하여 작성한 답안의 경우, 해당 부분이나 답안지 전체를 채점하지 않으니 유의하시오.

최근 학생들의 수업 참여가 중요시됨에 따라 학생 중심 교육을 위한 교사의 '반성적 실천'이 중요한 문제로 대두되고 있다. 이에 따라 교사는 동기이론, 교육과정, 학생상담, 행정업무 등 다각적인 측면에서 고찰할 것을 요구받고 있다. 본 글에서는 제시문 속 성찰 일지를 토대로 '학생 중심 교육을 위한 교사의 반성적 실천'에 대해 논하고자 한다.

학생 중심 교육을 위해 교사는 학생들의 학습에 관한 동기를 촉진해 능동적인 수업 참여를 유도할 수 있어야 한다. 박 교사가 A 학생에게 적용한 동기이론은 기대×가치 이론이다. 성공에 관한 기대와 학생이 성공에 부여한 가치가 곱해진 만큼 동기화된다는 이론이다. B 학생에게 적용한 동기이론은 자기 결정성 이론이다. 학생의 유능감 욕구, 자율성 욕구, 관계성 욕구를 충족시키면 내재적 동기가 향상된다는 이론이다. 박 교사는 B 학생에게 과제에 대한 선택권을 부여해 학습의 내재적 동기를 향상해 주었다. C 학생은 아무리 열심히 공부해도 실패할 거라는 생각을 하고 있다. 이를 와이너 귀인이론에 비추어 보면 C 학생은 능력 부족으로 귀인하고 있다. 원인의 소재는 학업 성취의 성공과 실패 원인이 자신의 내부에 있냐 외부에 있냐는 것이고, 안정성은 학업의 성공과 실패의 원인이 상황과 시간에 따라 변할 수 있는지 없는지를 나타낸다. 통제 가능성은 학생의 의지로 학업의 성공과 실패할 변화시킬 수 있냐는 것이다. 능력은 소재가 내부에 있고, 안정적이며, 통제 불가능한 원인이다. 박 교사는 C 학생을 지원하기 위해 학습 동기 향상을 위한 재귀인 훈련을 실시할 수 있다. 처음엔 자신의 학업 성공과 실패 원인을 노력 부족으로 생각하다가 그 후에도 실패하면 학습 방법과 학습 전략으로 귀인한다. 충분히 귀인해도 실패한다면 포기 귀인을 사용해 다른 목표를 세우거나 학습자의 기대를 수정할 수 있게 한다. 교사가 학생들이 학습에 가지는 동기의 정도를 파악하고 학생들의 동기 향상을 위한 전략을 사용한다면 학생 중심의 수업이 이루어질 수 있을 것이다.

교사는 학생 중심 교육을 위해 교육과정을 학교와 학생의 요구에 맞게 재구성하여 활용할 수 있어야 한다. 교육과정 사소화 현상은 교사들이 교육과정과 학교 교육 현장에 괴리감을 느껴 교육과정을 중요시하지 않는 현상이다. 이 현상을 최소화하기 위해선 학교 중심 교육과정 개발모형을 사용해야 한다. 학교 중심 교육과정 개발모형은 학교의 상황과 환경, 학생과 학부모의 요구를 고려해 학교에 적합한 교육과정을 개발하는 모형이다. 이 모형에 근거해 교육과정을 개발할 땐 상황 분석을 가장 먼저 해야 한다. 상황 분석은 학교의 내적 요인인 학생, 교사, 학교 환경과 외적 요인인 학부모, 국가 교육과정, 지역 사회를 고려해 운영 주체에 따라 다르게 분석 및 개발할 수 있다. 성적을 위해 교과서 내용을 중심으로 가르치는 수업을 강조하는 교육과정은 교육과정 전문가가 개발해 체계적이고 전문성 높은 내용을 가르칠 수 있다는 장점이 있지만, 교사는 전달자의 역할만 할 뿐 학생의 흥미와 학교 상황을 고려할 수 없다는 단점이 있다. 이에 반해 박 교사는 학생들이 흥미를 가지고 다양한 지역 문화를 탐방하며 배우는 교과와 참여적 체험 학습의 연계를 통한 재구성을 계획하고 있다. 교사는 학생 중심 교육을 위해 학생들의 흥미와 상황을 고려하는 교육과정을 선택하고 재구성해 학생들에게 제공할 수 있어야 한다.

최종 모범답안 (7회차 - D)

본인은 수험생 유의 사항을 숙지하였으며 이를 지키지 않아 발생하는 모든 불이익을 감수할 것을 서약합니다.		수험번호	① ②	※ 결시자 확인란(수험생은 표기하지 말 것)	
			⓪ ① ② ③ ④ ⑤ ⑥ ⑦ ⑧ ⑨	결시자 설명과 수험 번호 기재 검은색 펜으로 결시자 수험 번호, 쪽 번호와 우측란은 '●'로 표기	○
성 명			① ② ③ ④ ⑤ ⑥ ⑦ ⑧ ⑨		
			⓪ ① ② ③ ④ ⑤ ⑥ ⑦ ⑧ ⑨		
교육학 논술 전용 답안지	쪽 번호		⓪ ① ② ③ ④ ⑤ ⑥ ⑦ ⑧ ⑨	※ 감독관 확인란(수험생은 표기하지 말 것)	
	①●		⓪ ① ② ③ ④ ⑤ ⑥ ⑦ ⑧ ⑨	- 본인 여부, 성명, 수험 번호, 쪽 번호 기록이 정확한지 확인 후 서명/날인	(서명 또는 날인)
			⓪ ① ② ③ ④ ⑤ ⑥ ⑦ ⑧ ⑨	- 결시자는 위의 결시자 확인란에도 표기	
			⓪ ① ② ③ ④ ⑤ ⑥ ⑦ ⑧ ⑨		

- 수험 번호와 쪽 번호는 검은색 펜을 사용하여 '●'로 표기하시오.
- 답안은 지워지거나 번지지 않는 동일한 종류의 검은색 펜을 사용하여 작성하시오(연필/사인펜/수정테이프/수정액 사용 불가).
- 수험생 유의 사항을 위반하여 작성한 답안의 경우, 해당 부분이나 답안지 전체를 채점하지 않으니 유의하시오.

교사는 학생들과의 상담을 통해 학생들의 성격과 현재 상태를 파악하고 격려를 통해 학생 중심 교육을 실현할 수 있어야 한다. 홀랜드는 성격유형에 따른 직업적 성격유형 여섯 가지를 제시했다. 기계 만지기와 몸 움직이기를 좋아하는 영희의 직업적 성격유형은 실재형이다. 그리고 영희는 외로움을 달래기 위해 학급 반장이 되기 위해 노력했다. 영희는 방어기제 중 자신의 욕구를 사회적으로 바람직한 방식으로 전환하는 승화를 사용하고 있다. 박 교사는 기특한 영희에게 힘든 상황에서도 포기하지 않고 지금까지 버틸 수 있게 해준 건 무엇이냐는 대처 질문을 사용했다. 교사는 학생과의 상담을 통해 학생이 처한 문제를 해결하고 학생에게 자신의 성격유형에 관한 정보를 제공해 그에 맞는 학생 중심 수업을 제시해야 한다.

학생 중심 교육을 위해서는 교사가 수업 준비에 더 많은 시간을 할애할 수 있도록 교사의 업무를 경감시켜주어야 한다. 제시문에서 언급된 표집 방법은 유흥 표집이다. 유흥 표집은 집단을 동질적인 몇 개의 하위 집단으로 나눈 뒤 무선 표집을 하는 방법이다. 유흥 표집을 한 후 교사의 업무를 조사하게 되면 업무가 많은 교사는 업무 부담으로 스트레스를 받게 된다. 교육부에서는 교사의 업무를 줄이기 위해 행정업무를 담당할 전문 행정가의 지원으로 행정업무에 대한 교사의 부담을 감소시킬 수 있다. 학교에서는 교사의 업무를 줄이기 위해 교사들의 수업 시수와 역할, 적성 등을 고려해 업무를 균등하게 분배해 주어야 한다. 이처럼 교사는 학생 중심 교육을 위해 수업에 더 많은 시간을 할애할 수 있도록 학교와 교육부의 지원이 필요하다고 목소리를 내어야 한다.

지금까지 '학생 중심 교육을 위한 교사의 반성적 실천'에 대해 동기이론, 교육과정, 학생상담, 행정업무의 측면에서 살펴보았다. 교사는 학생들의 학습 동기를 촉진해 학습에 능동적으로 참여하도록 유도하고, 학생과 학교의 흥미와 상황을 고려해 교육과정을 재구성해야 한다. 또한 상담을 통해 학생의 문제해결을 돕고 학생의 성격에 맞는 수업을 진행해야 하며, 업무 부담을 줄여 학생 중심 교육을 위한 수업 준비에 더 많은 시간을 할애할 수 있어야 한다.

[7회] 수험생이 자주 하는 질문 모음

대주제를 각 문단에서 언급할 때 '학생 중심교육을 위한 교사의 반성적실천'이라면 학생 중심교육을 위해 (소주제) 측면에서의 노력은~~~' 이렇게 적어도 될까요? 즉, 대주제를 줄여서 언급하는 것이 괜찮은지 궁금합니다. (전공 음악)

네 괜찮습니다. 오히려 저것을 그대로 다 갖다 붙여 쓰면 표현이 반복되어 안 좋은 인상을 줄 수 있습니다.

> (미흡 예시) 학생 중심교육을 위해 교사는 학생들의 동기를 촉진해야 한다.
> → 구체적이지 않고 추상적이다.
>
> (우수 예시) 학생 중심교육을 위해 교사는 학생들의 동기를 촉진해 능동적인 수업 참여를 유도할 수 있어야 한다.
> → 구체적인 표현이 더 들어가 있다.
>
> (미흡 예시) 학생상담 측면에서 학생 중심교육을 도모할 수 있는 방안도 요구된다.
> → 이 예시가 틀리거나 나쁘다는 것은 아니지만 구체적인 표현과 자신의 주장이 없다.
>
> (우수 예시) 교사는 학생상담 및 격려를 통해 학생들의 성격과 현 상태를 파악하고 학생 중심교육을 실현할 수 있어야 한다.
> → 어떻게 해야 한다는 자신의 주장이나 근거가 들어가 있다.

문제 답안이 명칭일 때 개념을 함께 적어 주는 게 좋은 답안이죠?? 그렇지 않으면 감점 요소가 될 수 있나요? (전공 영양)

이 부분은 채점 기준표가 외부에 공개되지 않기 때문에 그 누구도 확답할 수 없는 부분입니다. 제 개인적으로는 명칭만 물었다면 명칭만 써도 정답 처리될 것으로 보지만, 어디까지나 추측이니 되도록 명칭만 묻더라도 간략하게 부연 설명하는 것을 더 추천합니다. 시간이 부족한 게 아니라면 안전빵으로 가는 게 좋겠죠.

그리고 만약 맞게 처리되더라도 답안의 인상이 좋지 않아 논술의 구성 및 표현 [5점] 부분에서 감점을 받을 수도 있을 것입니다. 보통 만점 받은 분들의 답안을 복기해 보면 명칭만 쓰는 경우는 별로 없기도 합니다. 논술문 특성상 글의 자연스러운 전개를 위해서라도 명칭만 쓰는 것은 지양하는 것이 좋겠습니다.

"~할 것입니다." 이런 가정형은 가능하면 안 적는 게 좋다고 알고 있습니다. 결론에서 미래를 이야기하며 적는 건 괜찮을까요? 아니면 그런 내용을 아예 적지 않는 게 좋은지 궁금합니다. (전공 보건)

가정형은 적지 않는 것이 좋습니다. "~할 것입니다."보다는 "~해야 한다."로 바꿔서 써 보세요. 글쓴이의 주장이 느껴져 훨씬 더 논리적인 글이 됩니다.

(미흡 예시) ~~를 통해 학생들의 동기를 유발해야 할 것입니다.
(우수 예시) ~~를 통해 학생들의 동기를 유발해야 한다.
살을 더 붙여 보면….
~~를 통해 학생들의 학습 동기를 유발하고 자기주도 학습(소주제)을 강화해야 한다.

답안 작성을 할 때 필요에 따라 '제시문', '제시문 속 교장', '제시문 속 언급된', '박 교사', '영희' 등의 단어들을 사용해도 되는 걸까요? 꼭 필요할 땐 사용해야 하지만 보편적으로 교사, 교장, 학생이란 단어 등을 사용해야 한다고 알고 있었습니다. 제가 이번 문제 답안 작성 시 유독 '제시문' 단어를 많이 쓴 것 같아 궁금합니다. (전공 조리)

글의 자연스러운 전개를 위해 '제시문'이란 단어를 쓸 때도 있지만, 안 쓰는 게 더 깔끔합니다. 지문 상황을 녹이기 위해 계속 '제시문'이라는 단어를 사용한다면 오히려 역효과겠죠. 대신, 박 교사, 영희 등 지문 속 단어를 그대로 활용하는 것은 좋습니다.

(미흡 예시) 제시문 속 A 교장은 교사에게 ~~~
(우수 예시) A 교장은 교사에게 ~~~

이론의 명칭을 작성할 때, 이론의 개념을 어느 정도 적어야 하는지 궁금해요. 또, 모르는 문제가 나왔을 땐 그 문제를 빼고 작성하라는 말을 들었는데, 혹시 모르니 칸을 남겨 놓아도 되는지도 궁금합니다. (전공 미술)
표집 방법처럼 아예 본 적도 없는 질문이 나온다면 뭐라도 끄적이는 게 좋을까요? 아니면 그냥 비워 놓는 게 좋을까요? (전공 가정)

이론의 개념은 핵심 키워드가 2~3개 정도 포함된 문장이면 됩니다. 길이는 크게 중요하지 않습니다. 그 개념을 설명하는 구체적인 키워드가 더 중요합니다. 모르는 문제가 나왔을 땐, 그 문제 전체를 통으로 남겨 놓고 작성하는 전략이 있습니다. 이 부분은 여기서 간략하게 설명하기가 어렵습니다. '정회원 자료 게시판'에 모르는 문제가 나왔을 경우 대처법 글을 참고해 주세요.

첫 번째 문단에서 동기이론의 명칭을 적고 그것에 해당하는 전반적인 개념을 적어야 할지 그 구성 요소와 관련되는 구체적인 개념 둘 중 어떤 것을 적어야 할까요~? (전공 국어)

이론의 명칭을 적으라는 문제는 간략히 그 이론의 개념을 쓰면 됩니다. 더 깊게 들어갈 필요는 없습니다.

문제에서 묻는 게 많을 때 답만 적기에도 바빠서 문장과 문장 사이의 연결 어법에 맞는지 연결이 자연스러운지 생각하지 못하고 쓰는 것 같아요. 쓰면서 다시 읽어 볼 시간도 없고요. 제가 쓴 것처럼 묻는 답만 나열하듯이 써도 괜찮을까요? (전공 보건)

답안을 키워드의 나열 형식으로 쓰게 되어 읽으면 글이 매끄럽지 않은 것 같습니다. 이래도 점수에 지장이 없을까요? (전공 국어)

우선 결론부터 말씀드리면, 문제에서 요구하는 것만 잘 나열하면 그만입니다. 본격적으로 논술을 연습하다 보면 누구나 이런 고민을 합니다. 글을 자연스럽게 쓰고 싶은 욕심이 생기죠. 문제에서 요구하는 것을 쓰다 보면 내용 전환이 갑자기 일어나서 뭔가 어색한 느낌을 받을 것입니다. 이것은 크게 문제가 되지 않습니다. 만약 그래도 너무 거슬린다면 각종 접속사를 활용하거나 소주제를 언급하는 말을 덧붙이는 전략이 있습니다.

(샘플 문장) 약식 장학의 장, 단점은 ~~~이다. 서지오바니의 인적자원론적 장학 관점에서 ~~~.

1. 대주제 또는 소주제를 언급하는 문장을 추가한다.
   약식 장학의 장, 단점은 ~~~이다. (수업 개선을 위해서 교사들의 고민을 해소하는 것은 매우 중요하다.) 서지오바니의 인적자원론적 장학 관점에서 ~~~.

2. 각종 접속사를 활용한다. (시간이 부족한 경우 좋음)
   약식 장학의 장, 단점은 ~~~이다. (한편, 반면, 또한, 그리고) 서지오바니의 인적자원론적 장학 관점에서 ~~~.

내용 작성 시 문제에서 요구하는 명칭을 적을 때 부호를 사용해서 작성해도 될까요? 예를 들어 "본문에서 강조한 교육과정은 '~~~교육과정'이다." 이런 식으로요. (전공 물리)

키워드를 강조하기 위해 작은따옴표를 쓰는 분들이 종종 있습니다. 별문제는 없지만, 굳이 쓸 필요가 있나 하는 의문이 듭니다.

07회

개발모형 명칭을 쓰라고 하면 학자 이름과 이론명을 같이 써야 하나요? 이론명만 써도 되나요? (전공 수학)

둘 다 상관없습니다.

명칭과 개념을 각각 작성하는 경우 (첫째는 ㅇㅇ이론이고 이는 ~~~이다. 둘째는 ㅁㅁ이론이고 이는 ~~~이다.) 이렇게 작성해야 하는지, 아니면 (첫째는 ㅇㅇ이론이고, 둘째는 ㅁㅁ이론이다. ㅇㅇ이론은 ~~~이고 ㅁㅁ이론은 ~~~이다.) 이렇게 작성해야 하는지 헷갈립니다. (전공 국어)

둘 다 괜찮습니다만, 저는 전자를 더 추천합니다. 혹시 모를 채점 오류를 방지하고 글을 좀 더 자연스럽게 전개할 수 있기 때문입니다.

답안지를 작성할 때 너무 많이 수정하게 된다면 채점에 영향이 있을까요? 수정을 너무 많이 하는 편이라 최대한 안 하려고 하는데 잘 되질 않네요. (전공 음악)

잦은 수정 또는 악필로 인한 채점 불이익은 공식적으로는 없습니다. 저는 답안을 지저분하게 쓰거나 악필이라도 고득점하는 경우를 많이 봤습니다. 하지만 채점도 다 사람이 하는 일이다 보니 깔끔하게 정돈된 답안지와 지저분한 답안지가 어떠한 차별도 없다고는 말할 수 없을 것 같습니다. 실제로 사법고시 답안지를 채점하는 대학교수들도 TV에서 비슷한 발언을 한 적이 있습니다. 답안지를 한두 장 채점하는 것이라면 내용에만 집중할 수 있겠지만, 수백 장씩 채점해야 하는 상황이라면 분명 답안의 인상에 따른 불이익이 있을 것 같습니다.

보면 글씨가 지저분하고 수정된 내용이 많은 답안지는 채점하기도 전에 부정적인 느낌이 확 듭니다. 반면 깔끔하게 정리 정돈된 답안지는 잘 썼을 것 같은 느낌이 드는 것이 사실입니다. 그래서 혹시 모를 불이익을 줄이기 위해서 무조건 깔끔하게 작성하는 것을 연습해야 합니다.

지난번에도 질문드렸었던 부분입니다! :) 결론에는 본론을 포괄하여 서론보다는 구체화된 문장이 들어가면 좋다는 사실을 알면서도 늘 시간에 쫓겨 서론 마지막 문장과 거의 유사한 문장으로 본론을 시작하게 되는 것 같아요. ㅠㅠ 시간이 있다면 조금 더 구체화해서 결론을 정리하겠지만, 만약 시간이 부족해 지금처럼 서론의 마지막 문장과 유사하게(간략히) 결론 첫 문장을 작성한다고 해도 점수에 큰 영향을 받지는 않을지 궁금하고, 또 걱정됩니다. (전공 국어)

제 개인적으로는 별문제가 없다고 생각합니다. 하지만 이 부분은 채점자마다 다르게 해석할 수 있으니 되도록 서론과 결론의 스타일은 좀 다르게 쓰는 것이 안전할 것 같습니다. 결론은 본론을 보고 요약하면 되는 것이기 때문에 시간이 오래 걸리지 않습니다. 선생님이 쓰신 서론과 결론을 한번 살펴보겠습니다.

(서론) 학교에서 학생들의 긍정적 성장 및 발전을 끌어내는 효과적인 교육이 이루어지게 하려면 학생들이 교육의 주체가 되어 주도적으로 학습할 수 있도록 할 필요가 있다. 따라서 이러한 교육의 모습이 실제 교육 현장에서 실현되게끔 하기 위한 교사의 노력이 매우 중요하게 적용할 수밖에 없다. 이에 본 글에서는 '학생중심 교육을 위한 교사의 반성적 실천'을 주제로 동기이론, 교육과정, 학생상담, 행정업무의 측면에서 논해 보고자 한다.

→ 문장을 다듬으라면 몇몇 곳을 손볼 수 있겠지만, 내용적인 측면에서는 태클 걸만한 요소가 없습니다. 무난하게 다 잘 쓰셨어요.

(결론) <u>지금까지 '학생중심 교육을 위한 교사의 반성적 실천'을 주제로 하여 동기이론, 교육과정 학생상담, 행정업무의 측면에서 구체적으로 살펴보았다.</u> 그 의미가 다소 추상적으로 느껴져 현장에서 효과적으로 이루어지기 어려울 수 있는 학생중심 교육은 교사를 포함한 모든 교육 구성원들의 노력으로 긍정적 실현을 이룰 수 있다. 특히 교사는 학생들과 직접 상호작용 하는 경우가 많으므로 다양한 영역에 대해 끊임없이 연구 및 실천하여 학생 중심교육을 통해 효과적인 교육의 모습을 위해 더욱 노력해야 할 것이다.

→ 이 정도는 쉽게 쓸 수 있다면 구체적으로 쓰는 것은 쉽게 해결할 수 있습니다. 그냥 본론을 그대로 보고 요약하면 됩니다. 선생님이 쓴 결론을 약간 수정해 보겠습니다.

(결론 수정) <u>지금까지 '학생중심 교육을 위한 교사의 반성적 실천'을 주제로 기대가치이론과 자기결정성이론 그리고 귀인이론을 살펴보았다. 또한 중앙집권형 교육과정의 장점과 단점을 알아보고, 교육과정 사소화 현상을 막기 위해 '학교중심 교육과정 개발모형'을 보았다.</u> 이처럼 교사는 학생들과 직접 상호작용 하는 경우가 많으므로 다양한 영역에 대해 끊임없이 연구 및 실천하여 학생중심 교육을 통해 효과적인 교육의 모습을 위해 더욱 노력해야 한다.

→ 서론에서 쓴 "동기이론, 교육과정, 학생상담, 행정업무"을 결론에서는 (본론을 보고) 이론을 구체적으로 언급하면 됩니다. 문장을 늘리는 게 어렵지, 선생님처럼 문장을 풍부하게 쓸 수 있는 분들은 서론, 결론에 크게 스트레스받지 않아도 됩니다. 생각해 보면 서론, 결론은 채점 기준을 디테일하게 나누기가 어렵습니다. 그저 '성의있게 썼냐, 안 썼냐? 대주제와 연결했냐, 안 했냐?' 정도로밖에 구분할 수 없거든요. 결국 중요한 것은 '본론'이므로 서론, 결론의 내용에 너무 신경 쓰지 않아도 됩니다.

P E D A G O G Y

원페이지 교육학 모의고사

PART 08

원페이지 교육학 모의고사 (8회)

중등학교교사 임용후보자 선정경쟁시험

원페이지 교육학 (8회)

수험 번호 : ( )　성 명 : ()

제1차 시험	1 교시	1문항 20점	시험 시간 60분

○ 문제지 전체 면수가 맞는지 확인하시오.

다음은 ○○ 고등학교에 재직 중인 세 교사가 나눈 대화 중 일부이다. 이 내용을 읽고 "효율적인 학교 경영과 다양성을 존중하는 교육"이라는 주제로 교육행정, 학교예산, 교육심리, 교육사회에 대한 내용을 구성요소로 하여 서론, 본론, 결론을 갖추어 논하시오. [20점]

박 교사 : 요즘 행정업무가 부쩍 늘어난 것 같지 않나요? 예전에는 행정실에서 다뤘던 업무를 요즘에는 대부분 교무부서에서 처리하는 것 같습니다. 행정과 교무의 업무 경계가 모호해진 것 같네요. 선생님들은 어떻게 생각하세요?

김 교사 : 교육행정의 개념을 명확히 하면 자연스럽게 해결할 수 있지 않을까요? 교육행정은 근본적으로 교육의 기본 목표를 보다 능률적으로 달성토록 하기 위한 일련의 지원활동이라고 봐요. 그래서 교수-학습 과정을 개선하는 데 필요한 인적, 물적, 재정적 조건을 지원하는 업무는 행정 전문가가 담당해야 한다고 봅니다.

최 교사 : 글쎄요. 교육행정의 개념을 바로잡는 것도 중요하지만, 저는 실제로 운영하는 것이 더 중요하다고 봅니다. 학교에서 이뤄지는 모든 과정에 학부모들의 참여 기회를 늘리고 학교의 행정 내용을 외부에 공개하면 업무가 좀 더 투명해지지 않을까요?

박 교사 : 저는 김 선생님의 의견에 동의합니다. 교사는 행정을 맡기보다 학생들을 가르치는 데에 전념해야 한다고 봐요. 행정업무는 단순 반복이 많으니 프로그램화하면 누구든 그 일을 능률적으로 할 수 있으니까요. 그나저나 해마다 학생 수가 줄어드니 올해는 신입생 정원 확보를 위해 홍보활동을 강화했으면 좋겠어요.

김 교사 : 홍보활동에는 많은 돈이 들어가는데……. 올해 홍보활동에 쓸 수 있는 예산이 있나요?

최 교사 : 없는 것 같습니다. 그런데, 교장 선생님이 올해는 예산을 생각하지 말고 계획을 세우라고 합니다.

박 교사 : 그래요? 그럼 올해 예산은 참고할 필요가 없겠네요. 저는 비용이 많이 들더라도 학교 홍보영상을 새로 만들고 싶어요. 영상매체를 활용해 유튜브로 학교를 홍보하면 효과가 좋을 것 같네요.

김 교사 : 아 참, 두 분은 수업에 대한 고민은 없나요? 저는 업무보다 수업에 대한 고민이 더 많습니다. 주말 내내 수업 준비를 했는데, 막상 수업하면 학생들이 내용을 이해하지 못하더군요. 한 번은 수업이 끝날 때쯤 형성평가 문제를 냈는데 학생들이 아무것도 기억나는 것이 없다며, 제 수업에 대한 흥미를 완전히 잃어버린 것처럼 보였어요. 제 설명방식이나 수업방식이 잘못된 것 같아 걱정입니다.

최 교사 : 학생들이 수업을 어려워할 땐, 정보의 유의미성을 높이면 좋습니다. 저는 학생들에게 새로운 정보를 주고 토론하게 하거나 글의 요점에 관해 설명해 보도록 합니다. 만약 토론이 힘든 학급이라면 화면에 글과 그림을 함께 제시해 학생들의 이해를 돕기도 합니다. 아니면, 흥미로운 질문을 활용할 때도 많습니다.

박 교사 : 질문을 할 때는 상황을 잘 고려해야 합니다. 한 번은 우리 반 영희가 수업 내용을 잊지 않기 위해 혼자 암송하는데, 제가 갑자기 질문을 하는 바람에 영희가 금방 배운 내용을 잊어버리더군요. 이런 상황을 예방하기 위해 저는 시각 자료를 종종 활용합니다. 주로 강의식 수업을 할 때, 언어로 설명하면서 동시에 관련 사진을 보여 주는 방식으로 수업하니 학생들이 좀 더 쉽게 기억하는 것 같았습니다.

최 교사 : 대면 수업도 쉽지 않지만, 요즘에는 원격수업이 너무 부담됩니다. 학부모들은 학생들의 성적 저하의 원인을 원격수업의 질 차이로 보는 경향이 많더군요. 온라인 수업은 우리 교사에게 어느 정도 자율성이 있다 보니 교사의 능력과 노력에 따라 수업의 질이 천차만별이라는 것에는 어느 정도 동의합니다만, 솔직히 학습 격차는 학생들의 자기 주도적 학습 능력에 달린 것 아닌가요?

〈 배 점 〉

○ 논술의 내용 [총 15점]
- 김 교사가 강조하는 교육행정의 개념 1가지, 최 교사가 언급하는 교육행정의 원리 1가지, 박 교사가 제안하는 교육행정이론 명칭과 장점 및 문제점 각각 1가지 [4점]
- 교장의 의견과 가장 일치하는 예산 편성 기법의 명칭과 개념, 이 방식이 가지는 장점과 단점 각각 1가지 [3점]
- 앳킨슨과 쉬프린(R. Atkinson & R. Shiffrin)의 정보처리 모형에 근거해 최 교사가 활용한 정보처리 전략 2가지를 구체적인 예시와 함께 제시, 영희의 사례와 가장 관계 깊은 기억(Memory) 1가지와 박 교사가 수업활동에서 활용한 심리학적 개념 1가지 [4점]
- 최 교사가 언급한 내용과 관련 있는 교육사회학의 이론 명칭과 개념, 그 개념에 근거한 지식관 1가지, 학습격차를 줄이기 위해 학교 차원에서 지원할 수 있는 구체적인 방안 2가지 [4점]

○ 논술의 구성 및 표현 [총 5점]
- 논술의 내용과 '효율적인 학교 경영과 다양성을 존중하는 교육'의 연계 및 논리적 형식 [3점]
- 표현의 적절성 [2점]

〈수고하셨습니다.〉

교육학 논술 초안 작성지

원페이지 교육학 (8회)
채점 세부 기준

<table>
<tr><th rowspan="2">영역</th><th colspan="2">채점 세부 기준</th><th rowspan="2">배점</th></tr>
<tr><th>내용 요소</th><th>점수 부여 기준</th></tr>
<tr><td>1</td><td>김 교사가 강조하는 교육행정의 개념 1가지</td><td>
조건정비설★(기능주의설)
1) 교육행정을 (교육의 목적을 효율적으로 달성하는 데 필요한 인적, 물적, 재정적 조건을 지원하고 강화하는 수단적 활동)이라고 생각해서 교육을 위한 행정이라고 정의한다. (교육우위)
2) 민주적이고 지방분권적인 교육행정을 강조한다.
3) 행정은 수업목적을 달성하는 데 필요한 수단이라고 보는 입장이다.

개인과외 1번 문제는 멘탈을 첫 문제부터 흔들려는 의도로 제작되었습니다. 실제로 기출 문제를 분석해 보면 첫 문제부터 뜬금포 문제가 나오는 경우가 종종 있습니다. 첫 문제부터 생판 처음 보는 문제가 나왔을 때 어떻게 그 상황을 심리적으로 헤쳐 나가야 하는지 미리 경험하기 위해 수험생들이 그냥 지나칠 만한 주제를 다뤘습니다.

그렇다고 해서 이 문제가 마냥 지엽적인 문제는 아닙니다. 교육행정의 기본 중의 기본이고 대학교 교육행정 교재의 첫 부분에 나오는 의미 있는 내용입니다. 과거 기출 문제의 출제 빈도가 그 근거가 될 수 있습니다.

최근 시험 경향이 오픈형 문제를 많이 다루기 때문에 이런 내용은 요즘 추세에 맞지 않다고 생각할 수도 있습니다. 하지만 우리는 교직 논술이 아니라 “교육학 논술”이기 때문에 이런 기본적인 내용을 완전히 배제해서는 안 됩니다. 최근 기출 문제를 분석해 봐도 여전히 정답이 정해져 있는 문제도 많이 출제되고 있습니다.

조건정비설 이외에도 원페이지 기본서에 제가 별표를 쳐둔 내용은 꼭 숙지하길 바랍니다.

출제근거 [2013 중등] 다음 제도 개혁의 취지에 부합하는 ‘교육행정에 대한 관점’을 설명한 내용으로 가장 적절한 것은?

최근 지방교육행정조직에서 ‘지역교육청’의 명칭을 ‘교육지원청’으로 변경하고 그 역할에 있어서도 변화를 꾀하였다. 이를 통해 행정의 기능을 종래의 ‘관리·점검’ 중심에서 ‘일선 학교의 교육활동에 대한 지원 강화’ 중심으로 새롭게 정립하고자 하였다.

① 교육행정을 ‘교육에 관한 행정’으로 보는 입장이다.
② 자율적 행정지원보다 관료적 효율성을 강조한 관점이다.
③ 교육의 자주성·전문성 측면보다 행정의 통제성·획일성 측면을 강조한 관점이다.
④ 교육 관련 법규에 따라 교육정책을 집행하는 공권적 작용을 강조하는 입장이다.
⑤ 교육행정을 교육목표의 효과적 달성에 필요한 조건을 정비·확립하는 수단적 활동으로 보는 입장이다. (정답)
</td><td>1점</td></tr>
</table>

		출제근거 [2007 중등] 〈보기〉의 진술 내용과 가장 관련이 많은 교육행정에 대한 관점은? ○ 교육행정은 교육자와 학생 간에 이루어지는 교육활동을 지원하기 위한 보조적 활동이다. ○ 교육행정은 근본적으로 교육의 기본 목표를 보다 능률적으로 달성토록 하기 위한 일련의 지원활동이다. ○ 교육행정은 그 자체에 목적이 있는 것이 아니라 교수–학습을 통해 교육목표를 달성하도록 돕는 수단이다. ① 행정과정론 **② 조건정비론 (정답)** ③ 협동행위론 ④ 사회과정론 출제근거 [2002 초등] 교육을 위한 행정이라는 입장에서 교육행정의 기능을 올바르게 설명한 것은? ① 운영에 있어서 권력적·강제적 요소를 강조한다. ② 교육 법규를 해석하고 그대로 집행하는 데 중점을 둔다. **③ 교수–학습 과정을 개선하는 데 필요한 조건의 지원에 중점을 둔다. (정답)** ④ 공식적 교육 조직에서 상급자의 명령에 절대적인 복종을 요구한다.	
1	최 교사가 언급하는 교육행정의 원리 1가지	**민주성의 원리★** – 국민의 의사를 행정에 반영하고 국민을 위한 행정을 해야 한다. 예 정책결정 과정에 각종 위원회를 설치해 국민의 참여기회를 확대한다. 예 행정 내용을 외부에 공개한다. 출제근거 [2004 중등] 교육행정의 기본원리 중에서 민주성의 원리와 가장 관련이 깊은 것은? ① 중학교 무상 의무교육 실시 ② 고교평준화 정책의 기본 골격 유지 ③ 선택과 집중에 의한 대학 재정 지원 **④ 정책결정 과정에 국민의 참여기회 확대 (정답)**	1점
1	박 교사가 제안하는 교육행정이론 명칭과 장점 및 문제점 각각 1가지	박 교사가 제안하는 교육행정 이론은 **과학적 관리론**이다. **과학적 관리론** – 노동자의 작업과정을 표준화하여 과학적으로 관리하면 조직의 능률과 생산성을 극대화할 수 있다는 테일러의 이론이다. 〈장점〉 ● **교육의 효율성 향상** – 교육활동의 낭비를 최대한 줄여 교육의 효율성을 향상시킬 수 있다. ● **구성원의 동기 유발** – 업무의 수행 정도에 따라 성과급이 부여되어 동기를 유발할 수 있다. ● **교사의 전문성 향상** – 학교업무가 표준화 및 전문화되어 교사의 기술과 전문성을 향상시킬 수 있다.	2점

08회

		〈문제점〉 **교육의 발전 저하** - 전인 형성을 목적으로 하는 학교 교육의 발전을 저해할 수 있다. **학생의 개성 상실** - 교육내용과 목표의 규격화는 학생의 개성을 상실할 수 있다. **비인간화 촉진** - 교육은 교과의 특성에 따라 다양한 교육방법이 존재한다. 만약 공장의 생산품처럼 획일화된 방법을 적용한다면 비인간화를 촉진할 수 있다. 출제근거 [2008 초등] 〈보기〉와 같은 원칙을 제시하고 있는 교육행정이론은? • 교육에서의 낭비요소를 최대한 제거하여야 한다. • 가능한 모든 시간에 모든 교육시설을 활용하여야 한다. • 교직원의 작업능률을 최대로 유지하며, 교직원의 수를 최소로 감축하여야 한다. • 교사들에게 학교행정을 맡기기보다는 학생들을 가르치는 데에 전념하도록 한다. ① 행동과학론 ② 인간관계론 **③ 과학적 관리론 (정답)** ④ 사회체제론	
2	교장의 생각과 가장 일치하는 예산 편성 기법의 명칭과 개념	**영 기준 예산제도(ZBBS)** - 전년도 예산을 기준으로 한 점증주의식 예산을 탈피하고, 매 회계연도마다 모든 사업을 새로 시작하는 것으로 생각해 예산을 편성하는 제도이다. 출제근거 [2005 초등] 〈보기〉의 대화에 나타난 교장의 생각과 가장 일치하는 예산 편성 기법은? 송교사 : 내년에는 우리 학교 학생들이 일본의 자매 학교를 방문할 계획이 있는데…… 정교사 : 그런 돈이 어디에 있어? 올해 예산을 잘 봐. 송교사 : 아냐. 교장 선생님이 올해 예산은 생각하지 말고 계획을 세우라고 했어. 정교사 : 그래? 그럼 올해 예산은 참고할 필요가 없네. ① 품목별 예산 제도 (LIBS) **② 영기준 예산 제도 (ZBBS) (정답)** ③ 복식 예산 배분 제도 (DBS) ④ 성과주의 예산 제도 (PBS)	1점

		출제근거 [2009 중등] 다음의 학교예산편성과정에 활용한 예산편성기법으로 가장 적절한 것은? 올해 9월 A중학교에 부임한 김 교장은 금년도 예산에 구애받지 않고 모든 사업과 활동을 전면적으로 재검토하여 내년도 사업계획안을 마련하였다. 그리고 교직원회의를 거쳐 사업의 우선순위를 결정한 다음, 김 교장은 이에 근거하여 한정된 예산을 우선순위에 따라 배분하는 내년도 예산안을 편성하여 학교운영위원회의 심의를 거쳐 확정하였다. ① 목표관리제도 ② 기획예산제도 ③ 품목별 예산제도 **④ 영기준 예산제도 (정답)** ⑤ 성과주의 예산제도	
2	이 방식이 가지는 장점과 단점 각각 1가지	〈장점〉 ● **예산 증대의 억제** - 기존사업이라고 무조건으로 수용하지 않고 종합적 분석을 한다. ● **재원의 합리적 사용** – 우선순위가 높은 사업에 재원을 전환하는 탄력성이 높다. ● **재원 낭비 최소화** – 사업의 중복성을 피하기 때문에 재원 낭비가 최소화될 수 있다. 〈단점〉 ● **과다한 노력과 시간 낭비** - 모든 사업과 활동을 영(zero)의 상태에서 분석해야 하므로 예산 편성에 많은 시간과 인력이 요구된다. ● **값싼 대안에 집중** - 사업의 목적보다 값싼 대안에 집중되고 새로운 대안은 관심이 낮다. ● **장기적 목표 경시** - 관리 능률은 향상되지만 진정한 목표는 등한시될 수 있다.	1점
3	앳킨슨과 쉬프린(R. Atkinson & R. Shiffrin)의 정보처리 모형에 근거해 최 교사가 활용한 정보처리 전략 2가지를 구체적인 예시와 함께 제시	**1) 정교화★** – 새로운 정보를 기존 지식과 연결하여 의미를 부여하는 것 elaboration **(구체적인 예시 – 오픈형)** 1) 예를 들어 설명한다. 2) 구체적인 사례를 제시한다. 3) 새로운 정보를 선행지식과 연결한다. 4) 새로운 정보의 의미에 관해 토론하게 하거나 글의 요점에 관해 설명해 보도록 한다. 5) 학생들이 생각할 수 있는 질문을 한다. – 이 정보의 예로는 어떤 것들이 있을까요? – 이 정보로부터 어떤 결론을 도출할 수 있을까요? – 이 정보를 일상생활에서 어떻게 활용할 수 있을까요? **2) 심상화(이중부호화)** – 추상적 정보를 시각적 자료와 함께 제시하는 것 **(구체적인 예시 – 오픈형)** 1) 글과 사진을 함께 제시한다. 2) 동영상(유튜브)을 활용한다.	2점

출제근거 [2011 초등] 다음은 김 교사의 교수 활동 사례이다. 김 교사가 학생들에게 촉진시키고자 한 정보처리의 전략으로 가장 적절한 것은?

- 학생들에게 기억해야 할 새로운 정보를 선행지식과 연결하게 함으로써 정보의 유의미성을 높였다.
- 학생들에게 새로운 정보의 의미에 대해 토론하게 하거나 글의 요점에 대해 설명해 보도록 하였다.
- 학생들에게 새로운 정보에 대해 생각할 수 있는 시간을 주면서 다음과 같은 질문들을 적절히 활용하였다.
  - 이 정보의 예로는 어떤 것들이 있을까요?
  - 이 정보로부터 어떤 결론을 도출할 수 있을까요?
  - 이 정보를 일상생활에서 어떻게 활용할 수 있을까요?

① 맥락(context)
② 시연(rehearsal)
③ 심상(imagery)
④ 묶기(chunking)
⑤ 정교화(elaboration) (정답)

출제근거 [2010 초등] 다음은 사이버 가정학습용 콘텐츠 개발에 참여하게 된 교사들의 대화이다. 각 교사들의 화면설계 전략과 밀접하게 관련된 것은?

김 교사 : 각 화면의 교육내용을 학생들에게 효과적으로 전달하기 위해서는 글만 제시하지 말고 그림을 함께 사용하면 좋을 것 같아요.
최 교사 : 화면에 글과 그림들을 배열할 때는 관련된 요소들끼리 서로 가까이 배치하는 것이 좋겠네요.
박 교사 : 좋은 생각이네요. 그런데 한 화면에 너무 많은 글과 그림이 동시에 들어가게 되면 학생들의 이해를 방해할 수도 있을 것 같아요.

	김 교사	최 교사	박 교사
①	병렬분산처리	근접성의 원리	인지적 과부하
②	병렬분산처리	유사성의 원리	인지적 과부하
③	**이중부호화**	**근접성의 원리**	**인지적 과부하 (정답)**
④	이중부호화	유사성의 원리	정보처리 역행간섭
⑤	이중부호화	근접성의 원리	정보처리 역행간섭

<table>
<tr>
<td>3</td>
<td>영희의 사례와 가장 관계 깊은 기억(Memory) 1가지</td>
<td>

작업기억(단기기억) – 감각 등록기에서 장기기억으로 보내기 위해 일시적으로 정보를 저장하는 장소이다.

출제근거 [2007 전문직] 다음 사례와 가장 관계 깊은 기억은?

철수는 수첩에서 친구의 전화번호를 찾아 그 번호를 잊지 않기 위해 암송을 하면서 전화기 번호판을 누르고 있었다. 그런데 옆에 있던 친구가 갑자기 질문을 하는 바람에 철수는 조금 전에 기억하고 있던 전화번호를 잊어 버렸다.

① 감각 기억(sensory memory)
② 장기 기억(long-term memory)
③ 절차 기억(procedural memory)
④ 단기 작업 기억(short-term, working memory) (정답)

</td>
<td>1점</td>
</tr>
<tr>
<td>3</td>
<td>박 교사가 수업활동에서 활용한 심리학적 개념 1가지</td>
<td>

이중처리 – 시각 자료를 보여주면서 언어로 설명하는 것

개인과외 '심리학적 개념이 뭐지?' 했다면 출제자의 함정에 빠진 것입니다. 심리학적 개념이라는 말에 초점을 두지 말고 본문에서 어떤 상황을 제시하고 있는지 **본문에 좀 더 초점을 두고 생각**해야 합니다.

제가 만약, "작업기억의 용량 한계를 극복하는 방법 1가지"로 물었다면 누구나 쉽게 썼을 것입니다.

이처럼 본 문제에서 A를 건드렸다면 A 관련 문제는 그 주변부에 정답이 있음을 인지해야 합니다.

출제근거 [2013 중등] 다음 (가)와 (나)의 수업활동에서 활용하고 있는 심리학적 개념으로 가장 적절한 것은?

(가) 수업이 시작되어도 학생들이 수업에 주의를 기울이지 않아 항상 고민이던 사회과 강 교사는 다음날 몽골 문화를 주제로 하는 수업을 위해 몽골인 복장을 하고 교실로 들어갔다. 그러자 어수선하고 소란스럽던 학생들이 강 교사에게 집중하기 시작했다.
(나) 언어적 설명에 의존하여 수업을 하는 과학과 윤 교사는 수업시간에 학생들 대부분이 자신의 수업을 이해하지 못해 고개를 갸우뚱거리는 모습이 마음에 걸렸다. 다음날 윤 교사는 식물의 뿌리와 관련된 수업을 할 때, 곧은 뿌리와 수염뿌리에 대해 언어로 설명하면서 동시에 배 추와 마늘의 뿌리가 있는 사진을 보여 주는 방식으로 학생들의 이해를 도와주었다.

	(가)	(나)
①	플린 효과(Flynn effect)	자동화(automatization)
②	플린 효과(Flynn effect)	이중처리(dual processing)
③	칵테일파티 효과(cocktail party effect)	청킹(chunking)
④	칵테일파티 효과(cocktail party effect)	자동화(automatization)
⑤	**칵테일파티 효과(cocktail party effect)**	**이중처리(dual processing) (정답)**

</td>
<td>1점</td>
</tr>
</table>

<table>
<tr>
<td></td>
<td></td>
<td>
신교육사회학(=교육과정사회학) – 신교육사회학은 기능론, 갈등론의 거시적인 분석과는 달리 교육격차의 원인을 학교내부 차원에서 미시적으로 (교육)과 (교사와 학생의 관계)를 파악하려는 이론이다.

개인과외 이번 회차에서 가장 난도가 높은 문제였습니다. 많은 분이 4번 문제는 무엇을 묻는 것인지 도통 모르겠다는 후기가 많았습니다. 제가 다시 문제를 확인해 보니 단서가 많지 않아, 그런 의견에 어느 정도 공감이 되었습니다.

하지만, 신교육사회학을 정확히 맞춘 분들도 많았기 때문에, 신교육사회학을 전혀 생각하지 못한 분들은 이 주제를 다시 한번 상기할 필요가 있습니다. 출제 근거로 07년도 두 문제만 실었지만, 기본서에 있는 모든 문제를 꼭 풀어 보시길 바랍니다.

아무쪼록 이 문제를 통해 신교육사회학을 완벽히 마스터하는 기회가 되었으면 합니다.
</td>
<td></td>
</tr>
<tr>
<td>4</td>
<td>최 교사가 언급한 내용과 관련 있는 교육사회학의 이론 명칭과 개념</td>
<td>
출제근거 [2007 초등] 〈보기〉에서 설명하는 교육사회학의 이론은?

– 이론적 기초자는 영(Young)이다.
– 이론적 배경은 지식사회학이다.
– 학교의 교육과정과 내부현상에 관심을 가진다.
– 학교교육에 대한 새로운 미시적 해석이다.

① 저항이론
② 지위경쟁이론
③ 신교육사회학 (정답)
④ 경제적 재생산론

출제근거 [2007 전문] 〈보기〉와 관련 있는 것은?

지식의 상대성을 강조한다.
학교지식은 사회적으로 구성된다.
학교지식은 지배계급의 이해관계를 반영한다.

① 인적개발론
② 교육생태학
③ 직업교육론
④ 교육과정사회학 (정답)
</td>
<td>1점</td>
</tr>
<tr>
<td>4</td>
<td>그 개념에 근거한 지식관 1가지</td>
<td>
1) 지식은 사회적으로 구성된 것이다.
2) 지식의 가치는 사회적으로 위계화 되어있다.
3) 지식은 보편적인 것이 아니라, 시대와 계층, 사회에 따라 달라지는 상대적인 것이다.
4) 교육과정은 기존 사회질서를 유지하는데 필요한 이데올로기를 포함하고 있다.
5) 학교지식은 지배계급의 이해관계를 반영하고 있다.
</td>
<td>1점</td>
</tr>
</table>

<table>
<tr><td></td><td></td><td>개인과외 지식관이라는 용어에 당황했을 것입니다. 신교육사회학에서 지식관(=knowledge perspective=지식관점)의 용어는 매우 중요합니다. 지식관이 낯설다면 그냥 특징 정도로 받아들여도 무방합니다.

출제근거 [2003 중등] 신교육사회학(New Sociology of Education)의 지식관에 해당하지 않는 것은?
① 지식은 사회적으로 구성된다.
② 지식의 가치는 사회적으로 위계화되어 있다.
③ 지식의 본질은 사회적 역사적으로 변화되지 않는다. (정답)
④ 학교지식은 특정 집단의 이해관계를 반영하고 있다.</td><td></td></tr>
<tr><td>4</td><td>학습격차를 줄이기 위해 학교 차원에서 지원할 수 있는 구체적인 방안 2가지</td><td>(오픈형 문제)
1) 1:1 멘토링을 통해 학생을 진단하고 적절한 지원이 이뤄질 수 있도록 노력한다.
2) 다중지능이론 관점에서 학생의 잠재력을 계발하기 위해 노력하고 수업 전후로 피드백을 지속적으로 제공한다.
3) 직무연수를 통해 교원역량을 강화하고 질 높은 학생 맞춤형 수업을 진행한다.
4) 수업 콘텐츠를 공동 개발하고 공유해 학생들의 수준에 맞는 수업을 제공한다.
5) 교육복지, 학생상담, 대안교실 등 학교 내 정책사업과 지역자원과의 연계를 통해 각종 지원을 한다.</td><td>2점</td></tr>
<tr><td rowspan="5">논술의 구성 및 표현 [5점]</td><td rowspan="3">논술의 내용과 주제와의 연계 및 논리적 형식 [3점]</td><td>본론에서 주제와 관련된 내용의 논리적 일관성과 문장의 표현력이 모두 뛰어남</td><td>3점</td></tr>
<tr><td>본론에서 주제와 관련된 내용의 논리적 일관성과 문장의 표현력 중 하나가 부족함</td><td>2점</td></tr>
<tr><td>본론에서 주제와 관련된 내용의 논리적 일관성과 문장의 표현력이 모두 부족함</td><td>1점</td></tr>
<tr><td rowspan="2">표현의 적절성 [2점]</td><td>서론과 결론에서 논술 주제를 논리적으로 모두 다루고 있음</td><td>2점</td></tr>
<tr><td>서론과 결론에서 논술 주제를 다루지 않거나 내용이 빈약함</td><td>1점</td></tr>
</table>

첨삭 배우기 (8회차 - A)

학생들의 성장을 지원하고 잠재 능력을 발달시키기 위해서는 학생들의 다양성을 존중하는 교육이 필요하며, 이러한 교육 실행을 위해 효율적으로 학교를 경영해야 한다. 따라서 본 글에서는 제시된 교사의 대화 내용을 바탕으로 교육행정, 학교예산, 교육심리, 교육사회의 측면에서 효율적인 학교 경영과 다양성을 존중하는 교육을 위한 방안을 논의하고자 한다.

첫 번째로, 효율적인 학교 경영을 위해 교사는 교육행정의 개념을 명확히 하고 그 원리를 교육 현장에 적용할 수 있어야 한다. 김 교사가 강조하는 교육행정의 개념은 조건정비설로, 이는 교육행정을 교육의 목표 달성에 필요한 일련의 지원 활동으로 바라본다. 그렇기에 조건정비설에서는 교육행정의 업무를 행정전문가가 담당해야 한다고 본다. 한편, 최 교사가 언급하는 교육행정의 원리는 민주성의 원리이다. 민주성의 원리는 교육과정의 운영과 실행에 있어 관련 ~~구성원이 민주적으로 참여할 것을~~구성원의 민주적 참여를 강조하고 학교 행정을 외부에 공개하도록 한다. 박 교사가 제안하는 교육행정이론의 명칭은 과학적 관리론으로, 이는[1] 노동자의 체계적인 생산 시스템을 교육 현장에 적용하여 능률과 생산성을 극대화하고자 한 이론이다. 과학적 관리론의 장점은 교육의 효율성을 높일 수 있다는 것이다. 반면, 과학적 관리론은 생산성과 능률을 강조하는 데 치중하여 교육의 규격화와 표준화를 추구하므로, 전인 형성이라는 교육의 목적 실현을 어렵게 하고 교육의 발전을 저해한다는 문제점이 있다. 교사는 교육행정을 둘러싼 여러 이론적 지식을 바탕으로 ~~학교 경영이 효율적으로 이뤄지면서~~학교 경영을 효율적으로 이루는 동시에 교육의 목적을 실현할 수 있는 방안을 모색하고 실천해야 한다.

[1] 군더더기 표현입니다. 삭제하는 것이 좀 더 깔끔합니다.

두 번째로, 학교는 효율적인 학교 경영을 위해 적절한 예산 편성 기법을 적용해야 한다. 교장의 의견과 가장 일치하는 예산 편성 기법은 영 기준 예산 제도이다. 영 기준 예산 제도는 전년도의 예산을 기반으로 하지 않고 매 학년마다 새롭게 예산을 편성하는 방법이다. 이 방식은 중복된 사업을 줄이고 우선순위가 높은 사업부터 재원을 분배하므로 재원 낭비를 최소화하고 재원을 효과적으로 배분할 수 있다는 장점이 있다. 반면, 이 방식의 단점은 매 학년마다 새롭게 예산을 편성해야 하므로 예산 편성에 많은 시간과 노력이 든다는 것이다. 학교는 영 기준 예산 제도의 장점을 극대화하고 문제점을 보완하여 한정된 재원을 최대한 효율적으로 분배해야 할 것이다.

세 번째로, 교사는 학생들의 정보 처리 과정을 고려해 수업을 설계하고 적절한 수업 방식을 고려해야 한다. 앳킨슨과 쉬프린의 정보처리모형에 근거했을 때 최 교사가 활용한 정보처리전략은 다음과 같다. 첫째, 정교화 전략이다. 최 교사는 학생들이 새로운 정보에 대해 토론하고 설명하며 관련된 정보와 ~~연결짓도록~~[2]연결하도록 돕고 있다. 이처럼 정교화는 새로운 정보를 학습자가 기존에 가지고 있던 정보와 연결하여 정보의 유의미성을 높이는 전략이다. 예로는, '사례를 제시하는 것'을 들 수 있다. 둘째, 심상과 전략이다. 최 교사는 글과 그림을 함께 제시해 학생들의 이해를 돕고 있다. 이처럼 심상과 전략은 추상적인 정보에 시각적 정보를 더하여 제시하는 것으로, 텍스트를 설명할 때 영상 자료와 같은 시청각 자료 혹은 이미지와 같은 시각적 자료를 함께 제시하는 것을 예로 들 수[3] 있다. 한편, 영희의 사례와 관계 깊은 기억은 작업기억이다. 작업기억은 감각기억에서 장기기억으로 정보를 저장하기 위해 거치는 단계로 7±2 정도의 작업 용량과 20초 정도의 기억을 특성으로 한다. 작업기억의 한정된 용량을 극복하기 위해 박 교사가 수업 활동에서 활용한 심리학적 개념은 이중처리이다. 이중처리는 ~~정보에 대해 시각적으로 보여주면서~~시각적으로 정보를 보여 주면서 언어로 설명하는 것을 말한다. 이처럼 교사는 학생의 정보 처리 과정에 대한 이해를 바탕으로 적절한 수업 전략과 방식을 적용해 다양한 학생들이 수업 내용을 이해하고 학습할 수 있도록 해야 한다.

[2] '연결하도록'으로 수정할 것을 제안합니다.

[3] 들v수(띄어쓰기)

네 번째로, 교사는 교육을 둘러싼 여러 요소들 간의 관계를 파악하여 학생들 간의 학업 격차를 줄이고 ~~다양한 학생들 모두가~~[4]모든 학생이 성공적인 학습을 경험하도록 해야 한다. 최 교사가 언급한 내용과 관련 있는 교육사회학의 이론 명칭은 교육과정 사회학이다. 교육과정 사회학은 학습 격차의 원인을 사회와 같은 거시적 차원에서 보지 않고 교사와 학생의 관계, 학교에서 찾는 미시적 차원의 관점이다. 교육과정 사회학에서는 지식을 상대적으로 구성되는 것으로 바라본다. 수업의 질, 교사의 노력에 따라 발생하는 학습 격차를 줄이기 위해 학교 차원에서 지원할 수 있는 구체적인 방안은 다음과 같다. 첫째, 학습 결손을 보이는 학생을 대상으로 보충 학습을 실시한다. 학교는 방과 후 학교, 방학 중 ~~프로그램들을~~프로그램 등을 운영하여 학습 결손 학생들에게 보충 학습 프로그램을 제공할 수 있다. 둘째, 다양한 학생들이 모두 참여할 수 있는 학생 참여형 수업을 적극적으로 실시한다. 학교는 다양한 학생들이 능력을 발휘할 수 있고, 학생들의 관심이나 흥미를 반영한 학생 중심의 교육과정을 설계하고 운영함으로써 학생 참여형 수업이 활성화되도록 지원할 수 있다. 이처럼 학교에서(추가)[5] 학생들의 학업 격차를 줄이기 위한 노력을 ~~학교에서~~ 실시할 때 비로소 교육에서 학생들의 다양성[6]을 존중하고 ~~학생들의~~ 성취를 향상시킬 수 있을 것이다.

[4] '다양한', '들' 등등 복수의 표현이 많이 중복되어 있으므로 줄이는 것이 필요합니다.

[5] 주어는 문장의 앞부분에 적는 것이 좋습니다.

[6] 누구의 다양성인지 제시되지 않았으므로, '학생들의'를 앞으로 배치하는 것을 제안합니다.
글을 쓰다 보면 주어를 빼먹고 적는 경우가 종종 생깁니다. 가능한 한 주어를 누락시키지 않도록 항상 신경 써야 합니다.

지금까지 효율적인 학교 경영과 다양성을 존중하는 교육을 주제로 교육의 여러 측면을 살펴보았다. 구체적으로, 효율적인 학교 경영을 위해 교육행정의 개념과 원리, 구체적인 교육행정 이론으로서 과학적 관리론의 장단점을 살펴보고, 효율적으로 예산을 편성하기 위한 영 기준예산 제도를 확인하였다. 이후 학생들의 다양성을 존중하는 교육을 위해 정보처리모형을 근거로 한 수업 전략과 기억을 돕기 위한 방안을 파악하고, 학생들의 학습 격차의 원인을 교육과정 사회학에 근거하여 살펴본 뒤, 이러한 학습 격차를 줄이기 위한 학교 차원의 구체적인 방안을 모색하였다. 학생들의 다양성을 존중하고 학생들의 성장을 이끌 수 있도록 교사를 포함한 교육 구성원이 함께 협력해야 할 것이다. 또한 학생들이 성장할 수 있는 학교를 경영하는 데 필요한 지원 역시 뒷받침될 때 교육이 원활히 이뤄질수 있을 것이다.[7] 수 있다.

[7] '수 있다.', '원활한 교육을 기대할 수 있다'로 수정하는 것이 좋습니다. 논술문에서는 추측보다는 글쓴이의 주장이 있어야 설득력 있어 보이기 때문입니다.

최종 모범답안 (8회차 - A)

<table>
<tr><td colspan="2">본인은 수험생 유의 사항을 숙지하였으며 이를 지키지 않아 발생하는 모든 불이익을 감수할 것을 서약합니다.</td><td rowspan="8">수
험
번
호</td><td>① ②</td><td colspan="2">※결시자 확인란(수험생은 표기하지 말 것)</td></tr>
<tr><td colspan="2"></td><td>⓪ ① ② ③ ④ ⑤ ⑥ ⑦ ⑧ ⑨</td><td rowspan="3">결시자 설명과 수험 번호 기재
검은색 펜으로 결시자 수험 번호,
쪽 번호와 우측란은 '●'로 표기</td><td rowspan="3">○</td></tr>
<tr><td colspan="2">성 명</td><td>① ② ③ ④ ⑤ ⑥ ⑦ ⑧ ⑨</td></tr>
<tr><td colspan="2"></td><td>⓪ ① ② ③ ④ ⑤ ⑥ ⑦ ⑧ ⑨</td></tr>
<tr><td rowspan="4">교육학 논술
전용 답안지</td><td>쪽 번호</td><td>⓪ ① ② ③ ④ ⑤ ⑥ ⑦ ⑧ ⑨</td><td colspan="2">※감독관 확인란(수험생은 표기하지 말 것)</td></tr>
<tr><td rowspan="3">●②</td><td>⓪ ① ② ③ ④ ⑤ ⑥ ⑦ ⑧ ⑨</td><td rowspan="3">- 본인 여부, 성명, 수험 번호, 쪽 번호 기록이 정확한지 확인 후 서명/날인
- 결시자는 위의 결시자 확인란에도 표기</td><td rowspan="3">(서명 또는 날인)</td></tr>
<tr><td>⓪ ① ② ③ ④ ⑤ ⑥ ⑦ ⑧ ⑨</td></tr>
<tr><td>⓪ ① ② ③ ④ ⑤ ⑥ ⑦ ⑧ ⑨</td></tr>
</table>

- 수험 번호와 쪽 번호는 검은색 펜을 사용하여 '●'로 표기하시오.
- 답안은 지워지거나 번지지 않는 동일한 종류의 검은색 펜을 사용하여 작성하시오(연필/사인펜/수정테이프/수정액 사용 불가).
- 수험생 유의 사항을 위반하여 작성한 답안의 경우, 해당 부분이나 답안지 전체를 채점하지 않으니 유의하시오.

학생들의 성장을 지원하고 잠재 능력을 발달시키기 위해서는 학생들의 다양성을 존중하는 교육이 필요하며, 이러한 교육 실행을 위해 효율적으로 학교를 경영해야 한다. 따라서 본 글에서는 제시된 교사의 대화 내용을 바탕으로 교육행정, 학교 예산, 교육심리, 교육사회의 측면에서 효율적인 학교 경영과 다양성을 존중하는 교육을 위한 방안을 논의하고자 한다.

첫 번째로, 효율적인 학교 경영을 위해 교사는 교육행정의 개념을 명확히 하고 그 원리를 교육 현장에 적용할 수 있어야 한다. 김 교사가 강조하는 교육행정의 개념은 조건 정비설로, 이는 교육행정을 교육의 목표 달성에 필요한 일련의 지원 활동으로 바라본다. 그렇기에 조건 정비설에서는 교육행정의 업무를 행정전문가가 담당해야 한다고 본다. 한편, 최 교사가 언급하는 교육행정의 원리는 민주성의 원리이다. 민주성의 원리는 교육과정의 운영과 실행에 있어 관련 구성원의 민주적 참여를 강조하고 학교 행정을 외부에 공개하도록 한다. 박 교사가 제안하는 교육행정 이론의 명칭은 과학적 관리론으로, 노동자의 체계적인 생산 시스템을 교육 현장에 적용하여 능률과 생산성을 극대화하고자 한 이론이다. 과학적 관리론의 장점은 교육의 효율성을 높일 수 있다는 것이다. 반면, 과학적 관리론은 생산성과 능률을 강조하는 데 치중하여 교육의 규격화와 표준화를 추구하므로, 전인 형성이라는 교육의 목적 실현을 어렵게 하고 교육의 발전을 저해한다는 문제점이 있다. 교사는 교육행정을 둘러싼 여러 이론적 지식을 바탕으로 학교 경영을 효율적으로 이루는 동시에 교육의 목적을 실현할 수 있는 방안을 모색하고 실천해야 한다.

두 번째로, 학교는 효율적인 학교 경영을 위해 적절한 예산 편성 기법을 적용해야 한다. 교장의 의견과 가장 일치하는 예산 편성 기법은 영 기준 예산 제도이다. 영 기준 예산 제도는 전년도의 예산을 기반으로 하지 않고 매 학년마다 새롭게 예산을 편성하는 방법이다. 이 방식은 중복된 사업을 줄이고 우선순위가 높은 사업부터 재원을 분배하므로 재원 낭비를 최소화하고 재원을 효과적으로 배분할 수 있다는 장점이 있다. 반면, 이 방식의 단점은 매 학년마다 새롭게 예산을 편성해야 하므로 예산 편성에 많은 시간과 노력이 든다는 것이다. 학교는 영 기준 예산 제도의 장점을 극대화하고 문제점을 보완하여 한정된 재원을 최대한 효율적으로 분배해야 할 것이다.

세 번째로, 교사는 학생들의 정보처리 과정을 고려해 수업을 설계하고 적절한 수업 방식을 고려해야 한다. 앳킨슨과 쉬프린의 정보처리 모형에 근거했을 때 최 교사가 활용한 정보처리 전략은 다음과 같다. 첫째, 정교화 전략이다. 최 교사는 학생들이 새로운 정보에 대해 토론하고 설명하며 관련된 정보와 연결하도록 돕고 있다. 이처럼 정교화는 새로운 정보를 학습자가 기존에 가지고 있던 정보와 연결하여 정보의 유의미성을 높이는 전략이다. 예로는 '사례를 제시하는 것'을 들 수 있다. 둘째, 심상화 전략이다. 최 교사는 글과 그림을 함께 제시해 학생들의 이해를 돕고 있다. 이처럼 심상과 전략은 추상적인 정보에 시각적 정보를 더하여 제시하는 것으로, 텍스트를 설명할 때 영상 자료와 같은 시청각 자료 혹은 이미지와 같은 시각적 자료를 함께 제시하는 것을 예로 들 수 있다. 한편, 영희의 사례와 관계 깊은 기억은 작업기억이다. 작업기억은 감각 기억에서 장기기억으로 정보를 저장하기 위해 거치는 단계로 7±2 정도의

최종 모범답안 (8회차 – A)

본인은 수험생 유의 사항을 숙지하였으며 이를 지키지 않아 발생하는 모든 불이익을 감수할 것을 서약합니다.		수험번호	① ②	※결시자 확인란(수험생은 표기하지 말 것)	
성 명			⓪ ① ② ③ ④ ⑤ ⑥ ⑦ ⑧ ⑨	결시자 설명과 수험 번호 기재 검은색 펜으로 결시자 수험 번호, 쪽 번호와 우측란은 '●'로 표기	○
			① ② ③ ④ ⑤ ⑥ ⑦ ⑧ ⑨		
			⓪ ① ② ③ ④ ⑤ ⑥ ⑦ ⑧ ⑨		
교육학 논술 전용 답안지	쪽 번호		⓪ ① ② ③ ④ ⑤ ⑥ ⑦ ⑧ ⑨	※감독관 확인란(수험생은 표기하지 말 것)	
	①●		⓪ ① ② ③ ④ ⑤ ⑥ ⑦ ⑧ ⑨	– 본인 여부, 성명, 수험 번호, 쪽 번호 기록이 정확한지 확인 후 서명/날인	(서명 또는 날인)
			⓪ ① ② ③ ④ ⑤ ⑥ ⑦ ⑧ ⑨		
			⓪ ① ② ③ ④ ⑤ ⑥ ⑦ ⑧ ⑨	– 결시자는 위의 결시자 확인란에도 표기	

– 수험 번호와 쪽 번호는 검은색 펜을 사용하여 '●'로 표기하시오.
– 답안은 지워지거나 번지지 않는 동일한 종류의 검은색 펜을 사용하여 작성하시오(연필/사인펜/수정테이프/수정액 사용 불가).
– 수험생 유의 사항을 위반하여 작성한 답안의 경우, 해당 부분이나 답안지 전체를 채점하지 않으니 유의하시오.

작업 용량과 20초 정도의 기억을 특성으로 한다. 작업기억의 한정된 용량을 극복하기 위해 박 교사가 수업 활동에서 활용한 심리학적 개념은 이중처리다. 이중처리는 시각적으로 정보를 보여 주면서 언어로 설명하는 것을 말한다. 이처럼 교사는 학생의 정보처리 과정에 대한 이해를 바탕으로 적절한 수업 전략과 방식을 적용해 다양한 학생들이 수업 내용을 이해하고 학습할 수 있도록 해야 한다.

네 번째로, 교사는 교육을 둘러싼 여러 요소 간의 관계를 파악하여 학생들 간의 학업 격차를 줄이고 모든 학생이 성공적인 학습을 경험하도록 해야 한다. 최 교사가 언급한 내용과 관련 있는 교육사회학 이론의 명칭은 교육과정 사회학이다. 교육과정 사회학은 학습격차의 원인을 사회와 같은 거시적 차원에서 보지 않고 교사와 학생의 관계, 학교에서 찾는 미시적 차원의 관점이다. 교육과정 사회학에서는 지식을 상대적으로 구성되는 것으로 바라본다. 수업의 질, 교사의 노력에 따라 발생하는 학습격차를 줄이기 위해 학교 차원에서 지원할 수 있는 구체적인 방안은 다음과 같다. 첫째, 학습 결손을 보이는 학생을 대상으로 보충 학습을 실시한다. 학교는 방과 후 학교, 방학 중 프로그램 등을 운영하여 학습 결손 학생들에게 보충 학습 프로그램을 제공할 수 있다. 둘째, 다양한 학생들이 모두 참여할 수 있는 학생 참여형 수업을 적극적으로 실시한다. 학교는 다양한 학생들이 능력을 발휘할 수 있고, 학생들의 관심이나 흥미를 반영한 학생 중심의 교육과정을 설계하고 운영함으로써 학생 참여형 수업이 활성화되도록 지원할 수 있다. 이처럼 학교에서 학생들의 학업 격차를 줄이기 위한 노력을 실시할 때 비로소 교육에서 학생들의 다양성을 존중하고 성취를 향상시킬 수 있을 것이다.

지금까지 효율적인 학교 경영과 다양성을 존중하는 교육을 주제로 교육의 여러 측면을 살펴보았다. 구체적으로, 효율적인 학교 경영을 위해 교육행정의 개념과 원리, 구체적인 교육행정 이론으로써 과학적 관리론의 장단점을 살펴보고, 효율적으로 예산을 편성하기 위한 영 기준 예산 제도를 확인하였다. 이후 학생들의 다양성을 존중하는 교육을 위해 정보처리 모형을 근거로 한 수업 전략과 기억을 돕기 위한 방안을 파악하고, 학생들의 학습격차의 원인을 교육과정 사회학에 근거하여 살펴본 뒤, 이러한 학습격차를 줄이기 위한 학교 차원의 구체적인 방안을 모색하였다. 학생들의 다양성을 존중하고 학생들의 성장을 이끌 수 있도록 교사를 포함한 교육 구성원이 함께 협력해야 할 것이다. 또한 학생들이 성장할 수 있는 학교를 경영하는 데 필요한 지원 역시 뒷받침될 때 교육이 원활히 이뤄질 수 있을 것이다.

첨삭 배우기
[8회차 - B]

1 누가 고려해야 하는 것인지 명확하지 않습니다. 현재 문장의 표현대로라면, 공교육계가 고려해야 하는 것인데 내용상 어색합니다.

'현재 공교육에서는 다양한 학습 방법과 관련 요소, 학생 개인의 상황 등을 고려하여 교육하는 것을 중요하게 여기고 있는 만큼~'을 참고하여 수정하는 것을 제안합니다.

또한, '효율적인 학교 경영과 다양성을 존중하는 교육(대주제)'을 연속으로 언급하는 것은, 글의 중복성 때문에 지양해야 합니다.

2 논하기로 한다.
논할 것이다.
논하고자 한다.

정도로 수정할 것을 제안합니다. '논하겠다'는 것은 독자(평가자)의 성향에 따라 거부감을 일으킬 우려가 있는 문체입니다.

3 이처럼 주어부와 서술부를 통일하는 것을 제안합니다.

4 가독성 향상을 위해 '이 이론의'를 넣어 단점의 대상을 정확히 밝히는 것이 좋습니다.

현재 공교육계에서는 ~~다양한 학습 방법, 관련 요소, 상황 등을 고려해야 함에 따라~~[1] ~~'효율적인 학교 경영과 다양성을 존중하는 교육'이 중요한 주제로 논의되고 있다.~~ 이에 따라 (추가)'효율적인 학교 경영과 다양성을 존중하는 교육'을 주제로 교육행정, 교육예산, 교육심리, 교육사회 등 다양한 교육학적 관점에서 ~~논하겠다.~~[2]

김 교사가 강조하는 교육행정의 개념은 교육 목표에 도달하기 위해 재정적, 물적, 인적 자원 등을 지원하는 행동이라고 주장하는 조건정비설이다. 최 교사가 언급하는 교육행정의 ~~원리는 민주성이다.~~ 원리는 민주성의 원리이다.[3] 민주성의 원리란 ~~서민들의~~학생들의 참여 기회를 ~~확대시키고~~확대하고 학교 운영을 위한 행정적인 내용 즉, 지출 명세서 등과 같은 것을 외부에 공개하는 것인데, ~~이 민주성이 최교사의 첫번째 대화 내용과 일치한다.~~ 최 교사의 첫 번째 대화 내용은 민주성의 원리와 일치한다. 박 교사가 제안하는 교육행정 이론의 명칭은 과학적 관리론이다. 박 교사의 대화에도 언급되어 있듯 과학적 관리론은 업무를 체계화하여 작업 과정의 효율과 효과성을 극대화할 수 있다는 장점이 있다. 그러나 이 이론의(추가) 단점으로는[4] 교육의 비인간화 등으로 전인 교육을 저해한다는 점이 있다. 왜냐하면 학생의 특성과 소질이 개인마다 다르고 교사마다 교육철학과 이에 따른 교육 방법도 다르다는 점에서, 학생들에게 같은 교육 프로그램을 제공한다고 해서 효율성을 극대화할 수 있는 것은 아니기 때문이다. '효율적인 학교 경영과 다양성을 존중하는 교육'을 위해 교육행정의 원리를 기반으로 교육행정의 개념을 명확히 하여 적절한 이론을 기반으로 운영할 수 있도록 해야 한다.

교장이 주장한 '올해는 예산을 생각하지 말고 우선 계획을 세우라'는 예산 편성 기법은 영기준예산제도이다. 영 기준 예산 제도란 전년도의 예산을 고려하지 않고 0에서부터 새롭게 모든 예산을 계획하는 예산 편성 기법이다. 영 기준 예산 제도의 장점은 예산의 우선순위를 재설정할 수 있으므로 과거 예산 편성 시 중요도가 높지 않았던 예산 항목도 다시 고려하여 예산을 편성할 수 있다는 점이다. 그러나 단점으로는 0에서부터 예산 편성을 새롭게 시작해야 하므로 교사가 해야 할 업무가 늘어나 부담이 커진다는 점이다. '효율적인 학교 경영과 다양성을 존중하는 교육'을 위해서는 적절한 예산 편성 기법을 활용하는 것이 중요하다.

08회

앳킨슨과 쉬프린의 정보처리모형에 근거해 최 교사가 활용한 정보 처리 전략은 ~~첫째, 정교화 둘째, 심상화이다.~~[5]정교화와 심상화이다. 정교화란 정보를 유의미하게 처리하기 위해 정보에 의미를 부여하는 ~~것으로 정교화의 구체적인 예시는~~것으로, 학생의 일상생활과 관련된 예를 들어 설명하는 것을 구체적 예시로 들 수 있다.[6] 심상화란 시각적 심상과 언어적 심상을 동시에 제공하는 것으로 수업과 관련된 사진이나 동영상을 제시하면서 부연 설명을 함께 글로 제시하는 것을 예시로 들 수 있다. 영희의 사례와 가장 관계가 깊은 기억은 작동기억이다. 작동기억은 기억 용량이 ~~7±1, 2로~~7±2로 제한적이기 때문에 영희와 같이 암송하거나 반복, 혹은 청킹 등을 통해 장기기억으로 전환할 수 있도록 해야 한다. 박 교사가 수업에서 활용한 심리학적 개념은 이중부호 처리이다. 이중부호 처리란 언어적 설명과 시각적 자료를 함께 제시하면 학생들이 쉽게 이해하고 오래 기억하기에 ~~용이하다고~~쉽다고 주장하는 심리학적 개념이다. '효율적인 학교 경영과 다양성을 존중하는 교육'을 위해 학생들이 새로운 학습 내용을 어떤 방식으로 습득하는지에 관심을 가지고 적절한 방안을 마련해야 한다.

~~최교사가 언급한 학습격차원인은 '교사의 능력이나 노력에 따라 수업의 질이 천차만별이지만 학습격차는 학생의 자기주도적 학습능력에 달린것'이라는~~최 교사의 '교사의 능력이나 노력에 따라 수업의 질은 천차만별이지만 학습 격차는 학생의 자기주도적 학습 능력에 달린 것'[7]이라는 주장은 교육사회학 이론 중 인간자본론과 관계있다. 슐츠가 주장한 인간자본론이란 인간을 미래 사회 발전을 위한 자본으로 보고 미리 교육에 투자해 개인의 생산성 증대를 토대로 사회 경제 발전을 이룩할 수 있도록 하는 이론이다. 인간자본론에 근거한 지식관은 객관주의적 지식관으로, 개인이 사회 발전에 기여하기 위해 필요한 보편적이고 객관적인 지식을 근거로 한다. ~~최교사~~최 교사의 언급에 나타난 자기 주도 학습 능력을 향상시켜 학습 격차를 줄이기 위해 학교 차원에서 지원할 수 있는 구체적인 방안은 다음과 같다.[8] 첫째, ~~과정중심평가가 형성평가등을~~과정중심평가나 형성평가 등을 통해 학생의 부족한 부분에 대해 구체적이고 즉각적인 피드백을 제공하고 학생들이 피드백을 토대로 자신의 부족한 점과 개선 방안을 고민하여 스스로 목표에 도달할 수 있는 환경을 조성한다. 둘째, 선후배 ~~멘토 멘티~~[9]멘토링 프로그램을 운영하여 선배의 진로 탐구 등에 대해 관찰하고 상호 소통하며 자신의 학습 능력을 향상시킬 수 있는 분위기를 조성한다. '효율적인 학교 경영과 다양성을 존중하는 교육'을 실현하기 위해서는 학생들의 다양한 수준을 고려할 수 있어야 한다.

[5] 설명하는 내용이 '정교화', '심상화'와 같이 단어 수준일 경우, 순서 표지어(첫째, 둘째)로 제시하는 것보다 '정교화와 심상화이다'와 같이 '와/과'를 사용해서 연결하는 것이 좋습니다.

[6] 문장의 끝 부분에서 '구체적 예시'라는 점을 언급하였으므로 앞부분에서 '구체적인 예시는~'으로 제시하는 것은 말이 중복되므로 수정이 필요합니다.

[7] 인용한 내용이 이미 '학습격차원인'이라는 점을 명시하고 있으므로 문장 내에서 재진술하지는 않는 것이 좋습니다.

[8] 설명할 내용이 '첫째', '둘째'로 구분될 때는 "~는 다음과 같다"라는 안내 문장을 제시하는 것이 좋습니다.

[9] '멘토링 프로그램'은 교직 사회에서 일상적으로 사용하는 어휘이므로 '멘토링'으로 쓰는 것이 좋습니다.

'효율적인 학교 경영과 다양성을 존중하는 교육'을 주제로 다양한 교육학적 관점에서 논하였다. 학교는 다양한 구성원 및 관계자와 사회적 이데올로기 등 여러 방면에 영향을 받기 때문에 공교육 관계자들은 항상 ~~'효율적인 학교 경영과 다양성을 존중하는 교육' 방안에~~[10]이에 대해 고민해야 한다.

10 '효율적인 학교 경영과~(대주제)'를 이미 앞에서 언급했기 때문에 중복된 의미 없는 표현입니다. 시간 절약 차원에서 간단히 처리합니다. '이에 대해'를 활용하면 좋음.

최종 모범답안 (8회차 - B)

<table>
<tr><td colspan="2">본인은 수험생 유의 사항을 숙지하였으며 이를 지키지 않아 발생하는 모든 불이익을 감수할 것을 서약합니다.</td><td rowspan="8">수
험
번
호</td><td>① ②</td><td colspan="2">※결시자 확인란(수험생은 표기하지 말 것)</td></tr>
<tr><td colspan="2"></td><td>⓪ ① ② ③ ④ ⑤ ⑥ ⑦ ⑧ ⑨</td><td rowspan="3">결시자 설명과 수험 번호 기재
검은색 펜으로 결시자 수험 번호, 쪽 번호와 우측란은 '●'로 표기</td><td rowspan="3">○</td></tr>
<tr><td colspan="2">성 명</td><td>① ② ③ ④ ⑤ ⑥ ⑦ ⑧ ⑨</td></tr>
<tr><td colspan="2"></td><td>⓪ ① ② ③ ④ ⑤ ⑥ ⑦ ⑧ ⑨</td></tr>
<tr><td rowspan="4">교육학 논술 전용 답안지</td><td>쪽 번호</td><td>⓪ ① ② ③ ④ ⑤ ⑥ ⑦ ⑧ ⑨</td><td colspan="2">※감독관 확인란(수험생은 표기하지 말 것)</td></tr>
<tr><td rowspan="3">●②</td><td>⓪ ① ② ③ ④ ⑤ ⑥ ⑦ ⑧ ⑨</td><td rowspan="3">- 본인 여부, 성명, 수험 번호, 쪽 번호 기록이 정확한지 확인 후 서명/날인
- 결시자는 위의 결시자 확인란에도 표기</td><td rowspan="3">(서명 또는 날인)</td></tr>
<tr><td>⓪ ① ② ③ ④ ⑤ ⑥ ⑦ ⑧ ⑨</td></tr>
<tr><td>⓪ ① ② ③ ④ ⑤ ⑥ ⑦ ⑧ ⑨</td></tr>
</table>

- 수험 번호와 쪽 번호는 검은색 펜을 사용하여 '●'로 표기하시오.
- 답안은 지워지거나 번지지 않는 동일한 종류의 검은색 펜을 사용하여 작성하시오(연필/사인펜/수정테이프/수정액 사용 불가).
- 수험생 유의 사항을 위반하여 작성한 답안의 경우, 해당 부분이나 답안지 전체를 채점하지 않으니 유의하시오.

현재 공교육에서는 다양한 학습 방법과 관련 요소, 학생 개인의 상황 등을 고려하여 교육하는 것을 중요하게 여긴다. 이에 따라 '효율적인 학교 경영과 다양성을 존중하는 교육'을 주제로 교육행정, 교육예산, 교육심리, 교육사회 등 다양한 교육학적 관점에서 논하고자 한다.

김 교사가 강조하는 교육행정의 개념은 교육 목표에 도달하기 위해 재정적, 물적, 인적 자원 등을 지원하는 행동이라고 주장하는 조건 정비설이다. 최 교사가 언급하는 교육행정의 원리는 민주성의 원리이다. 민주성의 원리란 학생들의 참여 기회를 확대하고 학교 운영을 위한 행정적인 내용 즉, 지출 명세서 등과 같은 것을 외부에 공개하는 것인데, 최 교사의 첫 번째 대화 내용은 민주성의 원리와 일치한다. 박 교사가 제안하는 교육행정 이론의 명칭은 과학적 관리론이다. 박 교사의 대화에도 언급되어 있듯 과학적 관리론은 업무를 체계화하여 작업 과정의 효율과 효과성을 극대화할 수 있다는 장점이 있다. 그러나 이 이론의 단점으로는 교육의 비인간화 등으로 전인 교육을 저해한다는 점이 있다. 왜냐하면 학생의 특성과 소질이 개인마다 다르고 교사마다 교육철학과 이에 따른 교육 방법도 다르다는 점에서, 학생들에게 같은 교육 프로그램을 제공한다고 해서 효율성을 극대화할 수 있는 것은 아니기 때문이다. '효율적인 학교 경영과 다양성을 존중하는 교육'을 위해 교육행정의 원리를 기반으로 이 개념을 명확히 하여 적절한 이론을 기반으로 운영할 수 있도록 해야 한다.

교장이 주장한 '올해는 예산을 생각하지 말고 우선 계획을 세우라'는 예산 편성 기법은 영 기준예산제도이다. 영 기준 예산 제도란 전년도의 예산을 고려하지 않고 0에서부터 새롭게 모든 예산을 계획하는 예산 편성 기법이다. 영 기준 예산 제도의 장점은 예산의 우선순위를 재설정할 수 있으므로 과거 예산 편성 시 중요도가 높지 않았던 예산 항목도 다시 고려하여 예산을 편성할 수 있다는 점이다. 그러나 단점으로는 0에서부터 예산 편성을 새롭게 시작해야 하므로 교사가 해야 할 업무가 늘어나 부담이 커진다는 점이다. '효율적인 학교 경영과 다양성을 존중하는 교육'을 위해서는 적절한 예산 편성 기법을 활용하는 것이 중요하다.

앳킨슨과 쉬프린의 정보처리 모형에 근거해 최 교사가 활용한 정보처리 전략은 정교화와 심상화이다, 정교화란 정보를 유의미하게 처리하기 위해 정보에 의미를 부여하는 것으로, 학생의 일상생활과 관련된 예를 들어 설명하는 것을 구체적 예시로 들 수 있다. 심상화란 시각적 심상과 언어적 심상을 동시에 제공하는 것으로 수업과 관련된 사진이나 동영상을 제시하면서 부연 설명을 함께 글로 제시하는 것을 예시로 들 수 있다. 영희의 사례와 가장 관계가 깊은 기억은 작동 기억이다. 작동기억은 기억 용량이 7±2로 제한적이기 때문에 영희와 같이 암송하거나 반복, 혹은 청킹 등을 통해 장기기억으로 전환할 수 있도록 해야 한다. 박 교사가 수업에서 활용한 심리학적 개념은 이중 부호 처리이다. 이중 부호 처리란 언어적 설명과 시각적 자료를 함께 제시하면 학생들이 쉽게 이해하고 오래 기억하기에 쉽다고 주장하는 심리학적 개념이다. '효율적인 학교 경영과 다양성을 존중하는 교육'을 위해 학생들이 새로운 학습 내용

최종 모범답안 (8회차 - B)

본인은 수험생 유의 사항을 숙지하였으며 이를 지키지 않아 발생하는 모든 불이익을 감수할 것을 서약합니다.		수험번호		① ②	※결시자 확인란(수험생은 표기하지 말 것)	
				⓪ ① ② ③ ④ ⑤ ⑥ ⑦ ⑧ ⑨	결시자 설명과 수험 번호 기재 검은색 펜으로 결시자 수험 번호, 쪽 번호와 우측란은 '●'로 표기	○
성 명				① ② ③ ④ ⑤ ⑥ ⑦ ⑧ ⑨		
				⓪ ① ② ③ ④ ⑤ ⑥ ⑦ ⑧ ⑨		
교육학 논술 전용 답안지	쪽 번호			⓪ ① ② ③ ④ ⑤ ⑥ ⑦ ⑧ ⑨	※감독관 확인란(수험생은 표기하지 말 것)	
	①●			⓪ ① ② ③ ④ ⑤ ⑥ ⑦ ⑧ ⑨	- 본인 여부, 성명, 수험 번호, 쪽 번호 기록이 정확한지 확인 후 서명/날인	(서명 또는 날인)
				⓪ ① ② ③ ④ ⑤ ⑥ ⑦ ⑧ ⑨	- 결시자는 위의 결시자 확인란에도 표기	
				⓪ ① ② ③ ④ ⑤ ⑥ ⑦ ⑧ ⑨		

- 수험 번호와 쪽 번호는 검은색 펜을 사용하여 '●'로 표기하시오.
- 답안은 지워지거나 번지지 않는 동일한 종류의 검은색 펜을 사용하여 작성하시오(연필/사인펜/수정테이프/수정액 사용 불가).
- 수험생 유의 사항을 위반하여 작성한 답안의 경우, 해당 부분이나 답안지 전체를 채점하지 않으니 유의하시오.

을 어떤 방식으로 습득하는지에 관심을 가지고 적절한 방안을 마련해야 한다.

최 교사의 '교사의 능력이나 노력에 따라 수업의 질은 천차만별이지만 학습격차는 학생의 자기주도적 학습 능력에 달린 것'이라는 주장은 교육사회학 이론 중 인간 자본론과 관계가 있다. 슐츠가 주장한 인간 자본론이란 인간을 미래 사회 발전을 위한 자본으로 보고 미리 교육에 투자해 개인의 생산성 증대를 토대로 사회 경제 발전을 이룩할 수 있도록 하는 이론이다. 인간 자본론에 근거한 지식관은 객관주의적 지식관으로, 개인이 사회 발전에 기여하기 위해 필요한 보편적이고 객관적인 지식을 근거로 한다. 최 교사의 언급에 나타난 자기 주도 학습 능력을 향상시켜 학습격차를 줄이기 위해 학교 차원에서 지원할 수 있는 구체적인 방안은 다음과 같다. 첫째, 과정 중심 평가나 형성평가 등을 통해 학생의 부족한 부분에 대해 구체적이고 즉각적인 피드백을 제공하고 학생들이 피드백을 토대로 자신의 부족한 점과 개선 방안을 고민하여 스스로 목표에 도달할 수 있는 환경을 조성한다. 둘째, 선후배 멘토링 프로그램을 운영하여 선배의 진로 탐구 등에 대해 관찰하고 상호 소통하며 자신의 학습 능력을 향상시킬 수 있는 분위기를 조성한다. '효율적인 학교 경영과 다양성을 존중하는 교육'을 실현하기 위해서는 학생들의 다양한 수준을 고려할 수 있어야 한다.

'효율적인 학교 경영과 다양성을 존중하는 교육'을 주제로 다양한 교육학적 관점에서 논하였다. 학교는 다양한 구성원 및 관계자와 사회적 이데올로기 등 여러 방면에 영향을 받기 때문에 공교육 관계자들은 항상 이에 대해 고민해야 한다.

08회

첨삭 배우기
(8회차 - C)

[1] '급격한 사회의 변화'로 수정하는 것을 제안합니다. 빠른 변화인 것은 맞지만, 갑작스러운 변화라고 하기에는 어색한 면이 있습니다.

[2] 논하고자 한다.
논할 것이다.
와 같이 약간 더 단정적인 문체를 사용하는 것이 논설문 답안에 더 적합합니다.

[3] 효율성에 대해 설명하는 서술부가 없으므로 추가하여 설명해야 합니다.

최근 코로나19, 4차 산업 혁명과 같은 ~~갑작스러운~~[1]급격한 사회의 변화에 대처하기 위한 학교의 노력이 필요해지고 있다. 교사는 이에 발맞춰 효율성을 높이고 학생 개인에게 맞는 수업을 제공하기 위해 전문성을 개발할 필요가 있다. 따라서 본 글에서는 '효율적인 학교 경영과 다양성을 존중하는 교육'이라는 주제로 교육행정, 학교예산, 교육심리, 교육사회에 대하여 ~~논해 보고자 한다.~~[2]논하고자 한다.

먼저 효율적인 학교의 경영을 위해 교육행정의 측면을 다시 생각해 볼 필요가 있다. 김 교사가 강조하는 교육행정의 개념은 조건정비설이다. 이는 교육 목표의 달성을 위해 인적·물적 자원을 지원하는 활동으로, 이러한 업무는 행정전문가가 담당해야 한다고 하는 것에서 근거를 찾을 수 있다. 반면 행정을 실제로 운영하기 위해서 최 교사가 언급한 교육행정의 원리는 전문성 보장의 원리이다. 이는 교육행정은 전문적인 지식과 기술을 갖춘 전문가가 맡아야 한다는 것이다. 한편 박 교사가 제안한 교육행정이론은 과학적 관리론이다. 이는 노동자의 작업 과정을 표준화하여 과학적으로 관리하면 능률과 생산성을 극대화할 수 있다는 이론이다. 이 이론의 장점은 업무의 효율성과 합리성이 향상된다는 것이다. 반면 ~~단점은~~ 효율성만 고려하여 학생의 개성과 욕구를 ~~무시하여 다양성을 존중하지 못한다는 점이다.~~무시하고 다양성을 존중하지 못한다는 단점이 있다. 따라서 교사는 교육행정의 개념을 확립하여 학교 업무의 ~~효율성과~~효율성을 높이고[3] 학생 중심의 교육을 위해 개선해 나갈 수 있어야 한다.

다음으로 예산을 효율적으로 관리하기 위해 상황에 맞는 예산 제도를 활용할 수 있어야 한다. 교장의 의견과 가장 일치하는 예산 편성 기법은 영 기준예산제도이다. 이는 전년도 예산을 기준으로 하는 점증주의식 예산을 탈피하고 매 회계 연도마다 새로운 사업을 시작한다는 생각으로 예산을 편성하는 방법이다. 이 예산 제도의 장점은 예산을 편성할 때 우선순위를 고려하기 때문에 예산의 합리적인 사용이 가능하며 학교경영의 효율성을 증가시킬 수 있다. 반면에 단점은 장기적 목표를 경시하기 때문에 학생에게 제공하는 교육의 질이 저하될 수 있다. 따라서 교사는 영 기준예산제도의 특징을 잘 활용하여 예산을 편성한다면 학교 경영의 효율성에 기여할 수 있을 것이다.

그 다음으로 다양한 학생의 능력에 맞는 수업을 제공하기 위해 교육심리의 측면을 고려할 수 있다. 앳킨슨과 쉬프린의 정보처리모형에 근거하여 최 교사가 활용한 ~~정보 처리 전략에는 2가지가 있다.~~ 정보 처리 전략은 두 가지이다. 첫째, 정교화이다. 이는 기존의 정보와 새로운 정보를 연관시키는 방법이다. 구체적인 예시로는 새로운 개념과 관련된 다양한 사례를 인터넷의 영상 자료를 통해 제시하는 방법이 있다. 둘째, 심상화이다. 이는 추상적 정보를 시각적 자료와 함께 제시하는 방법이다. 화면에 글과 그림을 함께 제시한다는 점에서 그 근거를 찾을 수 있다. 구체적인 예시로는 개념과 관련된 사진이나 영상을 유튜브나 검색 브라우저를 활용하여 제시하는 방법이 있다. 한편 영희의 사례와 가장 관계 깊은 기억은 작업기억이다. 이는 장기기억으로 가기 전에 기억을 일시적으로 저장하는 ~~정보 저장소인데,~~ [4] 정보 저장소이다. ~~정보저장소이나 박교사가 수업활동에서~~ 박 교사가 수업 활동에서 활용한 심리학적 개념은 이중처리이다. 이는 언어 정보와 시각 채널을 함께 제시하여 작업기억의 용량의 한계를 극복하는 방법이다. 언어로 설명하면서 동시에 관련 사진을 보여 준다는 점에서 그 근거를 찾을 수 있다. 따라서 교사는 정보처리이론을 활용하여 새로운 개념을 ~~유의미화 시켜줌으로써~~ [5] 유의미화함으로써 학생들의 다양한 능력에 대한 한계점을 보완할 수 있다.

4 문장을 연결할수록 가독성은 떨어집니다. 최대한 단문으로 쓰도록 노력해야 합니다.

5 '~시키다'는 사동의 의미를 꼭 전달해야 하는 경우가 아니라면 사용하지 않는 것이 좋습니다.

마지막으로 교육사회를 활용하여 학생의 다양성을 고려하는 교육을 제공할 수 있다. 최 교사가 언급한 내용과 관련있는 교육사회화 이론은 상징적 상호작용이론이다. 이는 인간은 자율성이 있고 능동적인 주체이며 언어 등과 같은 상징을 가지고 다른 사람과 상호 작용하면서 자신의 주관대로 행동한다는 것이다. 성적 저하의 원인을 학생의 자기주도적 학습 능력으로 본다는 것에서 그 근거를 찾을 수 있다. 이 개념에 근거한 지식관은 구성주의적 지식관이다. 이는 지식이 객관적으로 존재하는 것이 아니라 학생이 스스로 경험을 구성해 나간다는 것이다. 학습 격차를 줄이기 위해 학교 차원에서는 ~~2가지~~두 가지 방안을 지원할 수 있다. 첫째, 자기주도적 학습 환경을 만들기 위하여 학교가 학구적 분위기가 될 수 있도록 학생과 교직원을 ~~교육시킨다.~~ 교육한다. 둘째, 수준별 맞춤형 교육을 위해 다양한 학습 방법을 활용할 수 있는 온라인 플랫폼을 제공한다. 따라서 교사와 학교는 학생들의 학업 격차를 줄이기 위해 원인을 파악하고 해결 방안을 고려하여 학생들의 다양성을 충족시켜 줄 수 있도록 한다.

지금까지 '효율적인 학교 경영과 다양성을 존중하는 교육'이라는 주제로 교육행정, 학교예산, 교육심리, 교육사회에 대하여 알아보았다. 학교 교육의 효율성과 학생의 개별화 수업을 위해 교사는 이에 맞는 전문성을 갖출 필요가 있다. 이를 통해 현대 사회의 빠른 변화에 대처하는 혁신적인 인재를 양성할 수 있을 것이다.

최종 모범답안 (8회차 – C)

본인은 수험생 유의 사항을 숙지하였으며 이를 지키지 않아 발생하는 모든 불이익을 감수할 것을 서약합니다.		수험번호	① ②	※결시자 확인란(수험생은 표기하지 말 것)	
			⓪ ① ② ③ ④ ⑤ ⑥ ⑦ ⑧ ⑨	결시자 설명과 수험 번호 기재 검은색 펜으로 결시자 수험 번호, 쪽 번호와 우측란은 '●'로 표기	○
성 명			① ② ③ ④ ⑤ ⑥ ⑦ ⑧ ⑨		
			⓪ ① ② ③ ④ ⑤ ⑥ ⑦ ⑧ ⑨		
교육학 논술 전용 답안지	쪽 번호		⓪ ① ② ③ ④ ⑤ ⑥ ⑦ ⑧ ⑨	※감독관 확인란(수험생은 표기하지 말 것)	
	●②		⓪ ① ② ③ ④ ⑤ ⑥ ⑦ ⑧ ⑨	– 본인 여부, 성명, 수험 번호, 쪽 번호 기록이 정확한지 확인 후 서명/날인 – 결시자는 위의 결시자 확인란에도 표기	(서명 또는 날인)
			⓪ ① ② ③ ④ ⑤ ⑥ ⑦ ⑧ ⑨		
			⓪ ① ② ③ ④ ⑤ ⑥ ⑦ ⑧ ⑨		

– 수험 번호와 쪽 번호는 검은색 펜을 사용하여 '●'로 표기하시오.
– 답안은 지워지거나 번지지 않는 동일한 종류의 검은색 펜을 사용하여 작성하시오(연필/사인펜/수정테이프/수정액 사용 불가).
– 수험생 유의 사항을 위반하여 작성한 답안의 경우, 해당 부분이나 답안지 전체를 채점하지 않으니 유의하시오.

최근 코로나19, 4차 산업 혁명과 같은 급격한 사회의 변화에 대처하기 위한 학교의 노력이 필요해지고 있다. 교사는 이에 발맞춰 효율성을 높이고 학생 개인에게 맞는 수업을 제공하기 위해 전문성을 개발할 필요가 있다. 따라서 본 글에서는 '효율적인 학교 경영과 다양성을 존중하는 교육'이라는 주제로 교육행정, 학교 예산, 교육심리, 교육사회에 대하여 논하고자 한다.

먼저 효율적인 학교의 경영을 위해 교육행정의 측면을 다시 생각해 볼 필요가 있다. 김 교사가 강조하는 교육행정의 개념은 조건 정비설이다. 이는 교육 목표의 달성을 위해 인적·물적 자원을 지원하는 활동으로, 이러한 업무는 행정전문가가 담당해야 한다고 하는 것에서 근거를 찾을 수 있다. 행정을 실제로 운영하기 위해서 최 교사가 언급한 교육행정의 원리는 전문성 보장의 원리이다. 이는 교육행정은 전문적인 지식과 기술을 갖춘 전문가가 맡아야 한다는 것이다. 박 교사가 제안한 교육행정 이론은 과학적 관리론이다. 이는 노동자의 작업 과정을 표준화하여 과학적으로 관리하면 능률과 생산성을 극대화할 수 있다는 이론이다. 이 이론의 장점은 업무의 효율성과 합리성이 향상된다는 것이다. 반면 효율성만 고려하여 학생의 개성과 욕구를 무시하고 다양성을 존중하지 못한다는 단점이 있다. 따라서 교사는 교육행정의 개념을 확립하여 학교 업무의 효율성을 높이고 학생 중심의 교육을 위해 개선해 나갈 수 있어야 한다.

다음으로 예산을 효율적으로 관리하기 위해 상황에 맞는 예산 제도를 활용할 수 있어야 한다. 교장의 의견과 가장 일치하는 예산 편성 기법은 영 기준 예산 제도이다. 이는 전년도 예산을 기준으로 하는 점증주의식 예산을 탈피하고 매 회계 연도마다 새로운 사업을 시작한다는 생각으로 예산을 편성하는 방법이다. 이 예산 제도의 장점은 예산을 편성할 때 우선순위를 고려하기 때문에 예산의 합리적인 사용이 가능하며 학교 경영의 효율성을 증가시킬 수 있다. 반면 장기적 목표를 경시하기 때문에 학생에게 제공하는 교육의 질이 저하될 수 있다. 따라서 교사는 영 기준 예산 제도의 특징을 잘 활용하여 예산을 편성한다면 학교 경영의 효율성에 기여할 수 있을 것이다.

그다음으로 다양한 학생의 능력에 맞는 수업을 제공하기 위해 교육심리의 측면을 고려할 수 있다. 앳킨슨과 쉬프린의 정보처리 모형에 근거하여 최 교사가 활용한 정보처리 전략은 두 가지이다. 첫째, 정교화이다. 이는 기존의 정보와 새로운 정보를 연관시키는 방법이다. 구체적인 예시로는 새로운 개념과 관련된 다양한 사례를 인터넷의 영상 자료를 통해 제시하는 방법이 있다. 둘째, 심상화이다. 이는 추상적 정보를 시각적 자료와 함께 제시하는 방법이다. 화면에 글과 그림을 함께 제시한다는 점에서 그 근거를 찾을 수 있다. 구체적인 예시로는 개념과 관련된 사진이나 영상을 유튜브나 검색 브라우저를 활용하여 제시하는 방법이 있다. 한편 영희의 사례와 가장 관계 깊은 기억은 작업기억이다. 이는 장기 기억으로 가기 전에 기억을 일시적으로 저장하는 정보 저장소이다. 박 교사가 수업 활동에서 활용한 심리학적 개념은 이중처리다. 이는 언어 정보와 시각 채널을 함께 제시하여 작업기억의 용량의 한계를 극복하는 방법이다. 언어로 설명하면서 동시에 관련 사진을 보여 준다는 점에서 그 근거를 찾을 수 있다. 따라서 교사는 정보처리 이론을 활용하여 새로운 개념

최종 모범답안 (8회차 - C)

본인은 수험생 유의 사항을 숙지하였으며 이를 지키지 않아 발생하는 모든 불이익을 감수할 것을 서약합니다.		수험번호		① ②	※ 결시자 확인란(수험생은 표기하지 말 것)	
				⓪ ① ② ③ ④ ⑤ ⑥ ⑦ ⑧ ⑨	결시자 설명과 수험 번호 기재 검은색 펜으로 결시자 수험 번호, 쪽 번호와 우측란은 '●'로 표기	○
성 명				① ② ③ ④ ⑤ ⑥ ⑦ ⑧ ⑨		
				⓪ ① ② ③ ④ ⑤ ⑥ ⑦ ⑧ ⑨		
교육학 논술 전용 답안지	쪽 번호			⓪ ① ② ③ ④ ⑤ ⑥ ⑦ ⑧ ⑨	※ 감독관 확인란(수험생은 표기하지 말 것)	
	①●			⓪ ① ② ③ ④ ⑤ ⑥ ⑦ ⑧ ⑨	– 본인 여부, 성명, 수험 번호, 쪽 번호 기록이 정확한지 확인 후 서명/날인	(서명 또는 날인)
				⓪ ① ② ③ ④ ⑤ ⑥ ⑦ ⑧ ⑨	– 결시자는 위의 결시자 확인란에도 표기	
				⓪ ① ② ③ ④ ⑤ ⑥ ⑦ ⑧ ⑨		

– 수험 번호와 쪽 번호는 검은색 펜을 사용하여 '●'로 표기하시오.
– 답안은 지워지거나 번지지 않는 동일한 종류의 검은색 펜을 사용하여 작성하시오(연필/사인펜/수정테이프/수정액 사용 불가).
– 수험생 유의 사항을 위반하여 작성한 답안의 경우, 해당 부분이나 답안지 전체를 채점하지 않으니 유의하시오.

을 유의미화함으로써 학생들의 다양한 능력에 대한 한계점을 보완할 수 있다.

마지막으로 교육사회를 활용하여 학생의 다양성을 고려하는 교육을 제공할 수 있다. 최 교사가 언급한 내용과 관련 있는 교육사회화 이론은 상징적 상호작용 이론이다. 이는 인간은 자율성이 있고 능동적인 주체이며 언어 등과 같은 상징을 가지고 다른 사람과 상호작용하면서 자신의 주관대로 행동한다는 것이다. 성적 저하의 원인을 학생의 자기 주도적 학습 능력으로 본다는 것에서 그 근거를 찾을 수 있다. 이 개념에 근거한 지식관은 구성주의적 지식관이다. 이는 지식이 객관적으로 존재하는 것이 아니라 학생이 스스로 경험을 구성해 나간다는 것이다. 학습격차를 줄이기 위해 학교 차원에서는 두 가지 방안을 지원할 수 있다. 첫째, 자기 주도적 학습 환경을 만들기 위하여 학교가 학구적 분위기가 될 수 있도록 학생과 교직원을 교육한다. 둘째, 수준별 맞춤형 교육을 위해 다양한 학습 방법을 활용할 수 있는 온라인 플랫폼을 제공한다. 따라서 교사와 학교는 학생들의 학업 격차를 줄이기 위해 원인을 파악하고 해결 방안을 고려하여 학생들의 다양성을 충족시켜 줄 수 있도록 한다.

지금까지 '효율적인 학교 경영과 다양성을 존중하는 교육'이라는 주제로 교육행정, 학교 예산, 교육심리, 교육사회에 대하여 알아보았다. 학교 교육의 효율성과 학생의 개별화 수업을 위해 교사는 이에 맞는 전문성을 갖출 필요가 있다. 이를 통해 현대 사회의 빠른 변화에 대처하는 혁신적인 인재를 양성할 수 있을 것이다.

첨삭 배우기
(8회차 - C)

단위학교[1]의 목표에 맞는 효율적인 학교 운영과 학생들의 다양성을 존중하는 교육은 중요하다. 국가가 마련한 계획에 맞추어 학교를 ~~운영하는 것이 아닌 각 개별학교의~~운영하는 대신 학교의 상황과 요구에 맞추어 학교를 운영하는 방식은 학교의 자율성을 높여 주고, ~~개별~~[2] 학생들이 ~~지니고 있는~~지닌 지적·정의적·사회적 측면을 고려한 교육 방식은 학생들의 다양성을 존중해 주며 곧 앞으로의 학교가 나아가야 할 방향이다. 따라서 '효율적인 학교 경영과 다양성을 존중하는 교육'을 주제로 교육행정, 학교예산, 교육심리, 교육사회의 측면에서의 해결 방법을 ~~논의해 보고자 한다.~~[3]논하고자 한다

[1] 단위v학교(띄어쓰기)

[2] '개별 학교', '개별 학생'은 어색합니다. 삭제하는 것을 제안합니다.

[3] 논하고자 한다.
논할 것이다.
와 같이 좀더 확정적인 표현으로 수정할 것을 제안합니다.

우선, 효율적인 학교 운영과 학생들의 다양성을 존중하는 교육을 이행하기 위해서 다양한 교육행정 방식을 생각해 보아야 한다. 김 교사의 교육행정은 조건정비설을 기반으로 하고 있으며, 교육행정을 교육의 목적을 효율적으로 달성하기 위해 필요한 인적, 물적 자원을 지원해 주는 수단적 활동이라고 본다. 최 교사는 학교행정에 있어서 학부모들의 참여 기회를 늘리고 내용을 외부에 공개해 투명성을 높이자는 ~~부분에서~~취지에서 민주성의 원리를 ~~주장하나.~~주장하고 있다. 박 교사는 교육행정에 있어서 교사와 행정가를 ~~분리시키고~~분리하고 교사는 학생들을 가르치는 데 전념해야 ~~한다는 주장을 하는~~한다고 주장하는 것으로 보아 '과학적 관리론'을 기반으로 하고 있다. 이 방식은 교육 활동의 낭비를 줄여서 교육의 효율성을 극대화한다는 장점이 있지만, 동시에 전인 형성이라는 교육의 본질을 흐릴 수 있다는 문제점이 있다. 따라서 다양한 교육행정의 개념과 이론을 이해하여 효율적인 학교 운영 방식을 ~~모색해나아가야~~[4] ~~할 것이다.~~모색해 나가야 한다.

[4] 모색해V나가야(띄어쓰기)

두 번째로 학교 예산 편성의 측면에서 효율적인 학교 운영 방법을 생각해 볼 수 있다. ~~교장이~~ 예산을 생각하기 전 계획을 먼저 세울 것을 지시한 것으로 보아 교장은 '영 기준예산제도'를 채택하고 있는데,[5] 이는 전년도의 예산을 기준으로 하여 예산을 편성하지 않고 모든 사업을 매 회계 연도마다 새로 시작하는 것으로 간주하여 예산을 편성하는 ~~것이다.~~[6]방법이다 이 방식은 예산을 더 우선순위가 높은 사업에 효율적으로 배분할 수 있다는 장점이 있지만, 동시에 모든 예산 편성의 계획을 매년 새롭게 짜야 하므로 많은 시간이 걸린다는 단점도 존재한다. 이렇듯 영 기준예산제도를 활용하여 효율적인 학교 운영을 도모해야 한다.

[5] '교장'의 자리를 뒤로 옮기면, 교장이 채택하고 있다는 점을 더 부각시킬 수 있다는 점에서 유용합니다.

[6] '영 기준 예산 제도'의 특성에 대해 설명하고 있는 부분이므로, '방법이다'로 수정하는 것이 더 적절합니다.

세 번째로 학생들의 심리적 측면을 고려한 수업 방식을 통해 학생들의 다양성을 존중하는 교육을 실현할 수 있다. 최 교사는 학생들에게 새로운 정보토론을 통해 기존 지식과 연결하여 의미를 부여하게 하는 정교화와 화면에 글과 그림을 함께 제시하여 이해를 돕는 심상화를 활용하고 있다. 또한, ~~영희는 수업시간에 배운 내용을 잊어버리지 않기 위해 작업기억을 유지 암송하고 있는데, 그럼에도 쉽게 잊어버린다.~~[7] ~~따라서 박교사는 영희의 작업기억을 장기기억으로~~박 교사는 수업 시간에 배운 내용을 잊어버리지 않기 위해 유지 암송을 하지만, 쉽게 잊어버리는 영희의 작업기억을 장기기억으로 전환해 주기 위하여 언어로 정보를 설명하며 동시에 사진을 보여 주는 이중처리를 하고 있다. 이렇듯 학생들이 학습하여 겪을 수 있는 다양한 심리적 현상들을 극복하고 효과적인 수업이 이루어질 수 있도록 다양한 수업 방식이 필요하다.

[7] 이와 같은 너무 짧은 문장은 말하고자 하는 내용을 모호하게 만들고, 비문을 만들기가 쉽습니다.

마지막으로 교육사회의 측면에서 효율적인 학교 운영과 학생들의 다양성을 존중하는 교육을 할 수 있다. 최 교사는 학습격차의 원인을 학생의 자기주도적 학습 능력에 있다고 보고 교사의 능력과 노력에 따라 수업의 질이 달라질 수 있다는 점에 ~~동의하므로~~동의한다는 점에서 학교 내부의 현상을 미시적으로 접근하는 신교육사회학의 관점을 가지고 있다. 신교육사회학에서는 지식을 보편적인 것이 아니라 시대와 사회에 따라 달라지는 상대적인 것이라 본다. 이 관점에서 원격 수업에서의 학습 격차를 줄이기 위해 학교가 해야 할 일은 교사들에게 원격 수업과 관련해 교육시킬 수 있는 연수 기회를 제공하는 것이다. 또한 학습 격차가 심한 학생들을 대상으로 보충 학습의 기회를 제공해 줄 수 있을 것이다. 이렇게 학교 내부의 학습 격차 문제를 학교 차원에서 ~~개선할 수 있는 방법을 통해~~[8]개선함으로써 학생과 교사의 관계를 회복하고 교육의 질을 높일 수 있을 것이다.

[8] 논술문의 답안은 의미에 기여하지 않는 어구를 모두 삭제하고 최대한 간결하고 명확하게 진술하는 것이 좋습니다.

지금까지 '효율적인 학교 경영과 다양성을 존중하는 교육'을 실현하기 위해 교육행정의 개념 및 원리, 영 기준예산제도의 개념과 장단점, 정보처리 모형에 근거한 전략과 심리학적 개념, 신교육사회학의 개념 및 ~~지식관, 그러고 학습격차를 위한 방안~~[9]을지식관 그리고 학습격차의 해소 방안을 모두 살펴보았다. ~~학생들의 자율성과 다양성을 존중해 주고 교사들은 학교의 필요와 목표에 맞는 학교운영과 수업을 할 수 있는 방향으로 교육이 나아간다면 교육의 질적향상과 더 나은 교육환경은 필연적인 결과일 것이다.~~학생들의 자율성과 다양성이 존중되고, 교사들이 학교의 필요와 목표에 맞게 학교 운영과 수업을 할 수 있게 된다면 더 나은 교육 환경의 제공과 교육의 질 향상은 필연적인 결과로 따라올 것이다.

[9] '학습격차를 위한 방안' 이것는 의미하는 바가 모호하므로, '학습격차의 해소 방안', '학습격차 문제의 해결 방안'과 같이 수정해야 합니다.

최종 모범답안 (8회차 - C)

<table>
<tr><td colspan="2">본인은 수험생 유의 사항을 숙지하였으며 이를 지키지 않아 발생하는 모든 불이익을 감수할 것을 서약합니다.</td><td rowspan="8">수
험
번
호</td><td>① ②</td><td colspan="2">※ 결시자 확인란(수험생은 표기하지 말 것)</td></tr>
<tr><td colspan="2">성 명</td><td>⓪ ① ② ③ ④ ⑤ ⑥ ⑦ ⑧ ⑨</td><td rowspan="3">결시자 설명과 수험 번호 기재
검은색 펜으로 결시자 수험 번호,
쪽 번호와 우측란은 '●'로 표기</td><td rowspan="3">○</td></tr>
<tr><td colspan="2"></td><td>① ② ③ ④ ⑤ ⑥ ⑦ ⑧ ⑨</td></tr>
<tr><td rowspan="5">교육학 논술
전용 답안지</td><td>쪽 번호</td><td>⓪ ① ② ③ ④ ⑤ ⑥ ⑦ ⑧ ⑨</td></tr>
<tr><td rowspan="4">●②</td><td>⓪ ① ② ③ ④ ⑤ ⑥ ⑦ ⑧ ⑨</td><td colspan="2">※ 감독관 확인란(수험생은 표기하지 말 것)</td></tr>
<tr><td>⓪ ① ② ③ ④ ⑤ ⑥ ⑦ ⑧ ⑨</td><td rowspan="3">- 본인 여부, 성명, 수험 번호, 쪽 번호 기록이 정확한지 확인 후 서명/날인
- 결시자는 위의 결시자 확인란에도 표기</td><td rowspan="3">(서명 또는 날인)</td></tr>
<tr><td>⓪ ① ② ③ ④ ⑤ ⑥ ⑦ ⑧ ⑨</td></tr>
<tr><td>⓪ ① ② ③ ④ ⑤ ⑥ ⑦ ⑧ ⑨</td></tr>
</table>

- 수험 번호와 쪽 번호는 검은색 펜을 사용하여 '●'로 표기하시오.
- 답안은 지워지거나 번지지 않는 동일한 종류의 검은색 펜을 사용하여 작성하시오(연필/사인펜/수정테이프/수정액 사용 불가).
- 수험생 유의 사항을 위반하여 작성한 답안의 경우, 해당 부분이나 답안지 전체를 채점하지 않으니 유의하시오.

단위 학교의 목표에 맞는 효율적인 학교 운영과 학생들의 다양성을 존중하는 교육은 중요하다. 국가가 마련한 계획에 맞추어 학교를 운영하는 대신 학교의 상황과 요구에 맞추어 학교를 운영하는 방식은 학교의 자율성을 높여 주고, 학생들이 지닌 지적·정의적·사회적 측면을 고려한 교육 방식은 학생들의 다양성을 존중해 주며 곧 앞으로의 학교가 나아가야 할 방향이다. 따라서 '효율적인 학교 경영과 다양성을 존중하는 교육'을 주제로 교육행정, 학교 예산, 교육심리, 교육사회의 측면에서의 해결 방법을 논하고자 한다.

우선, 효율적인 학교 운영과 학생들의 다양성을 존중하는 교육을 이행하기 위해서 다양한 교육행정 방식을 생각해 보아야 한다. 김 교사의 교육행정은 조건 정비설을 기반으로 하고 있으며, 교육행정을 교육의 목적을 효율적으로 달성하기 위해 필요한 인적, 물적 자원을 지원해 주는 수단적 활동이라고 본다. 최 교사는 학교 행정에 있어서 학부모들의 참여 기회를 늘리고 내용을 외부에 공개해 투명성을 높이자는 취지에서 민주성의 원리를 주장하고 있다. 박 교사는 교육행정에 있어서 교사와 행정가를 분리하고 교사는 학생들을 가르치는 데 전념해야 한다고 주장하는 것으로 보아 '과학적 관리론'을 기반으로 하고 있다. 이 방식은 교육 활동의 낭비를 줄여서 교육의 효율성을 극대화한다는 장점이 있지만, 동시에 전인 형성이라는 교육의 본질을 흐릴 수 있다는 문제점이 있다. 따라서 다양한 교육행정의 개념과 이론을 이해하여 효율적인 학교 운영 방식을 모색해 나가야 한다.

두 번째로 학교 예산 편성의 측면에서 효율적인 학교 운영 방법을 생각해 볼 수 있다. 예산을 생각하기 전 계획을 먼저 세울 것을 지시한 것으로 보아 교장은 '영 기준 예산 제도'를 채택하고 있는데, 이는 전년도의 예산을 기준으로 하여 예산을 편성하지 않고 모든 사업을 매 회계 연도마다 새로 시작하는 것으로 간주하여 예산을 편성하는 방법이다. 이 방식은 예산을 더 우선순위가 높은 사업에 효율적으로 배분할 수 있다는 장점이 있지만, 동시에 모든 예산 편성의 계획을 매년 새롭게 짜야 하므로 많은 시간이 걸린다는 단점도 존재한다. 이렇듯 영 기준 예산 제도를 활용하여 효율적인 학교 운영을 도모해 볼 수 있다.

세 번째로 학생들의 심리적 측면을 고려한 수업 방식을 통해 학생들의 다양성을 존중하는 교육을 실현할 수 있다. 최 교사는 학생들에게 새로운 정보토론을 통해 기존 지식과 연결하여 의미를 부여하게 하는 정교화와 화면에 글과 그림을 함께 제시하여 이해를 돕는 심상화를 활용하고 있다. 또한, 박 교사는 수업 시간에 배운 내용을 잊어버리지 않기 위해 유지 암송을 하지만, 쉽게 잊어버리는 영희의 작업기억을 장기기억으로 전환해 주기 위하여 언어로 정보를 설명하며 동시에 사진을 보여 주는 이중처리를 하고 있다. 이렇듯 학생들이 학습하여 겪을 수 있는 다양한 심리적 현상들을 극복하고 효과적인 수업이 이루어질 수 있도록 다양한 수업 방식이 필요하다.

마지막으로 교육사회의 측면에서 효율적인 학교 운영과 학생들의 다양성을 존중하는 교육을 할 수 있다. 최 교사는 학습격차의 원인을 학생의 자기주도적 학습 능력에 있다고 보고 교사의 능력과 노력에 따라 수업의 질이 달라질 수 있다는 점에 동의한다는 점에서 학교 내부의 현상을 미시적으로 접근하는 신교육사회학의 관점을 가지고 있다. 신교육사회학에서는 지식을 보편적인 것이 아니라

최종 모범답안 (8회차 - C)

본인은 수험생 유의 사항을 숙지하였으며 이를 지키지 않아 발생하는 모든 불이익을 감수할 것을 서약합니다.		수험번호		① ②	※결시자 확인란(수험생은 표기하지 말 것)	
				⓪ ① ② ③ ④ ⑤ ⑥ ⑦ ⑧ ⑨	결시자 설명과 수험 번호 기재 검은색 펜으로 결시자 수험 번호, 쪽 번호와 우측란은 '●'로 표기	○
성 명				① ② ③ ④ ⑤ ⑥ ⑦ ⑧ ⑨		
				⓪ ① ② ③ ④ ⑤ ⑥ ⑦ ⑧ ⑨		
교육학 논술 전용 답안지	쪽 번호			⓪ ① ② ③ ④ ⑤ ⑥ ⑦ ⑧ ⑨	※감독관 확인란(수험생은 표기하지 말 것)	
	①●			⓪ ① ② ③ ④ ⑤ ⑥ ⑦ ⑧ ⑨	- 본인 여부, 성명, 수험 번호, 쪽 번호 기록이 정확한지 확인 후 서명/날인 - 결시자는 위의 결시자 확인란에도 표기	(서명 또는 날인)
				⓪ ① ② ③ ④ ⑤ ⑥ ⑦ ⑧ ⑨		
				⓪ ① ② ③ ④ ⑤ ⑥ ⑦ ⑧ ⑨		

- 수험 번호와 쪽 번호는 검은색 펜을 사용하여 '●'로 표기하시오.
- 답안은 지워지거나 번지지 않는 동일한 종류의 검은색 펜을 사용하여 작성하시오(연필/사인펜/수정테이프/수정액 사용 불가).
- 수험생 유의 사항을 위반하여 작성한 답안의 경우, 해당 부분이나 답안지 전체를 채점하지 않으니 유의하시오.

시대와 사회에 따라 달라지는 상대적인 것이라 본다. 이 관점에서 원격수업에서의 학습격차를 줄이기 위해 학교가 해야 할 일은 교사들에게 원격 수업과 관련해 교육시킬 수 있는 연수 기회를 제공하는 것이다. 또한 학습격차가 심한 학생들을 대상으로 보충 학습의 기회를 제공해 줄 수 있을 것이다. 이렇게 학교 내부의 학습격차 문제를 학교 차원에서 개선함으로써 학생과 교사의 관계를 회복하고 교육의 질을 높일 수 있을 것이다.

지금까지 '효율적인 학교 경영과 다양성을 존중하는 교육'을 실현하기 위해 교육행정의 개념 및 원리, 영 기준 예산 제도의 개념과 장단점, 정보처리 모형에 근거한 전략과 심리학적 개념, 신교육사회학의 개념 및 지식관 그리고 학습격차의 해소 방안을 모두 살펴보았다. 학생들의 자율성과 다양성이 존중되고, 교사들이 학교의 필요와 목표에 맞게 학교 운영과 수업을 할 수 있게 된다면 더 나은 교육환경의 제공과 교육의 질 향상은 필연적인 결과로 따라올 것이다.

첨삭 배우기
(8회차 - D)

현대에 들어서 우리나라 교육의 다양성을 찾기 위해 ~~많고 다양한 시도를 하는 것이 현재에 들어와서~~[1]다양한 시도를 하는 것이 더욱 중요해졌다. 특히 교육의 다양성을 추구하는 것뿐 아니라 이를 실현하기 위한 효율적인 학교 ~~경영에 많은 노력도 역시 필요한 사점이다. 이렇게 변화된 세상 속~~[2]~~에서~~경영에도 역시 많은 노력이 필요하다 이처럼 교육과 학교는 시대에 맞춰 변화를 거듭해 나가야 하므로 본 글에서는 '효율적인 학교 경영과 다양성을 존중하는 교육'의 주제로 교육에의 시사점을 논해 볼 것이다.

~~첫째,~~ 먼저 교육행정의 기초를 분석해야 한다.[3] 제시문 속 김 교사는 교육행정을 조건정비설로 접근하고 있다. 이 개념은 ~~교육행정은~~[4] 교육 활동을 지원하기 위해 별도의 행정 인력이 필요하다는 관점이다. 또한 최 교사는 교육행정의 여러 과정에 관련 당사자들의 참여로 정당성을 높이려고 하는 민주성의 원리를 강조한다. 더불어 박 교사는 교육행정의 이론 중 과학적 관리론을 주장하고 있다. 과학적 관리론은 교육행정을 여러 단위로 세분화하여 마치 공장처럼 사무 처리를 ~~능률화 효율화 하려는~~능률화하고 효율화하려는 이론이다. 과학적 관리론은 교육행정의 효율화를 추구할 수 있다는 장점이 있지만 구성원의 동기나 감정적인 요소를 고려하지 ~~못했다는~~못한다는 단점[5]이 존재한다. 이렇게 각 교사들의 교육행정에 대한 여러 ~~관점의 조합으로 효율적인 학교경영이~~관점을 조합해 본다면 효율적인 학교 경영이 이루어질 수 있을 것이다.

~~둘째,~~ 다음으로 학교 운영에 대한 ~~예산운영방식에 대한 검토가 필요하다.~~ 예산 운영 방식을 검토할 필요가 있다.[6] 교장이 주장한 예산 편성 기법 방식은 영 기준예산제도이다. 영 기준예산제도는 전년도 ~~예산,~~[7]예산과 사업에 구애받지 않고 금년도에 예산을 새로 조직하는 방식을 의미한다. 이 예산 편성 기법을 적용하면 전년도 예산에 구애받지 않아 예산을 ~~합리적이고 배분하고 창의적이고~~[8] ~~새로운 사업에 투자가 가능하지만,~~ 합리적이고 창의적인 방식으로 배분해 새로운 사업에 투자할 수 있게 되겠지만, 이러한 예산을 조직하는 방식이 구성원에게 많은 시간과 노력을 들게 한다는 단점이 있다. 따라서 학교는 교육의 실현을 위해 여러 예산 제도에 대해 고려하며 어느 것이 더 효율적일지 끊임없이 고민해야 할 것이다.

1 '현재에 들어왔다'는 표현은 어색합니다. 또한 시간 표현은 문장의 맨 앞 머리에 제시하는 것이 자연스러운 경우가 많습니다.

2 앞 문장의 내용에서 '변화된 세상'에 대해 설명한 부분이 없습니다. 짧게나마 '과거에는 ~이러했지만, 최근에는 ~이러한 경향이 생겼다.'의 흐름이 제시되어야 '변화된 세상'이라는 말로 받을 수 있습니다.

3 어떤 것의 '첫째'인지 모호합니다. 1문단의 마지막 부분에 따르면, 해당 내용은 효율적인 학교 경영과 다양성을 존중하기 위한 시사점에 해당하는데, 해당 부분을 '시사점'이라고 보기에는 무리가 있습니다. '먼저'를 쓰는 것이 좋습니다.

4 '은'이 바로 연이어 반복되어 어색합니다.
"제시문 속의 김 교사는 교육행정을 조건정비설로 접근하고 있는데, 이 접근은 교육 활동을 지원하기 위해서는 별도의 행정 인력이 필요하다는 관점을 취한다."로 수정하는 것을 제안합니다.

5 존재하는 현상은 과거 시제가 아니라 현재 시제로 표현해야 합니다.

6 예산v운영v방식(띄어쓰기)

7 ','는 나열할 단어가 적어도 세 단어 이상 있을 때 사용하는 것이 좋습니다.

8 '-이고'가 반복되므로 비문입니다. 수식 관계를 명확하게 하는 방향으로 수정이 필요합니다.

셋째, 한편 교육의 다양성을 추구하기 위해 수업 방식에도 변화가 필요하다. 사격 보거나 9 학생들에게 새로운 정보의 요점을 정리하도록 지도하거나 학생들이 새로운 정보에 대해 요점정리를 시키게 해보거나 10 중요한 정보를 선별하게끔 하는 예시를 들 수 있다. 중요한 정보를 선별하게끔 하는 것을 예로 들 수 있다. 특히 영희의 사례처럼 영희는 작업기억에서 유지암송 전략을 택하고 있으므로 사례에서 볼 수 있듯, 작업기억에서 유지암송 전략을 택한 학생이 있을 경우 교사는 이를 지원하기 위해 글과 그림을 통해 쉽게 정보를 기억할 수 있도록 이중부호화라는 심리학적 개념을 통해 수업을 이끌어 나카고 있었다. 11 나갈 수 있다. 이렇게 각 학생의 특성에 맞는 교수 활동 방식을 채택하는 것 역시 매우 중요하다.

9 '지도하거나'로 수정하는 것을 제안합니다.

10 이 문장의 표현으로만 보면, 학생들이 요점정리를 시키게 하는 주체가 되므로 내용 오류가 됩니다. 중의적인 의미를 지닌 문장이 되지 않도록 주의가 필요합니다.

11 영희의 사례에 빗대어 설명하는 것이지, 영희의 사례 자체를 분석하는 것은 아니므로 현재 시제를 사용해야 합니다.

마지막으로 학교 교육에 내재되어 있는 교육사회학적 논리를 분석해야 한다. 제시문 속 최 교사가 주장하는 내용은 학습격차의 원인을 누가 규정하느냐에 따라서 달라진다고 보는 미시적 관점에서 교육 과정 사회학과 관련이 깊다. 이 이론은 교육 격차의 원인을 학교 내부 차원에서 파악하려는 개념이며 교육과정 사회학은 학교지식에 지배계급의 개념으로, 12 교육 과정 사회학은 학교 지식에 지배 계급의 논리가 반영되고 있음을 주장하고 있다. 따라서 이러한 학습격차를 해소하기 위해 첫 번째로 학생 수준에 맞는 다양한 교육 과정을 제공하고, 두 번째로 학생의 학습격차를 파악하고 발견하기 위해 학부모와 교사 간 13 소통창구를 활성화시킨다. 따라서 이러한 학습격차 해소를 위해 교사는 학생 수준에 적합한 교육과정을 다양하게 제공하고, 학생의 학습격차 파악을 위해 학부모와 적극적인 소통을 해야 한다. 이러한 교육사회학적 논리의 분석과 대안 모색의 과정을 통해 학교 교육은 좀 더 다양성을 존중하는 방향으로 나아갈 것이다.

12 '~이며'로 이어지면 앞절과 뒷절이 병렬적으로 나열된다는 인상을 줍니다. 이 경우에는 앞절에서 설명하는 내용을 뒷절에서 구체화하는 것이므로, "이는 ~개념으로, ~이다"의 형식을 취하는 것을 제안합니다.

13 현재 문장은
1) 수행의 주체가 명확하지 않으며
2) 비교적 짧은 어구가 '첫 번째', '두 번째'로 나열되어 있어서 어색하며
3) 필요없는 어구가 포함되어 있습니다.

따라서 좀 더 간결하게 수정하는 것이 필요합니다.

이렇게 우리나라 교육에 효율적인 학교 경영과 다양성을 가져오려는 방안에 교육행정, 학교 예산 편성, 교육심리, 교육사회에 대한 주제로 논의를 거쳤다. 무엇보다 중요한 것은 교육의 효과적인 실현을 위해 여러 교육 주체들 간의 긴밀한 협조와 상호작용이 필수적이다. 상호작용이 필수적으로 이루어져야 한다는 점이다. 제시문과 본 글에서의 논의를 통해 학생 개개인의 특성과 존재를 존중하고 더 나은 미래로 나아갈 수 있음을 있기를 기대해 봐야 할 것이다.

08회

최종 모범답안 (8회차 - D)

본인은 수험생 유의 사항을 숙지하였으며 이를 지키지 않아 발생하는 모든 불이익을 감수할 것을 서약합니다.		수험번호	① ②	※ 결시자 확인란(수험생은 표기하지 말 것)	
			⓪ ① ② ③ ④ ⑤ ⑥ ⑦ ⑧ ⑨	결시자 설명과 수험 번호 기재 검은색 펜으로 결시자 수험 번호, 쪽 번호와 우측란은 '●'로 표기	○
성 명			① ② ③ ④ ⑤ ⑥ ⑦ ⑧ ⑨		
			⓪ ① ② ③ ④ ⑤ ⑥ ⑦ ⑧ ⑨		
	쪽 번호		⓪ ① ② ③ ④ ⑤ ⑥ ⑦ ⑧ ⑨	※ 감독관 확인란(수험생은 표기하지 말 것)	
교육학 논술 전용 답안지	●②		⓪ ① ② ③ ④ ⑤ ⑥ ⑦ ⑧ ⑨	- 본인 여부, 성명, 수험 번호, 쪽 번호 기록이 정확한지 확인 후 서명/날인	(서명 또는 날인)
			⓪ ① ② ③ ④ ⑤ ⑥ ⑦ ⑧ ⑨	- 결시자는 위의 결시자 확인란에도 표기	
			⓪ ① ② ③ ④ ⑤ ⑥ ⑦ ⑧ ⑨		

- 수험 번호와 쪽 번호는 검은색 펜을 사용하여 '●'로 표기하시오.
- 답안은 지워지거나 번지지 않는 동일한 종류의 검은색 펜을 사용하여 작성하시오(연필/사인펜/수정테이프/수정액 사용 불가).
- 수험생 유의 사항을 위반하여 작성한 답안의 경우, 해당 부분이나 답안지 전체를 채점하지 않으니 유의하시오.

현대에 들어서 우리나라 교육의 다양성을 찾기 위해 다양한 시도를 하는 것이 더욱 중요해졌다. 특히 교육의 다양성을 추구하는 것뿐 아니라 이를 실현하기 위한 효율적인 학교 경영에도 역시 많은 노력이 필요하다. 이처럼 교육과 학교는 시대에 맞춰 변화를 거듭해 나가야 하므로 본 글에서는 '효율적인 학교 경영과 다양성을 존중하는 교육'의 주제로 교육에의 시사점을 논해 볼 것이다.

먼저 교육행정의 기초를 분석해야 한다. 제시문 속 김 교사는 교육행정을 조건 정비설로 접근하고 있다. 이 개념은 교육 활동을 지원하기 위해 별도의 행정 인력이 필요하다는 관점이다. 또한 최 교사는 교육행정의 여러 과정에 관련 당사자들의 참여로 정당성을 높이려고 하는 민주성의 원리를 강조한다. 더불어 박 교사는 교육행정의 이론 중 과학적 관리론을 주장하고 있다. 과학적 관리론은 교육행정을 여러 단위로 세분화하여 마치 공장처럼 사무 처리를 능률화하고 효율화하려는 이론이다. 과학적 관리론은 교육행정의 효율화를 추구할 수 있다는 장점이 있지만 구성원의 동기나 감정적인 요소를 고려하지 못한다는 단점이 존재한다. 이렇게 각 교사들의 교육행정에 대한 여러 관점을 조합해 본다면 효율적인 학교 경영이 이루어질 수 있을 것이다.

다음으로 학교 운영에 대한 예산 운영 방식을 검토할 필요가 있다. 교장이 주장한 예산 편성 기법 방식은 영 기준 예산 제도이다. 영 기준 예산 제도는 전년도 예산과 사업에 구애받지 않고 금년도에 예산을 새로 조직하는 방식을 의미한다. 이 예산 편성 기법을 적용하면 전년도 예산에 구애받지 않아 예산을 합리적이고 창의적인 방식으로 배분해 새로운 사업에 투자할 수 있게 되지만, 이러한 예산을 조직하는 방식이 구성원에게 많은 시간과 노력을 들게 한다는 단점이 있다. 따라서 학교는 교육의 실현을 위해 여러 예산 제도를 고려할 때 어느 것이 더 효율적일지 끊임없이 고민해야 할 것이다.

한편 교육의 다양성을 추구하기 위해 수업 방식에도 변화가 필요하다. 학생들에게 새로운 정보의 요점을 정리하도록 지도하거나 중요한 정보를 선별하게끔 하는 것을 예로 들 수 있다. 특히 영희의 사례에서 볼 수 있듯, 작업기억에서 유지 암송 전략을 택한 학생이 있을 경우 교사는 이를 지원하기 위해 글과 그림을 통해 쉽게 정보를 기억할 수 있도록 이중부호화라는 심리학적 개념을 통해 수업을 이끌어 나갈 수 있다. 이렇게 각 학생의 특성에 맞는 교수 활동 방식을 채택하는 것 역시 매우 중요하다.

마지막으로 학교 교육에 내재되어 있는 교육사회학적 논리를 분석해야 한다. 제시문 속 최 교사가 주장하는 내용은 학습격차의 원인을 누가 규정하느냐에 따라서 달라진다고 보는 미시적 관점에서 교육과정 사회학과 관련이 깊다. 이 이론은 교육 격차의 원인을 학교 내부 차원에서 파악하려는 개념으로, 교육과정 사회학은 학교 지식에 지배계급의 논리가 반영되고 있음을 주장하고 있다. 따라서 이러한 학습격차 해소를 위해 교사는 학생 수준에 적합한 교육과정을 다양하게 제공하고, 학생의 학습격차 파악을 위해 학부모와 적극적인 소통을 해야 한다. 이러한 교육사회학적 논리의 분석과 대안 모색의 과정을 통해 학교 교육은 좀 더 다양성을 존중하는 방향으로 나아갈 것이다.

최종 모범답안 (8회차 - D)

본인은 수험생 유의 사항을 숙지하였으며 이를 지키지 않아 발생하는 모든 불이익을 감수할 것을 서약합니다.		수험번호	① ②	※ 결시자 확인란(수험생은 표기하지 말 것)	
성 명			⓪ ① ② ③ ④ ⑤ ⑥ ⑦ ⑧ ⑨	결시자 설명과 수험 번호 기재 검은색 펜으로 결시자 수험 번호, 쪽 번호와 우측란은 '●'로 표기	○
			① ② ③ ④ ⑤ ⑥ ⑦ ⑧ ⑨		
			⓪ ① ② ③ ④ ⑤ ⑥ ⑦ ⑧ ⑨		
교육학 논술 전용 답안지	쪽 번호		⓪ ① ② ③ ④ ⑤ ⑥ ⑦ ⑧ ⑨	※ 감독관 확인란(수험생은 표기하지 말 것)	
	①●		⓪ ① ② ③ ④ ⑤ ⑥ ⑦ ⑧ ⑨	- 본인 여부, 성명, 수험 번호, 쪽 번호 기록이 정확한지 확인 후 서명/날인 - 결시자는 위의 결시자 확인란에도 표기	(서명 또는 날인)
			⓪ ① ② ③ ④ ⑤ ⑥ ⑦ ⑧ ⑨		
			⓪ ① ② ③ ④ ⑤ ⑥ ⑦ ⑧ ⑨		

- 수험 번호와 쪽 번호는 검은색 펜을 사용하여 '●'로 표기하시오.
- 답안은 지워지거나 번지지 않는 동일한 종류의 검은색 펜을 사용하여 작성하시오(연필/사인펜/수정테이프/수정액 사용 불가).
- 수험생 유의 사항을 위반하여 작성한 답안의 경우, 해당 부분이나 답안지 전체를 채점하지 않으니 유의하시오.

이렇게 우리나라 교육에 효율적인 학교 경영과 다양성을 가져오려는 방안에 대하여 교육행정, 학교 예산 편성, 교육심리, 교육사회에 대한 주제로 논의를 거쳤다. 무엇보다 중요한 것은 교육의 효과적인 실현을 위해 여러 교육 주체들 간의 긴밀한 협조와 상호작용이 필수적으로 이루어져야 한다는 점이다. 제시문과 본 글에서의 논의를 통해 학생 개개인의 특성과 존재를 존중하고 더 나은 미래로 나아갈 수 있기를 기대해 봐야 할 것이다.

08회

[8회] 수험생이 자주 하는 질문 모음

질문 01

각 문제의 배점이 어떻게 되는지가 궁금합니다. 예를 들어 첫 번째 문제는 교육행정의 개념, 교육행정의 원리, 이론 명칭, 장점, 문제점 총 5개를 물어보는데 배점이 4점이라서 배점이 궁금합니다. 또한 3번 문제에서 예시를 쓰라고 했는데 이건 본문에 나온 것을 써야 하는지 제가 알고 있는 예시를 써야 하는지 궁금했습니다. 특별히 4번도 과정적 평등관을 써야 하는지가 고민이 좀 되었습니다. (전공 영어)

각 문제의 배점은 정확히 정해져 있습니다. 개념, 정의, 명칭, 장점, 문제점 등등 질문 하나에 1점씩 배점됩니다. 이번 회차는 인출 훈련을 위해 5가지를 물었지만, 보통 5가지를 묻는 경우는 거의 없습니다. 예시를 쓰라는 것은 본문의 예시를 쓰라는 것이 아니고, 자신이 알고 있는 교육학 지식으로 예시를 쓰라는 말입니다. 과거 기출문제에서 예시를 제시하라는 문제가 출제된 적 있었기 때문에 이런 유형도 알고 있어야 합니다.

질문 02

본문에서 최 교사, 김 교사의 내용을 많이 언급해도 괜찮을까요? 생각이 안 나서 내용 본문을 조금 인용해서 말을 바꾸는 식으로라도 써 보려고 합니다. (전공 가정)

우리 시험은 단답형 시험이 아니라 논술 시험이므로, 글의 연계성 측면에서 본문 내용을 끌어와 답안을 작성하는 것은 선택이 아닌 필수입니다.

질문 03

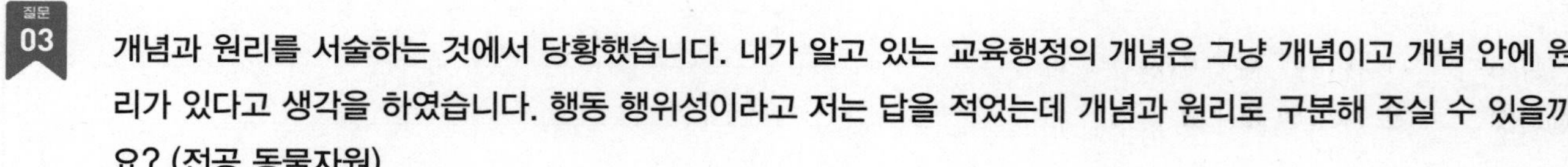

개념과 원리를 서술하는 것에서 당황했습니다. 내가 알고 있는 교육행정의 개념은 그냥 개념이고 개념 안에 원리가 있다고 생각을 하였습니다. 행동 행위성이라고 저는 답을 적었는데 개념과 원리로 구분해 주실 수 있을까요? (전공 동물자원)

교육행정의 개념과 원리는 원페이지 기본서 6판 교육행정 제일 첫 장에 자세히 정리되어 있습니다.

질문 04

본론과 주제를 관련시켜야 하는데, 그냥 본론의 각 첫, 끝 문단만 주제 논의를 하고 그 안의 이론, 장단점, 방안 등은 주제와 딱히 관련 없이 키워드 위주로 적어도 되나요. (전공 영어)

가장 좋은 것은 그 안의 내용을 주제와 연계하여 적는 것입니다. 주제와 연계라고 해서 어렵게 생각할 필요 없이 내가 알고 있는 키워드(+지문 or 소주제)를 섞어서 쓰면 됩니다. 만약, 문제 특성상 그러기 힘들다면 그냥 주제와 관련 없이 키워드 위주로 적어도 됩니다.

질문 05 본론에서 처음 도입 문장은 꼭 써야 하는 걸로 알고 있는데, 문단마다 주제를 연계하는 마무리 문장도 필수인가요? 그리고 도입 문장이랑 거의 비슷하게 써도 상관없나요? (전공 윤리)

논술 시험에서 무조건, 100% 이런 것은 없겠습니다만, 채점기준표가 공개되지 않는 우리 시험 특성상 가장 안전한 방법으로 가는 것이 좋겠죠. 즉, 도입 문장과 마무리 문장을 모두 적으면 '주제와의 연계' 부분에서 빠져나갈 수 없으므로 다 적는 게 가장 안전합니다. 그리고 도입과 마무리 문장을 한 줄 쓰는 것이 어렵거나 시간이 그렇게 오래 걸리는 것은 아니기 때문에 적는 것을 더 추천합니다.

질문7과 8을 연계하여 미흡한 글과 잘 작성된 글의 차이점을 한번 살펴보겠습니다.

(미흡 예시)

학생의 다양성을 존중하기 위해 교사는 학습자의 특성을 고려하여 다양한 정보처리전략을 사용해야 한다. 예를 들어, 최 교사는 제시문에서 청킹과 이중처리 전략을 사용하였다. 한편 영희는 후행 간섭을 겪었으며 박 교사는 이를 해결하기 위해 이중처리 전략을 사용하였다. 이처럼 다양한 학습자의 문제에 대해 다양한 처리전략을 사용한다면 학생들의 다양성을 존중하는 교육을 실현할 수 있을 것이다.

→ 도입부와 마무리 문장은 무난합니다. 다만, 구체적인 내용이나 근거가 없어 내용이 논리적이지 않습니다. 보통 한 문제에 3~4개의 소 질문이 따라옵니다. 그래서 구체적인 내용을 적다 보면 한 문제당 최소한 7~8줄은 쓰게 됩니다. 만약 7~8줄이 안 된다면 어딘가 놓치고 있는 부분이 있으므로 점검해 봐야 합니다.

(우수 예시1)

교사는 학생들의 정보처리모형을 고려해 수업을 설계하고 적절한 수업방식을 고려해야 한다. 최 교사가 활용한 정보처리 전략은 다음과 같다. 첫째, 정교화 전략이다. 최 교사는 학생들이 새로운 정보에 대해 토론하고 설명하여 관련된 정보와 연결 짓도록 돕고 있다. 이처럼 정교화는 새로운 정보를 학습자가 기존에 가지고 있던 정보와 연결하여 정보의 유의미성을 높이는 전략이다. 둘째, 심상화 전략이다. 최 교사는 글과 그림을 함께 제시해 학생들의 이해를 돕고 있다. 심상화 전략은 추상적인 정보에 시각적 정보를 더하여 제시하는 것으로, 텍스트를 설명할 때 영상 자료와 같은 시청각 자료 혹은 이미지와 같은 시각적 자료를 함께 제시한다. 한편 영희의 사례와 관계 깊은 기억은 작업기억이다. 작업기억은 감각기억에서 장기기억으로 정보를 일시적으로 저장하는 장소이다. 작업기억의 한정된 용량을 극복하기 위해 박 교사가 수업 활동에서 활용한 심리학적 개념은 이중처리이다. 이중처리는 정보에 대해 시각적으로 보여주면서 언어로 설명하는 것을 말한다. 이처럼 교사는 학생의 정보처리 과정에 대한 이해를 바탕으로 적절한 수업전략과 방식을 활용해 다양한 학생들이 수업 내용을 이해하고 학습할 수 있도록 해야 한다.

→ 정확한 키워드뿐만 아니라, 어떤 내용에 대한 충분한 부연 설명이 있어 글이 자연스럽고 가독성이 좋습니다.

(우수 예시2)

학생의 다양성 존중을 위한 교육은 심리적 측면에 대한 이해가 필요하다. 정보처리 모형에 근거하여 최 교사가 활용한 정보처리 전략은 첫째, 심상화로 추상적인 정보와 그림을 함께 제시하여 부호화를 돕는 것이다. 예컨대, 다양한 꽃의 구조에 관해 설명할 때 해당하는 설명문과 사진을 함께 배치하는 것이다. 둘째, 정교화 전략을 통해 망각하지 않도록 한 전략이다. 예를 들어, 유의미 학습자료를 제시하여 기존 인지구조와 동화될 수 있게 교수활동을 전개하는 것이다. 한편, 영희의 사례에 해당하는 기억은 작업기억이다, 또한 박 교사가 수업 활동에서 활용한 것은 이중처리로 말로 설명하면서 관련 사진을 함께 제시하는 작업기억의 용량을 높이기 위한 전략이다. 이처럼 학습 심리 이론에 대한 이해를 바탕으로 학생들의 다양성을 존중하는 교육을 실천할 수 있다.

→ 글의 밀도가 높고, 표현의 반복 및 군더더기 표현이 없습니다.

08회

P E D A G O G Y

원페이지 교육학 모의고사

PART

09

원페이지 교육학 모의고사 (9회)

중등학교교사 임용후보자 선정경쟁시험

원페이지 교육학 (9회)

수험 번호 : ( )　성 명 : ()

제1차 시험	1 교시	1문항 20점	시험 시간 60분

○ 문제지 전체 면수가 맞는지 확인하시오.

다음은 A 중학교의 최 교사가 작성한 성찰 일지의 일부이다. 일지 내용에는 교수학습, 교육평가, 지도성 이론, 교육과정과 관련된 내용이 포함되어 있다. 이를 바탕으로 "학교의 변화를 끌어내는 교사의 역할"이라는 주제로 서론, 본론, 결론의 형식을 갖추어 논하시오. [20점]

일지 #1 2022년 5월 ○○일 ○요일

지난주에 피타고라스의 정리에 대해 가르쳤다. 먼저 삼각형 내각의 합이 180° 라는 것을 가르치기 위해 '삼각형의 내각의 합은 180° 이다.'라는 문장을 적고 180° 밑에 빨간색으로 밑줄을 그어 삼각형의 내각의 합이 180° 인 것을 강조하면서 학생들에게 여러 가지 학습할 내용을 제공했다. 그런데 수업 도중 영희가 "선생님 방금 공부한 내용을 노트에 따로 필기해도 될까요? 지금 적지 않으면 나중에 다시 생각나지 않을 것 같아요."라며 필기 시간을 따로 요청했다. 다음에는 학생들이 수업 내용에만 집중할 수 있도록 관련 자료를 미리 배부해야겠다.

일지 #2 2022년 9월 ○○일 ○요일

1학기에 학생들의 의사소통 역량과 발표 능력을 높이기 위해 수행평가를 실시했다. PPT와 각종 자료를 활용하는 우수한 학생도 있었지만, 학생 대부분은 발표 능력이 비슷해 구체적인 평가를 하기 어려웠다. 그래서 지난 학기 성적을 참고해 점수를 주었다. 수행평가는 객관적인 평가를 하기 어려워 이번 학기는 지필고사를 병행했다. 그런데 학생들 사이에서 논란이 생긴 문제 때문에 큰 곤욕을 치렀다. 문항변별도를 활용해 문항 반응을 분석해 보니, 특이점을 발견할 수 있었다.

답지	전체응답자 (200명)	상위집단 (100명)	하위집단 (100명)
㉮	53	25	28
㉯ 정답	60	20	40
㉰	30	20	10
㉱	1	0	1
㉲	56	35	21

[그림] 2학년 수학 시험 1번 문항 반응 분포표

일지 #3 2022년 10월 ○○일 ○요일

이번에 새로 부임하신 교장 선생님의 명성은 대단히 높다. 평소 리더십이 뛰어나 매번 학교를 크게 발전시켰다는 평을 듣는다. 올해는 2030 미래 교육에 대비해 교육 목표를 '전 교직원과 학생들의 IT 자격증 취득'에 중점을 두고 있다. 그런데 중진 교사들 대부분이 "우리가 왜 IT 자격증까지 취득해야 하는지 모르겠어. 학생들은 대학입학에 필요할 수도 있지만, 실생활에는 별 쓸모가 없잖아?"라고 하면서 교장 선생님의 목표를 등한시한다. 교장 선생님 혼자 학교 전체를 지도하기에는 한계가 있는 것 같다. 내 생각에는 일방적으로 교육 목표를 설정하기보다는 여러 의견을 수렴해 학생들이 자기 주도적인 역할을 할 수 있는 목표를 고려하는 게 필요할 것 같다. 예를 들어, 몸이 불편한 친구를 돕기 위한 방법을 찾아낸다거나 한정된 시간으로 학습 효과를 최대화할 수 있는 공부 방법을 찾는 목표를 제시하면 좋을 것 같다. 아니면 과감하게 수업 목표를 정하지 않고 여러 활동을 하면서 배우는 것도 의미 있을 것이다.

〈 배 점 〉

○ 논술의 내용 [총 15점]
- 가네(R. Gagné)의 교수-학습이론에 근거해 최 교사의 교수활동과 관련된 수업사태의 명칭과 개념, 이 활동을 통해 촉진하고자 하는 학습자의 내적 학습 설명, 영희와 관련된 가네의 학습 영역(Learning outcomes) 1가지와 그 영역을 가르치기 위해 최 교사가 활용할 수 있는 구체적인 교수전략 1가지 [4점]
- 최 교사가 범하고 있는 평정의 오류 1가지, 이 문제를 해결하기 위한 객관도 검증 방법 2가지 제시, 최 교사가 언급한 문항변별도의 개념을 쓰고 그 개념을 활용해 수학 시험 1번 문항을 해석 [4점]
- 중진 교사들이 교육내용에 부여하는 교육의 목적을 쓰고 단점 1가지, 교장이 직면한 사태를 설명할 수 있는 리더십 이론의 명칭과 개념, 스필레인(Spillane)의 지도성 이론에 근거하여 학교문화를 개선하는 방안 1가지 [3점]
- 아이즈너(E. eisner)가 제시한 교육목표 중 최 교사가 언급한 교육활동과 관련 있는 목표 2가지, 그 개념에 근거해 목표를 평가하는 방법 1가지, 이러한 교육과정의 단점 1가지 [4점]

○ 논술의 구성 및 표현 [총 5점]
- 논술의 내용과 '학교의 변화를 끌어내는 교사의 역할'의 연계 및 논리적 형식 [3점]
- 표현의 적절성 [2점]

〈수고하셨습니다.〉

교육학 논술 초안 작성지

원페이지 교육학 (9회)

채점 세부 기준

<table>
<tr><th rowspan="2">영역</th><th colspan="2">채점 세부 기준</th><th rowspan="2">배점</th></tr>
<tr><th>내용 요소</th><th>점수 부여 기준</th></tr>
<tr><td>1</td><td>가네(R. Gagné)의 교수-학습이론에 근거해 최 교사의 교수활동과 관련된 수업사태(instructional events)의 명칭과 개념</td><td>
자극 자료 제시 – 학습자에게 학습할 내용을 제시하는 단계로, 새로운 정보에 대해 독특한 특징을 가르쳐주면 기억하기 쉽다.

개인과외 '자극자료제시' 단계와 '학습안내제공' 단계를 정확히 구분하지 못한 분들은 제시문의 "학습할 내용을 제공했다."고 보고 '학습안내제공' 단계를 적을 수 있습니다.

자극자료제시와 학습안내제공의 차이점을 분명히 알고 있어야 합니다. 원페이지 기본서에 굵은 글씨로 강조된 부분이 핵심입니다.

출제근거 [2008 중등] 가네(R. Gagné)의 수업사태(events of instruction)에 관한 진술로 옳지 않은 것은?
① 학습자의 내적 학습과정을 지원하는 일련의 외적 교수활동이다.
② 교실수업을 계획할 때 수업사태의 순서를 변경하거나 생략할 수 있다.
③ '학습안내 제공' 단계에서는 학습을 위한 적절한 자극자료를 제시하고, 교재나 보조자료의 구성과 활용방법을 안내한다. (정답)
④ '파지와 전이 촉진' 단계에서는 학습자에게 다양한 종류의 새로운 과제를 제시하여 학습의 전이가 잘 일어날 수 있도록 지원한다.

출제근거 [2012 초등] 다음은 가네(R. Gagné)의 수업사태 중 자극자료 제시 단계에 해당하는 수업활동이다. 이를 통해 촉진하고자 하는 학습활동은?
• 삼각형의 내각의 합이 180° 라는 것을 가르치기 위해 '삼각형의 내각의 합은 180° 이다.'라는 문장을 적고 180° 밑에 빨강색으로 밑줄을 그어 삼각형의 내각의 합이 180° 인 것을 강조하였다.
• 평행사변형의 특징을 가르치기 위해 평행사변형을 그린 후, 한 쌍의 평행변은 초록색으로 또 다른 한 쌍의 평행변은 빨강색으로 칠해서 평행사변형의 마주하는 두 쌍의 변이 서로 평행하다는 것을 강조하였다.
① 기대(expectancy)
② 반응(responding)
③ 강화(reinforcement)
④ 선택적 지각(selective perception) (정답)
⑤ 의미적 부호화(semantic encoding)
</td><td></td></tr>
</table>

<table>
<tr><td>1</td><td>이 활동을 통해 촉진하고자 하는 학습자의 내적 학습 설명</td><td>선택적 지각을 활용하여 내용을 설명하면 정답으로 처리한다.
선택적 지각 – 학습자는 자극을 선택적으로 지각(선택적 지각)하여 작동기억에 저장한다.</td><td></td></tr>
<tr><td>1</td><td>영희와 관련된 가네의 학습 영역(learning outcomes) 1가지</td><td>**인지전략** – 학습자가 기억하고 사고하며 과제에 맞는 학습전략을 찾아내 활용하는 능력이다.
출제근거 [2007 초등] 수업 중 한 학생이 다음과 같은 생각을 했다. 이를 가장 잘 설명한 것은?
‘방금 공부한 것을 노트에 따로 적어두는 것이 좋겠어. 평상시 나를 생각해 볼 때 다시 생각나지 않을 것 같아.’
① 조건화(conditioning)
② 상황인지(situated cognition)
③ 상위인지(metacognition) (정답)
④ 프리맥 원리(Premack principle)
출제근거 [2011 중등] 가네(R. Gagné)의 교수–학습이론에 대한 진술로 옳은 것만을 〈보기〉에서 모두 고른 것은?
㉠ 학습을 주관적 경험에 근거한 개인적 의미 창출 과정으로 본다.
㉡ 학습 영역(learning outcomes)을 언어 정보, 지적 기능, 운동기능, 태도, 인지 전략으로 나눈다.
㉢ 학습자의 내적 학습 과정을 지원하기 위한 9가지 외적 교수사태(events of instruction)를 제안한다.
㉣ 학습 영역(learning outcomes)을 세분화하여 제시한 메릴(M. D. Merrill)의 내용요소 제시 이론 (component display theory)의 토대가 되었다.
① ㉠, ㉣
② ㉡, ㉢
③ ㉠, ㉡, ㉢
④ ㉠, ㉡, ㉣
⑤ ㉡, ㉢, ㉣ (정답)
출제근거 [2007 초등] 〈보기〉의 내용과 모두 관련된 가네의 학습된 능력의 영역은?
– 학습이나 사고에 대한 통제 및 관리 능력이다.
– 다양한 상황에서의 문제해결 경험을 통해 개발된다.
– 비교적 오랜 기간에 걸쳐 습득되는 창조적 능력이다.
① 태도
② 지적 기술
③ 인지전략 (정답)
④ 언어적 정보</td><td></td></tr>
</table>

<table>
<tr>
<td>1</td>
<td>그 영역을 가르치기 위해 최 교사가 활용할 수 있는 구체적인 교수전략 1가지</td>
<td>(오픈형 문제)
1) 메타인지가 왜 중요한지 설명해 동기를 촉진한다.
2) 메타인지 전략을 스스로 해보도록 연습할 기회를 제공한다.
3) 언제, 어디서, 어떻게 사용하는지 시범(모델링, 코칭, 스캐폴딩)을 보인다.
4) 체크리스트를 제공해 스스로 확인해 보도록 한다.</td>
<td></td>
</tr>
<tr>
<td>2</td>
<td>최 교사가 범하고 있는 평정의 오류 1가지</td>
<td>논리적 오류 – 논리적으로 관련이 없는 두 가지 행동특성을 비슷한 것으로 생각하여 평가하는 현상이다.
예 가난하고 배운 것이 없으면 무식하다.
예 IQ가 낮으면 성적도 낮을 것이다.

출제근거 [2008 중등] 〈보기〉는 평정법(rating scale method)에 의해서 학생의 수행을 평가할 때, 평정자에 의해 발생할 수 있는 오류의 유형을 설명한 것이다. 옳은 것을 모두 고르면?

ㄱ. 논리적 오류(logical error)는 전혀 다른 두 가지 행동 특성을 비슷한 것으로 생각해서 평정하는 경향을 말한다.
ㄴ. 후광 효과(halo effect)는 평정대상에 대해 가지고 있는 특정 인상을 토대로 또 다른 특성을 좋게 또는 나쁘게 평정하는 경향을 말한다.
ㄷ. 집중경향의 오류(error of central tendency)는 아주 높은 점수나 낮은 점수는 피하고 평정이 중간 부분에 지나치게 자주 모이는 경향을 말한다.

① ㉠, ㉡
② ㉠, ㉢
③ ㉡, ㉢
④ ㉠, ㉡, ㉢ (정답)</td>
<td></td>
</tr>
<tr>
<td>2</td>
<td>이 문제를 해결하기 위한 객관도 검증 방법 2가지 제시</td>
<td>객관도란 채점자의 신뢰도로서, 채점이 얼마나 일관성이 있느냐의 정도를 밝히는 것이다.
채점자의 신뢰도 검증 방법에는 다음 2가지 방법이 있다.
<table><tr><td>채점자 내 신뢰도</td><td>한 채점자가 모든 측정대상을 계속해서 일관성 있게 측정하였느냐의 문제이다.
예 한 채점자가 교육학 논술시험을 채점한 후 다음날 다시 채점했을 때, 그 결과가 다르면 채점자 내 신뢰도는 낮은 것이다.</td></tr><tr><td>채점자 간 신뢰도</td><td>한 채점자가 다른 채점자와 얼마나 유사하게 평가하였느냐의 문제이다.
예 여러 채점자가 한 학생의 교육학 논술시험을 채점했을 때, 채점자 간에 점수가 다르다면 채점자 간 신뢰도는 낮은 것이다.</td></tr></table>
개인과외 항상 문제에서 요구하는 것이 무엇인지 정확히 읽어야 합니다. 본 문제는 객관도 향상 방법(루브릭 활용, 여러 사람이 채점 등등)이 아니라 객관도 검증 방법을 묻고 있습니다.</td>
<td></td>
</tr>
</table>

2 최 교사가 언급한 문항변별도의 개념, 그 개념을 활용해 1번 문항을 해석

문항변별도(DI) – 한 문항이 피험자의 능력을 변별하는 정도를 지수로 나타낸 것이다. 문항변별도 DI는 $-1 \leq DI \leq +1$ 의 범위를 가진다.

문항변별도는 **+1에 가까울수록 바람직**하고 **0이하 일수록 나쁜 문항**이다.

1번 문항은 상위집단의 정답률보다 하위집단의 정답률이 높으므로 **문항변별도가 낮은 문항이다.** (DI = −0.2)

개인과외 표를 보자마자 이런 게 논술 시험에 나오겠어? 라고 의문을 가질 수도 있습니다. 하지만 기본서 개인과외에서 자세히 설명했듯이 무조건 패스해서는 안 됩니다. 2018년 기출문제처럼 차트나 표를 활용한 문제가 충분히 나올 수 있기 때문입니다.

〈 2018년 교육학 기출문제 〉

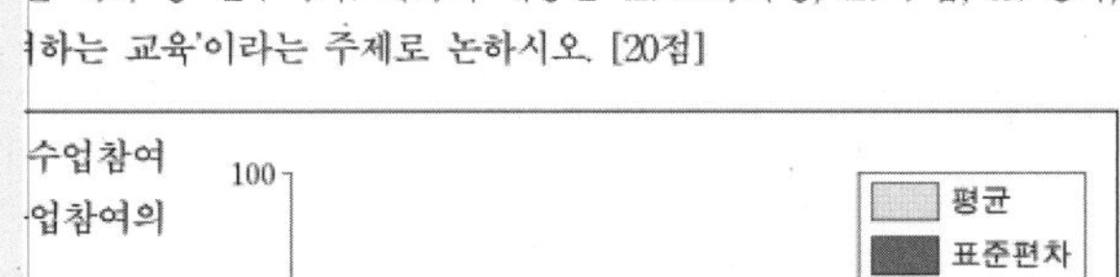

는 대화 중 일부이다. 대화의 내용은 (1) 교육과정, (2) 수업, (3) 평가,
하는 교육'이라는 주제로 논하시오. [20점]

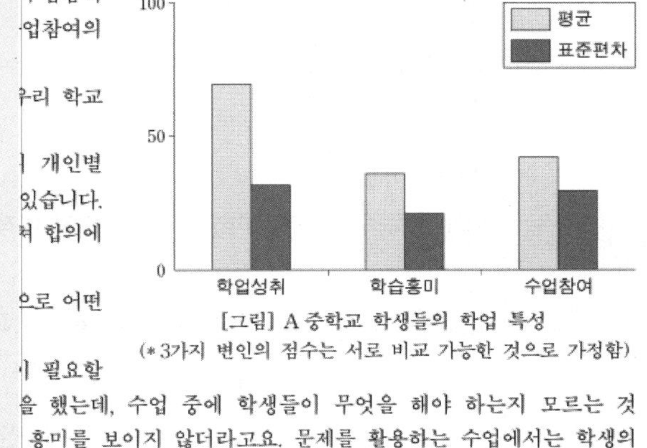

[그림] A 중학교 학생들의 학업 특성
(* 3가지 변인의 점수는 서로 비교 가능한 것으로 가정함)

을 했는데, 수업 중에 학생들이 무엇을 해야 하는지 모르는 것
흥미를 보이지 않더라고요. 문제를 활용하는 수업에서는 학생의
것을 알게 되었어요.

출제근거 [2006 중등] 다음은 한 문항의 답지 ㉮~㉲에 대한 전체응답자 200명의 반응과 이들을 상위집단 100명과 하위집단 100명으로 나누어 그들의 반응을 분석한 표이다. 분석 결과에 대한 해석으로 가장 적절한 것은?

답지	전체응답자(200명)	상위집단(100명)	하위집단(100명)
㉮	53	25	28
㉯ 정답	60	20	40
㉰	30	20	10
㉱	1	0	1
㉲	56	35	21

① 문항곤란도(item difficulty)가 0.6이다.

② 모든 답지가 매력적으로 잘 작성되어 있다.

③ 상위 집단에게 가장 매력적인 답지는 ㉱이다.

④ 문항변별도(item discrimination)가 낮아 문항검토가 요구되는 문항이다. (정답)

09회

<table>
<tr>
<td></td>
<td></td>
<td>
출제근거 [2005 중등] 다음은 A 중학교 1학년 1반 30명의 사회과 기말고사 문항 중 1~4번에 대한 문항반응이다. 학생들을 성적에 따라 상하 각각 50%로 구분하고 상위집단의 정답비율과 하위집단의 정답비율의 차이로 문항변별도를 구할 때, 문항변별도가 가장 높은 것은?
<table>
<tr><th></th><th></th><th>문항1</th><th>문항2</th><th>문항3</th><th>문항4</th></tr>
<tr><td rowspan="2">상위 집단</td><td>정답자수</td><td>10</td><td>8</td><td>12</td><td>13</td></tr>
<tr><td>오답자수</td><td>5</td><td>7</td><td>3</td><td>2</td></tr>
<tr><td rowspan="2">하위 집단</td><td>정답자수</td><td>5</td><td>9</td><td>9</td><td>4</td></tr>
<tr><td>오답자수</td><td>10</td><td>6</td><td>6</td><td>11</td></tr>
</table>
① 문항 1
② 문항 2
③ 문항 3
④ 문항 4 (정답)
</td>
</tr>
<tr>
<td>3</td>
<td>중진 교사들이 교육내용에 부여하는 교육의 목적을 쓰고 단점 1가지</td>
<td>
(참고) 중진이란? 어떤 집단이나 분야에서 지도적인 영향력을 가진 중요한 인물.

외재적 목적 – 교육활동을 수단으로 사용하여 성취하고자 하는 교육외부의 가치를 말한다.

(열린 답안)
외재적 목적의 단점 - 학생들의 자율성과 내적 성장을 기대하기 어렵다.

출제근거 [2004 중등] 다음 대화에서 슬기가 교육내용에 부여하는 가치는?
<table>
<tr><td>보람: 너 성적 잘 나왔어?
슬기: 아니. 우리가 왜 학교에서 이런 내용을 배우는지 모르겠어. 대학입학에 필요하기는 하지만 실생활에는 별 쓸모가 없지 않아? 공부 잘한다고 꼭 부자가 되는 것도 아니고 말이야.</td></tr>
</table>
① 내재적 가치
② 외재적 가치 (정답)
③ 보수적 가치
④ 사회통합적 가치
</td>
</tr>
<tr>
<td>3</td>
<td>교장이 직면한 사태를 설명할 수 있는 리더십 이론의 명칭과 개념</td>
<td>
리더십 대용 상황이론 (커&저미어 Kerr&Jermier) – 지도자의 리더십이 상황에 따라 대체되거나 억제될 수 있다는 이론이다.

(주의) 아래 핵심 키워드를 포함해 설명해야 한다.

구성원특성(능력, 경험) 업무특성(구조화, 만족여부) 조직특성(단결력, 지도자 권한) 에 따라 지도자의 지도성을 대신하거나 감소시키는 상황인 <u>대용상황</u>과 지도자의 지도성을 억제하거나 무력화시키는 상황인 <u>억제상황</u>으로 구분할 수 있다.
</td>
</tr>
</table>

<table>
<tr>
<td></td>
<td></td>
<td>출제근거 [2011 초등] 가을초등학교에서 김 교장이 직면한 사태를 설명할 수 있는 리더십 이론으로 가장 적절한 것은?

김 교장은 9월에 여름초등학교에서 가을초등학교로 전보발령을 받았다. 그는 여름초등학교에서 리더십이 뛰어나 학교를 크게 발전시켰다는 평을 들었었다. 그러나 중진 교사들이 대부분인 가을초등학교에서는 리더십을 발휘해도 별다른 성과를 거두지 못했다. 교사들이 "몇 년 후에 승진을 해야 하는데 교장이 내게 해 줄 수 있는 것이 아무 것도 없다."라고 하면서, 김 교장의 지시를 따르지 않고 승진 점수를 취득하는 일에만 몰두했기 때문이다. 그의 리더십도 승진 앞에서는 무용지물이 되어 버린 것이다.

① 슈퍼 리더십 이론
② 리더십 특성 이론
③ 변혁적 리더십 이론
④ 서번트 리더십 이론
⑤ 리더십 대용 상황 이론 (정답)</td>
</tr>
<tr>
<td>3</td>
<td>스필레인(Spillane)의 지도성 이론에 근거하여 학교문화를 개선하는 방안 1가지</td>
<td>분산적 지도성 (스필레인Spillane) – 분산적 지도성이란 지도자, 구성원, 상황 간의 상호작용으로 지도성이 분산되어 실행되는 것이다.

아래의 키워드를 포함하여 설명하면 정답으로 처리한다.

1) 공동 실행 강조 – (지도자)는 네트워크를 형성하여 상호협력하면서 공동의 지도성을 실행한다.

2) 집단 지도성 강조 – (구성원)들은 자신들의 전문성 및 역량을 바탕으로 서로 상호의존하면서 집단 지도성을 실행한다.

3) 비위계적인 지도성 및 공동 책임 지향 – 조직의 하위자도 중요한 의사결정에 참여하며, 그에 대한 공동 책임을 지향한다.

개인과외 '스필레인의 지도성? 스필레인이 누구야? 처음 들어 보는데?' 이런 생각을 한 분들은 이번에 스필레인과 분산적 지도성을 연결해 놓으시길 바랍니다. 몇 년 전부터 지도성 파트에서 출제된다면 분명 '변혁적 지도성'과 '분산적 지도성'에서 나올 것으로 예측했습니다. 그런데 변혁적 지도성은 19년도에 바스(B. Bass)의 지도성으로 출제되었기 때문에, 그것과 연계하여 분산적 지도성도 학자 이름을 알고 있어야 합니다.</td>
</tr>
</table>

<table>
<tr>
<td></td>
<td></td>
<td>출제근거 [2012 중등] 지도성 이론에 관한 설명으로 옳지 않은 것은?
① 분산적 지도성(distributed leadership) – 인관관계, 동기화 능력 등을 강조하고, 참여적 의사결정을 통해 구성원의 사기를 높인다. (정답)
② 변혁적 지도성(transformational leadership) –구성원의 개인적 성장에 관심을 보이며, 비전을 공유하고 지적 자극을 촉진한다.
③ 초우량 지도성(super leadership) – 지도자의 특성이나 능력보다 구성원 스스로가 지도자로서의 능력을 계발하고 활용할 수 있도록 한다.
④ 카리스마적 지도성(charismatic leadership) – 지도자의 비범한 능력과 개인적 매력 등을 통해 구성원의 헌신적 복종과 충성을 이끌어 낸다.
⑤ 문화적 지도성(cultural leadership) – 가치와 의미 추구 욕구를 만족시킴으로써 구성원을 조직의 주인으로 만들고 조직의 제도적 통합을 가능하게 한다.</td>
</tr>
<tr>
<td>4</td>
<td>아이즈너(E. eisner)가 제시한 교육목표 중 최 교사가 언급한 교육활동과 관련 있는 목표 2가지</td>
<td>아이즈너의 예술적 교육과정
목표설정 – 미리 설정된 (행동적 목표)뿐만 아니라 정해지지 않은 해결책을 찾는 (문제해결 목표)와 교육 도중이나 후에 나타나는 (표현적 결과)를 고려해 목표를 설정한다.
<table>
<tr>
<td>문제해결 목표</td>
<td>– 어떤 문제를 해결할 때 지켜야 할 조건을 주면 그 조건을 충족시키면서 자유롭게 문제를 해결해야 하는 목표이다.
– 문제해결목표는 참 평가(질적평가, 과정평가)를 통해 목표 도달 정도를 측정한다.
예 100만원으로 전교생이 만족하는 음식 찾기 (조건이 있음)</td>
</tr>
<tr>
<td>표현적 결과</td>
<td>– 구체적인 목표 없이 수업을 시작하여 수업 활동 중 혹은 종료 후 결과적으로 얻게 되는 것이다.
– 표현적결과는 참 평가(질적평가, 과정평가)를 통해 목표 도달 정도를 측정한다.
예 박물관 견학 같은 활동을 통해 학습자가 많은 것을 느끼고 배움 (조건이 없음)</td>
</tr>
</table>

출제근거 [2009 초등] 아이즈너(E. Eisner)가 말한 '표현적 결과(expressive outcomes)'에 관한 설명으로 가장 적절한 것은?
① 수업내용을 분석하여 측정 가능한 행동 용어로 결과를 진술한다.
② 수업결과로 나타나는 목표를 의미하는 것으로서 수업 전에 미리 정해져 있다.
③ 수업시간에 일정한 조건을 주고 그 조건 내에서 문제 해결책을 발견해 내는 활동이다.
④ 설정된 목표에 따라 학습 내용을 가르치고 그 결과를 파악할 필요가 있을 경우에 적합하다.
⑤ 구체적인 목표 없이 수업을 시작하여 수업 활동 중 혹은 종료 후 결과적으로 얻게 되는 것이다. (정답)</td>
</tr>
</table>

<table>
<tr>
<td></td>
<td></td>
<td>출제근거 [2007 초등] 아이즈너(E. eisner)가 제시한 교육 목표 중 〈보기〉의 교육활동에 가장 적합한 유형의 목표는?

- 몸이 불편한 친구를 돕기 위한 방법을 찾아낸다.
- 한정된 예산으로 학습 효과를 최대화할 수 있는 책들을 구입한다.

① 행동 목표
② 운영 목표
③ 문제 해결 목표 (정답)
④ 표현적 결과 목표</td>
<td></td>
</tr>
<tr>
<td>4</td>
<td>그 개념에 근거해 목표를 평가하는 방법 1가지</td>
<td>아이즈너는 <u>참 평가</u>(=질적평가)를 해야 한다고 주장한다.
참 평가를 위해서는 <u>(교육적 감식안)</u>과 <u>(교육비평)</u>을 활용해야 한다.
<table><tr><td>교육적 감식안</td><td>학생들의 성취물 사이의 미묘한 차이를 감식할 수 있는 능력</td></tr><tr><td>교육비평</td><td>교사가 감식한 미묘한 차이를 비전문가(학생, 학부모)가 이해할 수 있도록 언어로 표현한 것</td></tr></table></td>
<td></td>
</tr>
<tr>
<td>4</td>
<td>이러한 교육과정의 단점 1가지</td>
<td>(오픈형 문제)
현실에 적용하기가 어려움 - 교육과정의 통일성을 지키기 어려워 현실에 적용하기 어렵다.</td>
<td></td>
</tr>
<tr>
<td rowspan="5">논술의 구성 및 표현 [5점]</td>
<td rowspan="3">논술의 내용과 주제와의 연계 및 논리적 형식 [3점]</td>
<td>본론에서 주제와 관련된 내용의 논리적 일관성과 문장의 표현력이 모두 뛰어남</td>
<td>3점</td>
</tr>
<tr>
<td>본론에서 주제와 관련된 내용의 논리적 일관성과 문장의 표현력 중 하나가 부족함</td>
<td>2점</td>
</tr>
<tr>
<td>본론에서 주제와 관련된 내용의 논리적 일관성과 문장의 표현력이 모두 부족함</td>
<td>1점</td>
</tr>
<tr>
<td rowspan="2">표현의 적절성 [2점]</td>
<td>서론과 결론에서 논술 주제를 논리적으로 모두 다루고 있음</td>
<td>2점</td>
</tr>
<tr>
<td>서론과 결론에서 논술 주제를 다루지 않거나 내용이 빈약함</td>
<td>1점</td>
</tr>
</table>

첨삭 배우기 (9회차 - A)

최근 교육 현장에서는 교사의 전문적인 지식과 함께 학교를 ~~변혁적으로 변화시켜줄~~[1] 변혁시킬 수 있는 교사의 역할이 요구되고 있다. ~~교사가 학교를 변화시키는 태도를 가지고 역할에 충실하기 위해서는~~[2]교사가 학교 변혁을 이끌기 위해서는 교수학습, 교육평가, 지도성이론, 교육과정 등의 다양한 영역에서의 연구와 탐색이 필요하다. 이러한 연구와 탐색을 위하여 제시문의 '최 교사의 성찰 일지'를 토대로 '학교의 변화를 이끌어 내는 교사의 역할'에 대하여 논하고자 한다.

최 교사는 학교의 변화를 이끌어 내는 교육을 실현하기 위하여 교수 학습 측면에서 '가네의 구수설계이론'을 수업에 도입하였다. 최 교사는 본격적인 학습을 제시하기 이전에 학습 내용과 관련된 내용을 제시하고 밑줄을 그어 강조하는 '자극제시' 수업사태를 활용하였다. 이는 학습자에게 새로운 내용을 제시할 때 자극을 함께 제시하여 선택적인 지각을 할 수 있도록 하는 ~~것이다.~~[3]수업 방법이다 이러한 '자극제시'를 통해 학습자의 내적 활동 중 '주의집중'이 촉진되어 학습에 주의 집중할 수 있도록 도와준다. 그리고 영희와 관련된 가네의 학습 영역은 '인지전략' 학습 영역이다. 영희는 노트필기의 학습 방법을 활용하고자 한다. 이러한 ~~학습기는 방법을~~학습 방법은 인지전략과 관련이 있다. ~~이러한~~[4] 인지전략을 가르치기 ~~위한 주체적인 교수 전략으로는 청킹, 자동화, 이중처리 등의 전략을~~위해서는 청킹, 자동화, 이중처리 등의 주체적인 교수전략을 사용할 수 있다. 교사는 다양한 ~~전략 방법~~[5]방법을 제시하고 ~~전략을 시범보이게 하는 방법을 사용하여~~전략을 시범함으로써 학습에 도움을 줄 수 있다. 이처럼 ~~최교사는 가네의 교수설계이론을 수업에 적용시 학습자의 학습을 촉진시키고, 학습에 더욱 집중하게 하여~~가네의 교수설계이론을 수업에 적용하면 학습자의 학습을 촉진시키고 집중도를 높여 학교를 긍정적인 방면으로 변화시킬 수 있다.

최 교사는 학교의 변화를 이끌어 내는 교육을 실현하기 위하여 교육평가 측면에서 형평성 있는 평가가 필요하다고 주장한다. 형평성 있는 평가는 오류를 범하지 않는 것이 중요하지만, ~~최 교사는 오류를 범하였다.~~[6] 최 교사는 1학기에 학생들의 의사소통 역량과 발표능력에 ~~대한 평가를~~대하여 논리적으로 상관없는 지난 학기 성적을 참고해 평가하는 '논리적 오류'를 범하였다. 이러한 평가의 오류를 해결하기 위해서는 ~~객관도를 검증하는 방법을~~

1. "변혁"이라는 단어에 이미 '변화한다'는 의미가 포함되어 있으므로 중복된 표현입니다.
2. '교사가 학교 변혁을 이끌기 위해서는'으로 수정하는 것을 제안합니다.
3. '수업 방법이다'와 같이 '자극제시' 수업을 설명할 수 있는 말이 오는 것이 더욱 좋습니다.
4. 삭제하는 것을 제안합니다. "이러한"을 제시하기 위해서는 '인지전략의 특성'이 앞 내용에 서술되어 있어야 하는데, 이 경우에는 영희의 학습 전략이 인지 전략과 관련이 있다는 점만을 진술하고 있으므로 "이러한"의 사용이 적절하지 않습니다.
5. 전략과 방법 중 둘 중 하나는 삭제하는 것을 제안합니다. 뒤에서 전략을 중복으로 제시하기도 했고, 이 두 단어는 의미가 유사합니다.
6. 어떤 오류인지 짧게나마 적어주는 것이 좋습니다.
   "최 교사는 논리적 오류를 범하였다."
   혹은
   "최 교사는 평가 국면에서 연계성이 부족한 자료를 참고하는 오류를 범하였다."
   또한, 최교사의 오류가 문장 뒤에 반복적으로 언급되므로, 문장을 삭제하여 간결하게 하는 것이 좋습니다.
7. 바로 앞에서 "객관도 검증 방법"이라는 단어를 사용하였으므로, 해당 부분에서는 "이것은"으로 수정하는 것을 제안합니다.

객관도 검증 방법을 사용할 수 있다. ~~객관도 검증 방법으로는~~[7]이것은 명확한 평가 기준(루브릭)을 토대로 평가를 충실히 하였는지 확인하는 방법과 채점자 간 신뢰도를 파악해 여러 채점자가 얼마나 일치되게 평가하였는지 확인하는 방법이 있다. 최 교사가 언급한 '문항변별도'란 문항 하나마다 상위 집단과 하위 집단을 구별·변별하는 것을 의미한다. 문항변별도를 활용하여 2학년 수학 시험 1번 문항을 개설하면 상위 집단에서의 정답자가 20명, 하위 집단에서 정답자가 40명이므로 하위 집단의 정답률이 높아 이 문항은 문항변별도가 낮은 것으로 판단할 수 있다. 이처럼 학교를 변화시키기 위해 최 교사는 교육을 객관적으로 평가하고, 문항을 검토하여 학생들의 학습 정도를 진단하고, 학습에 어려움을 줄이는 교사의 역할을 실천할 수 있다.

교사는 학교의 변화를 이끌어 내기 위하여 학교 상황에 맞는 리더십을 활용하고, 지도성 이론을 탐구하여 학교 문화를 개선하는 방안을 ~~모색하는 교사의 역할이 필요하다.~~모색할 필요가 있다.[8] 제시문의 내용을 읽으면 중진 교사들이 미래 교육을 대비한 교육 목표를 실천하기 위해 IT자격증을 따는 것에 대해 부정적인 시각을 가지고 있는 것을 확인할 수 있다. 이는 중진 교사들이 교육을 다른 활동의 목적을 위한 수단으로 사용하고자 하는 '외재적 목적'에 해당하는 교육 목적을 가지기 때문이다. 이러한 외재적 ~~목적의 단점으로는~~목적은 교육 그 자체가 가지는 교육의 본질을 ~~무시한다는 점과 교육이 목적을 위한 수단으로 전락할 수 있다는 단점이 있다.~~무시하며, 교육이 목적을 위한 수단으로 전락할 수 있다는 단점을 포함한다. 이처럼 교사들이 교육 목표를 등한시하는 상황을 '리더십 대용 상황이론'으로 설명할 수 있다. 이 이론은 지도자의 ~~리더쉽을 제대로 활용하지~~리더십[9]이 제대로 활용되지 못하고 억제되는 상황을 설명하는 이론으로, 교장의 영향력을 무시하는 현 학교의 상황과 일맥상통한다. 이러한 문제가 되는 학교 문화를 개선하기 위해서는 스필레인의 분산적 지도성을 활용하여 '집단지도성'을 발휘해 학교장뿐만 아니라 학교 구성원들 모두가 공통의 지도성을 실천할 수 있도록 할 수 있다. 이처럼 학교를 변화시키기 위해 학교 상황에 맞는 지도성 이론을 적용해 학교 문제 상황을 해결하고 공통의 목표를 지향해 목표를 이루는 교사가 되어야 한다.

[8] 문장의 주체는 문장의 제일 앞 부분에 쓰는 것이 독자(평가자)가 문장의 내용을 파악하기에 좋습니다.

[9] '리더십'이 올바른 표현입니다.

최 교사는 학교의 변화를 이끌어 내기 위해 학생들이 자기주도적으로 역할을 수행할 수 있는 목표를 고려하는 것이 필요하다고 주장한다. 교육 목표를 아이즈너의 관점에서 접근하면 행동목표, 문제해결목표, 표현적 결과로 구분할 수 있다. 최 교사가 언급한 내용에 따르면 '한정된 시간 내에 학습 효과가 높은 공부 방법을 찾는 목표'는 문제해결목표에 해당하고, 수업 목표 외에 여러 활동을 하며 얻게 되는 것은 표현적 결과에 해당한다. 아이즈너는 이러한 목표를 평가하는 방법으로 전문가의 눈으로 사소한 것을 구분하고 평가하는 '교육적 감식안'을 ~~활용해 평가하고자 하였다.~~활용하고자 했다. 이러한 아이즈너의 '예술적 접근모형'은 객관적인 평가를 중시하는 현실의 교육과 맞지 않아 현실의 교육에 적용하기 어렵다는 한계를 가진다. 이처럼 학교의 변화를 이끌어 내기 위해 학생의 발전에 맞춘 교육 목표를 제시하고, 아이즈너의 모형의 교육적 감식안을 활용해 학생들의 수행을 ~~미묘하게까지~~섬세하게 판단하고 평가할 수 있는 교사가 되어야 한다.

교사는 학교의 변화를 위하여 다양한 노력과 실천을 통해 학교를 운영할 수 있어야 한다. 교사는 교수설계이론을 수업에 적용하여 교수학습 활동을 제시할 수 있어야 하고, 교육의 평가 객관성을 ~~유지하며,~~유지해야 한다. ~~또한~~ 학교 상황에 맞는 지도성 이론을 활용하고, 학생의 성장에 알맞은 교육 목표를 제시할 수 있어야 한다.[10] 이러한 교사의 노력과 실천이 계속된다면 학교를 긍정적으로 변화시키고, 변화된 학교에 알맞은 교사로서 역할을 할 수 있을 것이다.

[10] 한 문장이 세 줄을 넘어가는 상황은 만들지 않아야 합니다. 문장이 길면 가독성이 떨어질 수밖에 없습니다. 쉼표나 온점 또는 접속사를 활용해 단문으로 써야 합니다.

최종 모범답안 (9회차 – A)

<table>
<tr><td colspan="2">본인은 수험생 유의 사항을 숙지하였으며 이를 지키지 않아 발생하는 모든 불이익을 감수할 것을 서약합니다.</td><td rowspan="8">수
험
번
호</td><td>① ②</td><td colspan="2">※ 결시자 확인란(수험생은 표기하지 말 것)</td></tr>
<tr><td colspan="2" rowspan="1"></td><td>⓪ ① ② ③ ④ ⑤ ⑥ ⑦ ⑧ ⑨</td><td rowspan="3">결시자 설명과 수험 번호 기재
검은색 펜으로 결시자 수험 번호,
쪽 번호와 우측란은 '●'로 표기</td><td rowspan="3">○</td></tr>
<tr><td colspan="2">성 명</td><td>① ② ③ ④ ⑤ ⑥ ⑦ ⑧ ⑨</td></tr>
<tr><td colspan="2"></td><td>⓪ ① ② ③ ④ ⑤ ⑥ ⑦ ⑧ ⑨</td></tr>
<tr><td rowspan="4">교육학 논술
전용 답안지</td><td>쪽 번호</td><td>⓪ ① ② ③ ④ ⑤ ⑥ ⑦ ⑧ ⑨</td><td colspan="2">※ 감독관 확인란(수험생은 표기하지 말 것)</td></tr>
<tr><td rowspan="3">●②</td><td>⓪ ① ② ③ ④ ⑤ ⑥ ⑦ ⑧ ⑨</td><td rowspan="3">– 본인 여부, 성명, 수험 번호, 쪽 번호 기록이 정확한지 확인 후 서명/날인
– 결시자는 위의 결시자 확인란에도 표기</td><td rowspan="3">(서명 또는 날인)</td></tr>
<tr><td>⓪ ① ② ③ ④ ⑤ ⑥ ⑦ ⑧ ⑨</td></tr>
<tr><td>⓪ ① ② ③ ④ ⑤ ⑥ ⑦ ⑧ ⑨</td></tr>
</table>

– 수험 번호와 쪽 번호는 검은색 펜을 사용하여 '●'로 표기하시오.
– 답안은 지워지거나 번지지 않는 동일한 종류의 검은색 펜을 사용하여 작성하시오(연필/사인펜/수정테이프/수정액 사용 불가).
– 수험생 유의 사항을 위반하여 작성한 답안의 경우, 해당 부분이나 답안지 전체를 채점하지 않으니 유의하시오.

최근 교육 현장에서는 교사의 전문적인 지식과 함께 학교를 변혁시킬 수 있는 교사의 역할이 요구되고 있다. 교사가 학교 변혁을 이끌기 위해서는 교수학습, 교육평가, 지도성 이론, 교육과정 등의 다양한 영역에서의 연구와 탐색이 필요하다. 이러한 연구와 탐색을 위하여 제시문의 '최 교사의 성찰 일지'를 토대로 '학교의 변화를 이끌어 내는 교사의 역할'에 대하여 논하고자 한다.

최 교사는 학교의 변화를 이끌어 내는 교육을 실현하기 위하여 교수학습 측면에서 '가네의 교수 설계 이론'을 수업에 도입하였다. 최 교사는 본격적인 학습을 제시하기 이전에 학습 내용과 관련된 내용을 제시하고 밑줄을 그어 강조하는 '자극 제시' 수업 사태를 활용하였다. 이는 학습자에게 새로운 내용을 제시할 때 자극을 함께 제시하여 선택적인 지각을 할 수 있도록 하는 수업 방법이다. 이러한 '자극 제시'를 통해 학습자의 내적 활동 중 '주의 집중'이 촉진되어 학습에 주의 집중할 수 있도록 도와준다. 그리고 영희와 관련된 가네의 학습 영역은 '인지 전략' 학습 영역이다. 영희는 노트 필기의 학습 방법을 활용하고자 한다. 이러한 학습 방법은 인지 전략과 관련이 있다. 인지 전략을 가르치기 위해서는 청킹, 자동화, 이중처리 등의 주체적인 교수 전략을 사용할 수 있다. 교사는 다양한 방법을 제시하고 전략을 시범함으로써 학습에 도움을 줄 수 있다. 이처럼 가네의 교수설계이론을 수업에 적용하면 학습자의 학습을 촉진시키고 집중도를 높여 학교를 긍정적인 방면으로 변화시킬 수 있다.

최 교사는 학교의 변화를 이끌어 내는 교육을 실현하기 위하여 교육평가 측면에서 형평성 있는 평가가 필요하다고 주장한다. 형평성 있는 평가는 오류를 범하지 않는 것이 중요하지만, 최 교사는 1학기에 학생들의 의사소통 역량과 발표 능력에 대하여 논리적으로 상관없는 지난 학기 성적을 참고해 평가하는 '논리적 오류'를 범하였다. 이러한 평가의 오류를 해결하기 위해서는 객관도 검증 방법을 사용할 수 있다. 이것은 명확한 평가 기준(루브릭)을 토대로 평가를 충실히 하였는지 확인하는 방법과 채점자 간 신뢰도를 파악해 여러 채점자가 얼마나 일치되게 평가하였는지 확인하는 방법이 있다. 최 교사가 언급한 '문항 변별도'란 문항 하나마다 상위 집단과 하위 집단을 구별·변별하는 것을 의미한다. 문항 변별도를 활용하여 2학년 수학 시험 1번 문항을 개설하면 상위 집단에서의 정답자가 20명, 하위 집단에서 정답자가 40명이므로 하위 집단의 정답률이 높아 이 문항은 문항 변별도가 낮은 것으로 판단할 수 있다. 이처럼 학교를 변화시키기 위해 최 교사는 교육을 객관적으로 평가하고, 문항을 검토하여 학생들의 학습 정도를 진단하고, 학습에 어려움을 줄이는 교사의 역할을 실천할 수 있다.

교사는 학교의 변화를 이끌어 내기 위하여 학교 상황에 맞는 리더십을 활용하고, 지도성 이론을 탐구하여 학교 문화를 개선하는 방안을 모색할 필요가 있다. 제시문의 내용을 읽으면 중진 교사들이 미래 교육을 대비한 교육 목표를 실천하기 위해 IT 자격증을 따는 것에 대해 부정적인 시각을 가지고 있는 것을 확인할 수 있다. 이는 중진 교사들이 교육을 다른 활동의 목적을 위한 수단으로 사용하고자 하는 '외재적 목적'에 해당하는 교육목적을 가지기 때문이다. 이러한 외재적 목적은 교육 그 자체가 가지는 본질을 무시하며, 교

09회

최종 모범답안 (9회차 – A)

본인은 수험생 유의 사항을 숙지하였으며 이를 지키지 않아 발생하는 모든 불이익을 감수할 것을 서약합니다.		수험번호	① ②	※ 결시자 확인란(수험생은 표기하지 말 것)	
			⓪ ① ② ③ ④ ⑤ ⑥ ⑦ ⑧ ⑨	결시자 설명과 수험 번호 기재 검은색 펜으로 결시자 수험 번호, 쪽 번호와 우측란은 '●'로 표기	○
성 명			① ② ③ ④ ⑤ ⑥ ⑦ ⑧ ⑨		
			⓪ ① ② ③ ④ ⑤ ⑥ ⑦ ⑧ ⑨		
교육학 논술 전용 답안지	쪽 번호		⓪ ① ② ③ ④ ⑤ ⑥ ⑦ ⑧ ⑨	※ 감독관 확인란(수험생은 표기하지 말 것)	
	①●		⓪ ① ② ③ ④ ⑤ ⑥ ⑦ ⑧ ⑨	– 본인 여부, 성명, 수험 번호, 쪽 번호 기록이 정확한지 확인 후 서명/날인	(서명 또는 날인)
			⓪ ① ② ③ ④ ⑤ ⑥ ⑦ ⑧ ⑨	– 결시자는 위의 결시자 확인란에도 표기	
			⓪ ① ② ③ ④ ⑤ ⑥ ⑦ ⑧ ⑨		

– 수험 번호와 쪽 번호는 검은색 펜을 사용하여 '●'로 표기하시오.
– 답안은 지워지거나 번지지 않는 동일한 종류의 검은색 펜을 사용하여 작성하시오(연필/사인펜/수정테이프/수정액 사용 불가).
– 수험생 유의 사항을 위반하여 작성한 답안의 경우, 해당 부분이나 답안지 전체를 채점하지 않으니 유의하시오.

육이 목적을 위한 수단으로 전락할 수 있다는 단점을 포함한다. 이처럼 교사들이 교육 목표를 등한시하는 상황을 '리더십 대용 상황 이론'으로 설명할 수 있다. 이 이론은 지도자의 리더십이 제대로 활용되지 못하고 억제되는 상황을 설명하는 이론으로, 교장의 영향력을 무시하는 현 학교의 상황과 일맥상통한다. 이러한 문제가 되는 학교 문화를 개선하기 위해서는 스필레인의 분산적 지도성을 활용하여 '집단 지도성'을 발휘해 학교장뿐만 아니라 학교 구성원들 모두가 공통의 지도성을 실천할 수 있도록 할 수 있다. 이처럼 학교를 변화시키기 위해 학교 상황에 맞는 지도성 이론을 적용해 학교 문제 상황을 해결하고 공통의 목표를 지향해 목표를 이루는 교사가 되어야 한다.

최 교사는 학교의 변화를 이끌어 내기 위해 학생들이 자기 주도적으로 역할을 수행할 수 있는 목표를 고려하는 것이 필요하다고 주장한다. 교육 목표를 아이즈너의 관점에서 접근하면 행동 목표, 문제해결 목표, 표현적 결과로 구분할 수 있다. 최 교사가 언급한 내용에 따르면 '한정된 시간 내에 학습 효과가 높은 공부 방법을 찾는 목표'는 문제 해결 목표에 해당하고, 수업 목표 외에 여러 활동을 하며 얻게 되는 것은 표현적 결과에 해당한다. 아이즈너는 이러한 목표를 평가하는 방법으로 전문가의 눈으로 사소한 것을 구분하고 평가하는 '교육적 감식안'을 활용하고자 했다. 이러한 아이즈너의 '예술적 접근모형'은 객관적인 평가를 중시하는 현실의 교육과 맞지 않아 현실의 교육에 적용하기 어렵다는 한계를 가진다. 이처럼 학교의 변화를 이끌어 내기 위해서는 학생의 발전에 맞춘 교육 목표를 제시하고, 아이즈너의 모형의 교육적 감식안을 활용해 학생들의 수행을 섬세하게 판단하고 평가할 수 있는 교사가 되어야 한다.

교사는 학교의 변화를 위하여 다양한 노력과 실천을 통해 학교를 운영할 수 있어야 한다. 교사는 교수 설계 이론을 수업에 적용하여 교수학습 활동을 제시할 수 있어야 하고, 교육의 평가 객관성을 유지해야 한다. 또한 학교 상황에 맞는 지도성 이론을 활용하고, 학생의 성장에 알맞은 교육 목표를 제시할 수 있어야 한다. 이러한 교사의 노력과 실천이 계속된다면 학교를 긍정적으로 변화시키고, 교사로서 변화된 학교에 알맞은 역할을 수행할 수 있을 것이다.

첨삭 배우기
(9회차 - B)

학교의 변화를 이끌어 내기 위해서는 교사의 역할이 무엇보다 중요하다. 왜냐하면 교사가 얼마나 학교 교육에 관심을 가지고 행동하느냐에 따라 교육의 질이 달라지고 이는 학교 교육의 변화에 직접적인 영향을 미치기 때문이다. 따라서 본 글은 학교의 변화를 ~~끌어내는~~ 이끌어 내는 교사의 역할이라는 주제로 논해보고자 한다.

학교의 변화를 이끌어 내기 위해 교사는 적합한 ~~교수학습을~~교수학습 방법을 실시[1]해야 한다. 우선 가네의 교수-학습 이론에 근거하여 최 교사의 교수 활동과 관련된 수업 사태는 중요한 내용에 밑줄을 그어 강조한 것으로 보아 자극자료 제시에 해당한다. 자극자료제시란 수업할 학습 내용 중 중요한 부분~~이나 강조할 내용~~이 있으면 강조하고,[2] 이후 학생들이 특별히 더 알아야 할 것과 관련한 자료를 제시하는 것을 의미한다. ~~이 활동을 통해 촉진하고자 하는 학습자의 내적 학습은 선택적 지각이다. 선택적 지각이란 학습자가 중요하다고 생각하는 부분을 선택적으로 받아들이고 학습하는 것이다.~~[3]이 활동을 통해 촉진할 수 있는 내적 학습은 선택적 지각이다. 이는 학습자가 자신이 중요하다고 생각하는 부분을 선택적으로 수용하여 학습하는 것을 말한다. 다음으로 영희와 관련된 가네의 학습 영역은 인지적 전략에 해당한다. 인지적 전략 영역을 가르치기 위해 최 교사가 활용할 수 있는 구체적 전략은 ~~메타인지가 왜 중요한지 가르치고~~메타인지의 중요성을 가르치고 이를 활용해 볼 기회를 제공하는 것이다. 이처럼 교사는 수업 상황에 맞는 적절한 교수학습이론을 적용하여 학교 변화에 이바지해야 한다.

1 '교수·학습 방법'이 아니라 '교수 학습'이라고 제시되어 있는데, 이 경우 교사가 학습까지 실시해야 하는 것으로 읽힐 우려가 있습니다.

2 비슷한 어구가 반복되어 문장의 길이만 늘어뜨리는 문제가 있습니다.

3 다음과 같이 수정하는 것을 제안합니다. 중복된 표현을 삭제하고, 의미가 불명확한 부분은 추가하였습니다.

학교 변화를 위해 교사는 올바른 평가자의 역할을 수행해야 한다. 일지 #2에서 최 교사가 범하고 있는 평정의 오류는 논리적 오류이다. 왜냐하면 1학기 성적과는 관련성이 없는 지난 학기 성적을 반영하여 이번 학기 평가에 반영했기 때문이다. 이러한 문제를 해결하기 위한 객관도 검증 방법은 다음과 같다. 첫째, 다수인 평가를 ~~실시하는 것이다.~~실시한다. 한 명의 교사가 평가하는 것이 아니라 여러 교사가 평가하여 객관도를 높이는 것이다. 둘째, 평가자 소양을 ~~실시하는 것이다.~~실시한다. 평가자를 교육시켜 객관적 평가가 이루어지도록 하는 것이다. 다음으로 최 교사가 언급한 문항변별도란 문항에 따라 피험자의 능력을 변별하는 정도를 지수로 나타낸 것이다. 문항변별도를 활용하여 수학 시험 1번 문항을 해석하면 다음과 같다. 상위 집단 정답자 수에서 하위 집단 정답자 수를 뺀 값을 전체 응시

❹ 1. 띄어쓰기 오류
2. 중복된 표현 삭제

❺ "리더십"이 올바른 표기입니다.

자 수를 절반으로 나눈 값으로 나누게 되면 −0.2가 나온다. 이는 ~~상위집단이 정답을 맞힌 것보다 하위집단이~~❹상위 집단보다 하위 집단이 정답을 더 많이 맞혔기 때문에 문항변별도가 낮다고 볼수 있다. 이처럼 올바른 평가를 통해 교육의 질을 높여 학교 변화를 이끌어 내는 것 역시 교사가 해야 할 역할 중 하나이다.

학교를 변화시키기 위해서는 교육행정, 특히 지도성 부분에 관심을 가질 필요가 있다. 일지 #3에서 중진 교사들이 교육 내용에 부여하는 교육 목적은 외재적 목적이다. 외재적 목적은 단기간의 목표만 바라보기 때문에 교육의 질을 ~~저하시키는~~저하시킨다는 단점이 있다. ~~이러한점을~~이를 보완하기 위해서는 학교 경영자인 교장의 역할과 ~~리더쉽이~~❺리더십이 무엇보다 중요하다. 위 교장이 직면한 사태를 설명할 수 있는 리더십 이론은 리더십 대용상황이론이다. 교장은 교사에게 보상과 지도할 권력이 있으나 교사들이 이에 관심이 없는 억제 상황과 관련된다. 리더십 대용상황이론은 이처럼 상황에 따라 지도자의 리더십이 대체되거나 억제되는 이론을 말한다. 다음으로 스필레인의 분산적 지도성에 근거하여 학교 문화를 개선하는 방안은 다음과 같다. 구성원 모두를 지도자로 구성하여 각 부서에서 지도성을 분산시켜 모두가 학교 변화를 이끌도록 하는 것이다. 이처럼 적절한 지도성 이론을 반영하여 보다 나은 학교로 ~~변화하도록~~변화시키기 위해서는 교사의 노력이 필요하다.

마지막으로 학교의 변화를 위해 교사는 적합한 교육 과정을 선정해야 한다. ~~본 글에서 최 교사가~~본 글에서 최 교사가 언급한 교육 활동과 관련된 목표를 아이즈너가 제시한 교육 목표에 ~~근거하면~~근거해 살펴보면 다음과 같다. ~~첫째로, 몸이 불편한 친구를 돕기 위한 방법을 찾거나, 한정된 시간으로 학습 효과를 최대화 할~~첫 번째, 몸이 불편한 친구를 돕기 위한 방법을 찾거나 한정된 시간에 학습 효과를 최대화할 수 있는 방법을 찾는 목표는 문제 해결 목표이다. ~~두번째로 수업목표를~~두 번째, 수업 목표를 정하지 않고 활동을 통해 얻을 수 있는 것은 표현적 결과에 해당한다. 이러한 개념에 근거하여 목표를 평가할 때는 행동적 용어로 진술된 목표뿐만 아니라 부수적인 것까지 평가하는 참평가를 실시해야 한다. 이러한 예술적 교육 과정의 단점으로는 실질적 내용 제시를 하지 않아 실제 교육 현장에서 구현시키는 것이 어렵다는 점이다. 이와 같이 학교 변화를 이끌기 위해 교육과정 측면에서도 신경 써야 한다.

지금까지 학교의 변화를 ~~끌어내는~~이끌어 내는 교사의 역할이라는 주제로 교수학습, 교육평가, ~~지도성이론 교육과정 측면에서 논해보았다.~~지도성이론에 대하여 교육과정 측면에서 논하였다. 변화하는 시대와 교육의 흐름에 따라 학교도 변해야 한다. ~~그러기 위해서는 교사의 역할이 무엇보다 중요함을 시사하고 있다.~~그러기 위해서는 교사의 역할이 무엇보다 중요하다.

최종 모범답안 (9회차 – B)

본인은 수험생 유의 사항을 숙지하였으며 이를 지키지 않아 발생하는 모든 불이익을 감수할 것을 서약합니다.		수험번호	① ②	※결시자 확인란(수험생은 표기하지 말 것)	
			⓪ ① ② ③ ④ ⑤ ⑥ ⑦ ⑧ ⑨	결시자 설명과 수험 번호 기재 검은색 펜으로 결시자 수험 번호, 쪽 번호와 우측란은 '●'로 표기	○
성 명			① ② ③ ④ ⑤ ⑥ ⑦ ⑧ ⑨		
			⓪ ① ② ③ ④ ⑤ ⑥ ⑦ ⑧ ⑨		
교육학 논술 전용 답안지	쪽 번호		⓪ ① ② ③ ④ ⑤ ⑥ ⑦ ⑧ ⑨	※감독관 확인란(수험생은 표기하지 말 것)	
	●②		⓪ ① ② ③ ④ ⑤ ⑥ ⑦ ⑧ ⑨	– 본인 여부, 성명, 수험 번호, 쪽 번호 기록이 정확한지 확인 후 서명/날인 – 결시자는 위의 결시자 확인란에도 표기	(서명 또는 날인)
			⓪ ① ② ③ ④ ⑤ ⑥ ⑦ ⑧ ⑨		
			⓪ ① ② ③ ④ ⑤ ⑥ ⑦ ⑧ ⑨		

– 수험 번호와 쪽 번호는 검은색 펜을 사용하여 '●'로 표기하시오.
– 답안은 지워지거나 번지지 않는 동일한 종류의 검은색 펜을 사용하여 작성하시오(연필/사인펜/수정테이프/수정액 사용 불가).
– 수험생 유의 사항을 위반하여 작성한 답안의 경우, 해당 부분이나 답안지 전체를 채점하지 않으니 유의하시오.

학교의 변화를 이끌어 내기 위해서는 교사의 역할이 무엇보다 중요하다. 왜냐하면 교사가 얼마나 학교 교육에 관심을 가지고 행동하느냐에 따라 교육의 질이 달라지고 이는 학교 교육의 변화에 직접적인 영향을 미치기 때문이다. 따라서 본 글은 학교의 변화를 이끌어 내는 교사의 역할이라는 주제에 대해 논해보고자 한다.

학교의 변화를 이끌어 내기 위해 교사는 적합한 교수학습 방법을 실시해야 한다. 우선 가네의 교수학습 이론에 근거하여 최 교사의 교수 활동과 관련된 수업 사태는 중요한 내용에 밑줄을 그어 강조한 것으로 보아 자극자료 제시에 해당한다. 자극자료 제시란 학습 내용 중 중요한 부분이 있으면 강조하고, 이후 학생들이 특별히 더 알아야 할 것과 관련한 자료를 제시하는 것을 의미한다. 이 활동을 통해 촉진할 수 있는 내적 학습은 선택적 지각이다. 이는 학습자가 자신이 중요하다고 생각하는 부분을 선택적으로 수용하여 학습하는 것을 말한다. 다음으로 영희와 관련된 가네의 학습 영역은 인지적 전략에 해당한다. 인지적 전략 영역을 가르치기 위해 최 교사가 활용할 수 있는 구체적 전략은 메타인지의 중요성을 가르치고 이를 활용해 볼 기회를 제공하는 것이다. 이처럼 교사는 수업 상황에 맞는 적절한 교수학습 이론을 적용하여 학교 변화에 이바지해야 한다.

학교 변화를 위해 교사는 올바른 평가자의 역할을 수행해야 한다. 일지 #2에서 최 교사가 범하고 있는 평정의 오류는 논리적 오류이다. 왜냐하면 1학기 성적과는 관련성이 없는 지난 학기 성적을 반영하여 이번 학기 평가에 반영했기 때문이다. 이러한 문제를 해결하기 위한 객관도 검증 방법은 다음과 같다. 첫째, 다수인 평가를 실시한다. 한 명의 교사가 평가하는 것이 아니라 여러 교사가 평가하여 객관도를 높이는 것이다. 둘째, 평가자 소양을 실시한다. 평가자를 교육시켜 객관적 평가가 이루어지도록 하는 것이다. 다음으로 최 교사가 언급한 문항 변별도란 문항에 따라 피험자의 능력을 변별하는 정도를 지수로 나타낸 것이다. 문항 변별도를 활용하여 수학 시험 1번 문항을 해석하면 다음과 같다. 상위 집단 정답자 수에서 하위 집단 정답자 수를 뺀 값을 전체 응시자 수를 절반으로 나눈 값으로 나누게 되면 −0.2가 나온다. 이는 상위 집단보다 하위 집단이 정답을 더 많이 맞혔기 때문에 문항 변별도가 낮다고 볼 수 있다. 이처럼 올바른 평가를 통해 교육의 질을 높여 학교 변화를 이끌어 내는 것 역시 교사가 해야 할 일 중 하나이다.

학교를 변화시키기 위해서는 교육행정, 특히 지도성 부분에 관심을 가질 필요가 있다. 일지 #3에서 중진 교사들이 교육 내용에 부여하는 교육목적은 외재적 목적이다. 외재적 목적은 단기간의 목표만 바라보기 때문에 교육의 질을 저하시킨다는 단점이 있다. 이를 보완하기 위해서는 학교 경영자인 교장의 역할과 리더십이 무엇보다 중요하다. 위 교장이 직면한 사태를 설명할 수 있는 리더십 이론은 리더십 대용 상황 이론이다. 교장은 교사에게 보상과 지도할 권력이 있으나 교사들이 이에 관심이 없는 억제 상황과 관련된다. 리더십 대용 상황 이론은 이처럼 상황에 따라 지도자의 리더십이 대체되거나 억제되는 이론을 말한다. 다음으로 스필레인의 분산적 지도성에 근거하여 구성원 모두를 지도자로 구성하여 각 부서에서 지도성을 분산시켜 모두가 학교 변화를 이끌도록 할 수 있다.

09회

최종 모범답안 (9회차 – B)

<table>
<tr><td colspan="2">본인은 수험생 유의 사항을 숙지하였으며 이를 지키지 않아 발생하는 모든 불이익을 감수할 것을 서약합니다.</td><td rowspan="8">수
험
번
호</td><td>① ②</td><td colspan="2">※ 결시자 확인란(수험생은 표기하지 말 것)</td></tr>
<tr><td colspan="2"></td><td>⓪ ① ② ③ ④ ⑤ ⑥ ⑦ ⑧ ⑨</td><td rowspan="3">결시자 설명과 수험 번호 기재
검은색 펜으로 결시자 수험 번호, 쪽 번호와 우측란은 ‘●’로 표기</td><td rowspan="3">○</td></tr>
<tr><td colspan="2">성 명</td><td>① ② ③ ④ ⑤ ⑥ ⑦ ⑧ ⑨</td></tr>
<tr><td colspan="2"></td><td>⓪ ① ② ③ ④ ⑤ ⑥ ⑦ ⑧ ⑨</td></tr>
<tr><td rowspan="4">교육학 논술 전용 답안지</td><td>쪽 번호</td><td>⓪ ① ② ③ ④ ⑤ ⑥ ⑦ ⑧ ⑨</td><td colspan="2">※ 감독관 확인란(수험생은 표기하지 말 것)</td></tr>
<tr><td rowspan="3">①●</td><td>⓪ ① ② ③ ④ ⑤ ⑥ ⑦ ⑧ ⑨</td><td rowspan="3">– 본인 여부, 성명, 수험 번호, 쪽 번호 기록이 정확한지 확인 후 서명/날인
– 결시자는 위의 결시자 확인란에도 표기</td><td rowspan="3">(서명 또는 날인)</td></tr>
<tr><td>⓪ ① ② ③ ④ ⑤ ⑥ ⑦ ⑧ ⑨</td></tr>
<tr><td>⓪ ① ② ③ ④ ⑤ ⑥ ⑦ ⑧ ⑨</td></tr>
</table>

- 수험 번호와 쪽 번호는 검은색 펜을 사용하여 ‘●’로 표기하시오.
- 답안은 지워지거나 번지지 않는 동일한 종류의 검은색 펜을 사용하여 작성하시오(연필/사인펜/수정테이프/수정액 사용 불가).
- 수험생 유의 사항을 위반하여 작성한 답안의 경우, 해당 부분이나 답안지 전체를 채점하지 않으니 유의하시오.

이처럼 적절한 지도성 이론을 반영하여 보다 나은 학교로 변화시키기 위해서는 교사의 노력이 필요하다.

마지막으로 학교의 변화를 위해 교사는 적합한 교육과정을 선정해야 한다. 본 글에서 최 교사가 언급한 교육 활동과 관련된 목표를 아이즈너가 제시한 교육 목표에 근거해 살펴보면 다음과 같다. 첫 번째, 몸이 불편한 친구를 돕기 위한 방법을 찾거나 한정된 시간에 학습 효과를 최대화할 수 있는 방법을 찾는 목표는 문제해결 목표이다. 두 번째, 수업 목표를 정하지 않고 활동을 통해 얻을 수 있는 것은 표현적 결과에 해당한다. 이러한 개념에 근거하여 목표를 평가할 때는 행동적 용어로 진술된 목표뿐만 아니라 부수적인 것까지 평가하는 참평가를 실시해야 한다. 이러한 예술적 교육과정의 단점으로는 실질적 내용 제시를 하지 않아 실제 교육 현장에서 구현시키는 것이 어렵다는 점이다. 이처럼 학교 변화를 이끌기 위해 교육과정 측면에서도 신경 써야 한다.

지금까지 학교의 변화를 이끌어 내는 교사의 역할이라는 주제로 교수학습, 교육평가, 지도성 이론에 대하여 교육과정 측면에서 논하였다. 변화하는 시대와 교육의 흐름에 따라 학교도 변해야 한다. 그러기 위해서는 교사의 역할이 무엇보다 중요하다.

첨삭 배우기
(9회차 - C)

급변하는 사회를 맞이하여 학교 현장에도 많은 변화가 ~~요구되는 실정이다.~~ 요구되고 있다 특히 정보화 시대에 ~~걸맞는~~[1]걸맞은 각종 학습 보조기기, 교수 학습 활동 등 교사가 학교 상황에 맞는 다양한 교육을 지원하는 노력이 중시되고 있다. 따라서 본 글에서는 학교의 변화를 이끌어 내는 교사의 역할이라는 주제로 교수학습, 교육평가, 지도성 이론, 교육과정의 관점에서 각각 논의하고자 한다.

[1] 해당 단어는 논술문 답안에서 종종 사용하는 단어이므로, 적절한 표현을 알아두는 것이 좋습니다.

학교의 궁극적인 변화를 위해서 교사는 교실 내 수업을 점검해야 한다. 가네의 교수학습 이론에 근거할 때 최 교사의 교수 활동과 관련된 수업 사태는 빨간색으로 강조할 내용에 밑줄을 긋는 것으로 보아 자극자료제시에 해당한다. 자극자료제시란 학습자가 새로 학습해야 할 내용을 제시하는 ~~단계로서~~[2]단계로, 독특한 특징을 부여할 때 학습자의 기억을 ~~촉진서킬~~촉진할 수 있다. 이러한 자극자료제시 활동을 통해 유발하고자 하는 학습내적 학습은 선택적 지각이다. 교사가 새로운 학습 내용을 제시하면 학습자는 이를 선택적으로 지각하고 작업기억에 저장하게 된다. 이와 같은 언어정보 영역을 가르치기 위해 최 교사는 선행조직자나 청킹을 제시하는 등의 교수 학습 전략을 사용할 수 있다. 따라서 교사는 교수 학습을 설계할 때 가네의 이론을 반영하여 학생의 학습 영역과 단계에 따른 효과적인 전략을 활용하여 수업을 변화시켜야 한다.

[2] '~서'는 자격과 신분 등을 나타내는 단어로 '교사로서'와 같은 경우에만 사용해야 합니다.

교수 학습을 성공적으로 계획하였다면 이에 따른 평가가 제대로 아루어졌는지 확인해 볼 필요가 있다. 최 교사는 학생들의 수행평가 과정에서 학생들의 발표 능력이 비슷해 지난 학기의 성적을 참고하는 등의 오류를 보이고 있다. 이때 최 교사가 범하는 평정의 오류는 근접한 영역을 구분짓지 못하고 평가하는 근접의 오류에 해당한다. 이러한 문제를 해결하기 위한 객관도 검증 방법은 다음과 같다. 첫째, 명확한 평가 기준을 제시해 주는 루브릭을 활용하여 객관적인 평가를 ~~진행할 수 있다.~~ 진행한다. 둘째, 평가를 담당하는 평가자의 소양을 함양시켜 평가자의 객관성을~~확보해야 한다.~~ 확보한다. ~~이어서~~[3]한편 문항변별도란 피험자의 능력을 변별할 수 있는 정도를 의미한다. 문항변별도의 개념을 활용하여 수학 시험 1번 문항을 ~~해석해보자면~~해석했을 때, 문항변별도는 −0.2에 해당한다. 1에 가까울수록 문항이 ~~바람직하기 때문에~~바람직하므로 1번 문항의 변별도는 떨어진다고 해석할 수 있다. 따라서 교사는 수업 내용에 ~~대한 평가를 할 때 평가과정 중에서~~[4] ~~오류가 발생하지 않고~~대해 평가할 때 평가 과정 중에 오류를 범하지 않고 객관적인 평가를 진행해야 하며 문항변

[3] 앞 문장과 이어지지 않기 때문에 접속사 '한편'을 활용하는 것이 좋습니다.

[4] '–에서'는 '학교에서'처럼 장소를 나타내는 명사 뒤에 오는 조사입니다.

09회

별도를 활용하여 평가의 질을 향상시킬 수 있다.

5 문장의 주어가 없을 때는 '은/는'과 같은 조사를 사용하여 주어 역할을 하는 어구를 추가하면 좋습니다.

학교의 변화를 이끌어 내기 위해서는[5] 교사의 지도성이 적절히 발휘되어야 한다. 중진 교사들이 교육 내용에 부여하고 있는 교육 목적은 교사와 학생이 학교에서 습득해야 할 교육 내용에 차별화를 두는 것이다. 이는 교사들이 자신의 필요와 요구에 맞는 교육만 선택하기 때문에 교사의 전문성은 저하되고 업무에 대한 불만족이 생기면서 교수 학습에 소극적으로 참여하게 된다는 단점이 있다. 이어서 교사가 직면한 사태는 리더십 대용상황이론으로 설명할 수 있다. 리더십 대용상황이론은 구성원, 조직, 업무의 특성에 따라 지도자의 리더십이 대체되거나 억제된다는 이론이다. 마지막으로 학교 문화를 개선할 수 있는 ~~방안으로 스필레인의 분산적 지도성을 활용할 수 있다.~~[6]방안으로는 스필레인의 분산적 지도성이 있다. 지도자가 혼자 지도성을 발휘하는 것이 아니라 지도자, 구성원, 상황 간의 상호작용을 통해 지도성을 분산시킴으로써 긍정적인 학교 문화 풍토를 구축할 수 있다. 따라서 학교에서는 교장뿐만 아니라 교사도 지도성을 발휘할 수 있는 여건을 형성하여 학교의 긍정적인 변화를 이끌어 내야 한다.

6 주어와 서술어(+목적어)의 호응이 잘 맞아야 문장이 어색해지지 않습니다.

7 논술문 답안에서는 그럴 수도 있다는 문체보다는 확정적인 문체를 사용하는 것이 좋습니다.

교육과정도 교수학습의 변화에 크게 ~~기여하는 편이다.~~[7]기여한다. 아이즈너의 교육 목표 중에서 최 교사가 언급한 목표는 문제 해결 목표와 표현적 결과이다. 문제 해결 목표는 문제를 해결하는 데 필요한 어떠한 조건이 주어지면 그 조건을 충족시키면서 해결하는 목표이다. 또한 표현적 결과는 구체적인 목표를 제시하지 않고 수업 중 혹은 수업 후에 얻게 되는 결과를 의미한다. 이러한 목표를 평가하는 방법은 참평가이다. 참평가는 실생활에서 학생의 문제해결력을 높이는 데 필요한 평가이다. 마지막으로 아이즈너의 교육 과정은 교육 과정의 통일성을 갖기 어려워 현실에 반영하기에는 한계가 있다는 ~~단점을 가진다.~~ 단점이 있다 따라서 교사는 학생들이 ~~실생활에서 문제해결력을 기를 수 있도록 도와주는~~실생활에서 문제해결력을 기를 수 있도록 도와주기 위한 목표와 평가 방법을 활용해야 한다.

본 글에서는 학교의 변화를 ~~끌어내는~~이끌어 내는 교사의 역할이라는 주제로 다양한 관점에 대해 논의하였다. 우선 교수 학습과 관련한 가네의 이론부터 근접의 오류, 객관성 확보 방법 그리고 문항변별도와 같은 교육 평가 내용을 확인하였다. 이어서 리더십 대용상황 이론과 분산적 지도성을 살펴본 후 마지막으로 아이즈너의 교육과정이론까지 정리하였다. 교사는 이러한 관점을 학교 상황에 적절하게 ~~적용해야 할 뿐만~~적용해야 하며, 아니라 교사 스스로도 자신의 전문성 향상과 자발적인 노력을 통해 ~~학교 변화를 시대에 걸맞게 이끌어야 한다.~~ 시대에 걸맞게 학교 변화를 이끌어 내야 한다.

최종 모범답안 (9회차 - C)

<table>
<tr><td colspan="2">본인은 수험생 유의 사항을 숙지하였으며 이를 지키지 않아 발생하는 모든 불이익을 감수할 것을 서약합니다.</td><td rowspan="8">수
험
번
호</td><td></td><td>① ②</td><td colspan="2">※ 결시자 확인란(수험생은 표기하지 말 것)</td></tr>
<tr><td colspan="2" rowspan="1"></td><td></td><td>⓪ ① ② ③ ④ ⑤ ⑥ ⑦ ⑧ ⑨</td><td rowspan="3">결시자 설명과 수험 번호 기재
검은색 펜으로 결시자 수험 번호, 쪽 번호와 우측란은 '●'로 표기</td><td rowspan="3">○</td></tr>
<tr><td colspan="2">성 명</td><td></td><td>① ② ③ ④ ⑤ ⑥ ⑦ ⑧ ⑨</td></tr>
<tr><td colspan="2"></td><td></td><td>⓪ ① ② ③ ④ ⑤ ⑥ ⑦ ⑧ ⑨</td></tr>
<tr><td rowspan="4">교육학 논술 전용 답안지</td><td>쪽 번호</td><td></td><td>⓪ ① ② ③ ④ ⑤ ⑥ ⑦ ⑧ ⑨</td><td colspan="2">※ 감독관 확인란(수험생은 표기하지 말 것)</td></tr>
<tr><td rowspan="3">●②</td><td></td><td>⓪ ① ② ③ ④ ⑤ ⑥ ⑦ ⑧ ⑨</td><td rowspan="3">- 본인 여부, 성명, 수험 번호, 쪽 번호 기록이 정확한지 확인 후 서명/날인
- 결시자는 위의 결시자 확인란에도 표기</td><td rowspan="3">(서명 또는 날인)</td></tr>
<tr><td></td><td>⓪ ① ② ③ ④ ⑤ ⑥ ⑦ ⑧ ⑨</td></tr>
<tr><td></td><td>⓪ ① ② ③ ④ ⑤ ⑥ ⑦ ⑧ ⑨</td></tr>
</table>

- 수험 번호와 쪽 번호는 검은색 펜을 사용하여 '●'로 표기하시오.
- 답안은 지워지거나 번지지 않는 동일한 종류의 검은색 펜을 사용하여 작성하시오(연필/사인펜/수정테이프/수정액 사용 불가).
- 수험생 유의 사항을 위반하여 작성한 답안의 경우, 해당 부분이나 답안지 전체를 채점하지 않으니 유의하시오.

급변하는 사회를 맞이하여 학교 현장에도 많은 변화가 요구되고 있다. 특히 정보화 시대에 걸맞은 각종 학습 보조기기, 교수학습 활동 등 교사가 학교 상황에 맞는 다양한 교육을 지원하는 노력이 중시되고 있다. 따라서 본 글에서는 학교의 변화를 이끌어 내는 교사의 역할이라는 주제로 교수학습, 교육평가, 지도성 이론, 교육과정의 관점에서 각각 논의하고자 한다.

학교의 궁극적인 변화를 위해서 교사는 교실 내 수업을 점검해야 한다. 가네의 교수학습 이론에 근거할 때 최 교사의 교수 활동과 관련된 수업 사태는 빨간색으로 강조할 내용에 밑줄을 긋는 것으로 보아 자극자료 제시에 해당한다. 자극자료 제시란 학습자가 새로 학습해야 할 내용을 제시하는 단계로, 독특한 특징을 부여할 때 학습자의 기억을 촉진할 수 있다. 이러한 자극자료 제시 활동을 통해 유발하고자 하는 학습 내적 학습은 선택적 지각이다. 교사가 새로운 학습 내용을 제시하면 학습자는 이를 선택적으로 지각하고 작업기억에 저장하게 된다. 이와 같은 언어정보 영역을 가르치기 위해 최 교사는 선행조직자나 청킹을 제시하는 등의 교수학습 전략을 사용할 수 있다. 따라서 교사는 교수학습을 설계할 때 가네의 이론을 반영하여 학생의 학습 영역과 단계에 따른 효과적인 전략을 활용하여 수업을 변화시켜야 한다.

교수학습을 성공적으로 계획하였다면 이에 따른 평가가 제대로 이루어졌는지 확인해 볼 필요가 있다. 최 교사는 학생들의 수행평가 과정에서 학생들의 발표 능력이 비슷해 지난 학기의 성적을 참고하는 등의 오류를 보이고 있다. 이때 최 교사가 범하는 평정의 오류는 근접한 영역을 구분 짓지 못하고 평가하는 근접의 오류에 해당한다. 이러한 문제를 해결하기 위한 객관도 검증 방법은 다음과 같다. 첫째, 명확한 평가 기준을 제시해 주는 루브릭을 활용하여 객관적인 평가를 진행한다. 둘째, 평가를 담당하는 평가자의 소양을 함양시켜 평가자의 객관성을 확보한다. 한편 문항 변별도란 피험자의 능력을 변별할 수 있는 정도를 의미한다. 문항 변별도의 개념을 활용하여 수학 시험 1번 문항을 해석했을 때, 문항 변별도는 −0.2에 해당한다. 1에 가까울수록 문항이 바람직하므로 1번 문항의 변별도는 떨어진다고 해석할 수 있다. 따라서 교사는 수업 내용에 대해 오류를 범하지 않고 객관적인 평가를 진행해야 하며 문항 변별도를 활용하여 평가의 질을 향상시킬 수 있다.

학교의 변화를 이끌어 내기 위해서는 교사의 지도성이 적절히 발휘되어야 한다. 중진 교사들이 교육 내용에 부여하고 있는 교육목적은 교사와 학생이 학교에서 습득해야 할 교육 내용에 차별화를 두는 것이다. 이는 교사들이 자신의 필요와 요구에 맞는 교육만 선택하기 때문에 교사의 전문성은 저하되고 업무에 대한 불만족이 생기면서 교수학습에 소극적으로 참여하게 된다는 단점이 있다. 이어서 교사가 직면한 사태는 리더십 대용 상황 이론으로 설명할 수 있다. 리더십 대용 상황 이론은 구성원, 조직, 업무의 특성에 따라 지도자의 리더십이 대체되거나 억제된다는 이론이다. 마지막으로 학교 문화를 개선할 수 있는 방안으로 스필레인의 분산적 지도성이 있다. 지도자가 혼자 지도성을 발휘하는 것이 아니라 지도자, 구성원, 상황 간의 상호작용을 통해 지도성을 분산시킴으로써 긍정적인

09회

최종 모범답안 (9회차 - C)

<table>
<tr><td colspan="2">본인은 수험생 유의 사항을 숙지하였으며 이를 지키지 않아 발생하는 모든 불이익을 감수할 것을 서약합니다.</td><td rowspan="7">수
험
번
호</td><td>① ②</td><td colspan="2">※결시자 확인란(수험생은 표기하지 말 것)</td></tr>
<tr><td colspan="2">성 명</td><td>⓪ ① ② ③ ④ ⑤ ⑥ ⑦ ⑧ ⑨</td><td rowspan="3">결시자 설명과 수험 번호 기재
검은색 펜으로 결시자 수험 번호, 쪽 번호와 우측란은 '●'로 표기</td><td rowspan="3">○</td></tr>
<tr><td colspan="2"></td><td>① ② ③ ④ ⑤ ⑥ ⑦ ⑧ ⑨</td></tr>
<tr><td rowspan="4">교육학 논술 전용 답안지</td><td>쪽 번호</td><td>⓪ ① ② ③ ④ ⑤ ⑥ ⑦ ⑧ ⑨</td></tr>
<tr><td rowspan="3">①●</td><td>⓪ ① ② ③ ④ ⑤ ⑥ ⑦ ⑧ ⑨</td><td colspan="2">※감독관 확인란(수험생은 표기하지 말 것)</td></tr>
<tr><td>⓪ ① ② ③ ④ ⑤ ⑥ ⑦ ⑧ ⑨
⓪ ① ② ③ ④ ⑤ ⑥ ⑦ ⑧ ⑨</td><td rowspan="2">- 본인 여부, 성명, 수험 번호, 쪽 번호 기록이 정확한지 확인 후 서명/날인
- 결시자는 위의 결시자 확인란에도 표기</td><td rowspan="2">(서명 또는 날인)</td></tr>
<tr><td>⓪ ① ② ③ ④ ⑤ ⑥ ⑦ ⑧ ⑨
⓪ ① ② ③ ④ ⑤ ⑥ ⑦ ⑧ ⑨</td></tr>
</table>

- 수험 번호와 쪽 번호는 검은색 펜을 사용하여 '●'로 표기하시오.
- 답안은 지워지거나 번지지 않는 동일한 종류의 검은색 펜을 사용하여 작성하시오(연필/사인펜/수정테이프/수정액 사용 불가).
- 수험생 유의 사항을 위반하여 작성한 답안의 경우, 해당 부분이나 답안지 전체를 채점하지 않으니 유의하시오.

학교 문화 풍토를 구축할 수 있다. 따라서 학교에서는 교장뿐만 아니라 교사도 지도성을 발휘할 수 있는 여건을 형성하여 학교의 긍정적인 변화를 이끌어 내야 한다.

교육과정도 교수학습의 변화에 크게 기여한다. 아이즈너의 교육 목표 중에서 최 교사가 언급한 목표는 문제 해결 목표와 표현적 결과이다. 문제 해결 목표는 문제를 해결하는 데 필요한 어떠한 조건이 주어지면 그 조건을 충족시키면서 해결하는 목표이다. 또한 표현적 결과는 구체적인 목표를 제시하지 않고 수업 중 혹은 수업 후에 얻게 되는 결과를 의미한다. 이러한 목표를 평가하는 방법은 참 평가이다. 참 평가는 실생활에서 학생의 문제해결력을 높이는 데 필요한 평가이다. 마지막으로 아이즈너의 교육과정은 교육과정의 통일성을 갖기 어려워 현실에 반영하기에는 한계가 있다는 단점이 있다. 따라서 교사는 학생들이 실생활에서 문제해결력을 기를 수 있도록 도와주기 위한 목표와 평가 방법을 활용해야 한다.

본 글에서는 학교의 변화를 이끌어 내는 교사의 역할이라는 주제로 다양한 관점에 대해 논의하였다. 우선 교수학습과 관련한 가네의 이론부터 근접의 오류, 객관성 확보 방법 그리고 문항 변별도와 같은 교육평가 내용을 확인하였다. 이어서 리더십 대용 상황 이론과 분산적 지도성을 살펴본 후 마지막으로 아이즈너의 교육과정 이론까지 정리하였다. 교사는 이러한 관점을 학교 상황에 적절하게 적용해야 하며, 교사 스스로도 자신의 전문성 향상과 자발적인 노력을 통해 시대에 걸맞게 학교 변화를 이끌어 내야 한다.

첨삭 배우기
[9회차 - D]

~~학교 현장은 끊임없는 변화를 추구한다. 최근 코로나19 상황에서도 볼 수 있듯이 교사들은 끊임없는 변화와 발전을 이끌어야 한다.~~[1]최근 코로나19 상황을 거치면서 교사들이 학교 현장의 변화를 이끌어야 한다는 필요성이 강조되고 있다. 이에 따라 본 글에서는 학교 현장의 긍정적인 변화를 이끌어 효과적인 교육을 운영하기 위해서는 어떠한 노력을 해야 하는지 '학교의 변화를 이끌어 내는 교사의 역할'을 주제로 논해 보고자 한다. 이를 교수학습이론의 측면과 교육평가, 교육철학 및 행정, 교육과정의 측면에서 살펴보고, 각각을 위해 어떠한 능력이 요구되는지 알아보고자 한다.

> [1] '끊임없는 변화'라는 말이 연이어 반복되므로 수정이 필요합니다.

~~먼저 학교의 변화를 위해서는 수업과정에 있어서 끊임없는 교사의 성찰이 필요하다.~~ 먼저 교사는[2] 학교의 변화를 위해 끊임없이 성찰할 필요가 있다. 최 교사의 일지에 따르면, 최 교사는[3] 삼각형 내각의 합에 대하여 중요한 부분을 학생들에게 학습을 안내했다. 가네는 이러한 과정을 '학습안내'라는 수업 사태로 정의하면서, 중요한 ~~부분을 제시하거나부분~~이나 구조화된 자료를 제시하는 것으로 보았다. 이에 따라 학생들은 학습 내용을 의식적으로 지각하게 된다. 즉 학생들의 내적 ~~학습은학습~~에서 의식적 지각단계가 일어나고 있음을 알 수 있다. 한편 영희는 필기 시간을 요청하며 나중에 다시 생각나지 않을 것 같다는 자신의 인지 능력을 조절하고 있다. ~~이러한 모습으로 미루어 보아 영희는 자신의 인지능력을 조절하고 있으며, 인지능력의 학습영역을 가르치기 위해 최교사는 직접 인지능력조절시범을 보이는 등의 교수전략을 채택해야 한다.~~[4]최 교사는 영희에게 인지 능력의 학습 영역을 가르치기 위해 직접 인지능력 조절 시범을 보이는 등의 교수 전략을 채택해야 한다. 이렇게 교수 학습에 대한 성찰 및 연구를 바탕으로 수업을 개선해 나가는 것은 학교의 변화를 이끌어 내는 교사가 되는 첫걸음이 될 수 있다.

> [2] 문장의 주체를 가장 먼저 쓰는 것이 좋습니다.
>
> [3] 문장에서 설명하는 내용의 주체를 밝혀 적어야 합니다.
>
> [4] '영희는 자신의 인지능력을 조절하고 있으며'는 앞서 나온 내용과 중복되어 제거하는 것이 좋습니다.

최 교사는 수업뿐 아니라 시험 결과를 통해서도 학생들의 학습과 관련된 부분을 해석하고 있다. 제시문에 따르면 최 교사는 수행평가를 통해 학생들의 발표 능력을 평가하고자 하였다. 이렇게 학생들의 수행 결과를 채점할 때는 오류가 발생하지 않도록 하여 정확한 평가 결과를 제시해야 한다. 하지만 최 교사는 지난 학기 성적을 참고하여 성적을 주었다. 이렇게 평가하면 논리의 오류를 범하게 되는데, 이는 논리적 관계가 없음에도 두 가지 (지난 학기 성적과 수행평가) 항목 사이에 유사성이 있다고 착오하여 생기는 오류이다. 이러한 오차를 범하게 되면 학생들을 정확히 파악하지 못하고 적절한 변화를 일으킬 수 없게 된다. 이때(추가) 오차를 줄이고 객관도를 검증하기 위해서는(추가) 반분신뢰도 검사나 문항내적일치도 검사 등을 활용할 수 있다. 이런 노력으로 평가에 대한 정확도를 높인다면 학교의 긍적적인 변화를 이끄는 데 도움이 된다. 또한 최 교사는 이 시험 결과에 대하여 문항변별도 개념을 활용하여 문항을 분석하고자 하였다. ~~문항변별되는 해당문제가~~문항변별도는 해당 문제가 상위 혹은 하위의 학생들을 얼마나 잘 구분해 내는지 확인할 수 있는 지표로, 전체 정답자 수에 비하여 상위 50% 학생들 중의 정답자 수를 비교한다. 이에 따라 1번 문항을 해석하면, 정답을 고른 학생들이 상위 집단보다 하위 집단에 더 많이 있으므로 이 문항은 문항변별도가 낮은 문항임을 알 수 있다. 이러한 과정을 통해 교사는 자신의 평가 도구에 대하여 문제점을 발견하고 이를 발전시킬 수 있게 된다.

[5] 조사 '을/를'을 생략할 수 있는 경우라면 생략하는 것이 더 자연스럽습니다.

[6] 오탈자에 유의해야 합니다.

한편, 제시문에 따르면 이 학교의 중진 교사들은 IT 자격증 취득에 대한 부정적인 반응을 보이면서 교육의 목표에 ~~대한 토론을 한다.~~[5]대해 토론한다. 특히 이들은 교육의 외재적 목표를 강조하면서 학생들이 IT 자격증을 대학 입시에 사용할 수 있지만 ~~실생황에~~[6]실생활에는 쓸모가 없다고 주장한다. 이러한 목표를 가지고 교육에 임하게 되면 교육을 수단으로 ~~여기에~~여기게 되어 교육의 본질적인 목표 관심과 정의적 ~~교육의 소홀화 등의 문제점이 발생한다.~~교육이 소홀해질 수 있다. 이러한 문제점을 개선하려면 슈퍼리더십을 펼쳐 구성원이 스스로 지도하는 능력을 기를 수 있게 ~~해야 하며,~~해야 한다. 즉 스필레인이 주장한 것처럼 여러 학교 구성원의 의견을 듣고 이를 반영한 리더십을 펼쳐야 한다. 이를 통해 학교는 ~~변화를 일으키기에 주지하지 않고 참여할~~주저하지 않고 변화에 참여할 수 있는 분위기를 갖게 된다.

마지막으로 교육 과정에 대한 논의 역시 학교 변화를 ~~끌어내기~~이끌어 내기 위해 필수적이다. 아이즈너는 최 교사가 언급한 것처럼, 실생활의 문제를 다양한 조건하에서 해결하는 문제 해결 목표와 수업 전에 설정하지 않고 교육 활동을 통해 나타나는 행동적인 결과인 표현적 목표를 주장했다. 제시문에 따르면 몸이 불편한 친구를 돕기 위한 방안과 학습 효과를 최대화할 수 있는 공부 방법 찾기는 문제 해결 목표이다. 이러한 문제 해결 목표와 표현적 목표를 평가하기 위해서는 수행평가를 실시하여야 한다. 이렇게 아이즈너의 예술적 교육 과정을 운영하는 경우 국가 또는 학교의 교육 과정과 동떨어진 내용을 학습하지 않도록 유의해야 한다.

이처럼 학교의 변화를 이끌어 내는 교사가 되기 위해서는 교수학습과정과 교육평가를 통해 학생들과 끊임없이 소통하고 이들을 파악하고자 해야 한다. 또, 교육 목적 등 교육철학에 대해 끊임없이 고찰하고, 효율적인 리더십을 고민하며, 변화에 적합한 교육 과정을 채택해야 한다~~는 것들이 글을 통해 알아보았다~~. 교사와 ~~관계자는~~학교 구성원은 전문적인 교육적 지식을 바탕으로 변화를 유도해 나가기 위해 자신을 지속적으로 성장시켜야 한다.

최종 모범답안 (9회차 - D)

본인은 수험생 유의 사항을 숙지하였으며 이를 지키지 않아 발생하는 모든 불이익을 감수할 것을 서약합니다.		수험번호	① ②	※ 결시자 확인란(수험생은 표기하지 말 것)	
성 명			⓪ ① ② ③ ④ ⑤ ⑥ ⑦ ⑧ ⑨	결시자 설명과 수험 번호 기재 검은색 펜으로 결시자 수험 번호, 쪽 번호와 우측란은 '●'로 표기	○
			① ② ③ ④ ⑤ ⑥ ⑦ ⑧ ⑨		
			⓪ ① ② ③ ④ ⑤ ⑥ ⑦ ⑧ ⑨		
교육학 논술 전용 답안지	쪽 번호		⓪ ① ② ③ ④ ⑤ ⑥ ⑦ ⑧ ⑨	※ 감독관 확인란(수험생은 표기하지 말 것)	
	●②		⓪ ① ② ③ ④ ⑤ ⑥ ⑦ ⑧ ⑨	- 본인 여부, 성명, 수험 번호, 쪽 번호 기록이 정확한지 확인 후 서명/날인	(서명 또는 날인)
			⓪ ① ② ③ ④ ⑤ ⑥ ⑦ ⑧ ⑨	- 결시자는 위의 결시자 확인란에도 표기	
			⓪ ① ② ③ ④ ⑤ ⑥ ⑦ ⑧ ⑨		

- 수험 번호와 쪽 번호는 검은색 펜을 사용하여 '●'로 표기하시오.
- 답안은 지워지거나 번지지 않는 동일한 종류의 검은색 펜을 사용하여 작성하시오(연필/사인펜/수정테이프/수정액 사용 불가).
- 수험생 유의 사항을 위반하여 작성한 답안의 경우, 해당 부분이나 답안지 전체를 채점하지 않으니 유의하시오.

최근 코로나19 상황을 거치면서 교사들이 학교 현장의 변화를 이끌어야 한다는 필요성이 강조되고 있다. 이에 따라 본 글에서는 학교 현장의 긍정적인 변화를 이끌어 효과적인 교육을 운영하기 위해서는 어떠한 노력을 해야 하는지 '학교의 변화를 이끌어 내는 교사의 역할'을 주제로 논해보고자 한다. 이를 교수학습 이론의 측면과 교육평가, 교육철학 및 행정, 교육과정의 측면에서 살펴보고, 각각을 위해 어떠한 능력이 요구되는지 알아보고자 한다.

먼저 교사는 학교의 변화를 위해 끊임없이 성찰할 필요가 있다. 최 교사의 일지에 따르면, 최 교사는 삼각형 내각의 합에 대하여 중요한 부분을 학생들에게 학습을 안내했다. 가네는 이러한 과정을 '학습 안내'라는 수업 사태로 정의하면서, 중요한 부분이나 구조화된 자료를 제시하는 것으로 보았다. 이에 따라 학생들은 학습 내용을 의식적으로 지각하게 된다. 즉 학생들의 내적 학습에서 의식적 지각 단계가 일어나고 있음을 알 수 있다. 한편 영희는 필기 시간을 요청하며 나중에 다시 생각나지 않을 것 같다는 자신의 인지능력을 조절하고 있다. 최 교사는 영희에게 인지능력의 학습 영역을 가르치기 위해 직접 인지능력 조절 시범을 보이는 등의 교수 전략을 채택해야 한다. 이렇게 교수학습에 대한 성찰 및 연구를 바탕으로 수업을 개선해 나가는 것은 학교의 변화를 이끌어 내는 교사가 되는 첫걸음이 될 수 있다.

최 교사는 수업뿐 아니라 시험 결과를 통해서도 학생들의 학습과 관련된 부분을 해석하고 있다. 제시문에 따르면 최 교사는 수행평가를 통해 학생들의 발표 능력을 평가하고자 하였다. 이렇게 학생들의 수행 결과를 채점할 때는 오류가 발생하지 않도록 하여 정확한 평가 결과를 제시해야 한다. 하지만 최 교사는 지난 학기 성적을 참고하여 성적을 주었다. 이렇게 평가하면 논리의 오류를 범하게 되는데, 이는 논리적 관계가 없음에도 두 가지(지난 학기 성적과 수행평가) 항목 사이에 유사성이 있다고 착오하여 생기는 오류이다. 이러한 오차를 범하게 되면 학생들을 정확히 파악하지 못하고 적절한 변화를 일으킬 수 없게 된다. 이때 오차를 줄이고 객관도를 검증하기 위해서는 반분신뢰도 검사나 문항 내적 일치도 검사 등을 활용할 수 있다. 이런 노력으로 평가에 대한 정확도를 높인다면 학교의 긍정적인 변화를 이끄는 데 도움이 된다.

또한 최 교사는 이 시험 결과에 대하여 문항 변별도 개념을 활용하여 문항을 분석하고자 하였다. 문항 변별도는 해당 문제가 상위 혹은 하위의 학생들을 얼마나 잘 구분해 내는지 확인할 수 있는 지표로, 전체 정답자 수에 비하여 상위 50% 학생 중의 정답자 수를 비교한다. 이에 따라 1번 문항을 해석하면, 정답을 고른 학생들이 상위 집단보다 하위 집단에 더 많이 있으므로 이 문항은 문항 변별도가 낮은 문항임을 알 수 있다. 이러한 과정을 통해 교사는 자신의 평가 도구에 대하여 문제점을 발견하고 이를 발전시킬 수 있게 된다.

한편, 제시문에 따르면 이 학교의 중진 교사들은 IT 자격증 취득에 대한 부정적인 반응을 보이면서 교육의 목표에 대해 토론한다. 특히 이들은 교육의 외재적 목표를 강조하면서 학생들이 IT 자격증을 대학 입시에 사용할 수 있지만 실생활에는 쓸모가 없다고 주장한다.

최종 모범답안 (9회차 - D)

본인은 수험생 유의 사항을 숙지하였으며 이를 지키지 않아 발생하는 모든 불이익을 감수할 것을 서약합니다.		수험번호	① ②	※결시자 확인란(수험생은 표기하지 말 것)	
성 명			⓪ ① ② ③ ④ ⑤ ⑥ ⑦ ⑧ ⑨	결시자 설명과 수험 번호 기재 검은색 펜으로 결시자 수험 번호, 쪽 번호와 우측란은 '●'로 표기	○
			① ② ③ ④ ⑤ ⑥ ⑦ ⑧ ⑨		
			⓪ ① ② ③ ④ ⑤ ⑥ ⑦ ⑧ ⑨		
교육학 논술 전용 답안지	쪽 번호		⓪ ① ② ③ ④ ⑤ ⑥ ⑦ ⑧ ⑨	※감독관 확인란(수험생은 표기하지 말 것)	
	①●		⓪ ① ② ③ ④ ⑤ ⑥ ⑦ ⑧ ⑨	- 본인 여부, 성명, 수험 번호, 쪽 번호 기록이 정확한지 확인 후 서명/날인 - 결시자는 위의 결시자 확인란에도 표기	(서명 또는 날인)
			⓪ ① ② ③ ④ ⑤ ⑥ ⑦ ⑧ ⑨		
			⓪ ① ② ③ ④ ⑤ ⑥ ⑦ ⑧ ⑨		

- 수험 번호와 쪽 번호는 검은색 펜을 사용하여 '●'로 표기하시오.
- 답안은 지워지거나 번지지 않는 동일한 종류의 검은색 펜을 사용하여 작성하시오(연필/사인펜/수정테이프/수정액 사용 불가).
- 수험생 유의 사항을 위반하여 작성한 답안의 경우, 해당 부분이나 답안지 전체를 채점하지 않으니 유의하시오.

이러한 목표를 가지고 교육에 임하게 되면 교육을 수단으로 여기게 되어 교육의 본질적인 목표 관심과 정의적 교육이 소홀해질 수 있다. 이러한 문제점을 개선하려면 슈퍼리더십을 펼쳐 구성원이 스스로 지도하는 능력을 기를 수 있게 해야 한다. 즉 스필레인이 주장한 것처럼 여러 학교 구성원의 의견을 듣고 이를 반영한 리더십을 펼쳐야 한다. 이를 통해 학교는 주저하지 않고 변화에 참여할 수 있는 분위기를 갖게 된다.

마지막으로 교육과정에 대한 논의 역시 학교 변화를 이끌어 내기 위해 필수적이다. 아이즈너는 최 교사가 언급한 것처럼, 실생활의 문제를 다양한 조건하에서 해결하는 문제 해결 목표와 수업 전에 설정하지 않고 교육 활동을 통해 나타나는 행동적인 결과인 표현적 목표를 주장했다. 제시문에 따르면 몸이 불편한 친구를 돕기 위한 방안과 학습 효과를 최대화할 수 있는 공부 방법은 문제 해결 목표 탐색이다. 이러한 문제 해결 목표와 표현적 목표를 평가하기 위해서는 수행평가를 실시하여야 한다. 이렇게 아이즈너의 예술적 교육과정을 운영하는 경우 국가 또는 학교의 교육과정과 동떨어진 내용을 학습하지 않도록 유의해야 한다.

이처럼 학교의 변화를 이끌어 내는 교사가 되기 위해서는 교수학습 과정과 교육평가를 통해 학생들과 끊임없이 소통하고 이들을 파악하고자 해야 한다. 또, 교육 목적 등 교육철학에 대해 끊임없이 고찰하고, 효율적인 리더십을 고민하며, 변화에 적합한 교육과정을 채택해야 한다. 교사와 학교 구성원은 전문적인 교육적 지식을 바탕으로 변화를 유도해 나가기 위해 자신을 지속적으로 성장시켜야 한다.

09회

첨삭 배우기 (9회차 - E)

학교는 학생들의 자아 실현을 돕는 곳이다. 교사는 학생들이 학교에 적응하고 자신의 자아를 실현할 수 있도록 도와야 한다. 이를 위해서 교사는 가네의 교수학습 이론, 평정의 오류, 리더십 대용상황이론, 아이즈너의 예술적 교육과정에 대하여 전문성과 역량을 갖추어 학교의 변화를 위해 노력해야 한다. 따라서 본 글에서는 학교의 변화를 이끌어 내는 교사의 역할을 주제로 교수학습, 교육평가, 지도성이론, 교육과정에 대하여 논의해 보도록 하겠다.

먼저 최 교사의 교수 활동을 가네의 교수학습이론으로 설명할 수 있다. 최 교사는 선택적 지각을 유도하는 학습 활동을 실시하며 자극자료 제시하기의 수업 사태를 발생시키고자 한다. 선택적 지각이란 학생들이 제시된 학습 자극을 선택적으로 지각해 작업기억에 저장하는 학습이다. 이에 영희는 선택적 지각이 이루어지며 가네가 제시한 학습 영역 중 언어정보와 관련된 행동을 나타내고 있다. 언어정보란 명제적 지식을 기억해 언어로 표현하는 능력으로, 교사가 설명하는 내용을 기억하기 위해 ~~필커를 하고자~~❶필기하고자하는 행동에서 알 수 있다. 교사는 언어정보를 가르치기 위해 학습 주제와 관련된 다양한 사례와 예시를 제공함으로써 기억을 돕는 인지적 유연성 전략을 활용할 수 있다. 이처럼 가네의 이론에 따라 학생들의 내적인 학습과 외적 학습이 일치하는 수업을 진행한다면 학습자의 학습 효과가 극대화되는 방향으로 학교가 변화될 수 있다.

❶ 조사 '을/를/이/가'를 쓰지 않아도 되는 상황에서는 안 쓰는 것이 좋습니다.

다음으로 최 교사는 일지 #2에서 평정의 오류를 범하고 있다. 최 교사가 범하고 있는 인상의 오류는 평가자가 피평가자의 특정 인상을 토대로 좋거나 나쁘게 평가하는 것으로, 최 교사는 지난 학기 성적을 참고해 ~~평가함으로서~~❷평가함으로써 학생들을 특정 인상에 비추어 평가하고 있다. 이 문제를 해결하기 위해서는 평가의 객관도를 높여야 한다. 객관도를 검증하기 ~~검증하는 방안에는 첫째, 채점자 내 일관성을 확인한다. 둘째, 채점자 간 일관성을 확인한다.~~위해서는, 채점자 내 일관성과 채점자 간 일관성을 확인해야 한다.❸ ~~그럼에도~~❹그런데도 ~~발생하는 평가의 문제서~~평가 시 문제가 발생한다면 문항변별도를 활용할 수 있다. 문항변별도란 문항이 상위 집단과 하위 집단을 얼마나 변별할 수 있는지와 관련된 지수이다. 문항변별도에 근거하면 논란이 된 수학 문제는 변별도가 -1로, 상위 집단과 하위 집단을 제대로 분별하지 못한 문항이다. 따라서 변별도가 1에 가깝도록 문항을 수정하거나 대체하는 것이 바람직하다. 이처럼 평가의 ~~오류개선과 높은 객관도, 문항변별도가 유~~

❷
1. 문장에서 설명하고 있는 주체를 문장의 앞 부분에 밝혀 적는 것이 좋습니다.
2. '~로서'는 '학생으로서'와 같이 자격이나 신분을 나타날 때 사용합니다. 이 경우에는 수단과 과정의 의미를 전달하는 것이므로 '~로서'가 적합합니다.

❸ 다음과 같이 수정하는 것을 제안합니다. 첫째, 둘째, 이후에 오는 어구가 짧은 경우에는 표지어(첫째, 둘째)를 사용하지 않는 것이 더 자연스럽습니다.

❹ '그럼에도'보다는 '그런데도'를 쓰는 것이 맞습니다.

~~지된다면 더 나은 학교로 변화될 수 있다.~~ 오류를 개선하고 높은 객관도와 문항변별도를 유지한다면 더 나은 학교로 변화시킬 수 있다.

한편 중진 교사들은 교장과 다른 목표를 가지고 있다. 중진 교사들은 교육의 ~~목적으로~~ 목적을 교육 내용이 실생활에 얼마나 유용한지에 두며 문제해결력 향상과 창의성 ~~증진에 교육목적을 부여한다.~~ 증진을 목표로 한다. 그러나 이러한 목적은 주지교과의 중요성을 간과하며 기초 학력 저하의 문제를 불러올 수 있다는 단점이 있다. 이러한 상황에서 교장은 리더십 대용상황이론과 직면한다. 리더십 대용상황이론이란 상황에 따라 리더십이 대체되거나 억제될 수 있다는 이론으로, 교장은 리더십이 억제되고 무력화되는 억제상황에 직면해 있다. 이는 스필레인의 분산적 지도성이론에 따라 구성원을 의사 결정에 적극적으로 참여시켜 공동의 의사 결정 방안을 내놓는 문화로 ~~개선함으로서~~개선함으로써 해결될 수 있다. 이처럼 교장과 같은 지도자가 구성원을 의사 결정에 적극적으로 참여시킬 때 구성원의 직무 만족도가 높아져 직무 수행의 효율이 좋아지고 ~~학교의 발전과 변화에도 긍정적일 수 있다.~~ 학교 또한 긍정적으로 발전하고 변화할 수 있다.

마지막으로 최 교사는 행동적 목표 ~~이외는~~외의 다른 목표들도 ~~고려하고자 한다.~~ 고려하고 있다 최 교사가 고려할 수 있는 목표에는 첫째, 문제해결 목표가 있다. 이는 해결 방안이 정해져 있지 않은 문제의 해결 방안을 찾아 보도록 하는 목표로 다양한 학습 결과를 유도할 수 있다. 둘째, 표현적 결과이다. 이는 수업 목표를 정하지 않고 수업을 진행해 수업 중이나 후, 학생들이 의미 있는 무언가를 학습하는 목표이다. 이러한 목표들은 ~~참평가에 의~~해 참 평가로 평가할 수 있다. 교육적 감식안을 통해 학생들의 성취물 사이 미묘한 차이를 감식하고 교육비평을 통해 이를 일반인도 알아볼 수 있게 표현한다면 학생들의 다양한 학습 결과를 모두 평가할 수 있다. 그러나 이러한 교육 과정은 현실에 적용하기 어렵다는 단점이 존재한다. 이처럼 행동적 목표 이외의 다양한 목표를 고려한 수업을 진행할 때 비로소 학생들의 다양한 생각과 배움을 포용하는 학교들의 변화가 실현될 수 있다.

지금까지 학교의 변화를 이끌어 내는 교사의 역할을 주제로 교수학습, 교육평가, 지도성이론, 교육과정에 대하여 ~~논의해 보았다.~~ [5]논의하였다 교사는 학습자의 내적인 학습 과정에 맞추어 학습을 진행해야 하며, 평정의 오류를 범하지 않도록 유의해야 한다. 또한 지도자의 리더십이 상황에 따라 대체되거나 억제될 수 있음을 인지하며 학생들의 폭넓은 학습을 위해 다양한 목표를 설정할 수 있도록 고민하고 노력해야 한다. 이처럼 교사가 꾸준히 노력하고 연구할 때 학교의 긍정적 변화를 이끌어 낼 수 있다.

5 '논의하였다'로 조금 더 확정적인 표현을 사용하는 것이 좋습니다.

09회

최종 모범답안 (9회차 - E)

본인은 수험생 유의 사항을 숙지하였으며 이를 지키지 않아 발생하는 모든 불이익을 감수할 것을 서약합니다.		수험번호	① ②	※결시자 확인란(수험생은 표기하지 말 것)	
성 명			⓪ ① ② ③ ④ ⑤ ⑥ ⑦ ⑧ ⑨	결시자 설명과 수험 번호 기재 검은색 펜으로 결시자 수험 번호, 쪽 번호와 우측란은 '●'로 표기	○
			① ② ③ ④ ⑤ ⑥ ⑦ ⑧ ⑨		
			⓪ ① ② ③ ④ ⑤ ⑥ ⑦ ⑧ ⑨		
교육학 논술 전용 답안지	쪽 번호		⓪ ① ② ③ ④ ⑤ ⑥ ⑦ ⑧ ⑨	※감독관 확인란(수험생은 표기하지 말 것)	
	●②		⓪ ① ② ③ ④ ⑤ ⑥ ⑦ ⑧ ⑨	- 본인 여부, 성명, 수험 번호, 쪽 번호 기록이 정확한지 확인 후 서명/날인	(서명 또는 날인)
			⓪ ① ② ③ ④ ⑤ ⑥ ⑦ ⑧ ⑨	- 결시자는 위의 결시자 확인란에도 표기	
			⓪ ① ② ③ ④ ⑤ ⑥ ⑦ ⑧ ⑨		

- 수험 번호와 쪽 번호는 검은색 펜을 사용하여 '●'로 표기하시오.
- 답안은 지워지거나 번지지 않는 동일한 종류의 검은색 펜을 사용하여 작성하시오(연필/사인펜/수정테이프/수정액 사용 불가).
- 수험생 유의 사항을 위반하여 작성한 답안의 경우, 해당 부분이나 답안지 전체를 채점하지 않으니 유의하시오.

학교는 학생들의 자아실현을 돕는 곳이다. 교사는 학생들이 학교에 적응하고 자신의 자아를 실현할 수 있도록 도와야 한다. 이를 위해서 교사는 가네의 교수학습 이론, 평정의 오류, 리더십 대용 상황 이론, 아이즈너의 예술적 교육과정에 대하여 전문성과 역량을 갖추어 학교의 변화를 위해 노력해야 한다. 따라서 본 글에서는 '학교의 변화를 이끌어 내는 교사의 역할'을 주제로 교수학습, 교육평가, 지도성 이론, 교육과정에 대하여 논의해 보도록 하겠다.

먼저 최 교사의 교수 활동을 가네의 교수학습 이론으로 설명할 수 있다. 최 교사는 선택적 지각을 유도하는 학습 활동을 실시하며 자극자료 제시하기의 수업 사태를 발생시키고자 한다. 선택적 지각이란 학생들이 제시된 학습 자극을 선택적으로 지각해 작업기억에 저장하는 학습이다. 이에 영희는 선택적 지각이 이루어지며 가네가 제시한 학습 영역 중 언어정보와 관련된 행동을 나타내고 있다. 언어 정보란 명제적 지식을 기억해 언어로 표현하는 능력으로, 교사가 설명하는 내용을 기억하기 위해 필기하고자 하는 행동에서 알 수 있다. 교사는 언어정보를 가르치기 위해 학습 주제와 관련된 다양한 사례와 예시를 제공함으로써 기억을 돕는 인지적 유연성 전략을 활용할 수 있다. 이처럼 가네의 이론에 따라 학생들의 내적인 학습과 외적 학습이 일치하는 수업을 진행한다면 학습자의 학습 효과가 극대화되는 방향으로 학교가 변화될 수 있다.

다음으로 최 교사는 일지 #2에서 평정의 오류를 범하고 있다. 최 교사가 범하고 있는 인상의 오류는 평가자가 피평가자의 특정 인상을 토대로 좋거나 나쁘게 평가하는 것으로, 최 교사는 지난 학기 성적을 참고해 평가함으로써 학생들을 특정 인상에 비추어 평가하고 있다. 이 문제를 해결하기 위해서는 평가의 객관도를 높여야 한다. 객관도를 검증하기 위해서는, 첫째, 채점자 내 일관성을 확인하고, 둘째, 채점자 간 일관성을 확인해야 한다. 그런데도 평가 시 문제가 발생한다면 문항 변별도를 활용할 수 있다. 문항 변별도란 문항이 상위 집단과 하위 집단을 얼마나 변별할 수 있는지와 관련된 지수이다. 문항 변별도에 근거하면 논란이 된 수학 문제는 변별도가 -1로, 상위 집단과 하위 집단을 제대로 분별하지 못한 문항이다. 따라서 변별도가 1에 가깝도록 문항을 수정하거나 대체하는 것이 바람직하다. 이처럼 평가의 오류를 개선하고 높은 객관도와 문항 변별도를 유지한다면 더 나은 학교로 변화시킬 수 있다.

한편 중진 교사들은 교장과 다른 목표를 가지고 있다. 중진 교사들은 교육의 목적을 교육 내용이 실생활에 얼마나 유용한지에 두며 문제해결력 향상과 창의성 증진을 목표로 한다. 그러나 이러한 목적은 주지 교과의 중요성을 간과하며 기초 학력 저하의 문제를 불러올 수 있다는 단점이 있다. 이러한 상황에서 교장은 리더십 대용 상황 이론과 직면한다. 리더십 대용 상황 이론이란 상황에 따라 리더십이 대체되거나 억제될 수 있다는 이론으로, 교장은 리더십이 억제되고 무력화되는 억제 상황에 직면해 있다. 이는 스필레인의 분산적 지도성 이론에 따라 구성원을 의사 결정에 적극적으로 참여시켜 공동의 의사 결정 방안을 내놓는 문화로 개선함으로써 해결될 수 있다. 이처럼 교장과 같은 지도자가 구성원을 의사 결정에 적극적으로 참여시킬 때 구성원의 직무 만족도가 높아져 직무 수행의 효율이

최종 모범답안 (9회차 – E)

본인은 수험생 유의 사항을 숙지하였으며 이를 지키지 않아 발생하는 모든 불이익을 감수할 것을 서약합니다.	수험번호	① ②	※결시자 확인란(수험생은 표기하지 말 것)	
성 명		⓪ ① ② ③ ④ ⑤ ⑥ ⑦ ⑧ ⑨	결시자 설명과 수험 번호 기재 검은색 펜으로 결시자 수험 번호, 쪽 번호와 우측란은 '●'로 표기	○
		① ② ③ ④ ⑤ ⑥ ⑦ ⑧ ⑨		
		⓪ ① ② ③ ④ ⑤ ⑥ ⑦ ⑧ ⑨		
교육학 논술 전용 답안지 / 쪽 번호		⓪ ① ② ③ ④ ⑤ ⑥ ⑦ ⑧ ⑨	※감독관 확인란(수험생은 표기하지 말 것)	
	①●	⓪ ① ② ③ ④ ⑤ ⑥ ⑦ ⑧ ⑨	– 본인 여부, 성명, 수험 번호, 쪽 번호 기록이 정확한지 확인 후 서명/날인	(서명 또는 날인)
		⓪ ① ② ③ ④ ⑤ ⑥ ⑦ ⑧ ⑨	– 결시자는 위의 결시자 확인란에도 표기	
		⓪ ① ② ③ ④ ⑤ ⑥ ⑦ ⑧ ⑨		

– 수험 번호와 쪽 번호는 검은색 펜을 사용하여 '●'로 표기하시오.
– 답안은 지워지거나 번지지 않는 동일한 종류의 검은색 펜을 사용하여 작성하시오(연필/사인펜/수정테이프/수정액 사용 불가).
– 수험생 유의 사항을 위반하여 작성한 답안의 경우, 해당 부분이나 답안지 전체를 채점하지 않으니 유의하시오.

좋아지고 학교 또한 긍정적으로 발전하고 변화할 수 있다.

마지막으로 최 교사는 행동적 목표 외의 다른 목표들도 고려하고자 한다. 최 교사가 고려할 수 있는 목표에는 첫째, 문제해결 목표가 있다. 이는 해결 방안이 정해져 있지 않은 문제의 해결 방안을 찾아보도록 하는 목표로 다양한 학습 결과를 유도할 수 있다. 둘째, 표현적 결과이다. 이는 수업 목표를 정하지 않고 수업을 진행해 수업 중이나 후, 학생들이 의미 있는 무언가를 학습하는 목표이다. 이러한 목표들은 참 평가로 평가할 수 있다. 교육적 감식안을 통해 학생들의 성취물 사이의 미묘한 차이를 감식하고 교육 비평을 통해 이를 일반인도 알아볼 수 있게 표현한다면 학생들의 다양한 학습 결과를 모두 평가할 수 있다. 그러나 이러한 교육과정은 현실에 적용하기 어렵다는 단점이 존재한다. 이처럼 행동적 목표 이외의 다양한 목표를 고려한 수업을 진행할 때 비로소 학생들의 다양한 생각과 배움을 포용하는 학교들의 변화가 실현될 수 있다.

지금까지 '학교의 변화를 이끌어 내는 교사의 역할'을 주제로 교수학습, 교육평가, 지도성 이론, 교육과정에 대하여 논의해 보았다. 교사는 학습자의 내적인 학습 과정에 맞추어 학습을 진행해야 하며, 평정의 오류를 범하지 않도록 유의해야 한다. 또한 지도자의 리더십이 상황에 따라 대체되거나 억제될 수 있음을 인지하며 학생들의 폭넓은 학습을 위해 다양한 목표를 설정할 수 있도록 고민하고 노력해야 한다. 이처럼 교사가 꾸준히 노력하고 연구할 때 학교의 긍정적 변화를 이끌어 낼 수 있다.

[9회] 수험생이 자주 하는 질문 모음

논술 작성 시 개요를 본론 4문제 다 쓰고 작성하는 게 나을지, 아님 1문제 개요 짜고 작성하고 2번 짜고 작성하는 것이 나을지 고민입니다. 어떻게 하는 게 좋을까요? (전공 수학)

논술 개요는 4문제를 통으로 한꺼번에 끝내야 합니다. 사람마다 차이는 있겠지만 보통 10~15분 정도로 끝내는 게 좋습니다. 간혹 개요를 30분씩 짜는 분들도 있는데 시간이 부족할 수 있으므로 좋은 방법은 아닙니다. 개요를 짤 때는 키워드 위주로 짤막하게 적는 것이지 줄글로 줄줄 쓰는 게 아닙니다. 키워드를 충분히 적어 놓고 그 키워드를 보고 글을 쓰는 느낌으로 해야 시간이 부족하지 않습니다.

개요를 꼭 쓰는 게 좋을까요? 초수 때는 문제를 보고 답만 적어 내려가도 60분 땡이어서 개요는 따로 안 적었어요. 이번에는 20분까지 개요 적는 걸로 잡고 써 봤는데 시간이 딜레이 돼서 실제 논술은 30분부터 시작했어요. 그런데 시간이 부족해서 글씨를 휘날리다 보니 1~2분 정도 초과하네요. (전공 윤리)

이건 정답이 없습니다. 모의고사를 풀면서 자신의 스타일에 맞게 계속 조정을 해야 해요. 개요 없이 곧바로 적어도 60분이 부족한 분도 있고 개요를 20~30분씩 투자해도 시간이 부족하지 않은 사람도 있으니까요. 시간이 부족한 사람은 개요 쓰는 걸 최소화해야 합니다.

문제에서 주어지는 문장들은 답안지에 되풀이해서 적어야 하는지 모두 생략하고 적어야 하는지 잘 모르겠습니다. 예를 들어 "본문의~~ 내용에 의하면"처럼요. (전공 물리)

안 적어도 됩니다. 간혹 글의 흐름을 위해 적을 때도 있는데, 이때는 간단하게 적거나 패러프레이징(바꿔 쓰기)해서 쓰는 것이 좋습니다. 그냥 그대로 가져다 쓰는 것은 채점에 아무런 영향을 주지 않는 시간 낭비 or 군더더기 표현일 뿐입니다.

PART 10

원페이지 교육학 모의고사 (10회)

중등학교교사 임용후보자 선정경쟁시험

원페이지 교육학 (10회)

수험 번호 : ( )　성 명 : ()

제1차 시험	1 교시	1문항 20점	시험 시간 60분

○ 문제지 전체 면수가 맞는지 확인하시오.

다음은 네 명의 교사들이 연수를 받은 다음 내용을 정리한 자료이다. 그 내용은 교육철학, 도덕성 발달, 교육사회, 교육행정의 변혁 방향에 관한 것이다. 이를 바탕으로 "미래 사회 대비를 위한 학교의 변화"라는 주제로 서론, 본론, 결론을 갖추어 논하시오. [20점]

구 분	연 수 내 용
A 교사	○ 교육에 대한 철학적 기초의 변화 ○ 교육에서 발생하는 억압 관계와 인간 소외 문제를 개선하는 방안을 마련할 필요가 있음 ○ 교사는 교육이론과 교육 실천에 숨어 있는 이데올로기적 전제를 파악하고 교육의 자율성을 추구해야 함 ○ 교육의 과정에서 발생할 수 있는 왜곡된 의사소통을 합리적인 의사소통으로 전환해야 함 ○ 사회 불평등이 일어난 원인은 기존 학교의 교육 때문임. 이와 관련하여 프레이리(P. Freire)가 제안한 문제제기식 교육이 많은 시사점을 줄 수 있음
B 교사	○ 교사는 도덕적 판단 능력을 길러 주는 교육을 추구해야 함 ○ 요즘 1학년 학생들은 "네가 내 과제를 도와주었으니 나도 너의 과제를 도와줄게."와 같은 입장에서 도덕적 판단을 자주 함 ○ 교사는 힘이나 규칙을 강요하기보다는 학생들이 상황을 이해할 수 있도록 도와주는 것이 매우 중요함. 특히 전인습 수준에서 인습 수준으로 도달할 수 있도록 타당한 기준을 제시해 주어야 함
C 교사	○ 학교 교육은 매우 중요한 사회적 기능을 하고 있음. 학생들에게 보편사회화를 가르쳐야 하고 장차 일하게 될 직업 세계에 필요한 지식과 기술도 전수해야 함 ○ 기존의 입시 위주, 지식 위주의 학교 교육으로는 자아실현과 전인교육을 할 수 없음. 또한, 저소득층, 장애학생, 다문화 학생, 학업중단 위기학생 등 교육 약자에 대한 각별한 관심과 지원이 필요함 ○ 이런 학교 문제를 해결하기 위해서는 누구나 학습에 필요한 자료에 쉽게 접근할 수 있도록 교육 서비스를 확대해야 함. 또, 교사는 학생들이 학습 동료를 쉽게 찾을 수 있도록 지원하고 학생들이 원하는 전문가의 인명록을 갖추어 놓아야 함
D 교사	○ 학교는 공식조직보다 비공식조직이 더 중요함 ○ 구성원의 동기를 유발하기 위해서는 경제적 보상보다 사회 · 심리적 보상을 더 강조해야 함 ○ 학생들의 행복감에 긍정적인 영향을 미치기 위해서는 교사의 인간적 측면과 내재적 욕구를 중요하게 생각하는 학교 풍토(School climate)가 정착되어야 함

〈 배 점 〉

○ 논술의 내용 [총 15점]

- A 교사의 진술에 가장 부합하는 교육철학의 명칭과 개념, 하버마스(J. Habermas)의 의사소통적 합리성에 근거한 구체적인 교육방법 1가지, 프레이리(P. Freire)의 관점에서 사회 불평등이 일어난 원인을 설명하고 문제제기식 교육이 학생에게 줄 수 있는 교육적 효과 1가지 [4점]
- 콜버그(L. Kohlberg)의 도덕성 발달이론에 근거해 1학년 학생들의 도덕적 특징 1가지, B 교사가 언급한 인습 수준에 해당하는 단계 2가지를 설명하고 도덕성 발달을 돕는 구체적인 방안 1가지 [4점]
- C 교사의 견해에 부합하는 이론을 주장한 학자를 쓰고 보편사회화를 설명, C 교사가 언급한 학교 문제를 해결하기 위해 일리치(I. Illich)가 제안한 개념, 그 개념의 구성요소 2가지 [4점]
- D 교사의 의견에서 찾을 수 있는 교육행정이론의 명칭과 그 이론에 근거한 학교 운영 방안 2가지 [3점]

○ 논술의 구성 및 표현 [총 5점]

- 논술의 내용과 '미래 사회 대비를 위한 학교의 변화'의 연계 및 논리적 형식 [3점]
- 표현의 적절성 [2점]

〈수고하셨습니다.〉

교육학 논술 초안 작성지

원페이지 교육학 (10회)

채점 세부 기준

<table>
<tr><th rowspan="2">영역</th><th colspan="2">채점 세부 기준</th><th rowspan="2">배점</th></tr>
<tr><th>내용 요소</th><th>점수 부여 기준</th></tr>
<tr><td>1</td><td>A 교사의 진술에 가장 부합하는 교육철학의 명칭과 개념</td><td>아래의 핵심 키워드를 포함하여 설명하면 정답으로 처리한다.

비판이론(비판적 교육철학) – 자본주의 사회의 문화와 이데올로기를 연구하여 인간의 사고와 삶이 사회적으로 제약되는 현상을 파헤치고 인간이 해방되는 새로운 사회의 가능성을 모색하는 이론이다.

비판이론은 개인 측면에서는 <u>자율적이고 의식적인 인간 육성</u>을 강조하고 사회 측면에서는 <u>해방된 사회 건설</u>을 강조한다.

출제근거 [2011 중등] 다음 내용에 공통적으로 영향을 끼친 현대철학 사조는?

• 특정 사회의 정치·경제 구조가 교육에 미치는 영향에 관한 분석
• 교육에서 발생하는 억압 관계와 인간 소외 문제를 개선하는 방안 마련
• 교육의 과정에서 왜곡된 의사소통을 합리적인 의사소통으로 전환하려는 시도
• 교육이념의 사회적 발생 조건을 학문적으로 밝히고 그 잘못된 영향을 드러내려는 시도

① 현상학
② 비판이론 (정답)
③ 분석철학
④ 생태주의
⑤ 실존주의

출제근거 [2008 중등] 다음 명제들을 가장 충실하게 따르는 교육철학은?

– 철학은 사변적인 학문인 동시에 실천적인 학문이다.
– 철학의 핵심 과제는 인식과 행위의 가능성과 한계를 엄격하게 따지는 것이다.
– 교육철학은 교육이론과 교육실천에 숨어 있는 이데올로기적 전제를 드러냄으로써 교육의 자율성을 추구한다.

① 비판적 교육철학 (정답)
② 실존주의 교육철학
③ 현상학적 교육철학
④ 해석학적 교육철학</td><td>1점</td></tr>
<tr><td>1</td><td>하버마스(J. Habermas)의 의사소통적 합리성에 근거한 구체적인 교육방법 1가지</td><td>(오픈형 + 관련 키워드)
1) 서로의 주장에 대해 이해한 후 더욱더 타당한 주장에 대해 서로 인정하고 수용하는 의사소통을 유도하고 어떠한 상황에서도 무력과 권력을 사용하지 않도록 가르친다.
2) SNS나 학급 게시판을 통해 서로의 정보를 자유롭게 공유하는 수업을 한다.</td><td>1점</td></tr>
</table>

		3) 교사는 학생의 **인격을 존중**하고 서로 **대등한 관계**에서 토론을 할 수 있도록 따뜻한 분위기를 조성한다. 개인과외 최근 기출 문제에서는 일반적인 교육 방법을 묻는 것이 아니라 '구체적인' 교육 방법을 요구하는 경우가 많아졌습니다. 이 때문에 단순히 키워드만 나열하지 않도록 주의해야 합니다. 핵심 키워드를 포함하여 자신의 의견이나 생각이 들어간 내용을 쓰면 됩니다. 의사소통적 합리성이라는 생소한 용어가 나왔다고 당황하지 마세요. 여러분이 공부했던 내용을 다르게 물었을 뿐입니다. 참고로 하버마스의 의사소통적 합리성은 과거 기출 문제에서도 등장했고 주로 전공 서적에서 사용하는 용어입니다. 그냥 합리성을 갖춘 의사소통으로 이해하면 됩니다. 출제근거 [2009초등] 다음의 주장에 가장 부합하는 철학적 견해는? • 이해는 구체적인 맥락 속에서 이루어진다. • 적용은 이해한 것을 뒤늦게 현실에 응용하는 것이 아니라 이해의 일부분이다. • 이해는 역사적으로 주어지는 선입견과 선(先)이해를 배경으로 하여 이루어진다. • 이해는 지금 여기서 완료되는 것이 아니라 미래의 다른 이해를 향해 열려 있다. ① 플라톤(Platon)의 소견 비판과 지식 옹호 ② 베이컨(F. Bacon)의 우상 비판과 과학적 방법론 옹호 ③ 칸트(I. Kant)의 미성숙 비판과 지적·도덕적 자율성 옹호 ④ 가다머(H. G. Gadamer)의 실증주의 비판과 해석학적 순환 옹호(정답) **⑤ 하버마스(J. Habermas)의 도구적 합리성 비판과 의사소통적 합리성 옹호**	
1	프레이리(P. Freire)의 관점에서 사회 불평등이 일어난 원인을 설명	아래의 핵심 키워드를 포함하여 설명하면 정답으로 처리한다. 사회 불평등이 일어난 원인은 기존 학교의 **은행저금식 교육** 때문이다. 학생들은 학교의 기계적인 수업방식으로 인해 교육내용을 비판 없이 받아들여 주체적으로 사고를 할 수가 없었고, 이 때문에 학생들의 **창의력과 비판의식이 저하**되었다.	1점
1	프레이리(P. Freire)의 문제제기식 교육이 학생에게 줄 수 있는 교육적 효과 1가지	아래의 핵심 키워드를 포함하여 설명하면 정답으로 처리한다. 1) 학생이 **주체적으로 사고하고 성찰**할 수 있는 능력을 기를 수 있다. 2) **비판적 토론 수업**을 통해 **비판의식**을 배울 수 있다. 3) **인격적 만남을 통해 대화적 관계를 유지**할 수 있다. 출제근거 [2011 중등] 프레이리(P. Freire)의 문제제기식 교육에 대한 설명으로 옳지 않은 것은? ① 학생은 비판적으로 사고하는 사람으로 육성되어야 한다고 하였다. ② 학생의 탐구를 막는 것은 마치 폭력을 행사하는 것과 같다고 본다. ③ 학생에게 지식을 수동적으로 축적하게 하는 교육 방식을 비판하였다. **④ 학교에서는 경쟁을 통해 사회 적응력을 키우는 교육을 해야 한다고 본다.(정답)** ⑤ 학생이 역사적 맥락에서 자신의 삶을 파악할 수 있게 교육하는 것이 중요하다고 본다.	1점

<table>
<tr>
<td>2</td>
<td>콜버그(L. Kohlberg)의 도덕성 발달이론에 근거해 1학년 학생들의 도덕적 특징 1가지</td>
<td>
개인적욕구 충족지향 단계를 언급하며 설명하면 정답으로 처리한다.

개인적욕구 충족지향 (8~11세) – 자신에게 이익이 있을 때 규칙을 준수하는 단계이다.

출제근거 [2007 초등] 〈보기〉와 같은 특징을 보이는 콜버그(L. Kohlberg)의 도덕성 발달 단계는?

○ 자신의 욕구가 옳고 그름을 결정하는 기준이 된다.
○ 도덕적 행위는 자신과 타인을 만족시키는 수단이라고 생각한다.
○ “네가 내 등을 긁어 주었으니 나도 너의 등을 긁어 줄게.”와 같은 입장에서 도덕적 판단을 한다.

① 2단계 : 개인적 보상 지향 (정답)
② 3단계 : 착한 소년 - 착한 소녀 지향
③ 4단계 : 법과 질서 지향
④ 5단계 : 사회적 계약 지향
</td>
<td>1점</td>
</tr>
<tr>
<td>2</td>
<td>B 교사가 언급한 인습 수준에 해당하는 단계 2가지를 설명</td>
<td>
인습 수준 (2수준)
구성원의 기준에 맞춤
<table>
<tr><td>3단계 대인관계 조화지향★
(12~17세)
(착한소년, 소녀지향)</td><td>다른 사람을 도와주고 기쁘게 해주며, 다른 사람으로부터 인정받는 것을 중시한다.</td></tr>
<tr><td>4단계 법과 질서 지향★
(18~25세)</td><td>법과 사회질서를 중시하고 예외가 있을 수 없다고 판단한다.</td></tr>
</table>

출제근거 [2013 중등] 다음 밑줄 친 ‘콜버그(L. Kohlberg)의 도덕성 발달 수준’에 대한 설명으로 옳은 것을 〈보기〉에서 고른 것은?

콜비(A. Colby) 등(1983)의 연구 결과에 의하면, 청소년기 초기에는 전인습 수준의 비율이 급격하게 감소하고, 17세 이후에는 대부분이 인습 수준에 도달하는 것으로 나타났다.

〈보 기〉
ㄱ. 자신의 욕구나 다른 사람의 욕구를 충족하는 것이 옳은 행위라고 판단한다.
ㄴ. 법이나 규칙을 준수하고 사회 질서를 유지하는 행위를 옳은 행위라고 판단한다.
ㄷ. 벌을 피할 수 있거나 힘 있는 사람에게 복종하는 것 자체가 도덕적 가치를 갖는 것으로 본다.
ㄹ. 다른 사람을 도와주고 기쁘게 해 주며, 다른 사람으로부터 인정받는 것을 도덕적 판단의 기초로 삼는다.
ㅁ. 법이나 규칙을 융통성 있는 도구로 생각하며, 개인의 권리를 존중하고 사회 전체가 인정하는 기준을 준수하는 것이 옳은 행위라고 판단한다.

① ㉠, ㉡ ② ㉠, ㉢ ③ ㉡, ㉣ (정답)
④ ㉢, ㉤ ⑤ ㉣, ㉤
</td>
<td>각
1점</td>
</tr>
</table>

<table>
<tr><td>2</td><td>도덕성 발달을 돕는 구체적인 방안 1가지</td><td>(오픈형 문제)
1) 도덕적 인지 갈등을 유발하는 토론 수업을 제공한다.
2) 정의적, 행동적 측면을 고려한 도덕교육을 제공한다.
3) 인지 갈등을 유발하는 다양한 상황을 서로 공유하고 학급 친구들이 서로에 대해 이야기하고 래포를 형성할 수 있도록 한다.
4) 온라인 상호작용 도구를 활용해 수업 안에서 학생들이 다양한 도덕적 상황을 마주할 수 있도록 수업을 설계한다.
5) 타인의 상황을 경험해볼 수 있도록 역할놀이 수업을 제공한다.</td><td>1점</td></tr>
<tr><td>3</td><td>C 교사의 견해에 부합하는 이론을 주장한 학자를 쓰고 보편사회화를 설명</td><td>뒤르케임(E. Durkheim), 뒤르껭, 뒤르켐

출제근거 [2013 중등] 학교교육의 사회적 기능에 관한 세 교사의 견해에 부합하는 이론을 주장한 학자로 옳은 것은?

김 교사: 저는 현대 사회에서 학교교육은 매우 중요한 사회적 기능을 하고 있다고 생각합니다. 학생들에게 한 사회가 축적한 규범과 가치를 내면화시키고, 장차 일하게 될 직업 세계에 필요한 지식과 기술을 가르쳐 주거든요.
이 교사: 그렇지요. 게다가 학교교육을 많이 받게 되면 더 많은 지식과 기술을 습득하게 되고 업무 생산성도 향상되잖아요. 이런 생산성의 향상이 결국 소득 증대로 이어진다고 봐야죠.
박 교사: 그 말은 학교교육이 사회평등에 기여할 수 있다는 얘기처럼 들리는데, 저는 그렇게 생각하지 않습니다. 학교는 이데올로기적 국가기구로서 불평등한 계급관계를 재생산하고 있다고 봅니다.

김 교사 / 이 교사 / 박 교사
① 그람시(A. Gramsci) / 애플(M. Apple) / 마르크스(K. Marx)
② 뒤르케임(E. Durkheim) / 애플(M. Apple) / 알뛰세(L. Althusser)
③ 뒤르케임(E. Durkheim) / 슐츠(T. Schultz) / 알뛰세(L. Althusser)(정답)
④ 파슨스(T. Parsons) / 슐츠(T. Schultz) / 베커(G. Becker)
⑤ 파슨스(T. Parsons) / 콜린스(R. Collins) / 베커(G. Becker)

출제근거 [2006 중등] 〈보기〉에서 뒤르껭(E. Durkheim)의 교육론에 부합하는 것끼리 묶은 것은?

ㄱ. 교육은 사회화의 기능을 수행한다.
ㄴ. 교사의 권위를 세우기 위해서 체벌은 불가피하다.
ㄷ. 학교교육은 사회적 기능을 수행하기 때문에 국가가 관여해야 한다.
ㄹ. 시대가 바뀌더라도 도덕교육의 내용은 변하지 않는다.

① ㄱ, ㄷ (정답)
② ㄱ, ㄹ
③ ㄴ, ㄷ
④ ㄴ, ㄹ</td><td>1점</td></tr>
</table>

10회

<table>
<tr>
<td>3</td>
<td></td>
<td>

보편사회화 – 보편적인 가치와 도덕적 규범을 전달하는 것.

출제근거 [2008 초등] 뒤르껭(E. Durkheim)의 교육사회학적 입장에 대한 설명으로 옳은 것은?

① 사회구조가 변화하더라도 교육해야 할 도덕이념은 동일하다.
② 세대가 바뀌어도 집합의식이 유지될 수 있도록 기성세대의 영향을 최소화해야 한다.
③ 산업사회에서 분업화가 진행될수록 **보편사회화**보다는 **특수사회화**가 더 중요해진다.
④ 이기적인 어린 세대에게 규율의 정신을 가르치는 것은 필요하다. 체벌을 허용해서는 안 된다. (정답)

</td>
<td></td>
</tr>
<tr>
<td>3</td>
<td>C 교사가 언급한 학교 문제를 해결하기 위해 일리치(I. Illich)가 제안한 개념</td>
<td>

학습망 교육 (learning web) – 학습망 교육이란 획일적인 학교 중심의 교육에서 벗어나 학습의 네트워크를 통한 다양한 학습방법과 과정을 의미한다.

출제근거 [2013 중등] 다음 내용을 공통으로 포함하는 개념과 그 개념을 제안한 학자로 옳은 것은?

– 학습자가 학습에 필요한 자료에 쉽게 접근할 수 있도록 한다.
– 함께 학습하기를 원하는 학습동료를 쉽게 찾을 수 있도록 지원한다.
– 학습자가 원하는 전문가, 준전문가, 프리랜서 등 교육자들의 인명록을 갖추어 놓는다.
– 기능을 가지고 있는 사람들의 인명록을 비치하여 기능 교환이 이루어질 수 있도록 한다.

	개념	학자
①	**학습망(learning webs)**	**일리치(I. Illich) (정답)**
②	학습망(learning webs)	프레이리(P. Freire)
③	학습망(learning webs)	허친스(R. Hutchins)
④	학습공동체(learning community)	프레이리(P. Freire)
⑤	학습공동체(learning community)	허친스(R. Hutchins)

출제근거 [2010 초등] 교사들의 대화내용과 공교육의 개혁방향에 대한 관점을 가장 적절하게 연결한 것은?

김 교사 : 학교에 대한 국가의 획일적 통제와 학교의 비효율성이 문제입니다. 수요자의 선택권과 학교 간 경쟁을 강화하고, 민간 주도의 교육 서비스를 확대해야 합니다.
정 교사 : 그런 방식은 계급 간 교육 불평등을 더욱 심화시킬 뿐입니다. 교육 불평등을 줄일 수 있는 대책을 세워야 해요. 지배집단의 관점에 치우친 교육과정도 수정해야 하고요.
최 교사 : 저는 학교 교육이 학습자의 자율성을 억압하는 것이 문제라고 생각해요. 누구나 자율적으로 학습할 수 있도록 학교를 "학습 조직망"으로 대체하는 것이 문제해결의 열쇠가 될 수 있을 것 같아요.

</td>
<td>1점</td>
</tr>
</table>

		김교사 / 정교사 / 최교사 **① 신자유주의 / 신마르크스주의 / 탈학교론(정답)** ② 신자유주의 / 포스트모던주의 / 생태주의 ③ 포스트모던주의 / 신자유주의 / 탈학교론 ④ 포스트모던주의 / 탈학교론 / 생태주의 ⑤ 탈학교론 / 신마르크스주의 / 생태주의	
3	그 개념의 구성요소 2가지	**학습자료망** - 학습자가 학습 자료에 쉽게 접근할 수 있도록 한다. **교육자망** - 학습자가 원하는 전문가들의 인명록을 모아 놓는다. **기술교환망** - 기술을 가지고 있는 인명록을 비치하여 기술 교환이 가능하도록 한다. **동료연결망** - 함께 학습하고 싶은 학습동료를 쉽게 찾을 수 있도록 한다.	각 1점
4	D 교사의 의견에서 찾을 수 있는 교육행정이론의 명칭	**인간관계론** – 메이요(E. Mayo)와 뢰슬리스버거(F. Roethlisberger)가 호손공장의 연구결과를 바탕으로 만든 이론이다. 호손공장의 연구결과 중 가장 중요한 결과가 호손효과이다. (**호손효과**란? 한 개인이 다른 사람의 시선을 인식할 때, 본래 의도나 천성과 다르게 행동하는 현상을 말한다.) 출제근거 [2010 중등] 다음은 어떤 교육행정이론에 대한 설명이다. 이 이론을 적용한 학교 행정의 특징으로 옳은 것을 〈보기〉에서 모두 고른 것은? • 교육행정의 민주화에 공헌하였다. • 비공식 집단의 중요성을 강조한다. • 인간은 경제적 유인보다는 사회적·심리적 요인으로 동기 유발된다. ㉠ 조직 구성원 간의 권위의 위계가 명확하다. ㉡ 동료 교사 간의 인간관계와 교사의 개인적 사정에 대한 배려를 중시한다. ㉢ 교사와 행정직원의 역할 구분이 명확하여 교사는 가르치는 일에 전념한다. ㉣ 교장은 의사결정 과정에 교사 친목회, 교사 동호회의 의견을 반영한다. ㉤ 교원 평가 결과를 바탕으로 성과 상여금을 지급한다. ① ㉠, ㉢ ② ㉠, ㉤ **③ ㉡, ㉣ (정답)** ④ ㉠, ㉢, ㉣ ⑤ ㉡, ㉣, ㉤	1점

<table>
<tr><td></td><td></td><td>출제근거 [2012 중등] 교육행정 이론에서 과학적 관리론과 인간관계론의 공통점으로 옳은 것만을 〈보기〉에서 있는 대로 고른 것은?
㉠ 공식 조직보다 비공식 조직의 중요성을 더 강조한다.
㉡ 조직 외부 환경과의 상호작용보다 조직 내부 문제에 더 관심을 갖는다.
㉢ 구성원의 동기 유발을 위해 사회·심리적 보상보다 경제력 보상을 더 강조한다.
① ㉠
② ㉡ (정답)
③ ㉠, ㉢
④ ㉡, ㉢
⑤ ㉠, ㉡, ㉢</td><td></td></tr>
<tr><td>4</td><td>그 이론에 근거한 학교 운영 방안 2가지</td><td>1) 구성원들의 의견수렴 및 의사결정에 참여시키기
2) 구성원들을 배려, 인정, 존중하기
3) 관리자와 비공식 조직 간의 관계를 개선하기</td><td>각 1점</td></tr>
<tr><td rowspan="5">논술의 구성 및 표현 [5점]</td><td rowspan="3">논술의 내용과 주제와의 연계 및 논리적 형식 [3점]</td><td>본론에서 주제와 관련된 내용의 논리적 일관성과 문장의 표현력이 모두 뛰어남</td><td>3점</td></tr>
<tr><td>본론에서 주제와 관련된 내용의 논리적 일관성과 문장의 표현력 중 하나가 부족함</td><td>2점</td></tr>
<tr><td>본론에서 주제와 관련된 내용의 논리적 일관성과 문장의 표현력이 모두 부족함</td><td>1점</td></tr>
<tr><td rowspan="2">표현의 적절성 [2점]</td><td>서론과 결론에서 논술 주제를 논리적으로 모두 다루고 있음</td><td>2점</td></tr>
<tr><td>서론과 결론에서 논술 주제를 다루지 않거나 내용이 빈약함</td><td>1점</td></tr>
</table>

첨삭 배우기 (10회차 - A)

요즘 학교는 급변하는 사회에 맞추어 학생들에게 필요한 역량을 개발시키고, 미래 사회를 대비한 인재로 육성하기 위한 중요한 기관이다. 교사는 학생을 위한 교육으로 교육철학, 도덕성 발달, 교육행정 등의 다양한 영역에서 실천방인[1]을 탐구하여 ~~실천하는 모습이 필요하다.~~실천할 필요가 있다. 제시문의 교사들 연수 내용 메모를 토대로 미래 사회 대비를 위해 각교에서 변화해야 할 점들을 논하고자 한다.

[1] 실천v방안(띄어쓰기)

미래 ~~사회의 대비를 위해 교육에 대한 철학적 기초를~~사회를 대비하기 위해서는 교육철학의 기초를 다지는 것이 중요하다. A 교사의 진술은 교육 속에 숨어 있는 이데올로기를 파악하고 자율성을 추구하고자 하는 '비판이론' 교육철학과 ~~내용이 부합된다.~~[2]부합한다. '비판이론' 교육철학은 자본주의 사회와 이데올로기적 학교 교육 과정을 비판하며 교육 과정의 재개념화를 주장하는 철학이다. 비판이론과 관계된 학자인 '하버마스'는 ~~의사소통작~~ 의사소통적 합리성을 제시하였는데, 이것은 수업 시간에 학생들에게 평등하고 동등한 발언 기회를 주는 교육 방법을 활용하여 추구할 수 있다. 비판이론과 관계된 또다른[3] 학자인 '프레이리'는 사회불평등이 일어난 원인으로 '은행저금식' 교육을 제시하였다. 은행저금식 교육은 교사가 지식을 ~~머리속에~~머릿속에 저장하여 그대로 문제로 제시하는 교육으로, 학생들은 자본주의가 포함된 교육 내용을 일방적으로 받아들이기 때문에 사회불평등이 계속해서 ~~유지되게 된다.~~유지된다. 이러한 문제점을 개선하고자 제시된 것이 바로 문제제기식 ~~교육으로~~교육이다. 이를 활용하면 학생들이 스스로 ~~사회구조를~~사회 구조에 대해 비판적으로 사고하고 문제를 제기하여 자율성을 추구하여 사회 계급 구조에서 벗어날 수 있게 된다. 이처럼 미래 사회 대비를 위해 A 교사는 '비판이론'의 철학적 기초를 제시하여 이데올로기적인 학교 교육을 비판적으로 수용하고 비판적으로 사고할 수 있도록 하는 교육을 제시할 수 있다.

[2] '-되다'는 피동 표현이므로, 피동의 의미를 꼭 전달해야 하는 경우가 아니라면 사용하지 않는 것이 좋습니다.

[3] 또v다른(띄어쓰기)

~~미래사회의 대비를 위해~~미래 사회 대비를 위해서는[4] 학생들의 도덕적 수준을 확인하고 도덕적인 판단을 길러 줄 필요가 있다. 학생들의 도덕성 발달 수준을 확인하기 위한 이론 중 가장 대표적인 것이 콜버그의 도덕성 발달이론이다. 제시문의 1학년 학생들의 도덕적 특징을 콜버그 이론에 근거하여 파악하면, 1학년 학생들은 자기중심적으로만 생각하지 않고 타인의 관점에서도 ~~생각을 하여 판단을 한다는~~[5]생각하고 판단한다는 특징을 가진다.

[4] 문장의 주어 역할을 하는 어구를 추가하기 위해 '은/는'을 활용하는 것이 유용합니다.

[5] 조사 '을/를'은 생략할 수 있는 경우에는 생략하는 것이 더 자연스럽습니다.

콜버그의 이론 발달 ~~수준을 크게 전인습, 인습, 인습이후 로 구분할 수 있다. 그 중 B교사가~~수준은 크게 전인습, 인습, 인습 이후로 구분된다. 그중 B 교사가 제시한 인습 수준은 ~~2 단계로 이루어지는데 그것은 다음과 같다.~~[6]다음과 같은 두 단계로 이루어진다. 첫째, 대인 관계 조화 지향 단계이다. 이 단계는 주변 사람들이 자신의 행동에 대해 칭찬하거나 인정한 것이 옳은 도덕적 행동이라 판단하는 단계이다. 둘째, 법과 질서 지향 단계이다. 이 단계는 법과 규칙 등의 의무를 준수하는 것이 옳은 도덕적 행동이라 판단하는 단계이다. 콜버그의 이론을 토대로 도덕성 발달을 돕는 구체적인 ~~방안은~~방안으로는 어떠한 사례를 제시하고, 이런 상황일 때 어떤 행동을 할 것인지 역할극을 통해 학습하는 방법이 있다. 이처럼 미래 사회 대비를 위해 B 교사는 콜버그의 도덕성 발달이론을 활용해 도덕성을 발달시켜 ~~전인적인 인간으로 육성시킬~~학생들을 전인적인 인간으로 육성할 수 있다.

6 번역투의 문제입니다. '다음과 같은 두 단계로 이루어진다'와 같이 수정하는 것이 좋습니다.

~~미래사회의 대비를 위해~~미래 사회 대비를 위해 학교는 학생을 비사회적 존재에서 사회적 존재로 ~~만드는 변화가 필요하다.~~변화시켜야 한다. C 교사는 학교는 매우 중요한 사회적 기능을 하는 곳으로 학생들에게 보편적 사회화를 가르쳐야 한다고 주장한다. 이러한 C 교사의 이론은 뒤르켐의 이론과 ~~부합된다.~~부합한다. 뒤르켐은 보편사회화를 한 사회의 공통된 신념, 집합 의식으로 정의하여 학생이 사회적 존재가 되기 위해 꼭 학습되어야 한다고 주장하였다. C 교사는 현 상황의 교육으로는 자아 실현과 전인 교육에 도달할 수 없다고 ~~하여~~주장하며, 이러한 학교 문제를 해결하기 위해 일리치의 탈학교운동, 즉 학습망을 제시하였다. 이는 의무취학은 학교의 의무독점 현상~~을 초래하여~~[7] 초래하므로 이러한 의무독점 교육에서 ~~벗어나기를 주장했다.~~벗어나야 한다는 주장이다. 학습망의 구성 요소는 학생들이 학습 동료를 쉽게 찾을 수 있도록 지원하는 '동료연결망'과 학생들이 원하는 전문가의 인명록을 갖춘 '교육자망'이 있다. 이처럼 미래 사회의 대비를 위해 C 교사는 뒤르켐의 도덕사회화 이론과 일리치의 탈학교운동을 통해 교육을 통해 전인 교육과 자아 실현을 추구하고자 한다.

7 앞 내용과 뒷 내용과의 연결성을 고려하여 '~하며', '~하므로'를 적절하게 사용하는 것이 필요합니다.

미래 사회의 대비를 위해 학교는 심리적이고 사회적인 측면을 강조한 교육 행정을 ~~전개시킬~~전개할 필요가 있다.[8] D 교사는 구성원들의 동기를 유발하기 위해 경제적 보상보다는 사회·심리적 보상을 강조하는 교육행정이론인 '인간관계론'을 제시하였다. 인간관계론에 근거한 학교 운영 방안은 다음과 같다. 첫째, 관료제와 같은 수직적인 의사소통보다는 수평적인 의사소통을 활용해 ~~의사결정에 모두 참여시키는 민주적인 교육행정을 실천해 나갈 수 있다.~~구성원 전체를 의사결정에 참여시키는 민주적인 교육 행정을 실천할 수 있다.

8 ~ 전개할 필요가 있다.
사동 표현을 사용하지 않는 것이 좋습니다.

둘째, 엄격한 관리와 감독보다는 자율적인 업무 환경을 조성하여 구성원이 활동할 수 있도록 지원할 수 있다. 이처럼 미래 사회의 대비를 위해 D 교사는 ~~인간관계론을 제시하여 심리적·사회적욕구를 충족시키는 바람직한 교육행정을 제시할 수 있다.~~ 인간관계론을 통해 심리적·사회적 욕구를 충족시키는 바람직한 교육 행정을 제시하고 있다.[9]

[9] 띄어쓰기에 유의하기

~~미래사회를 대비한 교육을 실현시키기 위하여 다양한 방면으로 탐구하고 실천해나가는 태도가 필요하다.~~ [10]학교는 미래 사회를 대비한 교육을 실현하기 위해 다방면으로 탐구하고 실천할 필요가 있다. 교사는 교육철학, 도덕성발달, 교육사회, 교육사회, 교육행정 등의 다양한 방면에서 자신에게 요구되는 과제를 적절히 ~~수행해 나가야~~수행하여야 한다. 이러한 교사의 노력이 지속적으로 실행될 때 학생들은 미래 사회에 적합한 역량을 갖추고 미래 사회를 주도하는 인재로서 성장해 나갈 수 있을 것이다.

[10] 논술문 답안은 최대한 간결하고 명확하게 표현할 필요가 있습니다. 의미 변화에 기여하지 않는 어구는 삭제하는 것이 좋습니다.

최종 모범답안 (10회차 – A)

본인은 수험생 유의 사항을 숙지하였으며 이를 지키지 않아 발생하는 모든 불이익을 감수할 것을 서약합니다.		수험번호	① ②	※결시자 확인란(수험생은 표기하지 말 것)	
			⓪ ① ② ③ ④ ⑤ ⑥ ⑦ ⑧ ⑨	결시자 설명과 수험 번호 기재 검은색 펜으로 결시자 수험 번호, 쪽 번호와 우측란은 '●'로 표기	○
성 명			① ② ③ ④ ⑤ ⑥ ⑦ ⑧ ⑨		
			⓪ ① ② ③ ④ ⑤ ⑥ ⑦ ⑧ ⑨		
교육학 논술 전용 답안지	쪽 번호		⓪ ① ② ③ ④ ⑤ ⑥ ⑦ ⑧ ⑨	※감독관 확인란(수험생은 표기하지 말 것)	
	●②		⓪ ① ② ③ ④ ⑤ ⑥ ⑦ ⑧ ⑨	– 본인 여부, 성명, 수험 번호, 쪽 번호 기록이 정확한지 확인 후 서명/날인	(서명 또는 날인)
			⓪ ① ② ③ ④ ⑤ ⑥ ⑦ ⑧ ⑨	– 결시자는 위의 결시자 확인란에도 표기	
			⓪ ① ② ③ ④ ⑤ ⑥ ⑦ ⑧ ⑨		

– 수험 번호와 쪽 번호는 검은색 펜을 사용하여 '●'로 표기하시오.
– 답안은 지워지거나 번지지 않는 동일한 종류의 검은색 펜을 사용하여 작성하시오(연필/사인펜/수정테이프/수정액 사용 불가).
– 수험생 유의 사항을 위반하여 작성한 답안의 경우, 해당 부분이나 답안지 전체를 채점하지 않으니 유의하시오.

요즘 학교는 급변하는 사회에 맞추어 학생들에게 필요한 역량을 개발시키고, 미래 사회를 대비한 인재로 육성하기 위한 중요한 기관이다. 교사는 학생을 위한 교육으로 교육철학, 도덕성 발달, 교육행정 등의 다양한 영역에서 실천 방안을 탐구할 필요가 있다. 제시문의 교사들 연수 내용 메모를 토대로 미래 사회 대비를 위해 각교에서 변화해야 할 점들을 논하고자 한다.

미래 사회를 대비하기 위해서는 교육철학의 기초를 다지는 것이 중요하다. A 교사의 진술은 교육 속에 숨어 있는 이데올로기를 파악하고 자율성을 추구하고자 하는 '비판이론' 교육철학과 부합한다. '비판이론' 교육철학은 자본주의 사회와 이데올로기적 학교 교육과정을 비판하며 교육과정의 재개념화를 주장하는 철학이다. 비판이론과 관계된 학자인 '하버마스'는 의사소통적 합리성을 제시하였는데, 이것은 수업 시간에 학생들에게 평등하고 동등한 발언 기회를 주는 교육 방법을 활용하여 추구할 수 있다. 비판이론과 관계된 또 다른 학자인 '프레이리'는 사회 불평등이 일어난 원인으로 '은행 저금식' 교육을 제시하였다. 은행 저금식 교육은 교사가 지식을 머릿속에 저장하여 그대로 문제로 제시하는 교육으로, 학생들은 자본주의가 포함된 교육 내용을 일방적으로 받아들이기 때문에 사회 불평등이 계속해서 유지된다. 이러한 문제점을 개선하고자 제시된 것이 바로 문제제기식 교육이다. 이를 활용하면 학생들이 스스로 사회 구조에 대해 비판적으로 사고하고 문제를 제기하여 자율성을 추구하여 사회 계급 구조에서 벗어날 수 있게 된다. 이처럼 미래 사회 대비를 위해 A 교사는 '비판이론'의 철학적 기초를 제시하여 이데올로기적인 학교 교육을 비판적으로 수용하고 비판적으로 사고할 수 있도록 하는 교육을 제시할 수 있다.

미래 사회 대비를 위해서는 학생들의 도덕적 수준을 확인하고 도덕적인 판단을 길러줄 필요가 있다. 학생들의 도덕성 발달 수준을 확인하기 위한 이론 중 가장 대표적인 것이 콜버그의 도덕성 발달이론이다. 제시문의 1학년 학생들의 도덕적 특징을 콜버그 이론에 근거하여 파악하면, 1학년 학생들은 자기중심적으로만 생각하지 않고 타인의 관점에서도 생각하고 판단한다는 특징을 가진다. 콜버그의 이론 발달 수준은 크게 전인습, 인습, 인습 이후로 구분된다. 그중 B 교사가 제시한 인습 수준은 다음과 같은 두 단계로 이루어진다. 첫째, 대인 관계 조화지향 단계이다. 이 단계는 주변 사람들이 자신의 행동에 대해 칭찬하거나 인정한 것이 옳은 도덕적 행동이라 판단하는 단계이다. 둘째, 법과 질서 지향 단계이다. 이 단계는 법과 규칙 등의 의무를 준수하는 것이 옳은 도덕적 행동이라 판단하는 단계이다. 콜버그의 이론을 토대로 도덕성 발달을 돕는 구체적인 방안으로는 어떠한 사례를 제시하고, 이런 상황일 때 어떤 행동을 할 것인지 역할극을 통해 학습하는 방법이 있다. 이처럼 미래 사회 대비를 위해 B 교사는 콜버그의 도덕성 발달이론을 활용해 도덕성을 발달시켜 학생들을 전인적인 인간으로 육성할 수 있다.

미래 사회 대비를 위해 학교는 학생을 비사회적 존재에서 사회적 존재로 변화시켜야 한다. C 교사는 학교는 매우 중요한 사회적 기능을 하는 곳으로 학생들에게 보편적 사회화를 가르쳐야 한다고 주장한다. 이러한 C 교사의 이론은 뒤르켐의 이론과 부합한다. 뒤

최종 모범답안 (10회차 - A)

본인은 수험생 유의 사항을 숙지하였으며 이를 지키지 않아 발생하는 모든 불이익을 감수할 것을 서약합니다.		수험번호		※결시자 확인란(수험생은 표기하지 말 것)	
성 명			① ②	결시자 설명과 수험 번호 기재 검은색 펜으로 결시자 수험 번호, 쪽 번호와 우측란은 '●'로 표기	○
			⓪ ① ② ③ ④ ⑤ ⑥ ⑦ ⑧ ⑨		
			① ② ③ ④ ⑤ ⑥ ⑦ ⑧ ⑨		
			⓪ ① ② ③ ④ ⑤ ⑥ ⑦ ⑧ ⑨	※감독관 확인란(수험생은 표기하지 말 것)	
교육학 논술 전용 답안지	쪽 번호		⓪ ① ② ③ ④ ⑤ ⑥ ⑦ ⑧ ⑨	- 본인 여부, 성명, 수험 번호, 쪽 번호 기록이 정확한지 확인 후 서명/날인 - 결시자는 위의 결시자 확인란에도 표기	(서명 또는 날인)
	①●		⓪ ① ② ③ ④ ⑤ ⑥ ⑦ ⑧ ⑨		
			⓪ ① ② ③ ④ ⑤ ⑥ ⑦ ⑧ ⑨		
			⓪ ① ② ③ ④ ⑤ ⑥ ⑦ ⑧ ⑨		

- 수험 번호와 쪽 번호는 검은색 펜을 사용하여 '●'로 표기하시오.
- 답안은 지워지거나 번지지 않는 동일한 종류의 검은색 펜을 사용하여 작성하시오(연필/사인펜/수정테이프/수정액 사용 불가).
- 수험생 유의 사항을 위반하여 작성한 답안의 경우, 해당 부분이나 답안지 전체를 채점하지 않으니 유의하시오.

르켐은 보편사회화를 한 사회의 공통된 신념, 집합 의식으로 정의하여 학생이 사회적 존재가 되기 위해 꼭 학습되어야 한다고 주장하였다. C 교사는 현 상황의 교육으로는 자아실현과 전인교육에 도달할 수 없다고 주장하며, 이러한 학교 문제를 해결하기 위해 일리치의 탈학교 운동, 즉 학습망을 제시하였다. 이는 의무 취학은 학교의 의무 독점 현상을 초래하므로 이러한 의무 독점 교육에서 벗어나야 한다는 주장이다. 학습망의 구성 요소는 학생들이 학습 동료를 쉽게 찾을 수 있도록 지원하는 '동료 연결망'과 학생들이 원하는 전문가의 인명록을 갖춘 '교육자망'이 있다. 이처럼 미래 사회의 대비를 위해 C 교사는 뒤르켐의 보편사회화 이론과 일리치의 탈학교 운동을 통해 교육을 통해 전인 교육과 자아실현을 추구하고자 한다.

미래 사회의 대비를 위해 학교는 심리적이고 사회적인 측면을 강조한 교육행정을 전개할 필요가 있다. D 교사는 구성원들의 동기를 유발하기 위해 경제적 보상보다는 사회·심리적 보상을 강조하는 교육행정 이론인 '인간관계론'을 제시하였다. 인간관계론에 근거한 학교 운영 방안은 다음과 같다. 첫째, 관료제와 같은 수직적인 의사소통보다는 수평적인 의사소통을 활용해 구성원 전체를 의사 결정에 참여시키는 민주적인 교육행정을 실천할 수 있다. 둘째, 엄격한 관리와 감독보다는 자율적인 업무 환경을 조성하여 구성원이 활동할 수 있도록 지원할 수 있다. 이처럼 미래 사회의 대비를 위해 D 교사는 인간관계론을 통해 심리적·사회적 욕구를 충족시키는 바람직한 교육행정을 제시하고 있다.

학교는 미래 사회를 대비한 교육을 실현하기 위해 다방면으로 탐구하고 실천할 필요가 있다. 교사는 교육철학, 도덕성 발달, 교육사회, 교육행정 등의 다양한 방면에서 자신에게 요구되는 과제를 적절히 수행하여야 한다. 이러한 교사의 노력이 지속적으로 실행될 때 학생들은 미래 사회에 적합한 역량을 갖추고 미래 사회를 주도하는 인재로서 성장해 나갈 수 있을 것이다.

첨삭 배우기 (10회차 - B)

미래 사회는 포용성과 창의성을 갖춘 주도적인 사람을 요구한다. 교육 환경도 이러한 변화에 적극적으로 대응하기 위해 전반의 변화가 필요하다. 본 글에서는(추가)[1] 교육철학, 도덕성 발달, 교육사회, 교육행정의 변혁 방향에 관해 미래사회대비[2]를 위한 학교 변화를 주제로 논하고자 한다.

❶ 논술문 답안의 서론부 마지막에서는 '이 글에서는/본 글에서는 ~를 논의하고자 한다.'와 같은 문장 구조를 사용하는 것이 좋습니다.

❷ 미래v사회v대비(띄어쓰기)

미래 사회가 요구하는 역량을 기를 수 있도록 교육철학의 변화가 필요하다. A 교사의 진술에 가장 부합하는 교육철학은 비판이론이다. 비판이론은 자본주의 사회와 학교 교육과정을 비판하며 기존의 교육 과정을 재개념화한다.[3] 개인적 측면에서 자율적이고 의식적인 인간 육성을 강조하고, 사회 측면에서 해방된 사회 건설을 강조하였다. 하버마스의 의사소통 합리성에 근거한 구체적인 교육 방법은 대응한 관계의 토론을 진행하는 것이다. 의사소통의 합리성은 타당한 근거로 타인을 인정하여 수용하면서 소통하는 방식이다. 따라서 토론 수업은 이러한 의사소통 역량을 키우는 교육 방법이다. 프레이리의 관점에서 사회 불평등이 일어난 원인은 학교의 기계적인 수업 방식 때문이다. 학생은 교사가 가르친 내용을 비판없이 받아들여 ~~주체적인 사고를 하지 못하는~~주체적으로 사고하지 못하는 어른으로 성장했다. 문제 제기식 교육은 학생에게 창의력과 비판의식을 가르치고 이를 의식화하는 교육적 효과가 있다. 학생에게 창의력을 길러 주고 정당한 비판을 할 줄 아는 사고 의식을 갖게 하는 교육철학은 미래 사회 대비를 위한 학교 변화에 근간이 된다.

❸ '기존의 교육과정을 재개념화한다.' 라고 수정하는 것을 제안합니다.

❹ '교육과정'은 붙여 쓰는 단어입니다. 논술문 답안에서 자주 쓰는 단어이니 알아두면 좋습니다.

학생은 시기에 맞는 도덕성 발달을 통하여 미래 사회에 필요한 삶의 자세를 갖춰야 한다. 학교는 이러한 학생의 삶과 성장을 지원하는 방향으로 변화해야 한다. 콜버그의 도덕성 발달이론에 따른 1학년 학생들의 도덕적 특징은 전인습 수준의 개인적 욕구 충족 지향으로, 자신에게 이익이 있을 때 규칙을 준수한다. B 교사가 언급한 인습 수준에 해당하는 단계는 첫째, 대인 관계 조화 지향이다. 다른 사람을 돕고 인정받는 것을 중시하는 단계이다. 둘째, 법과 질서 지향이다. 법과 사회 질서를 준수하는 것을 중요하게 여긴다. 도덕성 발달을 돕는 교사의 구체적인 방안은 도덕적 갈등 인지를 돕는 토론식 수업과 역할놀이 수업을 하는 것이다. 도덕적 딜레마 상황의 인지 불균형을 초래해 타인과 자신의 견해를 비교해 보게 함으로써 도덕적 추론 능력을 향상시킬 수 있기 때문이다. 미래 사회 대비를 위해 학생들이 올바른 도덕성을 갖추도록 지도하는 것은 바람직한 학교 변화이다.

미래 사회가 요구하는 역량을 갖춘 인재를 ~~길러내려면~~길러내기 위해서는 보편적 사회화를 넘어 시대의 변화에 대응하는 교육 사회의 변혁이 필요하다. C 교사의 견해에 부합하는 이론을 주장한 학자는 뒤르켐이다. 보편적 사회화는 보편적 가치와 도덕적 규범을 전달하는 것이다. C 교사가 언급한 학교 문제를 해결하기 위해 일리치가 제안한 개념은 학습망교육이다. 학습망교육은 네트워크를 기반으로 한 다양한 학습 방법과 과정을 기반으로 한다. 이 이론의 구성 요소는 첫째, 학습자료망이다. 이는(추가) 학습 자료에 쉽게 접근하도록 하는 것이다. ~~둘째, 동료연결망이다.~~ 둘째는 동료연결망으로, 함께 학습하고 싶은 학습 동료를 찾을 수 있게 한다. 디지털 시대의 교육 환경 변화에 부합하는 미래형 교육 사회의 변화는 미래 사회를 위한 학교 변화의 중심이다.

학교의 전반적인 분위기와 문화도 미래 사회의 변화에 맞추어 ~~변경되어야~~변화해야 한다. D 교사의 의견에서 찾을 수 있는 교육행정이론은 인간관계론이다. 이는(추가) 경제적 보상보다 개인의 사회적·심리적 욕구를 충족시켜 만족함을 느끼게 하는 것이 중요하며, 조직의 생산성은 구성원들의 관계에 따라 달라지므로 비공식 조직을 중시하는 이론이다. 이 이론에 근거한 ~~학교운영 방안 2가지는~~학교 운영 방안은 두 가지로 제시할 수 있다.[4] 첫째, 구성원들의 의견을 수렴하여 의사 결정 과정에 참여시키는 것이다. 둘째, 구성원 간 배려·존중·인정하는 학교 풍토를 만드는 것이다. 다양한 교육 주체들이 상호 협력하며 존중하는 관계는 미래 사회 대비를 위한 학교 변화의 핵심 열쇠이다.

5 이후 문장에서 학교 운영 방안을 두 가지로 나누어 제시하겠다는 안내 문장을 적는 것이 좋습니다.

학생들에게 창의력과 비판적 사고 의식을 갖게 하는 교육철학, 학생의 발달 단계에 맞는 도덕성을 갖출 것을 돕는 학교의 중요성, 디지털 시대에 부합하는 학교와 교육 사회의 변화, 교육 주체 간 배려·협력·존중의 학교 풍토 안착에 대해 살펴보았다. ~~학교는 교육의 가치와 교육방향에 대해 미래 사회에 대비하는 수순을 영수해야 한다. 학교의 다방면에 미래사회가 요구하는 인재를 길러낼 변화가 필요함은 필연적이다.~~ 학교는 미래 사회에 대비하여 교육의 가치와 교육 방향을 조정해야 한다. 다방면적으로 미래 사회가 요구하는 인재를 길러내도록 변화할 필요가 있음은 물론이다.

최종 모범답안 (10회차 - B)

본인은 수험생 유의 사항을 숙지하였으며 이를 지키지 않아 발생하는 모든 불이익을 감수할 것을 서약합니다.		수험번호	① ②	※결시자 확인란(수험생은 표기하지 말 것)	
			⓪ ① ② ③ ④ ⑤ ⑥ ⑦ ⑧ ⑨	결시자 설명과 수험 번호 기재 검은색 펜으로 결시자 수험 번호, 쪽 번호와 우측란은 '●'로 표기	○
성 명			① ② ③ ④ ⑤ ⑥ ⑦ ⑧ ⑨		
			⓪ ① ② ③ ④ ⑤ ⑥ ⑦ ⑧ ⑨		
교육학 논술 전용 답안지	쪽 번호		⓪ ① ② ③ ④ ⑤ ⑥ ⑦ ⑧ ⑨	※감독관 확인란(수험생은 표기하지 말 것)	
	●②		⓪ ① ② ③ ④ ⑤ ⑥ ⑦ ⑧ ⑨	- 본인 여부, 성명, 수험 번호, 쪽 번호 기록이 정확한지 확인 후 서명/날인 - 결시자는 위의 결시자 확인란에도 표기	(서명 또는 날인)
			⓪ ① ② ③ ④ ⑤ ⑥ ⑦ ⑧ ⑨		
			⓪ ① ② ③ ④ ⑤ ⑥ ⑦ ⑧ ⑨		

- 수험 번호와 쪽 번호는 검은색 펜을 사용하여 '●'로 표기하시오.
- 답안은 지워지거나 번지지 않는 동일한 종류의 검은색 펜을 사용하여 작성하시오(연필/사인펜/수정테이프/수정액 사용 불가).
- 수험생 유의 사항을 위반하여 작성한 답안의 경우, 해당 부분이나 답안지 전체를 채점하지 않으니 유의하시오.

미래 사회는 포용성과 창의성을 갖춘 주도적인 사람을 요구한다. 교육 환경도 이러한 변화에 적극적으로 대응하기 위해 전반의 변화가 필요하다. 본 글에서는 교육철학, 도덕성 발달, 교육사회, 교육행정의 변혁 방향에 관해 미래 사회 대비를 위한 학교 변화를 주제로 논하고자 한다.

미래 사회가 요구하는 역량을 기를 수 있도록 교육철학의 변화가 필요하다. A 교사의 진술에 가장 부합하는 교육철학은 비판이론이다. 비판이론은 자본주의 사회와 학교 교육과정을 비판하며 기존의 교육과정을 재개념화한다. 개인적 측면에서 자율적이고 의식적인 인간 육성을 강조하고, 사회 측면에서 해방된 사회 건설을 강조하였다. 하버마스의 의사소통 합리성에 근거한 구체적인 교육 방법은 대응한 관계의 토론을 진행하는 것이다. 의사소통의 합리성은 타당한 근거로 타인을 인정하여 수용하면서 소통하는 방식이다. 따라서 토론 수업은 이러한 의사소통 역량을 키우는 교육 방법이다. 프레이리의 관점에서 사회 불평등이 일어난 원인은 학교의 기계적인 수업 방식 때문이다. 학생은 교사가 가르친 내용을 비판 없이 받아들여 주체적으로 사고하지 못하는 어른으로 성장했다. 문제제기식 교육은 학생에게 창의력과 비판의식을 가르치고 이를 의식화하는 교육적 효과가 있다. 학생에게 창의력을 길러 주고 정당한 비판을 할 줄 아는 사고 의식을 갖게 하는 교육철학은 미래 사회 대비를 위한 학교 변화의 근간이 된다.

학생은 시기에 맞는 도덕성 발달을 통하여 미래 사회에 필요한 삶A의 자세를 갖춰야 한다. 학교는 이러한 학생의 삶과 성장을 지원하는 방향으로 변화해야 한다. 콜버그의 도덕성 발달이론에 따른 1학년 학생들의 도덕적 특징은 전인습 수준의 개인적 욕구 충족 지향으로, 자신에게 이익이 있을 때 규칙을 준수한다. B 교사가 언급한 인습 수준에 해당하는 단계는 첫째, 대인 관계 조화지향이다. 다른 사람을 돕고 인정받는 것을 중시하는 단계이다. 둘째, 법과 질서 지향이다. 법과 사회 질서를 준수하는 것을 중요하게 여긴다. 도덕성 발달을 돕는 교사의 구체적인 방안은 도덕적 갈등 인지를 돕는 토론식 수업과 역할 놀이 수업을 하는 것이다. 도덕적 딜레마 상황의 인지 불균형을 초래해 타인과 자신의 견해를 비교해 보게 함으로써 도덕적 추론 능력을 향상시킬 수 있기 때문이다. 미래 사회 대비를 위해 학생들이 올바른 도덕성을 갖추도록 지도하는 것은 바람직한 학교 변화이다.

미래 사회가 요구하는 역량을 갖춘 인재를 길러내기 위해서는 보편적 사회화를 넘어 시대의 변화에 대응하는 교육사회의 변혁이 필요하다. C 교사의 견해에 부합하는 이론을 주장한 학자는 뒤르켐이다. 보편적 사회화는 보편적 가치와 도덕적 규범을 전달하는 것이다. C 교사가 언급한 학교 문제를 해결하기 위해 일리치가 제안한 개념은 학습망 교육이다. 학습망 교육은 네트워크 기반의 다양한 학습 방법과 과정을 기초로 한다. 이 이론의 구성 요소는 첫째, 학습 자료망이다. 이는 학습 자료에 쉽게 접근하도록 하는 것이다. 둘째는 동료 연결망으로, 함께 학습하고 싶은 학습 동료를 찾을 수 있게 한다. 디지털 시대의 교육 환경 변화에 부합하는 미래형 교육사회의 변화는 미래 사회를 위한 학교 변화의 중심이다.

최종 모범답안 (10회차 - B)

본인은 수험생 유의 사항을 숙지하였으며 이를 지키지 않아 발생하는 모든 불이익을 감수할 것을 서약합니다.	수험번호	① ②	※ 결시자 확인란(수험생은 표기하지 말 것)	
		⓪ ① ② ③ ④ ⑤ ⑥ ⑦ ⑧ ⑨	결시자 설명과 수험 번호 기재	○
성 명		① ② ③ ④ ⑤ ⑥ ⑦ ⑧ ⑨	검은색 펜으로 결시자 수험 번호,	
		⓪ ① ② ③ ④ ⑤ ⑥ ⑦ ⑧ ⑨	쪽 번호와 우측란은 '●'로 표기	
교육학 논술 전용 답안지 / 쪽 번호		⓪ ① ② ③ ④ ⑤ ⑥ ⑦ ⑧ ⑨	※ 감독관 확인란(수험생은 표기하지 말 것)	
		⓪ ① ② ③ ④ ⑤ ⑥ ⑦ ⑧ ⑨	- 본인 여부, 성명, 수험 번호, 쪽 번호 기록이 정확한지 확인 후 서명/날인	(서명 또는 날인)
①●		⓪ ① ② ③ ④ ⑤ ⑥ ⑦ ⑧ ⑨		
		⓪ ① ② ③ ④ ⑤ ⑥ ⑦ ⑧ ⑨	- 결시자는 위의 결시자 확인란에도 표기	

- 수험 번호와 쪽 번호는 검은색 펜을 사용하여 '●'로 표기하시오.
- 답안은 지워지거나 번지지 않는 동일한 종류의 검은색 펜을 사용하여 작성하시오(연필/사인펜/수정테이프/수정액 사용 불가).
- 수험생 유의 사항을 위반하여 작성한 답안의 경우, 해당 부분이나 답안지 전체를 채점하지 않으니 유의하시오.

학교의 전반적인 분위기와 문화도 미래 사회의 변화에 맞추어 변화해야 한다. D 교사의 의견에서 찾을 수 있는 교육행정 이론은 인간관계론이다. 이는 경제적 보상보다 개인의 사회적·심리적 욕구를 충족시켜 만족감을 느끼게 하는 것이 중요하며, 조직의 생산성은 구성원들의 관계에 따라 달라지므로 비공식 조직을 중시하는 이론이다. 이 이론에 근거한 학교 운영 방안은 두 가지로 제시할 수 있다. 첫째, 구성원들의 의견을 수렴하여 의사 결정 과정에 참여시키는 것이다. 둘째, 구성원 간 배려·존중·인정하는 학교 풍토를 만드는 것이다. 다양한 교육 주체들이 상호 협력하며 존중하는 관계는 미래 사회 대비를 위한 학교 변화의 핵심 열쇠이다.

학생들에게 창의력과 비판적 사고 의식을 갖게 하는 교육철학, 학생의 발달 단계에 맞는 도덕성을 갖출 것을 돕는 학교의 중요성, 디지털 시대에 부합하는 학교와 교육사회의 변화, 교육 주체 간 배려·협력·존중의 학교 풍토 안착에 대해 살펴보았다. 학교는 미래 사회에 대비하여 교육의 가치와 교육 방향을 조정해야 한다. 다방면적으로 미래 사회가 요구하는 인재를 길러내도록 변화할 필요가 있음은 물론이다.

첨삭 배우기 (10회차 - C)

급변하는 현대 사회에 적응할 수 있는 인재 양성을 위해서는 학교의 변화가 필요하다. 따라서 학교는 다가오는 미래에 ~~대한 준비가 필요한 시점이다.~~[1]대해 준비해야 한다. 이에 본 글에서는 미래 사회 대비를 위한 학교의 변화를 주제로 교육철학, 도덕성 발달, 교육사회, 교육행정에 대해 논하고자 한다.

미래를 대비하기 ~~위해서 학교교육의~~위해서는 학교 교육의 철학적 기초에 대한 변화가 필요하다. A 교사의 진술에 가장 부합하는 교육철학은 실존주의로,[2] 인간의 실존적 자아에 대한 탐구 및 이해를 강조하는 관점이다. 또한 하버마스의 의사소통적 합리성에 근거한 교육 방법은 일방적인 의사소통이 아닌 상호 작용이 ~~높은~~[3]활발한 의사소통으로 학생과 교수 학습을 진행하는 것이다. 한편, ~~프레이리의 관점에서 사회불평등의 원인은~~프레이리는 사회불평등의 원인이 기존 학교 교육이 은행저축식 교육을 함으로써 학생들이 단순히 지식을 습득하고~~인출하는데~~ 인출하는 것에 그쳤던 데 있다고 보았다. 프레이리는 이를 개선하기 위해 문제제기식 교육을 주장하였는데, ~~문제제기식 교육은~~[4]이 교육은~~- 학생으로 하여금 비판적이고 자율적인 의식을 하도록 하는 교육적 효과를 갖는다.~~[5]학생들이 비판적이고 자율적인 사고를 하도록 이끈다는 교육적 효과를 가진다 ~~이처럼 교사로서 바람직한 교육철학을 갖는다면 미래 사회에 대비할 수 있다.~~이처럼 미래 사회에 대비하기 위해서는 교사로서 바람직한 교육철학을 갖춰야 한다.

교육의 변혁을 위해서는 도덕성 발달의 측면도 고려해야 한다. 콜버그에 ~~의하여~~의거했을 때, 1학년 학생들은 개인이익지향적인 ~~특징이 나타난다.~~특징을 보인다. 또한 B 교사가 언급한 ~~인습수준에는 첫째, 타인과의 조화지향 단계로 딜레마 상황에 대한 행동의 기준이 타인과의 원만한 관계 유지에 있는 것과 둘째, 법과 질서 지향 단계로 사회 내의 법은 절대적이므로 이를 지키는데 중점을 두는 것이 있다.~~[6]인습 수준은 다음과 같다. 첫째, 타인과의 조화 지향 단계로, 딜레마 상황에 대한 행동의 기준이 타인과의 원만한 관계 유지에 있는 것이다. 둘째, 법과 질서 지향 단계로, 사회 내의 법은 절대적이므로 이를 지키는 데 중점을 두는 것이다. 이러한 도덕성을 발달시키는 방안은 도덕적 딜레마 상황을 제시하여 토론 수업을 실시하는 것을 들 수 있다. 이처럼 교사는 학생 심리적 측면에도 관심을 가져 미래 교육을 준비할 수 있다.

1 '학교는 ~ 필요한 시점이다'는 주어부와 서술부의 호응이 되지 않으므로 수정해야 합니다.

2 쉼표를 추가하여 앞절과 뒷절을 구분하는 것이 좋습니다.

3 상호 작용은 '높다'가 아니라 '활발하다'의 정도로 표현하는 것이 더 적합합니다.

4 "~~~문제제기식 교육을 주장하였는데, 문제제기식 교육은~~~"

이렇게 쓰면 '문제제기식 교육'이 연속으로 나와 글의 퀄리티가 떨어질 수 있습니다. 이럴 때는 대명사를 적절히 활용해주면 좋습니다.

5 "학생들이 비판적이고 자율적인 사고를 하도록 이끈다는 교육적 효과를 가진다"로 수정하는 것을 제안합니다.

1) '~하여금'은 꼭 필요한 경우가 아니라면 사용하지 않는 것이 좋습니다.
2) '비판적이고 자율적인 의식'보다는 '사고'라는 표현을 사용하는 것이 교육학 국면에서 더 어울립니다.

교육학에서 배운 단어를 그대로 쓰는 것도 나쁘지는 않지만, 가능하면 독자(평가자)가 쉽게 읽을 수 있도록 패러프레이징 해주는 것이 필요합니다.

6 이렇게 작성하는 것보다, 이후 문장에서 B 교사가 언급한 인습 수준을 언급하겠다는 표지 문장을 "~다음과 같다"와 같이 작성하는 것이 좋습니다.

미래를 위한 학교의 ~~변화는~~변화를 위해서는 교육사회에 대한 이해가 요구된다. C 교사의 견해에 부합하는 이론을 주장한 학자는 뒤르켐이다. 뒤르켐은 보편사회화를 주장하였는데, 이는 사회의 보편적인 규범, 규칙, 지식 등을 학교에서 가르쳐 학생에게 전수하는 것을 의미한다. 한편, C 교사가 제시한 학교 문제를 해결하는 방안은 일리치의 관점에서 학습망 교육을 실시하는 것이다. 학습망 교육의 구성 요소는 첫째, 교육자망으로 학생에게 필요한 전문가의 인명록을 ~~갖춘 것이고~~갖추는 것이고, 둘째, 동료 연결망으로 학생들이 학습 동료에게 쉽게 접근할 수 있도록 하는 것이다. 이처럼 교사는 교육 사회 측면에서 이해를 높여 미래 사회 대비를 위한 교육에 이바지할 수 있다.

학교의 변화를 위해서는 학교 행정의 변화가 필요하다. D 교사의 의견에 나타난 교육행정이론은 인간관계론이다. 해당 이론에 근거한 학교 운영 방안은 첫째, 비공식 조직에 대해 높은 관심을 가지는 것이다. 이를 통해 구성원의 관계를 파악하고 학교 풍토를 개선할 수 있다. 둘째, 구성원의 심리·사회적 욕구를 충족시켜 주는 것이다. 이를 통해 구성원의 생산성과 능률을 향상시킬 수 있다. 이처럼 학교에서도 행정에 관심을 가진다면 미래 사회를 위한 교육으로 나아갈 수 있다.

본 글에서는 미래 사회 대비를 위한 학교의 변화를 주제로 ~~첫째, 프레이리와 하버마스의 교육철학, 둘째, 콜버그의 도덕성 발달이론, 셋째, 뒤르켐과 일리치의 교육사회학적 관점, 넷째, 인간관계론에~~[7]프레이리와 하버마스의 교육철학, 콜버그의 도덕성 발달이론, 뒤르켐과 일리치의 교육사회학적 관점, 인간관계론에 대해 살펴보았다. 이처럼 발 빠르게 변화하는 사회의 흐름에 맞는 교육을 위해서는 ~~교사의 위와 같은 전문적 지식 뿐만 아니라 사회의 전반적인 노력도 필요할 것이다.~~위와 같은 교사의 전문 지식뿐만 아니라 사회의 전반적인 노력도 병행되어야 한다.

[7] 굳이 첫째, 둘째, 셋째, 넷째를 붙일 필요가 없습니다.

최종 모범답안 (10회차 – C)

본인은 수험생 유의 사항을 숙지하였으며 이를 지키지 않아 발생하는 모든 불이익을 감수할 것을 서약합니다.		수 험 번 호	① ②	※ 결시자 확인란(수험생은 표기하지 말 것)	
			⓪ ① ② ③ ④ ⑤ ⑥ ⑦ ⑧ ⑨	결시자 설명과 수험 번호 기재 검은색 펜으로 결시자 수험 번호, 쪽 번호와 우측란은 '●'로 표기	○
성 명			① ② ③ ④ ⑤ ⑥ ⑦ ⑧ ⑨		
			⓪ ① ② ③ ④ ⑤ ⑥ ⑦ ⑧ ⑨		
교육학 논술 전용 답안지	쪽 번호		⓪ ① ② ③ ④ ⑤ ⑥ ⑦ ⑧ ⑨	※ 감독관 확인란(수험생은 표기하지 말 것)	
	●②		⓪ ① ② ③ ④ ⑤ ⑥ ⑦ ⑧ ⑨	– 본인 여부, 성명, 수험 번호, 쪽 번호 기록이 정확한지 확인 후 서명/날인	(서명 또는 날인)
			⓪ ① ② ③ ④ ⑤ ⑥ ⑦ ⑧ ⑨		
			⓪ ① ② ③ ④ ⑤ ⑥ ⑦ ⑧ ⑨	– 결시자는 위의 결시자 확인란에도 표기	

– 수험 번호와 쪽 번호는 검은색 펜을 사용하여 '●'로 표기하시오.
– 답안은 지워지거나 번지지 않는 동일한 종류의 검은색 펜을 사용하여 작성하시오(연필/사인펜/수정테이프/수정액 사용 불가).
– 수험생 유의 사항을 위반하여 작성한 답안의 경우, 해당 부분이나 답안지 전체를 채점하지 않으니 유의하시오.

급변하는 현대 사회에 적응할 수 있는 인재 양성을 위해서는 학교의 변화가 필요하다. 따라서 학교는 다가오는 미래에 대해 준비해야 한다. 이에 본 글에서는 미래 사회 대비를 위한 학교의 변화를 주제로 교육철학, 도덕성 발달, 교육사회, 교육행정에 대해 논하고자 한다.

미래를 대비하기 위해서는 학교 교육의 철학적 기초에 대한 변화가 필요하다. A 교사의 진술에 가장 부합하는 교육철학은 실존주의로, 인간의 실존적 자아에 대한 탐구 및 이해를 강조하는 관점이다. 또한 하버마스의 의사소통적 합리성에 근거한 교육 방법은 일방적인 의사소통이 아닌 상호작용이 활발한 의사소통으로 학생과 교수학습을 진행하는 것이다. 한편, 프레이리는 사회 불평등의 원인이 기존 학교 교육이 은행저축식 교육을 함으로써 학생들이 단순히 지식을 습득하고 인출하는 것에 그쳤던 데 있다고 보았다. 프레이리는 이를 개선하기 위해 문제제기식 교육을 주장하였는데, 이 교육은 학생들이 비판적이고 자율적인 사고를 하도록 이끈다는 교육적 효과를 가진다. 이처럼 미래 사회에 대비하기 위해서는 교사로서 바람직한 교육철학을 갖춰야 한다.

교육의 변혁을 위해서는 도덕성 발달의 측면도 고려해야 한다. 콜버그에 의거했을 때, 1학년 학생들은 개인 이익 지향적인 특징을 보인다. 또한 B 교사가 언급한 인습 수준은 다음과 같다. 첫째, 타인과의 조화지향 단계로, 딜레마 상황에 대한 행동의 기준이 타인과의 원만한 관계 유지에 있는 것이다. 둘째, 법과 질서 지향 단계로, 사회 내의 법은 절대적이므로 이를 지키는 데 중점을 두는 것이다. 이러한 도덕성을 발달시키는 방안은 도덕적 딜레마 상황을 제시하여 토론 수업을 실시하는 것을 들 수 있다. 이처럼 교사는 학생 심리적 측면에도 관심을 가져 미래 교육을 준비할 수 있다.

미래를 위한 학교의 변화를 위해서는 교육사회에 대한 이해가 요구된다. C 교사의 견해에 부합하는 이론을 주장한 학자는 뒤르켐이다. 뒤르켐은 보편 사회화를 주장하였는데, 이는 사회의 보편적인 규범, 규칙, 지식 등을 학교에서 가르쳐 학생에게 전수하는 것을 의미한다. 한편, C 교사가 제시한 학교 문제를 해결하는 방안은 일리치의 관점에서 학습망 교육을 실시하는 것이다. 학습망 교육의 구성 요소는 첫째, 교육자망으로 학생에게 필요한 전문가의 인명록을 갖추는 것이고, 둘째, 동료 연결망으로 학생들이 학습 동료에게 쉽게 접근할 수 있도록 하는 것이다. 이처럼 교사는 교육사회 측면에서 이해를 높여 미래 사회 대비를 위한 교육에 이바지할 수 있다.

학교의 변화를 위해서는 학교 행정의 변화가 필요하다. D 교사의 의견에 나타난 교육행정 이론은 인간관계론이다. 해당 이론에 근거한 학교 운영 방안은 첫째, 비공식 조직에 대해 높은 관심을 가지는 것이다. 이를 통해 구성원의 관계를 파악하고 학교 풍토를 개선할 수 있다. 둘째, 구성원의 심리·사회적 욕구를 충족시켜 주는 것이다. 이를 통해 구성원의 생산성과 능률을 향상시킬 수 있다. 이처럼 학교에서도 행정에 관심을 가진다면 미래 사회를 위한 교육으로 나아갈 수 있다.

본 글에서는 미래 사회 대비를 위한 학교의 변화를 주제로 프레이리와 하버마스의 교육철학, 콜버그의 도덕성 발달이론, 뒤르켐과

최종 모범답안 (10회차 - C)

본인은 수험생 유의 사항을 숙지하였으며 이를 지키지 않아 발생하는 모든 불이익을 감수할 것을 서약합니다.	수험번호	① ②	※결시자 확인란(수험생은 표기하지 말 것)	
성 명		⓪ ① ② ③ ④ ⑤ ⑥ ⑦ ⑧ ⑨	결시자 설명과 수험 번호 기재 검은색 펜으로 결시자 수험 번호, 쪽 번호와 우측란은 '●'로 표기	○
		① ② ③ ④ ⑤ ⑥ ⑦ ⑧ ⑨		
쪽 번호		⓪ ① ② ③ ④ ⑤ ⑥ ⑦ ⑧ ⑨	※감독관 확인란(수험생은 표기하지 말 것)	
교육학 논술 전용 답안지	①●	⓪ ① ② ③ ④ ⑤ ⑥ ⑦ ⑧ ⑨	- 본인 여부, 성명, 수험 번호, 쪽 번호 기록이 정확한지 확인 후 서명/날인 - 결시자는 위의 결시자 확인란에도 표기	(서명 또는 날인)
		⓪ ① ② ③ ④ ⑤ ⑥ ⑦ ⑧ ⑨		
		⓪ ① ② ③ ④ ⑤ ⑥ ⑦ ⑧ ⑨		
		⓪ ① ② ③ ④ ⑤ ⑥ ⑦ ⑧ ⑨		

- 수험 번호와 쪽 번호는 검은색 펜을 사용하여 '●'로 표기하시오.
- 답안은 지워지거나 번지지 않는 동일한 종류의 검은색 펜을 사용하여 작성하시오(연필/사인펜/수정테이프/수정액 사용 불가).
- 수험생 유의 사항을 위반하여 작성한 답안의 경우, 해당 부분이나 답안지 전체를 채점하지 않으니 유의하시오.

일리치의 교육사회학적 관점, 인간관계론에 대해 살펴보았다. 이처럼 발 빠르게 변화하는 사회의 흐름에 맞는 교육을 위해서는 위와 같은 교사의 전문 지식뿐만 아니라 사회의 전반적인 노력도 병행되어야 한다.

10회

첨삭 배우기 (10회차 - D)

최근 2015 개정 교육 과정이 시행됨에 따라 지식 위주의 교육이 아닌 학생들의 역량을 키워 주는 교육의 중요성이 대두되고 있다. 학교에서 배우는 지식이 미래 사회의 직업 세계에서 학생의 ~~역량으로서 실천이 되어야~~[1]역량으로써 실천되어야 하기 때문이다. 따라서 본 글에서는 네 명의 교사들이 받는 연수 내용을 토대로 "미래 사회 대비를 위한 학교의 변화"라는 주제로 교육철학, 도덕성발달, 교육사회, 교육행정의 변혁 방향에 대해 논하고자 한다.

[1] '~로서'는 사람의 자격이나 신분 등을 나타낼 때 사용합니다 .따라서 이 경우에는 '~로써'를 사용하여 수단과 방법을 의미를 드러내야 합니다.

교육철학과 관련하여 A 교사의 진술에 가장 ~~부합하고~~부합하는 교육철학은 비판이론이다. 비판이론이란 학습자에게 일방적으로 지식을 주입하고 합리적이고 비판적인 사고 함양을 저해하는 교육에서 벗어나 개인 측면에서는 주체적이고 실존적인 인간의 육성을 사회 측면에서는 해방된 사회 건설을 목적으로 하는 교육 이론이다. ~~비판 이론의 하버마스의~~[2]하버마스의 비판이론의 의사소통적 합리성에 근거한 구체적인 교육 방법은 대등한 관계를 토대로 한 토론 교육이다. 학습 내용에 대한 정보를 공유한 상황에서 서로 인격적으로 존중하고 대등한 관계에서 토론을 이어 나가며 의사소통적 합리성에 근거한 교육을 구현할 수 있다. 그리고 프레이리의 관점에서 사회 불평등이 일어난 원인은 지배 계층의 문화를 중심으로 구성된 교육 내용을 학생에게 무비판적으로 수용하게 하는 은행저금식 교육이다. 이러한 교육을 통해 지배 계급의 문화에 익숙하지 않은 계급은 상대적으로 낮은 학업 성취를 보여 결국 기존 지배 계급을 재생산하게 되어 사회 불평등이 일어나게 되는 것이다. ~~따라서~~ 이러한 문제를 해결하기 위해 프레이리가 제시한 것이 문제제기식 교육이다. 문제제기식 교육은 학습 내용에 대한 학습자의 ~~비판적, 주체적인 사고능력을~~비판적이고 주체적인 사고 능력을 중요시하여 학생으로 하여금 ~~합리적이고 비판적인 사고 능력을 함양하게 할 수 있다는 교육적 효과를~~합리적이고 비판적으로 사고할 수 있도록 한다는 교육적 효과를 지닌다.

[2]
1) '의'의 중복 사용
2) '비판이론의 하버마스'는 어색한 표현입니다. '비판이론을 주창한 하버마스는', '하버마스의 비판이론'으로 수정해야 합니다.

도덕성 발달과 관련하여 연수 내용에서의 1학년 학생들이 보이는 도덕적 특징은 개인적 충족을 지향한다는 것이다. 즉 자신에게 도움이 되느냐를 기준으로 도덕적인 판단을 하는 특징을 가진 것이다. 그리고 B 교사가 언급한 인습 수준에 ~~해당하고~~해당하는 것은 단계별 대인 관계 조화 지향과 법과 질서 지향이다. 대인 관계 조화 지향은 사회적인 상호 작용 속에서 동료나 교사, 가족과의 관계 등을 중심으로 대인 관계에 도움이 ~~되느냐는~~되느냐를 기준으로 도덕적인 판단을 하는 것을 의미하고, 법과 질서 지향은 사회적으로 규정된 법과 질서를 기준으로 도덕적 판단을 하고 그것에 예외를 두지 않는 ~~방식으로 도덕적 판단을 하는 것을~~[3]방식을 의미한다. 또한 도덕성 발달을 돕는 구체적인 방안은 모의 수행극 수행이다. 다양한 도덕적 딜레마 상황을 제시하고 학습자들이 그 상황에 처한 다양한 인물이 되어 직접 그 상황과 인물의 입장에서 도덕적인 판단을 ~~하게 해봄으로써~~시킴으로써 기존의 자신이 가졌던 도덕적 판단의 기준에 대해 다시 생각해 보게 하는 것이다.

[3] 앞절의 끝 부분에 '도덕적 판단을 하는 것'에 대한 내용이 이미 있으므로 해당 부분에서는 삭제해도 좋습니다.

교육시효와 관련하여 C교사의 견해에 부합하는 이론을 주장한 학자는 뒤르켐이다. ~~또~~한 보편사회화란 사회의 보편적인 도덕과 규범을 학생에게 내면화시켜 사회의 동질성을 확보하는 것을 의미한다. 그리고 C교사가 언급한 학교 문제를 해결하기 위해 일리치가 제안한 개념은 학습망 교육이다. 학습망 교육은 학교와 교사를 통한 독점적인 교육에서 벗어나 다양한 교육자, 기술, 학습 동료 등이 네트워크를 형성하여 학습하는 형태의 교육을 의미하는 것으로, 다양한 교육자의 인명록이 확보되어 있는 교육자망, 다양한 학습 동료들끼리 네트워크를 형성하여 서로 소통할 수 있는 동료연결망 등의 구성 요소를 가지고 있다.

교육행정의 변혁 방향과 관련하여 D교사의 의견에서 찾을 수 있는 교육행정이론의 명칭은 인간관계론이다. 인간관계론에 근거한 학교 운영 방안 ~~2가지는~~[4]두 가지는 다음과 같다. 첫째, ~~변혁의~~ 지도성을 통한 학교 운영이다. 성과에 따른 보수와 같은 교환 관계가 아닌 구성원의 배경, 능력, 환경을 고려한 개별적인 배려와 도덕적인 영향력을 ~~통한 인격적 감화를 중시하는 변혁의 지도성을 통한 학교 운영으로~~통해 인격적 감화를 중시함으로써 구성원의 인간적·심리적인 욕구를 충족시킬 수 있다. 둘째, 전문적 학습공동체 활성화이다. 수업의 전문성, 교실 운영 등에 관하여 학교 외 구성원들이 서로 ~~수업을 나누고 의견을 나누어~~[5]의견을 나누어 새로운 지식을 창출하는 전문적 학습공동체를 ~~활성화하여~~활성화함으로써 학교 구성원의 인간적 측면과 내재적 욕구를 충족시킬 수 있다.

[4] '2인의 선택'같은 경우를 제외하고는 아라비아 숫자 표현이 아니라 고유어 숫자 표현을 사용해야 합니다.

[5] 서술어 중복이므로 수정이 필요합니다.

이상으로 "미래사회 대비를 위한 학교와 변화" 라는 주제로 비판이론, 도덕성 발달이론, 뒤르켐의 사회화와 학습망 교육, 인간관계론에 대해 논해 보았다. 교사는 미래 사회 대비를 위하여 ~~학생들의~~학생들이 비판적이고 주체적인 사고 능력을 함양할 수 있도록 하여야 하며, 인지적 영역뿐만 ~~아닌 정의적인 영역에 대한 교육을 통한 전인적 교육을 지향하고 다양한 네트워크를 학습자들이 활용할 수 있게 해야 할 뿐만 아니라 그러한 지식과 이론에 대한 전문성 함양을 위한 교육행정 이론에 대한 전문성도 갖춰 나가야 할 것이다.~~아니라 정의적인 영역에 대한 교육을 포함하여 전인적 교육을 지향해야 한다. 또한 학습자들이 다양한 네트워크를 활용할 수 있도록 지원하고, 교사 자신도 지식과 이론에 대한 전문성을 함양하기 위해 교육 행정 이론에 대한 전문성을 갖춰 나가야 할 것이다.

최종 모범답안 (10회차 - D)

본인은 수험생 유의 사항을 숙지하였으며 이를 지키지 않아 발생하는 모든 불이익을 감수할 것을 서약합니다.		수험번호	① ②	※결시자 확인란(수험생은 표기하지 말 것)	
			⓪ ① ② ③ ④ ⑤ ⑥ ⑦ ⑧ ⑨	결시자 설명과 수험 번호 기재 검은색 펜으로 결시자 수험 번호, 쪽 번호와 우측란은 '●'로 표기	○
성 명			① ② ③ ④ ⑤ ⑥ ⑦ ⑧ ⑨		
			⓪ ① ② ③ ④ ⑤ ⑥ ⑦ ⑧ ⑨		
교육학 논술 전용 답안지	쪽 번호		⓪ ① ② ③ ④ ⑤ ⑥ ⑦ ⑧ ⑨	※감독관 확인란(수험생은 표기하지 말 것)	
	●②		⓪ ① ② ③ ④ ⑤ ⑥ ⑦ ⑧ ⑨	- 본인 여부, 성명, 수험 번호, 쪽 번호 기록이 정확한지 확인 후 서명/날인	(서명 또는 날인)
			⓪ ① ② ③ ④ ⑤ ⑥ ⑦ ⑧ ⑨	- 결시자는 위의 결시자 확인란에도 표기	
			⓪ ① ② ③ ④ ⑤ ⑥ ⑦ ⑧ ⑨		

- 수험 번호와 쪽 번호는 검은색 펜을 사용하여 '●'로 표기하시오.
- 답안은 지워지거나 번지지 않는 동일한 종류의 검은색 펜을 사용하여 작성하시오(연필/사인펜/수정테이프/수정액 사용 불가).
- 수험생 유의 사항을 위반하여 작성한 답안의 경우, 해당 부분이나 답안지 전체를 채점하지 않으니 유의하시오.

최근 2015 개정 교육과정이 시행됨에 따라 지식 위주의 교육이 아닌 학생들의 역량을 키워 주는 교육의 중요성이 대두되고 있다. 학교에서 배우는 지식이 미래 사회의 직업 세계에서 학생의 역량으로써 실천되어야 하기 때문이다. 따라서 본 글에서는 네 명의 교사들이 받는 연수 내용을 토대로 "미래 사회 대비를 위한 학교의 변화"라는 주제로 교육철학, 도덕성 발달, 교육사회, 교육행정의 변혁 방향에 대해 논하고자 한다.

교육철학과 관련하여 A 교사의 진술에 가장 부합하는 교육철학은 비판이론이다. 비판이론이란 학습자에게 일방적으로 지식을 주입하고 합리적이고 비판적인 사고 함양을 저해하는 교육에서 벗어나 개인 측면에서는 주체적이고 실존적인 인간의 육성을, 사회 측면에서는 해방된 사회 건설을 목적으로 하는 교육 이론이다. 하버마스의 비판이론의 의사소통적 합리성에 근거한 구체적인 교육 방법은 대등한 관계를 토대로 한 토론 교육이다. 학습 내용에 대한 정보를 공유한 상황에서 서로 인격적으로 존중하고 대등한 관계에서 토론을 이어 나가며 의사소통적 합리성에 근거한 교육을 구현할 수 있다. 그리고 프레이리의 관점에서 사회 불평등이 일어난 원인은 지배 계층의 문화를 중심으로 구성된 교육 내용을 학생에게 무비판적으로 수용하게 하는 은행저금식 교육이다. 이러한 교육을 통해 지배계급의 문화에 익숙하지 않은 계급은 상대적으로 낮은 학업 성취를 보여 결국 기존 지배계급을 재생산하게 되어 사회 불평등이 일어나게 되는 것이다. 이러한 문제를 해결하기 위해 프레이리가 제시한 것이 문제제기식 교육이다. 문제제기식 교육은 학습 내용에 대한 학습자의 비판적이고 주체적인 사고 능력을 중요시하여 학생으로 하여금 합리적이고 비판적으로 사고할 수 있도록 한다는 교육적 효과를 지닌다.

도덕성 발달과 관련하여 연수 내용에서의 1학년 학생들이 보이는 도덕적 특징은 개인적 충족을 지향한다는 것이다. 즉 자신에게 도움이 되느냐를 기준으로 도덕적인 판단을 하는 특징을 가진 것이다. 그리고 B 교사가 언급한 인습 수준에 해당하는 것은 단계별 대인 관계 조화지향과 법과 질서 지향이다. 대인 관계 조화지향은 사회적인 상호작용 속에서 동료나 교사, 가족과의 관계 등을 중심으로 대인 관계에 도움이 되느냐를 기준으로 도덕적인 판단을 하는 것을 의미하고, 법과 질서 지향은 사회적으로 규정된 법과 질서를 기준으로 도덕적 판단을 하고 그것에 예외를 두지 않는 방식을 의미한다. 또한 도덕성 발달을 돕는 구체적인 방안은 모의 수행극 수행이다. 다양한 도덕적 딜레마 상황을 제시하고 학습자들이 그 상황에 처한 다양한 인물이 되어 직접 그 상황과 인물의 입장에서 도덕적인 판단을 시킴으로써 기존의 자신이 가졌던 도덕적 판단의 기준에 대해 다시 생각해 보게 하는 것이다.

교육 시효와 관련하여 C 교사의 견해에 부합하는 이론을 주장한 학자는 뒤르켐이다. 보편 사회화란 사회의 보편적인 도덕과 규범을 학생에게 내면화시켜 사회의 동질성을 확보하는 것을 의미한다. 그리고 C 교사가 언급한 학교 문제를 해결하기 위해 일리치가 제안한 개념은 학습망 교육이다. 학습망 교육은 학교와 교사를 통한 독점적인 교육에서 벗어나 다양한 교육자, 기술, 학습 동료 등이 네트워크를 형성하여 학습하는 형태의 교육을 의미하는 것으로, 다양한 교육자의 인명록이 확보되어 있는 교육자망, 다양한 학습 동료

최종 모범답안 (10회차 - D)

본인은 수험생 유의 사항을 숙지하였으며 이를 지키지 않아 발생하는 모든 불이익을 감수할 것을 서약합니다.	수험번호	① ②	※결시자 확인란(수험생은 표기하지 말 것)	
성 명		⓪ ① ② ③ ④ ⑤ ⑥ ⑦ ⑧ ⑨	결시자 설명과 수험 번호 기재 검은색 펜으로 결시자 수험 번호, 쪽 번호와 우측란은 '●'로 표기	○
		① ② ③ ④ ⑤ ⑥ ⑦ ⑧ ⑨		
교육학 논술 전용 답안지 / 쪽 번호: ①●		⓪ ① ② ③ ④ ⑤ ⑥ ⑦ ⑧ ⑨	※감독관 확인란(수험생은 표기하지 말 것)	
		⓪ ① ② ③ ④ ⑤ ⑥ ⑦ ⑧ ⑨	- 본인 여부, 성명, 수험 번호, 쪽 번호 기록이 정확한지 확인 후 서명/날인 - 결시자는 위의 결시자 확인란에도 표기	(서명 또는 날인)
		⓪ ① ② ③ ④ ⑤ ⑥ ⑦ ⑧ ⑨		
		⓪ ① ② ③ ④ ⑤ ⑥ ⑦ ⑧ ⑨		
		⓪ ① ② ③ ④ ⑤ ⑥ ⑦ ⑧ ⑨		

- 수험 번호와 쪽 번호는 검은색 펜을 사용하여 '●'로 표기하시오.
- 답안은 지워지거나 번지지 않는 동일한 종류의 검은색 펜을 사용하여 작성하시오(연필/사인펜/수정테이프/수정액 사용 불가).
- 수험생 유의 사항을 위반하여 작성한 답안의 경우, 해당 부분이나 답안지 전체를 채점하지 않으니 유의하시오.

들끼리 네트워크를 형성하여 서로 소통할 수 있는 동료 연결망 등의 구성 요소를 가지고 있다.

교육행정의 변혁 방향과 관련하여 D 교사의 의견에서 찾을 수 있는 교육행정 이론의 명칭은 인간관계론이다. 인간관계론에 근거한 학교 운영 방안 두 가지는 다음과 같다. 첫째, 지도성을 통한 학교 운영이다. 성과에 따른 보수와 같은 교환 관계가 아닌 구성원의 배경, 능력, 환경을 고려한 개별적인 배려와 도덕적인 영향력을 통해 인격적 감화를 중시함으로써 구성원의 인간적·심리적인 욕구를 충족시킬 수 있다. 둘째, 전문적 학습공동체 활성화이다. 수업의 전문성, 교실 운영 등에 관하여 학교 외 구성원들이 서로 의견을 나누어 새로운 지식을 창출하는 전문적 학습공동체를 활성화함으로써 학교 구성원의 인간적 측면과 내재적 욕구를 충족시킬 수 있다.

이상으로 "미래 사회 대비를 위한 학교와 변화"라는 주제로 비판이론, 도덕성 발달이론, 뒤르켐의 사회화와 학습망 교육, 인간관계론에 대해 논해 보았다. 교사는 미래 사회 대비를 위하여 학생들이 비판적이고 주체적인 사고 능력을 함양할 수 있도록 하여야 하며, 인지적 영역뿐만 아니라 정의적인 영역에 대한 교육을 포함하여 전인적 교육을 지향해야 한다. 또한 학습자들이 다양한 네트워크를 활용할 수 있도록 지원하고, 교사 자신도 지식과 이론에 대한 전문성을 함양하기 위해 교육행정 이론에 대한 전문성을 갖춰 나가야 할 것이다.

[10회] 수험생이 자주 하는 질문 모음

서론, 본론, 결론에서 주제를 언급할 때 작은따옴표를 붙여주나요? (전공 수학)

붙여도 크게 상관없지만 대부분 붙이지 않습니다.

명칭과 개념을 설명하라고 할 때 "명칭은 ㅇㅇ 이다.", "이 이론의 개념은 ~ 이다." 이런식으로 이 이론의 개념이라는 말로 표현해도 되나요? (전공 수학)

둘 다 괜찮습니다. 그냥 문제에서 요구한 대로 적으면 됩니다.

본문에서 주제와 연결할 때 본문 4가지 중 2가지 정도만 언급하면 될까요? 아니면 각각 4가지 다 언급하는 게 좋을지 궁금합니다. (전공 보건)

기출 문제 하단부에 보면 이런 말이 있습니다. "논술의 내용과 대주제의 연계 및 논리적 형식 [3점]" 이 부분을 보면 분명히 연계성 및 논리적 형식을 채점하겠다는 뜻입니다. 따라서 본문 4가지 모두 주제와 관련이 있는 문장을 적어 주는 게 가장 안전합니다. 내용을 더 적었을 때는 감점할 근거가 없지만, 내용이 없거나 부족할 때는 감점 요소에 해당될 수 있기 때문입니다.

어떤 개념을 찾아내고 설명해야 할 때, 도저히 생각이 나지 않으면 일반적인 말이나 본론의 말을 쓰는 것이 좋을까요? 아주 틀린 답일 것 같으면 건너뛰고 안 쓰는 게 맞을지, 뭐라도 써야 할지 고민이 됩니다. 장점이나 효과는 어떻게든 쓰겠는데, 명확한 개념의 명칭 같은 걸 써야 할 땐 어떻게 하는 것이 좋을지 고민입니다! (전공 전문상담)

내용이 도저히 생각나지 않더라도 무엇이든 적는 게 좋습니다. 많이 쓴다고 점수를 잘 받는 것은 아니지만, 쓰다 보면 내용에 키워드가 포함되어 얻어걸릴 수가 있기 때문입니다. 그래서 시간만 부족하지 않다면 뭐라도 많이 쓰는 게 좋습니다. 이때는 지문을 적극적으로 활용해서 지문에서 단서를 뽑아서 쓴다는 느낌으로 활용하면 됩니다. 추상적인 단어로 일반적인 말을 쓰는 것은 별 효과가 없고 교육학에서 자주 쓰는 용어를 활용해 구체적인 내용을 언급하면 좋습니다. 문제를 많이 풀다 보면 모르는 내용이라도 지문을 활용해 비벼 쓰는 힘이 생깁니다.

본론의 문제별로 마지막 정리하는 연계 문장을 써주는 게 필수인지, 그렇게 하면 더 좋은 것인지, 그럴 필요 없이 각 문제 안에 녹아들게 쓰면 되는지 궁금합니다. (전공 생물)

문제별로 마지막에 정리하는 연계 문장을 쓰는 게 가장 안전합니다. 채점자가 사람이다 보니 문장 안에 녹아들게 썼음에도 불구하고 (대 주제와의 연계를 구체적으로 언급하지 않아) 안 쓴 거로 판단할 수도 있기 때문입니다.

10회

불법 저작물 거래 강력 제재 안내

현재 저희 출판사에서는 법무팀이 저작권 전문 업체에 위탁하여 24시간 불법 거래 게시물을 모니터링하고 있습니다. 특히 수험생들이 많이 이용하는 다음 카페를 집중적으로 모니터링하고 있으며 지금까지 적발된 경우는 모두 형사고발과 손해 배상 청구를 해오고 있습니다. 앞으로도 불법 제본 및 PDF 파일 거래에 대해서는 강력하게 조치할 예정입니다. 적발 시 수험생에게는 치명적인 불이익이 갈 수 있으므로 절대로 불법 거래를 해서는 안 됩니다. 저작권을 보호하여 더 좋은 교재를 만들 수 있도록 부탁드리겠습니다. 결정적 제보를 해주신 분에겐 사례금을 드립니다.

불법 거래 신고 : 원페이지 교육학 카페(cafe.daum.net/onepage)

onepagesubnote@naver.com

원페이지 교육학 모의고사

2쇄 발행 | 2024년 9월 30일
저 자 | DAVE 現중등교사
펴낸곳 | 도서출판 새벽노을
출판사등록 | 2020.6. 5.(제2020-6호)
이메일 | onepagesubnote@naver.com
홈페이지 | cafe.daum.net/onepage
ISBN | 979-11-970937-0-8